BEITRÄGE ZUR HISTORISCHEN THEOLOGIE
HERAUSGEGEBEN VON GERHARD EBELING

50

Die Theologie Johannes Keplers zwischen Orthodoxie und Naturwissenschaft

von

JÜRGEN HÜBNER

1 9 7 5

J. C. B. MOHR (PAUL SIEBECK) TÜBINGEN

Gedruckt mit Unterstützung
der Deutschen Forschungsgemeinschaft

VORBEMERKUNG

Die charakteristische Gemeinsamkeit von Theologie und Naturkunde, die das Mittelalter hindurch bis in den Beginn der Neuzeit hinein bestanden hatte, ist im 17. Jahrhundert zerbrochen. Das Verhältnis beider Gebiete zueinander ist seitdem zu einem Problem geworden, das die folgenden Jahrhunderte immer wieder von neuem beschäftigt hat. Das ist auch in unserer Gegenwart nicht anders. Heute ist es vor allem die ethische Fragestellung, die die Naturwissenschaft nach den Grundlagen zurückfragen läßt, die menschliches Tun begründen. Wie kann Wissenschaft angesichts ihrer Folgen verantwortet werden? In diesem Horizont finden sich heute Naturwissenschaftler und Theologen zum Gespräch zusammen. Dieses Gespräch wird aber nur dann sachgemäß geführt werden können, wenn die grundlegenden Fragen nach den Voraussetzungen des naturwissenschaftlichen ebenso wie denen des theologischen Denkens mit bedacht werden. Das bedeutet, daß auch die Geschichte der gegenwärtigen Fragestellungen im Blick sein muß, wenn heute tragfähige Lösungen gefunden werden sollen.

Johannes Kepler steht am Ende der alten und zugleich am Beginn der neuen Epoche. Bei ihm überschneidet sich die alte Einheit von Theologie und Naturkunde mit dem Auseinandertreten beider, wie sie in der Folgezeit manifest wird. Kepler gilt daher mit Recht als charakteristischer Repräsentant der Geistesgeschichte der beginnenden Neuzeit und als Wegbereiter der modernen Naturwissenschaft.

Anders als seine astronomischen Entdeckungen ist Keplers theologisches Denken jedoch weitgehend unbekannt. Auch sein Ausschluß vom Abendmahl in Linz wird in der Regel mehr biographisch überliefert als Beispiel der geistigen Enge seiner Zeit, die dem Fortschritt der Naturwissenschaft noch im Wege stand. Die Sachprobleme, um die es eigentlich ging, bleiben meist im Dunkeln. Diese Sachprobleme sind spezifisch theologischer Art. Gerade diese Fragestellungen sind es nun aber, die Kepler auf den Weg zum naturwissenschaftlichen Denken geführt haben. Wir haben also die Chance, bei Kepler ein Stück weit — und dieses Stück ist auf Grund der geschichtlichen Stellung Keplers ein äußerst charakteristisches — der theologischen Voraussetzungen des naturwissenschaftlichen Denkens unserer Zeit ansichtig zu werden. Umgekehrt läßt sich bei Kepler deutlich verfolgen, wie das am mathematischen Denken der Antike und an den Beobachtungsergebnissen der Astronomie geschulte kosmologische Denken die Struktur theologischer Argumentation beeinflußt hat. So bietet sich hier zugleich die Möglichkeit, die theologische Frage nach Schöpfung und Natur kritisch aufzunehmen und nach einem Weg zu suchen, wie heute auch im Gespräch mit dem Naturwissenschaftler relevante theologische Aussagen gemacht werden können.

Die vorliegende Arbeit ist im Anschluß an die Edition der theologischen Schriften Keplers für den 12. Band der Gesammelten Werke entstanden. In dem Nachbericht dieses Bandes, der nach Band 11 erscheinen soll, konnte nur auf einen Teil der theologischen Äußerungen Keplers und ihrer geschichtlichen und dogmatischen Hintergründe eingegangen werden, und auch dies mehr im Sinne einer Zusammenfassung. Für die Ausarbeitung der theologischen Stellung Keplers mußte jedoch das gesamte Schrifttum herangezogen werden. Deshalb war es zunächst notwendig, alle wichtigen theologischen Texte aus dem Gesamtwerk zusammenzustellen und ihren historischen Zusammenhang zu bestimmen. Daraus erwuchs die Darstellung, die im ersten Teil dieser Arbeit vorgelegt wird. Der zweite, systematische Teil versucht, die Stellung Keplers im Zusammenhang der Theologie seiner Zeit herauszuarbeiten und zu zeigen, wie Keplers Weg als Naturwissenschaftler von den theologischen Wurzeln seines Denkens bestimmt ist und dann zu immer größerer Eigengesetzlichkeit führt. Zugleich soll der Einfluß von Denkstrukturen, die der Erforschung der Natur zugehören, auf das theologische Denken aufgezeigt werden. Im Hintergrund steht die Frage, wo die Versäumnisse liegen, die die Entfremdung zwischen Theologie und Naturwissenschaft bis in unsere Zeit hinein zur Folge hatten. Das ist zugleich die Frage nach dem Ort, wo die theologische Arbeit heute ansetzen muß, um in dem Gespräch zwischen den Wissenschaften ihren notwendigen Beitrag zur Bewältigung der drängenden Fragen unserer Gegenwart und mehr noch unserer Zukunft hilfreich leisten zu können.

Bei der Diskussion der Theologie zur Zeit Keplers mußte ich mich weitgehend auf die Gesprächspartner beschränken, die in seinem Schrifttum ausdrücklich als solche genannt sind. Hierin gehört vor allem die Auseinandersetzung mit dem württembergischen Luthertum, dem Calvinismus und dem Katholizismus im Zeitalter der Gegenreformation. Indirekte Einflüsse zeitgenössischer Theologie konnte ich nur am Rande behandeln. So wäre das Verhältnis Keplers zu Melanchthon und der stärker melanchthonisch beeinflußten Theologie eine eigene Untersuchung wert. Das gilt insbesondere auch von den sachlichen Beziehungen zu Butzer und dem Ramismus. Dem Gegensatz und der Verbindung zu Luther müßte weiter nachgegangen werden. Hierbei könnten auch die Lehre von Gesetz und Evangelium mit ihren geistesgeschichtlichen Implikationen einerseits und die Denkfiguren der Metaphysik mit ihren Auswirkungen andererseits thematisiert werden. Hierauf im einzelnen einzugehen, hätte den Rahmen der vorliegenden Arbeit überschritten.

Die Theologie Keplers selbst ist bisher weder im historischen noch im systematischen Zusammenhang vollständig behandelt worden. Das Buch von L. *Schuster*, Johann Kepler und die großen kirchlichen Streitfragen seiner Zeit. Eine Keplerstudie, Graz 1888, ist durch die neuere Keplerforschung seit der Jahrhundertwende überholt und bedarf in verschiedener Hinsicht der Korrektur. Die Arbeit von L. *Günther*, Kepler und die Theologie. Ein Stück Religions- und Sittengeschichte aus dem XVI. und XVII. Jahrhundert, Gießen 1905, bietet zwar eine gute Einführung in das theologische Schrifttum Keplers, ist aber ebenfalls in vielem veraltet; zwei wesentliche theologische Schriften Keplers, das „Glaubensbekenntnis" aus dem Jahre 1623 und die „Notae ad Epistolam D. D. M. Hafenrefferi", 1625, sind erst später wieder aufgefunden und veröffentlicht worden. Außer diesen Arbeiten gibt es nur noch einzelne, mehr populäre Zeitschriftenaufsätze, die sich speziell mit Keplers Theologie befassen, einige Bemerkungen in zusammenfassenden Darstellungen jener Zeit und eine Spezialstudie von A. *Deißmann*, Johannes Kepler und die Bibel. Ein Beitrag zur Geschichte der Schriftautorität, 1894. Auch die übrige Kepler-Literatur beschränkt sich im Blick auf die Theologie allgemein auf historische Notizen und zusammenfassende Inhaltsangaben. Diese Situation hat sich auch im Jahre 1971, in dem der 300. Geburtstag Keplers begangen wurde, nicht wesentlich verändert. Doch kann nun auf die Arbeiten von E. W. Gerdes und N. Schiffers hingewiesen werden, die auf dem Internationalen Kepler-Symposium in Weil der Stadt vorgetragen wurden. Anläßlich dieser und anderer Veranstaltungen des Keplerjahres konnten die grundlegenden Gedanken des vorliegenden Buches bereits diskutiert werden.

Reich ist dagegen die naturwissenschaftliche und wissenschaftshistorische Literatur über Kepler. Die Kepler-Literatur bis 1967 ist verzeichnet in: M. *Caspar*, Bibliographia Kepleriana, 2. Auflage besorgt von M. List, München 1968. Die gesamte neuere Literatur, insbesondere auch das Schrifttum aus dem Keplerjahr, haben A. und P. *Beer* (Hg.), Kepler, Vol. 18 of the series Vistas in Astronomy, Pergamon Press Oxford — New York, 1974, zusammengestellt. Mit zunehmender Intensität wird in der neueren Literatur die wissenschaftstheoretische Fragestellung aufgenommen.

Die wichtigen Beiträge zur Fragestellung dieser Arbeit aus der Gesamtliteratur wurden in diesem Buch der besseren Übersichtlichkeit halber bei den betreffenden Sachabschnitten aufgeführt, verschiedene Einzeläußerungen in weiteren Anmerkungen nachgewiesen. Die Funktion eines alphabetischen Verzeichnisses der durchgearbeiteten Literatur übernimmt das Personenregister. Für in mehreren Abschnitten häufig zitierte Werke werden in einem besonderen Verzeichnis aufgeführte Abkürzungen verwendet. Um eine Doppelung von Zitaten zu vermeiden, ist der historische

Teil in der Regel nur mit Quellenangaben, der systematische dagegen mit ausführlichen Zitaten als Belegmaterial versehen. Die zitierten Originaltexte befinden sich, sofern nichts anderes angegeben ist, in der Universitätsbibliothek Tübingen.

Die ursprüngliche Fassung der Arbeit ist von der Theologischen Fakultät der Universität Heidelberg als Habilitationsschrift für das Fach Systematische Theologie angenommen worden. Sie ist inzwischen in Auseinandersetzung mit der jüngst erschienenen Literatur ergänzt worden. Mein Dank gilt allen Gesprächspartnern. Die Herren Professoren Gerhard Ebeling, Zürich, und Walther Gerlach, München, haben die Arbeit mit Hinweisen, Fragen und Gutachten betreut. Herr Dr. Franz Hammert †, Weil der Stadt, stand mir stets mit seiner profunden Kenntnis des Keplerschen Schrifttums zur Seite. Frau Martha List, München, hat mich auf manches interessante Dokument aufmerksam gemacht. Mit Herrn Dr. Friedrich Seck, Tübingen, habe ich viele Einzelheiten besprochen. Für das Habilitationsverfahren haben Herr Prof. Heinz Eduard Tödt das Referat und neben Herrn Prof. Gerlach Herr Prof. Heinrich Bornkamm ein Korreferat übernommen und mir für die Weiterführung der Arbeit wichtige Anregungen gegeben. Herr Prof. Ebeling und Herr Dr. Siebeck haben sie schließlich in die Beiträge zur Historischen Theologie aufgenommen. Ihnen allen gilt mein besonderer Dank. Er gilt nächst der Bayerischen Akademie der Wissenschaften, die mir die Edition der theologischen Schriften Keplers übertrug, auch der Deutschen Forschungsgemeinschaft, die die systematische Auswertung dieser Texte bis hin zur Drucklegung ermöglichte.

Neckargemünd-Waldhilsbach, am 30. September 1974

Jürgen Hübner

INHALT

Erster Teil

Die Entfaltung des theologischen Denkens Keplers

Zweiter Teil

Keplers Theologie als Voraussetzung und Folge seines naturwissenschaftlichen Denkens

Erster Teil

DIE ENTFALTUNG DES THEOLOGISCHEN DENKENS KEPLERS

Im konfessionellen Zeitalter des ausgehenden 16. und beginnenden 17. Jahrhunderts galt ein erheblicher Teil der theologischen Arbeit der Auseinandersetzung mit den konfessionellen Gegnern und ihren Lehren. Eine Flut von Streitschriften gibt beredtes Zeugnis davon. Die Polemik gegen die Irrlehren der anderen Kirchen reichte bis auf die Kanzeln und beherrschte beträchtliche Teile der Predigten. Streng wird darüber gewacht, daß in den eigenen Reihen die Reinheit der Lehre erhalten bleibt und fremde Einflüsse die Seelen der Gläubigen nicht verwirren. Impuls dieser kämpferischen Haltung ist die Sorge um das Heil, das auf dem Hintergrund der politischen Wirren mehr als zu anderen Zeiten in hohem Grade gefährdet erscheint, hängt doch die Möglichkeit kirchlichen Lebens weitgehend von den jeweiligen politischen Herrschaftsverhältnissen ab.

Entscheidende Voraussetzung des polemischen Charakters der konfessionellen Theologie ist die Denkstruktur der Orthodoxie, in der die Wahrheit des Glaubens zu erfassen und zur Geltung zu bringen versucht wird. Die geschichtlich bedingte Verschiedenheit von Leben und Sprache führt zur Verschiedenheit von Denksystemen, und diese beherrschen auch das Nachdenken über den Glauben. Wird nun die Reinheit des Glaubens mit der Reinheit der Lehre identifiziert, kommt es zur Verschiedenheit und Gegensätzlichkeit der theologischen Auffassungen. Lehre steht gegen Lehre, und da es in diesen Lehren als Glaubenslehren um das Heil selbst geht, entstehen kirchliche Spaltungen und Trennungen. Diese Scheidungen und Gegensätze beherrschen das Leben so stark, daß erst die Leiden des Dreißigjährigen Krieges und das Heraufkommen von Rationalismus und Pietismus zu einer gewissen Relativierung der Gegensätze und Erneuerung von Theologie und Kirche überleiten.

Keplers gesamtes Leben steht in der Not dieser konfessionellen Gegensätze. Sie beherrschen sein theologisches Denken, sie bilden den Hintergrund und einen wesentlichen Impuls seiner kosmologischen Spekulation, die wiederum die Triebfeder seiner astronomischen Arbeit wird.

Um einen Einblick in Keplers theologisches Denken zu gewinnen, soll nun zunächst seine theologische Entwicklung, soweit sie uns aus den Quellen zugänglich wird, und die Entfaltung seines Standortes zwischen den

Konfessionen, soweit sie uns überliefert ist, dargestellt werden. Wir verfolgen dazu in im wesentlichen historischer Kontinuität die verschiedenen Stadien seines Lebensweges. Die theologischen Äußerungen, die wir auf diesem Weg vorfinden, sollen in ihrem historischen Zusammenhang deutlich werden und so in ihrer Bedeutung für das Gesamte der Theologie Keplers herausgearbeitet werden.

I. Kindheit und Jugend (1571—1594)

Bereits ganz zu Beginn seines Lebens — er ist am 27. 12. 1571 in Weil der Stadt (heute Württemberg) geboren — tritt für Kepler die konfessionelle Frage auf. Er ist, obschon von evangelischen Eltern geboren und dann auch evangelisch erzogen, wahrscheinlich katholisch getauft worden. Weil der Stadt war als freie Reichsstadt katholisch, während das württembergische Land ringsum der lutherischen Konfession zugehörte. Keplers Großvater, Sebald Kepler, hatte als Weiler Bürgermeister auf dem Reichstag zu Speyer 1571 für sich und die ganze Bürgerschaft geschworen, „bej der alten Catholischen Religion zu verpleiben, auch hernach zu seiner heimkunfft solches einer gantzen Burgerschaft fürgehaltten, vnd derselben jn nhamen höchstermelltter jrer Kay. Mt. solchen Aydt vfferlegt etc."[1]. Eine evangelische Taufe war bis 1633 in Weil der Stadt nicht möglich[2], und auch das sogenannte „Auslaufen" in evangelische Orte war nicht gestattet. So kann Johannes eigentlich nur in der katholischen Stadtkirche von Weil der Stadt getauft worden sein. Seine Mutter hat dort nach einer Aussage im Hexenprozeß auch einmal im Alter von 27 Jahren (um 1574) katholisch kommuniziert[3]. In einem Brief an den Jesuiten Guldin schreibt Kepler 1628 selbst[4], daß er von den Eltern an der Schwelle seines Lebens in die katholische Kirche[5] hineingetragen und mit dem Taufwasser besprengt und ihm dann, wie es christlicher traditioneller Auffassung entspricht, der heilige Geist verliehen worden sei. Ein Verweis auf das χρῖσμα, das er von Gott empfangen habe, das in ihm bleibe und ihn lehre[6], könnte in die gleiche Richtung weisen. Er brauche deshalb, wie es die Jesuiten wollten, nicht mehr katholisch zu werden, er sei es bereits. Er sei nie aus der Kirche ausgetreten und sei auch nie anders als in der rechten Lehre der Kirche

---

[1] Adam Schnurm (Keller von Weil der Stadt) an den württembergischen Kanzler Martin Aichmann, 24. 10. 1593; Stuttgart, Staatsarchiv, Rep. A 151, Büschel 16, Bl. 145.

[2] V. Ernst, Beschreibung des Oberamtes Leonberg, hrsg. v. Württ. Statist. Landesamt, I. Bd. 1930, S. 1024 ff.; Hinweis von Frau Martha List.

[3] Fr VIII S. 450, Nr. 9.   [4] W XVIII Nr. 1072, Z. 39—45.

[5] Da hier nicht templum, sondern ecclesia steht, ist offenbar nicht bloß das Kirchengebäude gemeint.

[6] W XVIII Nr. 1072, Z. 53. 62. Akzentuierung der Kepler-Ausgabe: χρίσμα.

unterrichtet worden. Hier ist freilich nun die Lehre der lutherischen Confessio Augustana[7] gemeint; diese enthält für Kepler, ihrem eigenen Selbstverständnis entsprechend, jedoch den Kern der apostolischen christlichen Lehre überhaupt und widerspricht damit nicht der katholischen Wahrheit, sofern sie sich mit Recht als apostolisch bezeichnet. Sie entspricht ihr vielmehr. Es kann daher angenommen werden, daß Kepler in diesem Brief auf seine Taufe in der katholischen Kirche von Weil der Stadt anspielt.

Erzogen wurde Kepler in der lutherischen Lehre. Von Jugend auf hatte er ein tiefes religiöses Empfinden, das sich in lebendiger und bewußter Frömmigkeit ausgeprägte[8]. Diese gewann bisweilen abergläubische Züge. Als Kind von 10 Jahren nahm er sich Jakob und Rebekka (gemeint ist wohl: Jakob und Rahel, 1. Mos. 29, vgl. 1. Mos. 24) zum Vorbild, wenn er einmal heiraten würde. Die Vorschriften des mosaischen Gesetzes wollte er halten. Er litt darunter, daß ihm wegen der Unreinigkeit seines Lebens, die er schon auf sich geladen hätte, das Ehrenamt der Weissagung versagt sei. Hatte er Unrecht getan, unterzog er sich freiwillig der festgesetzten Sühne und glaubte sich erst dann straffrei, wenn er sie genau ausgeführt hatte. Sie bestand im Aufsagen bestimmter Predigten. War er vor dem Abendgebet eingeschlafen, holte er es zusammen mit dem Morgengebet nach. Von Gott, nahm er sich vor, immer das Größte und Beste zu erbitten, daß er sich durch zeitliche Hilfe offenbare, durch die er dann die ewige glauben könne.

So setzte sich Kepler auch früh mit theologischen Fragen auseinander[9]. Bereits 1583, als er 12 Jahre alt war, machte die Kanzelpolemik eines jungen Diakons zu Leonberg gegen die Calvinianer solchen Eindruck auf den damaligen Lateinschüler, daß er von großer Unruhe über den Zwiespalt der Kirchen gequält wurde. Er gab sich mit der Meinung der Prediger nicht mehr zufrieden und las den Predigttext zu Hause nach. Dabei schien ihm häufig gerade die Interpretation, die auf der Kanzel als gegnerisch widerlegt worden war, die er aber auf diese Weise kennengelernt hatte, einige Stärke zu haben. Bereits hier wird es sich um Fragen der Lehre von der Person Christi und vom Abendmahl gehandelt haben.

---

[7] BS S. 31 ff. — *J. E. Hofmann* (Tübingen) hat (mündlich) geltend gemacht, daß im Falle einer katholischen Taufe Keplers dieser Tatbestand von katholischer Seite als Argument für eine Konversion entsprechend zur Geltung gebracht worden wäre und positive Nachricht vorliegen mußte. Die Frage läßt sich nicht endgültig entscheiden.

[8] Die folgenden Angaben beruhen auf dem 1597 verfaßten Selbsthoroskop Keplers, das bei Fr V S. 476—483 abgedruckt ist (siehe auch Anmerkung zu den Notae ad Epistolam D. D. M. Hafenrefferi, NK 6 S. 26 zu S. 13, 1 ff. und in W XII, ferner die Übersetzungen bei *Schmidt*, S. 211 ff. und Selbstzeugnisse S. 16 ff.), und auf der Einleitung zu den Notae (NK 6 S. 13, 1 ff.). Siehe ferner auch Astronomia nova, 1609, VII, W III S. 108. Vgl. zunächst Fr V S. 483.

[9] Vgl. Notae, NK 6 S. 13, 1 ff. Übersetzung in Selbstzeugnisse S. 61 ff.

4

Als Kepler dann am 16. 10. 1584 in die Grammatisten-Klosterschule zu Adelberg aufgenommen wurde, beschäftigte er sich gleich zu Anfang intensiv mit der Prädestinationslehre[10]. Er stieß dabei auf Luthers Lehre vom unfreien Willen. Das Problem interessierte ihn so, daß er sich — mit 13 Jahren — alsbald aus Tübingen eine „Disputation" über die Prädestination, wahrscheinlich Luthers Schrift De servo arbitrio, schicken ließ[11]. Kepler ließ schließlich die These dieses Büchleins, daß der freie Wille des Menschen nichts vermöge und ganz von Gottes Handeln oder dem des Satans abhängig sei, fallen und schloß sich Ägidius Hunnius an[12]. Entsprechende Ausführungen finden sich in dessen Kommentaren zum Neuen Testament, die Kepler — vor allem auch später — vornehmlich benützt haben wird. Hunnius hat die Problematik dann auch monographisch behandelt[13].

In Adelberg begann Kepler nun, am heiligen Abendmahl teilzunehmen[14]. Das Predigtamt verwalteten in der Klosterschule junge Präzeptoren, die jeweils für zwei Jahre aus Tübingen kamen. Das waren während Keplers Schulzeit dort neben Bernhard Sick als erstem Präzeptor (1583 bis 1586) Sebastian Cammerhuber (1583—1585) und Martin Veyhel (1585 bis 1586) als zweite Präzeptoren[15]. Sie gaben sich viel mit der Widerlegung der zwinglischen Abendmahlslehre ab; Kepler aber versetzten sie damit in hohem Maße in Unruhe. Er gab sich mit ihrer Mahnung, auf die calvinistischen Verdrehungen zu achten und sich vor ihnen zu hüten, wiederum nicht zufrieden, sondern begann, wenn er allein war, sich selbst mit der Frage auseinanderzusetzen, worum es denn in dieser Kontroverse ging und wie die Teilhabe am Leibe Christi zu verstehen sei. Und sobald er ein-

---

[10] Fr V S. 477.

[11] Kepler spricht (Fr V S. 477) lediglich von einer „disputatio de praedestinatione" ohne nähere Angaben. Es ist auf Grund des Zusammenhangs anzunehmen, daß es sich um Luthers De servo arbitrio (1525, WA XVIII S. 597 ff., BoA V S. 94 ff.) handelt. So auch *Schmidt*, S. 211, 274.

[12] Ägidius Hunnius, 1550 zu Winnenden in Württemberg geboren, nach der üblichen Schulzeit in Adelberg und Maulbronn 1567 in Tübingen Magister, wegen seiner großen Begabung ohne Landpfarramt 1574 bereits Diakonus, 1576 Professor der Theologie in Marburg (dazu: *H. H. Weissgerber*, Der junge Ägidius Hunnius, Diss. Erlangen 1954), ab 1592 1. Professor der Theologie, Propst an der Schloßkirche und Konsistorialassessor in Wittenberg, gestorben 1603, war einer der angesehenen und einflußreichen Theologen und Kirchenmänner seiner Zeit. Helvicus Garthius hat seine Schriften 1607—1609 in Wittenberg herausgegeben. Zu seiner Theologie vgl. unten S. 8, 131 ff., 146 f.

[13] Vgl. *Aegidius Hunnius*, Articulus de libero arbitrio, seu humani arbitrii viribus, Frankfurt 1597. — Ders., Articulus de providentia et aeterna praedestinatione seu electione filiorum Dei ad salutem, Frankfurt 1596.

[14] NK 6 S. 13, 8 ff.

[15] Vgl. *Chr. Sigel*, Das evangelische Württemberg, 1934, T. III, Bd I/2, S. 359 ff.; ferner *E. Reitlinger — C. Gruner*, Johannes Kepler, Theil I, 1868, S. 63.

gehend darüber nachdachte, brachte er eben die Auffassung als gesund heraus, die er gerade zuvor von der Kanzel als calvinisch abweisen gehört hatte. Dann sah er ein, daß er den Verstand korrigieren müßte; doch die Schilderung der calvinischen Argumente brachte immer etwas Neues herzu, und er sah, wie die Prediger dem nicht immer gerecht wurden. So blieben teilweise Bedenken zurück, besonders jedesmal dann, wenn die persönliche Vereinigung der beiden Naturen Christi behandelt wurde.

Kepler suchte dann namentlich in dem Streitpunkt um das Verständnis der Person Christi zwischen Calvinisten und Lutheranern zu vermitteln, nachdem er sich auf solche Weise eine Meinung zurechtgelegt hatte. Über die Beschaffenheit Gottes wüßten wir Menschen tatsächlich nichts[16]. So betrachtete er auch die Einsetzungsworte des Abendmahls — Das *ist* mein Leib ... — fortan als Hebraismus (heute würden wir von Aramäismus sprechen). Offenbar ist mit dieser Andeutung[17] gemeint, daß es im Hebräischen zum griechischen εἶναι und lateinischen esse und demzufolge zu dem entsprechenden Seinsbegriff keine Entsprechung gibt; sind die Einsetzungsworte also ursprünglich hebräisch (aramäisch) gesprochen, fällt die ganze ontologische Problematik aus, die in der Diskussion um das Abendmahlsverständnis mit diesem Seinsbegriff verbunden ist. Mit diesem Hinweis kam Kepler wiederum zwischen Calvinisten und Lutheranern zu stehen.

Während Kepler 1586—1589 in Maulbronn[18] die Oberstufe der Klosterschule absolvierte und 1589—1591 in Tübingen an der Artistenfakultät studierte, wuchs die Last so vieler Einwürfe über die Person Christi allmählich und belastete ihn dermaßen, daß er jedesmal, wenn er zum Abendmahl ging, diesen ganzen Wortstreit beiseite schieben und sich gänzlich aus dem Sinn schlagen mußte[19].

Im übrigen befaßte sich Kepler um diese Zeit mit der Auferstehung, von der, wie er erwog, vor Christus und bei den Alten vielleicht nichts bekannt gewesen sei, und mit der Frage, ob die Heiden, die nicht an Christus glauben, vom Heil ausgeschlossen seien. Dies glaubte er nicht, wenn er über die Barmherzigkeit Gottes nachdachte[20], wie er auch nicht in die Verdammungsaussagen der Theologen über die anderen christlichen Konfessionen einstimmen konnte.

Nachdem Kepler am 11. 8. 1591 den Magistergrad erlangt hatte, begann er in Tübingen mit dem eigentlichen Theologiestudium. Als seine theolo-

---

[16] Fr V S. 477.

[17] Die Notiz im Selbsthoroskop lautet: „Sic in verba „coenae" Hebraismum inducendo." (Fr V S. 477).

[18] Abt war damals Jakob Schropp (gest. 1594), 1. Präzeptor Jakob Rauh (1586—1588), 2. Präzeptor Johannes Spangenberger (1588—1589) und Georg Schweizer (1588—1589). (*Sigel*, aaO. S. 392 ff., *Reitlinger — Gruner*, aaO. S. 75).

[19] NK 6 S. 13, 20 ff.   [20] Fr V S. 477, vgl. S. 483.

gischen Lehrer sind zu jener Zeit zu nennen Jakob Heerbrand, Georg Sigwart, Stephan Gerlach und Matthias Hafenreffer[21].

Heerbrand[22] lehrte eine biblische Theologie im Stil der damaligen Zeit, befleißigte sich ausführlich der Polemik gegen Calvinisten und Jesuiten und verfaßte erstmals nach Melanchthon ein umfangreiches wissenschaftliches Kompendium der Theologie[23], das großen Anklang fand und erst von dem Hafenreffers überholt wurde.

Georg Sigwart[24] ist durch seine Disputationen über die christlichen Glaubensartikel und über die Confessio Augustana sowie durch seinen Streit mit dem Heidelberger Theologen David Pareus bekannt geworden. Seine Disputationen lagen während eines Jahrhunderts den theologischen Disputierübungen der württembergischen Theologen zugrunde.

Stephan Gerlach[25] wurde 1573 für einige Zeit als Reiseprediger mit dem kaiserlichen Gesandten nach Konstantinopel entsandt[26] und erwarb sich dadurch eine große Welterfahrung und Weltoffenheit. Seine Tätigkeit soll sich durch besonders gründliche Gelehrsamkeit ausgezeichnet haben.

Mit Matthias Hafenreffer[27] hatte Kepler bis zu dessen Tod im Jahre 1619 den engsten Kontakt. Beide Männer verband persönliche Freundschaft. Hafenreffer interessierte Keplers mathematische und astronomische

---

[21] Zu den folgenden biographischen Notizen vgl. *L. M. Fischlinus*, Memoria theologorum Wirtembergensium, Ulm 1709; *A. T. Bök*, Geschichte der herzoglich Württembergischen Eberhard Carls Universität zu Tübingen, 1774; Allg. Encyklopädie der Wissenschaften und Künste, hrsg. von J. S. Ersch und J. G. Gruber, 1818 ff. — Über mögliche Einflüsse auf Kepler reflektiert *E. W. Gerdes*, Keplers theologisches Selbstverständnis und dessen Herkunft. Gedanken zu Keplers theologiegeschichtlicher Stellung, Symposium 1971 S. 357 ff.

[22] Jakob Heerbrand, 1521 in Giengen geborgen, nach unausgesetztem Studium (man nannte ihn die „schwäbische Nachteule") unter Luther und Melanchthon 1540 in Wittenberg Magister, 1544 Diakonus und 1557 Professor, 1590 Propst und Kanzler zu Tübingen. Gest. 1600.

[23] Compendium Theologiae, quaestionibus methodi tractatum, zuerst 1573.

[24] Georg Sigwart, geboren 1554 in Winnenden, 1576 Magister, 1584 Stadtpfarrer und Theologieprofessor in Tübingen. Gest. 1618. — Vgl. Anm. 12 zu S. 110.

[25] Stephan Gerlach, 1546 in Knittlingen geboren, wurde 1567 Magister in Tübingen, 1580 außerordentlicher, 1587 ordentlicher Professor der Theologie und Dekan der Stiftskirche in Tübingen. Er starb 1612.

[26] Siehe *M. Kriebel*, Stephan Gerlach. Deutscher evangelischer Botschaftsprediger in Konstantinopel 1573—1578, in: Die evang. Diaspora 29, 1958, S. 71—96.

[27] Matthias Hafenreffer, 1561 in Lorch geboren, 1581 Magister in Tübingen, 1586 Diakonus in Herrenberg, 1590 Hofprediger und Konsistorialrat in Stuttgart, 1592 Theologieprofessor in Tübingen, 1617 Propst und Kanzler, gest. 1619. Vgl. *H. Witten*, Memoriae Theologorum nostri seculi clarissimorum, Frankfurt 1674 ff., S. 147 ff. — Zum Verhältnis Hafenreffers zu Kepler vgl. *Gerdes* aaO. S. 365 ff. Man wird Hafenreffer jedoch schwerlich in dieser Weise als Melanchthonianer zeichnen dürfen.

Arbeit in besonderer Weise. Nicht verstehen konnten sie sich freilich in den grundlegenden theologischen Fragen der Christologie, und hier mußte der Tübinger schließlich seinem Gewissen und der Auffassung seiner theologischen Kollegen und des Stuttgarter Konsistoriums folgen und im Sinne der Orthodoxie gegen Kepler auftreten. Man spürt trotz der sachlichen Härte der Auseinandersetzung dem Kummer über das gegenseitige Nichtverstehen die persönliche Wärme an, die menschlich dahinter bestehen blieb.

Als Diakon zu Herrenberg bei Tübingen hatte Hafenreffer dort am 17. 8. 1586 Johann Valentin Andreae[28], den Sohn des Herrenberger Pfarrers und Enkel Jakob Andreaes, des Mitverfassers der lutherischen Konkordienformel von 1577, getauft. Er heiratete dort Agathae Spindler, die verwitwete Tochter von Johannes Brenz, des ebenfalls in Weil der Stadt (1499) geborenen württembergischen Reformators, dessen Name mit der von Hafenreffer vertretenen Ubiquitätslehre eng verknüpft ist. Johann Valentin Andreae war 1611 mit einem Zögling und anderen bei Hafenreffer zu Gast und schildert ihn als aufgeschlossenen, väterlichen Freund. „Denn wir wurden nicht als Kostgänger gehalten, bey denen man Vortheil sucht, sondern als Söhne und Freunde." „Unser Wirth war nichts weniger, als mürrisch, und wir verehrten ihn als Vater, oder etwan auch als unseren Philosophen. Der Tisch wurde mit Erzählung denkwürdiger Reisen und Handlungen gewürzt, und wir mußten unsere Beyträge mit Fleiße zusammen suchen."[29] Hafenreffer interessierte sich besonders für Mathematik, die lateinische und die hebräische Sprache[30].

Auch zu österreichischen Adligen hatte Hafenreffer Beziehungen, so zu Ludwig Hohenfelder von Aistersheim und Weidenholz, einem Gönner Daniel Hitzlers, des späteren Ortspfarrers Keplers. An ihn empfahl er Johann Valentin Andreae, der dann später noch einmal zur Stützung des Luthertums nach Ober- und Niederösterreich reiste.

Von großer Bedeutung ist Hafenreffers dogmatisches Lehrbuch, die Loci theologici (zuerst 1600 erschienen, weitere Auflagen 1601, 1603, 1609, 1622), die, wie Andreae schreibt, „den Beifall der damaligen Zeit so sehr erhielten, daß sie in Schweden und Dänemark eingeführt, und noch im Jahre 1672 von der Wirtembergischen Princessin, Anna, ins Teutsche übersetzt wurden"[31]. Andreae hat 1614 einen tabellenmäßigen Auszug dieses Buches herausgebracht[32]. Auch Andreae selbst stand mit Kepler in literarischem Verkehr; er nennt ihn den „ersten Mathematiker". 1619 besuchte er ihn in Linz[33].

---

[28] Seybold (Hrsg.), Selbstbiographien berühmter Männer, II: Johann Valentin Andreä, Winterthur 1799, S. 6. 42 ff.

[29] Bei Seybold aaO. S. 43 f.

[30] Ebd. S. 51. — Über Hafenreffers Stellung zum kopernikanischen System siehe unten S. 213 f.   [31] Ebd. S. 58.

[32] Doctrinae Christianae Summa: ex magni et celeb. Theol. Matthiae Hafenrefferi locis communibus contracta, 1614.

[33] Bei Seybold aaO. S. 88. — Die Hauptwerke J. V. Andreaes hat R. van Dülmen neu herausgegeben: 3. Bde. Stuttgart 1972—73 (Quellen und Forschungen zur württembergischen Kirchengeschichte 4—6). — Zum Verhältnis Keplers

Kepler hörte außer Hafenreffer, wie er selbst schreibt, bei Gerlach, doch nachdem er sich die Kommentare von Ägidius Hunnius für die Bücher des Neuen Testaments beschafft hatte, lernte er, vorwiegend mit deren Hilfe die übrigen Lehrsätze im Sinne dieses Mannes gegen die Häretiker erfolgreich zu verteidigen. Bei ihm fand er eine größere Durchsichtigkeit als bei Gerlach. Doch blieb er sogleich bei Hunnius' Kommentar zum Epheserbrief hängen, und zwar bei der Unterscheidung von actus primus und actus secundus hinsichtlich der Allgegenwart des Fleisches Christi und daran, daß gesagt werden sollte, das Fleisch Christi sei nicht den Kreaturen, sondern dem Wort überall allgegenwärtig[34]. Für den Stand der Erniedrigung spricht Hunnius im Unterschied zu denjenigen Württembergern, die bereits hier die Allgegenwart der Menschheit Jesu bei allen Kreaturen lehren, lediglich von einem ruhenden Besitz der göttlichen Eigenschaften (actus primus), der nur gelegentlich aktualisiert wird (actus secundus), bis er im Stande der Erhöhung zur ständigen Entfaltung kommt[35]. Hunnius spricht von einer illokalen Allgegenwart der Menschheit Christi nach der persona neben der lokalen Beschränktheit nach der natura[36]. Die sachlichen Ausführungen Hunnius' ergaben für Kepler einen Sinn, der, wenn er zu Recht bestand, keinen Raum zu bieten schien für seine Angriffe und die Schärfe, mit der auch dieser Autor unablässig den Calvinianern beißend in den Ohren lag.

Kepler hat sich in Tübingen offenbar sehr eingehend mit Hunnius beschäftigt. Das zeigt auch ein Brief seines ehemaligen Studienkollegen Matthias Köllin, nunmehr Präzeptor in Blaubeuren, in dem ihn dieser bittet, ihm eine Zusammenstellung der Bücher von Hunnius aufzuschreiben. Der Brief ist vom 12. Februar 1593 (a. St.) datiert[37].

Als Kepler 1594 als Landschaftsmathematicus und Lehrer nach Graz berufen wurde — „commodum accidit", sagt er im Blick auf diese Streitfragen[38] —, war seine theologische Entwicklung in den genannten Punkten bereits zu einem gewissen Abschluß gekommen.

---

zu J. V. Andreae vgl. spekulativ *Gerdes* aaO. 373 f. Nach W XIII S. 378 hat Andreae aber einen Teil des Nachlasses Mästlins, nicht Keplers erworben!

[34] NK 6 S. 13, 24 ff. — *Hammer* übersetzt fälschlich ablativisch: das Fleisch Christi „sei nicht durch die Kreaturen, sondern durch den Logos überall gegenwärtig", Selbstzeugnisse S. 62. Zur Korrektur *J. Hübner*, „Keplers Selbstzeugnisse" (Rezension), in: Schwäbische Heimat XXIII, 1972, S. 265 f.

[35] Vgl. *Aegidius Hunnius*, Commentarius in epistolam divi Pauli apostoli ad Ephesios, Frankfurt 1587, S. 168 f. — Zu Hunnius vgl. oben S. 4, zu den genannten Theologumena unten S. 131 ff.   [36] Vgl. ebd. S. 178.

[37] W XIII Nr. 6, 62 ff.   [38] NK 7 S. 13, 32.

II. Graz (1594—1600)

Kepler war in Graz[1] seit 1594 an der dortigen evangelischen Landschaftsschule[2] als Mathematiklehrer in der Nachfolge von Professor G. Stadius tätig. Vor der Annahme seiner Berufung auf diese Stelle hatte er sich vorbehalten, zu seinen theologischen Studien zurückzukehren und ein geistliches Amt zu übernehmen[3]. Dazu ist es aber nie gekommen. Einmal war er seinen Anlagen und Interessen nach bei Mathematik und Astronomie am richtigen Ort. Das bestätigten auch die Inspektoren der Landschaftsschule, wenn sie es Kepler nicht verübelten, daß er im zweiten Jahr seiner Tätigkeit keine Schüler mehr hatte. Sie führten das entscheidend auf das Unverständnis seiner Hörer zurück. Es muß freilich auch nach Keplers eigenen Worten schwierig gewesen sein, seinen durch die Fülle neuer Gedanken und Einfälle unübersichtlichen Ausführungen zu folgen. Er bekam nun, um seine Lehrtätigkeit weiter ausüben zu können, zusätzlich noch den Auftrag, Virgil und Rhetorik zu lesen. Aber auch seine Aufgabe, Prognostica für das jeweils kommende Jahr aufzustellen, erfüllte Kepler in einer Weise, die ihn als Mathematiker und Astronomen auswies.

Zum anderen bestand in Tübingen kein Interesse, Kepler als Theologen nach Württemberg zurückzuholen. Schließlich empfand er selbst seine gewissenhaften dogmatischen Bedenken als zu schwerwiegend, als daß er ein Kirchenamt hätte übernehmen wollen[4]. Aber auch im Bereich der anderen

---

[1] Aus der Literatur vgl. vor allem:
P. Dedic, Der Protestantismus in Steiermark im Zeitalter der Reformation und Gegenreformation, Schriften des Vereins für Reformationsgeschichte 48, 2, 1930. — *F. Ilwof*, Der Protestantismus in Steiermark, 1900. — *J. Loserth*, Die Reformation und Gegenreformation in den innerösterreichischen Ländern im 16. Jahrhundert, 1898. — *Ders.*, Akten und Korrespondenzen zur Geschichte der Gegenreformation in Innerösterreich unter Ferdinand II., Fontes rerum Austr. II 58. 60, 1906/07. — *F. M. Mayer*, Zur Geschichte Innerösterreichs im Jahre 1600, Forschungen zur deutschen Geschichte XX, 1880. — *F. Popelka*, Geschichte der Stadt Graz, 2 Bde. 1928. 1935, bes. I S. 88 ff. — *M. List*, Kepler und die Gegenreformation, Festschrift 1971 S. 45 ff. — Zur österreichischen Kirchengeschichte überhaupt vgl. *G. Loesche*, Geschichte des Protestantismus im vormaligen und im neuen Österreich, 3. A. 1930. — *G. Mecenseffy*, Geschichte des Protestantismus in Österreich, 1956.

[2] Aus der Spezialliteratur vgl.:
O. Clemen, Zur Geschichte der protestantischen Stiftsschule in Graz, Zeitschr. d. histor. Vereins für Steiermark X, 1912. — *F. Khull*, Aus der alten Landschaftsschule in Graz, Mitteilungen des historischen Vereins für Steiermark XIV, 1897. — *J. Loserth*, Die protestantischen Schulen in Steiermark im 16. Jahrhundert, Monumenta Germanica Paedagogica 55, 1916. — *Ders.*, Die Beziehungen der steiermärkischen Landschaft zu den Universitäten Wittenberg, Rostock, Heidelberg, Tübingen, Strassburg u. a. in der 2. Hälfte des 16. Jahrhunderts, 1898.

[3] Vgl. Kepler an die theologische Fakultät in Tübingen, 28. 2. 1594 a. St., W XIII Nr. 8.   [4] Vgl. W XIV Nr. 132, 532 ff.

Fakultäten wurde ihm später selbst auf inständiges Bitten hin keine Stelle
mehr eingeräumt[5]. Bei aller Zurückhaltung Keplers entsprach doch seine
theologische Position in wesentlichen Punkten nicht dem konfessionellen
Luthertum württembergischer Prägung. Eine Berufung hätte deshalb spezifische Schwierigkeiten mit sich bringen müssen Schon Philipp Appian
(1531—1589), der Vorgänger Mästlins, war seinerzeit seines Amtes enthoben worden, weil er die Konkordienformel nicht unterschrieben hatte.

Freilich trug auch die Grazer Stiftsschule durchaus lutherisches Gepräge:
Einige ihrer Angehörigen, Zimmermann und Kellin, waren bei der Einführung des reformierten Bekenntnisses in Heidelberg wegen ihrer lutherischen Position amtsenthoben worden. Zimmermann ist der Verfasser
einer „Apologia Germanica" gegen die Heidelberger Theologen. Und Keplers orthodox lutherischer Lehrer Heerbrand in Tübingen war seit 1578 der
Vertrauensmann für die Besetzung erledigter Lehrstellen an der Grazer
Schule[6]. Der Grazer Inspektor Adam Venediger wiederum wollte ähnlich
wie Kepler vor der katholischen Reformationskommission nicht für einen
Lutheraner, sondern für einen Christen gehalten werden.

Anlaß zur Klage über die Unvernunft lutherischer Streitprediger gab es
auch in Graz. Freilich trieben die Jesuiten seit 1573, als ihr Kollegium
vollendet und ihnen die Seelsorge in der Pfarrkirche übertragen worden
war, ihrerseits die Gegenreformation planmäßig und ohne sonderliche
Rücksicht auf ihre protestantischen Gegner voran. Sie taten das Ihre, die
Stimmung entsprechend anzuheizen. Die Situation war bereits dadurch
äußerst gespannt, daß die protestantischen Bürger durch den Verlust wich-
tiger Stellungen, Ausweisungen, Haft und andere Bedrückungen trotz erheblichen Widerstandes ständig zur Konversion gedrängt wurden. Die Angehörigen des Stiftskollegiums hatten bald über die offenen Feindseligkei-
ten insbesondere der Jesuiten und von deren Freunden heftig zu klagen.
Der Rektor Johannes Regius und der Superintendent Wilhelm Zimmermann beschweren sich schon 1595 bei den Verordneten über Einfälle ins
Stiftskollegium mit Geschrei und Schmähreden, blutige Angriffe gegen
Stiftler auf der Straße, Verprügelungen in Wirtshäusern.

Aber auch die Landschaft nahm keine sonderlich geschickten Prediger
für ihre Stiftskirche und Schule auf. Der ehemalige Jesuit Kaspar Kratzer
war schon 1580 auf Intervention des Erzherzogs gleich wieder entlassen
worden, ebenso war dem Hauptpastor Jeremias Homberger 1580 auf
Grund seiner Kanzelpolemik die Predigt untersagt worden, und vier Jahre
später hatte er das Land verlassen müssen; als Vorwand konnte dienen,
daß er in verfehlter Insistenz auf Kirchenzucht einem verdienten Grazer

---

[5] Vgl. *F. Hammer*, Keplers Bemühungen um eine Professur in Tübingen, in:
Schwäbische Heimat XXII, 1971. S. 209 ff. — Siehe unten S. 23 f. u. a.

[6] Aus seiner Feder stammt auch die Widerlegung einer in Graz verfaßten
Fälschung des lutherischen Katechismus durch die Jesuiten.

Bürger verweigerte, den Leichenkondukt zu besorgen. Sein Nachfolger Wilhelm Zimmermann war wiederum keineswegs in der Lage, ihn zu ersetzen. Auch er befleißigte sich wie mehrere seiner Kollegen ungeschickter Polemik wider die Jesuiten und den Katholizismus überhaupt, was die Situation natürlich erst recht verschärfte. Kepler berichtet gelegentlich von den Ausfällen der evangelischen Prediger und verurteilt sie. In Steiermark, so schreibt er 1619 noch an Hafenreffer[7], sei sicher aller Anfang des Übels daraus entstanden, daß die Prädikanten Fischer und Kellin einen ausgesucht schroffen Ton auf der Kanzel angeschlagen hätten. Fischer habe manchmal von der Kanzel seinen Mantel herabgehalten und gefragt, ob das schicklich wäre, wenn Frauen unter seinen Mantel kröchen; noch viel ungehöriger sei es, wenn Mönche unter dem Mantel Marias gemalt würden[8]. Kepler leidet an dieser Situation mit. Zu allem Überfluß gab es auch noch innerhalb des Stiftes Streit unter den Prädikanten. All das war für Kepler nicht dazu angetan, sich mit Energie um eine kirchliche Stelle zu bemühen.

Mit der dem Mysterium cosmographicum[9] zugrunde liegenden Entdeckung, daß die fünf regulären Körper die Planetenbahnen bestimmen, deren Datum (19. Juli 1595) Kepler genau festhält[10], ist der Schritt vom Priesterdienst am Buch der Bibel zum Priesterdienst am Buch der Natur definitiv getan.

Schon den älteren Pythagoräern war bekannt, daß es nur fünf symmetrische, durch kongruente gleichseitige Vielecke begrenzte Raumkörper gibt: Würfel, Tetraeder, Dodekaeder, Ikosaeder und Oktaeder. Sie werden durch sechs Quadrate, vier Dreiecke, zwölf Fünfecke, 20 Dreiecke oder acht Dreiecke mit gleichen Seiten begrenzt. Plato hatte sie den vier Elementen, das Dodekaeder dem Universum zugeordnet (Timaios 55 f.). Keplers Entdeckung war nun, daß diese Körper in der genannten Reihenfolge jeweils so zwischen die Bahnen

---

[7] W XVII Nr. 835, 113 ff.

[8] Vgl. Kepler an Georg Friedrich von Baden, 10. 10. 1607, W XVI Nr. 451, 37 ff.: „die Bestelte lehrer etliche confundirn das lehrampt vnd Regierampt wellen Bischöffe sein vnd haben einen vnzeitigen Euffer damit sie alles jbern hauffen stossen trotzen auf jrer fürsten schutz vnd gwalt, führen dieselbigen offtermahls auf gefehrliche praecipitia. Diß hat vns in Steyrmarkht von langer hand ins verderben gebracht. ... man het vnß offtermahls in Steirmarkht wol Beschaidnere Exemplarischere leitte zueschickhen khönden oder in Vniversiteten der Jugend weiß vnd weg zaigen mögen wessen man sich in so gefarlichen orthen ohne verletzung des gewissen vnd zuerweisung der gepotenen schlangenweißhait zuuerhalten habe, damit die herschafft, so anders glaubens nit verunrüewiget werde." — Vgl. weiter Kepler an eine anonyme Frau, 1612, W XVII Nr. 643, 183 ff.

[9] W I S. 3—145, W VIII S. 7—128; Fr I S. 95—187.

[10] Vgl. W I S. 405 mit Anm. 2, wo abweichende Angaben Keplers (20. und 17. Juli) notiert sind.

zweier Planeten passen, daß die Bahn des nächst äußeren Wandelsterns, zur Kugeloberfläche erweitert, einen regulären Körper umfaßt, die der nächst inneren Bahn diesem Körper jedoch eingeschrieben werden kann. So umkreist der Saturn einen Würfel; die Jupiterbahn verläuft in ihm, umkreist ihrerseits aber einen Tetraeder, in dem sich wiederum die Bahn des Mars befindet, die wieder um einen Dodekaeder häuft, und so fort. Die Sonne steht im Mittelpunkt.

Fortan ist die Entdeckung des Kosmos, vor allem der Gesetze des Planetensystems, Keplers eigentliches Arbeitsfeld — und darin versucht er Gottes Schöpfertum zu verstehen. Er betrachtet es nun als seine Aufgabe, Gottes Weisheit unter den Menschen zu verkünden und so zur Verherrlichung des göttlichen Namens beizutragen. Ausführungen über die Vereinbarkeit seines astronomischen Denkens, vor allem des kopernikanischen Systems, mit der Heiligen Schrift, die er in sein Mysterium cosmographicum bereits aufgenommen hatte, läßt er auf Hafenreffers nachdrückliche Bitte jedoch vorläufig weg: „tota astronomia tantj non est, ut unus ex pusillis Christj offendatur"[11].

Über seine religiösen Gedanken zu dieser Zeit erfahren wir einiges weitere aus seinem Briefwechsel, das meiste aus den Briefen Zehentmairs. Hier sind z. B. aus dem Jahr 1599 Ausführungen „de sapientia diuina in creatione mundi" erwähnt[12], was sich wohl auf briefliche Äußerungen Keplers bezieht. An anderer Stelle spricht Zehentmair im gleichen Sinne von einem Brief Keplers als „dissertatio philosophica" über Zustand und Wesen der Kirche[13]. Alle Briefe Keplers an Zehentmair sind verloren, doch gibt dieser in seinen Antwortbriefen ausführliche Inhaltsangaben.

Eine fertige theologische Schrift Keplers wird von Zehentmair erstmalig

---

[11] W XIII Nr. 99, 502 f. Um die Veröffentlichung des Mysterium cosmographicum und dann speziell um das (5.) Kapitel über die Vereinbarkeit mit der Heiligen Schrift hat es einen umfangreichen Schriftwechsel gegeben. *E. Rosen*, Kepler and the Lutheran attitude toward Copernicanism, Katalog Linz S. 137 ff., hat aaO. S. 140 ff. ausführlich darüber referiert. Zu diesem Schriftwechsel gehören folgende Texte: Kepler an Mästlin, 2. 8. 1595, W XIII Nr. 21; Kepler an Mästlin, 3. 10. 1595, Nr. 23, 43—45; Mästlin an Kepler, 27. 2. 1596, Nr. 29; Kepler an die Universität Tübingen, 1. 5. 1596, Nr. 40, 6—10; 13—15 (Bitte um Prüfung); Mästlin an den Prorektor (Hafenreffer), Ende Mai 1596, Nr. 43 (Gutachten); Hafenreffer an Kepler, 6. 6. 1596, Nr. 44; Kepler an Mästlin, 11. 6. 1596, Nr. 47; Hafenreffer an Kepler, 14. 6. 1596, Nr. 48; Ende 1596 erschien das Buch. Die Diskussion um das Problem ging jedoch weiter: Kepler an Mästlin, 9. 4. 1597, W XIII Nr. 64, 2—4; Mästlin an Kepler, 30. 10. 1597, Nr. 80, 15 ff.; Kepler an Mästlin, 6. 1. 1598, Nr. 85, 121—135; Kepler an Hafenreffer, 2. 1598 (verloren); Hafenreffer an Kepler, 12. 4. 1598, Nr. 93, 22—68; Kepler an Mästlin, 1./11. 6. 1598, Nr. 99, 491—524; Mästlin an Kepler, 4. 7. 1598, Nr. 101, 135—137; Hafenreffer an Kepler, 6. 8. 1598, Nr. 102. — Zum Inhaltlichen vgl. unten S. 213 f.

[12] W XIII Nr. 122, 19 f.   [13] W XIII Nr. 125, 9 f.

im Jahre 1599 erwähnt. Er spricht in einem Brief vom 13. Oktober 1599[14] von einem Scriptum „de coena domini", das Kepler ihm gesandt habe. Zehentmair geht in seiner Antwort auf den Inhalt dieses Scriptums ein und vermittelt uns auf diese Weise ein erstes zusammenhängendes Bild von Keplers theologischem Denken. Danach geht es Kepler im Abendmahl um die Zueignung von Frucht und Verdienst des Todes Christi, nicht um die Gegenwart der Substanz seines Körpers. Er stellt damit schon hier wie später einer realen, substanzhaft gedachten Gegenwart Christi die Gegenwärtigkeit seines einstigen erlösenden Handelns, die seiner Passion gegenüber. Hier setzt sich bereits ein gewisses naturwissenschaftliches Denken durch, das die Konsequenzen der lutherischen Lehre von der Realpräsenz des Leibes und Blutes Christi als absurd empfindet und so in die Nähe des sehr viel „rationaleren" Calvinismus kommt. Für den Lutheraner Zehentmair gehören Substanz des Leibes Christi und der Sinn seines Todes untrennbar zusammen; das Besondere des Abendmahls ist es gerade, daß hier nicht nur von Sinn und Wert („Frucht", „Verdienst") und deren Unterpfand die Rede ist, sondern eben Christus selbst leibhaft „genommen" werden (sumi) kann. Dies wäre umgekehrt ohne Verständnis dessen, was Kepler mit „Frucht" und „Verdienst" meint, gar nicht möglich. Aber Christus ist für ihn nicht nur in seinem Geist gegenwärtig, sondern läßt sich selbst „nehmen". Das bleibt freilich in seinem Wie und Warum göttliches Geheimnis, dem nicht kritische Reflexion, sondern nur dankbares — eben: Nehmen und dankbare Anbetung entsprechen können.

Reflektiert wurde jedoch auch auf lutherischer Seite dort, wo der unmittelbare Existenzvollzug die Ratio auf ihren ihr zukommenden Platz, auf ihre dienende Funktion verweisen sollte. Kepler hat die Unmittelbarkeit des Glaubens gegenüber dem Rationalismus, der Spekulation und Disputierfreudigkeit der Fachtheologen immer wieder zu schützen und zur Geltung zu bringen versucht. In der theologischen Reflexion, wenn es nun um rationale Klarheit ging, lag ihm dann aber die calvinische Denkweise wesentlich näher als die lutherische. Seiner Meinung nach stimmten Calviner und Jesuiten in dem Artikel von der Person Christi überein und konnten sich beide auf die Kirchenväter und ihre Nachfolger sowie ihre scholastischen Interpolatoren berufen. Ihr Konsens schien der Alten Kirche zu entsprechen. Den Streit der Lutherischen und Reformierten empfand Kepler dagegen als Neuerung, veranlaßt durch die Abendmahlslehre und anfänglich nicht gegen die Römischen gerichtet. Daher konnte er es mit seinem Gewissen nicht vereinbaren, in Verdammungsurteile gegen die Calvinisten einzustimmen; wenn ihnen hinsichtlich des einen Hauptstückes von der Person Christi Unrecht geschah, wie er meinte, dann zweifellos auch hinsichtlich des anderen vom Heiligen Abendmahl[15].

---

[14] W XIV Nr. 137, 50 ff.
[15] NK 6 S. 13, 33 ff. „Interpolatores" S. 14, 2 kann nach dem Kontext kaum

Am 28. September 1598 mußte Kepler im Zuge der Gegenreformation zusammen mit den anderen Lehrern und Predigern der protestantischen Stiftsschule auf erzherzogliches Dekret hin Graz und Österreich verlassen. Er wandte sich mit Kollegen zunächst nach Petanicza in Ungarn und hoffte noch auf Aufhebung des Ausweisungsbefehls. Anfang Oktober wurde das Grazer Kirchen- und Schulministerium jedoch endgültig aufgelöst.

Kepler hatte seine Anschauungen bis zu seiner Ausweisung im Jahre 1598 für sich behalten. Dann mußten Entscheidungen fallen[16]. Er wog die Parteien der Reformatoren in seinem Gewissen ab, welchen er sich, aus Graz vertrieben, anschließen wolle. Er kam zu dem Entschluß, zwischen den Dogmen zu unterscheiden und sein Gewissen zu erleichtern; wegen dieses einen Artikels, in dem den Päpstlichen wohl Unrecht geschah, wollte er sein Schicksal nicht aufs Spiel setzen. So begann er, seine Bedenken zunächst den vertriebenen Prädikanten zu eröffnen. Das tat er dann auch späterhin, wenn er in Böhmen das Abendmahl erbat, und auch gegenüber den Württembergern.

Kepler hatte durch seine wissenschaftliche Arbeit und durch persönliche Beziehungen guten Kontakt auch mit den Jesuiten, so daß er einen Monat nach der Ausweisung wieder nach Graz zurückkehren durfte. Dennoch waren seine Tage hier gezählt[17]. Auch für ihn selbst waren die Zustände auf die Dauer nicht mehr tragbar. Er mußte 1599 für die evangelische Taufe seiner ersten Tochter Susanna 10 Taler Strafe zahlen. (Der Prädikant Paul Odontius, der die Taufe vornahm, wurde 1602 gefangen genommen; er floh vor der Galeere in Triest und schrieb darüber 1603 einen „Historischen Bericht"[18].) Protestantische Bücher wurden endgültig verboten und getilgt. Die Ausübung evangelischer Gottesdienste war auch privat immer weniger möglich.

Am 2. August 1600 verweigerte Kepler vor der katholischen Reformationskommission in Graz den Übergang zur Papstkirche und mußte nunmehr das Land endgültig verlassen. Er bat bei den Verordneten um Entlassung, und als deren Fürsprache für Kepler bei Hof fruchtlos blieb, erhielt er von ihnen am 4. September sein Dienstzeugnis und reiste einige Tage später ab. Er nahm dies Schicksal getrost und innerlich froh auf sich wie das Los eines Märtyrers[19].

---

mit „Verfälscher" wiedergegeben werden (Selbstzeugnisse 62); es ist eine Übersetzung in neue Gestalt gemeint.

[16] Vgl. NK 6 S. 14, 8 ff.
[17] Vgl. Kepler an Mästlin, 8. 12. 1598, W XIII Nr. 106, 516 ff.
[18] Vgl. W XVIII Nr. 220 a, 5 f. (S. 453, 572 f.).
[19] Vgl. W XIV Nr. 175, 52 ff.

III. Prag (1600—1612)

In Prag lagen die konfessionellen Verhältnisse zu der Zeit, als Kepler dort lebte, noch anders als in der Steiermark[1]. Die Gegenreformation setzte sich hier erst nach der Schlacht am Weißen Berge 1620 durch. Die Jesuiten erhielten 1622 die Schulaufsicht. Bis dahin bestanden neben der Gruppe der Katholiken die aus dem Hussitentum hervorgegangenen Utraquisten, bei denen im Gegensatz zu den Katholiken die Laien am Abendmahlskelch teilhatten, die böhmischen Brüder als die Nachfahren des radikalen hussitischen Flügels, sowie das besonders bei den Deutschen heimische Luthertum. Daneben wuchs der Einfluß des Calvinismus. Die böhmischen Landstände einigten sich 1575 auf die Confessio Bohemica; in ihr waren die Anliegen der Lutheraner und der Brüderunität vereinigt. Dieses Bekenntnis brachte auf der Grundlage der Augsburgischen Konfession auch das Erbe des Hussitismus zur Geltung und erhielt dadurch reformierte Anklänge. Nach einem Edikt aus dem Jahre 1602 sollten nur Katholiken und Utraquisten im Lande geduldet werden; 1609 wurde jedoch ein Majestätsbrief erzwungen, der den Ständen und königlichen Städten freie Religionsausübung, ein eigenes Konsistorium und die Universität zusprach. Die Brüderunität blieb hier jedoch ausgeschlossen. Seit 1556 hatten sich im Clemenskloster auch in Prag die Jesuiten niedergelassen und betrieben eine erfolgreiche Rekatholisierungspolitik. Ihre Hochschule überflügelte bald die protestantische Universität an Bedeutung.

Dem Clementinum gegenüber wohnte Kepler seit 1607. Ihm ist wohl nicht nur einmal nahegelegt worden, zur katholischen Kirche überzutreten, doch blieb er von ernsten Bedrängnissen in der religiösen Frage verschont. Der Görlitzer Pfarrer Gregor Eichler[2] äußert sich erstaunt und erfreut über die exercitia pietatis in seinem Haus: Sonn- und feiertags hält Kepler als verantwortlicher christlicher Hausvater Hausandachten, wie es guter lutherischer Tradition entspricht.

In Keplers Prager Freundeskreis finden wir Vertreter aller Konfessionen: Johann Friedrich Hoffmann von Grünbüchel und Strechau, der Wortführer der protestantischen Partei in der Steiermark, nahm Kepler nach seiner Ankunft in Prag zunächst in seinem Hause auf. Mit Rektor Martin Bachazek, dem das protestantische und utraquistische Schulwesen besonders am Herzen lag, wohnte er 1604—1607 im Wenzelskolleg zusammen. Johannes Matthäus Wackher von Wackenfels, Hofrat, und Johannes Pistorius, Prä-

---

[1] Vgl. hierzu B. *Czerwenka*, Geschichte der evangelischen Kirche in Böhmen, 2 Bde. 1869/70. — A. *Frind*, Die Kirchengeschichte Böhmens, Bd. IV, 1878. — A. *Gindely*, Geschichte der Gegenreformation in Böhmen, 1894. — Ch. A. *Pescheck*, Geschichte der Gegenreformation in Böhmen, Bd. I, 1844. — R. *Říčan*, Das Reich Gottes in den böhmischen Ländern, 1957.

[2] W XV Nr. 427, 8 f.

lat und Beichtvater Rudolfs II., waren dagegen vom Calvinismus zur katholischen Kirche übergetreten. Peter Wok wiederum, einer der reichen Gönner Keplers, war Führer der Utraquisten. Alle drei Kinder, die in Prag geboren wurden, wurden von utraquistischen Geistlichen getauft. Seine katholische Stieftochter schickte er dagegen mit 14 Jahren nach Dresden zur Kommunion. Der kursächsische Gesandte Johann Georg Gödelmann, Pate von Keplers Sohn Ludwig, neigte stark zum Calvinismus, ebenso Wenzeslaus Budowetz von Budow und Johannes Jessenius, kaiserlicher Leibarzt und 1617 Rektor der Universität. Mit ihnen war Kepler eng befreundet. Beide starben später wegen ihrer Gegnerschaft gegen Ferdinand II. auf dem Schafott.

Kontakt hatte Kepler mit dem einflußreichen lutherischen Theologen Matthias Hoe von Hoenegg[3], einem scharfen Gegner des Calvinismus. Hoe ist Anfang 1611 in das Direktorium der deutschen Kirche in Prag berufen worden. Er ist Verfasser eines in Österreich verbreiteten „Evangelischen Handbüchleins" gegen die Papstkirche (1603)[4] und der Schrift

---

[3] Matthias Hoe von Hoenegg wurde am 24. 2. 1580 in Wien geboren, studierte seit 1597 in Wittenberg, neben Philosophie und Jurisprudenz vornehmlich Theologie, promovierte 1601 zum Licenciatum Theologiae. 1602 wurde er als Dritter kurfürstlicher Hofprediger nach Dresden berufen, 1603 wurde er Superintendent in Plauen und promovierte zum Doktor der Theologie. 1611 wurde er Direktor des evangelischen Kirchen- und Schulwesens im Königreich Böhmen zu Prag und organisierte dieses neu. 1615 setzte ihn der Kurfürst als Ersten kurfürstlich-sächsischen Hofprediger (Oberhofprediger) und Kirchenrat zu Dresden ein. Zur Zeit des Winterkönigs plädierte er für die Sache Ferdinands und damit des Katholizismus, auch, um die böhmischen Länder vor dem „calvinischen Antichristen" zu bewahren; die Gemeinschaft mit den Papisten hielt er (mit Polykarp Leyser) für sicherer und vorteilhafter als die mit den Calvinisten. 1620 machte ihn der Kaiser zum Comes Palatinus (kaiserlicher Pfalzgraf mit der Befugnis, kaiserlich gekrönte Dichter zu kreieren). Neben einer Fülle anticalvinistischer Streitschriften verfaßte Hoe auch solche gegen den Katholizismus. 1623 wirkte er an der Decisio Saxonica zur Schlichtung des christologischen Streites zwischen Tübingen und Gießen mit. Er starb am 4. 3. 1645.

Vgl. *Zedler*, Universallexikon, Bd. XIII, 1735, 342 ff. (dort auch ausführliche Bibliographie); *Ersch—Gruber*, Allg. Encyklopädie der Wissenschaften und Künste II 9, 1832, 216 ff.; RE VIII 176 ff. *(Franz Dibelius); H. Leube*, Kalvinismus und Luthertum im Zeitalter der Orthodoxie, I. Der Kampf um die Herrschaft im protestantischen Deutschland, 1928, S. 111 ff.; neuerdings: *H.-D. Hertrampf*, Der Kursächsische Oberhofprediger Matthias Höe von Höenegg — seine Theologie, Polemik und Kirchenpolitik, Diss. theol. Leipzig 1967. — Vgl. auch Anm. 41 zu S. 37 und *Raupach* IV S. 237.

[4] Evangelisches Handbüchlein, darinnen unwiderleglich aus einiger heiliger Schrift erwiesen wird, wie der genannten *Lutherischen* Glaube recht katholisch, der Päpstler Lehre aber im Grunde irrig und wider das helle Wort Gottes sei. Zur Rettung der himmlischen Wahrheit, zum Unterricht der Einfältigen, und im Papstthum schwebenden Christen, verfertigt durch *Matthias Hoe von Hoenegg*, Leipzig 1603, Neudruck Dresden 1871.

„Christliches und in Gottes Wort gegründetes Bedencken, päpstliche Lehre nicht anzunehmen" (1606)[5]. Hoe hat 1611 die Leichenrede bei der Beerdigung von Keplers Frau gehalten[6]. Er hat Kepler offenbar auch, ähnlich wie Hafenreffer, von seinen theologischen, calvinisierenden Gedankengängen und entsprechenden Disputationen dringend abzubringen versucht, ihn an die Mathematik verwiesen und im übrigen angeraten, in „christlicher Einfalt" zum Abendmahl zu gehen[7].

Das jedoch war Kepler angesichts der orthodoxen Streitpredigt gerade nicht möglich. So geriet er sogar in den Verdacht, durch die reformierte Lehre seine Frau derart verwirrt zu haben, daß ihr zunehmender Trübsinn, der zuletzt auch ihren Tod mit beschleunigt hatte, auf Zweifel an der Prädestination zurückzuführen sei[8]. Das ist üble Nachrede, wo doch Kepler selbst die Prädestinationslehre gerade ablehnt, und diese selbst auch anders verstanden sein will. Freilich treibt auch ihn, wie er selbst einmal erwähnt[9], Seelenangst um die Erwählung um. Es beleuchtet aber charakteristisch die geistige Situation, der sich Kepler auf niederer Ebene ausgesetzt sah, daß er sich gegen solche Verdächtigungen verteidigen mußte.

Mit dem Nachfolger Hoes, D. Helvicus Garthius, stand Kepler bei seinen späteren Aufenthalten in Prag offenbar in guter Beziehung; jedenfalls hat dieser ihm auch nach seinem Ausschluß in Linz weiterhin das Abendmahl gereicht[10].

Wahrscheinlich ist Kepler auch mit dem lutherischen Theologen Fridericus Balduinus (1575–1627), Professor und Superintendent in Wittenberg, zusammengekommen. Dieser war Kurfürst Christian II. für kurze Zeit als Hofprediger nach Prag gefolgt. Kepler zitiert ihn an einer Stelle ausdrücklich und bezieht sich dabei auf eine an ihn gerichtete Antwort[11]. Beschäftigt hat sich Kepler auch mit Disputationen des Stuttgarter Hofpredigers Michael Schäfer, wenn es auch zu einer ausführlichen Auseinandersetzung, die er offenbar vorhatte, nicht mehr gekommen ist. Anscheinend lag bereits ein entsprechendes Schriftstück Keplers vor. Er wollte es an Balthasar Mentzer nach Gießen zur Beurteilung schicken[12].

Theologisch interessant sind in der Zeit von Keplers Prager Aufenthalt chronologische Untersuchungen vor allem über das *Geburtsjahr Christi*: „De Jesu Christi Servatoris nostri vero Anno natalitio", 1606[13]. In diesen Zusammenhang gehört eine *Evangelienharmonie*, in der Kepler die Um-

---

[5] *Raupach* IV S. 161 f. 163 ff.
[6] Siehe in den Funera domestica (W XII) das Thema concionis fvnebris.
[7] So jedenfalls das Stuttgarter Konsistorium 1612: W XVII Nr. 638, 78 ff. Vgl. auch Hoes Gutachten über Garthius, unten S. 44 f.
[8] Siehe W XVII Nr. 643, 153 ff.   [9] W XVII Nr. 669, 88.
[10] Vgl. unten S. 44.   [11] NK 6 S. 17, 30; vgl. unten S. 135 f.
[12] W XVI Nr. 586, 71 ff. Vgl. Anm. 26 zu S. 66.
[13] W I S. 357 ff. Vgl. die weiteren Schriften Keplers zu dieser Frage in W V S. 5 ff., 127 ff.

stände der in den Evangelien erzählten Geschehnisse mathematisch und historisch nach Ort und Zeit untersuchen und zusammenstellen will, um ein christliches mathematisches Wissen zu entwickeln und in der Kirche darzubieten. Diese Arbeit liegt nicht mehr vor, und es muß offenbleiben, ob sie überhaupt veröffentlicht worden ist.

Erwähnt wird die Evangelienharmonie zuerst im Bericht vom Geburtsjahr Christi von 1613[14]. Danach hat Kepler damals eine „Chronologia à Mundi ortu ad finem Politiae Judaicae" in Arbeit, deren zweiter Teil die „Harmonia Evangelistarum" enthalten sollte. Auf diese wird noch einmal[15] und dann zweimal in den „Eclogae Chronicae" von 1615[16] verwiesen. Das Manuskript bringt Kepler 1617 mit nach Tübingen und legt es Hafenreffer vor; 1618 bittet er diesen brieflich noch einmal um Rat und Fürsprache für die Veröffentlichung — Kepler denkt an einen Druckkostenzuschuß der evangelischen Gemeinde in Hernals bei Wien — und macht einige Andeutungen über den Inhalt[17]. Alles in allem hätte er die Absicht, für die Kirche eine christliche Mathematik zu schaffen[18]. Hafenreffer fordert angelegentlich zur Veröffentlichung auf (17. Februar 1619)[19], ohne daß offenbar entsprechende Bemühungen Erfolg gehabt haben. Am 15. November 1621 äußert Crusius aus Straßburg erneut den Wunsch und die Hoffnung, daß Kepler die Schrift herausgibt[20]. In einem Brief vom 25. Februar 1624 bittet Johannes Falco, ein Theologiestudent am Tübinger Stift, Kepler um sein Material zur Genealogie Christi nach Matthäus und Lukas[21]. Mit einem Brief vom 19./29. März 1624 sendet dieser es an Bernegger[22], der es an Schickhard weiterleitet[23] und um die Herausgabe bemüht ist; am 11./21. Mai 1624 bestätigt Schickhard den Empfang des „Tractatus Genealogicus"[24]. Kepler erwähnt „rationes de genealogia Christi" noch einmal in einem Brief an Bernegger (20./30. Juni 1625)[25], und eine weitere Spur dieses Materials (nebst „Quaestiones theologicae") findet sich in einem Schreiben ohne Adresse, Ort und Datum, das vermutlich aus dem Jahre 1627 stammt[26]. Zuletzt scheint es, von seinem Sohn Ludwig angekündigt, in dem „Catalogus universalis autum. Leipzig 1660", S. 4 erwähnt, aber auch danach nicht veröffentlicht worden zu sein[27].

Von theologischen Erwägungen sind aus dieser Zeit weiter zu nennen eine Diskussion um die Geister, die die Kometen bewegen und — entgegen der gängigen theologischen Schöpfungslehre — jeweils eigens dazu erschaffen worden sein sollen[28], dann die Spekulationen, die mit der zen-

---

[14] W V S. 134, 3. [15] W V S. 200, 3 f.
[16] W V S. 280 Randbem., 315 Randbem.
[17] W XVII Nr. 808, 79 ff. (28. 11. 1618).
[18] Z. 127. [19] W XVII Nr. 829, 46 ff.
[20] W XVIII Nr. 921, 96 f. [21] W XVIII Nr. 975, 52 ff.; Nr. 976.
[22] W XVIII Nr. 978, 58.
[23] W XVIII Nr. 982, 29 ff. (4./14. 5. 1624)
[24] W XVIII Nr. 985, 2 ff. [25] W XVIII Nr. 1010, 57 ff.
[26] W XVIII Nr. 1067, 10 f. [27] W XVIII S. 505 f. zu Nr. 978, 58.
[28] Vgl. De Cometis (1608), W IV S. 65, 17 ff.; Briefe W XVI Nr. 479 und

tralen Stellung der Sonne als Weltbeweger zusammenhängen — mit ihrer Hilfe löst Kepler die Kometenfrage im naturwissenschaftlichen Sinne —, ferner die Ausführungen über die Verträglichkeit des kopernikanischen Systems mit der Heiligen Schrift in der Einleitung der Astronomia nova (1609)[29], sowie schließlich die Diskussionen um den Wert naturwissenschaftlicher Astrologie[30].

Johannes Pistorius gegenüber, der, selbst Konvertit, mit Geschick die Katholisierung Badens betrieben hatte, hat Kepler sehr deutlich seine Stellung zur katholischen Kirche ausgesprochen. Am 14. März 1607 hatte Pistorius aus Freiburg an Kepler geschrieben und von einer schweren Krankheit berichtet, die wahrscheinlich zu seinem Tode führen würde[31]. Er sammle sich aber ganz für jenen anziehenden Weg, der ihn von den Nichtigkeiten der Welt frei mache und zu seinem Erlöser Christus und zu der von ihm erworbenen himmlischen Erbschaft führen werde.

In seinem Antwortbrief vom 15. Juni 1607 wendet sich Kepler — offenbar im Blick auf frühere Dispute mit seinem Freund — mit großer Schärfe gegen die katholische Hierarchie[32]. Nichtigkeiten dieser Welt machten nach seiner Meinung zu einem großen Teil den glühenden Eifer derer aus, die von Vorrechten auf die Seligkeit träumten und behaupteten, daß Rom die einzige Pforte des Himmels sei. Darauf sei die völlige Willfährigkeit der Könige gegenüber denen, die indirekt Könige seien, zurückzuführen. Pistorius werde bei seiner Gesinnung zu der Schar der Erwählten gehören, sofern er Gott auch die verborgenen, unbewußten Sünden und die Meinung, mit der Beunruhigung gewisser Leute Gott einen Dienst zu tun, bekannt und abgebeten habe. An jenem großen Tage werde Pistorius für ihn, wenn er zum Gericht Christi erscheine, Zeuge sein, daß er durch keinerlei persönlichen Haß gegen den Papst, die Bischöfe und Priester, sondern aus reinem Eifer um Gott, durch die eifrige Beschäftigung mit den Geboten Christi und dem, was er eingesetzt hat, aus Sorge um seine und der Apostel Weissagungen (die von der höchst schiefen Lehre mittelmäßiger Geister auf jene römische Monarchie oder vielmehr kirchliche Tyrannei

488, 343—410; ferner W VIII S. 232 ff., W XVI Nr. 472, 483, 484. Siehe unten S. 240 ff.

[29] W III S. 28 (Z. 26) ff. Siehe unten S. 218 ff.

[30] Vgl. vor allem Tertius interveniens (1610), W IV S. 145 ff.

[31] W XV Nr. 413, 2 ff. Johannes Pistorius d. J., 1546 zu Nidda geboren, 1608 gestorben, war zunächst Hofarzt Karls II. von Baden, unter seinen Söhnen dann vielseitiger Consiliarius. Er hatte ursprünglich die FC unterschrieben, ging seit 1575 zum Calvinismus über und trat 1586 zur katholischen Kirche über; Motiv war das römische Kirchenverständnis und das Traditionsprinzip. Pistorius erreichte die Konversion Jakobs III. von Baden und Hochberg, der damit zum ersten, wenn auch nur kurze Zeit, regierenden Konvertiten wurde. Pistorius war dann in verschiedenen geistlichen und kaiserlichen Diensten tätig. Vgl. auch *M. Caspar*, J. K. S. 186—188.   [32] W XV Nr. 431, 24 ff.

2*

bezogen würden), daß er aus diesen Gründen also in jener Freiheit beständig geblieben sei, in der er mit Gottes Erlaubnis geboren worden sei, und deshalb nicht gewollt habe, aus freien Stücken im römischen Joch verstrickt zu werden. Die Römischen beschwerten nicht nur die Christen mit gleichgültigen Zeremonien, die jenen ähnlich seien, vor denen der Apostel Paulus die Galater gerade schützen wolle, sondern sie erklärten auch die Worte und Gebote Christi und der Apostel auf höchst gefährliche Weise, während sie dies Recht der Auslegung einzig zu dem ihren machten und den menschlichen Verstand, mit dem Gott durch seine Diener zu handeln pflegt, einfach gefangensetzten, so daß dieser nicht anders urteilen könnte, als daß die Erklärungen den Worten irgendwo diametral entgegengesetzt seien. Werde dies enge Recht der Auslegung zugestanden, würde hinwiederum nicht einmal dem Antichristen höchstselbst (von dem die Schrift sagt, daß auch er im Tempel sitze) noch etwas dazu fehlen, womit er sein Reich in der Kirche befestigen und das Christi zerstören könne.

Dies habe Kepler in der innersten Erregung seines Herzens gleichsam als Weggenosse eines, der in die Ewigkeit wandern wird, — da ja ungewiß ist, wer von beiden dem anderen vorangehen wird — antworten wollen. Er bittet seinen Freund um das gleiche Verständnis für seine Offenheit wie auch sonst und zugleich, den gelesenen Brief zu vernichten. Dies scheint freilich nicht geschehen zu sein.

In seinem Antwortschreiben vom 12. Juli 1607 erklärt Pistorius[33]: „Ich wollte, daß du die Theologie beiseite läßt. Du verstehst von ihr sicherlich nichts. Du dichtest den Katholiken an, was sie niemals gedacht haben. Aber ich werde mit dir über diese Sache fortan kein Wort mehr wechseln." Darauf wendet er sich wieder den mathematischen Dingen zu.

Im Mittelpunkt von Keplers spezifisch theologischem Denken stand in dieser Zeit aber wieder die Auseinandersetzung mit der calvinistischen Lehre. Im August des Jahres 1610 erwähnt Kepler im Zusammenhang des Dialogs mit den reformierten Heidelbergern unter anderen Schriften auch ein „conceptum Germanicum" und verspricht sich von der Möglichkeit, etwas — „suppresso nomine", also anonym — herauszugeben, Erfolg für den Weg zum Frieden der Konfessionen[34]. In dem gleichen Brief, der an Hafenreffer gerichtet ist, berichtet er auch, daß er „exercitii causa" gegen Hubert Sturm schreibe, der 1604 in Hanau ein Buch über die Prädestination veröffentlicht hatte[35]. Darin wird im Anschluß an Hieronymus Zanchi (Bergamo) die Prädestinationslehre im calvinistischen Sinne verteidigt[36].

---

[33] W XV Nr. 433, 2 ff. [34] W XVI Nr. 586, 32 f.
[35] W XVI Nr. 586, 34 ff. — Sturms Schrift trägt den Titel: De aeterna Dei praedestinatione, diatribe.
[36] „Ex Zanchio fatalia defendit omnia", W XVI Nr. 586, 35 f.

Der Brief aus dem Jahre 1612, in dem sich Kepler gegen die Verleumdungen über sein Verhalten zu seiner verstorbenen Frau verteidigt, enthält den Hinweis auf ein „grosses buch *wider der Calvinisten lehr von der Vorsehung*"[37]. Diese Schrift war bisher nicht auffindbar und muß als verschollen gelten. Sie kann durchaus mit den Andeutungen im Brief vom August 1610 in Zusammenhang stehen. Franz Hammer hat die These vertreten, daß es sich auch bei den in drei Briefen an Bernegger aus dem Jahre 1621 erwähnten „*libelli Prosperi*" um eben diese Schrift handelt[38]. Kepler fragt in den ersten beiden Briefen an, ob die libelli Prosperi herausgegeben würden und hat dann nach dem dritten Brief erfahren, daß sie nach Frankfurt zum Drucker geschickt worden seien. Er schreibt nun, daß er sich um den Druck nicht mehr bemühe; er möchte nur, daß das Manuskript nicht verlorengeht. Einen anderen, lateinischen Bogen möchte er lieber fallen lassen, damit er dem Prosper nicht zum Hindernis werde.

Prosper von Aquitanien (gestorben nach 455) ist zur Zeit Keplers wegen seiner Prädestinationslehre viel gelesen worden; er vertrat zuletzt einen bedingten Augustinismus, der im Unterschied zu Augustins Prädestinationslehre (entsprechend der absoluten, gnadenhaften Erwählung der Glaubenden Verdammnis der der Erbsünde Überlassenen um Gottes Gerechtigkeit willen) Gottes Vorherwissen davon, ob der Mensch sich für die Gnade entscheidet und bei ihr beharrt, als Grund der Erwählung ansah. Der Ton liegt hier stärker auf der Freiheit der Gnade, andererseits aber auf dem Tun des Menschen, dem die Gnade korrespondiert. Es gab verschiedene neu herausgegebene Sammlungen entsprechender Äußerungen Prospers[39], und es liegt nahe, daß Kepler in der Auseinandersetzung mit dem Calvinismus zu einer ähnlichen Stellung wie Prosper zu Augustin gekommen ist und deshalb das entsprechende Pseudonym für seine Arbeit gewählt hat. Es ist dann freilich nicht klar, warum er den Druck mindestens neun Jahre vermieden und dann, als er bevorstand, schließlich doch nicht weiter verfolgt hat. Es läge die Vermutung nahe, daß der Inhalt, vielleicht abgesehen von Ausführungen über die Prädestination, doch seine sonstige Übereinstimmung mit calvinistischen Lehren deutlich werden ließ. In besonderer Weise könnte dies für den erwähnten lateinischen Bogen gelten. In der Zeit seiner Linzer Tätigkeit und seines theologischen Kampfes um Wiederzulassung zum Abendmahl, besonders aber gerade zur Zeit des Hexenprozesses gegen seine Mutter konnte Kepler eine derartige Stellungnahme nur schaden.

[37] W XVII Nr. 643, 162 f.

[38] W XVIII S. 481; siehe Brief Nr. 909, 30 (15. 2. 1621); 915, 3 (31. 5. 1621); 919, 11 ff. (21. 8. 1621).

[39] Vgl. Parallelae Pelagianorum et veteris ecclesiae sententiae de libero arbitrio, a D. Prospero descriptae, aptissime nostri temporis certamina exprimentes, s. l. et a.;

Duo Libelli D. Prosperi de Originali peccato & Libero arbitrio: pro gratia

Martha List[40] vertritt auf Grund von Prospers chronologischen Schriften
und an Hand eines Briefes von Crusius am 15. November 1621 aus Straßburg[41] die Auffassung, daß mit den libelli Prosperi Keplers Evangelienharmonie gemeint sei. Kepler zitiere in seinen chronologischen Schriften
wiederholt die von Prosper fortgeführte Chronologie des Eusebius-Hiero-
nymus. In diesem Sinne fühle sich Kepler als „Prosper". Eine sichere Entscheidung wird sich bei dem vorliegenden Material (erneute Nachforschungen nach weiterem Material, insbesondere den verschollenen Schriften
Keplers, blieben in dieser Hinsicht ohne Erfolg) nicht mehr fällen lassen.
Sie läuft darauf hinaus, ob man der Erwähnung des Pseudonyms Prosper
mehr theologisches oder mehr chronologisches Gewicht beimißt. Mir scheint
der theologische Zusammenhang so weit zu gehen, daß eine Identifizierung der „libelli Prosperi" mit Keplers Schrift „Wider der Calvinisten
Lehre von der Vorsehung", eingeschränkt durch die genannten Schwierigkeiten, durchaus im Bereich des Möglichen liegt. Bei einer chronologischen
Schrift wäre wohl auch keine besondere Vorsicht nötig gewesen.

In die Zeit des Prager Aufenthaltes fällt auch der Beginn des Brief-
wechsels Keplers mit den Vertretern des lutherischen Kirchentums in Württemberg, der die konfessionellen Fragen um Abendmahl und Christologie
und in Zusammenhang damit die Unterschrift unter die Konkordienformel behandelt. Dieser Briefwechsel gibt uns den tiefsten Einblick in Keplers theologisches Denken und bildet die Vorgeschichte und Voraussetzung
der theologischen Schriften aus den späteren Jahren.

In der genannten Sache ist folgender Schriftwechsel[42] nachweisbar:

1. Kepler an Johann Friedrich von Württemberg
   Stuttgart, Anfang Mai 1609, abgedruckt W XVI Nr. 528
2. Kepler an Hafenreffer
   Prag, 18. 8. 1610, abgedruckt W XVI Nr. 586
3. Konsistorium zu einer eventuellen Berufung Keplers
   Stuttgart, 25. 4. 1611, abgedruckt W XVI S. 464
4. Kepler an das Konsistorium Stuttgart
   Linz, 20. 8. 1612, verloren, erwähnt W XVII Nr. 847, 12 ff.
5. Antwort des Konsistoriums an Kepler

---

contra recentiores Pelagianos scripti, hoc tempore admodum utiles. Et quae-
dam alia de eadem materia (auctore *Matth. Flacio Illyrico*), s. l. et a.
Es handelt sich bei diesen Schriften um den Zusammenhang der flacianischen
Auseinandersetzungen um die Notwendigkeit guter menschlicher Werke zum
Heil. Flacius hatte diese energisch bestritten und schließlich um der Ausschließlichkeit der Gnade willen die substantielle Sündigkeit des Menschen behauptet.
[40] Persönliche Mitteilung.   [41] W XVIII Nr. 921, 96 f.
[42] Auszüge aus diesen Briefen in deutscher Übersetzung in: Briefe.

Stuttgart, 25. 9. 1612, abgedruckt W XVII Nr. 638
6. Antwort Keplers an das Konsistorium
   alsbald, unbekannt
7. Kepler an Hafenreffer um Vermittlung beim Ministerium primarium Verbj
   Dej
   Tübingen, 1617, unbekannt, erwähnt W XVII Nr. 835, 17.32
8. Kepler an Hafenreffer
   Linz, 28. 12. 1618, abgedruckt W XVII Nr. 808
9. Hafenreffer an Kepler
   Tübingen, 17. 2. 1619, abgedruckt W XVII Nr. 829
10. Kepler an Hafenreffer
    Linz, 11. 4. 1619, abgedruckt W XVII Nr. 835
11. Erasmus Grüninger an Lucas Osiander
    Stuttgart, 1. 7. 1619, abgedruckt W XVII Nr. 843
12. Hafenreffer an Kepler
    Bad Teinach, 31. 7. 1619, abgedruckt W XVII Nr. 847; W XII; NK 6,
    S. 10 ff.
13. Notae ad epistolam D. D. Matthiae Hafenrefferi ... 1625, abgedruckt
    W XII; NK 6, S. 13 ff.

Als Kepler im Frühjahr 1609 in Württemberg war und auf Grund der
unbeständigen politischen Zustände, die besonders in Prag selbst herrsch-
ten, nach einer neuen Stellung suchte, richtete er ein entsprechendes
schriftliches Gesuch an Herzog Johann Friedrich von Württemberg[43]. Dem
fügte er alsbald ein zweites Schreiben bei[44], in dem er für einen allfälligen
Ruf nach Tübingen vorsorglich seine konfessionelle Stellung darlegt: Den
Calvinisten solle man, so weit nur immer möglich, die Hand reichen, die
Punkte, in denen man sich nicht mit ihnen vergleichen könne, also vornehmlich die Abendmahlslehre, zunächst beiseite lassen und ihnen in
anderen Streitpunkten, etwa der Lehre von der Prädestination, Brücken
bauen. Aus diesem Grunde wolle und könne er im gegebenen Falle die
Konkordienformel, die die Hand des Friedens durch ihre Verdammungsurteile gegen reformierte Lehren nicht biete, „nit anderst als conditionaliter, de non oppugnandâ, vnd cum exceptione tractandae Pacis" unterschreiben, zumal er gerade in der Abendmahlslehre nicht einsehen könne,
warum die calvinistische Lehre hier christliche Bruderschaft unmöglich
machen sollte: Man halte sich hier gerade ausdrücklich an den Sinn der
Worte Christi. Er wolle jedoch in der der Augsburgischen Konfession ver-
wandten Kirche bleiben und hier weiterhin, den genannten Vorbehalt vorausgesetzt, zum Abendmahl gehen.

Dies ist die erste offizielle Erklärung, die Kepler in den anstehenden
konfessionellen Fragen gibt. Ein anscheinend umfangreicher Schriftwechsel schließt offenbar an; von ihm erfahren wir aus einem einzelnen noch

---

[43] W XVI Nr. 527.   [44] W XVI Nr. 528.

erhaltenen Brief an Hafenreffer, den Kepler am 18. August 1610 in Prag geschrieben hat[45]. Die Einzelheiten lassen sich nicht mehr konkretisieren. In diesem Brief geht Kepler weiterhin im Gespräch mit seinem Lehrer mehr oder weniger andeutungsweise auf Fragen der Prädestinationslehre, der Disposition auf die Teilhabe am Reiche Gottes und auf die Frage der weltlichen Gerechtigkeit ein. Er stimmt hier im wesentlichen Hafenreffer zu. Die Punkte, in denen er nicht mit ihm übereinstimmt, betreffen die Lehre von der Person Christi und hier wieder die Ubiquitätslehre, die Kepler unter Berufung auf Schrift und kirchliches Altertum ablehnt.

Im März 1611 wendet sich Kepler erneut an den Herzog[46] (wie auch an die verwitwete Herzoginmutter Sibylle von Württemberg[47]) und fragt nach einer möglichen Anstellung in Württemberg. Die herzoglichen Räte befürworten, ihm die noch von Mästlin versehene mathematische Professur in Tübingen, sobald sie frei wird, in Aussicht zu stellen. Der Herzog läßt noch ein Gutachten des kirchlichen Konsistoriums einholen, und dieses fällt nun in Antwort auf Keplers Bekenntnis in dem ersten Brief an den Herzog absolut negativ aus[48]. Kepler wird hier unterstellt, daß er ein „verschlagener Calvinist", „in philosophia ein opinionist" sei und insofern nur Unruhe an der Universität stiften würde, weshalb sein Gesuch in Übereinstimmung mit den Universitätsstatuten, die die Unterschrift unter die Konkordienformel categoricè forderten, abzuweisen wäre.

Damit ist eine Anstellung in Württemberg nicht mehr möglich. Am 11. Juni 1611 ist die Bestallungsurkunde als Landschaftsmathematikus zu Linz ausgefertigt. Im Mai 1612 siedelt er nach Oberösterreich über.

Aus der Zeit, als Kepler in Prag lebte, ist ein erster selbständiger theologischer Text von ihm erhalten. Es handelt sich um ein Gedicht, das sich auf einem losen Blatt befindet und mit kurzen Randnotizen, offenbar späteren Datums, versehen ist[49]. Es besteht aus 16 Distichen. Auf der Rückseite ist ein zu einer Disputation gehöriger Text notiert, der der gleichen Zeit wie das Gedicht anzugehören scheint. Er ist aber ebenso wie die Randbemerkungen auf der Vorderseite Zeile für Zeile durchgestrichen. Deshalb ist sein Schluß nicht mehr zu entziffern, ebenso die meisten der Randbemerkungen zu dem Gedicht.

Beide Texte sind für Keplers Theologie von besonderem Interesse. Kepler entwickelt im Gedicht im Gespräch einerseits mit Calvin und andererseits mit der lutherischen Position seine christologischen Anschauungen. Mit Calvin lehnt er die Allgegenwart des Fleisches Christi und damit

---

[45] W XVI Nr. 586.   [46] W XVI Nr. 609.
[47] W XVI Nr. 610.   [48] W XVI S. 464 f.
[49] Österreichische Nationalbibliothek Wien Cod. 10703, Bl. 159; abgedruckt Fr VIII S. 713 f.; *L. Günther*, Kepler und die Theologie, Gießen 1905, S. 84 f.; W XII. Vgl. die Abbildung des Blattes.

Handschriftliches Gedicht Johannes Keplers zur Ubiquitätslehre (Umschrift umseitig).

Esse negat Christj carnem Calvinus ubique:
  Et causam vetitj nominis edit: Homo est.
Si nihil est, nisi homo, spacijs include locorum;
  Sed simul infernum, non reparatus, adj.
Est CARO, DIVINA sed te virtute redemit;
  Hoc illi praestans Unio, Posse, dedit.
Est LOCUS in caelis Carnj, sed Nutus UBIQUE
  Hoc illi praestans Unio, Posse, dedit.
MORTE opus est illîc, constat praesentia REGNO.
  Elige, utrum levius, an REGERE, anne MORI.
MORTE Deum mediâ cepit Caro mortua: vivens
  Anne Dej ad REGNUM non queat esse capax?

At vel multiplicat (·dicis·) praesentia Christum
  Immensum vel eum Corpus habere facit?
Falleris, et sumptas humano a Corpore leges
  Niteris authorj conciliare Deo.
Quo caret ipse DEUS, non hoc dedit Unio CARNI:
  Quod tenet, hoc fruitur consociata Caro.
Cernitur in cunctis JEHOVAE praesentia rebus
  Dum, videt, adjutat, dirigit, arcet, amat.
Effectis non clara minus praesentia CARNIS,
  Ipsa quoque adjutat, dirigit, arcet, amat.
Indiga sed JEHOVAE non sic Natura locorum est
  Extructos ut non vixerit ante Locos.
Utque Locis praesens factis nunc omnibus adsit:
  Non Natura Dej sed locus ipse petit.
Non replet ergo Locos Christi CARO sancta, creatos:
  Fusilis exhaustos, ut replet unda cados.

Localiter non adest
in terris, neque divina,
neque humana natura.
Localiter ergò abest
utraque.

Naturas si quaeris, abest: opera aspice, ubique est:
  Sic vigil in sacris erudiere libris.
O curas hominum, ô quantum est in rebus inane,
  Non aliter praesens si sit ubique Deus.

seine lokale Gegenwart im Abendmahl ab, weil es menschlich-raumzeit-
licher Natur und als solches seit der Himmelfahrt eben im Himmel sei.
Wäre Christus freilich nichts als ein Mensch, dann mag man es an räumlichen Orten einschließen; als bloßer Mensch wäre Jesus aber nicht der
Erlöser. Durch die persönliche Vereinigung der göttlichen mit der menschlichen Natur erhält Christus als Mensch die göttliche Fähigkeit, Menschen
zu erlösen. Das geschieht durch seinen im Gegensatz zum Fleisch allgegenwärtigen Willen. Diese Gegenwärtigkeit gewährt die persönliche Vereinigung. Es ist die Gegenwärtigkeit seiner Herrschaft. Die Gesetze eines
menschlichen Körpers dürfen nicht auf Gott, ihren Schöpfer, übertragen
werden. Gott ist nicht räumlich, sondern in seinem Handeln allen Dingen
gegenwärtig, und das sind nun auch die mit Gottes Handeln identischen
Wirkungen des Fleisches Christi. Gott ist der Schöpfer auch des Ortes,
deshalb bedarf er für seine Gegenwart selbst keiner irdischen Orte. Die
Wirklichkeit des Ortes ist eine kreatürliche, die ihrerseits Gott nicht zu erfassen vermag. So erfüllt auch das Fleisch Christi nicht die geschaffenen
Orte wie das Wasser den Krug. Christus ist nach beiden Naturen nicht auf
Erden als geschaffenem Ort, wohl aber in seinen göttlichen Werken überall — und in dieser Gegenwart liegt der tröstliche Sinn des menschlichen
Lebens. An dieser wirksamen Gegenwart Gottes hängt die Gewißheit und
damit das Heil des Lebens, wie eine der Randnotizen zum Gedicht unterstreicht.

In dem auf der Rückseite notierten Disputationsbeitrag geht es eben-
falls um die Frage nach Ort und Wirksamkeit Christi. Kepler geht davon
aus, daß Christus noch immer gemäß seiner Natur an einem bestimmten
Ort „wohnt". Daher ist er, örtlich gesehen, nicht überall. Durch die persönliche Vereinigung der beiden Naturen Christi hat aber sein Fleisch
Anteil an der göttlichen Natur und ist insofern allgegenwärtig wie Gottes
Wort. Zu klären ist also, wie die Allgegenwärtigkeit Gottes zu denken ist.
An Hand von biblischen Schriftstellen versucht Kepler nachzuweisen, daß
Gottes Allgegenwart als Allgegenwart seines Handelns (operatio) und
nicht lokal als solche seiner essentia zu verstehen sei. Diese Allgegenwart
der Wirksamkeit Gottes ist dem Fleisch Christi mitgeteilt, und insofern
kann schließlich gesagt werden, daß Christus ortsgebunden im Himmel,
also nach dem irdischen Ortsbegriff abwesend sei, aber auf Grund seiner
Vereinigung mit der göttlichen Natur alles in allem wirke, wie Gott selbst
nach dem irdischen Ortsbegriff abwesend, weil an überhaupt keinen Ort
gebunden sei, jedoch alles in allem wirke.

Die präzise Klarheit der hier gemachten Aussagen wird in Keplers übrigen theologischen Äußerungen, auch den umfangreicheren, soweit sie erhalten sind, kaum noch einmal erreicht. Das liegt freilich zum guten Teil
an der noch gesteigerten polemischen Intention dieser Schriften.

In welchen Zusammenhang gehört das Manuskript[50]? Bisher war man der Auffassung, daß es im Zusammenhang einer in dem Brief Zehentmairs vom 13. Oktober 1599[51] genannten Schrift über das Abendmahl zu sehen sei. Es fällt nun aber auf, daß vor allem der Inhalt des Gedichtes weitgehend mit Distichen übereinstimmt, die der Regensburger Pfarrer Christoph Donauer (1564—1611), gekrönter Poet, am 25. Dezember 1610 (a. St.) innerhalb von in Hexametern verfaßten Neujahrsglückwünschen an Kepler schickte[52]. Diese Verse stehen mit polemischen schriftlichen Äußerungen Keplers an einen Dritten in Zusammenhang, für deren Weitergabe Donauer offenbar gesorgt hatte. Donauer versucht in den Distichen seinerseits, Keplers Gedanken wiederzugeben und stimmt ihnen im Kontext überschwenglich zu. Kepler überzeuge ihn ganz. Das entspricht Donauers theologischer Stellung auch sonst; er hat selbst unter anderen eine Schrift verfaßt, die den Titel trägt: „Erhebliche Ursachen, Warumb Christopherus Donawer ... in der ... Reichs Statt Regenspurg, mit öffentlicher Cantzel in verketzerung und verdammung der ... Calvinisten sich nicht eynlassen könne" (Nachdruck Herborn 1616)[53]. Die Frage ist, wer der Adressat der scripta Keplers sein könnte. Die Vermutung liegt nahe, daß es sich um den lutherischen Theologen Thomas Wegelinus (1577—1629) handelt, der 1608 in Tübingen in der Theologie promovierte und dort auch eine historische Professur bis 1611 innehatte. Er war von 1600—1604 im Gymnasium poeticum zu Regensburg tätig gewesen und konnte von dieser Zeit her mit Donauer in Verbindung gestanden haben. Kepler hatte sich, wie aus einem Brief an Hafenreffer vom 18. August 1610[54] hervorgeht, schriftlich mit einer Arbeit Wegelins auseinandergesetzt, die den Titel trägt: „Ὑπόμνημα Theologicum ... de Hymno Trisagio ... Adversus Calumnias Jacobi Gretzeri adornatum" und 1609 in Frankfurt erschien. Wegelinus vertrat die lutherische christologische Lehre und konnte später von deren Gießener Repräsentanten, Balthasar Mentzer, als Bundesgenosse betrachtet werden[55]. Kepler, der offenbar selbst in manchem zu Mentzer neigt[56], kann in seinen „Notae ad epistolam D. D. Matthiae Hafenrefferi ..."[57] eine Disputation Wegelins, die unter dem Vorsitz von St. Gerlach stattgefunden hatte, als Beispiel für vorsichtige theologische Redeweise anführen, die Hoffnung auf kirchliche Verständigung gewähren könnte. In c. 7 seiner Schrift vertritt Wegelinus die These, „Humanam Christi Naturam, gra-

---

[50] Die folgenden Überlegungen sind im Gespräch mit Herrn Dr. Seck, jetzt Tübingen, entstanden.   [51] W XIV Nr. 137, 50 ff.

[52] W XVIII Nr. 603 a, 14—24. Formal besteht der Brief Z. 1—9, 25 (bis Kepplere) und 27—29 aus Hexametern, Z. 14—24 aus Distichen und im übrigen aus Prosa. Z. 1—2 und 20—21 sind je ein Vers; Donauer schreibt hier etwas weitläufig.

[53] Vgl. ferner *Chr. Donauer*, Moderations-Motiven in Controversia übelgenannter Lutherischen und Calvinischen (*Zedler*, Universal-Lexikon Bd. VII, 1734, 1268 f.). — Lucas Osiander in Tübingen (vgl. unten S. 65 Anm. 21) veranlaßte 1613 bereits nach Donauers Tod die Widerlegung der Schrift. Vgl. *A. Tholuck*, Vorgeschichte des Rationalismus II/1, 1861, S. 43.

[54] W XVI Nr. 586, 95 ff.

[55] Besold an Kepler, 17./27. 9. 1626: Menzer „Giessae cum Wegelianis literis et armis decertat" (W XVIII Nr. 1030, 23 f.

[56] Vgl. unten S. 66 f. und 137.   [57] NK 6 S. 23, 18 ff.

tiâ UNIONIS, IN PERSONA FILII pertinere ad Trinitatem, & in eam PERSONALITER immigrasse"[58]. Gegenüber Hafenreffer, offenbar sein Einverständnis voraussetzend, kritisiert Kepler „multas novationes", die Wegelinus einführe, und geht eher mit dem katholischen Gegner Wegelins, dem Jesuiten Gretzer[59], einig. Er ist freilich dann mit dem, was die Tübinger Theologen dem entgegenzusetzen haben, ebenfalls nicht einverstanden.

Einen Teil seiner Prüfung von Wegelins Thesen hatte Kepler nun, wie er Hafenreffer mitteilt, an jenen geschickt. Er hat sie zurückerhalten und weiß nicht, ob Wegelinus sie zu Gesicht bekommen hat[60]. Aus einem Brief Donauers an Kepler vom 17. September 1610[61] geht hervor, daß Donauer offenbar Vermittler dieser Entgegnung Keplers sein sollte; der Bote hatte aber, trunken, den Schluß des Auftrages an Donauer ganz verschwitzt. Donauer fragt erstaunt, ob Kepler gewollt habe, daß Wegelinus seine adversaria lesen solle; er habe nichts davon erfahren und hätte gedacht, daß Kepler seine Schrift (vorausgesetzt ist wohl nun die vollständige Arbeit) längst aus Prag direkt an Wegelinus geschickt hätte. Daher hat also Donauer die Ausführungen Keplers offenbar nach der Lektüre statt an Wegelinus an Kepler zurückgeschickt. Er bietet aber die Weiterleitung an Wegelinus nochmals an und bittet Kepler, ihm das Manuskript in diesem Falle wieder zurückzusenden. Nach Donauers Neujahrsbrief an Kepler[62] hätte Kepler das getan, und Donauer hätte die scripta an Wegelinus weitergeleitet. Er schildert seinen eigenen Eindruck, nachdem ihn Kepler dazu aufgefordert hatte.

Das Gedicht Keplers kann in diesen Zusammenhang der Auseinandersetzung mit Wegelinus gehören. Das Gleiche wäre von dem Prosatext auf der Rückseite zu sagen, wenn er der gleichen Zeit angehört. Er spricht ja gleich zu Beginn von einer disputatio. Inhaltlich wäre der Zusammenhang ebenfalls durchaus einleuchtend. Das Gedicht könnte ein Entwurf der Gedanken der Disputation sein, im Zusammenhang mit der Arbeit an dieser verfaßt. Es braucht dabei nicht unbedingt zur Disputation selbst zu gehören; man könnte es vielleicht als Produkt einer Erholungspause ansehen (Seck)[63]. Andererseits geht die Parallelität zu Donauers Distichen so weit, daß man an einen literarischen Zusammenhang denken kann. Vielleicht hat Donauer Keplers Gedicht vorgelegen, und er versucht sich seinerseits, aus dem Gedächtnis Keplers Gedan-

---

[58] S. 42 ff.

[59] Vgl. *Jakob Gretser S.J.*, Petrus Cnaphaeus seu Fullo in Thoma Wegelino, Lutherano Theopaschita, redivivus, Ingolstadt 1609 = Opera omnia XIII, 1789, S. 376 ff. Der Mönch Petrus Cnaphaeus (γναφεύς = fullo: Tuchscherer) stand im 5. Jahrhundert der monophysitischen Lehre nahe. Der Vorwurf, die beiden Naturen Christi zu einer einzigen zu vermischen und dadurch Gott selbst menschlich leiden zu lassen, wurde auch den Lutheranern gemacht. Gretser wendet sich ebd. S. 454—460 ausführlich auch gegen Hunnius' Auffassung von der Person Christi. [60] W XVI Nr. 586, 95—99.

[61] W XVI Nr. 591, 26 ff. [62] W XVIII Nr. 603 a.

[63] Freilich verzichtet es im Gegensatz zu den Gelegenheitsgedichten für bestimmte Festlichkeiten fast ganz auf spezifisch poetische Wörter, Epitheta, rhetorische Figuren, mythologische Anspielungen und dergleichen (mit Ausnahme von Z. 28: fusilis (= liquidus) ist sehr selten und hier nur Epitheton ornans; unda = aqua ist poetisch).

ken rekonstruierend, an einer poetischen Zusammenfassung, um Kepler auf
dessen Frage zu zeigen, wie genau er seine Ausführungen gelesen hat. Es
hätte dann zu dem Manuskript gehört. Kepler könnte es aber auch mit dem
Manuskript mitgeschickt haben. Oder aber Kepler hätte, durch Donauer angeregt, seinerseits seine Gedanken noch einmal poetisch, und nun wesentlich
besser als Donauer, formuliert. Das erste scheint mir nach der Art, in der
Donauer an Kepler schreibt, wahrscheinlicher zu sein.

Schließlich könnte noch ein weiterer Zusammenhang in Erwägung gezogen
werden. Donauer bittet Kepler in dem ersten[64] und offenbar auch dem zweiten der beiden erwähnten Briefe um einen Beitrag zu seiner „Sementis", offenbar einer Art Anthologie zeitgenössischer Dichter, über deren Fortschritte er
auch in dem zweiten Brief berichtet[65]. Es wäre immerhin möglich, daß es sich
bei Keplers Gedicht um seinen Beitrag zu dieser Sammlung handelt. Das
konfessionelle Moment spielt in ihr offenbar eine Rolle, und auch Balthasar
Mentzer sollte in ihr vertreten sein.

Wenn die angestellten Überlegungen im wesentlichen zutreffen, wäre als
Abfassungszeit des Manuskripts das Jahr 1610, oder aber — doch das ist weniger wahrscheinlich — Anfang 1611 anzugeben.

Es bleibt zu fragen, warum die ausgesprochen übersichtlichen und klaren
Aussagen Keplers mit Ausnahme des Gedichtes so sorgfältig Zeile für Zeile
ausgestrichen wurden, wie es geschehen ist. Da es sich offenbar um ein bloßes
Konzeptblatt handelt, sollte wohl nur das in besonders schöner Schrift notierte
Gedicht erhalten bleiben. Unwahrscheinlicher ist, daß die theologischen Aussagen der Disputation zu eindeutig, vielleicht auch zu wenig differenziert waren, wie es in einem Gedicht noch angehen mag, so daß in einer bestimmten
Situation kirchenpolitisch unliebsame Folgen befürchtet wurden. Immerhin sind
die Aussagen dieses Gedichtes nicht weniger eindeutig, und die Disputation
war ja bereits durch mehrere Hände gegangen. Auf der anderen Seite ist das
vorliegende Blatt offenbar das einzige seiner Art, das uns erhalten geblieben ist.

Es haben mit Sicherheit mehr Niederschriften theologischen Inhalts existiert. Es liegt die Vermutung nahe, daß Kepler bewußt seine entsprechenden Äußerungen weitgehend getilgt hat. In der Grazer und Prager Zeit
könnte das Bemühen dahinter stehen, mit den maßgeblichen Schultheolo-
gen einen öffentlichen Konflikt zu vermeiden. In der Situation, in der sich
die Evangelischen durch die gegenreformatorischen Aktionen von Staat
und katholischer Kirche befanden, wäre das ohne weiteres verständlich. Es
war gefährlich, den reichsrechtlich nicht anerkannten Calvinisten zugezählt
zu werden. In einer Ausgabe des Neuen Testaments von Beza, die Kepler
benutzte, hat er offenbar aus diesem Grunde bewußt alle Calvinismen
ausgestrichen[66]. Erst als Kepler in Linz vom Abendmahl ausgeschlossen
wurde, bekam der Unterschied der theologischen Auffassungen öffentlichen Charakter und wurde dementsprechend nunmehr auch schriftlich

---

[64] W XVI Nr. 591, 83 ff.
[65] W XVIII Nr. 603 a, 30 ff.
[66] W XVIII Nr. 1024, 39; vgl. unten S. 88.

ausgetragen. Auch jetzt noch war Kepler jedoch peinlich darum bemüht, den Konflikt zu begrenzen und nicht in die ganze Öffentlichkeit dringen zu lassen.

IV. LINZ (1612—1626)

1. Die Situation

Die evangelische Landschaftsschule in Linz[1] war vermutlich bereits um 1550 gegründet worden. Nach erbrechtlichen Schwierigkeiten hinsichtlich ihrer Finanzierung wurde sie zum 1. Januar 1566 zunächst in Enns neu eröffnet. 1567 wurde sie als Nachfolgerin einer privaten Adelsschule in Enns erweitert, deren Anfänge bis 1542 zurückreichen, dem Jahr, in dem die protestantischen Reformen in Oberösterreich einsetzten[2]. 1574 zog sie im neu erbauten Landhaus von Linz ein. Sie war nach dem Muster der sächsischen Schulordnung Melanchthons organisiert[3]. Laut Instruktion hatte sich der Rektor allein zur Confessio Augustana zu halten und alle Sekten zu meiden.

Im Zuge der Gegenreformation erfolgte im Auftrag Rudolfs II. unter dem Landeshauptmann Löbl im März 1600 eine erste Aufhebung der Schule[4]. Diese bestand aber illegal weiter; evangelische „Winkelpredigten"

---

[1] *C. F. Bauer*, Die evangelische Landschaftsschule in Linz a. D., Jahrb. der Gesellsch. f. Gesch. des Protestantismus im ehemaligen und neuen Österreich 45, 1925, S. 1—46. — *H. Schardinger*, Das Gründungsproblem des Linzer Gymnasiums, Festschr. zum 400jährigen Jubiläum des humanist. Gymnasiums in Linz, 1952, S. 13 ff. — *Ders.*, Studie zur Geschichte des Linzer Gymnasiums aus der Zeit der Landschaftsschule, Hist. Jahrb. der Stadt Linz 1957, S. 31 ff. (die Stellung Keplers Hitzler gegenüber S. 51 ist stark verzeichnet). — *Raupach* IV S. 305—308. — *Ders.*, Presbyteriologia Austriaca, 1741. — *L. Rumpel* hat neuerdings eine umfangreiche Stoffsammlung über alle Geistlichen, die im Linzer Landhaus predigten, zusammengestellt: Hist. Jahrb. der Stadt Linz 1969, S. 153—233; vgl. auch *R. Rau*, Tübinger Stiftler predigen in Linz a. D., Heimatkundl. Blätter für den Kreis Tübingen, Neue Folge Nr. 41, Okt. 1970. — Zu Keplers Zeit in Linz allgemein vgl. *G. Wacha*, Linz zur Zeit Keplers, in: Katalog Linz S. 5 ff. — Kepler in Oberösterreich, Kulturzeitschrift Oberösterreich XXI/2, 1971. — *M. List*, Die Wohnstätten von Johannes Kepler in Linz, in: Kunstjahrbuch der Stadt Linz 1970, S. 24 ff.
[2] *Schardinger*, Festschr. S. 25. Etwas anders *M. Doblinger*, Stiftung und Erstehen der Linzer evangelischen Landschaftsschule, Jahrb. d. Gesellsch. f. d. Gesch. d. Protestantismus in Österr. 67, 1951, S. 19 ff.: Gründung zwischen Michaelis 1563 und dem Tode Ferdinands I., 8. 5. 1564, in Linz; der Bezug auf eine private Adelsschule ist verneint.
[3] Vgl. *G. Mertz*, Das Schulwesen der deutschen Reformation im 16. Jahrhundert, 1902.
[4] Seit der Hauptresolution Rudolfs II. vom 18. 10. 1598, die u. a. die völlige Restitution aller katholischen Kirchen und die Abschaffung aller unkatholi-

wurden gehalten. Das politisch bedingte kaiserliche Restitutionsedikt vom
21. März 1609 machte die öffentliche Wirksamkeit dann wieder für einige
Jahre möglich.

Nach der „Kirchenordnung im Landhaus zu Linz" vom 2. Januar 1578[5]
waren im Landhaussaal, dem jetzigen Steinernen Saal des Ständehauses,
Altar und Predigtstuhl errichtet worden. Jeden Sonn- und Feiertag war
Predigt, im Winter um 8 Uhr, im Sommer um 7 Uhr. Ebenfalls an Sonn-
und Feiertagen gab es eine Mittagspredigt für Katechismus und Kinder-
lehre. Jeden Dienstag und Samstag fand um 2 Uhr nachmittags eine
Vesper statt. Jeden Donnerstag, ausgenommen, wenn während der Woche
ein Feiertag war, wurde eine Predigt über ein Kapitel des Alten Testamentes und die Litanei gehalten. Auch alle übrigen Amtshandlungen, Abend-
mahlsfeiern, Taufen, Trauungen und Leichenpredigten wurden im Landhaussaal gehalten.

Prediger an der Landhauskirche[6] war von 1608—1611 M. Clemens
Anomoeus[7]. Nach dessen Tod am 30. März 1611 folgte der württembergi-

---

schen Prädikanten verfügte, hatten die Stände, an ihrer Spitze die Barone Wolfgang und Hans Jörger, diese Maßnahmen noch verzögern können.

[5] Linzer Regesten, Bd. B II A 8 (Linz 1953) Nr. 10475.

[6] Vgl. Hn. Achazii Hohenfelders Schreiben an Hn. Johann Schulter l. V.D.
und Fürstl. Würtenb. Raht, von den nohtwendigen Eigenschafften eines Ober-
Pfarrers bey der Evangel. Landhaus-Kirchen zu Lintz, 15. 5. 1581; abgedruckt
bei *Raupach*, V (2. Nachlese) S. 142 ff.

[7] Vgl. „Der Evangelischen Stände in Ober-Oesterreich Vocations-Schreiben
an M. Clemens Anomoeus, zum Ammt eines Ober-Pfarrers bey der Landhaus-
Kirchen in der Stadt Lintz", 1. 1. 1609; ebd. S. 169 ff. — Prediger in Linz
waren: 1574—1578 Franz Tucher, 1575—1581 Georg Khuen, 1576—1592 (gest.)
Michael Titulus, 1579—1584 (gest.) Gottfried Poppius, 1581—1583 (gest.) Thomas Spindler (seine Frau heiratete 1586 M. Hafenreffer, der verwitwet war),
1583—1600. 1601 Johann Caementarius, 1585—1598 Johann Bruder, 1592 bis
1598 Matthias Spindler, 1598—1600 Marcus Löffler, 1608—1611 (gest.) Clemens Anomoeus, 1609—1620 Konrad Rauschert, 1611—1624 Daniel Hitzler.
Erwähnt werden ferner 1609—1612 (gest.) Georg Jordan (Konrektor), 1612 bis
1614 (gest.) Martin Cless, 1614—1624 Johann Rebmann, 1614—1624 Johann
Mayer und 1621—1623 Stephan Hartmann.

[8] Vgl. *T. Wagner*, Memoria rediviva Danielis Hitzleri, Tübingen 1661; *O.
Wessely*, Daniel Hitzler, Jahrb. der Stadt Linz 1951, 1952, S. 282 ff.; *ders.*,
Hitzler, Daniel, in: Die Musik in Geschichte und Gegenwart, Allg. Enzyklopä-
die der Musik, hrsg. von F. Blume, Bd. VI, Sp. 493 ff.; vgl. auch *J. Hübner*,
Kepler und Daniel Hitzler, Katalog Linz S. 73 ff. — Hitzler war am 16. 1. 1575
in Heidenheim a. d. Brenz geboren worden. Er besuchte die evangelischen
Klosterschulen in Blaubeuren (seit 1589) und Bebenhausen (seit 1592) und studierte seit 1595 neben Hebräisch, Astronomie und Musik an der Universität
Tübingen Theologie. 1598 erlangte Hitzler die Magisterwürde. 1598—1599
wirkte er als stellvertretender Hofprediger in Stuttgart und seit 1600 als Repetent am Tübinger herzoglichen Stipendium, dem Stift. 1603 war er 2. Stadtpfarrer zu Waiblingen. Noch 1603 reformierte er das katholische Stift Reichen-
bach (Klosterreichenbach) a. d. Murg und wirkte dort bis 1608 als erster Pfar-

sche Pfarrer Daniel Hitzler[8] im Juni 1611 dem Ruf der obderennsischen Stände nach Linz und übernahm das Amt des Superintendenten, Inspektors und Religionslehrers an der evangelischen Landschaftsschule. Im Diarium actuum sacrorum, dem Linzer evangelischen Kirchenbuch des 17. Jahrhunderts, das im Linzer Oberösterreichischen Landesarchiv aufbewahrt wird[9], finden sich vom 8. August 1611 an die Eintragungen Hitzlers über Gottesdienste, Abendmahlsbesuch und Amtshandlungen. Johann Valentin Andreae, der 1613 und 1619 in lutherischer Mission Oberösterreich bereiste und mit Hitzler überdies verwandt war, nennt ihn im Rückblick auf einen Besuch im Jahre 1613, bei dem er ihn „gastfreundlich und liebreich" aufgenommen hatte, „einen Theologen von beredtem Munde und richtigem Herzen"[10], ja einen „vortrefflichen Theologen"[11]. Hitzler war ein überzeugter Vertreter der lutherischen Orthodoxie.

Hitzlers Einfluß in Oberösterreich war groß. Theologisch trat er durch verschiedene Werke hervor, unter anderem durch ein einführendes Lehrbuch in den dogmatischen Unterricht über das Compendium locorum theologicorum von Leonhard Hütter, speziell für den Unterricht im Linzer Landhaus bestimmt[12]. Hier geht es ihm besonders um die biblische Untermauerung der dogmatischen Aussage. 1617 leitete Hitzler die Edition der neuen Linzer Kirchenagende. Er hat den Text der württembergischen Vorlage vermutlich redigiert und vor allem mit ausführlichen Bibelstellenangaben am Rande versehen[13]. Auch sonst wurde Hitzler in kirchenrechtlichen Fragen gerne zu Rate gezogen[14]. Neben verschiedenen musiktheoretischen Arbeiten hat er ein Gesangbuch herausgegeben[15], das in Linz benutzt wurde.

---

rer. 1608 war er als Stadtpfarrer in Freudenstadt und seit 1609 als Spezialsuperintendent in Güglingen tätig.

[9] Landschaftsakten G XIII, 14 1/2 (Pa IV/53), fol. 154^v ff.

[10] *Seybold* (Hrsg.), Selbstbiographien berühmter Männer, II: Joh. Valentin Andreä, Winterthur 1799, S. 52.   [11] Ebd. S. 90.

[12] Sprüche Heiliger Schrifft / Den Grund Aller Christlicher Glaubens Articul / wie die in der Augspurgischen Confession vnd Formula Concordiae gelehret werden / begreiffende: Der Adelischen Jugend bey löblicher Landschafft Schul in Oesterreich Ob der Enß / Zur Introduction vnd vorbereitung auff das Compendium locorum Theologicorum, deß ... Herrn Leonhard Hütters ..., Nürnberg MDCXV (Bundesstaatl. Studienbibl. Linz I 60048, vgl. *Wessely* aaO. S. 336 ff.).

[13] Vgl. NK NF 1 S. 6 f.; vgl. den Nachbericht zu Keplers „Unterricht" in W XII.

[14] Vgl. z. B. Bedencken M. Daniel Hützlers Evangelischen Predigers zu Linz Vber Der strittigen Frag Ob Wo mehr dann ein Prediger bey einer Kirch(en) dieselbige in allem gleich sein sollen od(er) nicht? 21. Maij 1613 (Stadtarchiv Freistadt im Oberösterreich. Landesarchiv Linz, Schub.-Bd. 562).

[15] Christliche Kirchen-Gesäng, Nürnberg 1624. Über Hitzlers musiktheoretische Werke und seine musikgeschichtliche Bedeutung vgl. *O. Wessely* in: Die Musik in Gesch. und Ggw. VI Sp. 494.

Kepler hatte es sich zur Gewohnheit gemacht, mit den Pfarrern, von denen er das Abendmahl erbat, über seine Zweifel an der orthodoxen Theologie und der Konkordienformel in den genannten Punkten zu sprechen. Diese Aussprache war für ihn ein Teil der Gewissenserforschung, die dem Sakramentsempfang vorauszugehen hat. Nicht anders verhielt er sich in Linz. Er bat Hitzler um das Abendmahl und machte zugleich seine Vorbehalte hinsichtlich jenes einen Artikels geltend, zumal er annehmen mußte, daß Hitzler von Keplers Tübinger Lehrern, mit denen er seit 1609 mündlich und schriftlich viel darüber verhandelt hatte, manches berichtet worden war und er Kepler für unaufrichtig hätte halten können, wenn er ihm seine Bedenken nicht eröffnet hätte[16]. Hitzler verlangte daraufhin, daß sich Kepler zunächst mit der Lehre der lutherischen Kirche vergleiche und dies durch seine Unterschrift unter die Konkordienformel, die wie alle württembergischen Geistlichen dann auch die weltlichen Beamten leisten mußten, zu bekräftigen. Er mußte dabei auf Grund der Lehre unterstellen, daß derjenige, der das Abendmahl mit Zweifeln an der Wahrheit der reinen Lehre zu sich nähme, es sich selber zum Gericht empfangen könnte. Deshalb konnte er es mit seinem Gewissen nicht vereinbaren, Kepler ohne solche Sinnesänderung das Abendmahl zu reichen. Kepler lehnte die Unterschrift seinerseits aus Gewissensgründen ab: Der Verdammung der calvinistischen Lehre könne er nicht zustimmen. Hitzler ließ ihn daraufhin zum Abendmahl nicht zu.

Als Kepler nun sah, daß er durch Gerüchte überall ins Gerede kam und die Sache nicht verborgen blieb, rief er das Stuttgarter Konsistorium an, ob dieses vielleicht vermittels seiner Autorität Hitzlers Gewissen entlasten und er daraufhin die Kommunion wie zuvor in Prag auch in Linz erhalten und das öffentliche Ärgernis, auf das er die Württemberger genau aufmerksam machte, beseitigt werden könnte. Das betreffende Schreiben Keplers ist leider nicht erhalten, wohl aber die Antwort des Konsistoriums an Kepler[17]. Die zuständige oberste Kirchenbehörde gab Hitzler recht: Wer von der gesunden Lehre abweicht, sie vielmehr durch eigene Gedanken verdunkelt und sich und andere dadurch verwirrt, der verweigert damit die Gemeinschaft mit seiner Kirche und kann deshalb nicht mit gutem Gewissen zum Abendmahl zugelassen werden. Er würde dadurch nur in seinem Irrtum bestätigt und bestärkt, andere aber würden geärgert und betrübt. Das gelte auch für Kepler, der die Allgegenwart des Fleisches Christi, die aus der persönlichen Gemeinschaft seiner beiden Naturen folge, leugne, diese vielmehr mit dem Schimpfnamen Ubiquität belege und als Ketzerei bezeichne. Er stehe damit zwar nicht in allen, jedoch in einigen strittigen Punkten auf seiten der Calvinisten. Mit Zweifeln an der Wahrheit des Sakramentes könne niemand daran teilnehmen, ohne es sich selbst zum Gericht zu empfangen und schließlich im Zweifel zu sterben. Kepler

---

[16] Notae NK 6 S. 14, 17 ff.　　　　[17] W XVII Nr. 638.

solle sich vielmehr dem Geheimnis des Sakraments fügen und der apostolischen Einfachheit accomodieren. Es gelte nicht nur der Befehl Christi, das Abendmahl zu feiern, sondern auch der, sich selbst zuvor zu prüfen. Gottes in der Schrift offenbarte Geheimnisse gingen weit über alle Verstandesmöglichkeiten hinaus, auch die eines so großen Geistes wie Keplers.

Kepler war um seines Gewissens willen hinsichtlich der giftigen Verdammungen wegen des einen Artikels anderer Meinung als die Vertreter der Orthodoxie; deshalb fand er die Vorhaltungen des Konsistoriums ungerechtfertigt. Sie seien auf schlechte Kenntnis des Sachverhalts zurückzuführen[18]. Kepler schrieb zurück, daß er sich dennoch ruhig verhalten und Hitzler keine Ungelegenheit weiter bereiten wolle, außer dem einen Punkt, daß er auf der Bitte um die Kommunion zu anderen günstigeren Zeiten oder Orten bestehen würde[19].

Das Abendmahl wurde Kepler daraufhin von anderen Predigern gereicht[20]. Kepler hatte diese Möglichkeit selbst in seinem Schreiben an das Stuttgarter Konsistorium genannt. In der Umgebung von Linz kann es sich hier nur um Prediger auf den Schlössern seiner adligen Freunde handeln, die zum calvinistischen Bekenntnis neigten. Hier ist vor allem an Baron Georg Erasmus von Tschernembl in Schwertberg bei Linz zu denken[21]. Tschernembl war bewußter Calvinist[22], und darin ist offenbar auch wesentlich seine politische Aktivität für die Sache des Protestantismus begründet. Er trat als Vorkämpfer der Evangelischen gegenüber dem Kaiser auf und nahm unter den übrigen vorwiegend lutherischen Adligen eine besondere Führerrolle ein. Sein persönlicher Leitfaden war die Prädestinationslehre.

Infolge des mangels reichsrechtlicher Anerkennung noch einmal mehr angefeindeten calvinischen Bekenntnisses ist über das kirchliche Leben auf Schloß Schwertberg im Gegensatz zu anderen Adelssitzen kaum etwas bekannt. Tschernembl hatte, vermutlich bereits 1611, einen Prädikanten namens Nicolaus Faber[23]. Über ihn ist allerdings nichts Näheres bekannt. Der Propst des Stiftes St. Florian bei Linz, das für die seelsorgerliche Betreuung des Marktes Schwertberg nach dessen gegenreformatorischer Rück-

---

[18] W XVII Nr. 835, 327 f.

[19] Notae NK 6 S. 14, 31 ff.   [20] Vgl. NK 6 S. 25, 24 f.

[21] Vgl. H. Sturmberger, Georg Erasmus Tschernembl, Religion, Libertät und Widerstand. Ein Beitrag zur Geschichte der Gegenreformation und des Landes ob der Enns. Forschungen zur Geschichte Oberösterreichs, hrsg. v. Oberösterreichischen Landesarchiv, Bd. 3, Linz 1953. Herrn Dr. Sturmberger und dem Oberösterreichischen Landesarchiv in Linz sowie Frau Gräfin Hoyos von Schwertberg und Frau Professor Mecenseffy in Wien bin ich für ihre freundliche Hilfe bei meinen Nachforschungen in Oberösterreich und Wien besonders dankbar.

[22] Heute gehört Graf Hoyos von Schwertberg im Gegensatz zur katholischen Ortspfarrei wiederum dem reformierten Bekenntnis an.

[23] Sturmberger aaO. S. 245.

führung zum katholischen Bekenntnis zu sorgen hatte, beschwerte sich 1612 heftig über den Prediger von Schwertberg, „der das Volk aufhetze und den katholischen Pfarrern Zuhörer und Stolgebühren entziehe"[24]. Am Ende des Jahres 1617 schreibt Tschernembl, als er als Verordneter in Linz war, an Hans Wilhelm von Zelking, daß er sonst nicht verreise, zum Neuen Jahr aber wegen der Kommunion nach Schwertberg hätte fahren müssen[25]. Das besagt offensichtlich, daß er auf Grund seines reformierten Bekenntnisses nicht in Linz, wohl aber in Schwertberg zum Abendmahl ging und gehen konnte. Familiäre Rücksichten dürften kaum für den Abendmahlsbesuch in Schwertberg maßgebend gewesen sein, ist doch umgekehrt wiederum Tschernembls jüngerer Bruder, Veit Albrecht Tschernembl, regelmäßig im Linzer Landhaus zum Abendmahl gegangen. Hitzler hat das jeweils selbst im Kirchenbuch notiert[26].

Aus diesen Verhältnissen läßt sich schließen, daß auch Kepler jedenfalls in Schwertberg am Abendmahl teilnehmen konnte und von dieser Möglichkeit sicherlich Gebrauch gemacht haben wird. Mit Tschernembl pflegte er wohl freundschaftliche Beziehungen. Bereits in Graz und später öfter während der Prager Zeit hatte Tschernembl mit Kepler Kontakt aufgenommen, und auch durch seine Vermittlung und um seinetwillen wird Kepler dann das neue Amt in Linz übernommen haben. Er hat ihn offenbar öfter in Schwertberg besucht[27]. Seine Schrift De Cometis hat er ihm gewidmet. Noch heute führt auf Schloß Schwertberg ein Raum den Namen „Kepler-Zimmer".

Insbesondere muß sich Kepler mit Tschernembl in der prinzipiellen Abneigung gegen die Art und Weise, in der die innerprotestantischen dogmatischen Differenzen ausgetragen wurden, einig gewesen sein. Für Tschernembl hatte dabei der politische Gesichtspunkt im Kampf um die protestantische Selbständigkeit freilich noch besondere Bedeutung. Dieser Kampf war für ihn identisch mit dem Kampf um den hergebrachten Ständestaat gegen die zentralistische Machtentfaltung des Landesfürstentums. Die Alternative hieß: Protestantische Ständearistokratie oder katholischer Absolutismus. Diesem politischen Programm und seinem calvini-

---

[24] *Sturmberger* S. 246. [25] *Sturmberger* S. 245 f.

[26] Diarium actuum sacrorum, Oberösterr. Landesarchiv, Landschaftsakten G XIII, 14 1/2 (Pa IV/53). „Herr (Veit Albrecht) (von) Tschernembl" ist mit einer Anzahl von Mitkommunikanten (in Klammern beigefügt) an den folgenden Tagen verzeichnet: 8. 8. 1613 (mit Familie: 8), 14. 1. 1614 (10), 15. 5. 1614 (10), 30. 10. 1614 (8) (hier ist der Vorname ausdrücklich erwähnt), 16. 3. 1615 (9), 20. 8. 1615 (10), Profesto Pentecost. Mai 1616 (20), 21. 10. 1616 (11), Festo Mathiae Febr. 1617 (12), 18. 8. 1617 (10).

[27] Als direkten Beleg dafür gibt es für die Linzer Zeit freilich nur einen einzigen Brief, den ein unbekannter Begleiter Keplers an dessen Frau aus Steyr am 20. 1. 1616 geschrieben hat (Fr VIII S. 836). Er benachrichtigt Frau Kepler darin von einem geplanten Besuch ihres Mannes in Schwertberg. Vgl. dazu *Sturmberger* aaO. S. 251 ff.

schen spiritus rector folgte auch die lutherische Mehrheit des Adels. Die innerprotestantischen Gegensätze brachen erst auf, als sich das Scheitern der Politik Tschernembls 1620 bereits abzeichnete. Sein konfessionelles Programm verfolgte Gewissensfreiheit, worunter er freie Ausübung des evangelischen Gottesdienstes und Lebens im lutherischen und reformierten Bekenntnis unter gleichzeitiger Anerkennung des Helvetischen Bekenntnisses neben der Confessio Augustana verstand[28].

Über die Schwierigkeiten, die der Einführung reformierten Gottesdienstes in Österreich entgegenstanden, sagt ein Brief Reichard Starhembergs aus dem Jahre 1609[29] einiges aus. Danach war es nicht möglich, im Kampf um Religionskonzessionen außer den Angehörigen der Augsburgischen Konfession auch die Reformierten mit einzubeziehen, zumal hier überhaupt keine reichsrechtliche Handhabe bestand. So mußte die kleine calvinistische Minderheit in besonderer Weise sorgfältig jeden Anlaß für Gegenmaßnahmen zu vermeiden suchen. Starhemberg hält eine Einführung des reformierten Gottesdienstes in Oberösterreich praktisch für nicht realisierbar. Die einzige Möglichkeit bestünde darin, unauffällig Prediger calvinischen Bekenntnisses zu nehmen. Das hat er, offensichtlich mit Erfolg, auch Tschernembl geraten. 1619 beklagen sich neben Daniel Hitzler auch verschiedene lutherische Adlige Johann Valentin Andreae gegenüber über calvinistische Tendenzen im Lande, so Ludwig Hohenfelder, Bartholomäus Dietrichstein und Karl Jörger[30]. Auch Weikhard von Polheim sieht diese Schwierigkeit[31]. Hier ist wiederum vorwiegend an Tschernembl zu denken[32].

Auch mit dem calvinisch gesonnenen Erasmus von Starhemberg in Eferding bei Linz war Kepler befreundet. Hier war auch Susanne Reuttinger, Keplers zweite Frau, erzogen worden. Kepler und Starhemberg sind sich in der Ablehnung der konfessionellen Zwistigkeiten, in der Suche nach und im Gebet um eine christliche Einheit zutiefst einig[33].

„Pflegen wir also den Frieden, und was dem Frieden dient und nach der Auferbauung des Nächsten schaut, das wollen wir erstreben, wobei wir nichtsdestoweniger geistliche Dinge geistlich beurteilen und nicht die Zeit mit Wortstreitigkeiten verbringen wollen", heißt es in einem Brief an Kepler[34]. Ob Starhemberg einen calvinistischen Prediger hatte, muß offen bleiben; der Brief Reichards läßt das als möglich erscheinen. Dann könnte Kepler auch dort das Abendmahl gegeben worden sein. In Eferding wurde im übrigen lutherischer Gottesdienst gehalten[35].

---

[28] *Sturmberger* S. 407.   [29] *Sturmberger* S. 245 Anm. 59.
[30] Vgl. bei Seybold aaO. S. 369 ff., 374 und 375 f.
[31] Vgl. bei Seybold S. 377 ff.   [32] *Sturmberger* S. 324.
[33] Vgl. Starhemberg an Kepler, 12. 4. 1613, W XVII Nr. 648.
[34] W XVII Nr. 648, 45 ff.
[35] 1583 wurden in Eferding flacianische Prediger auf Grund einer Formula Veritatis abgesetzt. Prediger waren dann 1584—1601 Nicolaus Haselmeyer,

Kepler hatte noch weitere Freunde, die mit dem calvinischen Bekenntnis sympathisierten. Bei ihnen wird auch reformierter Gottesdienst, zumindest ein tolerantes Verständnis des lutherischen Kirchenwesens zu finden gewesen sein. In Deutschland wäre beispielsweise noch an Christoph Donauer[36] zu denken. Im allgemeinen scheint Kepler doch alles Material, das ihn einer Teilnahme am reformierten Gottesdienst hätte überführen können, aus Sicherheitsgründen getilgt zu haben.

Eng befreundet war Kepler weiterhin mit dem lutherischen Baron Helmhard Jörger[37]. Dieser hatte wie schon sein Vater Wolfgang hartnäckig um die Herrschaft Hernals bei Wien gekämpft und erhielt diese 1618 endlich zu Lehen[38]. Hernals war der Hauptsitz der Protestanten um Wien. Hierher ging man zum Gottesdienst, als es in Wien nicht mehr möglich war[39]. Zu der dortigen evangelischen Gemeinde hatte Kepler gute Beziehungen. Mit Pastor D. Mülberger (seit 1615 in Hernals) stand er in gutem Einvernehmen. Mit ihm besprach er auch die Veröffentlichung seiner Evange-

---

um 1601 Martin Neumeister, 1601—1615 Ehrenfried Murschel, nach 1617 und um 1621 Samuel Nebermann. [36] Vgl. S. 26 ff.

[37] *H. Wurm*, Die Jörger von Tollet, Forschungen zur Geschichte Oberösterreichs 4, Linz 1955, S. 110 ff. Christoph II. Jörger war seinerzeit bei einem Besuch in Sachsen mit Luther in Berührung gekommen. In einer persönlichen Aussprache entstand der Plan, den ersten evangelischen Prädikanten nach Österreich zu entsenden. Es war Michael Stiefel, der am St. Jakobsabend 1525 in Tollet ankam, von der ganzen Familie wie ein Sendbote des Himmels empfangen wurde und alsbald einen großen Zulauf zu seinen Predigten auslöste. Mit Luther stand die Familie wegen der Schwierigkeiten bei der Einführung des neuen Gottesdienstes in Briefwechsel (*Wurm* S. 140 f.).

[38] *Wurm* S. 113.

[39] Vgl. *Raupach* IV S. 329 ff.; *J. K. Mayr*, Von Hernals bis Intzersdorf, Jahrb. d. Gesellsch. f. d. Gesch. des Protestantismus in Österreich 76, 1960, S. 37 ff. Die erste evangelische Predigt in Hernals wurde am 1. Mai 1609 gehalten.

Prediger zu Hernals waren 1609—1616 Johann Sartorius (gest. 1616), Johann Suvilshik (1615 entlassen, gest. 1617), Simon Mann (gest. 1616), 1615 bis 1625 Johann Mülberger (Milberger) (geb. 1586 in Regensburg, 1608 in Aschach tätig), als Aushilfe: Erasmus Zollner (Schönbühl, unter von Starhemberg), seit 1618 neben Mülberger Elias Ursinus (1609 Meissen, Niederösterreich, 1610 Rossatz, gest. 1627 in Regensburg) und David Steudlin (zuvor in Deckenpfründt, Württemberg).

Helmhard Jörger fiel 1621 in Ungnade bei Ferdinand II. und wurde unter Hausarrest gestellt. Laut Verfügung vom 22. 4. 1625 wurde die Herrschaft Hernals eingezogen und dem Wiener Domkapitel übereignet; alle evangelischen Prediger hatten Hernals zu verlassen. Der Gottesdienst wurde daraufhin in Intzersdorf bei Wien unter Hans Adam Geyer noch einige Monate fortgesetzt. Ab 16. 11. 1625 hielten Mülberger und Steudlin Gottesdienst in Pottendorf, drei bis vier Stunden von Intzersdorf entfernt. Dort wirkte 1625—1627 David Hochschildt. Am 14. 9. 1627 befahl das Reformationsedikt den gänzlichen Auszug der Prädikanten. Mülberger ging nach Regensburg, wo er 1630 starb, Steudlin nach Ulm, Backnang und Kempten (gest. 1637).

lienharmonie[40]. Mülbergers Kollege Elias Ursinus war ein strenger Lutheraner, der die Verbalinspiration in ihrer weitestgehenden Form vertrat und scharf gegen Katholizismus und Calvinismus polemisierte. In Hernals hatte auch der Lutheraner Matthias Hoe von Hoenegg aus Prag, der Kepler mehrfach von theologischen Spekulationen abgeraten und zur Beschränkung auf die Astronomie ermuntert, auch seine Frau bestattet hatte, im Mai 1609 kurz nach Einrichtung des evangelischen Gottesdienstes aus einem Fenster des Schlosses eine berühmt gewordene Trinitatispredigt vor der unter freiem Himmel versammelten großen Gemeinde gehalten[41].

2. Der „Unterricht vom H. Sacrament"

Obwohl Kepler im Linzer Landhaus vom Abendmahl ausgeschlossen war, nahm er mit seiner Familie und dem Hausgesinde offenbar regelmäßig am dortigen Gottesdienst teil. Wie ernst er dabei seine Aufgabe als christlicher Familienvater nahm, bezeugt sein „Vnterricht Vom H. Sacrament des Leibs und Bluts Jesu Christi vnsers Erlösers. Für meine Kinder / Hausgesind / vnd Angehörige / Auß deren Vermahnung / so in den Evangelischen Kirchen vor der Außthailung fürgelesen würt / hergenommen / vnd Frag- vnd Antworts weise verfasset" aus dem Jahre 1617[1]. Es handelt sich um eine selbständige Interpretation der vor dem Sakramentsempfang im Gottesdienst verlesenen agendarischen Abendmahlsvermahnung. Sie ist speziell für Keplers Haus verfaßt; außerdem spielt für ihn der Gedanke mit, auf diese Weise seine Auffassung vom Abendmahl darzulegen und seine Orthodoxie zu dokumentieren.

Besonders interessant an dieser Schrift ist die Art und Weise, wie Kepler seine Quellen zugrunde legt, benutzt und variiert. Die Schrift ist in Prag gedruckt worden, als Kepler von März bis Mai 1617 am kaiserlichen Hof weilte[2]. Der Verfasser ist nicht mit Namen genannt. In Linz wurde im gleichen Jahre eine neue Agende eingeführt. Es handelt sich um die „Christliche Kirchen Agenda So Bey Offentlichem Gottesdienst der Gemeinden Augspurgischer Confession nutzlich gebraucht werden kan. M. D. C. XVII.", eine offenbar von Daniel Hitzler erstellte und herausgegebene,

---

[40] Vgl. W XVII Nr. 808, 89.

[41] Nach *Raupach* IV S. 237 hat Hoe „etlich tausenden unter freyen Himmel stehenden Personen das ordentliche Evangelium gründlich und erbaulich" erklärt. Zu Hoe vgl. Anm. 3 zu S. 16.

[1] Ein Exemplar befindet sich noch in der Tübinger Universitätsbibliothek. Der Text bei *Stark*, Johannes Kepler, Zeitschr. f. hist. Theologie 1868, S. 4—88; Fr VIII S. 124—129; NK NF 1 (ausführliche Darstellung des historischen Kontextes der Abendmahlsvermahnung); W XII.

[2] Die Reise nach Prag dauerte vom 8. März bis 26. Mai (Kepler an Bernegger, Sommer 1617, W XVII Nr. 766, 4 f.).

in Tübingen gedruckte Überarbeitung der württembergischen Agende[3]. Bis dahin, und noch, als Kepler nach Prag reiste, war das „Agend Büchlein für die Pfarrherren auff dem Land" von Veit Dietrich in Gebrauch gewesen[4]. Alle drei Agenden enthalten mit verschiedenen Varianten die gleiche Vermahnung. Kepler legt seiner Arbeit nun, wie sich literarkritisch feststellen läßt[5], die in der württembergischen Agende enthaltene Form der Abendmahlsvermahnung zugrunde, offenbar unter der Voraussetzung, daß die Vermahnung in der neuen Agende mit der württembergischen übereinstimmt. Nur an einer Stelle, auf die wir gleich noch eingehen müssen, nimmt Kepler bewußt den alten Text von Veit Dietrich in Abwandlung der württembergischen und oberösterreichischen Form auf.

In der Vorrede seines „Unterrichts" spricht Kepler von dem Streit um das heilige Abendmahl, von dem auch auf den Kanzeln viel die Rede sei, den aber seine Hausgenossen zum größten Teil nicht verstünden. Nun hätten die Prediger gute Gründe für ihre Predigtweise; damit aber die gebührende Andacht nicht durch theologische Disputationen zerstreut würde, werde im Gottesdienst die Vermahnung verlesen, die zum rechten Gebrauch des heiligen Sakraments führen soll. Um diese Vermahnung gut einzuprägen und um zu ihrem rechten Verständnis anzuleiten — durch den eintönigen Vortrag innerhalb der Liturgie werde das eher verhindert —, auch um seinen eigenen Glauben und seine Meinung vom Abendmahl zu bezeugen, habe er sie für seine Angehörigen in Fragestücke aufgeteilt und abschnittweise erklärt.

Im „Unterricht" selbst wird zunächst die Frage behandelt, warum überhaupt Abendmahl gehalten wird. Keplers Antwort: Es ist der Befehl des Herrn. Was im Abendmahl geschieht, wird darauf mit dem Text der Agende erläutert: Christus gibt seinen wahrhaftigen Leib zur Speise und sein eigenes Blut zu trinken, um den Glauben damit zu stärken. Kepler fügt ausdrücklich den Opfergedanken hinzu: Leib und Blut Christi sind für uns geopfert und vergossen. Neben dem Glauben als Frucht des Sakraments wird noch besonders die Heilung der verwundeten Gewissen erwähnt.

Es entspricht Keplers peinlicher Gewissenhaftigkeit, die wir immer wieder beobachten, wenn er dann im Anschluß an die agendarische Mahnung zur Selbstprüfung ausführlich auseinanderlegt, wie diese Mahnung zu

---

[3] Von Gottes Gnaden vnser Christoffs Hertzogen zu Würemberg vnd zu Teckh / Grauen zu Mümpelgart / etc. Summarischer vnd einfältiger Begriff / wie es mit der Lehre vnd Ceremonien in den Kirchen unsers Fürstenthumbs / auch derselben Kirchen anhangenden Sachen vnd Verrichtungen / bißher geübt vnnd gebraucht / auch fürohin mit verleihung Göttlicher gnaden gehalten vnd volzogen werden solle. 1559.

[4] Näheres über diese Agenden und ihre Geschichte sowie Literaturangaben siehe NK NF 1. Zur Ergänzung vgl. unten A. 16.

[5] Ebd.

verstehen ist. Er tut das in einer Interpretation der entsprechenden Ausführungen von Paulus 1. Kor. 11, 26—32 und 10, 16—17. Bemerkenswert ist die exegetische Genauigkeit, mit der er den Text übersetzt. Freilich steht auch sein eigenes dogmatisches Interesse dahinter. Zu 1. Kor. 11, 26 (Luther: „... sollt ihr des Herrn Tod verkündigen") führt er ausdrücklich die indikativische Möglichkeit („thuet jr ... verkündigen") an. Kepler betont dann, daß nach diesen Worten das Abendmahl keine gewöhnliche Zeche, sondern als Predigt von dem unschuldigen Leiden und Sterben Christi um unserer Verschuldung willen zu verstehen sei. Das gelte es zu bedenken. Weiter geht, so erklärt Kepler, aus den Worten des Paulus hervor: Die Abendmahlselemente sind nicht gewöhnliches Brot und gewöhnlicher Wein, sondern Leib und Blut des Herrn. Nur durch die Gemeinschaft des wahren Leibes und Blutes Christi, deren wir im Abendmahl teilhaftig werden und durch die wir Christus zu unserem gemeinsamen Haupt bekommen, können wir untereinander Glieder eines geistlichen Leibes werden.

Von den Gästen des Abendmahls ergibt sich aus dem paulinischen Text, daß solche, die das Sakrament entheiligen, schwere zeitliche Strafe, Krankheit und vorzeitigen Tod zu erwarten haben, damit sie zur Buße finden und lernen, sich selbst zu richten, andernfalls sie dem ewigen Zorn Gottes ausgeliefert wären. Selbstprüfung heißt also, daß ein jeder in sein eigenes Gewissen geht und sein verkehrtes Leben Stück für Stück betrachtet. Selbstgericht bedeutet dann, die Einzelheiten dieses verkehrten Lebens, ja die ganze verderbte Natur selbst gegen Gottes Gebote zu halten. Wer das tut, und hier kann Kepler den Agendentext wieder aufnehmen, wird nichts als schlimme Sünden und die Verschuldung zum ewigen Tod finden. Ein besonderer Hinweis auf die Erbsünde stammt von Keplers Hand. Daraus folgt dann die Forderung, sich selbst und den begangenen Sünden feind zu sein, seine Schuld öffentlich zu bekennen, Gott dies abzubitten, alles Böse aus dem Herzen zu räumen, Versöhnung und Verzeihung und der Vorsatz der Besserung.

Der Trost der Christen angesichts der Warnung vor der Unwürdigkeit ist nach Kepler einerseits das von der Agende betonte eigene Unvermögen, sich aus der Sündhaftigkeit herauszuhelfen, andererseits, wiederum nach dem Agendentext, die Tatsache des Erbarmens Christi und seine Stellvertretung, die es nach Kepler zu wissen — das Wissen steht an erster Stelle! — und zu glauben gilt. Das Abendmahl ist nicht als frommes oder magisches Werk zur Erlangung der Vergebung — Kepler spielt ausdrücklich auf die manducatio oralis der Lutheraner an —, sondern, so wieder die Vermahnung, als Trost und Stärkung der betrübten Gewissen zu verstehen, welch letzteren es, so Kepler, als gewisses Pfand und Wahrzeichen des gnädigen Willens Gottes und Grund des Glaubens an die Versöhnung gegeben ist. Das sei den Einsetzungsworten zu entnehmen.

Kepler folgt nun im wesentlichen weiter der Agende, die jetzt Brot- und Kelchwort mit je einer kurzen Erklärung bietet. Den Wortlaut der Einsetzungsworte korrigiert er jedoch selbständig; sein Text entspricht beim Brotwort genau, beim Kelchwort weitgehend dem in Luthers Kleinem Katechismus. Besonders betont (durch Wiederholung) wird das „Für euch" des Brotwortes[6].

Gegenüber der irdisch-leiblichen Menschwerdung Christi und seinem irdischen Werk erklärt Kepler durch glossenartige Zusätze den geistlichen Charakter der Vereinigung mit ihm durch das Abendmahl: Die Christen werden ausdrücklich als Glieder des geistlichen Leibes Christi, er selbst als „Haupt und Geist"[7] bezeichnet. Die Formulierung der Agende „... gib Ich euch mein blut zu trincken" ergänzt Kepler sogleich durch den analogischen Hinweis: „wie auch sonsten durch das trincken das leben im leib gesterckhet, vnd die speise gefürdert wirt."[8]

Besonders interessant ist Keplers Verfahren bei der zusammenfassenden Erläuterung der Einsetzungsworte in der Agende[9]. Es heißt dort in der württembergischen Form[10]: „Wer nun also von disem Brott isset / vnd von disem Kelch trincket / auch disen Worten / die er von Christo höret / vestiglich glaubet / vnnd dises Sacrament zu erinnerung vnd bestätigung seines Glaubens entpfahet / der bleibt in dem Herrn Christo / vnd Christus in jm / vnd würdt ewiglich leben. (Joan. vj.)" Kepler schreibt: „Wer also

---

[6] Da verschiedene Einzelheiten mit dem oberösterreichischen Wortlaut gegen Württemberg und Veit Dietrich übereinstimmen, ist nicht auszuschließen, daß der obderennsische Text Kepler doch vorgelegen hat; dann hätte er wiederum an anderer Stelle hier charakteristisch geändert, nämlich beim Kelchwort, wo es — sicher nicht in Keplers Sinn! — heißt: „das ist mein Blut deß Newen Testaments". Kepler hat hier mit Dietrich und Württemberg: „diss ist der Kelch des newen Testaments, in meinem blut". Im Blick auf andere Varianten der Vermahnung, insbesondere im Schlußteil (der bei Dietrich fehlt), ist jedoch die württembergische Fassung als Grundtext anzunehmen, und dann erklärt es sich zwangloser, wenn Kepler bei den Einsetzungsworten nach Luthers Katechismustext änderte und an der hier genannten Stelle (wo Luther schreibt: „Dieser Kelch ist das Neue Testament in meinem Blut") beim Agendentext bleibt, weil kein sachlicher Grund zur Änderung vorlag (vgl. auch *Luthers* Formula missae et communionis von 1523, wo es wie bei Kepler heißt: „Hic calix est noui testamenti in meo sanguine", WA XII S. 212, BoA II S. 432, 36 f.). — Über die Gestaltungsgesetze bei der liturgischen Fassung der Einsetzungsworte vgl. *P. Brunner*, Das gottesdienstliche Abendmahlszeugnis in den badischen Landen vor der Union, in: H. Erbacher (Hg.), Vereinigte Evangelische Landeskirche in Baden 1821—1971, 1971, S. 170 ff.: S. 177 ff. Brunner stellt das „Für euch" als ganzen Skopus der Vermahnung heraus, S. 184.

[7] Vgl. Anm. 17 zu S. 118.

[8] Vgl. auch *Calvin*, Institutio IV, 17, 3; op. sel. V S. 345, 4 ff.

[9] Fr VIII S. 128, 20 ff.; NK NF 1 S. 29, 4 ff.

[10] S. 74, NK NF 1 S. 13, 18 ff. = Oberösterreich S. 149, NK NF 1 S. 11 zu Z. 56 ff. von Veit Dietrich.

von disem brot isset / vnd von disem Kelch trincket / auch disen worten / die er von Christo höret / vnd disen zeichen / die er von Christo empfahet / vestiglich glaubet / vnd dises Abendtmahl zur erinnerung vnd bestätigung seines glaubens empfahet / der bleibet in dem Herren Christo / vnd Christus in jme / vnd würt ewiglich leben." Der Zusatz „vnd disen zeichen / die er von Christo empfahet" stammt aus der Agende von Veit Dietrich (wo hingegen der Satzteil „vndt dises Sacrament (bzw. Abendtmahl) ... empfahet" fehlt). Keplers theologisches Interesse ist hier mit Händen zu greifen. Er hat auch in dem (noch erhaltenen) Exemplar, das er Hafenreffer nach Tübingen schickte, an dieser Stelle sogleich handschriftlich angemerkt: „non est mea additio, sed sic habetur in Agenda Austriaca". In der Tat — aber in der alten Agende; seinem Katechismus legt Kepler jedoch sonst bereits den Text der neuen zugrunde, und offensichtlich steht seine Schrift mit der Einführung der neuen Ordnung in Zusammenhang.

Hafenreffer nimmt auch sofort Anstoß an der Formulierung. Er hätte Keplers Schrift gelesen, schreibt er am 17. Februar 1619 (a. St.) an ihn[11]; in ihr billige er nicht, was über die Zeichen von Brot und Wein gesagt sei, denn das widerspreche den vorhergehenden und den Worten des Erlösers. Daraufhin geht Kepler in einem Antwortschreiben an Hafenreffer noch einmal ausführlich auf den Sachverhalt ein[12]. Er hätte die Seiten geschrieben, als alle Prediger in Linz auch jene Worte verkündet und hinzugefügt hätten, und zwar aus dem Formular der österreichischen Agende. Gemeint ist also die von Veit Dietrich. Warum, so erklärt Kepler, hätte er also zu jener Zeit diese Worte wegfallen lassen sollen, gewissermaßen in der Absicht, die öffentliche Gottesdienstordnung zu korrigieren? Während er doch seinen Hausgenossen das einprägen wollte, was sie in der Kirche hörten?

Kepler behandelt dann die theologische Frage und bestreitet eine widersprüchliche Bedeutung des Zusatzes. Zunächst: Wenn nämlich wirklich das Brot hier Zeichen des Leibes genannt wird, während es im Vorhergehenden auch die wirkliche Vereinigung mit dem Leib bedeutet — wer soll das anders verstehen, als daß von signa exhibentia die Rede ist, also von Zeichen, die das, was sie bezeichnen, auch gewähren? Diese Lehre habe Kepler nicht irgendwo unter der Sphäre der Fixsterne hervorgeholt, außerhalb dessen, was er in Tübingen in den theologischen Vorlesungen gelernt habe. Der unsichtbar gegenwärtige Leib (Hafenreffer merkt hier an: Also gegenwärtig, nicht abwesend!) bedürfe nämlich eines sichtbaren Zeichens, durch dessen Vermittlung erst mittels der Sinne der Glaube an die Darreichung des Leibes entstehen könne.

---

[11] W XVII Nr. 829, 57 ff. Kepler hatte den „Unterricht" seinem Brief vom 28. 11. 1618 beigefügt, vgl. W XVII Nr. 809, 141.
[12] W XVII Nr. 835, 197 ff.

Zum anderen, schreibt Kepler, ist schon an jener Stelle von der geistlichen Nießung des Glaubens die Rede, durch die es geschieht, daß wir in Christus bleiben und er in uns; der Glaube aber hat eine Entsprechung, die Worte Christi, die uns nach Luther die Vergebung der Sünden verheißen. An dieser Predigt ist das ganze Sakrament, das in dem Brot und dem Leib als Zeichen oder Siegel besteht, aufgehängt. Jene Antwort im „Unterricht" sagt also, daß der in Christus bleibt, der den Worten Christi einerseits und dem von Christus (warum von Christus, wenn nicht deshalb, weil es ja Christus ist, der seinen Leib zu dem Brote fügt?), der dem von Christus also empfangenen Siegel des Sakraments andererseits glaubt. Sachlich vorausgesetzt ist bei dieser Argumentation also doch, daß Brot und Leib voneinander geschieden sind; mit dem Leib ist der letztlich spirituell, in seiner Wirksamkeit, nicht aber substantiell anwesende menschliche Leib Jesu gemeint. Die Abendmahlselemente bekräftigen und besiegeln als Zeichen die Worte Christi, indem sie den Leib Christi als für uns gegeben anzeigen, in gewissem Sinne sichtbar machen und gewähren, den Leib, der selbst als Pfand der Sündenvergebung im Himmel ist. Im Glauben wird er mit dem Abendmahl als solches Pfand geistlich empfangen. Darin konstituiert sich der geistige Leib der Glaubenden, dessen Haupt im Geiste Christus ist.

Bemerkenswert ist nun, wie Kepler das vorliegende Theologumenon in seinem Brief weiter verteidigt. Wenn die übrigen Linzer Zuhörer, so schreibt er[13], aufmerksam genug auf den Wegfall dieser Worte der alten Agende gewesen wären (Hafenreffer merkt an: Allein Kepler ist aufmerksam!), der in der neuen, in Tübingen für die österreichischen Kirchen angefertigten Agende zum Vorschein kommt, die dort nun benutzt wird — er hätte allerdings befürchtet, daß der Verlust dieser gewohnten Wendung, die besten Sinn hatte, bei den Schwachen ein Ärgernis hervorgerufen hätte.

Der Vorwurf der Neuerung ist unüberhörbar; Kepler gibt ihn an die Tübinger Theologen mit einiger Ironie zurück. Er kritisiert mit der Aufnahme des Satzes von Veit Dietrich deutlich die neue oberösterreichische und mit dieser bereits die württembergische Agende. Ist sein „Unterricht" im Zusammenhang mit der Einführung der neuen Agende geschrieben, bedeutet diese Schrift also zugleich eine kritische Stellungnahme zur Gottesdienstordnung und der in ihr vertretenen Lehre, und Hafenreffer und den Tübinger Theologen gegenüber fast so etwas wie ein theologisches Manifest. In dieser Absicht hat er sie offenbar auch an Hafenreffer geschickt, wie durch die handschriftliche Bemerkung unterstrichen wird. Der existentielle Ernst der theologischen Position Keplers wird hier besonders deutlich: Sie ist im Gottesdienst verwurzelt und für dessen Gestalt von unmittelbarer Relevanz.

---

[13] W XVII Nr. 835, 223 ff.

Interessant vor allem für Keplers persönliche Haltung und Frömmigkeit
ist der weitere Inhalt des „Unterrichts"[14]. Im Fortgang seiner Interpretation der Vermahnung führt der Verfasser zunächst ausdrücklich unter
einer besonderen Frage als Dienst des Abendmahls an, was in der Agende
unmittelbar vor den Einsetzungsworten nur kurz genannt wird: ein fröh-
liches Leben im Willen des Herrn. Bezeichnend aber ist: Während die
Agende solches Leben als unmittelbare Frucht des Abendmahls erwähnt,
wird es bei Kepler zum Inhalt einer Mahnung: Das Sakrament „dienet
vns zu einer Erinnerung, frölich in vnsers Herren Christi willen zuleben".

Eine Ermahnung folgt nun auch nach dem Wortlaut der Agende. Kepler versucht, sie zusammen mit seiner vorhergehenden aus den Namen des
Abendmahls, den Umständen seiner Einsetzung und den dabei benutzten
äußerlichen Dingen zu begründen. Die Namen des Abendmahls sind:
Gedächtnis Christi und Verkündigung des Todes Christi. Die Agende faßt
beides als Aufforderung, Kepler ersteres ebenso, letzteres indikativisch.
Diese Übersetzungsmöglichkeit des Paulustextes hatte er bereits eingangs
angeführt. Für ihn ist das Abendmahl Verkündigung des Todes Christi.
Diese Verkündigung ist offenbar als Zusage gedacht, der es zu entsprechen
gilt; „Frucht" des Abendmahls ist dann die entsprechende Antwort[15].

Wie Gedächtnis Christi und Verkündigung des Todes Christi (in dieser
nächsten Katechismus-Frage wird die iussivische Form der Agende aufgenommen) geschehen soll, erklärt Kepler folgendermaßen: Auf Betrachtung
und Bekenntnis dessen, daß (so wieder die Agende) Christus für unsere
Sünden gestorben und zu unserer Rechtfertigung wieder auferstanden ist,
soll Lob und Dank dafür an Gott folgen, und diese Dankbarkeit, so fügt
Kepler hinzu, soll sich im Handeln zeigen, in der Bewahrung vor neuer
Schuld und im Halten der Gebote. Als vornehmste Gebote entnimmt Kepler dem Agendentext: Ein jeder solle sein Kreuz auf sich nehmen und
Christus nachfolgen, und untereinander sollen wir uns lieben, wie er uns
geliebt hat.

Nun legt Kepler aus den Umständen der Einsetzung ausführlich dar,
inwiefern uns das Abendmahl an diese Gebote erinnert. Christi stellver-
tretendes Leiden und Sterben, dessen Gedächtnis uns im Abendmahl an-
befohlen wird, verpflichtet zu Selbstbeschränkung, auch unter Schmerzen,
zu einem heiligen, züchtigen Leben, zu Geduld und Leidensbereitschaft
um des christlichen Glaubens willen. Deutlich klingt hier die konfessionelle
Verfolgungssituation an. Was dienende Liebe sei, hat Jesus nach Joh. 13
durch seine „schöne hertzbrechende lange vermahnung" und praktisch

---

[14] Fr VIII S. 128, 27 ff.; NK NF 1 S. 29, 9 ff.
[15] Vgl. dazu W XVII Nr. 808, 16: „Hoc facite in meum commemorationem,
Annunciate mortem meam." Die Nebeneinanderstellung meint — die Möglichkeit der indikativischen Interpretation vorausgesetzt — offenbar eine Identität: Die Abendmahlsfeier ist Verkündigung. Vgl. unten S. 49.

durch die Fußwaschung vor dem Abendmahl gezeigt, zum andern dadurch, daß er sein Leben für uns gegeben hat, als wir noch Feinde waren.
Zum Gedächtnis dessen ist das Sakrament eingesetzt. Infolgedessen sind
Feindesliebe, Verzeihung, Hilfeleistung und Einsatz der eigenen Güter
und des eigenen Lebens für den anderen und die Christenheit unsere
Aufgabe. Auch in diesen Worten klingt die Situation der Evangelischen
in Österreich deutlich an.

In die gleiche Richtung deuten drittens auch die Abendmahlselemente
— Kepler spricht hier wieder von Zeichen! — selbst; sie bringen uns den
geistlichen Leib Christi, dessen Glieder wir werden, und die damit gegebene Verpflichtung in Erinnerung. Kepler kann nun mit den Worten
der Vermahnung, die die Abendmahlsgemeinde als „ein brot vnd ein
leib" zusammenfassen, wieder die Agende aufnehmen; und er schließt
mit dem schönen Bild aus der württembergischen und oberösterreichischen
Fassung, das die Vereinigung der Glaubenden mit Christus mit der Kel-
terung von Wein aus vielerlei Beeren und dem Backen von Kuchen aus
vielerlei Körnern vergleicht[16].

In der Zeit, als Kepler in Prag weilte und auch den „Unterricht"
schrieb und drucken ließ, hat ihm D. Helvicus Garthius das Abendmahl
gereicht[17]. Garthius[18] war, nachdem er vorher (seit 1609) Pastor und Superintendent in Freiberg gewesen war und dort auch Disputationen über
die Kontroversen der Konkordienformel gehalten hatte, seit 1613 Pfarrer
und Inspektor an der deutschen Kirche S. Salvator zu Prag, die Garthius
am 19. Sonntag nach Trinitatis (5. Oktober) 1614 einweihte (ihren Grund-
stein hatte Hoe am 27. Juli 1611 gelegt). Als in Hernals die Frage der
Besetzung einer Predigstelle akut war, schrieb Hoe am 12. April 1617

---

[16] Aus diesem Text läßt sich entnehmen, daß die württembergische Form
Keplers „Unterricht" zugrunde gelegen hat. — Zu seiner Herkunft und seinem
Zusammenhang vgl. auch *F. Schulz*, Das Abendmahl als Communio, Monats-
schr. f. Pastoraltheologie LI/4, 1962, S. 132 ff.; *P. Brunner* aaO. (Anm. 6) S.
193 ff. Brunner sieht (S. 195) bereits in dieser wahrscheinlich von Luther über-
nommenen, aber alter Abendmahlstradition entstammenden Bildrede Möglichkeiten reformierter Interpretation; in diesem Sinne könnte Blarer in den Verhandlungen mit Schnepf für die Aufnahme dieses Textes in die Württembergische Kirchenordnung 1536 votiert haben.

[17] Notae, NK 6 S. 14, 36 f.

[18] Helvicus Garthius (Helwig Garth), geboren am 18. 12. 1579 in Hessen.
Sein Vater (Balthasar G.) war Prediger in Alsfeld. Der Sohn studierte in Mar-
burg und Straßburg und promovierte mit 23 Jahren 1602 zum Doktor der
Theologie in Tübingen. Er war dann ab 1603 Superintendent in Oschatz, seit
1609 Pastor und Superintendent in Freiberg, wo er am 24. 8. 1613 seine Valet-
Predigt hielt. In Prag war er, auch als „Assessor Consistorii", 1613—1619. Er
hatte eine Tochter von Ägidius Hunnius (Sabina) zur Frau und fünf Kinder.
Er starb am 5. 12. 1619.

an Frau Baronesse Teuflin über ihn: „Hr. D. Garthius zu Prag ist auch gelehrt genug, aber ich sorge, seine Art zu reden würde in Oesterreich unangenehm seyn. Andere Ursachen zu geschweigen, zumal aber, daß ich nicht glaube, Er sich nach Hernals bestellen liesse."[19] Man könnte hieraus auf eine calvinisierende Theologie Garthius' schließen. Doch ist von ihm auch ein Streit mit dem Jesuiten Becanus über die Ubiquitätslehre überliefert[20], die er selbst in diesem Streit nur vertreten haben könnte. In jedem Fall kann er kein unduldsamer orthodoxer Lutheraner wie etwa Ursin in Hernals und Hoe gewesen sein.

3. Der Briefwechsel mit der württembergischen Kirche

Infolge seiner konfessionellen Haltung war Kepler offenbar auch in Linz üblen Nachreden bis zu handfesten Anfeindungen und Benachteiligungen ausgesetzt. In Österreich gab es nicht wenige Leute, die ihn für gottlos, für einen Ketzer oder Schmeichler hielten[1]. Im Zusammenhang mit dem Hexenprozeß gegen seine Mutter ist er selbst auch verbotener Künste bezichtigt worden[2]. Im Herbst 1616 ist anscheinend auch seine Stellung in der Landhausschule gefährdet gewesen. Jedenfalls wurde unter den Verordneten um sein Gehalt gestritten[3]. Seine adligen Gönner standen jedoch mit ihrem Einfluß hinter ihm.

Am 21. September 1616 (a. St.) hatte Mästlin in einem Brief an Kepler den Tod Elisäus Röslins, des Leibarztes des Pfalzgrafen bei Rhein, mitgeteilt. Röslin hatte zu der spiritualistischen Sekte der Schwenckfelder tendiert und daher kirchlich eine konfessionell indifferente Stellung eingenommen. Mästlin äußert sich besorgt nun speziell an die Adresse Keplers, daß Röslin seine Seele doch in der wahren Religion Christus empfohlen haben möchte. Dieser sei in der Religion immer ein Sonderling gewesen, gewissermaßen keiner bestimmten zugetan. Was er am Ende getan habe, wisse er nicht. Gott wolle ihn erleuchtet haben! Dies lege er Kepler und den Seinen „und uns allen" ans Herz[4].

Kepler antwortet darauf in festem Ton und nicht ohne Schärfe[5], daß man Dr. Röslin, da es Gott so gefallen habe, zu beglückwünschen habe, daß er das Leben vollendet und die Ruhe erlangt habe. Er zweifle nicht, daß er das Fundament festgehalten habe. Gott, der den Bußfertigen die

---

[19] *Raupach* IV S. 333[1].

[20] *Raupach* IV S. 335—338.

[1] Vgl. Georg Christoph von Schallenberg an Kepler, 2. 1. 1617, W XVII Nr. 752, 17 ff., dazu Keplers „Glaubensbekenntnis".

[2] Kepler an den Senat von Leonberg, 2. 1. 1616, W XVII Nr. 725, 73.

[3] Vgl. Kepler an Bernegger in Straßburg, 7. 2. 1617, W XVII Nr. 754, bes. Z. 33 ff.   [4] W XVII Nr. 744, 54 ff.

[5] W XVII Nr. 750, 234 ff. (22. 12. 1616).

Verkehrtheiten ihres Willens vergibt, möge sich der Fehler auch unseres Geistes erbarmen; er möge sich aber nicht nur des Weges der Einzelgänger, sondern auch des Weges der Gefälligkeit gegen das Volk und des Selbstvertrauens bei den irdischen Rabbinern erbarmen.

Darauf legt Kepler seine eigene theologische Haltung dar. Er finde durch Gottes Gnade Ruhe bei dem einfachen und vollen Sinn der Schrift. Weiter fände er Ruhe in der Confessio Augustana sowie im Chemnitzschen Werk gegen das Tridentinische Konzil[6]; er begünstige überhaupt keine Lehre, die sich nicht bei den alten Vätern oder unumstritten bei den heutigen Parteien finde. Wer ihn auch nur der geringsten Neuerung anklage, tue ihm Unrecht. Durch diesen einen Punkt errege er den Zorn bei den Theologen, daß er Frieden wolle unter denen, die sich auf die Reformation berufen, und zwar nicht alle Entstellungen und Übertreibungen bei den calvinistischen Dogmen billige, aber doch auch nicht sehen könne, daß in dem Fundament des Artikels über die Person Christi ein so großer Unterschied bestünde. Denn man hätte ihm die Vergehen, die hier den Jesuiten und Calvinianern vorgehalten würden, noch nicht bewiesen. Das sage er nicht so nebenbei, sondern nachdem er ganze Bücher von Anfang bis Ende daraufhin geprüft habe. Umgekehrt: Man klage zwar die Lutherischen wegen bestimmter Sätze der Häresie an, aber wenn diese sie erklärten, wie das ihm gegenüber geschehen sei, dann sagten sie das gleiche, was die anderen anders sagten. Dies treffe wechselseitig zu.

Im Blick auf seinen eigenen Ausschluß vom Abendmahl fährt Kepler fort[7]: Bevor ihm erklärt worden sei, was in der Konkordienformel über die Allgegenwart des Fleisches Christi gesagt sei, hätte er die Lutheraner gänzlich des Eutychianismus, der häretischen Vermischung von Gott- und Menschheit Christi, für schuldig geglaubt; aber nun hätte er ihre Erklärung angenommen und nähme von der Beschuldigung Abstand. Aber umgekehrt werde er um so mehr in der Überzeugung bestärkt, daß beide Parteien im Wesentlichen übereinstimmten. Kepler sieht angesichts dieser Übereinstimmung im Fundament nicht ein, warum man ihn vom Sakrament ausschließt. Er bestreitet die kirchentrennende Bedeutung des konfessionellen Gegensatzes zwischen Lutherischen und Calvinern. Wenigstens innerhalb des Protestantismus müßte eine grundsätzliche Einigung möglich sein; über die dogmatische Formulierung einzelner Punkte könnte man dabei reden und verschiedener Meinung sein. Es scheint ihm daher weniger um die dogmatische Formulierung zu gehen, wenn er die Unterschrift unter die Konkordienformel verweigert, als um die darin enthal-

---

[6] *Martin Chemnitz*, Examen Concilii Tridentini quadripartitum, Frankfurt 1565–1573. Chemnitz war einer der Verfasser der Konkordienformel; auf ihn gehen die Stellen zurück, die von einer Ubivolipräsenz des Fleisches Christi im Gegensatz zur württembergischen Ubiquität (Jakob Andreae) sprechen, vgl. unten S. 127 f.   [7] W XVII Nr. 750, 255 ff.

tene Verwerfung der Calvinisten wegen ihrer unterschiedlichen Auffassung in Christologie und Abendmahlslehre. „Ich könnte den ganzen Streit beschwichtigen", schreibt er, „wenn ich die Konkordienformel unterschriebe, ohne etwas auszunehmen. Aber ich habe kein Recht, in Sachen des Gewissens zu heucheln. Ich bin bereit zu unterschreiben, wenn meine bereits angegebenen Vorbehalte zugelassen werden. Mit dem Zorn der Theologen will ich keine Gemeinschaft haben, Brüder werde ich nicht richten; sie sind, ob sie stehen oder fallen, des Herrn und meine Brüder."[8] Es sei für ihn besser, dadurch zu sündigen, daß er entschuldige, daß er Gutes rede, zum Besseren auslege, da er doch kein Lehrer der Kirche sei, als dadurch, daß er anklage, herunterziehe und zugrunderichte. Wer solchem Eifer anhange, der könne Verfolgung nicht überstehen, es sei denn, er habe Hoffnung auf eine Zuflucht. Kepler spricht hier aus eigener Erfahrung. Er selbst hatte keine Zuflucht, auch nicht in Tübingen, wohin er schreibt. So muß er auch aus äußeren Gründen vorsichtig sein.

Entscheidend sind aber die sachlichen und die Gewissensgründe: „Es schreien die Jesuiten, es schreien die Calvinianer, daß ihnen im Artikel über die Person Christi Unrecht vom Konkordienbuche geschehe; vieles werde ihnen in Rechnung gebracht, was sie selbst gar nicht lehrten. Wenn ich nun also unterschreibe und jene Punkte nicht ausnehme, mache ich mich entweder selbst zum Richter, indem ich sie des bezichtigten Vergehens wegen verurteile, oder ich werde zu ihrem Ankläger gegen mein Gewissen, das sie selbst in einigen Punkten mehr verteidigt als anklagt, weil sie die Sätze der reineren Väter der Kirche und die Weise ihrer Schriftauslegung in diesem Artikel beachten."[9] Anzumerken ist in diesem Zusammenhang, daß die Konkordienformel in dem angesprochenen Artikel VII zwar von der Verwerfung und Verdammung der theologischen Auffassungen spricht, die der in ihr ausgeführten und als schriftgemäß angesehenen „reinen Lehre" widersprechen[10]. Sie spricht aber an dieser Stelle expressis verbis nicht von der Verurteilung ihrer Vertreter, vielmehr muß ihr Anliegen seelsorgerlich verstanden werden. Es geht ihr um gewissen, „beständigen Trost" „in aller Widerwärtigkeit" im Gegensatz zu aller Gedankengrübelei über die göttlichen Geheimnisse, die solchen einfältigen Trost gerade zunichte-

---

[8] W XVII Nr. 750, 260 ff.　　　　　　[9] W XVII Nr. 750, 268 ff.

[10] Zum Beispiel: „Demnach verwerfen und verdammen wir mit Mund und Herzen als falsch, irrig und verführerisch alle sakramentierische opiniones und Lehren, so dieser obgesetzten und in Gottes Wort gegründeten Lehre ungemäß, zuwider und entgegen seind"; Formula Concordiae VII, Solida declaratio § 112 (BS S. 1011, 21 ff.). Vgl. demgegenüber die schärferen Formulierungen des Tridentinums: „Qui ..., anathema sit". Hier wird der Vertreter der Irrlehre selbst „verflucht". Bei *Neuner-Roos*, Der Glaube der Kirche in den Urkunden der Lehrverkündigung, 1948 (weitere Auflagen), wird diese Formulierung neuerdings übersetzt: „... der sei ausgeschlossen".

mache[11]. Insofern bedeutet eine Unterschrift noch nicht unbedingt eine
Verdammung der Andersdenkenden selbst und insofern ursprünglich auch
keine Lieblosigkeit. Es geht den Verfechtern der Konkordienformel gerade
auch um die Seele der Irrenden. Es ist dann aber die gerade im Zusammenhang der Konkordienformel lebhaft diskutierte Frage, wie weit die
Lehre von ihren Trägern unterschieden werden kann[12]. In der Einleitung
der Konkordienformel sind schließlich neben den zu verdammenden Irrlehren auch deren „halsstarrige Lehrer und Lästerer" genannt[13]. Man
will jedoch, so wird man zunächst unterstellen dürfen, nicht richten, sondern vor Gottes Gericht warnen. Mästlins besorgte Mahnung ist ein beredtes Zeugnis dieser Haltung, die auch in Hafenreffers Briefen immer
wieder deutlich wird. Aber faktisch bedeutet, wie auch aus Keplers Äußerungen hervorgeht, eine Verdammung der Lehre mit die Verurteilung
ihres Vertreters. Er wird damit praktisch aus der Gemeinschaft der Kirche
ausgeschlossen, und damit steht zugleich sein ewiges Heil in Frage. Ausschluß aus der Kirche bedeutet in der damaligen Zeit darüber hinaus zugleich auch Ausschluß aus der Gesellschaft. Auch von daher sind Keplers
Bemühungen um kirchliche Gemeinschaft zwischen Calvinern und Lutheranern wie zwischen den Konfessionen überhaupt existentiell wichtig und
notwendig.

Anläßlich seiner ersten Reise nach Württemberg im Zusammenhang mit
dem Hexenprozeß seiner Mutter, die er von Oktober bis Dezember 1617
unternahm[14], setzte er deshalb seine Bemühungen in der Frage seines
Ausschlusses vom Abendmahl weiter fort[15]. Der Besuch bei seinen Tübinger Freunden und Bekannten bot eine günstige Gelegenheit dafür. Er
hoffte durch das Beispiel, daß ihm Garthius das Abendmahl gereicht hatte,
und durch Vergessen des Vergangenen sich wieder mit den Württembergern aussöhnen zu können. Er nahm diesmal nicht den Weg über das
Konsistorium, sondern über die theologische Fakultät. Daher wandte er
sich schriftlich aus dem Hause Mästlins an Hafenreffer, der damals Kanzler der Universität war, und begehrte nur dies eine von ihm zu erfahren,

---

[11] FC VIII SD 96, BS S. 1049.
[12] BS S. 755 Anm. 3. — Vgl. *M. Lienhard*, Die Verwerfung der Irrlehrer
und das Verhältnis zwischen lutherischen und reformierten Kirchen, in: Gemeinschaft der reformatorischen Kirchen, „Polis" 41, 1971, S. 69 ff., S. 77, 104;
zur FC S. 100 ff. Lienhard bezieht sich auf *H. W. Gensichen*, Damnamus. Die
Verwerfung von Irrlehre bei Luther und im Luthertum des 16. Jahrhunderts,
1955.   [13] BS S. 755, 18 ff.; S. 756, 9.
[14] Kepler berichtet über diese Reise in einem Brief an den Kaiserlichen Rat
J. Wacker, W XVII Nr. 783.
[15] Das Folgende hat Kepler in der Einleitung der Notae, NK 6 S. 14 f.,
sowie in seinem Brief an Hafenreffer vom 11. 4. 1619 (W XVII Nr. 835, 1—36.
229 ff. 268 ff.) dargelegt.

ob er meine, daß er vor seiner Abreise an den heiligen Tisch treten dürfe. Hafenreffer hatte eine so große Liebe zu ihm, daß sein Herz von dem Schmerz über das, was ihm einst über Kepler zu hören ein Ärgernis gewesen war, noch nicht wieder frei war. Das erfuhr Kepler offenbar bei einem Besuch, den er ihm nach vier Tagen machte, die er seinem Aufenthalt zugesetzt hatte, um eine verbindliche Zusage für eine Vermittlung Hafenreffers bei Hitzler zu erhalten. Bei diesem Besuch trug er seine dringende Bitte noch einmal mündlich vor. Hafenreffer hat dabei sehr gründlich, wie Kepler selbst schreibt, über dessen Anliegen nachgefragt. Die erbetene Vermittlung konnte er aber weder versprechen noch gewähren. Er bat um Aufschub für die Antwort und versprach, daß er sie nach Keplers Abreise bei nächster Gelegenheit nach Linz schicken würde. Er wollte mit Keplers Einwilligung zuvor noch mit den verantwortlichen Männern sprechen, mit denen er gemeinsam über die Sache zu befinden hatte. So reiste Kepler enttäuscht ab. Er hatte immerhin aus Hafenreffers Abschiedsworten die Hoffnung geschöpft, daß er an Hitzler schreiben würde. Ein ums andere Mal hat er dann bei Hitzler angefragt, ob er keinen Brief von Hafenreffer bekommen hätte, in dem von ihm die Rede sei. Hafenreffer dagegen hatte von Kepler noch einen Brief erwartet; er wollte keinen Anfang mit neuen Schriften machen. Er wollte und konnte keine Entscheidung ohne die Fakultät und das Konsistorium treffen, und deren Auffassung konnte sich ohne eine Unterschrift Keplers unter die Konkordienformel kaum ändern. Kepler hielt jedoch an seiner Bedingung fest, und insofern war es nicht nur ein Mißverständnis der Gedanken Keplers, worauf die negative Entscheidung des Konsistoriums beruhte und was sie aufrechterhielt.

Von Linz aus schrieb Kepler am 28. November 1618, also ein Jahr später, zurück und bat dringend um das Versprochene[16]. Man merkt dem Brief die Erregung an, in die ihn der Ernst der Sache, um die es ihm geht, bringt. Er nennt noch einmal seine Auffassung, daß ihm in der strittigen Frage die Beweise der alten Väter mehr einleuchteten als die der Konkordienformel, und illustriert die praktischen Auswirkungen des Gegensatzes durch die Gegenüberstellung der Bibelworte: „Dies tut zu meinem Gedächtnis; verkündigt meinen Tod" (1. Kor. 11,24 f. 26[17]) und „Gebt das Heilige nicht den Hunden" (Matth. 7,6). Das erste Wort, das Kepler für sich in Anspruch nimmt, sei allen Laien als Gebot Christi gegeben, das zweite sei zu einem Gebot für die „Diener und Haushalter über die Geheimnisse Gottes"[18] gemacht worden. „So sei ich für euch, o Schmerz, und

---

[16] W XVII Nr. 808, vgl. Notae, NK 6 S. 15, 3. Diesem Brief fügte Kepler seinen „Unterricht" bei, vgl. Z. 141.

[17] Ebd. Z. 16. — Vgl. oben S. 43 mit Anm. 15. Der Vulgatatext hat an dieser Stelle „annunciabitis".

[18] Vgl. 1. Kor. 4,1. Der Bibeltext lautet wörtlich nach Luthers Übersetzung: „Dafür halte uns jedermann, nämlich für Christi Diener und Haushalter über

werde gehalten als ein geistlicher Hund . . ."[19]. Was man in Württemberg
als Hochmut (arrogantia) ansehe, sei von ihm her gesehen in Wirklichkeit
Freimut (ingenuitas). Er weigere sich, aus bloßem Gehorsam gegenüber
seinen Lehrern etwas anderes nach außen hin zu bekennen, als was er
innerlich denke, er fliehe vor Verstellung und Heuchelei, die sich selbst
verurteile. Er wisse, daß in Glaubensdingen eine volle Überzeugung gefordert wird. Eine solche könnte von ihm mit der genannten Einschrän-
kung ohne Anstoß für den Nächsten vertreten werden. So besteht für
Kepler kein Grund, seinen Ausschluß aufrechtzuerhalten, der die Gemeinde nur auf die strittigen Punkte aufmerksam macht und dadurch in
ihr eher neue Zweifel wecken kann.

Aber umgekehrt, fährt Kepler fort, möge Christus ihn davor bewahren,
daß er sich aus Erbitterung gegenüber dieser schlechten Behandlung irgend
etwas zuschulden kommen lasse, das sein Gewissen verletzt. So verharre er
in der Liebe, in der er alle Glieder Christi, „und unter den anderen euch
— und vor allen — als geistliche Väter in allen übrigen Punkten der Religion (wie Menschen jedoch)" umfasse[20]. Er verharre in dem Studium der
Wahrheit und in der Ablehnung von Irrtümern. Er halte sich dabei so,
daß er in dieser seiner anderen Meinung nicht als Richter der Theologen,
sei er doch selbst ein Laie, sondern als Hüter eines reinen persönlichen
Gewissens befunden werde, und daß er Verfolgungen mit gutem Gewissen
ertragen könne, indem er nichts gegen das Gewissen zu seiner Verteidigung mit dem Volk oder gleichsam im Eifer um das Volk unternähme.
Für die Einigung der dreifach geteilten Kirche aber verrichte er mit seiner
Familie täglich Gebete.

Als Vorbild für sein Verhalten, für seine Schriftauslegung und für das
Streben nach Vereinigung der Kirche nennt Kepler den Erzbischof Marcus
Antonius de Dominis aus Spalato (Split, heute Jugoslawien), der 1616
Italien verlassen hatte und in England zur anglikanischen Kirche übergetreten war. Auf ihn kommt er noch öfter zu sprechen[21]. Seinem Auftreten mißt er ganz besondere Bedeutung zu. Zunächst rechnet Kepler
jedoch mit einem allgemeinen deutschen Religionskrieg, den vielleicht die
Böhmen entfachen. Solch einen Krieg faßt er als läuterndes Feuer, ja fast
als Vorbedingung für konfessionelle Einigung und kirchlichen Frieden
auf. Kepler weist auch darauf hin, daß wie anderwärts so auch in Württemberg konfessionelle Umwälzungen durch den Übertritt des Landes-

---

Gottes Geheimnis" (später: „Geheimnisse", der griechische Text hat μυστηρίων),
nach der Vulgata: „Sic nos existimet homo ut ministros Christi: et dispensatores
mysteriorum Dei." Kepler spricht dann von „ministris et dispensatoribus mysteriorum Dej", W XVII Nr. 808, 17 f. Die Abwandlung des biblischen Textes
„Diener Christi" zu „Diener . . . der Geheimnisse Gottes" bedeutet eine scharfe
polemische Zuspitzung gegen den Anspruch der angegriffenen Theologen, allein
die reine Wahrheit zu besitzen.   [19] W XVII Nr. 808, 18 f.
  [20] W XVII Nr. 808, 33 ff.   [21] Siehe unten S. 71 ff.

herrn zu einem anderen Bekenntnis möglich sind. Er ist offenbar der Meinung, daß eine solche starre Haltung wie die der Württemberger Kirchenmänner nur in einem vorläufig noch so behüteten Land fernab der großen notvollen Auseinandersetzungen wie dem ihren möglich ist, daß aber diese Auseinandersetzungen nur als Straf- und Läuterungsgericht für solche dogmatische Selbstbezogenheit, die sich faktisch in weltferner Lieblosigkeit auswirkt, verstanden werden können.

In dem gleichen Brief sind noch Bemerkungen über den Vertrieb der Weltharmonik sowie über die Evangelienharmonie[22] enthalten, um deren Befürwortung für einen Druckkostenzuschuß in Hernals er Hafenreffer bittet — ein Zeugnis für die unbekümmerte Vielseitigkeit, in der er mit der gleichen Person über verschiedene Dinge auf ganz verschiedenen Ebenen gleichzeitig Verbindung und Gemeinschaft halten kann.

Hafenreffer antwortet am 17. Februar 1619[23], persönlich ebenso engagiert wie Kepler. Er hat resigniert, Kepler noch auf den Weg der Wahrheit, wie er ihn versteht, führen zu können. Äußerst hoch schätzt er ihn als Mathematiker. „Wenn es sich aber um das Höhere, um das im geistlichen Sinne Himmlische, mit einem Worte um das Theologische handelt, dann Hände weg! Hier muß alle Schärfe des menschlichen Geistes töricht werden."[24] Zu Keplers Prophezeiung eines Religionskrieges vermag er nur zu sagen: „Guter Jesus, bewahre uns, halte alle deine Feinde und die Feinde deiner Wahrheit fern!"[25] Es sind die Worte eines alten Mannes, der bereits auf die Befreiung durch den Tod hofft. Der einzige lindernde Trost ist für ihn, wenn Kepler ihm mit all seinem chronologischen Scharfsinn das Alter dieser Wahrheit erklären möchte: Und das Wort ward Fleisch. Er bittet Kepler dringend, diese drei Worte zu bedenken: 1. Verbum, 2. caro, 3. factum. Die göttlichen Geheimnisse könnten nicht mit unserem Maßstab, der ein Maßstab der Torheit ist, erforscht werden. Den übrigen Bitten gibt Hafenreffer seinerseits gerne statt, betont aber noch einmal, um Christi und um des Seelenheils Keplers willen seiner christlichen Unterscheidung eingedenk zu sein zwischen dem Mathematiker und ihm als Theologen, welcher Titel freilich „auf niemanden als auf einen Jünger des göttlichen Worts zutreffen kann"[26].

Auf diesen Brief antwortet Kepler noch einmal in einem umfangreichen Schreiben[27]. Nach einleitenden Bemerkungen, die Mißverständnisse richtigstellen sollen, legt er dar, wie wenig es ihm auf Spitzfindigkeiten ankomme. Jedesmal, wenn er sich für das Sakrament vorbereite, gebe er vielmehr allem Scharfsinn des menschlichen Geistes gerade den Abschied. „Warum werde ich nicht wie ein einfacher Laie aufgenommen?"[28] Den

---

[22] Siehe oben S. 17 f.
[23] W XVII Nr. 829.
[24] W XVII Nr. 829, 17 ff.
[25] W XVII Nr. 829, 30 f.
[26] W XVII Nr. 829, 45 f.
[27] 11. 4. 1619, W XVII Nr. 835.
[28] W XVII Nr. 835, 49.

meisten Laien werde keine Unterschrift unter die Konkordienformel befohlen, warum dann ihm? Dadurch würden die Theologen ihm erst Bedenken erregen. Einfachheit gestatte man dem nicht, von dem man ein
Urteil verlange, das er durch seine Unterschrift bezeugen soll.

In der Tat wird hier die ganze Schwierigkeit einer Theologie und eines
Kirchenwesens deutlich, die die Wahrheit so formulieren zu können glauben, daß sie durch Unterschrift unter solch eine Formulierung angenommen oder verworfen werden kann. Der Rationalismus des hier vorausgesetzten Glaubensbegriffes, der „Glauben" im evangelischen Sinne in „Für-
wahr-halten" verkehrt, macht auf dem Hintergrunde seiner relativen Notwendigkeit die ganze Schwierigkeit des konfessionellen Problems aus. So
sehr Keplers Anliegen, praktische Frömmigkeit und theologische Reflexion
zu unterscheiden und Gegensätze in dieser nicht jene beeinträchtigen zu
lassen, verständlich ist, so folgerichtig ist auch Hafenreffers Haltung, wenn
er zwischen der Stellung Keplers und der eines einfachen Laien einen
„großen Unterschied"[29] sieht. Ist Kepler an dem wesentlichen Punkt des
Glaubens an die Allgegenwart Christi und also auch die persönliche, wesentliche Gegenwart Christi im Abendmahl anderer Auffassung als die
lutherische Kirche, wäre eine äußere Teilnahme am Abendmahl noch keine
wirkliche Abendmahlsgemeinschaft, und solche mangelnde Gemeinschaft
am Leibe Christi trotz äußerer Anwesenheit wäre Beleidigung Christi und
bedeutete verwerfendes Gericht. Deshalb darf die lutherische Orthodoxie
um Keplers selbst willen ihn nicht zum Abendmahl zulassen, wofür wiederum Kepler von seinen Denkvoraussetzungen her kein Verständnis haben kann. Hier liegt die eigentliche Tragik des konfessionellen Zeitalters
zwischen Mittelalter und Neuzeit, als deren Repräsentant die Gestalt Keplers erscheint.

Die Unterschrift würde, schreibt Kepler[30], eine Billigung des Ganzen
und des Einzelnen bedeuten, das in dem Buch enthalten ist. Aber vieles
sei nicht unmittelbar von dogmatischer Relevanz. Sehr vieles sei auch
grammatisch mehrdeutig. Er habe von solchen mehrdeutigen Stellen allein
sechzig aus dem Artikel über die Person Christi in der Konkordienformel
zusammengestellt. Ihn hindere solches Nichtverstehen nicht, mit gutem
Gewissen am Abendmahl teilzunehmen, denn die kurzen und der Zahl
nach wenigen Worte Christi in den biblischen Büchern genügten ihm.
Ihn hindere aber, daß er aus dem Grund nicht unterschreiben dürfe, damit er nicht als einer erscheine, der mehr der Autorität als der Wahrheit
beipflichtet.

Kepler fühlt sich mißverstanden, wenn Hafenreffer meint, daß ihn zur
Astronomie gehörige Spitzfindigkeiten am einfachen Glauben über die
Person Christi und damit an der Unterschrift unter die Konkordienformel

---

[29] Randbemerkung Hafenreffers zu W XVII Nr. 835, 52.
[30] W XVII Nr. 835, 54 ff.

hinderten. Ihm gehe es nicht um Spitzfindigkeit des Verstandes, sondern um die Anerkennung der brüderlichen Liebe, wenn er die nicht verurteilen wolle, die mit der alten Kirche reden und argumentieren. Was nämlich jeder in Übereinstimmung mit der alten Kirche denkt, wird Gott, der in die Herzen sieht, beurteilen. Er könne aber, das steht dann eben doch dahinter, in seinen Worten eher jenen folgen als der Konkordienformel, jedenfalls dort, wo ein Unterschied besteht, in dem einen Artikel über die Person Christi.

Wo die Gegner der Lutherischen ihrerseits die Liebe verletzt hätten, ginge Kepler das nichts an. Er wisse als Laie, daß man den Feinden wohltun soll und die, die einen hassen, lieben. Das heiße für ihn, daß man ihre Aussagen prüfen muß, ohne Rücksicht darauf, ob von ihnen die Liebe verletzt worden ist. Daran halte er sich, auch wenn die Theologen anders entscheiden müßten.

Zu seiner Prophezeiung eines Religionskrieges meint Kepler, speziell im Blick auf Ereignisse in der Pfalz, wenn denn Gott einer sei und die gegenwärtigen konfessionellen Gegensätze zulasse, so könnten diese nicht anders als zeichenhaft verstanden werden; sie zeigten zumal, daß das Übel durch Besserung der Sitten vermeidbar wäre.

Kepler geht dann auf Hafenreffers beschwörende Mahnung, die drei Worte „Verbum caro factum (est)" gründlich zu bedenken, ein, indem er eine ausführliche Meditation über das Geheimnis dieser Worte bietet. Diese Auslegung faßt noch einmal seine Stellung zusammen, und Kepler will sie als verbindliches Bekenntnis seiner Auffassung verstanden wissen. Mit ihr beginnt nunmehr der letzte Abschnitt der theologischen Auseinandersetzung Keplers mit Hafenreffer und der württembergischen Kirche allgemein.

„Wort", so führt Kepler aus[31], das bedeute: In allem, doch nicht darin eingeschlossen, zugleich außerhalb von allem, doch nicht davon ausgeschlossen. „Fleisch" dagegen bedeute etwas, das weniger ist als ein Punkt. Jenes sei unbegrenzt, jenseits eines Umfangs, dieses von unbegrenzter Kleinheit, keines von beiden also für seinen Zirkel geeignet. Damit will Kepler die Sprache der Mathematik von vornherein aus seiner theologischen Argumentation ausgeschlossen wissen.

Kepler fährt fort: Das ganze, unteilbare, allgegenwärtige Wort verlasse nicht die Dinge, denen es allgegenwärtig war, sei aber dennoch (nach Johannes Damascenus[32]) als Ganzes in den Schoß der Jungfrau eingegangen — und habe trotzdem diesen Schoß nicht allgegenwärtig gemacht. An dieser Stelle merkt Hafenreffer an: „Mathematiker, du beginnst, dumm zu werden"[33]; in seinem Antwortbrief geht er dann näher auf diesen

---

[31] W XVII Nr. 835, 133 ff.
[32] De fide orthodoxa III 7 (Burgundionis Versio, ed. E. M. Buytaert, 1955, C. 51), 1 f. [33] W XVII Nr. 835, 140 f.

Gedanken ein. Kepler dagegen betont, daß hier ein Geschehen vorliege, das über seinen geometrischen Verstand gänzlich hinausgehe und mit den Augen des Glaubens angeschaut werden müsse: Der endliche Schoß ist für dieses Werk des unendlichen Wortes empfänglich gemacht worden. Kepler sieht unter geometrischem Gesichtspunkt hier lauter Widersprüche. Wie kann das ganze Wort, auch sofern es sich im Himmel oder an überweltlichen Orten befindet, an einem ortsgebundenen Kreuz hängen für das Heil der Menschen, wie kann außerdem das Kreuz, an dem die Sünden aller angeheftet sind, lediglich an einer Stelle, in Judäa, festgeschlagen sein? Kepler könne das alles nur glauben, weil es das klare Wort Gottes vorschreibe und die Kirche erläutere. Von den Lehrern der Kirche will er auch Luther und Hafenreffer nicht ausnehmen, doch dürfe niemand, wenn er eine bessere Erklärung beigebracht hat, die Lehre verdammen, die noch weiter von dem Reichtum des wahren Sinnes entfernt ist. Er dürfe auch nicht auf Grund seiner Interpretation solche Redeweisen über die zur Debatte stehenden Dinge des Nestorianismus beschuldigen, Redeweisen, die die alte Kirche gebraucht hat, wie z. B. Gregor von Nazianz erklärt hat, Christus wohne in unseren Herzen nicht nach seiner sichtbaren, sondern nach seiner unsichtbaren Natur.

Kepler bringt dann weitere Väter- und Schriftzitate bei, die seine mit der reformierten übereinstimmende Auffassung belegen sollen, daß das vom göttlichen Logos angenommene kreatürliche und deshalb räumlich begrenzte Fleisch nun im Himmel, daß Christus aber trotzdem auf Grund seiner allgegenwärtigen göttlichen Natur auf Erden anwesend sei. Kepler kann das alles, vor allem die Tatsache, daß der Menschensohn sowohl vom Himmel herabgestiegen als auch im Himmel geblieben sei, nur so glauben, daß er seine Augen als Geometer schließt, sich blind an die Schrift hält und im Sinne derer spricht, die die Schrift in frommer Weise ausgelegt haben[34]. So kann er immerhin die göttliche Anwesenheit auf der Erde mit Marcus Antonius de Dominis, der an dieser Stelle zitiert wird (Hafenreffer merkt dazu nur bissig an: „Wer Keplers Träumen ähnlich redet, der ist ein frommer Ausleger der Schrift!"[35]), als beständige Anwesenheit des Geistes, der in der Lenkung der Kirche durch ihre Diener und in inneren Zeugnissen wirksam sei, verstehen. Doch hier liegt Keplers Bedingung: Wenn solche Auslegung auch in der Konkordienformel enthalten oder es für den, der unterschreiben soll, erlaubt wäre, sie anzunehmen, dann würde er nicht zurückweisen, auch selbst zu unterschreiben, sofern das für einen Laien notwendig ist. Denn die Verdammungen und Ähnliches würde er den Doktoren überlassen. Aber durch die Unterschrift sei es ihm persönlich Verpflichtung, Sätze von Vätern zu verwerfen, solchen Sätzen

---

[34] W XVII Nr. 835, 179 ff.

[35] W XVII Nr. 835, 182 f. Die Notiz ist nach dem Original besser Z. 184 hinter „De Dominis" einzufügen.

Nestorianismus zu unterstellen, was fünfzehn Jahrhunderte lang keinem von ihnen unterstellt worden sei, also die Kirche Christi zu zerteilen und diejenigen durch die Verdammung zu entfremden, weil sie diese Sprüche der Väter aufgenommen haben, „die ich persönlich in Liebe umfangen muß, auch wenn sie irren"[36]. Kepler kann seinen Freunden, die das calvinische Bekenntnis vertreten, denen er in der Frage der Christologie darin zustimmt und die ihm die Teilnahme am Abendmahl in diesen Jahren vermittelten, nicht in den Rücken fallen.

Sodann geht Kepler auf Hafenreffers Kritik an dem Zusatz im „Unterricht" näher ein. Im Anschluß an dessen Rechtfertigung[37] macht er dann noch weitere Ausführungen über die Realpräsenz beim Abendmahl[38]. Er will damit jeden Verdacht eines Irrtums ausräumen, der sich aus seiner Tübinger Eingabe, die er in Mästlins Haus an Hafenreffer geschrieben hatte, ergeben haben könnte. Hafenreffer habe, so erinnert sich Kepler, in dem darauf folgenden Gespräch sehr genau nachgefragt, dennoch aber keine Anschuldigung erhoben. Kepler wiederholt nun seine Beobachtungen bei der Auslegung der Einsetzungsworte zum Abendmahl. Er kann sich dabei auf eine Mahnung berufen, die Martin Chemnitz gibt[39]. Die Einsetzungsworte müßten genauestens und bündig bis aufs i-Tüpfelchen betrachtet werden. Danach habe Christus beim Abendmahl nicht zusammenhängend gesagt: „Eßt meinen Leib", auch nicht: „Das Brot ist mein Leib"; sondern wie er zunächst das Brot ausgeteilt und gesondert befohlen hätte: „Nehmet hin, eßt", so hätte er endlich und wiederum gesondert verkündigt: „Das ist mein Leib", und dies habe Paulus gewissenhaft beachtet, als er schrieb: „Das Brot, das wir brechen, ist die Gemeinschaft des Leibes, der gesegnete Kelch, den wir segnen, ist die Gemeinschaft des Blutes."[40] Dies also sei nicht mathematischer Vorwitz, sondern Chemnitzschen Ursprungs, nach paulinischem Beispiel, dem Brauch der Theologen der unveränderten Augsburgischen Konfession entsprechend gesagt. Diese argumentierten von dieser Stelle her gegen die Papisten, daß das Brot des Abendmahls, sei es auch konsekriert, so doch nicht der Leib Christi ist, wenn es nicht nach dem Gebot Christi gegessen wird. Ja, Hunnius rede hierüber noch sorgfältiger: Er bestreite, daß der Leib Christi mit der Hand des Priesters von einem Ort zum anderen getragen werde; vielmehr: wenn das Brot in den Mund des Kommunikanten gegeben werde (das hieße essen), teile Christus selbst, der vor aller Überlegung über Lokalität gegenwärtig sei, zugleich (das hieße Kommunion, Vereinigung) seinen Leib aus. „Man sagt also, daß wir den Leib des Herrn essen, weil, wenn dieses Brot nach dem Befehl Christi gegessen wird, das gewiß und wirklich Vereini-

---

[36] W XVII Nr. 835, 196.
[37] Vgl. oben S. 41 f.   [38] W XVII Nr. 835, 229 ff.
[39] Vgl. Examen decretorum concilii Tridentini, 1574, pars II, S. 532.
[40] 1. Kor. 10, 16.

gung mit seinem Leib ist."[41] Dies sei es gewesen, was Hafenreffer damals zu seinem Verdacht geführt hätte. Das sei aber bestimmt nicht in Keplers Gehirn entstanden, sondern aus den Schriften „unserer Theologen", wenn nicht Wort für Wort übernommen, so doch bei gegebener Gelegenheit abgeleitet: Es sei nicht Keplers Vorwitz. Gleichwohl erinnere er sich nicht, daß Hafenreffer offen etwas mißbilligt hätte.

Im letzten Teil seines Briefes[42] bittet Kepler seinen früheren Lehrer noch einmal inständig um seine Fürsprache bei der Tübinger Fakultät und dem Stuttgarter Konsistorium. In allen übrigen Artikeln stimme er der Augsburgischen Konfession und der Konkordienformel zu; allein in dem Artikel über die allgemeine Gegenwart des Fleisches Christi könne er die nicht verdammen, die mit den zitierten Vätern übereinstimmen, und er selbst gebrauche diese Wendungen. Wenn es erlaubt sei, das auszunehmen, sei er bereit, die Konkordie wie ein Laie zu unterschreiben, der auch zugebe, daß er hie und da bei einer Konstruktion und bei Beziehungswörtern unsicher sei, nicht jedoch über den laufenden Zusammenhang. Die Theologen sollten schon auf dies sein Bekenntnis hin ihr Gewissen im Blick auf die ihnen von Christus übertragene Aufgabe, seine Sakramente auszuteilen, prüfen, ob sie ihn mit Recht und nach Christi Willen vom heiligen Abendmahl fernhalten wollten.

Hafenreffer vermag zu dieser Bitte, mit der Kepler noch immer die Wiederzulassung zum Abendmahl zu erlangen hofft, wiederum nur anzumerken: „Für einen, der beharrlich im Irrtum bleibt, bin ich niemals Fürsprecher." „Wenn er einsähe: Das Wort ist Fleisch geworden, würde er keinerlei Qual leiden."[43]

Kepler dagegen fand und findet in der theologischen Auskunft seiner Tübinger Lehrer in dem strittigen Punkt keine Ruhe; sein Gewissen, das schon kleinste Ungereimtheiten sofort notiert, treibt ihn weiter um. Das hat ihn zu umfangreichen eigenen theologischen Studien geführt: Er habe[44] nicht nur die Theologen seines Jahrhunderts gehört und gelesen, sondern durch so viel gegen Irrlehren gerichtete Predigten und Schriften sei er in Besorgnis gestürzt und dazu gebracht worden, auch das christliche Altertum zu hören und die Bücher der Väter zu lesen; schon entstünde infolgedessen bei ihm im Gegensatz zu den Streitigkeiten eine Übereinstimmung zwischen Kirche und Kirche. Er gebe zu, daß seine Wißbegier der Autorität der Kirche etwas schuldig sei; aber diese Autorität höre nicht auf, wo sie nach göttlicher Fügung in den Schriften der Väter verbürgt hervortrete. „Ich schulde einiges meinen Lehrern, die ich gehört habe, mehr schulde ich den Alten, die ihren Stand außerhalb des Würfelspiels unserer Streitigkeiten hatten."[45] Diese seine Verpflichtung verteile er so

---

[41] W XVII Nr. 835, 250 ff.
[42] W XVII Nr. 835, 257 ff.   [43] W XVII Nr. 835, 271, 280 f.
[44] W XVII Nr. 835, 285 ff.   [45] W XVII Nr. 835, 291 ff.

unter den Parteien, daß er gern die Anklage gegen die neueren Lehrer aufgebe, wenn sie selbst beteuerten, sie stünden im Grundsätzlichen in keinem Gegensatz zu den Vätern — Hafenreffer setzt an dieser Stelle den Vätern freilich die Schrift entgegen —, aber umgekehrt halte er in diesem einen Artikel über die Person Christi und die Allgegenwärtigkeit des Fleisches Christi an der Redeweise der Alten fest, ohne sich darum zu kümmern, wie diejenigen, die sie heute gebrauchten, sich bei den übrigen Dogmen verhielten, zumal er wisse, daß jene Väter zu ihrer Zeit wirkliche Nestorianer und Eutychianer bei sich gehabt und dennoch nicht gemeint hätten, in Verachtung gewissermaßen der Häretiker oder, um sich vor ihnen zu schützen, sich ihrer Redeweisen enthalten zu müssen.

So könnten seine kirchlichen Lehrer durch dies einzige Zugeständnis leicht erreichen, daß ihnen von ihm alle Ehrerbietung und der der Kirche schuldige Gehorsam entgegengebracht werde, wenn sie duldeten, daß er die Redeweise der Väter und der alten Kirche in diesem einen Artikel gebrauche, und ihn deswegen nicht vom Abendmahl ausschlössen.

Sollten irgendwelche anderen Dinge bei seinem Ausschluß mitgesprochen haben, wäre Kepler zu öffentlicher Abbitte bereit; dies solle ihm nur mitgeteilt werden. Eine Überprüfung seines Lebenswandels bietet er an. Tatsächlich liegt aber nichts anderes vor, wie auch Hafenreffer am Rand anmerkt. An Keplers Lebenswandel ist nichts auszusetzen. Er soll in Linz lediglich eine offizielle Billigung seines gegenwärtigen Bekenntnisses von der württembergischen Kirche beibringen. Um dies Zeugnis bittet Kepler seinen Lehrer, damit der Fall endlich bereinigt und er nicht als beständiges lebendes Ärgernis angesehen würde und damit Gerüchten über mehrere Häresien, denen er anhänge, endlich der Boden entzogen würde.

Hafenreffers Antwortbrief trägt das Datum vom 31. Juli 1619 (a. St.)[46]. Er ist in Bad Teinach verfaßt, wo Hafenreffer zur Kur weilte. Dieser hat inzwischen Keplers Schreiben seinen Kollegen von der theologischen Fakultät ebenso wie dem Stuttgarter Konsistorium zur Kenntnis gebracht. Die Stuttgarter Konsistorialräte haben daraufhin ihrerseits der Tübinger Fakultät mitgeteilt, was Kepler am 20. August 1612 an sie geschrieben hatte, welche Gründe für die Verweigerung des Sakraments zwischen Kepler und Hitzler verhandelt worden waren und welche Antwort sie Kepler am 25. November 1612[47] übersandt hatten. Ihr Urteil über die Sache ist in einem Schreiben von Erasmus Grüninger an Lukas Osiander in Tübingen erhalten, das vom 1. Juli 1619 (a. St.) datiert ist[48]. Ihre Antwort ist kurz und bündig: „Betreffend Kepplerum, hat man nunmehr mit selbigem

---

[46] W XVII Nr. 847, NK 6 S. 10 ff., W XII.

[47] W XVII Nr. 368, vgl. oben S. 32 f.

[48] W XVII Nr. 843, 10 ff. Das Schreiben zeigt intern-persönlichen Charakter; gegen eine Veröffentlichung hätte man sich bestimmt verwahrt. Heute könnte man nur noch telephonisch so sprechen.

Schwindelhirnlin lang gehandelt, aber vergebenlich, vnd lasst er ihm nit sagen." Man empfiehlt, ihn wie 1612 „vff gleichen schlag abzufertigen, man kan doch keiner andern meinung vmb seines letzköpflins willen werden."

Hafenreffer übermittelt Kepler nun die gleiche negative Entscheidung auch im Namen der theologischen Fakultät. Zuvor geht er noch einmal auf Keplers Argumente ein und stellt ihnen die Auffassung der Orthodoxie gegenüber[49]. Er beschränkt sich dabei wie Kepler auf den wesentlichen Punkt[50]. Bei Keplers Exegese des christologischen Geheimnisses „Das Wort ward Fleisch" nimmt er heftig Anstoß an dem Gedanken, daß der Schoß der Gott gebärenden Jungfrau auf Grund der Inkarnation des Logos logischerweise hätte allgegenwärtig werden können. Kepler hatte diese Möglichkeit verneint, daß er sie aber überhaupt erwähnt, lastet Hafenreffer seinem auch in theologischen Fragen geometrischen Denken an. Wer von den Theologen habe so etwas jemals gedacht, gesagt oder geschrieben? In gleicher Weise interpretiert Hafenreffer Keplers Satz, daß das ganze Wort, auch sofern es im Himmel, an überweltlichen Orten sei, an einem ortsgebundenen Kreuz hänge für das Heil der Menschen und das Kreuz, an dem die Sünden aller angeheftet seien, dennoch nirgendwo anders als in Judäa festgeschlagen sei. „Wer von den Theologen hat jemals gedacht, gesagt oder geschrieben, daß das Kreuz, an dem das allgegenwärtige Wort in Judäa für die Sünden aller Menschen als Opfer gehangen hat, überall gegenwärtig geworden sei?"[51] Nach Keplers Logik müßten dann alle Orte und Gegenstände, mit denen Jesus in Berührung gekommen war, allgegenwärtig geworden sein — eine absurde Vorstellung. Zwischen dem Schoß der Jungfrau, in dem der Logos das Fleisch angenommen hat, und jenem unaussprechlichen Geheimnis, nach dem das unendliche Wort das endliche Fleisch in die Einheit seiner unendlichen Hypostase aufgenommen hat, bestehe ein unendlicher Unterschied. Aus auf unendliche Weise unterschiedenen Dingen könne aber keinerlei Ähnlichkeit abgeleitet werden. Hafenreffer wirft Kepler vor, er richte seine Gedanken nicht auf die Betrachtung des Geheimnisses der Inkarnation, sondern versuche den jungfräulichen Schoß, in dem das Geheimnis der Menschwerdung begonnen und vollendet worden ist, oder das Kreuz von Golgatha, an dem das Wort, das ewige Leben erhöht gehangen hat, auszumessen. Grobe und ver-

---

[49] W XVII Nr. 847, 17 ff.

[50] Kepler: „In negocio S. Caenae spero vos nihil habituros, quod in me desideretis ...; in Articulis caeteris omnibus acquiesco Augustanae confessionj et Formulae Concordiae; in Solo articulo de generalj praesentia carnis non possum damnare illos, qui loquuntur cum Patribus supra citatis, ipseque adeo illis phrasibus utor". — Zum ersten Satz hat Hafenreffer angemerkt: „Maximè desideramus. Si enim generalis omnipraesentia nulla est, nulla quoque in caena." W XVII Nr. 835, 257—263. Hafenreffer zitiert den Satz Keplers noch einmal Nr. 847, 22—26.   [51] W XVII Nr. 847, 40 ff.

kehrte geometrische Vorstellungen seien das. Es sei falsch, wenn Kepler sich vorstelle, das Wort habe das Fleisch so angenommen, daß es dieses zwar in die Einheit der unendlichen Hypostase aufgenommen hätte, dieses aber der unendlichen Person und ihrer Eigenschaften gar nicht teilhaftig geworden sei. Wenn Kepler sich daraufhin völlig verkehrt vorstelle, daß das Wort zwar, wie es von Ewigkeit her unbegrenzt ist, an allen Orten überall gegenwärtig sei, das Fleisch aber, wenngleich es mit dem unbegrenzten Wort vereinigt ist, stets nur an einem einzigen Ort gegenwärtig gewesen sei, sei und sein werde, so seien das physikalische und geometrische Vorstellungen. Das unendliche Wort habe das angenommene Fleisch nicht so aufgenommen, daß es auch außerhalb von ihm sein wolle, wie Keplers Einbildungen vorgaukelten: An einem Orte gewissermaßen sei es im Fleisch, wie im jungfräulichen Schoß, am Kreuz, in Galiläa, Judäa, aber an unendlich vielen übrigen Orten außerhalb des Fleisches. Vielmehr gelte es, das Geheimnis anzubeten: „Das Fleisch ist nach der Eigenschaft seiner Natur an einem Ort; aber mit Rücksicht auf die persönliche Vereinigung, durch die der Logos niemals und nirgends außerhalb des Fleisches ist, ist es allgegenwärtig."[52] Hafenreffer führt den Satz Luthers an: „Wo du mir Christum Gott hinsetzest, da mustu mir auch Christum den Menschen hinsetzen."[53] Denn dies Fleisch sei eben des Wortes Fleisch, und wo der Logos, dort sei auch sein Fleisch. Oder die persönliche Vereinigung sei aufgelöst und Christus geteilt. Durch Keplers christologische Auffassung werde, so stellt Hafenreffer abschließend fest[54], das ganze Geheimnis der Inkarnation und der persönlichen Vereinigung, wie auch folgerichtig das der Kommunion, gänzlich entleert. Denn es sei unmöglich, wenn die Grundlagen der Schrift bewahrt werden, zu behaupten, daß das Wort außerhalb des Fleisches Christi sei, daß also das fleischgewordene Wort überall, das mit dem Wort persönlich vereinigte Fleisch aber nur an einem bestimmten Ort sei. Diese Sache verwirre Keplers ganzen Verstand, der den Geheimnissen der heiligen Dinge, die angebetet werden müssen, nicht ergeben sei, auf bedauernswerte Weise.

Sodann formuliert Hafenreffer den ablehnenden Bescheid. Er hat ihn mit den Kollegen der Fakultät abgesprochen, mit ihrer Unterschrift versehen lassen und ihn damit als offizielles Dokument deklariert. Der Brief wurde außerdem dem Stuttgarter Konsistorium mitgeteilt und dessen Entscheid vom 25. September 1612 damit ausdrücklich gebilligt[55].

Aus dem angeführten Grunde könnten, so wird erklärt[56], weder er noch seine Herren Kollegen und Brüder Keplers „absurde und blasphemische

---

[52] W XVII Nr. 847, 119 ff.
[53] Bei Luther WA XXVI S. 330 = BoA III S. 397, 30 f. = FC SD § 84: „Wo du mir Gott hinsetzest, da mustu mir die menscheit mit hin setzen."
[54] W XVII Nr. 847, 133 ff.   [55] W XVII Nr. 847, 154 ff.
[56] W XVII Nr. 847, 140 ff.

Vorstellungen" billigen, vielmehr gäben sie ihm in Verein mit dem Stuttgarter Konsistorium und D. Hoe — die Erwähnung Hoes, seines früheren
Seelsorgers, mag der Berufung Keplers auf Garthius entgegengestellt sein
— „fromm und aus christlicher Liebe" den Rat, die Vorstellungen der
törichten Vernunft zu verwerfen, die himmlische Wahrheit in wahrem
Glauben anzunehmen und die göttlichen Geheimnisse in einfachem Glauben, wie es alle wahren Christen täten, in frommem Gehorsam anzubeten
und zu verehren. Für Kepler gibt es nach Auffassung der Württemberger
nur diese Möglichkeit, die Ruhe des Gewissens wiederherzustellen. Anders
könne das Ärgernis für die Kirche nicht geheilt werden. „Denn wer mit
der orthodoxen Kirche nicht den gleichen Glauben bekennt und pflegt, wie
könnte der mit der Kirche, mit deren Glauben er nicht übereinstimmt, von
den gleichen Sakramenten Gebrauch machen?"[57]

Hafenreffers Brief schließt mit einer eindringlichen, herzlichen Aufforderung[58], der Vernunft, die in göttlichen Dingen blind und töricht sei, den
Abschied zu geben und endlich anzufangen, das einfache Wort der Fischer,
das die Heilige Schrift uns sage, mit demütigem Herzen zu verehren. Nur so
könne Kepler Heil und Gewissensfrieden finden. Dem steht die ernstliche
persönliche Befürchtung gegenüber, daß Kepler von Gott als mutwilliger
Verächter seines Wortes schließlich einem verworfenen Sinn ausgeliefert
werden könnte, einer Strafe, die mit unendlich vielen, niemals endenden
anderen Übeln unauflöslich verknüpft sei. Am Schluß steht der Satz: „Ertrage, bitte, den Schmerz, den dir eine heilende Hand aus brüderlicher
Liebe nicht ersparen konnte ... Ich empfehle dich und deine kostbare
Seele dem ganz allgegenwärtigen Christus, deinem Heiland ..."[59].

Das ist Hafenreffers letztes Wort an Kepler. Er selbst starb knapp drei
Monate später, am 22. Oktober 1619. Der Ausschluß von der Abendmahlsgemeinschaft seiner Kirche war Kepler damit offiziell bestätigt worden, ihm
blieb der Tisch des Herrn in Linz und im lutherischen Württemberg verwehrt. Ebenso verwehrt blieben ihm Stellen, an die die Bedingung der
Konfessionstreue im Sinne der Konkordienformel geknüpft war.

4. Die „Notae" zu Hafenreffers letztem Brief

Kepler hat auf diesen Brief noch einmal in einer besonderen Schrift ge-
antwortet. Sie trägt den Titel: „Jo. Kepleri Notae ad Epistolam D. D.
Matthiae Hafenrefferi, quam is ad Keplerum scripsit, Anno 1619. ultimo
Julii. Extat autem impressa in Actis Mentzerianis fol. 62 & seqq." (o. J.)[1].
Der Inhalt ist folgender:

---

[57] W XVII Nr. 847, 151 ff.   [58] W XVII Nr. 847, 169 ff.
[59] W XVII Nr. 847, 180 ff.
[1] Text in: NK 6 S. 13 ff.; W XII. Originale sind noch vorhanden im Landes-

Zu Beginn gibt Kepler einen Überblick über seine theologische Entwicklung und seine Auseinandersetzung mit der lutherischen Orthodoxie. Dann setzt er sich ausführlich mit Hafenreffers Brief auseinander, indem er einer Reihe von ihm entnommener Sätze eigene Ausführungen und Bemerkungen anschließt.

Gegen Hitzler habe er, so führt Kepler zunächst aus[2], behauptet, daß die Gegenwart Christi im Abendmahl auf ihren eigenen Fundamenten ruhe und nicht einfach von der persönlichen Allgegenwart des Fleisches abgeleitet werden dürfe. Eher müsse man daher von einer Gegenwart des Leidens (praesentia passionalis) als der der Person im Abendmahl sprechen. Die Realität der Gegenwart Christi sei nicht von der Art und Weise her zu verstehen, die die Natur annimmt, sondern von der Wahrheit Gottes, der die Verheißung gibt. Das ewige Opfer Christi gäbe es nicht ohne sein konkretes Leiden und Sterben. In ihm geht es um den Sinn, um dessentwillen Leib und Blut Christi im Abendmahl anwesend sind: die Vergebung der Sünden.

Kepler verteidigt dann weiter[3] seine christologische Anschauung, die von der Paradoxie ausgeht, daß das ganze, unbegrenzte Wort mit seiner ganzen Allgegenwärtigkeit nicht die Kreaturen, denen es allgegenwärtig ist, verließ und dennoch ganz in das begrenzte Fleisch einging, ohne selbst eingeengt worden zu sein oder das Begrenzte unbegrenzt zu machen. Er habe geschrieben, in Gott widerstreite sich nicht, sondern sei unterschieden und untergeordnet: persönlich im Fleisch, in Judäa, im Schoß der Jungfrau zu sein mit der ganzen Fülle und außerdem auch, dem Sein und der Wirkung nach gegenwärtig, alle Kreaturen, die außerhalb des Fleisches, Judäas und des Schoßes sind, zu erhalten. Er tue das eine und lasse das andere nicht, und eines hebe das andere nicht auf. Das freilich gehe über unseren Verstand. Doch seien wir hier durch Gottes eigenes Wort gebunden. Wenn uns in ihm zwar einiges widersprüchlich erscheine, könne und müsse das dennoch nach dem Zeugnis aller um so sicherer geglaubt werden, weil die Schwachheit unserer Natur ja die Gesetze der Gottheit nicht begreife, während sie die Menschheit dagegen sehr wohl erfasse.

Den Gedanken, daß durch die Inkarnation der Schoß Marias allgegenwärtig hätte werden können, bezeichnet Kepler[4] als eine logische Folge des Satzes von Johannes Damascenus, daß sich der ganze Logos, ohne die Kreaturen, denen er gegenwärtig war, zu verlassen, in den Schoß Marias gesenkt habe — wenn man so argumentiert, wie es die Tübinger Theologen tun. Denn damit der Logos in seiner ganzen Fülle ins Fleisch kom-

---

kirchlichen Archiv Nürnberg, in der Landesbibliothek Gotha und im Besitz von Frau Martha List, München. Näheres über Abfassung und Erscheinen siehe unten S. 65 ff.　　　　　　　　　　[2] NK 6 S. 15, 7 ff.
[3] NK 6 S. 16, 14 ff.
[4] NK 6 S. 17, 4 ff.

men konnte, kam er zuvor auch in seiner ganzen Fülle in den Schoß Marias.

Und dennoch ließ er die übrigen Kreaturen nicht allein! Die gleiche Totalität der Person des Logos ist, so erklärt Kepler[5], ins Fleisch Christi eingegangen, und ebendieselbe ist den einzelnen Kreaturen für sich gegenwärtig; so ist sie allgegenwärtig. Dies jedoch mit dem Unterschied, daß jene wesentlich durch die Person, eigentümlich vor den anderen Personen der Trinität, diese wesentlich durch ihr Sein, gemeinsam mit dem Vater und dem Heiligen Geiste, gegenwärtig ist.

Der Befürchtung Gerlachs[6], der Preis unserer Erlösung würde entleert, wenn es Gott an einem Ort außerhalb des Fleisches Christi gäbe, stellt Kepler seine eigene entgegen: der Preis der Erlösung würde entleert, wenn es das Fleisch Christi, der Meinung der Württemberger entsprechend, an einem Ort außerhalb des Kreuzes gäbe, und mit seinem Fleisch natürlich auch Gott. Kepler stellt solchen Überlegungen gegenüber fest, daß Gott der Sohn mit dem Vater und dem heiligen Geist zusammen vieles bei den Kreaturen tue und leite, was nicht dasselbe sei, wie im Fleisch zu sein. „Denn den Kreaturen gegenwärtig sein und mit der ganzen Fülle persönlich im Fleische sein, wenngleich dieses an seinem Ort bleibt — dies beides streitet nicht widereinander, sondern besteht wechselseitig nebeneinander."[7] Das hänge eben mit der Menschen unbegreiflichen Gottheit Gottes zusammen, deren Gegenwart in der Inkarnation und in der Lenkung der Kreaturen nicht wie durch ein menschlich und geometrisch verstandenes Element „Gegenwart" zusammengebracht werden kann. Kepler begnügt sich mit der Tatsache, daß die ganze Fülle des allgegenwärtigen Gottes, ohne die Kreaturen zu verlassen oder zu verändern, als ganze persönlich im nirgendwo anders als am Kreuz leidenden Fleisch wohnt und dessen Leiden sich als unbegrenzten Lösegeldwert zu eigen macht.

Hafenreffers Vorwurf, Kepler schließe von Dingen, die unendlich verschieden seien, auf eine Ähnlichkeit, gibt dieser zurück[8]. „Der Ähnlichkeitszusammenhang ist ein Teil meines Beweisgrundes, mit dem ich den Württembergern entgegentrete, die neuerungsweise erklären, Gott sei ganz ins Fleisch eingegangen, also sei auch das Fleisch allgegenwärtig geworden." Nach der Logik dieser Argumentation müsse auch der Schoß Marias allgegenwärtig sein. Damit ist sie aber für Kepler ad absurdum geführt.

Wenn Hafenreffer meint, das Wort sei nicht so Fleisch geworden, daß es dadurch der Eigenschaften der unendlichen, es aufnehmenden Person überhaupt nicht teilhaftig geworden sei, so weist Kepler darauf hin[9], daß es nach allgemeiner Auffassung dieser doch nicht so teilhaftig geworden sei, daß es z. B. seine Unendlichkeit in sich aufgenommen hätte. Warum

---

[5] NK 6 S. 17, 20 ff. [6] NK 6 S. 17, 27 ff.
[7] NK 6 S. 18, 13 ff. [8] NK 6 S. 18, 31 ff.
[9] NK 6 S. 19, 23 ff.

solle er also nicht das gleiche auch von der Eigenschaft seiner übernatürlichen Allgegenwart annehmen? Bereits die Kirche der ersten Jahrhunderte[10] hätte die Abwesenheit unserer Natur im Himmel während des irdischen Lebens Jesu nicht beunruhigt, und es hätte keine Diskussionen
gegeben, wenn sie Betrachtungen darüber anstellte, daß Gott und Mensch
eine Person seien, die ihre göttliche Potenz hier in unbegreiflicher Allgegenwart gebrauche, während jene Abwesenheit des Fleisches von be-
greifbarer Weise sei. Kepler hält es für recht, wenn er sich über das Fleisch
Christi, „das eine Kreatur ist und bleibt", so weit es aus seinen eigenen
Eigenschaften beurteilt wird, geometrische und physikalische Vorstellungen macht. Die Theologen täten das gleiche, wenn sie einräumten, daß
das Fleisch durch die Grenzen seiner Natur umschrieben und begrenzt
sei[11]. Insbesondere aber hätten sie dann sehr geometrische Vorstellungen,
wenn sie Gott durch seine Verbindung mit dem Fleisch außerhalb des
Kreuzes ganz weit machten, so oft er einer der Kreaturen gegenwärtig ist.
Ebenso sei es eine geometrische Vorstellung, wenn Hafenreffer meint, der
Logos könnte nicht in Wirklichkeit ganz ins Fleisch eingegangen sein,
wenn der Logos mit der gleichen ganzen Fülle, mit der er im ortsgebundenen Fleisch wohnt, auch wesensmäßig bei den einzelnen Kreaturen sei,
die außerhalb des Fleisches existieren[12]. Gott habe viele Unterschiede unter
den Dingen geschaffen, die nicht in sein Wesen überträten. In Wirklichkeit sei die Inkarnation nicht alles, sondern daneben sei die Gegenwart bei
den Kreaturen auch etwas. Gegenwärtigkeit könne als ein Werk Gottes bezeichnet werden; das sei aber nicht dasselbe Werk wie die Inkarnation.

Hafenreffers Verweis auf Luther nimmt Kepler nicht an[13]. Er weist darauf hin, welchen Streit die Autorität Luthers schon allein im Luthertum
selbst ausgelöst hat[14]. Bei aller Dankbarkeit, die auch er als lutherischer
Christ dem Reformator schulde, wolle er sich vor seinen Irrtümern mit
allen Kräften schützen. Zu Hafenreffers Hinweis, daß das Fleisch Christi
das Fleisch des Logos selbst sei, erklärt Kepler: Wie dies Fleisch sterblich
ist, so ist es auch ortsgebunden, und so ist es des unsterblichen und allgegenwärtigen Logos ortsgebundenes und sterbliches Fleisch[15]. Gott schaffe
und erhalte Seiendes und Orte, bei dem und an denen er gegenwärtig sein
wolle; deshalb widerspreche die Gegenwart bei den Kreaturen nicht der
Gegenwart im Fleisch. Das Fleisch bleibe, was es kraft der Schöpfung sei,
und brauche nicht im Widerspruch zu Schrift und Kirchenvätern aus geometrisch konzipierten christologischen Gründen durch göttliche Eigenschaften verändert zu werden.

Kepler nennt Hafenreffer auch in dieser Schrift seinen Lehrer und

---

[10] NK 6 S. 19, 31 ff.   [11] Vgl. unten S. 134 f.
[12] NK 6 S. 20, 28 ff.   [13] NK 6 S. 21, 19 ff.
[14] Vgl. unten S. 128.   [15] NK 6 S. 22, 1 ff.

Freund[16], aber er kann ihn seinerseits nicht von dem Vorwurf der Euty-
chianischen Häresie freisprechen, da er eine Eigenschaft der Gottheit, die
Allgegenwart, wie er wolle: wesenhaft in das Fleisch einführe und auf
diese Weise beide Naturen vermische. Insofern wären diejenigen, mit
denen Kepler Austausch hatte, gewohnt gewesen vorsichter zu reden, so daß
sie durch den Nachdruck ihrer Worte selbst Hoffnung für eine Übereinstimmung mit der Kirche in der Sache erweckten. Kepler bezieht sich hier
auf eine Disputation von Thomas Wegelinus, wonach die menschliche
Natur Christi überall sei nicht ihrer Substanz nach, sondern durch ihr per-
sonales Sein; das Sein ihrer Person sei aber das Sein des Sohnes Gottes als
der zweiten Person der Trinität. Allgegenwärtig sei also in Wahrheit die
göttliche Natur Christi. So wenig die menschliche Natur unbegrenzt sei,
so wenig sei sie allgegenwärtig.

Zusammenfassend stellt Kepler fest[17]: „Ich räume ein, daß es wegen des
ungeheuren Unterschieds zwischen göttlicher und menschlicher Natur unmöglich erscheint, daß das Fleisch an seinem Ort bleibt und dennoch die
ganze Fülle der allgegenwärtigen Gottheit aufnimmt. Trotzdem müssen
die Augen der Vernunft geschlossen werden, da die Schrift spricht: Das
Wort wohnte unter uns, da die Kirche in Übereinstimmung mit der Schrift
spricht: Das Endliche ist für das Unendliche empfänglich geworden —
‚den aller Welt Kraiß nie beschloß / der ligt in Mariä Schoß' . . .“. Noch
einmal betont Kepler[18] sodann, daß er sich auf die Schrift und die alte
Tradition beziehe und lediglich die Folgerungen Luthers, die erst im vorigen Jahrhundert entstanden seien, fallen lasse. Die Württemberger, die
sich die Orthodoxie zugute hielten, sollten aber wissen, daß sie hinsichtlich
der Sakramentsverwaltung nicht nur den ihnen anvertrauten Menschen,
sondern viel mehr am Jüngsten Tage Gott selbst Rede und Antwort stehen
müßten. Er müsse jedenfalls nun in der lutherischen Kirche davon Abstand
nehmen, um ein Abendmahl zu bitten, das unter den Mitgliedern der Kirche ein Ausdruck dieses ihres Bekenntnisses sei, das sich lediglich auf die
Beweisführung Luthers stützt. Er erkenne das einfache Zeugnis der Fischer[19] von der Ortsgebundenheit des Fleisches Christi, wie beispielsweise
von seinem Weggang aus dieser Welt, demütig, in laienhaftem Verstand,
wie es gesagt ist und nach dem Vorbild von 15 Jahrhunderten an und ver-
gesse inzwischen nicht die Verheißungen über die gnadenhafte Gegenwart Christi, sicher (securus), daß Christus, wenn er selbst zur Rechten der
Majestät Gottes sitzt, sein in den Verheißungen gegebenes Wort auch halten könne. Er, Kepler, habe daher gar keine substanzhafte Schau oder
Kenntnis der Art und Weise der Gegenwart Christi nötig.

Kepler trennt sich damit seinerseits[20] von den Württemberger Theolo-

---

[16] NK 6 S. 23, 10 ff.   [17] NK 6 S. 23, 39 ff.
[18] NK 6 S. 24, 12 ff   [19] NK 6 S. 24, 39 ff.
[20] NK 6 S. 25, 8 ff.

gen und den Anhängern ihres Bekenntnisses, denen er im übrigen alles Heil wünscht. Ohne sie verwerfen zu wollen, beklagt er, daß sie in dieser Sache dem unseligen Sinn des Bruderzwists ausgeliefert zu sein scheinen, und das habe notwendig eine große Verwirrung zur Folge, wenn Gott nicht mit väterlicher Züchtigung bald Heilung schaffe. Kepler denkt hier wieder an den religiösen Bruderkrieg. Da nun sein Geschick mit seinem Gewissen übereinstimme, dürfe es niemanden wundern, wenn die harte Ermahnung der Württemberger ins Gegenteil umschlage, daß er in der Weigerung zu unterschreiben noch bestärkt werde. Denn diese Weigerung stelle ihn außerhalb des Zwanges zum Bruderstreit. Inzwischen ertrage er den Ausschluß vom Empfang des Sakraments, wie er von den Kirchenvorstehern aus Mangel an Einsicht verfügt worden sei, mit Gleichmut. Er zürne ihnen auch nicht, zumal sie als Christen persönlich nichtsdestoweniger Brüderlichkeit sowohl in ihren Worten zum Ausdruck brächten als auch in ihrem Verhalten pflegten. Es fehlten auch nicht andere Kirchendiener, die keine Bedenken hätten, ihm das Abendmahl zu gewähren, obschon sie von der Verweigerung der Unterschrift wüßten.

Anlaß für die Abfassung dieser Schrift war die Tatsache, daß die Tübinger Theologen Lukas Osiander und Theodor Thumm[21] im Laufe der Auseinandersetzung mit den Gießener Theologen Hafenreffers Brief veröffentlicht hatten. Er ist in den von ihnen verfaßten Acta Mentzeriana[22] enthalten. Diese Schrift legt in Kürze den historischen Zusammenhang von Entstehung und Fortgang dieser Kontroverse um die Allgegenwart Christi im Stande der Erniedrigung dar. Der Streit war durch Balthasar Mentzer[23]

---

[21] Lukas Osiander d. J., geboren am 6. 5. 1571 in Stuttgart, wurde 1588 Magister in Tübingen, 1590 Repetent am Stift, 1618 nach verschiedenen geistlichen Ämtern Theologieprofessor in Tübingen, 1620 Propst und Kanzler; er starb am 10. 8. 1638. Theodor Thumm (1586—1630) war ebenfalls Theologieprofessor in Tübingen und Wortführer im Streit mit den Gießenern. Vgl. *Bök*, Geschichte der ... Universität Tübingen, 1774, S. 109; *H. F. Eisenbach*, Beschreibung und Geschichte der Stadt und Universität Tübingen, 1822, S. 142 ff.; *A. Tholuck*, Vorgeschichte des Rationalismus I/2, 1854, S. 133 ff. Tholuck zählt beide Männer zu den Streittheologen, denen „der heilige Geist mehr in der Gestalt eines Raben als einer Taube erschienen zu seyn scheint", S. 133.

[22] Acta Mentzeriana, Hoc est: Iusta et necessaria defensio contra primam partem Injustae & non-necessariae defensionis Balthasaris Mentzeri D. quae fuit Historia certaminis Tubingensis; Tübingen 1625. Der Brief, deklariert als Epistola Hafenrefferi privata (!) ... ad D. Kepplerum ..., steht dort auf den Seiten 62—68.

[23] Mentzer (1565—1627) wurde 1596 Professor in Marburg, lehrte 1605 nach Vertreibung aus Marburg in Gießen, 1625 wieder in Marburg, wo er das Rektorat übernahm. Vgl. *D. Balthasar Mentzers* Handbüchlein, mit einer Einleitung hrsg. v. *G. Hoffmann*, 1938. — Zur Kontroverse vgl. außer den Acta Mentzeriana und *Mentzers* „Necessaria et justa defensio contra injustas criminationes D. Lucae Osiandri etc.", op. lat. II S. 1233 ff., *Ritschl* IV S. 180 ff.; *Dorner* S. 788 ff.; *Thomasius* S. 579 ff. — Vgl. unten S. 136 f.

in Gießen ausgelöst worden und hat dann größere Kreise gezogen. 1616 war in Gießen selbst durch Vermittlung des Landgrafen Ludwig von Hessen eine Einigung zustande gekommen. In Tübingen jedoch wurde die Auffassung Mentzers, daß sich Christus während seines irdischen Lebens der der menschlichen Natur bereits mitgeteilten göttlichen Majestätseigenschaften entäußert habe (Kenosis), verworfen. Diese Eigenschaften seien nur verborgen gewesen (Krypsis). In einem Schreiben vom 1. Juli 1619 teilt Erasmus Grüninger Lukas Osiander eine Entscheidung des Stuttgarter Konsistoriums mit, die die Aufforderung enthält, „das namlich D. Mentzerus getrewlich admonirt werde, mit bitt, afflictissimae Ecclesiae mit solcher newerung zu verschonen . . .“ „Wer aber die Kirche verwirrt, wird sein Urteil tragen, wer auch immer es sei.“[24] Wenn Mentzer seine Auffassung nicht ändere, sei der Ausschluß zu erwägen. Es handelt sich um das gleiche Schreiben, in dem auch der Ausschluß Keplers vom Abendmahl noch einmal bestätigt wird[25]. Beide sind hier in der gleichen Lage.

Kepler hat mit Mentzer auch in persönlicher Verbindung gestanden. Im Jahre 1610 hat er beispielsweise eine Untersuchung der Disputationen des Stuttgarter Hofpredigers Michael Schäfer nach Gießen an Mentzer schicken wollen, um sie von ihm prüfen zu lassen[26]. Im Streit zwischen Tübingen und Gießen stand er theologisch Mentzer näher als seinen Gegnern. Freilich befindet sich Mentzer im Unterschied zu Kepler doch auf dem Boden der lutherischen Christologie, und die größere Gemeinsamkeit zwischen beiden betrifft trotz der scharfen Reaktion der Württemberger nur eine Nuance, die Kepler entgegenkommt[27]. In ihrer Grundhaltung stan-

---

[24] W XVII Nr. 843, 4 ff. Vgl. hierzu Mentzers Brief vom 5. 2. 1621 an Grüninger (op. lat. II S. 1276 ff., auszugsweise übersetzt bei *G. Hoffmann* aaO. S. 11), in dem er seine Haltung noch einmal rechtfertigt.

[25] Siehe oben S. 57 f.

[26] W XVI Nr. 586, 71 ff. Nach einem ersten flüchtigen Blick scheinen Kepler die Disputationen mit seiner Auffassung übereinzustimmen. Dann wäre es aber nicht möglich, so schreibt Kepler, daß Schäfer den Tübingern in allem zustimmt. Kepler kann sich jedoch getäuscht haben. Jedenfalls vertritt *Schäfers* „Ἀϰϱόπολις Christianae Religionis“, 1607, bereits ganz auch den späteren Tübinger Standpunkt. Die Schrift ist mit einer Widmung auch von Hafenreffer und einem Vorwort von Stephan Gerlach versehen. Was als gegnerische Auffassung geschildert wird, entspricht an einer Stelle sogar in gleichen Worten Keplers Meinung: Ἀϰϱόπολις S. 27 wird als „mens adversariorum“ aufgeführt, „quòd λόγος qui per incarnationem totus sit in Humanitate, simul etiam extra eandem sit totus“. Bei Kepler heißt es (NK 6 S. 17, 20 f.): „Eadem ... Totalitas hujus personae incarnata est, eademque singulis creaturis seorsim praesens“.

[27] Vgl. *B. Mentzer*, Christlicher / In Gottes Wort wol begründeter Bericht / Von vier vornemen Stücken der Christlichen Lehr, 1615. I. Von der Person vnnd Ampt vnsers HErrn vnd Heylands Jesu Christi, S. 1 ff., = Declaratio Quatuor locorum Theologicorum, 1617. I. De Persona et Officio Christi, S. 1 ff. Bericht S. 22 f.: „Dann nach dem der Sohn Gottes ist Fleysch worden / vnd hat in seine selbst eigene Person die Menschliche Natur angenommen / ist es

den sich beide Männer dagegen nicht fern, wenn auch Mentzer durchaus den konfessionell-orthodoxen Wahrheitsbegriff teilte[28].

Mentzer hatte nun im Verlauf der Auseinandersetzung zwischen Gießen und Tübingen den Verdacht geäußert, daß in der Tübinger Fakultät in der strittigen Frage Unstimmigkeiten bestünden und Hafenreffer, der inzwischen gestorben war, an einer Streitschrift gegen ihn nicht beteiligt gewesen sei. Um diese Behauptung zu widerlegen, sandten die Tübinger Hafenreffers Brief an Kepler nach Gießen. Aus ihm geht die Gemeinsamkeit Hafenreffers mit der Fakultät und dieser mit dem Stuttgarter Konsistorium eindeutig hervor.

Auf diese Veröffentlichung spielt offenbar eine Notiz des Tübinger Juristen Christoph Besold in einem Brief an Kepler aus dem Jahre 1623 an. „Ich habe geglaubt“, so schreibt Besold[29], „daß unseren Unruhen hier Einhalt geboten worden wäre, und ich wundere mich, daß der Brief von den Unsrigen an Euch wieder unter die Leute gekommen ist und neue Unruhen stiftet.“ Er wünsche nur, daß diejenigen, die Kepler kenne und die jener Brief berühre, die theologischen Fragen genügend nüchtern behandelten. Nachdem grobe, keineswegs dünne Bücher herausgekommen seien, werde in Tübingen emsig gegen Mentzer gestritten.

Die Acta Mentzeriana, die Hafenreffers Brief enthalten, sind im Jahre 1625 in Tübingen erschienen. Kepler war im Sommer dieses Jahres auch in Württemberg. Es handelt sich um die gleiche Reise, die er unternahm, um Geld für den Druck seiner Rudolphinischen Tafeln zu beschaffen. Sie führte ihn vor allem in die Reichsstädte Memmingen, Kempten und Nürnberg. In den Monaten Juni und Juli besuchte er aber auch Tübingen[30].

---

schlecht vnmüglich / daß an einigem ort der Sohn Gottes seyn solte ausser seiner Menschheit (dann da köndte ich nicht sagen / daß die gantze fülle der Gottheit in ihm wohnete) oder auch daß seine Menschheit seyn solte an einigem ort ausser seiner Person: Sondern nach beschehener Menschwerdung / wo ich den Sohn Gottes suche vnd finde / da suche vnd finde ich auch Marien Sohn / dieweil es ein einige vnzertrente Person / ein Jesus Christus ist / warer Gott vnd warer Mensch / wie die gantze H. Schrifft auffs aller klärlichst bezeuget.“ — Zu Mentzer siehe im einzelnen unten S. 136 f.

[28] Vgl. *Mentzer*, op. lat. II S. 1236, übersetzt zitiert nach *G. Hoffmann* aaO. S. 8: Die Wahrheit „sucht ihre Freude nicht darin, die Gemüter zu entzweien, sondern sie in Christus durch das allerengste Band der Wahrheit zusammenzuschließen. Denn wer die Wahrheit reinen Herzens liebt, kann Einheit und Frieden nicht hassen, die in der Wahrheit begründet sind. Diejenigen aber, die nach außen ihren Friedenseifer zur Schau tragen und gleichwohl die Wahrheit selbst für nichts achten, zeigen damit aufs deutlichste, daß sie mehr Rücksicht auf die Welt als auf Gott nehmen. *Unser* Ziel ist hier ausschließlich das eine: den Irrenden getreulich den Weg der Wahrheit zu weisen, damit, wenn Gott es schenkt, Friede und Ruhe den Kirchen wiederhergestellt werden können.“

[29] W XVIII Nr. 945, 10 ff.

[30] Vgl. die Briefe W XVIII Nr. 1010, 1014, 1026 und Fr VIII S. 896 (NK 6 S. 5 Anm. 2), sowie die Angaben in den Ephemeriden. Vor dem 18. Juni war

Dort wird er von dem Abdruck des Briefes zum erstenmal erfahren haben. Das legt die Art nahe, wie er darauf antwortete. Es handelt sich bei dieser Antwort um die Notae. Sie sind ohne Ort und Jahr im gleichen Format mit den gleichen Typen, also offenbar in der gleichen Druckerei erschienen wie die Acta Mentzeriana und machen den Eindruck, als seien sie in Eile und nicht ohne Erregung geschrieben und in Druck gegeben worden. Eine große Zahl von Setzfehlern unterstreicht diesen Eindruck. Möglicherweise war die Schrift als Anhang zu den Acta Mentzeriana gedacht: Jedenfalls hat sie die Form und Funktion eines Nachtrags[31].

Kepler war offenbar sehr gekränkt und erzürnt, daß sein persönliches Glaubensbekenntnis auf diese Weise in die allgemeine Öffentlichkeit gelangte. Gerade dies hatte er stets zu vermeiden gesucht, und so wollte er es auch fernerhin halten. Hier mußte er aber auf diese Weise versuchen, sich noch einmal gegen den Vorwurf der Häresie zu verteidigen. Öffentlichen Erfolg hatten diese Bemühungen wiederum nicht.

5. Das „Glaubensbekenntnis"

In die Zeit des Jahres 1618 gehört der Hauptteil einer weiteren theologischen Schrift Keplers, die mit einigen Erweiterungen dann im Jahr 1623 anonym gedruckt worden ist. Sie trägt den Titel: „Glaubensbekandtnus vnd Ableinung allerhand desthalben entstandener vngütlichen Nachreden. Gedruckt Im Jahr M.D.C.XXIII"[1]. Daß die ursprüngliche Schrift bereits 1618 verfaßt worden ist, ergibt sich aus einer Bemerkung im Text, wo die vorhergehenden Ausführungen 1622/23 „vier oder fünff" Jahre vordatiert werden[2], und einer korrigierenden Randnotiz gleichen Inhalts[3].

Kepler offenbar nicht in Tübingen (Brief Nr. 1009, 2 f.). Am 20./30. Juni spricht er von „pauculos dies", die er in Tübingen war (1010, 43), später jedoch von einem Monat (Kepler an Peter Crüger, 1. Mai 1626: 1026, 19).

[31] Vgl. auch Keplers Bemerkung in der „Revolutio Anni 1625": „Editae Notae in ..." (es folgt eine Lücke); Fr VIII/2 S. 891, vgl. *Caspar* NK 6 S. 5. Mit dem „in ..." ist wohl nicht die Veröffentlichung in einer anderen Schrift, sondern der Titel, wo allerdings „ad" steht, gemeint. Daß Kepler den Titel nicht vollständig zitiert, könnte in dem Bemühen begründet sein, den Konflikt immer noch möglichst im privaten Rahmen zu halten und deshalb möglichst wenig konkrete Angaben zu machen.

[1] Der erste Neudruck liegt in NK 2 vor. Erneuter Abdruck in dem Werk: „Selbstzeugnisse aus dem Dreißigjährigen Krieg und dem Barock", hrsg. v. *M. Beyer-Fröhlich* (Deutsche Lit. in Entwicklungsreihen, Reihe: Deutsche Selbstzeugnisse, Bd. 6), Leipzig 1930, S. 15—39. Die Schrift wird in W XII ediert.

Die letzten Originale befinden sich in Wien (Nationalbibliothek), Wittenberg (Predigerseminar) und in Salzburg (Landesbibliothek, z. Zt. nicht auffindbar).

[2] NK 2 S. 28, 32 f.   [3] NK 2 S. 18, 12.

Über die Druckgeschichte dieser Schrift sind wir gut unterrichtet. Offenbar auf eine entsprechende Anfrage Keplers hin hatte der Tübinger Jurist Christoph Besold von einer Veröffentlichung vor allem in Tübingen abgeraten[4]. Sie würde nur Unruhe stiften. Daraufhin bat Kepler seinen Gewährsmann in Straßburg, Matthias Bernegger[5], die Schrift bei sich im geheimen drucken zu lassen. Die Auflage sollte auf 100 Exemplare beschränkt bleiben, und es sollte keine Spur des Druckes und des Druckortes übrigbleiben. Das geschah[6]. Die Vorsicht, mit der Kepler hier vorging, wirft ein bezeichnendes Licht auf seine Situation innerhalb der konfessionellen Verhältnisse. Von daher wird es noch einmal deutlich, wie sehr die Veröffentlichung des Briefes Hafenreffers an Kepler in den Acta Mentzeriana eine Indiskretion bedeutete und wie sehr sich Kepler darüber geärgert haben wird.

Der Inhalt des Glaubensbekenntnisses bietet folgendes: Kepler charakterisiert zunächst seine Lage im Streit mit der Kirche[7]. Er schildert, wie unklug seine Gewissenhaftigkeit war: Die Geistlichen zürnen, die Weltlichen schelten ihn einen Narren. Er möchte sich der Kindschaft des Reiches Gottes zu rühmen haben. Der „Grund seines Herzens" sei aber anders als bei den Geistlichen; diese beschuldigten ihn darauf der Vernünftelei und der philosophischen Überfremdung und hielten ihn für hochmütig. Zur Kommunion ließen sie ihn nicht zu, bevor er die Konkordienformel unterschrieben hätte, aus Gründen der Kirchenzucht. Kepler überläßt die letzte Entscheidung geduldig dem Richteramte Christi an dessen Tag. Unterschreiben werde er nicht — das würde Widerruf bedeuten.

Schweige er darauf, sei er ein lebendes Ärgernis. Bereits die, die seine Gründe kennten, beschuldigten ihn der Schönrederei, der Verachtung des göttlichen Worts und Sakraments, des Zweifels trotz fortgeschrittenen Alters, der Unbeständigkeit. Andere beschuldigten ihn um so größerer Ketzereien, von denen sie gerade hörten, je weniger sie von ihm wüßten. Das, schreibt Kepler, werde ihm nachgerade gefährlich und schädlich. Auf der anderen Seite beriefe sich, wenn er schweigen würde, mancher auf ihn mit Irrtümern, die ihm fälschlich zugeschrieben werden; er sei dagegen seinen Nächsten ein gutes Beispiel schuldig. Deshalb wolle er auch keine „Konfession" verfassen, die seinen Namen trägt und so die Zahl der Ketzer vermehrt.

Darauf erklärt Kepler in feierlichem Ton, worauf er seinen Glauben, in dem er seinem Schöpfer zu dienen und am Ende ewig selig zu werden

---

[4] Brief vom 2./12. 4. 1623, W XVIII Nr. 945.

[5] Brief vom 21. 8. 1623, W XVIII Nr. 958.

[6] Bernegger an Kepler, 13./23. 9. 1623, W XVIII Nr. 960, vgl. Kepler an Bernegger, 4. 12. 1623, W XVIII Nr. 963, 1—8. Diese und weitere Briefstellen über das Glaubensbekenntnis werden in W XII zusammen- und dargestellt.

[7] NK 2 S. 13, 1 ff.

sich getraue, entgegen allen umlaufenden Meinungen von Freunden und Feinden gegründet sieht[8]: auf die Worte der Bibel in ihrer Originalsprache und, wo diese sich widersprechen, wie hinsichtlich der Person Christi, auf ihre zur Abwehr von Irrlehrern notwendige Auslegung durch die ersten Hauptkonzilien, Hauptbekenntnisse und die Kirchenväter. Die Augsburgische Konfession nehme er, was ihre Lehre betrifft, ohne Unterschied ihrer Ausgaben an. Für die Richtigkeit ihrer Verwerfungen fühlt sich Kepler nicht verantwortlich, zumal sich die Lehre der katholischen Kirche in verschiedenen Punkten inzwischen auch verändert habe. Die Konkordienformel, deren Unterschreibung auch von ihm gefordert wird, erkennt er soweit an, als sie mit der Augsburgischen Konfession übereinstimmt. In der Lehre von der Person Christi findet er jedoch Neuerungen, die dazu führten, daß die Päpstlichen und die Calvinisten den Vorwurf des Eutychianismus erheben können, die aber, die bei der Auslegung der Väter bleiben, ohne Schuld des Nestorianismus beschuldigt werden. Deshalb lehnt er mit der Unterschrift solche Verwerfung ab, zumal zu den zuletzt Genannten er selbst gehört.

Nach diesem Bekenntnis wendet sich Kepler dann der Ablehnung der eingangs erwähnten Verdachtsmomente und Vorwürfe im einzelnen zu[9]. Zunächst widerlegt er den Verdacht, daß er der Menschen Gunst auf allen Seiten ohne Rücksicht auf die Wahrheit begehre, desgleichen, er wolle seine Einzigkeit hervorkehren. Er halte sich an die Heilige Schrift und ihre sachgemäßen Ausleger, zu denen in der Lehre von der Person Christi trotz aller Anfeindungen der Gegner auch die Jesuiten und Calvinianer gehörten. Entscheidend sei für ihn im übrigen eine brennende christliche Liebe im Herzen, Sanftmütigkeit im Auftreten und, Gott vor Augen zu haben. Er selber leide zwar unter seinen charakterlichen Untugenden, das sei aber doch noch kein Grund zu Verleumdungen, vor allem, wenn auch noch genügender Sachverstand fehle. Trotz geübter Diskretion habe er, doch deshalb gerade mit gutem Gewissen, das Schicksal seiner Glaubensbrüder geteilt. Andererseits brauche er, wenn er in einem Punkt mit Papisten und Calvinianern harmoniere, dies nicht zu verleugnen, nur um als Lutheraner von ihnen vollständig verfolgt zu werden. Er halte sich in seinem Gewissen an das, was er als richtig erkannt habe, und erwarte das, was Gott ihm schicken werde. Für Kepler haben die drei großen Parteien die Wahrheit unter sich zerrissen, so daß er sie sich nun stückweise zusammensuchen muß. Er hält es in der Hoffnung auf endliche Eintracht mit allen dreien oder doch zweien gegen eine, während seine Gegner stets nur eine einzige Partei vertreten und dabei eine ewig unversöhnliche Uneinigkeit voraussetzen. Gott aber antworte mit Heimsuchung des zanksüchtigen Deutschlands.

---

[8] NK 2 S. 14, 36 ff.
[9] NK 2 S. 17, 3 ff.

Verachtung des Sakraments, die zweite Anschuldigung, kann Kepler niemand im Ernst vorwerfen. Er begehrt es, so lange, bis er jemanden findet, der es ihm trotz der vorliegenden Differenz reicht[10].

Fürs dritte[11] wird Kepler des Zweifels in der Glaubenslehre bezichtigt. Diese Anschuldigung ist daher zu erklären, daß er von den Theologen eine bessere Begründung seines Ausschlusses vom Abendmahl erwartet und daß er sich zu keiner der streitenden Parteien, sie heißen, wie sie wollen, schlägt. Dafür halte er sich zu allen einfältigen Christen, versuche, ein gutes Beispiel christlicher Liebe zu geben, und erhoffe von Gott endlich Frieden. Die Warnungen des Apostels Paulus vor Ketzereien hätten zum Ziel, Frieden zu schließen. Die Theologen aber wollten nur gute deutsche Landsknechte in Glaubenssachen haben, die nicht so genau über Recht oder Unrecht ihres Herrn nachdenken. Kepler wolle sich aber wider sein Gewissen nicht zum Knecht der Theologen machen.

Den Vorwurf der Unbeständigkeit und Neigung zu Neuerungen weist Kepler schließlich[12] mit dem Hinweis darauf zurück, wie beständig er um seines Gewissens willen auf der gleichen Sache beharrt — Neuerung wäre es, wenn er etwas anderes verträte. Der Vorwurf rühre aber daher, daß er unbesonnene Predigten kritisiere, neue Bücher lobe, wenn sie ihm weiterzuführen schienen, und im Scherz dann wohl auch erkläre, er sei nun mit seiner Ansicht nicht mehr allein.

In diesem Zusammenhang verweist Kepler zunächst auf das Werk des Isaac Casaubonus[13], der im Einklang mit den alten Kirchenlehrern den einfältigen Glauben der Gegenwart von Fleisch und Blut Christi im Abendmahl vor und abseits aller gelehrten Disputationen empfehle. Im übrigen gebrauche er in der Frage der Allgegenwart die gleichen Argumente aus den Vätern wie Kepler auch.

Ausführlich geht Kepler dann auf Marcus Antonius de Dominis und sein zwei Jahre nach Casaubonus' Werk erschienenes Buch De republica ecclesiastica[14] ein. Kepler hat de Dominis kirchlich und theologisch als sei-

---

[10] NK 2 S. 19, 21 ff.   [11] NK 2 S. 19, 34 ff.   [12] NK 2 S. 22, 10 ff.

[13] *Isaaci Casauboni* de rebvs sacris et Ecclesiasticis exercitationes XVI. Ad Cardinalis Baronii Prolegomena in Annales et primam eorum partem, de D. N. Iesv Christi Natiuitate, Vita, Passione, Assumtione ... Cvm prolegomenis avctoris, in quibus de Baronianis annalibus candide disputatur, Frankfurt 1615; NK 2 S. 23, 3 ff. Casaubonus (1559—1614) war Sohn eines Genfer Hugenottenpfarrers. Er studierte an der Genfer Akademie unter Beza, beschäftigte sich mit orientalischen Sprachen und wurde als Gräzist nach Montpellier, Lyon und Paris berufen. Dort verhinderten die Jesuiten seine Anstellung als Professor. Am Hofe Jakobs I. von England (seit 1610) wirkte er im Sinne einer konfessionellen Einigung.

[14] NK 2 S. 23, 31 — 31, 31. Die wichtigsten Daten über Marcus Antonius de Dominis: 1560 geboren in Arbe (Dalmatien), 1602 Erzbischof von Spalato (Split); 1616 Flucht nach England (am 16. 12. kommt er dort an), 1617 Konversion zur anglikanischen Kirche, Ernennung zum Dekan von Windsor, 1622

nen besonderen Gewährsmann betrachtet. Dieser Mann, der aus venezianischem Adel stammt, bei den Jesuiten erzogen worden und mit neunzehn Jahren in die Gesellschaft Jesu eingetreten war, vertrat als Erzbischof von Spalato gegen den Anspruch des monarchischen Papsttums das episkopalistische Prinzip. Charakteristisch für sein Denken ist die Hochschätzung des Apostolicums und der altkirchlichen Tradition; sein Ziel ist eine überkonfessionelle Vereinigung der streitenden Kirchentümer auf der Grundlage von Schrift und alter Kirche — eine Auffassung, die weitgehend der Keplers entspricht. Auch in der Einschätzung der kirchenpolitischen Lage stimmen beide Männer weitgehend überein. Da Kepler von de Dominis ursprünglich jedoch ganz unabhängig ist, ist es verständlich, wenn er dessen Auftreten als besondere Fügung Gottes und ihn selbst als prophetische Gestalt ansieht.

Als de Dominis 1616 der Ketzerei beschuldigt und nach Rom vorgeladen wurde, floh er nach England und trat dort zur anglikanischen Kirche über. Bei Jakob I. stand er in hohem Ansehen und arbeitete auch in dessen Sinn für eine Wiedervereinigung der Kirchen. Eindrückliches Zeugnis dieser Arbeit ist sein Jakob I. gewidmetes Hauptwerk De republica ecclesiastica, in dem er die römische Kirche als weltlichen Staat interpretiert und Wege zur Erneuerung der Gesamtkirche aufzeigen will.

Im Auftrag Papst Gregors XV. (9. 2. 1621–8. 7. 1623) gelang es offenbar dem spanischen Gesandten am englischen Hof, de Dominis unter Verheißung von Straflosigkeit zur Rückkehr nach Rom zu bewegen. Möglicherweise haben bei diesem Schritt auch Geldgründe mitgespielt. De Dominis unterwarf sich von neuem der katholischen Kirche. Nach Gregors Tod wurde der Prozeß freilich neu eröffnet und unter Urban VIII. weitergeführt. De Dominis starb 1624 im Gefängnis, drei Monate später wurde er verurteilt, sein Leichnam geschändet und mit seinen Schriften verbrannt.

Kepler hatte in seinem Buch „De stella nova in pede serpentarii, et qui sub ejus exortum de novo iniit, trigono igneo", 1606, über die Bedeutung

---

Rückkehr nach Rom und zur katholischen Kirche (Entlassung am 3. 2. 1622); 1623 verhaftet, gestorben am 24. 9. 1624; am 20. 12. 1624 fand das Gericht über den Leichnam statt. Hauptwerk: De republica ecclesiastica, I–IV London 1617, V–VI London 1620, VII u. IX Hanau 1622. Im ersten Abschnitt des ersten Buches findet sich ein schon vorher gesondert veröffentlichter Bericht über den Austritt und die Flucht nach England, verfaßt am 20. 9. 1616 in Venedig, gedruckt in London und Frankfurt. Eine Widerrufungsschrift wurde 1622 in Rom verfaßt und ist 1623 in lateinischer und deutscher Sprache erschienen. Bibliographische Angaben dazu siehe W XII.

Zu de Dominis vgl. auch RE IV S. 781 ff.; RGG II Sp. 237 f.; *D. Cantimori*, Su M. A. de Dominis, in: Archiv f. Ref.gesch. 49, 1958, S. 245–258; *P. Pirri S. I.*, Marc' Antonio de Dominis fino all' episcopato, in: Arch. hist. Soc. Iesu XXVIII, 1959, S. 265 ff. (weitere Literatur Anm. S. 265).

der Nova von 1604 im Fuß des Schlangenträgers spekuliert[15]. Dabei hatte
er an die Möglichkeit gedacht, daß ein Mann auftreten würde, der, etwa
durch Einberufung eines Konzils, einen neuen Religionsfrieden stiften
könnte. In einem Brief an Herwart von Hohenburg im Jahre 1607 denkt
er im Rahmen einer Spekulation, die die Himmelssphären mit der Hierarchie der Kirche analogisiert, an einen Bischof[16]. Das Auftreten von Marcus
Antonius de Dominis scheint nun diesen prognostischen Äußerungen in
verblüffend vielen Punkten ziemlich genau zu entsprechen. So nimmt es
Kepler als Erfüllung dessen, was er vorausgeschaut hatte. Kepler muß sich in
einem (verschollenen) Brief an Erasmus von Starhemberg bereits Anfang
1613 in diesem Sinne geäußert haben. Denn Starhemberg, der sich auf
einen Brief von de Dominis bezieht, ruft wenig später in einem Brief an
Kepler aus, wie wunderbar die Werke Gottes seien, daß in der Mitte und
im Herzen Italiens, öffentlich und im Angesicht der Allmacht des Papstes,
des menschlichen Monarchen, eine neue Konstellation und ein neues Licht
des Evangeliums geboren werde und aufginge[17].

In seinem Brief an Hafenreffer vom 28. November 1618 schließt sich
Kepler auch seinem einstigen Lehrer gegenüber ausdrücklich dem Erzbischof an[18]. Er beruft sich einmal auf ihn in der Schilderung seines gewissenhaften Verhaltens; sodann folgt er ihm in der Bindung an die Heilige
Schrift sowie die Auslegung der heiligen Väter vor dieser Zeit der Streitigkeiten, soweit diese nicht durch die Analogie des Glaubens und den Vergleich mit der Schrift des Irrtums gezogen werden können; schließlich
schließt er sich in seinen Bestrebungen, die den Frieden zwischen den
Konfessionen und ihre Vereinigung anstreben, ihm an. Die Mahnung des
Erzbischofs zu Zurückhaltung und Frieden nennt Kepler „sehr heilsam
und wahrhaft apostolisch". De Dominis sei von Gott gesandt, zur Heimsuchung Deutschlands, damit es unentschuldbar sei. Er spielt darauf an,
daß dem konfessionellen Frieden ein Religionskrieg vorausgehen müsse,
um das faule Fleisch des Haders auszubrennen. De Dominis sei der rechte
Chirurg, um diese Wunden zu heilen.

In der ursprünglichen Widmung der Harmonice mundi an Jakob I. von
England[19] wird auf die Bestrebungen Jakobs für konfessionellen Frieden
hingewiesen. Sodann erwähnt Kepler dort ohne Nennung von Namen,
daß der König zwei Männer in sein Land aufgenommen habe, die beide
für ein so großes und notwendiges Werk das nötige Wissen und die nötige

---

[15] Kap. 28 ff., W I S. 313 ff.
[16] April 1607, W XV Nr. 424, 213 ff.
[17] 12. 4. 1613, W XVII Nr. 648, 6 ff., 10 ff.
[18] W XVII Nr. 808, 48 ff.
[19] W VI S. 517 ff.; dieser Text wurde aus taktischen Gründen durch einen
neuen ersetzt, der sehr viel vorsichtiger und zurückhaltender formuliert ist
(W VI S. 9 ff., vgl. vor allem S. 10, 34 ff.). Die neue Vorrede ist am 13. 2. 1619
datiert, die erste also nicht lange davor verfaßt.

Bildung besäßen. Der eine, von besonderem Rang, wäre als Arzt, um die Wunden der Kirche zu heilen, bereits öffentlich hervorgetreten. Kepler meint de Dominis; der andere ist Casaubonus.

Auf seine Schilderung in „De stella nova" weist Kepler 1619 wieder in einem Brief an Vinzenz Bianchi in Venedig hin und bezieht sie eindeutig auf Marcus Antonius de Dominis[20]. Durch dessen Tod — Kepler waren entsprechende Gerüchte mitgeteilt worden — würden seine großen Versuche zur Einigung der Konfessionen und Keplers Prognosticum in Nichts zerrinnen.

In Keplers letztem Brief an Hafenreffer vom 11. April 1619 wird de Dominis schließlich ausdrücklich zitiert[21], um die Auffassung von der beständigen Gegenwart Christi in seinem Geiste durch eine gültige Autorität der Kirche zu belegen. Als „wälschen trewen Eckhard" bezeichnet Kepler den Erzbischof verschlüsselt in seinem Prognosticum auf die Jahre 1618/19[22], als „italienischen Eckhard" dann Ende 1619 in einem Brief an Johann Remus Quietanus[23], als getreuen Ratgeber und Warner also im Zeitalter des konfessionellen Streites und Krieges. Als solcher wird er auch — ebenso verschlüsselt („Wällischer trewer Eckhard") — in dem Prognosticum auf das Jahr 1620 genannt[24], in einem Brief an P. Crüger am 28. Februar 1624 schließlich entschlüsselt mit vollem Namen[25]. Hier wird er expressis verbis durch einen Vergleich mit Jona als Prophet qualifiziert.

In seinem Glaubensbekenntnis geht Kepler nun auf den Zusammenhang, den er zwischen seinen prognostischen Ausführungen von 1606 und de Dominis sieht, genauer ein. Den wesentlichen Teil dieses Abschnittes hatte er wie offenbar auch das Vorhergehende bereits 1618 geschrieben[26].

Im Jahre 1604 war der neue Stern im Zeichen des Schützen erschienen und das ganze Jahr zu sehen gewesen. Im Frühjahr 1606 war er wieder erloschen. Einige Monate zuvor hatte die große Konjunktion von Jupiter und Saturn zum erstenmal seit sechshundert Jahren wieder im „feurigen" Zeichen des Schützen stattgefunden; zu den beiden Planeten trat, astrologisch gesehen zur Vollendung ihrer Wirkung, als dritter der Mars, und in dieser Konstellation des „feurigen Dreiecks" erschien der neue Stern mit einer Helligkeit, die mit der des Jupiter verglichen werden konnte. Diese besonderen astronomischen Umstände, unter denen die Nova erschien[27], erregten ganz besondere astrologische Aufmerksamkeit.

Im einzelnen hatte Kepler bei seinen prognostischen Überlegungen angesichts dieses Ereignisses daran gedacht[28], so führt er im Glaubensbekenntnis noch einmal aus, daß der neue Stern jemanden anzeigen könnte, der

[20] 17. 2. 1619, W XVII Nr. 827, 288 ff. [21] W XVII Nr. 835, 183 ff.
[22] Fr I S. 486 f., NK 7 S. 41. [23] W XVII Nr. 859, 43 f.
[24] NK 7 S. 13, 2. 7. [25] W XVIII Nr. 974, 333 ff.
[26] NK 2 S. 23, 33—28, 31. [27] Vgl. W I S. 442.
[28] NK 2 S. 24, 4 ff., vgl. W I S. 321, 3 ff.

eine neue Religion oder ein neues Glaubensbekenntnis hervorbringen oder doch einen religiösen Frieden heraufführen würde. In diesem Sinne hatte er die verschiedenen Einzelheiten der astronomischen Ereignisse zu interpretieren versucht. Zur Unterstützung dieser Deutung hatte er das für ihn ebenfalls signifikante wunderbare Ereignis einer Geburt von Siamesischen Zwillingen in Straßburg herangezogen. Kepler hoffte auf jemanden, der die beiden zerstrittenen Parteien so zusammenbringen könnte, daß sie wie die Wundergeburt zusammenwachsen würden. Schließlich hatte er die Einzelheiten von Stellung und Natur des neuen Sterns entsprechend ausgedeutet[29] und nach anfänglicher blutiger Verschärfung des Streites einen Sieg des uralten Herkommens angekündigt. Kepler entnahm der Konstellation, daß die Entscheidung auf einem öffentlichen Konzil fallen und dabei die päpstliche Monarchie durch eine bischöfliche Aristokratie ersetzt werden würde.

Kepler läßt nun dahingestellt, ob diese Deutung eine notwendige Folge aus den himmlischen Umständen gewesen war oder diese nur als Alphabet seines Wunschdenkens fungiert hatten — in jedem Fall sei klar, wie sehr er Anlaß gehabt habe, darauf zurückzukommen, als zehn Jahre später Marcus Antonius de Dominis mit seinem Hauptwerk hervorgetreten sei. Sechs Punkte zählt er auf, die eine Identifizierung der angekündigten Gestalt mit dem Erzbischof von Spalato erlaubten[30]: Als Episkopalist nehme de Dominis neben dem Papst prophetische Dignität für sich in Anspruch; 1616 schreibe er, daß er mit seinem Werk schon zehn Jahre beschäftigt gewesen sei, genau also seit dem Jahr, in dem Kepler ihn angekündigt hatte; Frieden in der Kirche sei sein Anliegen; Eintracht und Zurückhaltung in neuen Streitfragen fordere er ebenso wie schließliche Unterordnung unter ein allgemeines Konzil. Keplers Ankündigungen nähmen sich in Einzelheiten (Anschein der Ketzerei, Arbeit für Frieden, Ordnung und Verständigung auf Grund apostolischer Einfalt, Ablehnung der päpstlichen Monarchie, Bewahrung des gemeinsamen Alten) aus wie ein Auszug aus De republica ecclesiastica. Schließlich werde, so schließt die Reihe der Übereinstimmungen, die erstrebte Reformation vorläufig erst in Büchern und Schriften abgehandelt und politisch durch Krieg eingeleitet werden, der zur Friedenssehnsucht hinführen soll.

Inzwischen war nun de Dominis nach Rom zurückgekommen, hatte seine Konversion rückgängig gemacht und seine antirömischen Schriften widerrufen. Kepler fügt deshalb seinen früheren Ausführungen Bemerkungen zu, die auf die neue Situation eingehen[31]. Es gehe ihm um die Sache, so führt er aus, und insofern sei es gleichgültig, wie sich sein Gewährsmann später noch verhalten und geäußert habe. Die verschieden-

---

[29] NK 2 S. 25, 1—30, vgl. W I S. 352, 7 ff. Im „Glaubensbekenntnis" läßt Kepler die astrologische Begründung weg.

[30] NK 2 S. 26, 6 ff.   [31] NK 2 S. 28, 31 ff.

sten Gründe könnten ihn dazu bewegt haben. Kepler nennt einige. In jedem Fall stelle de Dominis' Werk die einzige unparteiische Kirchengeschichte der Zeit dar. Und was er angesagt habe, Krieg und Verderben Deutschlands, habe inzwischen begonnen, und die Sehnsucht nach dem Frieden, von dem in dem Buch die Rede sei, wachse ständig. Dazu müßten aber nach der richtigen Aussage des Autors alle Neuerungen fahren gelassen werden. Keplers Prognosticum bleibe also in jedem Fall in Kraft und Ehren.

Im Artikel von der Person Christi findet sich Kepler in Übereinstimmung mit de Dominis, ebenso aber auch mit der katholischen Kirche und den Kirchenvätern[32]. Im übrigen aber verleugne Kepler in keiner Weise die Augsburgische Konfession, und sein Konsensus mit dem Erzbischof beziehe sich durchaus nicht auf alle Dogmen. Er glaube nicht an de Dominis wie die Katholiken an die Römische Kirche und die Lutheraner an Luther. Die wesentliche Einigkeit bestehe in der theologischen, kirchlichen und kirchenpolitischen Praxis.

Es bestehe also kein Anlaß, so schließt Kepler diesen Abschnitt[33], ihm bloß deshalb Unbeständigkeit und Neuerung vorzuwerfen, weil de Dominis widerrufen und er sich nicht von ihm distanziert habe, ja auch kürzlich evangelische Prediger wegen ungerechtfertigter Angriffe auf die Katholiken getadelt habe. Man solle also Reden und Verleumdungen seiner Gegner nicht ohne weiteres Glauben schenken, sondern ihre Argumente prüfen und deren Begründung verlangen.

Die Intensität und Ausführlichkeit, mit der sich Kepler mit Marcus Antonius de Dominis beschäftigt, läßt keinen Zweifel an der Tatsache, daß wir hier einen besonderen Schwerpunkt dieser Schrift zu sehen haben. Es handelte sich um den einzigen Gewährsmann, den Kepler für seine kirchenpolitische und auch theologische Anschauung zu haben glaubte. Seine Rückkehr nach Rom mußte ihn deshalb besonders beschäftigen. Da seine Stellung zu de Dominis jedoch auch unter seinen Freunden und Gegnern sowie in der Öffentlichkeit bekannt war, bedeutete diese Tatsache für Kepler in besonderer Weise Verlust an Glaubwürdigkeit. Die Angriffe seiner Gegner haben sich auch sogleich auf diese schwache Stelle gerichtet. Hier ist offenbar der Grund zu suchen, weshalb Kepler fünf Jahre nach Abfassung des Manuskripts nun doch die Drucklegung betrieben hat. Wenn er aus verschiedenen Rücksichten, vor allem um die einfachen Gläubigen nicht zu verwirren, keine neue konfessionelle Gruppe zu begründen und den währenden Streit mit der Kirche nicht zu verschärfen, mit der Veröffentlichung bislang gezögert hatte, so war jetzt doch der Anlaß gegeben, eine begrenzte Zahl von Exemplaren herauszugeben. Er hätte sonst dem Vorwurf der Wankelmütigkeit in ungerechtfertigter Weise Raum gegeben.

---

[32] NK 2 S. 30, 25 ff. [33] NK 2 S. 31, 8 ff.

Nach der Beschäftigung mit de Dominis geht Kepler[34] im Glaubensbekenntnis noch auf die katholische Behauptung ein, daß er von den
Lutherischen als seinen eigenen Glaubensgenossen verfolgt würde: die
katholische Ausweisungspraxis wäre dann erst recht verständlich und bestehe also zu Recht. Kepler wendet dagegen ein, daß man hier zwei Arten
von Verfolgung unterscheiden müsse. Er schildert seine eigene Situation
und ihre mißlichen Konsequenzen — Vorwurf von Ketzerei, mangelndes
Vertrauen, Mißtrauen auch gegenüber seiner Arbeit, schlechter Ruf und
entsprechende materielle Folgen. Demgegenüber betreffe die Verfolgung
durch die Katholiken mit Hilfe staatlicher Gesetze die ganze große Gemeinde der Evangelischen und raube ihnen mit äußerer Gewalt einen
guten Teil ihrer Existenzgrundlage. Nur letzteres könne wirklich eine Verfolgung genannt werden, und Kepler verbittet sich den Vergleich mit seinem Ausschluß vom Abendmahl. Dieser Ausschluß beruhe auf einer Ge-
wissensentscheidung der Prediger und der Theologen, nicht auf Gewalt.
Er respektiere diese Entscheidung, wenn er sie auch für falsch und für zu
eng halte.

Kepler schließt[35] mit der Hoffnung, daß sein Bekenntnis den Kritikern
zu besserer Einsicht oder doch wenigstens zu besserem Verständnis seiner
Lage verhelfen werde, und mit der Bitte um Gottes Gnade für ein gesun-
des Wachstum der Gemeinde, vor allem aber darum, daß in den unterschiedlichen Gaben der Geist der Liebe erkennbar werde.

Aus dem Inhalt der Schrift und den Umständen ihrer Veröffentlichung
wird klar, daß auch diese Arbeit, und zwar in ihrem alten und neuen Bestand, aus einer bestimmten, für Kepler bedrängenden Situation heraus
und für diese geschrieben und gedruckt worden ist. Der persönliche Charakter dieser Situation wird dadurch unterstrichen, daß es sich auch hier
nur um wenige Exemplare handelt, die zu persönlichem Gebrauch, zu persönlichem Versand bestimmt waren. Kepler verfaßt seine theologischen
Werke nicht aus systematisch-theologischem Interesse, sondern unter dem
Druck der jeweiligen Situation für ganz bestimmte praktische Zwecke.

Ein nachweisbares Echo hat das Bekenntnis bei den Württemberger
Theologen, an die es ja zu einem guten Teil gerichtet war, nicht gefunden.
Wilhelm Schickhard, dem Kepler ein Exemplar geschickt hatte, bemerkt
nur, daß die Auseinandersetzung mit den sächsischen Theologen die Tü-
binger so in Anspruch nähme, daß sie keine Zeit dazu hätten, Keplers
Schrift zu zerrupfen[36].

Noch im Jahre 1627 legte Bernegger einem Ratsherrn Keplers Bekenntnis vor, der aus konfessionellen Gründen einer möglichen Berufung Kep-

---

[34] NK 2 S. 31, 32 ff.
[35] NK 2 S. 33, 28 ff.
[36] Brief vom 25. 2. 1624 a. St., W XVIII Nr. 975, 41—43.

lers nach Straßburg widersprach[37]. Er konnte ihn freilich dennoch nicht überzeugen. Bernegger schreibt an Kepler, daß dieser Mann Keplers „terribilem generis neutri belluam" stärker fürchte, als daß er wagte, bei diesem auch nur durch ein geringes Verdachtsmoment Anstoß zu erregen.

6. Das Prognosticum für 1618/19

Was ist mit dieser „belua neutri generis" gemeint? Caspar hat gezeigt, daß es sich bei diesem Tier um eine verschlüsselte Bezeichnung des Stuttgarter Konsistoriums und der Tübinger theologischen Fakultät handelt[1].

Kepler hat sie zum erstenmal in seinem Prognosticum auf die Jahre 1618/19 gebraucht[2]. Er sagt dort im Blick auf das Jahr 1619, er sähe „ein Thier das ist Generis Neutri, das sitzet vnd pranget in den Rosen / sihet nur auff ein anders Thier / seinen Feind . . .". Später ist dann noch von dem Kalb des Tieres die Rede[3]. Aus Keplers Briefwechsel geht hervor, daß man überall gerätselt hat, wer hier wohl gemeint sein könnte; doch Kepler lag daran, das Geheimnis zu wahren. Diejenigen, die es anginge, wüßten, daß sie gemeint seien, und andere brauchten es nicht zu wissen. Aus verschiedenen Hinweisen ergibt sich aber eindeutig, daß die württembergische Kirchenführung gemeint ist[4]. Das andere Tier repräsentiert offenbar die calvinistische Partei[5]. Unklar bleibt, wie die verschlüsselte Bezeichnung zustande gekommen ist.

---

[37] Bernegger an Kepler, 23. 2. 1627 a. St., W XVIII Nr. 1038, 29—32.

[1] NK 7 S. 41 ff.

[2] Fr I S. 486 f., NK 7 S. 41 f.   [3] Siehe unten S. 82.

[4] Folgende Stellen, die von der Belua generis neutri handeln, sind zu nennen (vgl. NK 7 S. 41 ff.): Prognosticum auf 1618/19, Juni 1618, Fr I S. 486 f.; NK 7 S. 41 f.; zur Deutung vgl. Kepler an Hafenreffer 28. 11. 1618, W XVII Nr. 808, 62 ff. — Schlußabschnitt von „De Cometis Libelli tres", Mai 1619, Fr VII S. 136 f.; W VIII S. 261, 11 — 262, 10; NK 7 S. 42 f. — Joh. Remus Quietanus an Kepler, 4. 10. 1619, W XVII Nr. 852, 27—29; NK 7 S. 44. — Kepler an Remus Quietanus, Ende Okt. 1619, W XVII Nr. 859, 37—44; NK 7 S. 44. — Prognosticum Auff das Jahr ... M.DC.XX. Kap. I, Anf. Nov. 1619, NK 7 S. 11—13. — Kepler an Paul Guldin, Sommer 1620, W XVIII Nr. 890, 3—8; NK 7 S. 44. — Astronomischer Bericht, von Zweyen im Abgelauffenen 1620. Jahr gesehenen grossen vnd seltzamen Mondsfinsternussen usw., 1621, Fr VIII S. 17 f.; NK 7 S. 44 f. — Florian Crusius an Kepler, 15. 11. 1621, W XVIII Nr. 921, 37 ff. 53 ff.; NK 7 S. 45. — Discurs Von der Grossen Conjunction vnd allerley Vaticiniis vber dass 1623. Jahr, Ende 1622, Fr. VII S. 711; NK 7 S. 45. — Peter Crüger an Kepler, 25. 9. 1623, W XVIII Nr. 961, 101 f.; NK 7 S. 46. — Kepler an Crüger, 28. 2. 1624, W XVIII Nr. 974, 327—361; NK 7 S. 46. — Crüger an Kepler, 25. 7. 1624, W XVIII Nr. 990, 330—339; NK 7 S. 46 f. — Bernegger an Kepler, 23. 2. 1627 a. St., W XVIII Nr. 1038, 29 f.

[5] NK 7 S. 51.

Man könnte in diesem Zusammenhang an Ps. 68, 31 denken. Zitiert wird diese Stelle neben V. 29 und 30 auf S. IIIv am Ende der Vorrede der niederösterreichischen Agende (Christliche Kirchen Agenda Wie die von den zweyen Ständen der Herrn vnd Ritterschaft / im Ertzhertzogthumb Oesterreich vnter der Enns / gebraucht wirdt. 1571)[6]. Das Zitat lautet: „Schilt das Thier im Rohr / die rotte der Ochsen vnter jren Kälbern / die da Zutretten vmb Geldes willen / Er Zerstrewet die Völcker / die gern kriegen."

Gegen die Agende hatte auch eine heftige protestantische Polemik eingesetzt, und zwar zuerst von seiten der flacianischen Prediger. Der Prädikant von Sierndorf, Philipp Bartmann, hatte mit Unterschrift dreier weiterer Prediger eine ausführliche Gegenschrift verfaßt mit dem Titel: „Christliche und hohe Ursachen ettlicher Evangelischer Prediger in Österreich, warumben sie die newen Österreichischen Kirchen=Agendam inn Iren Kirchen anzurichten nicht bewilligen khönnden. 1572."[7] Unter Punkt 18 wird hier ausgeführt, daß das „Tier im Rohr" als Zitat im 68. Psalm am Schluß der Vorrede unverständlich bleibe, wenn es nicht nach Luthers Auslegung auf den Papst bezogen werde.

Luther hat in seiner „Deutschen Auslegung des 67. (68.) Psalms" 1521 in der Tat das „thier im rohr" auf „Bapst, Cardinal, Bischoff, pfaffen, munich", die „nur umb gut unnd ehr willen in die hohe steygen" bezogen[8]. Der Psalmist nenne solche Menschen „eyn thier ym rohr, drumb das es vihelich menschen sind on allen geyst und ligen ym rohr, das ist yn yhren eygen menschen gesetzen, wilch sind wie das rohr, das do scheynet eynem stabe gleych und ist inwendig höhl und lehr ..."[9]. Luther verweist hier auf Hiob 40, 16 f.[10]. Nach 1. Kor. 9, 9 heiße ein Ochs in der Schrift ein Prediger oder Bischof; die Kühe und Kälber seien solches Predigers Volk. Den ersteren werde und wird vorgeworfen, daß sie die Welt mit Menschenlehre erfüllen, das Evangelium vertilgen, mit Gewalt herrschen, und das alles um schändlichen zeitlichen Gewinns willen[11].

Nun weist einmal der Zusammenhang des „Tieres in den Rosen" mit der Erwähnung des Kalbes bei Kepler auf den des „Tieres im Rohr" mit Ochsen und Kälbern in den Psalmen. Danach kann Kepler in der Tat an Ps. 68 denken. „In Rosen prangen" wird wie „auf Rosen gehen" oder „in Rosen sitzen" gängiges Sprichwort für angenehme Lebensführung sein[12]. Kepler wird die Agende

---

[6] Verfasser ist David Chyträus, überarbeitet wurde die Agende von Christoph Reuter. Vgl. *H. Krimm*, Die Agende der niederösterreichischen Stände vom Jahre 1571, Jahrb. d. Gesellsch. f. d. Gesch. des Protestantismus in Österreich 55, S. 3 ff., 56 S. 52 ff., 57 S. 51 ff. (1934—1936). — *J. Hübner*, NK NF 1 S. 5.   [7] *Krimm*, Jahrbuch 57 S. 51 ff.

[8] WA VIII S. 29, 31 ff.   [9] WA VIII S. 30, 2 ff.

[10] WA VIII S. 30, 12 ff.   [11] WA VIII S. 30, 18 ff.

[12] Vgl. *J.* und *W. Grimm*, Deutsches Wörterbuch, VIII 1893, Sp. 1172. Daß Kepler in Analogie zu Luthers Deutung des Tieres und der offensichtlich gleichen Deutung der Agende auf den Papst im Blick auf die Lehrautorität der Württemberger bewußt nicht von einem Tier im Rohr, sondern von einem solchen in Rosen spricht, was dann sein gespaltenes Verhältnis zu dieser Autorität widerspiegelte, ist unwahrscheinlich. Spekulative Assoziation könnte sich an die Lutherrose, Luthers Wappenzeichen, erinnern, die Luther als „Merkzeichen seiner Theologie" verstanden wissen wollte. Vgl. *O. Thulin*, Vom bleibenden

und die Diskussion darum nicht unbekannt gewesen sein. Daß dies Tier generis neutri sei, könnte einen Hinweis auf die Unfruchtbarkeit dieser einseitigen Lehrautorität bedeuten.

Denkt Kepler in der Bildhälfte an ein konkretes Tier? Der Zusammenhang mit einem „Kalb" legt wie Ps. 68, 31[13] einerseits die Vorstellung des Ochsen oder der „Rotte der Ochsen" nahe. Andererseits wird das Tier mit dem Satzteil aus Ps. 31 (32), 9: „equus et mulus, quibus non est intellectus"[14] erläutert und hinzugefügt, daß es sich um ein Tier handle, dessen Namen im Tierkreis nicht zu finden sei[15]. Sowohl Ochse wie Maultier zeigen wieder das Moment der Unfruchtbarkeit. Die Beziehung zum Kalb und die Verbindung mit dem Pferd könnten aber das Unnormale des unfruchtbaren Zustandes anzeigen und auf das offensichtlich auch als vorhanden angesehene Normale und Fruchtbare verweisen. Keplers schmerzlich gespaltene doppelte Beziehung von zustimmender Zuneigung einerseits und überzeugter Ablehnung andererseits zu den Württemberger Theologen könnte sich in diesem Spiel mit den Begriffen widerspiegeln. Letztlich ist es jedoch müßig, die — sicher beabsichtigte — Spekulation allzu weit zu treiben.

In seinem Prognosticum für 1618/19 schreibt Kepler also an die Adresse der Württemberger Theologen im einzelnen, daß er deren Furcht vor calvinistischer Überfremdung für übertrieben halte, und weist dagegen auf die Ereignisse in der unmittelbaren Nachbarschaft, in Pfalz-Neuburg hin, wo der Pfalzgraf Wolfgang Wilhelm mit seinem Land vor einigen Jahren zur katholischen Partei übergetreten war. 1617 waren nun die evangelischen Prediger und Lehrer aus Neuburg vertrieben und das evangelische Gymnasium von den Jesuiten übernommen worden. Diese Ereignisse, deren Auswirkungen Kepler bei seiner Reise durch Pfalz-Neuburg im Spätherbst 1617 selbst miterlebt hatte, interpretiert er als Warnung vor der Selbstsicherheit und der durch den konfessionellen Hader hervorgerufenen Blindheit der etablierten lutherischen Kirchenführer. Dabei bemerkt er ausdrücklich, daß er nicht von „Personen, sondern von Ampts fähle und Mängele" spreche. Er kritisiert, daß die treuen Friedensmahnungen eines Marcus Antonius de Dominis mißachtet werden und äußert die Befürchtung, daß solche Haltung zum Verderben, zur „Schlachtung" des Tieres führen wird. Gott könne, um zur Buße zu führen, „solche schreckliche Exempla" statuieren. Kepler denkt daran, daß in einigen Jahren „Fleischhacker" auftreten könnten; er meint damit die Jesuiten. Deshalb spricht er

---

Sinn der Lutherrose, Luther, Zeitschr. der Luther-Gesellsch., XXXIX/1, 1968, S. 41.

[13] Die Ausleger des Alten Testaments denken bei dieser Stelle an das Flußpferd im Schilf (vgl. Hiob 40, 21). Kepler brauchte, wenn er diesen Text umgedeutet hat, an das „Schilf" nicht mehr zu denken.

[14] NK 7 S. 42, 7; 43, 12. — S. 12, 17 ff. heißt es, Kepler habe auch nicht unterlassen, „theils Hirten / theils Thier vnd Mäuler selber zuerinnern / daß sie gemaint seyen". Mit dem „Hirten" war der Herzog gemeint.

[15] NK 7 S. 42, 7 f.

die eindringliche Warnung aus, aufzuhören mit „stossen" und alle Selbstgerechtigkeit aufzugeben. Man solle sich nicht allzusehr auf den „Hirten", den Herzog von Württemberg, verlassen, auch er könnte eines Tages die Lutherischen im Stich lassen.

Eine eindringliche Warnung vor geistlichem Hochmut und blinder Streitsucht an die württembergischen Theologen unter den gleichen Schlüsselbezeichnungen enthält auch der Schluß von Keplers Kometenschrift aus dem Jahre 1619[16]. Gott erniedrige in seiner Vorsehung notwendig die Hoffärtigen. Politische Trugschlüsse würden in einer Flut von Elend und Tränen aufgelöst werden, der Glanz der Religion, des Gewissens und der Frömmigkeit würde durch das Feuer der Versuchung völlig verbrannt, alle Begierden und Sünden, unter diesem Glanz verborgen, entblößt werden. Ein großes Läuterungsgericht sei zu erwarten. Kepler hofft jedoch, daß er durch seine beschwörende Mahnung das Unglück abwenden kann; er liebe und verehre jenes animal im Grunde. Wenn es sich nichts sagen lasse und das Gericht eintreffen wird, so empfinde er zwar seinetwegen Schmerz, dennoch aber blicke er wegen des guten Zieles der göttlichen Vorsehung mit Gleichmut in die Zukunft. Es könnte sein, daß die beiden sich streitenden Parteien eines Tages ohne Unterschied einer dritten, den Römischen, dienen müßten — wofür Kepler auf eine historische Parallele verweist[17]. Diese Mahnungen stimmen im ganzen mit der Warnung zusammen, die Kepler auch an Hafenreffer persönlich gerichtet hat[18]. Die Befürchtung eines allgemeinen Religionskrieges als Vorbedingung eines konfessionellen Friedens hat er auch dort genannt.

Daß die Württemberger verstanden haben, daß Kepler sie mit dem „Tier" gemeint hat und was er ihnen sagen wollte, geht auch aus einer Antwort Keplers an Johann Remus Quietanus hervor, der ihn nach der Bedeutung seiner Ausführungen gefragt hatte[19], um selber Antwort geben zu können. Kepler erklärt[20], niemand von denen, die zweifelten, was er meine, sei gemeint; diejenigen aber, die er ermahnt haben wollte, hätten ihm brieflich bezeugt, daß sie ihn verstanden hätten. Leider läßt sich keine Briefstelle aus dem Kreise der württembergischen Theologen nachweisen, die direkt auf Keplers Prognosticum Bezug nimmt.

In seinem Prognosticum auf das Jahr 1620 nimmt Kepler in einem ersten Kapitel noch einmal auf seine Ausführungen für das Vorjahr Bezug[21], auch deshalb, um wegen der verschlüsselten Rede entstandene Mißverständnisse und Ungelegenheiten auszuräumen. Hier betont er noch ein-

---

[16] Fr VII S. 136 f.; W VIII S. 261, 11 — 262, 10; NK 7 S. 42 f.
[17] *Flavius Josephus*, Antiquitates Judaicae XIV, 2, 1.
[18] Vgl. Keplers Brief vom 28. 11. 1618, W XVII Nr. 808, 62 ff.; siehe oben S. 50 f.
[19] W XVII Nr. 852, 27—29; NK 7 S. 44.
[20] W XVII Nr. 859, 37—44; NK 7 S. 44.
[21] NK 7 S. 5 ff.; Kap. I S. 11—13.

mal, daß er von dem „Thier generis neutri vnd singularis numeri (ob es wol ein collectivum ist)" „moraliter" geschrieben habe, „von Nutzens wegen", nicht etwa, um irgendwelche Prophezeiungen durch spätere Deutung eines Rätselwortes nachträglich etablieren zu können. Und diejenigen, die es anginge, habe er selbst bei gegebenem Anlaß daran erinnert, daß sie gemeint seien[22]. Für eine öffentliche Bloßstellung habe er das Tier zu lieb; sie würde ihm zu sehr schaden. Sonst würde er „seinen zarthen Ohren nicht verschonen / noch die Leute in gemain länger auffhalten"[23]. Gleichwohl beginne seine Ankündigung sich bereits zu erfüllen.

Nochmals empfiehlt Kepler, die Mahnungen des „Wällischen trewen Eckhards" — de Dominis ist gemeint — zu befolgen, auch wenn er manchen „zuviel von der alten Welt im Kopff" habe, „kan man doch vberall etwas guts darauß nehmen / nach dem Sprichwort / die Alten seynd auch Leuthe gewest"[24]. Er ist bereit, auf Anforderung seinen Oberen — hier nennt er sie direkt — eine ausführliche Erklärung dieses Punktes einzureichen. Daß Kepler jenem „ordo hominum", den er meint, Gutes wünscht, wie er es auch schuldig sei, betont er im Sommer 1620 erneut in einem Brief an den Jesuitenpater Paul Guldin in Graz[25], der offenbar die Befürchtung geäußert hatte, daß die Jesuiten mit jenem Tier gemeint gewesen seien. Ja er gönne ihm, daß er selbst „gar gefählet habe: vnnd wann es sein Hirt an mich begerte / wolte ich selber meine Recepta und guten Rath auch zutragen / ihme zu helfen"[26], erklärt er zweieinhalb Jahre später.

Zur Klärung des Sachverhaltes, worum es sich bei dem „Tier" handelt, trägt wesentlich ein Brief Keplers an Peter Crüger vom 28. Februar 1624[27] bei, in dem er nochmals auf einige Einzelheiten eingeht, den „furor" der Streittheologen als „Ampts fehl vnd Mangel" tadelt und von ihrem drohenden Untergang spricht. Unterdessen liege die Bemühung um ein christliches Leben zunehmend im argen. In dem gleichen Brief spricht Kepler von Streitigkeiten mit dem „Kalb des Tieres", die ihm zu schaffen machten[28]. Hier ist offenbar die lutherische Kirche in Linz, speziell Daniel Hitzler gemeint, der die württembergische Theologie in Linz vertrat und Keppler vom Abendmahl ausgeschlossen hatte. Das Kalb wollte man dem Tier auch nehmen, hatte er 1622 gesagt[29]. Kepler legt aber Wert auf die Feststellung, daß diese persönliche Kontroverse als solche ihn in keiner Weise

---

[22] Vgl. den Brief an Peter Crüger vom 28. 2. 1624, W XVIII Nr. 974, 328 f., wo Kepler schreibt, er habe „secretis literis" diejenigen, die „in Cerebro Animalis" säßen, ermahnt.

[23] NK 7 S. 12, 30 f. [24] NK 7 S. 13, 9 ff.

[25] W XVIII Nr. 890, 3—8; NK 7 S. 44.

[26] Discurs Von der Grossen Conjunction . . ., Fr VII S. 711; NK 7 S. 45.

[27] W XVIII Nr. 974, 327 ff. (Antwort auf eine nochmalige Anfrage Crügers, W XVIII Nr. 961, 101 f.).

[28] W XVIII Nr. 974, 358 ff. [29] Discurs, Fr VII S. 711; NK 7 S. 45.

dazu veranlaßt hatte, Unglück zu prophezeien, wenngleich sie ihm allerdings den Mut gegeben hätte, öffentlich zu schreiben, worin er anderer
Meinung sei.

7. Gegenreformation in Linz

Eine besondere Tragik — man könnte es auch eine Ironie des Schicksals
nennen — liegt für Daniel Hitzler darin, daß gerade er zu Beginn der
zwanziger Jahre in den Verdacht calvinistischer Umtriebe geriet. Zu Mariae Heimsuchung (2. Juli) 1621 wurde er um 10 Uhr vormittags aus seiner
Studierstube heraus verhaftet und ohne Anklage festgehalten. Auf Anfrage der evangelischen Stände verlautete, daß die Jesuiten angegeben hätten, er wäre „mit dem Calvinischen Schwarm behaftet"[1]. Kepler berichtet
in dem zuletzt genannten Brief kurz über Hitzlers derzeitige Lage[2]. Er sei
wegen des vor fast drei Jahren gegen ihn aufgebrachten Verdachts der
freilich immer noch nicht bewiesenen Teilnahme an der Rebellion der
Böhmischen Konföderation auf Befehl der katholischen Behörden von seinem Amt suspendiert. Immerhin hatte er 1619 das Bündnis der Landstände mit den böhmischen Aufständischen im Linzer Landhaus mit einem
Tedeum feiern lassen[3]. Hitzler konnte nach seiner Entlassung — er hatte
tatsächlich direkt nichts mit dem Aufstand gegen Ferdinand zu tun —
sein öffentliches Amt nicht wieder aufnehmen. Im Zuge der Gegenreformation mußte er im Oktober 1624 Linz verlassen. Bei Kepler soll er nach
einer Überlieferung eine Zeitlang Zuflucht gefunden haben[4].

Kepler blieb mit Hitzler jedoch auch weiterhin in Kontakt. Nach Beben-
hausen bei Tübingen, wo dieser (nach kurzer Tätigkeit als Kantor in
Peuerbach [Oberösterreich] und als Spezialsuperintendent in Kirchheim u.
Teck) seit 1625 als Generalsuperintendent und Abt wirkte, schickte ihm
Kepler unter anderem die jeweils fertigen Bögen seiner Rudolphinischen
Tafeln[5]. Hitzler wurde 1632 Generalsuperintendent in Stuttgart; 1634 floh
er vor der kaiserlichen Armee nach Straßburg, wo er musikeditorischen
Aufgaben und mathematischen Studien nachging. Er starb dort am 6. Sep-
tember 1635.

Einen kleinen Einblick in die Frömmigkeit in Keplers Haus und in die
religiöse Erziehung seiner Kinder gewährt eine Bibel, die Kepler seinem

---

[1] *Raupach*, Presbyterologiae Austriacae Supplementum (= Zwiefache Zu-
gabe zu dem Evangelischen Österreich), S. 37 ff. 39.

[2] W XVIII Nr. 974, 160—163.

[3] *L. Temmel*, Johannes Keplers Sonderstellung als evangelischer Christ in
Oberösterreich, in: Kepler in Oberösterreich, Oberösterreich 21/2, 1971, S. 58 ff.,
60.   [4] *Temmel* aaO. S. 60.

[5] Vgl. Kepler an Christoph Besold, 9./19. 11. 1627, W XVIII Nr. 1063, 59 f.

Sohn Ludwig, der damals gerade 17 Jahre alt geworden war[6], zu Neujahr 1624 geschenkt hat. Sie enthält links vom Titelblatt eine eigenhändige Widmung Keplers und im Text eine Reihe interessanter Unterstreichungen. Der Titel der Bibel[7], die aus dem Jahre 1527 stammt, lautet (mit einer Unterstreichung Keplers, kursiv gedruckt):

BIBLIA SACRA VTRIVSQUE TE-stamenti, iuxta *veterem translationem*, *qua hucusque Latina utitur Ecclesia*, ex antiquissimis ac recentioribus exemplaribus diligentissime collatis, & sicubi dissentiebant consultis fontibus, hoc est, hebraeis & graecis uoluminibus adhibitis, fidelissimo restituta.
Norenbergae, per Ioan. Petreiuum, Anno M.D.XXVII.

Kepler schreibt in seiner Widmung:
„Johannes Kepler, Mathematicus, an seinen Sohn Ludwig. Am 1. Januar des neuen Jahres 1624 schenke ich Dir mit dieser alten Ausgabe der Bibel, auch aus einer alten Übersetzung, ein gar nicht eben neues Neujahrsgeschenk — auf daß ich Dich dadurch wie durch ein Symbol ermahne, daß Du in den Dingen, die das Heil der Seele und die Auferbauung der Kirche Gottes betreffen, den Spuren des reinen und jugendlichen Altertums, nach den Aposteln, genau folgen mußt: Wie sehr auch Gottesdienst allein der Gottheit gebührt um ihres alles überragenden Vorranges willen, so sollst Du dennoch wissen, daß Du in frommer Weise auch den Eifer, die Mühen und Arbeiten der alten Lehrer der Kirche hochhalten mußt, um der überaus großen Gefahr willen, die in Neuerungen liegt. Lebe wohl und schreite mit dem fortschreitenden Jahr zugleich selbst in der Bildung des Geistes erfolgreich voran."[8]
Bedeutet das „nicht eben neu" im Text, daß Kepler die Bibel schon benutzt hatte? Darauf weisen verschiedene Unterstreichungen und Randbemerkungen in dem Buch, die zum Teil sicher von Kepler stammen. Sie seien hier genannt, weil sie Aufschlüsse über die Art geben können, wie Kepler seine Bibel las; zumindest sind sie auch zeitgeschichtlich interessant.

---

[6] Geboren am 21. 12. 1607.

[7] Sie befindet sich in der Universitätsbibliothek Tübingen (Signatur GA XXXVI 8.8°.R.). Eine Photographie der Widmung findet sich in: Briefe II (vor dem Titelblatt).

[8] Joannes Keplerus Mathematicus, Ludovico filio S. Calendis Januarijs annj novj 1624 dono te codice hoc vetusto, Bibliorum, ex Veterj etiam translatione, strenam minimè sanè novam: ut hoc veluti symbolo te admoneam, tibi in rebus ad Animae salutem et Ecclesiae Dej exaedificationem pertinentibus, Antiquitatis purae et primaevae, post Apostolos, vestigia pressè calcanda: ut quamvis religiosus cultus solj divinitatj debetur, propter ejus superexcellentem praerogativam; tamen et vetustorum Ecclesiae doctorum vigilias, labores et operas, religiosè tibi colendas scias, propter summum in novationibus periculum. Vale et cum procedente anno simul ipse in cultura ingenij foeliciter procede.

In der Vorrede (Ioannes Petreius Christiano lectori) sind folgende Sätze unterstrichen:

Congessit ante aliquot annos Franciscus Symenius sanctae Balbinae Cardinalis, uniuersos sacrae scripturae libros, uarijs linguis, Hebraea uidelicet, Chaldaea, Graeca & Latina interpretatos, in unum, quibus & veterem translationem, qua hucusque Latina utitur Ecclesia, quamque Hieronymi esse nonnulli hactenus arbitrati sunt, immiscuit. Et quoniam sancte testatur, eam se (sumptis ex Pontificia Bibliotheca pluribus, ijsque antiquissimis, ac fide dignis exemplaribus) dedisse quam emendatissimam, quumque id ita esse res ipsa clamaret, eius aeditionem libenter sumus imitati, sed tamen non solam. (Der Text fährt, nicht mehr unterstrichen, mit den Worten fort: Nam et reliquas omnes, quotquot habere potuimus, cum hac contulimus . . .)

Verschiedene weitere Unterstreichungen und Randbemerkungen von Keplers und (vorwiegend) von anderer Hand (wohl von Keplers Sohn) — meist Inhaltsangaben — finden sich im und zum vorangestellten Brief des Hieronymus ad Paulinum presbyterum, de omnibus diuinae historiae libris. Nur von anderer Hand sind Stellen unterstrichen bei den Büchern Genesis, Exodus, Jesaja, Jeremia, Baruch, Ezechiel, Daniel, Hosea, Joel, Amos, Jonas, Micha, Nahum, vom Neuen Testament Matthäus, Markus, Lukas (c. 1), Apostelgeschichte (c. 2.4), zum Römerbrief. Unterstreichungen in den neutestamentlichen Briefen vom Philipperbrief an könnten zum Teil wieder von Kepler stammen, wenn man die Tintenfarbe mit der der Widmung und Randbemerkungen, die Keplers Züge tragen, vergleicht. Sie können freilich auch dem Geist der konfessionellen Polemik entstammen. Es handelt sich vorwiegend um Warnungen vor menschlicher Lehre, die Gottes Wort widerstreitet. Bemerkenswert ist aber die mehrmalige Betonung dessen, daß aus solchen Lehren nur Streit folge. Vielfach nehmen die hervorgehobenen Worte auch auf die Verfolgungssituation Bezug. Dogmatische Sätze sind nur im Hebräerbrief (die Einmaligkeit des Sühnopfers Christi), Jakobusbrief (Glaube ohne Werke der Liebe ist tot) und im 1. Johannesbrief (der Geist von Gott bezeugt die Fleischwerdung Christi) besonders gekennzeichnet. Auch wenn diese Notizen von Keplers Sohn stammen sollten, so werden sie doch ein Stück weit die Haltung des Vaters widerspiegeln.

Im einzelnen ist unterstrichen (die Versangaben sind aus der Vulgata übernommen): Phil. 2,14—16: Omnia autem facite sine murmurationibus & haesitationibus . . .; Col. 2,8: Videte ne quis uos decipiat per philosophiam, & inanem fallaciam, secundum traditionem hominum, secundum elementa mundi, & non secundum Christum; Col. 2,16—19.21—23; 1.Thess. 2,3 passim. 4 b (non quasi hominibus placentes, sed deo, qui probat corda nostra), 5.6 passim; 1.Thess. 3,3: nemo moveatur in tribulationibus istis. Ipsi enim scitis quod in hoc positi sumus; 1.Thess. 3,5: ne forte tentauerit uos is qui tentat, & inanis fiat labor noster; 1.Thess. 4,13—14 (außer dem letzten Satzteil); 5,6 b.10 b u. a.; 2.Thess. 1,4 b: (gloriemur) pro patientia uestra & fide in omnibus persecutionibus uestris, et tribulationibus, quas sustinetis; 2.Thess. 1,6; 2,2: non moueamini a uestro sensu, neque terreamini, neque per spiritum, neque per sermonem, neque per epistolam, tamquam per nos missam; 2,9.10a.c.11; 3,6b. c: ut subtrahatis uos ab omni fratre ambulante inordinate, & non secundum traditionem, quam acceperunt a nobis; 3,8.15; 1.Tim. 1,3 fin. (ne aliter doce-

rent). 4.6 (a quibus quidam aberrantes, conversi sunt in uaniloquium). 7 f. ...;
3,15 c: quae est ecclesia dei uiui, columna & firmamentum ueritatis; 4,1 c:
attendentes spiritibus erroris & doctrinis daemoniorum; 4,3.7 (ineptas autem
& aniles fabulas deuita); 6,3–5; 2.Tim. 2,14 b: Noli contendere uerbis, ad
nihil enim utile est, nisi ad subuersionem audientium; 2,16.17 a: Prophana
autem & uaniloquia deuita. Multum enim proficiunt ad impietatem, & sermo
eorum ut cancer serpit; 2,23: Stultas autem & sine disciplina quaestiones
diuita, sciens quia generant lites; 3,5: habentes speciem quidem pietatis, virtutem autem eius abnegantes (Et hos diuita); 3,12: Et omnes qui pie uolunt
uiuere in Christo Iesu, persecutionem patientur; 4,4; Tit. 1,10 f.; 3,9; Hebr.
3,10d.11; 5,1–3; 9,12; 9,25 (neque ut saepe offerat semetipsum ...). 26a.28a
(sic & Christus semel oblatus est ad multorum exhaurienda peccata); 10,14;
10,38: iustus autem ex fide uiuet; Jak. 1,27: Religio munda & immaculata apud
deum & patrem, haec est, uisitare pupillos & uiduas in tribulatione
eorum ...; 2,14: Quid proderit fratres mei, si fidem quis dicat se habere, opera
autem non habeat? Nunquid poterit fides saluare eum? — Hierzu, bezogen auf
fides, hat offensichtlich Kepler interpretierend an den Rand geschrieben: sola
(nicht der Glaube allgemein, sondern der Glaube allein, ohne Werke, kann
nicht retten). Die Randnotiz legt nahe, daß auch die übrigen Unterstreichungen
von Kepler stammen. Zu vergleichen sind noch die Hervorhebungen von Jak.
2,17.18b.c; 3,14–16: Quod si zelum amarum habetis & contentiones in cordibus uestris nolite gloriari & mendaces esse adversus ueritatem ...; 4,4 (ohne
die ersten drei Worte: Adulteri & adulterae; die Vulgata hat nur Adulteri.
Im Jakobusbrief weicht der Text mehrfach ab); 2.Petr. 2,1–3a (pseudopro-
phetae). 9.10 passim. 18b.19a, 1.Joh. 4,2b.3a: Omnis spiritus qui confitetur
Iesum Christum in carne venisse, ex deo est. Et omnis spiritus qui non confitetur Iesum Christum in carne venisse, ex deo non est, & hic est antichristus;
4,12a: Deum nemo (Druckfehler: uemo) uidit umquam.

Auf der hinteren ersten freien Seite der Bibel — es sind mehrere Blätter für
persönliche Eintragungen vorne und hinten eingeheftet — findet sich folgende
Eintragung von Keplers Sohn: Natus sum Anno. 1607. Mense Decembri Die
Thomae Apostoli. Pragae, in eâ Vrbis parte quae dicitur Altstatt.

Aus der Widmung und dem Geist der Anmerkungen wird deutlich, wie
sehr der Verweis auf das kirchliche Altertum Kepler helfen kann, unter
dem Druck der Gegenreformation auch seinen Kindern gegenüber dennoch ein sachliches Verhältnis zum Katholizismus zu gewinnen. Das gilt
auch für den katholischen Gottesdienst, an dem teilzunehmen seine Kinder und, wenn er überhaupt zum Gottesdienst gehen wollte, auch er bald
gezwungen waren. Ludwig ging jedoch mit seinem Einverständnis, aber
tunlicherweise ohne näheres Wissen des Vaters, mit Hilfe einiger Adliger
außer Landes, zunächst nach Sulzbach und dann nach Tübingen, wo er
durch Vermittlung des Rektors der Universität in das Ficklersche Stipendium aufgenommen wurde[9].

---

[9] Vgl. *Caspar*, J. K. S. 378 und dazu die Dokumente in W XIX (der Band
ist im Erscheinen).

Die Linzer evangelische Landschaftsschule hat bis zum Herbst 1624 bestanden. Am 4. Oktober 1624 wurde durch Allerhöchste Resolution Ferdinands II. die gänzliche Abschaffung der nichtkatholischen Prediger und derlei Schulen verfügt. Im März 1625 erschienen der Stadtanwalt und Stadtrichter mit zwei Jesuiten im Landhaus und holten aus dem Buchladen alle nichtkatholischen Bücher in Fässern ab[10]. Mit dem Reformationspatent vom 10. Oktober 1625 wurde jede Ausübung des evangelischen Gottesdienstes und evangelischer Unterricht verboten. Bis Ostern 1626 hatten alle diejenigen, die nicht konvertieren wollten, das Land zu verlassen. Kepler durfte jedoch bleiben. Er war als kaiserlicher Mathematiker durch Ferdinand bestätigt worden und genoß die Vorrechte eines Hofbeamten. Der Kaiser verwehrte sogar den Druck der Rudolphinischen Tafeln in Ulm und bestand darauf, daß er in den Österreichischen Landen erfolgte. Auch der lutherische Drucker Plank durfte aus diesem Grunde bleiben. Von der Reformationskommission wurde Kepler gestattet, geeignete Leute ohne Rücksicht auf die Konfession bis zur Fertigstellung des Werkes einzustellen[11].

Trotzdem hatte er unter den Maßnahmen der Gegenreformation zu leiden. Bald nach dem letzten Reformationspatent wurden die Bücher aller Bewohner des Ständehauses versiegelt. Auch Keplers Bücherei wurde seit dem 1. Januar 1626 davon betroffen. In einem Brief an den Jesuitenpater Paul Guldin, in dem Kepler davon berichtet[12], schreibt er, daß er allerdings nur wenige Bücher habe; fast alle aber seien durchgearbeitet und hätten für ihn wegen seiner Merkzeichen und Anmerkungen besonderen Wert. Interessant ist die Bemerkung, daß er nur drei calvinische Bücher besitze; ihnen stimme er aber nicht zu, vielmehr habe er gegen diese selbst geschrieben, „entweder in besonderen Schriften, oder an den Rand"[13].

[10] Noch eineinhalb Jahre zuvor war der Vertrieb lutherischer Schriften möglich gewesen. Das zeigt folgendes auch sonst interessante Schreiben (Linz, Oberösterr. Landesarchiv, Landschafts-Akten Bd. 434):
Steffan Marchdrenckhers, U. J. Doctoris, notwendiges Anzeigen vnd Erinnerung. Etlich in der Löbl. Ständ Bibliothec vngebundner ligente Büecher betr. 1. April 1623 (eigenh. Original). ... „Vnter dessen aber hab ich neben Herrn M. Daniele Hizler, alß Schuelinspectore, füer ein sondere Notturfft erachtet, E. G. Gestr. vnd Hr. gehorsamb dienstlich zuerinnern, daß in angezogner Bibliothec sich ein zimbliche Anzahl roher vnd vneingebundner Exemplarien Formulae Concordiae, jtem Herrn Kepplers Epitomes Astronomiae Copernicanae vorhanden, welche im staub vergeblich ligen, vnd mit der Zeit schaden nemmen möchten. Welchem aber damit zuvorzukommen, wann die Exemplaria der Formulae Concordiae etwa einem Buechhandler im Landthauß verkaufft oder füergelegt ... wurden."
[11] W XVIII Nr. 1024, 100 f.; 1069, 51 ff.
[12] Kepler an Guldin am 7. 2. 1626, W XVIII Nr. 1024, 25 ff.; vgl. *A. Czerny*, Bilder aus der Zeit der Bauernunruhen in Oberösterreich 1626, 1632, 1648, Linz 1876, S. 10.
[13] W XVIII Nr. 1024, 36.

Sicher ist hier auch sein Buch „Wider der Calvinisten Lehre von der Vorsehung" gemeint; von anderen Schriften gegen calvinistische Autoren wissen wir nichts mehr. Unter den drei calvinistischen Büchern sei, so fährt Kepler fort, eine griechische Ausgabe des Neuen Testamentes in folio, die er wegen ihrer verschiedenen Lesarten um keinen Preis missen möchte[14]. Die Anmerkungen und die Übersetzung halte er dagegen für Spreu; die Calvinismen habe er durch Streichungen ausgemerzt. Schließlich erwähnt Kepler noch eine Lutherbibel, die er wegen seiner chronologischen Notizen als Hilfe für sein Gedächtnis benötige, und eine sehr alte Postille von Brenz, die er wegen ihrer besonders guten Holzschnitte liebe.

Kepler wurde auch gerüchtweise verdächtigt, nach dem Verbot des evangelischen Schulwesens im geheimen Unterricht zu geben. Deshalb weigerte man sich, seine Bücher freizugeben. Guldin schreibt er in dem eben genannten Brief[15], daß ihm nach seiner öffentlichen Exkommunikation — hier gebraucht er das Wort selbst — auch dann, wenn er sich zu privatem Unterricht anbieten würde, niemand wagen würde, zuzuhören. Niemand würde das auch nur wollen. Er lehre und prüfe aber seine Kinder, auch wenn sie in die katholische Kirche gingen. Er lehre sie das, was dem Frieden diene, das also, was beiden Kirchen gemeinsam sei. Das wäre seine Aufgabe als Familienvater, und er würde es auch ohne Bücher tun. Offenbar hat Guldin vermittelt, daß Keplers Bücher ihm nach einiger Zeit wieder zurückgegeben wurden.

Interessant ist auch für Keplers Einstellung und seine Haltung, daß er den Sohn, der ihm am 6. April 1625 in Linz geboren wurde, bereits, wie die Dinge standen, katholisch taufen ließ. Die Taufe fand am 8. April 1625 statt[16]. Das Kind erhielt den Namen Hildebert. Kepler dachte dabei an Hildebert von Lavardin (ca. 1056—1133), Erzbischof von Tours. In einem Brief an Peter Crüger (1. Mai 1626)[17] erklärt er, er hätte, als er den Namen gab, diesen Autor in Erinnerung gehabt, der ausgezeichnet darüber geschrieben habe, daß die Handlung der Eucharistie wohl bewahrt

---

[14] Nach einer Anmerkung der Kepler-Ausgabe (W XVIII S. 523) handelt es sich um eine griechisch-lateinische Ausgabe des Neuen Testaments von Theodor Beza mit der Variantensammlung von Heinrich Stephanus, nach 1582 erschienen. [15] W XVIII Nr. 1024, 46 ff.

[16] Linz, kath. Stadtpfarrkirche, Taufbuch von 1618 — 1632, S. 211:
„1625. 8. Aprillis. Pater Joannes Khepler, uxor eius Susanna. Patrini Doctor Abraham Schwartz, Sebastianus Paummaister, Doctor Martinus Stephanus Martrhenckher, uxor Margareta. Infans Nomine Hiltipertus." (Abgebildet Dokumente 157). Vgl. Pulkowoer Handschriften Bd. XXI Bl. 427: Neben einem von Kepler aufgestellten Geburtshoroskop für Hildebert hat Kepler angemerkt: „Baptisatus in aedibus Altenstrasseri a me conductis a Decani Altibrandini Capellano Pontificio." (Abbildung aaO.). — Hildebert Kepler ist, wie aus im Stadtarchiv Wertheim/M. aufbewahrten Akten hervorgeht, am 13. Oktober 1635 dort, zehn Jahre alt, begraben worden. Vielleicht fiel er der Pest zum Opfer. [17] Vgl. W XVIII Nr. 1026, 4—10.

bleiben müsse. In der Tat kommen verschiedene Gedanken, die in den unter Hildeberts Namen verbreiteten Schriften zur Frage der göttlichen Gegenwart im Sakrament des Altares und ihres Verhältnisses zur Allgegenwart Gottes und Christi überhaupt zum Ausdruck kommen, Keplers Anschauung nahe[18]. So kann es dort heißen, daß der Leib Christi auf natürliche Weise nur an einem Orte sei, an mehreren Orten aber auf virtuelle Weise. An einem Ort sei er kraft seiner Natur, an mehreren durch göttliche Gnade und Kraft, an einem auf körperliche, an mehreren auf geistige Weise. Denn nicht ein Körper, sondern nur der Geist, und zwar allein der göttliche, ungeschaffene und nicht lokalisierbare Geist, könne an mehreren Orten zugleich sein[19].

In einem Brief vom 17./27. September 1626[20] werden Teile einer theologischen Schrift Keplers erwähnt, die er gegen die Römisch-Katholischen vorbereitet. Christoph Besold hatte sie von ihm erhalten und schickt sie nun zurück. Ihm gefällt die Schrift besonders deshalb, weil Kepler darin „mit gewohnter Redlichkeit" die Sache des Luthertums verteidige, sich aber der Schwierigkeiten der Kontroversen enthalte und weil er sich der Verstehensmöglichkeit derer anpasse, die in den Feinheiten der gegenwärtigen Theologen nicht geübt sind. Besold möchte, daß die Schrift veröffentlicht wird, jedoch ohne Keplers Namen. Das freilich nicht Keplers wegen, sondern um der Schrift selbst willen. Sie werde sonst den Lutherischen wenig zu Gefallen, den Gegnern aber Anlaß zum Spott sein, kämpfe er doch für die, die ihn von ihrem Sakrament fernhalten und beinahe als Häretiker verklagen. Besold ist seinerseits überzeugt, daß die Irrtümer, deren die Tübinger die Katholiken für schuldig erklären, Neuerungen sind, die nicht aus der ursprünglichen Kirche stammen.

Von der genannten Schrift finden sich keine weiteren Spuren. Auf einem offenbar späteren Briefblatt ohne Datums- und Empfängerangabe[21] werden neben einer Genealogie Christi und einer Chronologie noch einmal „Quaestiones Theologicae" erwähnt, die der Briefbote von dem Empfänger mitbringen soll. Es ist völlig unsicher, ob hier ein Zusammenhang besteht[22] oder worum es sich sonst bei diesen Quaestiones handeln könnte.

---

[18] Vgl. z. B. „Ven. *Hildeberti* brevis tractatus de sacramento altaris", Migne, Patrologiae cursus completus, Ser. Latina (MPL), Bd. 171, Paris 1893, Sp. 1149 ff. — Über die Verfasserfrage vgl. *H. Böhmer* in RE VIII S. 69. Der Terminus Transsubstantiatio ist gegen *Caspar*, J. K. S. 260 nicht zuerst bei Hildebert nachweisbar; die dafür in der Regel angegebene Belegstelle aus Sermo Nr. 93 beweist nichts, da diese Predigt nicht von Hildebert, sondern von Petrus Comestor (gest. um 1170) stammt (vgl. RE VIII S. 69, 58 f. und *R. Seeberg*, Lehrbuch der Dogmengeschichte III, 6. Aufl. 1959, S. 215 Anm. 2). Nach Seeberg liegt bei Stephan von Autun (gest. 1139) (MPL 172, 1291.1293) die erste Fundstelle dieses Begriffes vor. [19] MPL 171, 1151 A.
[20] C. Besold an Kepler, W XVIII Nr. 1030, 2 ff. [21] W XVIII Nr. 1067.
[22] Diese Möglichkeit wird in der Kepler-Ausgabe W XVIII S. 526 (zu Brief Nr. 1030, 4) erwähnt.

Damit sind alle wesentlichen Äußerungen spezifisch theologischen Inhalts genannt, die aus der Zeit, da Kepler seine Wohnung in Linz hatte, bekannt sind. Natürlich findet sich in seinem astronomischen und in dem übrigen Schrifttum sowie in den Briefen eine Fülle von theologischen Gedanken und Bemerkungen, die aber im einzelnen noch weiter aufzuführen keine neuen Gesichtspunkte mehr beibringen würde. Auf einiges werden wir im folgenden noch zurückkommen.

Erwähnt seien hier noch Keplers Bemühungen um die biblische Chronologie[23], aus dieser Zeit insbesondere seine „Kanones pveriles: Id est Chronologia Von Adam biß auff diß jetz lauffende Jahr Christi 1620. . . . Gedruckt . . . Im Jahr von Erschaffung der Welt / 5612. Im Jahr Christi / M.DC.XX."[24] Kepler hat diese Schrift unter nicht weniger als fünf Pseudonymen, Umstellungen der Buchstaben des Namens Joannes Keplerus — auch der Titel ist auf diese Weise entstanden — in Ulm veröffentlicht. Sie ist aus aktuellem Anlaß[25] gegen Berechnungen des angeblich nahe bevorstehenden Jüngsten Tages gerichtet und enthält eine ausführliche Bearbeitung der biblischen Chronologie. Diese ist freilich nur ein Auszug aus Keplers viel umfangreicheren Aufzeichnungen zur biblischen Chronologie, die zum Teil erhalten und noch nicht veröffentlicht sind. Interessant sind in diesem Zusammenhang auch seine Bemühungen um die astronomische Bestimmung des Beginns der Welt und die damalige Stellung der Planeten. Sie müsse ausgezeichneten Charakter gehabt haben[26].

Besonders hinzuweisen ist an dieser Stelle noch auf Keplers weltanschauliches Hauptwerk, seine Weltharmonik, die 1619 erschien[27]. In ihr gipfelt und läuft das zusammen, was Kepler als „Priester am Buch der Natur" zu sagen hat, indem er Aufbau und Bewegungen des Kosmos auf die harmonischen geometrischen und musikalischen Proportionen zurückführt und diese Gedankenreihe mit der des Mysteriums cosmographicum, dessen 2. Auflage in das Jahr 1621 fällt[28], verbindet. In dem Werk finden sich auch verschiedene spezifisch theologische Äußerungen. So wird an einer Stelle in der Auseinandersetzung mit Proclus der christologische Glaubensartikel in knappen Worten zusammenfassend dargestellt[29]. Der Kern der Ausführungen, Buch V Kap. 9, aber wird von zwei ausführlichen Gebeten umrahmt[30]. In ihnen betet Kepler um Reinheit des Geistes zur Erkenntnis der Werke Gottes und um Harmonie des Lebens, fern vom Mißklang durch

---

[23] Vgl. oben S. 17 f.   [24] Fr IV S. 483–504; W V S. 371 ff.

[25] Vgl. *F. Hammer* im Nachbericht, W V S. 422 ff.

[26] Vgl. hierzu Myst. cosm. XXIII und die Anmerkung der 2. Auflage dazu; Kepler an Peter Crüger am 8./18. 2. 1624, W XVIII Nr. 973 u. ö. Siehe auch W V S. 464 zu S. 382, 38.

[27] Fr V S. 75–334; W VI; Weltharm.   [28] W VIII S. 7–128.

[29] Harm. V 10; W VI S. 365, 37 ff. Vgl. unten S. 114 Anm. 32.

[30] W VI S. 330, 32 — 331, 11; 362, 40 — 363, 13. Vgl. dazu *J. Hübner*, Johannes Kepler als theologischer Denker, in: Festschrift 1971, S. 21 ff., S. 33

Streit und Feindschaft. Insbesondere wendet er sich gegen alle schlechten Sitten, die sich unter der Schminke von Wahrheitsliebe und besonderer Gelehrsamkeit verbergen. Er bittet um den Wohlklang gegenseitiger Liebe und die Wiederherstellung der Einheit der Kirche im Einklang mit den Harmonien des Himmels.

Auf dieses Ziel wird auch in dem Widmungsschreiben an Jakob I. von England hingewiesen. Eindeutiger noch kommt Keplers Anliegen, das er letztlich mit seinem Werk verfolgt, in der ursprünglichen Fassung der Widmung[31] heraus, die er dann wegen ihrer kirchenpolitischen Deutlichkeit durch die jetzige ersetzte. Das Bestreben beider Seiten sei gut, erklärt Kepler, sofern einer dem anderen nachgibt, wo es angemessen ist. Der Streit aber führe zum Krieg; Gott lasse ihn zu, um die Spreu menschlicher Leidenschaften auszuworfeln, damit wenigstens die Nachwelt zu einem reinen Frieden zusammenfinde.

Nachdem Kepler nun im 9. Kapitel seiner Weltharmonik in einer Reihe von Sätzen den harmonischen Aufbau des Kosmos dargestellt hat, dankt er in hymnischer Sprache dem Schöpfer, daß er seine Werke hat entdekken und den Menschen offenbaren dürfen. Zu seinem Ruhm hat er gearbeitet. Er empfindet den Abschluß dieses seines Buches als Erfüllung dessen, wozu er berufen war[32].

Keplers Weiterarbeit gilt nun der Auswertung und damit der letzten Krönung seiner Lebensaufgabe: seinem astronomischen Tafelwerk. Als infolge der Bauernunruhen und der Belagerung von Linz durch die Bauern unter Stephan Fadinger, in deren Verlauf auch Keplers Druckerei zerstört wurde, der Druck der Rudolphinischen Tafeln dort nicht mehr möglich war, erlangte Kepler die kaiserliche Genehmigung, nach Ulm überzusiedeln. Der Paßbrief ist vom 8. Oktober 1626 datiert. Am 20. November erfolgte die Abfahrt auf einem Donauschiff.

–40. – Der Epilog der Weltharmonik schließt seinerseits mit einem Hymnus: W VI S. 368, 14–22; dazu *J. Hübner* aaO. S. 40 f.

[31] Abgedruckt in W VI S. 517–519.

[32] *Franz Hammer* (Ein Leben im Dienste der Kepler-Forschung, in: B. Sticker – F. Klemm (Hrsg.), Wege zur Wissenschaftsgeschichte, 1969, S. 9 ff.) hat Caspars Übersetzung von „nunc opus consummavi professionis meae" (W VI 363, 2) mit „ich habe jetzt das Werk vollendet, zu dem ich berufen ward" (Weltharm. 350) kritisiert: „Wenn schon das Wort „professio" im Sinn von „Beruf" gedeutet wird, so darf es jedenfalls nicht in „Berufung" umgedeutet werden; es hat vielmehr die klare Bedeutung von „Bekenntnis" " im Sinne der Bekenntnissätze des Tridentinums (S. 15 f.). Nun schließt „Berufung" ein aktives, „freies, freudiges Bekenntnis zum Sinn der Schöpfung" (S. 16) nicht aus, wie Hammer meint, sondern befreit dazu, indem sie für Kepler zur Analyse der Schöpfung ermächtigt. Gemeint ist auf Grund jener Berufung zum Priesterdienst am Buch der Natur das Werk, das den Inhalt seines Lebens ausmacht, sein Programm, sein Beruf und Bekenntnis. Vgl. *J. Hübner*, Festschrift 1971, S. 39 f.

Die Landschaftsschule in Linz wurde am 16. November 1627 unter Belassung ihrer Stiftungen bestätigt, aber nunmehr als katholische Schule. Am 23. November 1629 ging sie jedoch in das bereits am 14. Januar 1608 gegründete Jesuitengymnasium auf.

V. Die letzten Jahre

Aus der Zeit von Dezember 1626 bis zu Keplers Tode am 15. November 1630 ist im wesentlichen nur noch ein Zusammenhang von besonderem theologischem Interesse: der nochmalige Versuch jesuitischer Freunde und des Kaisers, ihn zur Konversion zu bewegen, und Keplers eindeutige Ablehnung dieser Aufforderung.

Mit verschiedenen Mitgliedern der Gesellschaft Jesu hatte Kepler bereits früher in freundschaftlicher Verbindung gestanden[1]. Genannt seien Johannes Deckers (gest. 1619), Studienleiter an der katholischen Akademie in Graz, der Astronom Christoph Scheiner (gest. 1650), Mathematikprofessor an der Akademie von Ingolstadt, zuletzt Rektor des Jesuitenkollegiums in Neiße/Schlesien, Beichtvater Erzherzogs Karls, des Bruders Ferdinands, und Johannes Cysetus (gest. 1657), Rektor des Jesuitenkollegiums in Luzern. Im Zusammenhang der letzten Jahre sind besonders die Jesuitenpatres Albert Kurz (gest. 1671) in Dillingen, später in Neuburg/D, und Paul Guldin (gest. 1643), Mathematikprofessor in Graz und Wien, zu nennen. Mit beiden pflegte Kepler einen umfangreichen wissenschaftlichen Gedankenaustausch.

In einem Brief vom 10. Juni 1627 an Kepler in Ulm können wir den Versuch verfolgen, den Kurz unternimmt, um seinen Partner zur Konversion zu bewegen[2]. Er appelliert geschickt an Keplers Gewissen und erklärt, daß dieser in eigentümlicher Weise nicht irren könne, wenn er nur mit vielen die gleiche Überzeugung teile, und verweist auf die Schrift, das christliche Altertum und die heiligen Väter als Gottes Stimme. Mit einer leisen Warnung vor der Ewigkeit, in der Kepler sein jetziger Sinn reuen könnte, schließt der Brief.

In dem weiteren Briefwechsel wird die theologische Diskussion weitergeführt[3]. Leider sind Keplers Briefe an Kurz nicht mehr erhalten. In seinem Schreiben vom 26. August 1627 faßt Kurz die Diskussion jedoch noch einmal ausführlich zusammen[4]. Danach ging es, was schon aus dem vor-

---

[1] Vgl. auch *M. W. Burke-Gaffney S. J.*, Kepler and the Jesuits, Milwaukee 1944. — *Schuster* S. 202 ff. gibt eine ziemlich tendenziöse Darstellung.

[2] W XVIII Nr. 1048, 32 ff. — Kurz hat übrigens den handschriftlichen Nachlaß Tycho Brahes zu einer Historia coelestis, 1666, verwertet, „concinnata ex commentariis manuscriptis observationum vicennalium generosi viri Tychonis Brahe Dani" (ADB).

[3] Vgl. W XVIII Nr. 1050, 30 ff.; 1052, 6 ff.

hergehenden Brief von Kurz hervorgeht, zu einem wesentlichen Teil um die Rechtfertigungslehre[5]. Kepler lehnt es in einem Disput um Ausführungen Augustins ab, daß zur Genugtuung für die Sünden Verdienste von Heiligen dargeboten werden. Kurz hatte versucht, Keplers Gewissen in diesem Punkt zu beruhigen. Die katholische Auffassung, die die Leiden der Heiligen als Verdienste interpretiert, wird in dem genannten Brief nun noch einmal ausführlich verteidigt. Sodann wird die Notwendigkeit der Autorität der Kirche mit starken Worten begründet[6]. Ohne diese Autorität könne jeder die Schrift so auslegen, wie er wolle, und der Ketzerei sei Tor und Tür geöffnet. Nach einem Hinweis auf die Notwendigkeit der Gegenreformation gibt Kurz zum Schluß wieder der ernsten Sorge um Keplers Seelenheil beredten Ausdruck und fordert ihn mit dem Hinweis auf das Blut Jesu Christi auf, diesen Gesichtspunkt ja nicht gering zu achten. Kepler solle seinem ingenium nicht zu viel zutrauen, daß er allein ohne Führer und Begleiter hofft, das Wahre erreichen zu können. Den „lutherischen Manichäern" kann der Jesuitenpater dabei die Fülle der Lehrer des katholischen Glaubens aller Zeiten eindrucksvoll entgegenhalten.

Noch einmal, am 3. September 1627[7], betont Kurz, daß er in dieser Kontroverse nicht so sehr um einen Sieg als vielmehr um Keplers Heil kämpfe. Über Keplers Antwort ist, wie gesagt, leider nichts bekannt, aber aus seiner Reaktion Pistorius und Guldin gegenüber wie aus seiner Haltung während der Gegenreformation überhaupt dürfte seine Einstellung auch diesem Partner gegenüber eindeutig zu erschließen sein.

Am 20. Oktober 1627 übersenden die Stände von Oberösterreich an Kepler, der noch in ihren Diensten steht, zwei kaiserliche Reformationsdekrete, die die Entlassung aller nichtkatholischen Beamten bei Verweigerung der Konversion verlangen und bitten um baldige Stellungnahme[8]. Kepler erklärt in seiner Antwort[9], die Dekrete beträfen ihn nicht direkt, da er kein Landschaftsamt bekleide. Er habe mit dem Einverständnis und nach dem Willen des Kaisers seinen Wohnsitz und seine Anstellung in Linz; eine Änderung müsse also dieser selbst verfügen.

Anfang 1628 weilte Kepler in Prag. Der Kaiser zeigte sich ihm gegenüber wider Erwarten sehr freundlich und großzügig und hatte den Willen, ihn in seinem Dienst zu halten. Er bot ihm eine — nicht näher erkennbare — Stelle an, die ihn aller Sorge um die Zukunft enthoben hätte. Bedingung war jedoch die Konversion zur katholischen Kirche. In dieser Situation erhielt Kepler auch von Paul Guldin einen Brief, in dem dieser vorsichtig — nur in zwei Zeilen — auf eine Konversion anspielte. Dieser Brief

---

[4] W XVIII Nr. 1053, 49 ff.
[5] W XVIII Nr. 1053, 58 ff.; vgl. 1052, 8 ff.
[6] W XVIII Nr. 1053, 107 ff.   [7] W XVIII Nr. 1055, 15 ff.
[8] W XVIII Nr. 1058.   [9] W XVIII Nr. 1069, 11. 2. 1628.

ist nicht mehr erhalten, wohl aber Keplers Antwort[10]. Sie ist am 24. Februar 1628 datiert. Die Ausführungen sind mit großer innerer Erregung geschrieben und stellen klar, warum ein Übertritt zur katholischen Kirche außer jeder Diskussion steht.

Schlecht wäre es bisher um seine Frömmigkeit gegenüber Gott bestellt gewesen, so erklärt Kepler, wenn er jetzt erst anfangen müßte, katholisch zu werden. Er sei doch gleich zu Anfang an der Schwelle seines Lebens von den Eltern in die katholische Kirche gebracht, mit dem heiligen Taufwasser besprengt und darin mit dem Geist der Kindschaft Gottes beschenkt worden. Seitdem sei er auch niemals aus der Kirche ausgetreten, noch sei er anders als in der der Kirche eigenen Lehre unterrichtet worden. Die Tatsache, daß sich der Augsburgische Konvent dessen rühme, habe niemand jemals zurückgewiesen. Kepler würde es aber ablehnen, einen Kreis von Menschen als Kirche anzuerkennen, die unter einem Haupte zusammengeschlossen sind, um die von den Augsburgern verworfenen Mißbräuche zu verbreiten und die Gewissen daran zu binden. Er versteht diese Mißbräuche vielmehr als Unkraut, das im Schlaf der Jahrhunderte nach Christi Worten unter den Weizen des Wortes Gottes ausgestreut worden ist, und beruft sich für die Richtigkeit dieser Auffassung auf die Unterweisung Christi, den „communis sensus", der ihm durch Gottes Gnade gegeben sei, und insbesondere auf das Chrisma, das er von Christus empfangen habe und das in ihm bleibe. Der Geist sei derselbe, der diese Unterweisung (instructio) sowohl für den Papst und seine Kirche aufgezeichnet habe als auch Kepler schon in der Taufe gegeben worden sei. Er habe es also nicht nötig, daß ihn jemand etwas über das hinaus lehre, was er in dieser Unterweisung und in den Glaubensurkunden lese. Wie ihn vielmehr diese Salbung lehre, so sei es wahr, und das sei keine Lüge. „Denn das ist das Vertrauen, das wir bei Gott haben: Wenn wir nach seinem Willen bitten — daß er uns in der Unterscheidung des Unkrauts von dem Weizen, des Sauerteigs von der reinen Masse leite —, so erhört er uns."[11] Jene Mißbräuche entstammten — nach dem Urteil des communis sensus — weltlicher Begierde und weltlichem Hochmut. „Wir wissen aber, daß die Welt, sofern sie Welt ist, den Geist Gottes nicht hat. Wir wissen, daß wir aus Gott sind und die ganze Welt im Bösen gegründet ist. Wir wissen aber, daß der Sohn Gottes gekommen ist und uns einen Sinn gegeben hat, daß wir das Wahre erkennen. So achten wir sorgfältig auf seine Mahnung . . .: Kindlein (seht, hier ist die Stimme der Mutter Kirche!), hütet euch vor den Götzenbildern!"[12]

---

[10] W XVIII Nr. 1072, 39 ff. — Zu Guldin siehe H. *Balmer*, Keplers Beziehungen zu Jost Bürgi und anderen Schweizern, in: Katalog Linz S. 115 ff., S. 121 ff.

[11] W XVIII Nr. 1072, 62 ff. — Vgl. unten S. 162.

[12] W XVIII Nr. 1072, 70 ff.

Kepler will sich mit den Evangelischen speziell vor der Gefahr hüten, daß das Bild des Gekreuzigten verehrt wird — das gebührte dem Urbild —, er wendet sich gegen die Anbetung der Hostie — das Brot bleibe, vom Verzehr beim heiligen Abendmahl abgesehen, Brot —, gegen die Anrufung der Heiligen, den Opfercharakter der Messe und die Kommunion unter nur einer Gestalt, die erst nach 1200 Jahren eingeführt worden sei, — in einer Kirche, die diejenigen, die Christi Gebote halten wollen, dadurch bestrafe, daß sie ihnen all das wegnehme, was im Leben das Liebste ist, wie das Vaterland und darin die Freunde und den Lebensunterhalt. Christus, dem Haupt der Kirche, müsse man aber mehr gehorchen als der sekundären kirchlichen Tradition, da die Gefahr des Falles, des Irrtums und der Überrumpelung durch den Feind bestehe.

Kepler erklärt schließlich[13], daß er in der katholischen Kirche bleibe, und zwar derart, daß er bereit sei, für die Ablehnung dessen, was er nicht als apostolisch und also nicht als katholisch anerkenne, nicht nur die jetzt mit kaiserlicher Zustimmung angebotenen Belohnungen, sondern auch die österreichische Botmäßigkeit, das ganze Reich und, was schwerer als alles andere ist, selbst die Astronomie fahren zu lassen. „Ich würde hinzufügen: auch das Leben — aber der Mensch kann sich nichts nehmen, was ihm von oben nicht gegeben worden ist."[14] Er habe besten Mut, wenn Gott wolle, daß er am Jüngsten Tag als Zeuge gegen diejenigen auftrete, die den der Kirche geschuldeten Gehorsam auf diese Punkte ausdehnten. Sein Wille geschehe also durch die Kraft seines Geistes.

Zum Schluß erklärt sich Kepler bereit, wenn er geduldet werde, in Schweigen und Geduld seine Wissenschaft inmitten der Menschen der vorherrschenden Partei zu vervollkommnen und zu Ende zu führen. Aus den Predigten werde er jeweils so viel aufnehmen, als von göttlicher Gnade darin aufleuchte. Prozessionen aber und ähnliche Handlungen werde er meiden, damit er niemandem zum Ärgernis werde, „nicht weil ich diejenigen, die daran teilnehmen, verdammte, sondern weil, wenn zwei das gleiche tun, es doch nicht das gleiche ist"[15]. Unter der Bedingung, daß sein und der Seinen Protest angenommen wird, könne er aber an der Messe teilnehmen und seine Gebete mit den Gebeten der übrigen Gemeinde vereinigen. „Allgemeiner und letzter, heiliger und katholischer" Sinn der Messe, um dessentwillen er das tun könne, ist für Kepler, „Gott unsere Gebete und das Opfer des Lobes und der guten Werke im Namen jenes

---

[13] W XVIII Nr. 1072, 104 ff.

[14] W XVIII Nr. 1072, 110 f.: „Adderem et vitam: sed non potest homo sibi quicquam sumere, quod non fuerit illi datum desuper." Einfacher ließe sich der Satz übersetzen, wenn das zweite non gestrichen werden könnte. Da der Originalbrief vorliegt, könnte es sich dann nur um ein Versehen Keplers selbst handeln.

[15] W XVIII Nr. 1072, 123 f.

allein gültigen Opfers, das auf dem Altar des Kreuzes vollzogen worden ist, darzubringen, dieses Opfer in wahrem Glauben auf uns anzuwenden und die Kirche durch jene sichtbaren Handlungen über diese Anwendung und die Vergegenwärtigung des Todes des Herrn zu unterweisen."[16]

Im Blick auf den Opfercharakter der Messe kann Kepler, um seine Freimütigkeit zu begründen, zuletzt die paulinische Fragestellung aufnehmen, ob ein Christ Götzenopferfleisch essen dürfe und damit die protestantische Polemik ein Stück weit aufnehmen, die die Opfermesse als Götzenopferdienst bezeichnete. Er bezieht sich auf Röm. 14,23 und Röm. 14,14: „Wer ein ablehnendes Urteil fällt, wenn er (das Abendmahlsbrot) ißt, ist verdammt, weil er es nicht aus dem Glauben tut, auch wenn an sich nichts gemein (unrein) ist außer für den, der es für gemein hält." An diesem Grundsatz des Paulus richtet Kepler sein eigenes Verhalten aus[17].

Guldin hatte für seine Antwort von einem Ordensbruder eine umfangreiche und eingehende Widerlegung verfassen lassen. Diese ist im Gegensatz zu dem Brief, in den sie von Guldin aufgenommen worden ist, erhalten[18]. Der Brief war, wie aus Keplers Antwort wiederum hervorgeht, vom 29. März 1628 datiert.

Die Widerlegung geht offensichtlich von der Annahme aus, daß Keplers Brief bestimmte Gewissenszweifel in der religiösen Frage bekunde und der Verfasser in einen Disput mit den katholischen Theologen eintrete, ja sogar einen eventuellen Übertritt nicht ausschließen wolle. Sie ist von dem ernsten Anliegen bestimmt, Keplers Seele vor der ewigen Verdammnis zu retten. Das Schreiben ist in stark barocker Sprache mit vielen Wortspielen und Bildern abgefaßt. Es wendet sich zunächst gegen den Gedanken, daß es eine Schande sein könnte, so spät zur katholischen Kirche überzutreten. Dieser Gedanke kehrt Keplers Satz zu Beginn seiner Antwort an Guldin um, daß es bislang schlecht um seine Frömmigkeit bestellt gewesen sei, wenn er erst jetzt beginnen müßte, katholisch zu werden. So wird denn auch Keplers Argumentation nicht anerkannt, daß er nie aus der katholischen Kirche ausgetreten sei — „als ob die nicht-katholischen Meinungen eine notwendige Verbindung mit der christlichen Taufe hätten"[19]. Kepler sei zwar durch die Taufe mit der katholischen Kirche verbunden, er sei aber praktisch niemals in ihre Gemeinschaft eingetreten. Habe er doch, sobald er auch nur zu einem allerersten Gebrauch der Vernunft gekommen sei, einen irrigen Glauben gelernt, seine Irrtümer bis zum hohen Alter fortgeführt und diese allen wohlmeinenden Ermahnungen zum Trotz

---

[16] W XVIII Nr. 1072, 129 ff. Vgl. Anm. 19 zu S. 118.

[17] W XVIII Nr. 1072, 134 ff. Die Übersetzung Hammers (Selbstzeugnisse 70) trifft an dieser Stelle nicht zu; siehe meine Rezension in: Schwäbische Heimat XXIII/4, 1972, S. 265 f., S. 266.

[18] W XVIII Nr. 1080 und S. 543 f. Vgl. *Schuster* S. 233 ff. und S. 221 ff.

[19] W XVIII Nr. 1080, 26 ff.

der Verehrung der hochheiligen, allein gottesfürchtigen Wahrheit vorgezogen.

Im weiteren wird die Aussage angegriffen, daß niemals widerlegt worden sei, wenn sich der Augsburger Konvent der Katholizität rühme. Die Entgegnung verweist auf die historischen Versuche der katholischen Theologen, die Confessio Augustana zurückzuweisen, und unterstreicht diese Ablehnung durch eine stark polemische, negative Charakterisierung des Bekenntnisses. Sie versäumt auch nicht, auf die Konkordienformel als eine Art Gegen-Augsburgische Konfession hinzuweisen, die die erste, ohnehin noch neue, entwerte.

Was die „ab illa Augustana Heterodoxia"[20] verworfenen Mißbräuche betrifft, so hält Guldin und sein Gewährsmann der Meinung der „wenigen, vom Eifer nach zu erneuernden Dingen hingerissenen, von persönlichen Abneigungen erbitterten Menschen"[21] die Fülle der erlesenen Repräsentanten und bedeutenden Lebensäußerungen der katholischen Kirche aus sechzehn Jahrhunderten entgegen. „Das ... alles zu verdammen, zu verwerfen, des Irrtums und als Mißbräuche anzuklagen, sind keine Gedanken, die nach göttlichem Geist, sondern boshafter und verderblicher ‚Cacocleria' riechen."[22]

Als schlimmster und gefährlichster Irrtum wird Keplers Berufung auf die Salbung mit dem Heiligen Geist bei der Taufe angegriffen, durch die ihm eine Unterscheidungsfähigkeit zwischen „Unkraut" und „Weizen" gegeben worden sein soll[23]. Während Kepler aus der Identität des Geistes, auf den die Heilige Schrift zurückgehe und dessen er durch die Taufe teilhaftig geworden sei, die Tatsache ableitet, daß er keiner weiteren Belehrung über Schrift und Glaubensartikel hinaus bedürfe, verweist das jesuitische Schreiben auf die Fülle der einander widersprechenden Irrtümer und Spaltungen im Protestantismus, die notwendig aus der Berufung auf den eigenen Geist und die eigene Salbung hervorgingen. Diese persönliche Salbung sei also in hohem Grade trotziger Willkür preisgegeben, wenn sie nicht der alten rechtgläubigen als der reineren gleichsam und den Aposteln und ihren Nachfolgern nächsten Kirche unterworfen werde. „Denn hier ist das klare, saubere, reine Quellwasser, das in das ewige Leben sprudelt; jene persönliche Einbildung einiger Phantasten (phantasioplastarum) aber ist trübe und quillt aus einem schmutzigen Tümpel hervor."[24] Zuverlässiger als selbstgewisse Zuversicht derer, die sich auf die

---

[20] W XVII Nr. 1080, 53.   [21] Z. 59 f.

[22] W XVIII Nr. 1080, 67 ff. — Das Wort „Cacocleria" ist klassisch nicht belegt. Εὐκληρία ist Glück beim Losen, κακοκληρία dürfte also das Gegenteil bedeuten. Gemeint ist wohl der Vorwurf der Willkür, der kein Glück beschieden sei.

[23] W XVIII Nr. 1080, 84 ff. *Schuster* teilt die Auffassung des Schreibens; vgl. S. 223 Anm. 1.

[24] W XVIII Nr. 1080, 131 ff.

persönliche Salbung berufen, sei die allgemeine Grundlage des Denkens und Zusammenstimmens aller Lehrer, aller Zeiten und aller Kirchen.

Im weiteren wird dann auf verschiedene Punkte eingegangen, die Kepler kritisch genannt hatte[25]. Dem weltlichen Sinn von Verteidigern von Mißbräuchen wird der Satz entgegengestellt, daß unwürdige Verderbnis der Sitten noch nie die Integrität des orthodoxen Glaubens verdunkelt hätte. Die Frage der Sitte und des Lebens dürfe nicht mit der Frage des rechten Glaubens vermischt werden. Auch diejenigen, die sich auf Grund ihrer persönlichen Salbung rühmten, den Geist der Kindschaft zu besitzen, führten oftmals ein Leben, das mit ihrem Glauben nicht übereinstimme. Der Kritik an der Verehrung der Heiligen wird die Verehrung obrigkeitlicher Würde als Beispiel der möglichen Rechtmäßigkeit solcher Verehrung entgegengehalten. Der Opfercharakter der Messe wird als bereits augustinisch, die Kommunion unter einer Gestalt als urchristlich verteidigt. Von der Notwendigkeit beider Gestalten sei erst von der „böhmischen Gans", gemeint ist Hus, vor zweihundert Jahren auf dem Konstanzer Konzil „geschnattert" worden[26].

Noch einmal weist das Schreiben auf die verdammungswürdige Einstellung und die kleine Zahl der Protestanten hin und beschreibt dann ausführlich die allumfassende Größe und Heiligkeit der römischen Kirche, der auch der Kaiser und das ganze österreichische Fürstenhaus zugehörten. Deren Erfolg und die lange Geschichte der Kirche beweise Gottes Wohlgefallen an ihr; Gott hätte es nicht dulden können, wäre sie so lange im Irrtum gewesen. Mit einer nochmaligen langen, sehr eindringlichen und drängenden Aufforderung zum Übertritt schließt das Schreiben.

Kepler hat auf Guldins Brief mit einer Entgegnung geantwortet, die fünf Blätter füllte. Er hat sie aber nicht abgeschickt, um Guldin nicht unnötig zu belasten und den Streit nicht end- und sinnlos fortzuführen. Das geht aus einem Antwortbrief hervor, den er an Guldin geschrieben hat[27]. Darin würdigt er zwar die ernste und freundschaftliche Absicht seines Partners, kritisiert jedoch zugleich die Tatsache, daß er seinen persönlichen Brief, auf den er gar keine Antwort erwartet hatte, weitergegeben hat. Wenn seine Briefe bei den Jesuiten zirkulierten, könnte das zu groben Mißverständnissen und gefährlichen Unannehmlichkeiten für ihn führen. Die Entgegnung selbst existiert nicht mehr. Kepler gibt jedoch eine kurze Zusammenfassung der Punkte, in denen er sich von Guldin und seinem Gewährsmann mißverstanden fühlt. Sein Gegner sei von Keplers Absicht abgewichen[28] einmal darin, daß dieser von keiner Unruhe geplagt werde, weil er irgendeinen Zweifel hätte. Er werde aber geplagt von den ungestümen Forderungen der kaiserlichen Räte oder vielmehr denen des

---

[25] W XVIII Nr. 1080, 147 ff.   [26] W XVIII Nr. 1080, 202 ff.
[27] W XVIII Nr. 1083. Das genaue Datum ist nicht bekannt, da der Schluß verlorengegangen ist.   [28] W XVIII Nr. 1083, 66 ff.

kaiserlichen Willens selbst, der ihm vor Augen geführt werde. Denn es sei sehr schwer, dem Kaiser in etwas, was er von ihm fordere, nicht willfahren zu können. Zweitens sei es ein Irrtum, wenn ihm unterstellt werde, durch Scham werde er gehindert, jetzt noch katholisch zu werden. Er habe nicht von Scham vor der Zukunft, sondern davon gesprochen, daß er sich verwundern würde, wenn er in der Vergangenheit geirrt hätte. Drittens dürfe sein Versprechen, daß er sich in Geduld und Schweigen fassen wolle, nicht dahin ausgelegt werden, daß er irgend jemanden trösten oder eine Sicherheit versprechen wolle. Viertens sei man von dem Sinn seines Briefes abgewichen, wenn er als einer, der disputieren und kämpfen wolle, zerrissen und zurückgestoßen werde, wo er doch gekommen sei, um zu entschuldigen und ein freimütiges Bekenntnis abzulegen. Fünftens habe er die Augsburgische Confession den Jesuiten nicht wie einen Achill, gleichsam um sie anzuklagen, hingehalten. Denn er habe sich deshalb auf sie berufen, weil sie bezeugt, daß diejenigen, die sie bekennen, bei allen wesentlichen Artikeln der katholischen Lehre bleiben, die das Fundament der Kirche darstellen; der Streit ginge um die Mißbräuche durch die hinzugekommenen Dinge.

Außerdem habe man vieles gegen ihn gerichtet, was andere betreffe. Er erkenne nur eine und dieselbe Kirche zu allen Zeiten an; ihre Glieder aber seien sterblich. Die Kirche habe schon bestanden, als Rom noch nicht zu ihr gehörte, geschweige denn Wittenberg. Auf die gleiche Weise, wie unter den Bürgern oder Parteien eines und desselben Staates Streitigkeiten ausbrächen, so entstünden unter den durch Ort und Zeit unterschiedenen Gliedern derselben Kirche aus menschlicher Schwachheit Irrtümer. „Wenn jene den Gesetzen, wir aber dem Geist, der das Beste rät, folgen, so werden diese Wunden geheilt. Streitet mit dem, der Rom gänzlich von der Kirche trennt, der zwischen dem Tempel Gottes und dem, der darinnen sitzt, nicht zu unterscheiden weiß. Streitet mit dem, der die ganze Kirche auf Augsburg beschränkt!“[29]

„Ich schwöre dir also bei Gott, dem kommenden Richter, der die Herzen erforscht“, schreibt Kepler gegen Ende seines Briefes, „daß ich, nachdem ich deinen Brief bis hierher gelesen hatte, nicht einmal einen kleinsten Irrtum entdecken konnte, bei dem ich beharrte, in dem ich, wie du sagst, verstrickt sei.“ Es ist charakteristisch für Kepler, daß er sogleich zufügt: „Ausgenommen das eine, was freilich wenig zur Sache beiträgt, daß vielleicht jene Zeit von 1200 Jahren nicht ganz genau zutrifft“[30] — die Zeit also, in der noch nach seiner Meinung die Kommunion unter beiderlei Gestalt üblich gewesen sei. Sofern Guldins Brief auf Gott und sein zukünftiges Reich verweist, so schließt Kepler, habe er ihn mehr bestärkt als auch nur im geringsten wankend gemacht.

[29] W XVIII Nr. 1083, 90 ff.
[30] W XVIII Nr. 1083, 104 f.

7*

Unter den gegebenen Umständen war für Kepler die beste Lösung, daß er in Wallensteins Dienste treten und nach Sagan übersiedeln konnte. Die österreichischen Stände stellten ihn ihrerseits mit Schreiben vom 3. Juli 1628 frei.

Aus der Saganer Zeit liegen nun keine theologischen Äußerungen mehr vor. Die Gegenreformation setzte auch hier alsbald ein, doch wurde Kepler auf Grund seiner Sonderstellung von entsprechenden Maßnahmen verschont.

Am 8. Oktober 1630 trat Kepler seine letzte Reise an. In Regensburg erkrankte er, sein Zustand verschlimmerte sich, und am 15. November (5. November a. St.) schloß er für immer die Augen. Über die letzten Tage sind wir durch einen Brief unterrichtet, den der Tübinger Geschichtsprofessor Stephan Lansius von Regensburg aus an einen Freund in Tübingen geschrieben hat[31]. Er beruft sich für seine Nachrichten vor allem auf einen inzwischen verschollenen Brief von Jakob Fischer. Dieser war Erzieher der Söhne Starhembergs und seit 1631 Prediger in Regensburg.

Während seiner Krankheit hatten Kepler diesem Brief zufolge mehrere Prediger besucht. Beim Todeskampf stand ihm der evangelische Stadtpfarrer Sigismund Christoph Donauer bei, ein Sohn des Regensburger Predigers Christoph Donauer, dem Kepler damals seine für Wegelinus bestimmte Arbeit mit dem Gedicht über die Ubiquitätslehre geschickt hatte. Lansius berichtet, daß Kepler zuletzt auf die Frage, woraufhin er glaube, am Ende selig zu werden, voller Vertrauen geantwortet habe: „Allein durch das Verdienst unseres Erlösers Jesu Christi." In ihm sei also, so bezeuge er ohne jedes Schwanken, alle Zuflucht, aller Trost und sein Heil begründet[32].

Am 19. November 1630 wurde Kepler auf dem lutherischen Friedhof St. Peter außerhalb der Stadtmauern beerdigt. Die Exequiae seien „satis splendidae" gewesen; die Leichenrede habe Sigismund Christoph Donauer über Luk. 11,28 gehalten: „Selig sind, die Gottes Wort hören und bewahren."

---

[31] W XVIII Nr. 1146.
[32] W XVIII Nr. 1146, 34 f.

Zweiter Teil

KEPLERS THEOLOGIE ALS VORAUSSETZUNG UND FOLGE
SEINES NATURWISSENSCHAFTLICHEN DENKENS

Die Gestalt des Keplerschen Denkens steht zwischen erstrebter Harmonie und erlebter Diastase am Anfang der sich trennenden Wege von Theologie und Naturwissenschaft. Sie ist daher in besonderer Weise dazu geeignet, die von der Sache her zwischen diesen Wissenschaften gegebenen Probleme in ihrer geschichtlichen Herkunft und Wirkung aufzuschlüsseln. Wir setzen die Untersuchung unter diesem sachlichen Gesichtspunkt fort mit dem Ziel, den herausgearbeiteten Bestand von Keplers theologischem Denken in seinem inneren Zusammenhang mit dem übrigen Werk Keplers zu analysieren und in den Gesamtzusammenhang des Verhältnisses von Theologie und Naturwissenschaft zu stellen. Den Ausgangspunkt nehmen wir dabei bei den theologischen Sachfragen. Diese müssen im Vergleich mit der Schuldogmatik zunächst noch genauer herausgearbeitet werden. Der Einsatz gerade bei der spezifisch theologischen Problematik ist einmal durch die biographische Entwicklung des Keplerschen Denkens gerechtfertigt. Zum anderen legt er sich durch die Tatsache nahe, daß gerade die theologischen Elemente im Werk Keplers an entscheidenden Stellen immer wieder sichtbar hervortreten oder doch durchscheinen. Daher besteht die Vermutung, daß sie fundamentale Bedeutung haben. Damit ist ein hermeneutischer Leitfaden gegeben, der auf bisher nicht genutzte Weise versucht, einen neuen Zugang zum Denken Keplers und damit ein Stück weit zur geistesgeschichtlichen Entwicklung der Neuzeit zu gewinnen.

I. KEPLERS THEOLOGISCHE STELLUNG ZWISCHEN DEN KONFESSIONEN

1. Die Einheit der Kirche

Wenn wir Keplers theologisches Denken als Ganzes charakterisieren wollen, muß von der Tatsache ausgegangen werden, daß es keiner der gegebenen Konfessionen einfach zugeordnet werden kann. Keplers Theologie zeichnet sich durch bedeutsame Selbständigkeit aus. Bezugsgröße ist die Heilige Schrift und die alte Kirche; die konfessionelle Vielfalt ist gegenüber diesem Ursprung und Grund der Kirche sekundär. Sie entbehrt deshalb in ihren einzelnen Ausprägungen letzter bindender Autorität. Ziel des konfessionellen Denkens und Handelns kann deshalb nur die Wiedervereinigung der zerteilten Kirche sein. Alle konfessionelle Polemik hat sich diesem grundlegenden Ziel unterzuordnen. Es geht um die eine Wahrheit und ihre Darstellung auch im theologischen und kirchlichen Phänotyp.

Dieses Anliegen ist im nachreformatorischen Zeitalter nicht neu[1]. Bestrebungen, die sich die Einigung der getrennten Christen zum Ziel gesetzt hatten, sind besonders vom Humanismus ausgegangen. Direkte Versuche vor allem humanistischer Theologen und des Kaisers, eine Einigung unter den gegnerischen Parteien zu erreichen, sind freilich schon in der Reformationszeit selbst gescheitert. Den Reichstag von Regensburg 1541 muß man bereits als Endpunkt humanistischer Unionsversuche ansehen[2]. Das lag an den unzureichenden theologischen und kirchlichen Voraussetzungen, die diesen Bestrebungen zugrunde lagen[3]. Mit einem puren Vergleich der theologischen Positionen war keine Einigung zu erzielen. Ein möglicher Kompromiß kann zwar eine Entschärfung der Fronten bringen, bedeutet aber zugleich eine abstumpfende Beschneidung der von jeder Seite vertretenen Sache der Theologie selbst. Das kompromißlose Festhalten an einer als wahr erkannten theologischen Einsicht ist deshalb zumal unter den geistigen und politischen Voraussetzungen des konfessionellen Zeitalters eine durchaus legitime Verhaltensweise, geht es doch in der Wahrheit des Glaubens um nichts anderes als um die Wahrheit der Wirklichkeit überhaupt und darin um Heil und ewige Seligkeit.

Aus diesem Grunde ist man auf lutherischer Seite auch den Friedens-

---

[1] Vgl. *M. Schmidt*, Einigungsbestrebungen in Europa vom 16. bis 18. Jahrhundert, RGG II Sp. 381 ff. — *C. W. Hering*, Geschichte der kirchlichen Unionsversuche seit der Reformation bis auf unsere Zeit, 2 Bde. 1836, 38. — *W. Gaß*, Geschichte der Protestantischen Dogmatik in ihrem Zusammenhange mit der Theologie überhaupt, II 1857, S. 21 ff. — *A. Tholuck*, Vorgeschichte des Rationalismus II/1, 1861, S. 35 ff. (17. Jahrh.). — *Ritschl* IV S. 245 ff. — *J. Lecler S.J.*, Geschichte der Religionsfreiheit im Zeitalter der Reformation, 2 Bde. 1955. — *H. Bornkamm*, Das Problem der Toleranz im 16. Jahrhundert, in: Das Jahrhundert der Reformation, 1961 (2. Aufl. 1966), S. 262 ff.

[2] Vgl. *R. Stupperich*, Der Humanismus und die Wiedervereinigung der Konfessionen, Schriften des Vereins für Reformationsgeschichte 160, 1936.

[3] Ein Beispiel für das Scheitern unzureichend begründeter Einheitsbestrebungen stellt auch das Bemühen Maximilians II. (1564—1576) dar, eine einheitliche Reichs- oder Landeskirche in Österreich herzustellen, in der sowohl die evangelischen Stände als auch die Katholiken vereinigt werden sollten. Die niederösterreichische Christliche Kirchen Agenda von 1571 versucht einen Ansatz zu solcher Einheitskirche; sie verzichtet deshalb — explizit! — auf konfessionelle Festlegungen und Spitzen und strebt eine Mittellinie bei den kirchlichen Bräuchen an. Vgl. oben S. 79 bei Anmerkung 6 und 7 und die dort angegebene Literatur.

bemühungen der calvinischen Seite gegenüber stets skeptisch gewesen[4]. Man unterstellte nicht ohne Grund, daß die Irenik des Calvinismus in Deutschland im Rahmen seines Kampfes um reichsrechtliche Anerkennung zu sehen sei, und fürchtete, daß es dem Luthertum bei einem Siege der calvinischen Partei nicht anders ergehen würde als in den katholischen Ländern. Die Beschlüsse der Dordrechter Synode von 1618/19 gegen die Arminianer schienen diese Befürchtungen eindrücklich zu bestätigen; in ihnen hatte die calvinistische Orthodoxie mit ihrem schroffen Prädestinatianismus, der Lehre, die für die Lutheraner einen besonderen Anstoß bedeutete, gesiegt. In Ausführung der Dordrechter Beschlüsse wurden Oldenbarnevelt hingerichtet, Hugo Grotius zu lebenslänglichem Gefängnis verurteilt und die arminianischen Prediger abgesetzt. Dabei standen sachlich die Arminianer dem Calvinismus noch wesentlich näher als die Lutheraner.

Nun hatten aber die konfessionellen Einigungsbestrebungen gerade bei humanistisch beeinflußten Männern reformierter Konfession, die nicht zu den strengen Orthodoxen gehörten, in besonderer Weise ihre Heimat. Gerade Hugo Grotius ist ein bedeutender Repräsentant dieser Tendenz. Arbeiten seines 1562 zum reformierten Bekenntnis übergetretenen Lehrers Joseph Justus Scaliger (1540—1609), seit 1593 Professor in Leiden, hat auch Kepler schon früh durchgearbeitet; er stand mit Scaliger auch brieflich in Verbindung, wobei freilich vor allem chronologische Fragen erörtert wurden[5].

Oft werden auch sonst in Keplers Briefwechsel Schriften Scaligers in ähnlichen Zusammenhängen zitiert. Johann Deckers in Olmütz gegenüber, der die konfessionelle mit wissenschaftlicher Gegnerschaft gegen ihn verquickt hatte, betont Kepler, daß die religiöse Einstellung mit der wissenschaftlichen Kontroverse nichts zu tun habe und man dem Gegner Gerechtigkeit widerfahren lassen und seine Leistungen anerkennen müsse[6]. An dieser Stelle relativiert die wissenschaftliche Gemeinsamkeit die religiöse Einstellung und ermöglicht Toleranz. Diese Auffassung ist für Kepler charakteristisch und muß im Auge behalten werden.

In den Zusammenhang der religiösen Einigungsbestrebungen gehört auch Isaac Casaubonus (1559—1614), ein Schüler Bezas aus Genf, auf den sich Kepler neben Marcus Antonius de Dominis in der konfessionellen Frage ausdrücklich beruft[7]. Auch er hat Grotius stark im Sinne eines humanistisch gefärbten reformierten Denkens beeinflußt, das diesen dann auf die Seite der Arminianer führte. Im gleichen Sinne scheint er Georg

---

[4] Vgl. dazu H. Leube, Kalvinismus und Luthertum im Zeitalter der Orthodoxie, I. Der Kampf um die Herrschaft im protestantischen Deutschland, 1928.

[5] Vgl. W XV Nr. 348. 356, W XVI Nr. 454.

[6] W XVI Nr. 444, 18. 9. 1607.

[7] Glaubensbekenntnis, NK 2 S. 23, 3 ff. Vgl. oben S. 71 bei Anm. 13.

Calixt (1586—1656), später in Helmstedt, beeinflußt zu haben, der die Schule der lutherischen Ireniker begründete. Calixt[8] ist seinerseits auch von de Dominis abhängig[9]. Er hatte sich besonders die humanistische Seite von Melanchthons Denken zu eigen gemacht und arbeitete für eine Vereinigung der christlichen Konfessionen auf der dogmatischen Grundlage der im Apostolicum und im Consensus der ersten fünf Jahrhunderte vorliegenden einheitlichen fundamentalen Glaubensartikel. Da Calixt auch in der Christologie für eine Ermäßigung der Ubiquitätslehre im Rahmen der lutherischen Orthodoxie und für eine weitgehende Unterscheidung von natürlichem und theologischem Denken eintrat, zeigt sich hier eine gewisse Parallele zu Keplers Denken[10]. Auch gewisse synergistische Formulierungen weisen in die gleiche Richtung. Kepler hat aber mit Calixt keinen Kontakt mehr gehabt.

Die Anglikanische Kirche bot sich von ihrer Struktur her in besonderer Weise als Basis für eine konfessionelle Einigung an. So ist es kein Zufall, daß gerade am Hofe Jakobs I.[11] von England ein Kreis von Theologen verschiedener Bekenntnisse zusammenfand, deren Bestrebungen in diese Richtung gingen. Neben Casaubonus, Grotius und de Dominis sind an ausländischen Theologen hier noch der 1607 exkommunizierte venezianische Theologe und Historiograph des Tridentinums Paul Sarpi (1552—1623) und der Hugenottische Theologe Pierre du Moulin (1568—1658), seit 1621 Professor in Sedan, zu nennen. Kepler hat sich trotz entsprechender Angebote nie entschließen können, Deutschland zu verlassen und nach England zu fahren[12], doch zeigen seine Widmungen an Jakob I.[13], daß er von dort den Anstoß zu entscheidenden Entwicklungen erwartete.

In diesem Zusammenhang von Bestrebungen zu einer Vereinigung der Christenheit auf der Grundlage von Schrift und kirchlichem Altertum, denen sich weitere Beispiele anfügen ließen, ist also auch Kepler zu sehen.

---

[8] Vgl. RE III Sp. 643 ff.

[9] Vgl. *A. Calov*, Systema locorum theologicorum, 1655 ff., S. 859, zit. bei *Ratschow* II S. 153.

[10] Vgl. seine Epitome theologiae von 1619.

[11] 1566—1625, Regierungsantritt 1603.

[12] Vgl. Kepler an Bernegger, 29. 8. 1620, W XVIII Nr. 891, 10 ff.

[13] W VI S. 9 ff. und S. 517 ff., siehe oben S. 73 f. bei Anm. 19. — Bereits als Kepler 1605 seine Schrift „De fundamentis Astrologiae certioribus" (1601) an den englischen König sendet, denkt er an eine Widmung seiner Harmonik an ihn, „nicht so sehr, um ihm bekannt zu werden, als vielmehr mit dem heißen Wunsch, daß in ihm die Harmonie der Kirche erwachse" (Kepler an Christoph Heydon in London, Oktober 1605, W XV Nr. 357, 93 ff.). Vgl. auch ein Schreiben Keplers an Jakob I. vom Oktober 1607 (W XVI Nr. 470, 48 ff.), das mit folgenden Worten schließt: Möge Gott „die begonnenen Bemühungen Eurer heiligen Majestät, die Macht und die Entschlüsse zur Befriedung und Besserung seiner gerade unter sehr schwierigen Verhältnissen wieder erstehenden Kirche lenken zur Erhaltung der Christenheit und zum Wohl der untergebenen Reiche".

Zugleich tritt das wissenschaftliche Interesse in den Vordergrund, das an keine Konfession gebunden ist. Wir müssen nun versuchen, die eigentlichen Motive und Antriebe der Bemühungen Keplers um Einheit und Harmonie genauer herauszuarbeiten und im Zusammenhang seines Denkens zu verstehen. Sein zentrales Anliegen, die eine Wahrheit in den äußeren Umständen von Natur und Geschichte aufzuspüren und mehr und mehr zu erforschen, und das Bestreben, solcher Wahrheitserkenntnis mehr und mehr auch zu äußerlicher Gestalt zu verhelfen, kann nicht nur im Sinne entsprechender Traditionen der Zeit verstanden werden. Seine eigene Intention stellt vielmehr ihrerseits einen charakteristischen Beitrag und einen bedeutenden Faktor innerhalb dieser Bemühungen dar. Wir bleiben in diesem Kapitel zunächst im Bereich des spezifisch Theologischen.

Die wesentliche Einheit der christlichen Konfessionen ist für Kepler darin begründet, daß sie alle an der einen Wahrheit partizipieren und damit keine der konfessionellen Ausprägungen beanspruchen kann, allein in ihrem Besitze zu sein. Vielmehr haben die verschiedenen Parteien die Wahrheit unter sich zerrissen, so daß man sie nun bei ihnen wieder zusammensuchen muß, soweit man ein Stück davon findet[14]. In diesem theologischen Zusammenhang liegt also nicht einfach der Gedanke einer religiösen Toleranz im späteren Sinne zugrunde. Es geht nicht darum, daß verschiedene Wahrheiten oder Wahrheitserkenntnisse nebeneinander existieren könnten. Vielmehr ist das deutliche Bewußtsein lebendig, daß in den vielerlei Gestalten christlicher Glaubensweisen, ja im Grunde über den Rahmen der Christenheit hinaus, die eine Wahrheit unter mancherlei Verdeckungen präsent ist. Diese Präsenz bieten aber letztlich nur alle Konfessionen zusammengenommen. Man kann nicht ohne weiteres sagen, daß die Wahrheit in jeder Konfession ganz zu finden sei. Es findet sich offenbar jeweils nur ein Stück von ihr. An dogmatischen Aussagen, die im Gegensatz zu den anderen Konfessionen stehen und die Kepler für falsch hält, entzündet sich sein Widerspruch. Aber dieser Widerspruch betrifft seiner Meinung nach immer nur bestimmte Punkte, nicht das Ganze der betreffenden Konfession. Deshalb kann das Bestreben nach Einheit auch nicht auf den Sieg der einen oder anderen Partei abzielen, sondern nur auf gegenseitige Versöhnung und Vereinigung[15]. Die Streitigkeiten unter den Gliedern der Kirche entstehen durch in der menschlichen

---

[14] Glaubensbekenntnis, NK 2 S. 19, 5 ff.: „Es thut mir im hertzen wehe, daß die drey grosse faciones die Warheit vnder sich also elendiglich zurissen haben, das ich sie stuckweise zusamen suchen muß, wa ich deren ein stuck finde."

[15] Vgl. schon das Selbsthoroskop 1597, Fr V S. 483: „Moderationis studiosus est, quia causas rerum diligenter expendit. Nam quod non probat, ibi et ipse arma crepat. Ex eo fit, ut ne Deum quidem existimet simpliciter damnaturum gentes Christo non credentes: ex eo pacem inter Lutheranos et Calvinistas suadet, erga Papistas aequus est et aequitatem eam omnibus commendat."

Schwachheit begründete Irrtümer, die ihrerseits die Unterschiede zwischen den Menschen der verschiedenen Orte und Zeiten zur Voraussetzung haben. Die Kirche selbst bleibt zu allen Zeiten ein und dieselbe[16]. Sie wird durch den Heiligen Geist geleitet. Ihm allein gilt es zu folgen. Kepler schwebt daher ein Konzil vor, auf dem die Streitigkeiten beigelegt werden sollen und können[17]. Ihm als „Laien" empfiehlt sich einstweilen eine Grundhaltung, die entschuldigt, Gutes aussagt und zum Guten auslegt[18]. Mit seiner Familie betet er täglich für die Einheit der Kirche[19]. Der Geist Gottes, dem es zu folgen gilt, ist nicht nur der Geist der Wahrheit, sondern auch der Geist der Liebe. Das Unglück entsteht durch den Mangel an Liebe. Gehässige Polemik und Verleumdungen der Gegner widersprechen dem göttlichen Geist der Liebe, und so stellt das daraus erwachsende Unglück lediglich die gerechte Strafe Gottes dar. Deshalb stimmt Kepler in die Verdammungsurteile der Konkordienformel gegen die Calvinisten nicht mit ein und verweigert die Unterschrift. Das schließt nicht aus, sondern gerade ein, daß er sich grundsätzlich als Glied am Leibe Christi versteht[20]. Nur von daher ist letztlich zu verstehen, daß er immer wieder von neuem für die öffentliche Anerkennung seines Standpunktes durch die Wiederzulassung zum Abendmahl kämpft[21]. Aber er hat es von seinem Standort her nicht nötig, sich einer der drei Parteien anzuschließen[22].

---

[16] Kepler an Guldin, Frühjahr 1628, W XVIII Nr. 1083 (vgl. oben S. 98 ff.), Z. 85 ff.: „Ego Ecclesiam unam et eandem omnibus temporibus agnosco, ejus membra mortalia. ... Quomodo inter ejusdem Reip: cives vel faciones, existunt lites, sic inter ejusdem Ecclesiae membra, locis vel temporibus differentiâ, existunt ex humana infirmitate errores. Si illi leges, nos spiritum suadentem optima sequimur, sanantur haec vulnera."

[17] Kepler an Hafenreffer, 18. 8. 1619, W XVI Nr. 586, 76 ff.; vgl. Glaubensbekenntnis, NK 2 S. 27, 33 ff.

[18] Kepler an Mästlin, 12./22. 12. 1616, W XVII Nr. 750, 264 ff.; vgl. an Hafenreffer, W XVII Nr. 808, 34 f. (1618).

[19] W XVII Nr. 808, 5 ff. (1618).

[20] Vgl. die Briefe an Guldin aus dem Jahre 1628, W XVIII Nr. 1072 und 1083 (siehe oben S. 94 ff.).

[21] Kepler bittet Hafenreffer um advocatio propter Christum, „cujus corporis membrum uti me esse spero, ita etiam ab alijs ejus membris haberj cupio", W XVII Nr. 835, 273 f. (1619).

[22] NK 2 S. 20, 6–12: „Dann sie meinen, es sey vnmüglich, seiner sachen gewiß zu sein, es schlage sich dann einer zu deren dreyen hauffen einem, die heutiges tags mit einander zancken, wie sie gethan. Ich aber halte mich zu allen einfältigen Christen in gemein, sie heissen wie sie wöllen, mit dem Christlichen band der Liebe, bin feind aller mißdeutung, rede dz beste wa ich kan. Mit meiner Confession ist es nicht noht, daß ich mich zu einem hauffen für sich selber halte."

NK 2 S. 22, 5–7: „Aber Gott lob das Christus der HErr, welcher diese Wort außgesprochen, auff diesen jhren schlag, weder Lutherisch, noch Calvinisch, noch Papistisch gewest."

Trotzdem kann Kepler in seinem letzten Brief von dem „einzigen Anker der Kirche" sprechen[23].

Unterstützt wird Keplers antikonfessionalistische Haltung durch Beobachtungen, die zeigen, daß der Streit der Parteien oft genug von ganz anderen als religiösen oder theologischen Motiven gespeist wird. Vor allem politische Zusammenhänge und das Streben nach Herrschaft stehen hier im Vordergrund. Kepler beklagt sich wiederholt darüber[24]. Er rechnet mit erneuten Ausweitungen der theologischen Streitigkeiten, wenn die äußere Lage dem nicht einen gewissen Einhalt gebieten würde. Nur aus der äußerlichen Überfremdung der religiösen Interessen sei es auch zu erklären, daß sich bei politischen Gegensätzen sogleich auch religiöse einstellten[25].

Nicht anders als ein Bekenntnis zur interkonfessionellen Einheit der Kirche ist es auch zu verstehen, wenn sich Kepler ausdrücklich und wiederholt auf die Augsburgische Konfession beruft. Natürlich ist seine Zugehörigkeit zum Luthertum der Augsburgischen Konfession historisch zunächst durch die Konfession seiner Eltern und durch die Erziehung bedingt. Aber wesentlich dafür, daß er bei dieser Konfession bleibt, ist doch der systematisch-theologische Gesichtspunkt. Es ist für Kepler dabei entscheidend wichtig, daß sich die Confessio Augustana als gesamtkirchliches Bekenntnis versteht und nur verschiedene Mißbräuche der Papstkirche ablehnt[26]. Von daher und von der Gemeinsamkeit der Taufe her kann er sich mit der katholischen Kirche verbunden fühlen, ja als ihr zugehörig bezeichnen[27]. Zugleich bietet das Bekenntnis die Grundlage für seine Zugehörigkeit zur lutherischen Kirche und für seine Stellung der Kirchenleitung und ihren Theologen gegenüber. Dabei ist zu bemerken, daß er die Konfession „ohne vnderscheid der vnderschiedlichen Editionen"[28], also auch die von

[23] An Bernegger, 21. 10. 1630, W XVIII Nr. 1145, 34 ff.: „Vale cum conjuge et liberis, unicamque Ecclesiae anchoram, Preces ad Deum pro illa et me, mecum fortiter arripe."

[24] Vgl. Keplers Brief an den Markgrafen Georg Friedrich von Baden, 10. 10. 1607, W XVI Nr. 451.

[25] Vgl. Astronomischer Bericht, von Zweyen im Abgelauffenen 1620. Jahr gesehenen ... Mondsfinsternussen, 1621, Fr VIII/1 S. 19 (abgedruckt auch NK 2 S. 40).

[26] Vgl. den Schluß des 1. Teils der Confessio Augustana (BS S. 83 c. d). „Dann die Irrung und Zank ist vornehmlich über etlichen Traditionen und Mißbräuchen" (S. 83 d, 14—16). An den Hauptartikeln sei „kein befindlicher Ungrund und Mangel", das Bekenntnis sei „göttlich und christlich" (Z. 17—19).

[27] W XVIII Nr. 1072, 39 ff. (1628), siehe oben S. 94 bei Anm. 10, u. ö. Vgl. bereits den Brief an Herwart von Hohenburg im 16. 12. 1598, W XIII Nr. 107, 195 ff.: „Christianus sum, Augustanam confessionem ex institutione parentum, ex rationibus saepius ad calculos revocatis, ex tentationum quotidianis exercitijs hausi, hanc amplector."

[28] „... weil sie nicht in Ja vnd Nein, sondern nur in magis & minus differirn", NK 2 S. 15, 21 ff.

Melanchthon erweiterte und von den Gnesiolutheranern hart bekämpfte Augustana Variata (1540) meint. Kepler kann die Augsburgische Konfession in den strittigen Punkten gegen die Konkordienformel stellen und deren Neuformulierungen als Neuerungen selbst innerhalb des Luthertums angreifen. Die Formulierungen der Confessio Augustana in Christologie und Abendmahlslehre kann Kepler übernehmen, zumal dann in der Variata melanchthonische Einflüsse wirksam sind, die seiner Meinung entgegenkommen[29]. So kann sich Kepler das Bekenntnis als Ganzes zu eigen machen und seinen Standort zwischen den Konfessionen von ihm aus vertreten und begründen[30]. Kein anderes Bekenntnis hätte diese Funktion erfüllen können. Keplers Schicksal war theologisch mit der Augsburgischen Konfession und damit politisch und gesellschaftlich mit dem ihrer Vertreter und ihrer Konfessionsverwandten auch deshalb verbunden, weil er allein auf dieser Grundlage seine interkonfessionelle Stellung bewahren konnte.

2. Die Kritik am Luthertum

Der Widerspruch Keplers gegen die lutherische Theologie seiner Zeit entzündet sich an der konfessionellen Polemik, vor allem gegen den Calvinismus. Hier liegt der eigentliche Anstoß und Impuls, der dann auf die Fragen der Abendmahlslehre und der Christologie verweist. Der Widerspruch findet seine Konkretion in der Auseinandersetzung mit der Konkordienformel und der Aufforderung, sie zu unterschreiben, und er wird ausgetragen in den fortgesetzten Bemühungen, die Wiederzulassung zum Abendmahl unter den von Kepler geltend gemachten theologischen und praktischen Bedingungen zu erreichen. Die Grundlinien von Keplers Theologie kommen in dieser Auseinandersetzung am deutlichsten zum Ausdruck.

a) Keplers Stellung zur Konkordienformel[1]

Wo Kepler die Verweigerung seiner Unterschrift unter die Konkordienformel begründet, werden ihre Verdammungsurteile gegen die „Sakramentierer" stets als wesentlicher Punkt genannt[2]. Hier liegt für ihn die

---

[29] Vgl. zur Abendmahlslehre BS S. 65, 45 f. mit S. 64, 1—8.

[30] Vgl. Glaubensbekenntnis, NK 2 S. 15, 15 ff., S. 21, 34 ff.

[1] Vgl. auch *Schuster* S. 138 ff.

[2] Vgl. z. B. Kepler an Johann Friedrich von Württemberg, 1609, W XVI Nr. 528, 73 ff.: „Als hab ich ... mir einmahl, vnd zwar gewissens halben fürgenommen, der formulae Concordiae nit anders als conditionaliter, de non oppugnandâ, vnd cum exceptione tractandae Pacis nachmahlen zu vnderschreiben. In sonderlichem bedenckhen, das jch auch sonsten von Jugend auff in articulo de Coena nie befinden khönden, das ainer der Calvinischen mainung bey-

eigentliche Gewissensfrage. An dem Zorn der Theologen will er keinen Anteil haben[3]. Den Jesuiten und Calvinern wird nach seiner Meinung von der Konkordienformel Unrecht getan, und er würde sich dieses Unrechts teilhaftig machen, wenn er unterschriebe. Er würde gegen sein Gewissen zu ihrem Ankläger[4]. Er würde den ungerechten Streit, Zwietracht und Mißgunst unterstützen und fortsetzen. Das verbietet ihm das Gewissen. Darüber hinaus jedoch fühlt er sich in Liebe gerade mit diesen Gegnern der Konkordienformel verbunden, auch dann, wenn sie im Irrtum sind[5] oder ihrerseits die Liebe verletzen[6]. Er fühlt sich nicht in der Lage, zur Kirchenspaltung in irgendeiner Weise beizutragen. Die christliche Liebe, der es um den Frieden zu tun ist, geht als Ziel noch der theologischen Auseinandersetzung voraus[7].

Keplers Widerspruch gegen die Konkordienformel richtet sich freilich keineswegs nur gegen die Verdammung der Andersgläubigen, sondern enthält zugleich eine wesentliche Kritik in Sachfragen. Jedoch hat ebenso nach Keplers Überzeugung, wie wir bereits sahen, eine Differenz in theologischen Sachfragen noch keine kirchentrennende Bedeutung. Der Divergenz der theologischen Streitfragen geht die Einheit des gemeinsamen Glaubens voraus, wie er in Schrift und kirchlichem Altertum begründet ist.

Um den Zusammenhang der Denkweisen zu belegen, sei hier noch auf ein ähnliches Beispiel aus der reformierten Tradition verwiesen. Der Heidelberger Theologe David Pareus[8] kann zwischen dem Glaubensfunda-

---

gethan (so doch das er vnserer Kirchen mainung nit lestere, oder für gefahrlich halte, auch sich kainer behelffe gebrauche, als sensus verborum Christj) von dieser vngleichen Mainung wegen nit sollte vnser Bruder in Christo genennet oder gehalten werden, wan er auch gleich ein Lehrer wär." — Auch in dem Abschnitt des Glaubensbekenntnisses über die Verweigerung der Unterschrift, NK 2 S. 15, 37 ff., geht die Klimax deutlich in diese Richtung.

[3] W XVII Nr. 750, 263 ff.: „Irâ Theologorum communicare nolo, fratres non judicabo, qui sive stent sive cadant, dominj sunt, et fratres mej." Vgl. auch die weiteren Ausführungen an dieser Stelle.

[4] Ebd. Z. 272; Glaubensbekenntnis, NK 2 S. 20,17 ff.; Notae, NK 6 S. 19, 21 f.

[5] W XVII Nr. 835, 196.

[6] Kepler an Hafenreffer, W XVII Nr. 835, 76 f.: „Scio quid adversarij vestrj contrà peccaverint in charitatem, sed id nihil ad me." — Glaubensbekenntnis, NK 2 S. 20, 15 ff.: „Obs schon nicht von allen seiten Engelrein zugehet, so bin ich doch beflissen, das der Mangel vnd vrsach zur Zwitracht nicht etwa an mir seye."

[7] W XVII Nr. 835, 71 ff.: „Non subtilitas est ingenij, sed aestimatio charitatis fraternae (in qua nulli parcendum est acumini); quòd eos qui cum Antiquitate loquuntur et argumentantur (quid enim cum antiquitate sentiat quisque, deus καρδιογνώστης judicet) damnare nolo."

[8] *David Pareus*, Irenicum de unione et synodo Evangelicorum concilianda, Heidelberg 1614. — *Davidis Parei* oratio de pace et unione Ecclesiae evangelicae hab. de 16. April 1616 in solenni Univers. Heidelb. πανηγυρί. — Vgl. *C. W. Hering*, Geschichte der kirchlichen Unionsversuche, I 1836, S. 283 ff.

ment[9] und dem auf diesem errichteten theologischen Denkgebäude unterscheiden und letzteres gegenüber ersterem relativieren. Deshalb bedeuten theologische Differenzen noch keinen Grund zur Verweigerung der brüderlichen Gemeinschaft des christlichen Glaubens. Diese Auffassung teilt auch Kepler[10]. Auf der gleichen Linie liegt es, wenn er sich betont auf seinen Laienstand beruft und kritisiert, daß von ihm, der doch gar kein Theologe sei, die Unterschrift unter die Konkordienformel verlangt wird[11].

Der Lehrbegriff der lutherischen Theologie und der Konkordienformel kann diese Unterscheidung zwischen Theologie und Glaube nicht machen[12]. Für sie wird der christliche Glaube auch sachlich in der Theologie verhandelt. Theologische Explikation und die Sache der Theologie selbst lassen sich hier ebensowenig wie Wort und Sache überhaupt voneinander trennen. Insofern steht auch in der theologischen Auseinandersetzung die Sache der Theologie selbst auf dem Spiel. Deshalb enthalten theologische Lehrentscheidungen verbindliche Aussagen, und deshalb erhält auch die Unterschrift unter ein Bekenntnis selbst Bekenntnischarakter. Der Zwang zur Unterschrift ist vom Wirklichkeitsverständnis der lutherischen Orthodoxie her zu verstehen. In diesem Wirklichkeitsverständnis liegt die eigent-

---

[9] „Zum Glauben an den Grund gehört nun die Erkenntniß des wahren Gottes, wie er durch Gesetz und Evangelium, durch Propheten und Apostel in der Kirche offenbart ist, und die Kenntniß des einigen Erlösers, des Gottmenschen Jesus Christus, der für uns gestorben und auferstanden ist. Wer daran treu glaubt, wird selig werden, wer nicht glaubt, wird verdammt werden. In *diesem* Grunde stimmen nun aber ja die Evangelischen vollkommen überein." Oratio de pace, nach *Hering* I S. 290.

[10] Vgl. z. B. den Tenor des Schreibens Keplers an Johann Friedrich von Württemberg, W XVI Nr. 528, in dem er ausführlich auf die Heidelberger Theologen eingeht. Vgl. Anm. 2 zu S. 108.

[11] W XVII Nr. 835, 45 ff. u. ö. Alle württembergischen Geistlichen und dann auch die weltlichen Beamten mußten die Konkordienformel unterschreiben. — Einen eindrucksvollen Einblick in die psychologische Situation, die in Kursachsen (bereits 1578) durch den Zwang, die Konkordienformel (das Bergische Buch) zu unterschreiben, entstand, bietet *F. Lieb* in: Valentin Weigels Kommentar zur Schöpfungsgeschichte und das Schrifttum seines Schülers Benedikt Biedermann, Zürich 1962, S. 67 ff.

[12] Vgl. *Hering* aaO. I, bes. S. 296 ff. Hering berichtet hier den Inhalt einer „Disputatio theol. ostendens Lutheranos et Calvinianos im Fundamentalibus fidei articulis plerisque non consentire" von *Johann Klein* in Rostock aus dem Jahre 1623, die die lutherische Haltung zusammenfaßt. Von der Tübinger Fakultät war *Johann Georg Sigwart* der Wortführer gegen die Heidelberger Theologen. Von ihm ist eine umfangreiche „Admonitio Christiana, De Irenico sive Libro Votivo: Quem David Pareus ... de Vnione, Synodo et Syncretismo inter Evangelicos, hoc est Lutheranos & Calvinianos, ... constituendo, superiore Anno 1614. evulgavit", Tübingen 1616, erschienen. Er hat das Exemplar, das er der Universitätsbibliothek Tübingen übereignete, mit Goldschnitt in Leder binden lassen. Zu dieser Schrift gibt es noch einen 1618 erschienenen „Kurtze(n) Extract".

liche Differenz zur reformierten Theologie. Deshalb wird auch die in den konfessionellen Auseinandersetzungen entstandene Lehre von den articuli fidei fundamentales auf lutherischer Seite ungleich weiter gefaßt und in der dogmatischen Überlieferung des 17. Jahrhunderts in einer Fülle von Distinktionen entfaltet[13]. In der reformierten Dogmatik kommt es zu keiner Festlegung der articuli fundamentales, die dem an die Seite treten könnte[14].

b) Keplers Verständnis der Person Christi

Der dogmatische Gegensatz zwischen Kepler und der lutherischen Schultheologie tritt konkret in der Diskussion um die Lehre von der Person Christi hervor. Hier sei noch einmal Keplers eigene Auffassung in dieser Frage, die in den dargestellten Schriften bereits zum Ausdruck kam, zusammengefaßt.

Kepler geht wie die Schultheologie aller Konfessionen von der Tatsache aus, daß der ewige Sohn Gottes im Schoße der Jungfrau Maria die menschliche Natur angenommen hat[1]. Anstoß nimmt er vor allem an der lutherischen Gestalt der Lehre von der Unio personalis, sofern dort infolge der Inkarnation dem irdischen Fleische Christi Eigenschaften zugeschrieben werden, die seiner Kreatürlichkeit widersprechen. Die lutherische Polemik gegen die calvinistische Position, die diese Kreatürlichkeit zu sichern sucht, treibt ihn zu genauer Überprüfung derselben und des weiteren schließlich zu der Überzeugung, daß diese die richtigere sei[2]. Offiziell nimmt er dann eine Mittelstellung zwischen Lutheranern und Calvinern ein und hält sich an die Tatsache, daß das Geheimnis der persönlichen Vereinigung rational nicht zu durchdringen ist[3]. Diese Auffassung hält sich durch. Nicht einmal die Engel werden die persönliche Vereinigung genau erklären können[4]. Ebenso hält sich jedoch das Bewußtsein durch, daß im Gegensatz zu den Lutheranern die Jesuiten und Calviner mit den Kirchenvätern, ihren Nachfolgern und scholastischen Interpreten übereinstimmen[5] und insofern im Recht sind. Im Blick auf die Lehre der Calvinisten ist dabei nicht Calvin, der zu den jüngsten Kirchenlehrern gehört, sondern das christliche Alter-

---

[13] Vgl. *Ratschow* I S. 141 ff., insbes. S. 146. Am ausführlichsten und nachhaltigsten hat sich Nic. Hunnius mit den reformierten Irenikern auseinandergesetzt.   [14] Vgl. *Heppe-Bizer* S. 34—36.

[1] Vgl. die Titelformulierung seiner Schrift „De vero anno qvo aeternvs Dei Filivs hvmanam natvram in vtero benedictae Virginis Mariae assumpsit" (1614), W V S. 7. — Harm. V 10, W VI S. 366, 3 f. formuliert Kepler: Lógon „scimus carnem ex (!) utero gloriosissima Virginis Mariae in unitatem Personae suscepisse".   [2] Notae, NK 6 S. 13, 14—19.

[3] Selbsthoroskop, Fr. V S. 477 = NK 6 S. 26: „controversias alias Calvinisticas aggressus, se medium interposuit, tali modo persona Dei conficta, quem ignoramus qualis sit."   [4] W XVII Nr. 835, 147 f.

tum der maßgebliche Bezugspunkt[6]. Kepler ist der Auffassung, mit Calvinisten und Jesuiten selbst die Formulierungen der Väter zu gebrauchen[7].

Im einzelnen wird die Diskussion an dem Artikel von der Allgegenwart des Fleisches Christi ausgetragen[8]. Aus der Tatsache der Inkarnation ergibt sich für Kepler die rational nicht auflösbare Paradoxie, daß das ganze und allgegenwärtige[9] Wort, das unbegrenzt[10], ewig und ungeschaffen ist[11], das den himmlischen Kreisen ein Maß setzt[12], das bei Gott war und das durch keinen Wohnsitz eingeschlossen wird, obgleich es in allem ist, und nirgends ausgeschlossen wird, obwohl es selbst außerhalb von allem ist[13], daß dieses Wort das irdische, geschöpfliche Fleisch in die Einheit seiner Person aufgenommen[14] und sich damit in den begrenzten Umfang des Fleisches begeben[15], bei uns Wohnung genommen hat[16]. Es hat das getan, ohne die Kreaturen, denen es gegenwärtig war, dabei zu verlassen[17]. Der Menschensohn ist sowohl vom Himmel herabgestiegen als auch im Himmel geblieben[18]. In Gott widerstreitet sich beides nicht, sondern es ist unterschieden und untereinander geordnet wahr[19]. Dieses wie sterbliche, so auch ortsgebundene Fleisch ist das ortsgebundene und sterbliche Fleisch des unsterblichen und allgegenwärtigen Logos selbst[20].

So lassen sich zwei Arten der Präsenz des göttlichen Logos unterscheiden, woraus sich eine doppelte Weise göttlicher Wirksamkeit ergibt[21]. Zu unterscheiden ist eine praesentia per personam filii, die der Inkarnation der zweiten Person der Trinität entspricht, und eine praesentia per essentiam, die allen drei Personen der Trinität gemeinsam ist und sich auf die Schöpfung bezieht[22]. Der einen Weise der Gegenwärtigkeit, der im Fleisch

---

[5] NK 6 S. 13, 33 ff.

[6] W XVI Nr. 586, 104 ff.: „Nihil in Calvini, qui novus est, gratiam fieret, nisi antiquitas persuaderet."   [7] W XVII Nr. 835, 262 f.

[8] W XVII Nr. 808, 10 ff., Nr. 835, 261 ff.

[9] W XVII Nr. 835, 144.

[10] W XVII Nr. 835, 143; NK 6 S. 16, 17.

[11] Harm. V 10; W VI S. 366, 1.

[12] NK 6 S. 16, 24 f.   [13] W VI S. 366, 1–3.

[14] W VI S. 366, 3 f.   [15] W XVII Nr. 835, 149 f.

[16] NK 6 S. 16,23 ff.   [17] W XVII Nr. 835, 138.

[18] W XVII Nr. 835, 177 f.: „Filium hominis et de caelo descendisse et in caelo esse."

[19] NK 6 S. 16,26–29: „In Deo non pugnare sed disparata et subordinata esse, in carne, in Judaea, in utero virginis tota plenitudine esse, et praeterea etiam omnes creatures quae sunt extra carnem, Judaeam, uterum, sustentare. Hoc facit et illud non omittit."

[20] NK 6 S. 22, 1 f.: „Haec enim caro ut mortalis ita localis, est ipsius τοῦ λόγου immortalis et omnipraesentis, caro localis et mortalis."

[21] NK 6 S. 21,1 f.: „Et Logos habet operationem distinctam ab operatione."

[22] NK 6 S. 17, 20–23: „Eadem enim Totalitas hujus personae incarnata est, eademque singulis creaturis seorsim praesens, et sic omnipraesens est: hoc

Christi, die durch den Charakter des Sohnes als trinitarischer Person vermittelt wird[23], steht die andere gegenüber, die durch die allen drei Personen der Gottheit gemeinsame Natur vermittelt ist; in ihr ist auch der Sohn Gottes unabhängig von der Inkarnation den einzelnen Kreaturen gegenwärtig[24]. In dieser essentialis et effectualis praesentia[25] schafft und lenkt der Sohn Gottes vieles bei den Kreaturen außerhalb des Fleisches und deshalb ohne Identität mit der Inkarnation[26]. Diese Unterscheidung betrifft aber nicht das Wesen Gottes, sondern beruht auf der geschöpflichen Verschiedenheit der Dinge[27], die verschiedene Erkenntniswege notwendig machen. Disparate Aussagen, die auf diesen Wegen gewonnen werden, widersprechen sich nicht, weil der gemeinte Sachverhalt von der Unendlichkeit, Einheit und Allmacht Gottes getragen wird, der die geschöpflichen Unterschiede selbst geschaffen hat[28]. Sie haben aber durchaus den Charakter der Paradoxie.

Das Problem stellt sich noch einmal besonders für die Zeit nach Auferstehung und Himmelfahrt. Gott ist seinem Wesen nach an keinen Ort in der Welt gebunden, an dem er wohnt[29]. Deshalb ist er für die lokal bestimmte Vorstellungskraft des Menschen abwesend. Entsprechend ist auch die göttliche Natur Christi nach seiner Himmelfahrt in räumlicher Weise nicht auf der Erde anwesend[30]. Im Gegensatz zur göttlichen ist aber die menschliche Natur Christi als Raum und Zeit unterworfene Schöpfung ihrerseits sehr wohl an einen Ort gebunden. Sie muß mit der Kategorie des Raumes erfaßt werden. Die Vereinigung des göttlichen Logos mit ihr im Schoße der Jungfrau Maria hat an dieser ihrer Natur nichts geändert. Das

tamen cum discrimine, quod illud proprie est per personam, singulariter prae personis caeteris, hoc proprie per Essentiam, communiter cum Patre et Spiritu." — NK 6 S. 18, 38—40: „tota plenitudine Deus est in carne, tota etiam in creaturis, illic sane personaliter, hic essentialiter, at non evacuat hoc discrimen vel hic vel illic totam plenitudinem, neque personae neque essentiae".

[23] NK 6 S. 20, 16 f.: „... mediante personali charactere filii, ut loquitur Hunnius".

[24] NK 6 S. 20, 17 f.: „... ut totus filius Dei creaturis singulis praesens sit, mediante natura deitatis omnibus tribus personis communi."

[25] NK 6 S. 16, 33.

[26] NK 6 S. 18, 11—13: „Nam qui dicit, Deum esse in plurimis locis extra carnem, eum ego non aliter intelligo, quam hoc dicentem, Deum filium cum Patre et Spiritu, plurima facere et gerere in creaturis, quae non sint idem, quod incarnatum esse."

[27] NK 6 S. 20, 35: „multa Deus creavit rerum discrimina, quae in ipsius essentiam non redundant".

[28] NK 6 S. 20, 37—39: „Ipse enim ἀδιαστάτως infinitus, unus et solus verbo potentiae suae omnes creaturas ab invicem διαστάσας intra se ipsum gestat et sustentat." Vgl. S. 22, 39 f.: „Non refertur hoc extra (sc. etiam in creaturis extra carnem) ad Deum et carnem ..., sed ad carnem et creaturas."

[29] Disputationsfragment, Fr. VIII/2 S. 714: „Deum ratione essentiae nullibi habitare in mundo."

[30] Gedicht, Fr VIII/2 S. 713: „Naturas si quaeris, abest".

Fleisch Christi bleibt daher auch nach der Auferstehung ortsgebunden und muß mit der Kategorie des Raumes beschrieben werden. Infolge von Auferstehung und Himmelfahrt ist Christus nach seiner menschlichen Natur als an einem einzigen und genau bestimmten Ort seiend zu denken[31]. Es handelt sich nach einer Stelle in der Weltharmonik um die „Himmel", die Christus nach seiner Verheißung als seinen königlichen Thronsitz eingenommen hat und wo er auch denen, die an ihn glauben, himmlische Wohnungen, Wohnungen im Hause des Vaters verheißen hat. Es heißt hier in anscheinender Spannung zu den Aussagen des Gedichtes von 1610, wonach die Kategorie des Raumes überhaupt nicht auf Gott angewendet werden kann, daß in den Himmeln, an einem besonderen Ort gewissermaßen vor den übrigen Teilen der Welt — durch seine Herrlichkeit und Majestät — auch der himmlische Vater wohne[32]. Die Aussage meint jedoch, daß Gott im Unterschied zu dem kreatürlichen Fleisch Christi auch im Himmel, nicht aber von diesem etwa umschlossen zu denken ist[33]. Näheres über den Ort, an dem die Menschheit Christi sich aufhält, zu erforschen, ist angesichts der geschöpflichen Beschränktheit des Menschen sinnlos[34]. Festzuhalten ist aber, daß auch die menschliche Natur jetzt abwesend von der Erde ist. Räumlich verstanden ist Christus nunmehr nach beiden Naturen nicht auf der Erde anwesend[35].

Verbunden mit der göttlichen ist die menschliche Natur nun aber im Blick auf ihre Wirksamkeit gegenwärtig. Was Gott selbst innehat, dessen ist auch das mit ihm verbundene Fleisch teilhaftig. Christus ist als Mensch auch nach der Himmelfahrt durch die göttliche virtus Erlöser. Sein Wille ist wie Gottes Wille überall wirksam und darin gegenwärtig. Seine Werke sind wie Gottes Werke überall und wirken alles in allem, während er selbst im Himmel ist. Seine Gegenwart ist die des allgegenwärtigen Wortes und darin mit der unräumlichen göttlichen Weise der Gegenwärtigkeit zu vergleichen[36]. Christus ist in der unaussprechlichen Macht der Gottheit

---

[31] Disputationsfragment: „Christus etiamnum hodie lege naturali in uno certo et definito loco habitet, ut ajunt, localiter."

[32] W VI S. 366,4 ff.: „Lógon ... coelos, in quibus et pater coelestis, excellenti quodammodo prae caeteris Mundi partibus, per gloriam scilicet et majestatem habitare agnoscitur, sedem regiam occupasse, etiamque suis fidelibus in illâ domo patris sui mansiones esse pollicitum."

[33] Vgl. eine Stelle in der Diss. cum nuncio sid., W IV S. 308, 39 f., wo Kepler erklärt, daß Gott keinen Leib habe und keiner Wohnung bedürfe.

[34] W VI S. 366, 8 ff.: „de caetero super illâ sede curiosius aliquid inquirere, sensusque vel rationes naturales ad id indagandum arcessere, quod oculus non vidit, auris non audivit, et in cor hominis non ascendit, supervacuum existimamus: Mentem verò creatam, quantaecumque sit illa praestantiae, Creatori suo meritò subjicimus".

[35] Gedicht, Randnotiz: „Localiter non adest in terris, neque divina, neque humana natura. Localiter ergò abest utraque."

[36] Vgl. Gedicht: „Naturas si quaeris, abest: opera aspice, ubique est." Dis-

anwesend[37]. Kepler kann auch mit de Dominis sagen: Er ist in seinem Geist beständig gegenwärtig[38]. Dieses Vermögen hat die menschliche Natur Christi durch die persönliche Vereinigung mit der Gottheit erhalten.

Die Paradoxie des Sachverhaltes ist es, die die Grenze des menschlichen Erkenntnisvermögens in dieser Sache anzeigt und ein weiteres Eindringen vermittels der Ratio verbietet. Immer wieder betont Kepler, daß die menschliche Vernunft hier nur noch ein Geheimnis feststellen kann, das einer höheren Wirklichkeit angehört als sie selbst und das sie deshalb nicht mehr zu erfassen vermag[39]. Zur Begründung verweist Kepler auf die Autorität der Heiligen Schrift und deren Interpretation durch die Kirchenväter[40]. Es ist letztlich deren Autorität als solche, der Kepler folgt. Eine logische Durchleuchtung dieser Autorität und ein eigentliches Verständnis ihres Inhaltes ist nicht mehr möglich. Scheinbare Widersprüche in Gottes Wort verweisen vielmehr auf den Glauben, da die Gesetze der Gottheit die menschliche Vernunft und damit die menschliche Natur überhaupt übersteigen[41].

c) Keplers Abendmahlsverständnis

Der Bindung an die Autorität der Schrift entspricht es, daß auch Keplers Verhältnis zum Abendmahl die undiskutierte Aufforderung der Einsetzungsworte „Hoc facite in meam commemorationem, Annunciate mortem meam"[1] zur Voraussetzung hat. Dieses praeceptum Christi[2] ist das bewegende Element in der Auseinandersetzung um das Sakramentsverständnis. Die einfachen Einsetzungworte der Bibel und ihre Anerkennung

---

putationsfragment: „Sedens igitur Christus in coelo localiter, operatur omnia in omnibus localiter absens, quemadmodum Deus sedens nullibj operatur eadem eodem modo localiter absens."

[37] W XVII Nr. 835, 171 f.: „Ineffabili deitatis potestate semper unâ cum eis (sc. discipulis) futurus erat, etiamsi carne abesset."

[38] W XVII Nr. 835, 188: „... spiritu suo perpetuo praesens" (de Dominis).

[39] NK 6 S. 20, 26 f.: „divinae enim praesentiae leges humana mens, humanae praesentiae assueta non capit". Vgl. weiter z. B. NK 6 S. 16, 22. 33; S. 18, 17—19 u. ö.

[40] W XVII Nr. 835, 156 f.: „Haec tamen omnia credo quia praescribit clarum Dej verbum, interpretaturque Dej Ecclesia." Kepler nennt hier als Autoritäten der alten Kirche Gregor von Nazianz, Fulgentius, Origenes, Vigilius, Damascenus, Cyrillus (Z. 162 ff.).

[41] NK 6 S. 16, 20—22: „rectius occuparemur in Deo verbo ipso, in quo etsi aliqua nobis videntur contradictoria, ea tamen omnium confessione tutius credi possunt et debent, quia naturae nostrae imbecillitas divinitatis leges non capit, cum capiat humanitatis."

[1] W XVII Nr. 808,16, 1.Kor 11,24.26 (V. 26 in Interpretation des Luthertextes; die Vulgata hat „annuntiabitis"). Vgl. die erste Frage und Antwort des „Unterrichts", Fr VIII/1 S. 125; NK NF 1 S. 26.

[2] W XVII Nr. 808, 15.

genügen Kepler, trotz dieser Auseinandersetzung mit gutem Gewissen am Abendmahl teilzunehmen[3]. Sie verbürgen ihm die Wahrheit im Gegensatz zur Autorität der Konkordienformel.

Die Einsetzungsworte verweisen nach Kepler nun wesentlich auf die Passion Christi, so daß man eher von einer Gegenwart des Leidens und Sterbens Christi (praesentia passionalis) als von einer personalen Gegenwart (praesentia personalis) sprechen muß[4]. Die Worte Christi sollen vornehmlich die Frucht seiner Passion einprägen und bei der Feier des Abendmahls das Gedächtnis seines Verdienstes wecken[5]. Es geht um das Blut Christi, sofern es nicht mehr in den Adern, sondern aus den Adern vergossen ist zur Vergebung der Sünden, sofern es das Blut des neuen Bundes ist[6]. Der Bezug auf die Passion darf nicht vernachlässigt werden, indem er von der seinsmäßigen Definition getrennt wird[7]. Die Realität der Gegenwart Christi im Abendmahl und ihre Erkenntnis beruhen auf der von dem verheißenden Gott benannten Wahrheit[8]. Das ist die Frucht des Leidens Christi, sein Opfer für die Sünden. Diese Wahrheit, dieses Opfer ist ewig. Das Leiden ist dennoch nicht ohne den Leib, der gelitten hat. Das ewige Opfer des Blutes ist nie ohne das Blut selbst. Das vom Ursprung der Welt her getötete Opferlamm trägt noch seine Wunden. Leib und Blut des gekreuzigten Christus sind also konkret vorhanden, um das zu gewähren, um dessentwillen sie geopfert wurden[9]. Die Anwesenheit im Abendmahl ist

---

[3] W XVII Nr. 835, 62 f.: „... bonâ conscientiâ possim communicare; cum sufficiant verba Christj Bibliorum brevia et pauca numero".

[4] NK 6 S. 15,12 f.: „at verba institutionis provocare ad passionem: potius igitur passionalem in S. Caenae praesentiam dicendam quam personalem".

[5] W XIV Nr. 137, 71—73: „... in institutione coenae, Christum talibus usum esse uerbis, quibus passionis suae fructum potissimum inculcaret, et in usu memoriam meriti excitaret".

[6] NK 6 S. 15, 19—21. — Vgl. zur Rede vom vergossenen Blut Christi *J. A. Bengel*, Gnomon (1. Aufl. 1742), Exkurs zu Hebr. 12,24 § 2, der geradezu von einem „status effusi sanguinis" spricht, sich dabei jedoch auf die Übereinstimmung mit der lutherischen Orthodoxie beruft. Dieser status, der sich auf das Blut Christi außerhalb des Leibes bezieht, folgte dem Vergießen dieses Blutes am Kreuz: „Actualem sanguinis illius effusionem *status* effusi sanguinis est insecutus. Actualis erat effusio sanguinis, dum effundebatur: statum effusi sanguinis dicimus omnem commorationem sanguinis extra corpus dominicum, sive brevis ea sit sive diuturna." Das vergossene Blut Christi wird hier und in der pietistischen Frömmigkeit selbständiges Glaubensobjekt. Es ist freilich als im Himmel lokalisiert gedacht, womit nur ein weltjenseitiger Ort gemeint sein kann.

[7] NK 6 S. 15, 31 f.

[8] NK 6 S. 15, 37 f.: „vox realis non a modo quem natura capit, sed a veritate promittentis dei denominata intelligatur".

[9] NK 6 S. 15,38 — S. 16, 2: „Passio Christi, sacrificium id pro peccatis, aeternum est, non est tamen nisi in ipso essentiali corpore passo, sanguinis effusio aeterna, nunquam tamen sine ipso sanguine, Agnus occisus ab origine Mundi: Er tregt noch seine Wunden etc. Doceatur pia mens intenta esse in id, propter

aber letztlich doch bezogen auf die Anwesenheit im Himmel. Entscheidend ist die Zueignung und der Empfang der Frucht und des Verdienstes des Leidens und Sterbens Christi. Das ist nicht möglich ohne den gekreuzigten und auferstandenen Leib des Herrn. Doch dieser ist gen Himmel gefahren, von wo aus seine Wirksamkeit in der Gegenwart möglich ist.

Der in seiner Wirksamkeit gegenwärtige Leib Christi ist unsichtbar und bedarf des sichtbaren Zeichens, durch dessen Vermittlung mit Hilfe der Sinne der Glaube daran geweckt wird, daß dieser Leib zur Vergebung der Sünden dargeboten wird[10]. Grundlage dieses Glaubens sind die Worte Christi, die uns die Vergebung der Sünden zusprechen; an ihnen hängt das Sakrament, das aus Brot und Leib Christi als Zeichen oder Siegel seines Opfers und damit der Sündenvergebung besteht[11]. Entscheidend ist also einmal der Glaube an die Worte Christi, zum anderen der Glaube an das von Christus überkommene Zeichen oder Siegel des Sakraments. Dieses ist der unsichtbar gegenwärtige Leib Christi, der verbunden ist mit dem sichtbaren Zeichen des Brotes. Christus fügt dem Brot seinen Leib bei, hinzu[12], er verwandelt das Brot nicht und identifiziert das Brot nicht mit seinem Leib. Immerhin ist das Brot nur außerhalb der Kommunion, extra usum, Brot im profanen Sinne, es gewinnt also durch die Beifügung des Leibes Christi doch besonderen Charakter. Dies gesteht Kepler der lutherischen wie der katholischen Lehre gegenüber zu[13]. Brot und Leib bleiben als Zeichen oder Siegel aber dennoch rational geschieden wie die Worte Christi und der Leib. Vom Kelch gilt sinngemäß das Entsprechende. Es handelt sich letztlich um ein geistiges Essen und Trinken des Glaubens, das dem leiblichen Genuß beigeordnet[14], nicht aber mit ihm identisch ist. Brot und Wein „sind" nicht Leib und Blut Christi selbst, sondern die Gemeinschaft mit ihnen[15]. Einsetzungsworte, Brot und Leib Christi sind

---

quod adest in Eucharistia corpus, et sanguis, idque ex ipsa forma essentialium verborum institutionis."

[10] W XVII Nr. 835, 211 ff.: „Corpus nempe invisibiliter praesens ..., signo indiget visibili, quo mediante possit sensibus fides fierj de exhibitione."

[11] W XVII Nr. 835, 215—218: „Fides verò habet objectum, verba Christj, secundum Lutherum promittentia nobis remissionem peccatorúm, cui concioni appensum est totum sacramentum constans pane et corpore pro signo vel sigillo."

[12] W XVII Nr. 835, 219—221: „... qui et Verbis Christj, et sacramentj sigillo a Christo accepto (cur à Christo, nisi quia Christus est, qui corpus addit panj?) credit, is in Christo maneat".

[13] Im „Unterricht" heißt es: „Weitters soll das Abendmahl auch nit für gemein brot vnd wein gehalten werden, dan es sey der leib vnd blut des Herren", Fr VIII/1 S. 126 Abs. 4 = NK NF 1 S. 26, 36 f. — Vgl. Kepler an Guldin, W XVIII Nr. 1072, 82 f. 85 f.

[14] Fr VIII/1 S. 128, 18 f. = NK NF 1 S. 29, 2 f.: „Wie auch sonsten durch das trincken das leben im leib gesterckhet, vnd die speise gefürdert wirt."

[15] W XVII Nr. 835, 237 ff. Vgl. Z. 250—252: „Dicimur igitur edere corpus

dreierlei. Die Worte, die zu hören, und die Zeichen, die es zu empfangen gilt, werden dabei gleichermaßen zu Objekten des Glaubens[16]. Die Zeichen ergänzen die Worte. Der eigentlich Handelnde ist, davon noch einmal unterschieden, der auferstandene Christus. Er bleibt in dieser Unterschiedenheit der, der einst auf der Erde einen menschlichen Leib trug und von dessen einstigem Handeln in diesem Leib die Schrift und der von ihm eingesetzte Brauch des Abendmahls, das in der Gegenwart gefeiert wird, Kunde gibt. Christus handelt dabei am Menschen, indem er Sünden vergibt und ihm die ewige Seligkeit zueignet, kraft seiner göttlichen Natur; der menschlichen Natur nach ist er aber das immerwährende Opfer, das Gott am Kreuz dargebracht wurde und seinem Sinn nach noch immer dargebracht wird. Anwesend ist er als Geist[17]. Um sich verständlich zu machen, bedient er sich der Worte und Zeichen von Schrift und Sakrament.

Das erbarmende Erlösungshandeln Christi sollen die Abendmahlsgäste wissen und glauben[18]. Entsprechend ist der Sinn des Gottesdienstes, einerseits im Namen des einmaligen und allein gültigen Opfers Christi am Kreuz unsere Gebete und das Opfer des Lobes und der guten Werke Gott darzubringen, andererseits, jenes Opfer in wahrem Glauben auf uns anzuwenden und die Kirche entsprechend zu unterweisen[19]. Besonders wich-

---

domini, quia si panis iste ex praecepto Christj editur, certò et realiter est communio corporis ejus."

[16] „Wer also ... disen worten, die er von Christo höret, vnd disen zeichen, die er von Christo empfahet, vestiglich glaubet ..., der bleibet ...", Fr VIII/1 S. 128, 21 ff. = NK NF 1 S. 29, 5 ff. Durch diese Parallelisierung von Worten und sakramentalen Zeichen, von Hören und Empfangen erhalten auch die Worte selbst Zeichencharakter. Der bloße Zusammenhang von Wort und Glaube ohne Erwähnung der „Zeichen" nach der württembergischen und oberösterreichischen Agende weist dagegen auf ein ursprünglicheres Verhältnis beider im Sinne etwa der Beziehung von Wort und Antwort.

[17] Unterricht, Seite B, NK NF 1 S. 28, 31—33: „... diß zu einem gewissen anzeigen vnd zeignus / vnd das Ihr (als glider meines geistlichen leibs) jmmer in mir bleibet vnd lebet / vnd Ich (als das haupt vn geist) in eüch / geb Ich Euch meinen leib zur speise". Hier wird die Aussage von Joh. 6, 56 ausdrücklich dahingehend interpretiert, daß die Abendmahlsgäste als Glieder seines geistlichen Leibes in Christus bleiben und er als „Haupt und Geist" in ihnen, um alle irdisch-körperlichen Vorstellungen abzuwehren. Fr VIII/1 S. 128, 6 ist der Text „als das haupt vn geist" fälschlich geändert in: „als das haupt im geist". Ein Druckfehler in der gleichen Zeile bei Frisch hat „geb (Ich Euch meinen leib)" sinnenstellend verändert in „gab".

[18] Fr VIII/1 S. 127 Abs. 3 = NK NF 1 S. 28, 7.

[19] Kepler an Guldin, 24. 2. 1628, W XVIII Nr. 1072, 129 ff.: „generale et ultimum intentum missae sanctum et catholicum, offerendi Deo preces nostras et sacrificium laudis et bonorum operum in nomine sacrificij illius unici in arâ crucis peractj, illudque verâ fide nobis applicandj, et Ecclesiam per actus illos visibiles instruendj de hac applicatione deque commemoratione Mortis Dominj". Vgl. S. 95 f., Anm. 16.

tig ist Kepler dabei der Gesichtspunkt der Gemeinschaft, daß diejenigen, die an dem Sakrament teilhaben, untereinander alle Glieder eines geistlichen Leibes, des Leibes Christi, werden[20] und gegeneinander an die christliche brüderliche Liebe erinnert werden[21]. Stark betont wird auch das Moment der Selbstprüfung und des Sündenbekenntnisses in der Vorbereitung zum Abendmahl[22] und die Bereitschaft zum Leiden im Vollzug des christlichen Lebens[23]. Beides trägt wie die Ermahnung zur brüderlichen Liebe einen stark ethischen Akzent.

d) Vergleich mit der Schultheologie

(1) Calvinistische Lehre

Mit der geschilderten Stellung Keplers in der Christologie und Abendmahlslehre sind nun die Positionen der Schultheologie zusammenfassend zu vergleichen. Wir wenden uns zunächst der calvinischen Auffassung zu.

Bereits Calvin hatte betont, daß der Leib Christi endlich ist. Nach seiner Auferstehung und Himmelfahrt wird er — der Heiligen Schrift (Act. 3,21) zufolge — vom Himmel als seinem Wohnsitz umschlossen[1]. Er ist daher nicht mehr auf der Erde gegenwärtig. Von der reformierten Tradition wird diese Vorstellung aufgenommen[2]. Aus der Endlichkeit des Fleisches Christi folgt die Paradoxie, die auch Kepler nennt: Derselbe Christus, der dem Fleisch nach als Menschensohn auf der Erde lebte, war doch zugleich als Gott im Himmel. Obgleich also die Gottheit alles erfüllte, wohnte sie dennoch leiblich, das heißt natürlich, und auf eine unaussprechliche Weise in der Menschheit Christi[3]. Nach der Erhöhung Christi hat sich an diesem Verhältnis nichts geändert. Daraus ergibt sich: Obwohl Christus als Person ganz überall anwesend ist, ist dennoch nicht alles, was zu ihm gehört, ist er also nicht nach seinen beiden Naturen überall[4]. Calvin knüpft hier an

---

[20] Vgl. Unterricht, Fr VIII/1 S. 126 Abs. 6 = NK NF 1 S. 27, 6 ff. und S. 128 Abs. 1 = NK NF 1 S. 28, 29 ff.

[21] Vgl. Unterricht, Fr VIII/1 S. 129 Abs. 2 = NK NF 1 S. 29,35 ff.

[22] Fr VIII/1 S. 126 Abs. 7 f., S. 127 Abs. 1 und 2 = NK NF 1 S. 27, 14 ff.

[23] Fr VIII/1 S. 129 Abs. 1 = NK NF 1 S. 29,28 ff.

[1] Inst. IV, 17, 26; op. sel. V S. 378, 16–18: „Corpus Christi, ex quo resurrexit, non Aristoteles, sed Spiritus sanctus tradit finitum esse, ac caelo comprehendi usque ad ultimum diem."

[2] Vgl. z. B. Heppe S. 399 Anm. 10; S. 403 Anm. 18. — Zur Traditionsgeschichte vgl. G. Maurach, Coelum empyreum, Versuch einer Begriffsgeschichte, 1968.

[3] Inst. IV, 17, 30; op. sel. V S. 389, 10–12: „tametsi omnia impleret, in ipsa tamen Christi humanitate corporaliter, id est naturaliter habitabat, et ineffabili quodam modo". — Inst. II, 13, 4; op. sel. III S. 458, 9 f.: „Mirabiliter enim e caelo descendit Filius Dei, ut caelum tamen non relinqueret."

[4] Inst. IV, 17, 30; op. sel. V S. 389, 13 f.: „Quamvis (Druckfehler: Quanvis)

die scholastische Unterscheidung an, nach der Christus zwar in der Ganzheit seiner Person, totus, nicht aber als totum, in der Ganzheit seiner Naturen, allenthalben ist[5]. Diese Unterscheidung geht ihrerseits bereits auf augustinische Gedanken zurück[6]. Kepler nimmt sie in der Gegenüberstellung von „totus" und „totaliter totus" in seine Reflexion auf und interpretiert sie von seinem Verständnis aus[7]: Die persönliche Vereinigung des Logos in seiner Totalitas mit dem Fleisch Christi und allein mit diesem, die Inkarnation also ist de totaliter toto zu verstehen, die Gegenwärtigkeit des Logos bei den Kreaturen dagegen nicht. Die menschliche Natur Christi ist in durchaus einzigartiger Weise mit dem Logos verbunden. Dennoch muß auch bei den Kreaturen von einer Gegenwart der Totalitas des Logos gesprochen werden, aber auf andere Weise als bei der menschlichen Natur Christi. Die lokale Differenz von irdischer Schöpfung und verklärtem, doch menschlichem, kreatürlichem Leib Christi hebt die Totalität des gegenwärtigen Logos nicht auf. Doch die Verschiedenheit der Kreaturen impliziert ein verschiedenes Verständnis der Totalitas, die selbst in ihrem Wesen eine ist. Einmal ist die Totalität des Logos in der Eigentümlichkeit seiner Person einzigartig gegenüber den anderen Personen der Trinität, zum anderen in der Eigentümlichkeit seiner Essenz gemeinsam mit dem Vater und dem Heiligen Geist gegenwärtig. Nur im letzteren Sinne kann von der Allgegenwart Christi gesprochen werden[8].

Entsprechend der calvinischen Anschauung lehrt auch der Heidelberger Katechismus[9], daß die unbegreifliche und allgegenwärtige göttliche Natur zugleich außerhalb der von ihr angenommenen menschlichen Natur ist als auch in ihr, unbeschadet dessen, daß sie mit ihr persönlich vereinigt bleibt. Die Leidener Synopse[10] unterscheidet das regnum naturale, das dem Sohn

---

totus Christus ubique sit, non tamen totum quod in eo est, ubique esse." — Ähnlich Melanchthon, z. B. CR XV, 1271: „Ubique totus est, sed non totum." Vgl. dazu *Ritschl* IV 1927, S. 23 ff.; *H. E. Weber* I/1 S. 146; *Mahlmann* S. 185 ff., 243.

[5] *Petrus Lombardus*, Sent. III, dist. 22, c. 3 (MPL 192, 804): „Totus est ubique Christus, sed non totum." Vgl. zum Zusammenhang *H. Gollwitzer*, Coena Domini, 1937, S. 78 Anm. 4, S. 146 Anm. 2; *H. E. Weber* I/2 S. 134. — Zu der Unterscheidung vgl. auch *Johannes Damascenus*, De fide orthodoxa III 7, 5 (Burgundionis Versio, ed. E. M. Buytaert, c. 51): „Igitur totus quidem est Deus perfectus, non totum autem Deus; non enim solum est Deus, sed et homo. Et totus homo perfectus, non totum autem homo; non solum enim homo, sed et Deus. Nam ‚totum' quidem naturae est representativum, ‚totus' autem hypostaseos, quemadmodum ‚aliud' quidem naturae, ‚alius' autem hypostaseos."

[6] Vgl. auch Inst. IV, 17, 28; op. sel. V S. 382, 26 ff.

[7] NK 6 S. 17,12 ff.

[8] Die Formulierung „totaliter totus" findet sich auch bei *Philipp Nicolai*, z. B. Sacrosanctum omnipraesentiae Iesu Christi mysterium ..., op. lat. I (1617) S. 182 ff., S. 275b. S. 284a u. ö.   [9] Frage 48; BK S. 160, 30 ff.

[10] Synopsis purioris Theologiae, Leiden 1625, XXVIII, 24 f.; *Heppe* S. 401.

Gottes mit dem Vater und dem Heiligen Geiste gemeinsam ist, und das
regnum oeconomicum et voluntarium, in dem der Sohn das vom Vater
verordnete Heilswerk vollbringt. Die verschiedenen reformierten Bekenntnisse lehren einmütig, daß Christus, obwohl körperlich im Himmel von
uns abwesend, uns doch gegenwärtig ist, nicht körperlich freilich, aber
geistlich durch sein Leben schaffendes Handeln[11]. Es kann auch gesagt
werden, daß der Leib Christi gegenwärtig ist, wenn zwar nicht überall
und bei allem, so doch überall dort, wo er in wahrem Glauben aufgenommen wird[12]. Dieses Aufnehmen im Glauben ist jedoch ein geistiges, kein
körperliches. Das alles sind Formulierungen, mit denen die Keplers weitgehend übereinstimmen. Der Lutheraner muß hier die Realität der Gegenwart des Leibes Christi in Frage gestellt sehen.

Für die reformierte Christologie ist ebenso wie für die Keplers der
menschliche Leib Christi nur das Mittel für das Wirken des Logos. Er hat
nicht die lebenswirkende Kraft auf Grund seiner Vereinigung mit dem
Logos in sich selbst. Sie gehört nicht seiner eigenen Substanz an. Gott und
die Kreaturen sind wie diese untereinander einschließlich des Leibes Christi durch das Verhältnis der Abständigkeit bestimmt: Gott und die Kreaturen durch den Gegensatz von Unendlichkeit und Endlichkeit, letztere
durch die Kategorie des Raumes. Die Faktizität solcher Abständigkeit
hängt mit dem begrenzten, weil geschöpflichen Erkenntnisvermögen des
Menschen zusammen. Für die menschliche Erkenntnis bedeutet Mannig-
faltigkeit, ja auch Widersprüchlichkeit, was für Gott Einheit, mit sich
selbst identischer Willensakt ist. Vermittelt wird das Disparate sachlich
und erkenntnistheoretisch auf reale Weise durch den Geist. In ihm ist die
schöpferische Gottheit präsent, wie auch Kepler mit de Dominis sagen
kann.

Der christologischen Anschauung entspricht die Abendmahlslehre. Da
der Mittler als ganze Person allenthalben ist, ist er stets bei den Seinen;
im Abendmahl aber erweist er sich auf besondere Weise als gegenwärtig[13].
Diese Gegenwart ist eine Gegenwart im Geist. Allein der Geist vermag
das, was räumlich getrennt ist — den Leib Christi und diejenigen, die das
Abendmahl empfangen —, zu einen[14]. Das geschieht im Abendmahl. Die

---

[11] Z. B. Confessio Helvetica posterior, 1566, XXIII, BK S. 266, 3—5: „so!
iustitiae Christus, corpore in coelis absens nobis, praesens est nobis, non corporaliter quidem, sed spiritualiter per vivificam operationem". Weitere Belege
bei *C. W. Hering*, Geschichte der kirchlichen Unionsversuche, I 1836, S. 298 f.

[12] „Corpus Christi, sensu quodam vero et pio, concedimus esse praesens, si
non ubique et omnibus, saltem ubicunque vera fide percipitur", *H. Zancchi*, De
natura Dei, p. 117; zit. bei *H. Gollwitzer*, Coena Domini, 1937, S. 146 Anm. 2.

[13] „Mediator ergo noster quum totus ubique sit, suis semper adest: et in
Coena speciali modo praesentem se exhibet", *Calvin*, Inst. IV, 17, 30; op. sel,
V S. 389, 17 f. Kapitel 17 enthält Calvins Abendmahlslehre.

[14] Inst. IV, 17, 10; op. sel. V S. 351, 29—31: „Quod ergo mens nostra non
comprehendit, concipiat fides, Spiritum vere unire quae locis disiuncta sunt."

Elemente sind Merkzeichen, symbola, in denen Christus den wahren Genuß seines Leibes und seines Blutes darbietet[15]. Das leibliche Essen und
Trinken von Brot und Wein symbolisieren real die innere, verborgene
Einung Christi mit den Frommen[16]. Beide Vorgänge haben analogen Charakter. Eben das hebt auch Kepler hervor. Die Analogie setzt aber eine
ontologische Unterscheidung der beiden Vorgänge voraus, die zwar parallel nebeneinander sich ereignen und einander korrespondieren, nicht aber
identisch sind. Wort und sakramentale Feier einerseits und geistliches Geschehen der Vereinigung im Glauben andererseits bleiben zweierlei.

Wichtig ist ein weiterer Gesichtspunkt Calvins: In besonderer Weise
wird im Abendmahl die Gewißheit erfahren, daß der Leib und das Blut
des Herrn für uns geopfert worden sind und daß die Wirkkraft dieses
Opfers denen, die im Abendmahl daran teilhaben, präsent ist[17]. Es ist
deutlich, daß hier eine zentrale Verbindung zu Keplers Sakramentsverständnis besteht: Sachlich kommt hier das zum Ausdruck, was Kepler dann
mit dem Begriff „praesentia passionalis" umschrieben hat. Die Vergegenwärtigung des Leidens und Sterbens Christi entspricht mittelalterlich-
katholischer Tradition. Spezifische Anklänge an die Auffassung Calvins
lassen sich beispielsweise bei Gabriel Biel finden. Er lehrt, daß der Leib
Christi im Abendmahl nicht in den Leib des Empfängers übergeht; vielmehr solle er geistlich genossen werden, indem man über seine Passion
meditiert[18]. Auffällige Verwandtschaft des Denkens besteht dann zwischen
Kepler und dem Empirismus des Hugenotten Petrus Ramus. Im Ramismus ist nicht Christus in Person, sondern sein Satisfaktionswerk Quelle
des Heils[19]. Deutlich faßbar ist diese Tradition in der reformierten Orthodoxie etwa bei A. Polanus, dessen Begrifflichkeit bei der Frage nach dem
Blut Christi und seiner Gegenwart im Abendmahl mit der Keplers ziemlich genau übereinstimmt[20].

---

[15] Vgl. Inst. IV, 17, 21; op. sel. V S. 370, 8 ff.

[16] Vgl. Inst. IV, 17, 1; op. sel. V S. 342, 30 ff.

[17] Ebd., op. sel. V S. 343, 5—10: „Iam ergo habemus in quem finem spectet
mystica haec benedictio; nempe quo nobis confirmet, corpus Domini sic pro
nobis semel esse immolatum ut nunc eo vescamur, ac vescendo unici illius
sacrificii efficaciam in nobis sentiamus: sanguinem eius sic pro nobis semel
fusum, ut sit nobis perpetuus potus."

[18] Vgl. *E. Bizer—W. Kreck*, Die Abendmahlslehre in den reformatorischen
Bekenntnisschriften, Theologische Existenz heute, N. F. 47, 1955, S. 10.

[19] *J. Moltmann*, Zur Bedeutung des Petrus Ramus für Philosophie und Theologie im Calvinismus, Zeitschr. f. Kirchengeschichte 68, 1957, S. 295 ff., S. 308. —
Vgl. *W. J. Ong S.J.*, Ramus. Method, and the Decay of Dialogue. From the Art
of Discourse to the Art of Reason, Cambridge Mass. 1958.

[20] Vgl. *Kepler*, Notae, NK 6 S. 15, 19 f.: „... praesens, non jam quatenus in
venis ... sed quatenus effusus e venis in remiss. pecc." mit *A. Polanus*, Partitiones Theologicae ..., 4. Aufl. Basel 1602, I p. 273: „Est autem vinum Sacramentum sanguinis non contenti in venis, sed effusi ex corpore in cruce, seu
quatenus effusus est in remissionem peccatorum (... Matth. 26.28)."

Die Gedanken, die Kepler im „Unterricht" zur Erläuterung des Abendmahls entwickelt, lassen sich auch sonst weithin bereits bei Calvin nachweisen. Hingewiesen sei noch auf Ausführungen Calvins über das Ziel
des Abendmahls in der Institutio[21], wo er auf den Glauben vor Gott, auf
Lob, Danksagung und Bekenntnis sowie auf den ermahnenden Charakter
des Sakraments hinweist. Diese Gesichtspunkte bilden auch die Haupt-
linien in Keplers Verständnis von dem Dienst des Sakraments. Insbesondere die Schilderung der Ermahnung zu christlichem Leben enthält die
gleichen Grundzüge: Die Vereinigung von Christus und der christlichen
Gemeinde zu einem Leibe bedeutet die Nötigung zu christlicher Bruderschaft und gegenseitiger Liebe.

Eine direkte Abhängigkeit Keplers von Calvin wird bei solchen Übereinstimmungen kaum anzunehmen sein, wohl aber ein Zusammenhang
mit der calvinischen Tradition[22], wobei insbesondere der Bezug zum ramistischen Denken weiter untersucht werden müßte. Wenn die gleichen Gedanken auch im Luthertum vorkommen, so ist ihr Zusammenhang dort
doch anders strukturiert. Das schließt natürlich nicht aus, daß bestimmte
Bilder, wie z. B. das von aus vielen einzelnen Körnern zu einem neuen
Ganzen zusammengebackenen Brot als neuer Wirklichkeit[23], im gleichen
Sinne gebraucht werden und auch in ihrer Ausrichtung gemeinchristlich
bleiben. Deutlich bestehen bei Kepler natürlich Verbindungen zur me-
lanchthonischen Tradition[24]. Diese herauszuarbeiten muß aber wiederum
einer eigenen Untersuchung vorbehalten bleiben.

(2) Lutherische Lehre

Im Gegensatz zur Christologie Calvins, für die die menschliche Natur
Christi nur Mittel für das Wirken des Logos ist, hat für die lutherische
Theologie die Menschheit Christi selbst an den Eigenschaften der gött-

---

[21] Inst. IV, 17, 37 f.; op. sel. V S. 401, 22–403, 7.

[22] Interessant wäre auch ein eingehender Vergleich mit Zwingli (vgl. z. B.
Huldreich Zwinglis sämtl. Werke VI/2 = CR XCIII/2 S. 508 f.), zumal Ramus Schüler Zwinglis ist. Doch reicht das Quellenmaterial über Keplers Theologie zu spezifischen Vergleichen nicht aus. Vgl. auch die spätmittelalterliche
Abendmahlslehre vor allem bei Ockham und Faber Stapulensis (dazu: *F. Hahn*,
Faber Stapulensis und Luther, Z. f. Kirchengesch. 3. Folge VIII Bd. LVII,
1938, S. 356 ff.) sowie bei Wiclif: siehe *R. Seeberg*, Lehrbuch der Dogmengeschichte, III 6. Aufl. 1959, S. 787 ff.

[23] Vgl. *Calvin*, Inst. IV, 17, 38; op. sel. V S. 402, 14 ff. mit dem Schlußabschnitt der Abendmahlsvermahnung der württembergischen Agende, den auch
Kepler am Ende seines „Unterrichts" aufnimmt.

[24] Zu Melanchthon vgl. außer de Schriften *W. Maurers* auch *W. H. Neuser*,
Die Abendmahlslehre Melanchthons in ihrer geschichtlichen Entwicklung (1519–
1530), 1968.

lichen Natur teil. Dies wird in der christologischen Lehrentwicklung damit begründet, daß die menschliche Natur Christi von dem Logos in die Einheit der gott-menschlichen Person aufgenommen worden ist und durch diese persönliche Vereinigung mit dem Logos selbst Eigenschaften der göttlichen Natur erhält[1].

In Württemberg war auf Grund der johanneischen Aussagen „Verbum caro factum est" (Joh. 1,14) und etwa der Paulusstelle Gal. 4,4 (Ubi venit plenitudo temporis, emisit Deus filium suum factum ex muliere)[2] oder in Auslegung von Kol. 2,9 (In Christo inhabitat omnis plenitudo Divinitatis corporaliter) und im Anschluß an theologische Aussagen Luthers[3] die Lehre von der Allgegenwart des Fleisches Christi (von den Gegnern mit dem Schimpfnamen „Ubiquität"[4] belegt) entwickelt worden. Danach ist mit der Inkarnation des göttlichen Logos der menschlichen Natur Christi durch die persönliche Vereinigung mit der göttlichen Natur auch die göttliche Eigenschaft der Allgegenwart vermittelt worden.

Johannes Brenz (1499–1570)[5] hatte diese Aussage durch den philosophischen Gedanken begründet, daß das räumliche Dasein nicht zur unveränderlichen Substanz eines Körpers, sondern nur zu dessen Akzidentien gehöre und damit veränderlich sei. Infolgedessen könne die räumliche Struktur der Menschheit Christi durch die Vereinigung mit der göttlichen Natur verändert werden. Die so ermöglichte Allgegenwart des Fleisches Christi wurde dann nicht im Sinne einer ubiquitas localis, sondern infolge der Assumption des menschlichen Fleisches in die Person Christi als ubiquitas

---

[1] Eine zusammenfassende Darstellung der Geschichte der lutherischen Christologie findet sich bei *Thomasius* Bd. I S. 519 ff. Vgl. im übrigen vor allem *Dorner, Ritschl* IV, *H. E. Weber* I/1.2. Über die Entstehung der lutherischen Christologie unterrichtet neuerdings sehr eingehend *Mahlmann.* — Zu dem in dieser Diskussion verwendeten, in der Trinitätslehre entwickelten ontologisch-relationalen Personbegriff vgl. *K. Barth,* Kirchliche Dogmatik I/1, [8]1964, 375 ff.; *W. Pannenberg,* Person, RGG[3] V Sp. 230 ff.; ders., Grundzüge der Christologie, [2]1966, S. 351 ff. u. ö.   [2] Vgl. *Brenz,* Opera VIII, S. 508; *Mahlmann* S. 137 ff.
[3] Vgl. BoA III S. 394, 16 ff. = FC SD VII, 94 ff. Luther ging es um den Nachweis der Möglichkeit der Realpräsenz des Leibes Christi (im Abendmahl), nicht dagegen, wie der späten „Ubiquitätslehre", um deren Begründung. — Zum Problem vgl. *E. Metzke,* Sakrament und Metaphysik. Eine Lutherstudie über das Verhältnis des christlichen Denkens zum Leiblich-Materiellen, 1948, in: Coincidentia oppositorum (hg. v. K. Gründer), Forsch. u. Berichte d. Evang. Studiengemeinschaft 19, 1961, S. 158 ff. „Luther denkt deshalb nicht in Substanzkategorien, weil er geschichtlich denkt", S. 187. — Vgl. ferner *L. Grane,* Erwägungen zur Ontologie Luthers, Neue Zeitschr. f. Syst. Theologie XIII/2, 1971, S. 188 ff.
[4] Über das erste Auftreten des Begriffs vgl. *Mahlmann* S. 50 f. und S. 194 f.
[5] Vgl. *Ritschl* IV S. 72 ff.; ferner *O. Fricke,* Die Christologie des Johannes Brenz, Forschungen zur Geschichte und Lehre des Protestantismus 1, 3, 1927; *Mahlmann* S. 125 ff. — Zur Genesis der Brenzschen Theologie vgl. auch *M. Brecht,* Die frühe Theologie des Johannes Brenz, Beiträge zur historischen Theologie 36, 1966, S. 208 ff.

personalis verstanden, die der ubiquitas repletiva Gottes entspricht. Die durch die Einsetzungsworte zugesagte Gegenwart des Leibes Christi im Abendmahl konnte daneben durch den Begriff des esse definitive (gleichbedeutend mit Luthers esse diffinitive) bezeichnet werden. Die so bestimmte Gegenwart im Abendmahl artikuliert die christologisch ausgearbeitete allgemeine Möglichkeit des Gegenwärtigseins und grenzt sie ein. Aus diesen Bestimmungen ergibt sich, daß die Menschheit Christi in ihrer Gewalt, Herrlichkeit und Majestät mit der Gottheit gleich gesehen wird, während beider Natur und Wesen unterschieden bleiben.

Ähnlich lehrte Jacob Andreae[6], wenn sich bei ihm auch die ontologische Begründung verschiebt. Wie schon bei Luther[7], tritt die Argumentation in den Vordergrund, die vom Sitzen Christi zur Rechten Gottes ausgeht. Das in dieser Diskussion vorausgesetzte Verständnis der Gegenwart Gottes transzendiert die Kategorie des Raumes. Die Rechte Gottes ist in ihrer Wirksamkeit allenthalben. Ja, sie ist „nichts anderst / denn die Allmechtigkeit"[8]. Dem Wesen nach ist Gott in Christus nicht anders als in den Kreaturen. Während er aber in diesen nicht alles wirkt, sondern das eine in diesen, anderes in anderen, ist in Christus die ganze Fülle des göttlichen Wirkens ausgegossen[9]. Das Fleisch Christi hat an dieser Fülle teil. Es ist die Fülle der Person Christi. Wenn Christus zur Rechten Gottes sitzt, wie das apostolische Glaubensbekenntnis sagt, so ist er auch nach seiner menschlichen Natur ebenso wie diese allenthalben. Wie die Gegenwart Gottes ist dann die Gegenwart des Fleisches Christi nicht in lokalen Begriffen faßbar. So kann Andreae im Gespräch mit Beza zu Montbéliard (1586) ausdrücklich erklären, daß Christi menschliche Natur räumlicher und umschriebener Weise nicht überall gegenwärtig sei[10]. Sie ist es aber personaliter, auf Grund der persönlichen Vereinigung mit dem Logos.

---

[6] Vgl. *J. Andreae*, Hundert vnnd Siben Schlußreden / von der Maiestet des Menschen Christi / vnd seiner warhafftigen / wesentlichen Gegenwertigkeit im heiligen Nachtmal. Ulm 1564, These 26 (S. 17): „Dann wir die Menschliche Natur in Christo / der Gottheit nicht im Wesen / sonder Gewalt / nicht nach der Natur / sonder nach der Herrlichkeit vnd Maiestet gleich halten / darumb das er zu der Gerechten Gottes gesetzt ist."

[7] *Mahlmann* arbeitet heraus, wie Luther von der Sessio ad dextram Dei, Brenz dagegen von der Personeinheit Christi ausgeht; vgl. S. 169. Mahlmann zeigt im übrigen, wie die frühe Christologie Brenzens einerseits im Consensus mit Luther die Möglichkeit der Realpräsenz des Leibes Christi auf Grund des biblischen Phänomens, daß Gott als der Mensch Jesus begegnet, entwickelt (S. 135 ff.), andererseits aber in die Gesetzlichkeit metaphysischer Spekulation gerät, wenn sie die Kategorie der Notwendigkeit in das Verhältnis der beiden Naturen und ihrer Eigenschaften einträgt (S. 159 ff.).

[8] Protocoll des Gesprächs Zwischen den Pfältzischen vnd Würtenbergischen Theologen / im Aprill des 1564. Jars zu Maulbrunn gehalten. Tübingen 1565, S. 72 (Diskussionsäußerung von J. Andreae).

[9] *J. Andreae*, 107 Schlußreden (siehe Anm. 6), These 26.

[10] Acta Colloquij Montis Belligartensis, Tübingen 1587, S. 321: D. Beza:

Ein bestimmter Ort, den, wie es die reformierte Lehre forderte, das Fleisch Christi als raumzeitliche Kreatur nach der Himmelfahrt einnehmen muß, war für das Luthertum damit keine theologische Notwendigkeit mehr. So schwand auch das Interesse an einem coelum empyreum jenseits der Fixsternsphäre. Das alte Weltbild verlor von dem christologischen Ansatz der Lehre von der Allgegenwart des Fleisches Christi her einen wesentlichen Bestandteil seiner theologischen Dignität[10a].

Gilt die persönliche Vereinigung der Naturen Christi und damit auch die Übertragung göttlicher Eigenschaften auf die menschliche Natur seit der Inkarnation durch die Empfängnis im Schoße Marias, ist im weiteren die Zeit des irdischen Lebens Jesu, der Stand der Erniedrigung, und der der Erhöhung zu unterscheiden. Für die Zeit des irdischen Lebens Christi hat nun Jacob Andreae auf dem Maulbronner Gespräch zwischen den reformierten Heidelbergern und den württembergischen Theologen (1564) die Unterscheidung zwischen Besitz (actus primus) und Gebrauch (actus secundus)[11] der göttlichen Eigenschaften Christi geltend gemacht[12]. Danach habe Christus im Stande seiner Erniedrigung auf der Erde zwar auch die göttliche Eigenschaft der Allgegenwart besessen, von ihr aber keinen Gebrauch gemacht. In einem 1572 zu Tübingen veröffentlichten Lehrbekenntnis der württembergischen Theologen[13] wird allerdings erklärt, daß die

---

„... totus λόγος, qui totus est in humanitate assumpta, idem totus quoque est extra illam.“ D. Iacobus: „Si de veritate corporis Christi, & locali eius circumscriptione, & tali praesentiae modo loquaris: facilè tibi concesserim, eo modo Christi humanam naturam localiter & circumscriptiuè non esse vbique praesentem ...“

[10a] M. Chemnitz nennt das coelum empyreum eine humana phantasia; vgl. *Ritschl* IV S. 102. Vgl. *Heerbrand*, Comp. Theol., 1579, S. 107, 116 ff.; *Hafenreffer*, Loci theol., 4. Aufl. 1609, S. 340 f.; *Aeg. Hunnius*, Libelli IIII de persona Christi, 1592, S. 101. – Vgl. *H. E. Weber* I/2 S. 119 f., 153, 164 f. u. ö.; *J. Baur*, Die Vernunft zwischen Ontologie und Evangelium. Eine Untersuchung zur Theologie Johann Andreas Quenstedts, 1962, S. 127 ff., besonders zu *Quenstedt*, Theologia didactico-polemica sive Systema theologicum, Leipzig 1715, p. I c. X s. II Q. IX Th. (S. 127 Anm. 32).

[11] Vgl. dazu auch *H. E. Weber* I/2 S. 168. Die Distinktion geht nach Weber auf den Tübinger Philosophen Jakob Schegk (1511–1587) zurück, vgl. ebd. S. 178 und ders., Die philosophische Scholastik des deutschen Protestantismus im Zeitalter der Orthodoxie, Abhandlungen zur Philosophie und ihrer Geschichte, hrsg. von R. Falckenberg, H. 1, 1907, S. 33.

[12] Protocoll ... des Gesprechs ... zu Maulbrun ... Item der Wirtembergischen Theologen ... Bericht. Samt Der Pfältzischen Theologen ... Gegenbericht ... Heidelberg 1565, Bl. 70; *Ritschl* IV S. 85. Bl. 250 wird diese Unterscheidung im pfälzischen Gegenbericht als leere „Außflucht“ bezeichnet. – Zur reformierten Kritik vgl. im übrigen *Dorner* II S. 739. Der Besitz von Allwissenheit und Allgegenwart schließe auch deren Aktualität ein.

[13] Bestendige widerholung vnnd grundtliche erklärung der Kirchen vnd Schulen im Fürstenthumb Würtemberg Lehr vnd Bekantnus Von der Person vnd beeden Naturen vnsers Herrns vnnd Heylands Christi ..., Tübingen 1572,

Ubiquität der menschlichen Natur Christi erst durch seine Himmelfahrt zustande gekommen sei. Aber auch hier muß das als actus secundus, als vollständige In-Gebrauch-Nahme verstanden werden, denn besessen habe Christus die ihm verliehene Majestät Gottes bereits im Mutterleibe[14].

Zu der württembergischen Lehre von der Omnipräsenz der menschlichen Natur haben die norddeutschen Theologen, vor allem Wigand, Chemnitz, Heßhus und Selnecker kritisch Stellung genommen[15]. Martin Chemnitz (1522—1586)[16] wird, wenn expressis verbis auch nur im Zusammenhang der Abendmahlslehre, auch von Kepler als Gewährsmann zitiert. Man wandte sich in diesem Kreis gegen die Auffassung, daß aus der hypostatischen Union des ewigen Logos mit der menschlichen Natur Christi notwendig eine substantielle Allenthalbenheit des Leibes Christi, vor allem in der Zeit seiner irdischen Erniedrigung[17], folge. Christus könne mit seinem Leibe auf Grund der hypostatischen Union zwar überall sein, wo er wolle. Es sei aber nicht gesagt, daß er auch mit dessen Substanz bei allen Kreaturen tatsächlich sei. Aus der Heiligen Schrift gäbe es dafür keine Belege. Heßhus erklärt sogar, daß der menschlichen Natur Christi mit der göttlichen Herrlichkeit und Majestät wohl die Allmacht und Allwissenheit, nicht aber auch die Allgegenwart mitgeteilt sei[18]. Auch Gottes Unbegrenztheit, Ewigkeit und Unermeßlichkeit gehören zu den nicht mitgeteilten göttlichen Eigenschaften. Wird von Gottes Allmacht her argumentiert, ist aber nicht schon diese, sondern Gottes Wille entscheidend. So sei für das Abendmahl, wie Chemnitz unterstreicht, wesentlich, „daß Christus, wenn er nur *wolle*, überall oder an vielen Orten gegenwärtig sein *könne*"[19]. Durch die Einsetzungsworte sei solche Gegenwart beim Abendmahl verheißen und damit gegeben. Während eine allgemeine Ubiquität mangels biblischer Bezeugung im übrigen abgelehnt wird, so soll jedoch davon abgesehen die prinzipielle Möglichkeit einer solchen Allgegenwart offengehalten werden[20]. An der Stelle der württembergischen Omnipräsenz, die von der Gemeinschaft der beiden Naturen in der Person Christi und der

---

S. 43: „... nach der menschlichen Natur aber / ist er vber alle Himmel gefaren / daß er nicht mehr jrrdischer weiß / sonder auff ein himmelische Göttliche weiß / alles erfüllet / vnnd allen zugleich gegenwertig seye".

[14] Vgl. Bestendige widerholung S. 66: „Dann in seiner empfengknus / die menschlich Natur / also erhöhet worden / dergleichen keiner Creatur / im Himmel noch auf Erden widerfaren / da sie mit dem Son Gottes / der die Rechte Gottes ist / ein Person worden ist." Vgl. auch S. 13 und S. 67.

[15] Zum Einzelnen vgl. *Ritschl* IV S. 90 ff.

[16] Vgl. hier vor allem sein Werk De duabus naturis in Christo, Leipzig 1570.

[17] Vgl. vielmehr dazu *Chemnitz* aaO. (1580) S. 551: „... permisit naturales proprietates & reliquas assumtas infirmitates, quasi solas, in humana sua natura praeualere, praedominari & se exerere". Vgl. auch S. 555.

[18] *T. Heshusius*, De duabus naturis in Christo earunque unione hypostatica tractatus, Magdeburg 1590, fol. H 8; *Ritschl* IV S. 93 f.

[19] *Ritschl* IV S. 95.   [20] *Ritschl* IV S. 99.

dadurch auf die menschliche Natur übertragenen Eigenschaft der Allgegenwart ausgeht, steht also die Multivolipräsenz des Fleisches Christi[21],
die auf dem allmächtigen Willen Gottes in Christus beruht.

Beide Auffassungen sind nun in die Konkordienformel[22] (Abschluß 1580)
eingegangen[23]. Während in der Solida declaratio die Chemnitzsche Lehre
von der Multivolipräsenz vorherrscht[24], wird an einer Stelle in der von
Andreae verfaßten Epitome auch die Lehre von der Omnipräsenz explizit
aufgenommen[25].

Ziel dieser christologischen Ausführungen (FC VIII) ist, die Gegenwart
Christi im Abendmahl (FC VII) zu bezeugen[26]. Verheißung und Omnipräsenz stehen also nebeneinander als Begründung für die Gegenwart
Christi im Abendmahl, wenngleich das göttliche Wort das eigentliche und
die Omnipräsenz nur ein zweites Argument darstellt[27]. Zur näheren Erläuterung der möglichen Allgegenwart des Fleisches Christi sind die Ausführungen Luthers aus dem Großen Bekenntnis vom Abendmahl in die
Konkordienformel aufgenommen worden[28]. Auf Grund der verschiedenen
christologischen Ansätze und ihrer Differenzen wurden die Lutherzitate
nach Abschluß des Konkordienwerkes aber alsbald zum Anlaß neuer Auseinandersetzungen. Sie wurden für verschiedene Änderungen in Anspruch
genommen[29]. Diese innerlutherische Kontroverse ist für Kepler ein sinnen-
fälliges Argument gegen die Richtigkeit der lutherischen Christologie und
die dogmatische Autorität Luthers[30]. Die Wurzel des Streites ist freilich in
dem von den Württembergern aufgenommenen traditionellen metaphysi-

---

[21] Zum Ausdruck und seiner Entstehung siehe *Mahlmann* S. 222 f.

[22] Vgl. auch *Dorner* II S. 706 ff.

[23] BS S. 1026, 17 f.: „... wahrhaftig gegenwärtig sein kann und ist".

[24] Z. B. BS S. 1038, 19 f.; 1043, 30—32; 1048, 13; vgl. 1009, 37 mit Anm. 5. —
Während der deutsche Text 1038, 27 ff. eher die Chemnitzsche Auffassung bietet, strebt der lateinische Text (C. Selnecer) ebd. Z. 29 ff. einen Kompromiß
zwischen Kenosis und Krypsis an: „Haec autem humanae naturae maiestas in
statu humiliationis *maiori ex parte* (Hervorhebung von mir) occultata et quasi
dissimulata fuit." — S. 1025, 24 f. heißt es im Unterschied zu der Distinktion
von actus primus und secundus beides zusammenfassend, daß Christus mit der
Erhöhung „in die völlige Posseß und Gebrauch der göttlichen Majestät nach
der angenommenen menschlichen Natur eingesetzt" worden sei. Vgl. dazu auch
Fr. H. R. Frank, Die Theologie der Concordienformel historisch-dogmatisch
entwickelt und beleuchtet, 4 Bde. 1858 ff., Bd. III 1863, S. 211 ff.

[25] BS S. 808, 10 f. — Vgl. im Blick auf die Allwissenheit in der Solida declaratio BS S. 1041, 46 ff.   [26] Vgl. BS S. 1018.

[27] BS S. 753, 1—755, 11, vgl. S. 753 Anm. 1.

[28] *Luther*, Vom Abendmahl Christi, Bekenntnis, 1528, WA XXVI S. 326, 29
—327, 20 und S. 335, 29—336, 37 (= BoA III S. 394, 16—23 und S. 400, 15
—401, 27) = FC SD 93—103 (BS S. 1006, 1—1008, 43).

[29] *Dorner*, II S. 713. 771 ff. — *A. Tholuck*, Vorgeschichte des Rationalismus
II/1, 1861, S. 21 ff. — Kritisch zu der Sicht Dorners *E. Weber*, Der Einfluß der
protestantischen Schulphilosophie auf die orthodox-lutherische Dogmatik, 1908,
S. 153 ff.

schen Substanzbegriff enthalten, der für den theologischen Sachverhalt Probleme induziert, die von ihm her nicht mehr lösbar waren[31].

Die Württemberger Theologie hat sich im Sinne der ursprünglichen Lehre von der Allgegenwart des Fleisches Christi formal weiterentwickelt. Diese Theologie steht Kepler in seiner Auseinandersetzung um Christologie und Abendmahlslehre gegenüber. Heerbrand[32], Gerlach[33] und Hafenreffer[34] sind ihre hervorstechendsten Vertreter, ebenso Daniel Hitzler[35].

---

[30] NK 6 S. 21, 28 ff.: „... ut est quidem jam verissime convulsus intestino Theologorum dissidio, hunc ipsum locum Lutheri aliter atque aliter interpretantium: dum Wirtembergici librum concordiae ex hac appendice Lutheri, Saxones appendicem hanc ex libro Concordiae interpretandam censent".

[31] *E. Weber* aaO. S. 152 ff. Vgl. oben Anm. 7 zu S. 125.

[32] Compendium Theologiae, Nunc paßim AUCTUM, & Methodi Quaestionibus tractatum, Tübingen 1579, S. 105 (ebenso Epitome Compendii Theologiae, Tübingen 1598, S. 25 f.): „Sic diuina natura filij Dei, non tantùm lucet in tota natura humana assumpta, sed etiam proprietates suas illi communicat: absque tamen naturarum confusione. Ita vt Christus, etiam secundum humanam suam naturam, diuinas habeat proprietates: quòd omnia scit, omnia potest, agit & facit, cum filio Dei, Omnipraesens, coelesti supernaturali modo. Et tamen homo Christus, in personae vnitatem assumptus à λόγῳ, manet homo, λόγος manet λόγος... Quod tempore humilitatis, dum formam serui gestaret, absconditum erat: postea verò, ea deposita, palàm declarat."

[33] NK 6 S. 17, 27 f.: „Gerlachius quiritatur, evacuari precium redemptionis nostrae, si detur Deus aliquo loco extra carnem." Vgl. *Gerlachs* ausführliche Assertio piae sanaeqve doctrinae de divina maiestate Christi hominis, Tübingen 1585, S. 373 f.: „... iuxta Canonem sacrae Scripturae non fingimus, sed euidenter docemus, fuisse eâ parte gloriae diuinae Christum qua homo est, etiam in hac vita mortali donatum: at pro conditione seruilis status eam, vt potuisset, non vsurpasse. A resurrectione autem, cùm ex hominum conspectu supra omnes coelos ascenderet, mansisse quidem sua essentia finitum: sed quatenus addexteram Dei consedit, & in ea potenter & praesenter omnem & aeternam potestatem vbique in coelo & in terra in omnes creaturas exercet, nullo loco conclusum esse, sed vnà cum Deo Verbo assumente supernaturali, illocali & diuino modo sine vlla diffusione per omnia locorum spacia ... omnia, vt Scriptura loquitur, implere".

[34] Z. B. W XVII Nr. 835, 145 f.: „Omnipraesentia ex Unione personalj resultat." Vgl. Doctrinae Christianae Summa (siehe Anm. 32 zu S. 7), 1614, S. 76 f.: „Iam unio Personalis est duarum in Christo Naturarum, ineffabilis quidem, & omnem rationis humanae captum excedens; indissolubilis tamen, & talis conjunctio, qua AEternus Filius Dei, in temporis plenitudine, Humanam Naturam, in Personae suae unitatem non sine reali Naturarum, earundemque proprietatum κοινωνία assumpsit: atque in ea, non tantùm redemptionis opus absolvit, sed jam quoque per eandem, omnibus ubique creaturis praesens potenter dominatur." Vgl. auch ebd. S. 86 ff.

[35] Sprüche Heiliger Schrifft, 1615, S. 42: „Christus secundum Humanam Naturam à puncto conceptionis semper habuit Divinam Majestatem, sed non semper exseruit & usurpavit." Ebd. S. 44: „Christus post Ascensionem suam plenariè usurpat Majestatem suam Divinam." — „Omnipraesentia in specie Homini Christo communicata dicitur in Scriptura" (Matth. 18,20; 28,20; Eph. 1,22; 4,10), ebd. S. 40 (42).

Später sind es Lucas Osiander und Theodor Thumm, die diese Position vertreten.

Festzuhalten ist in dieser Auseinandersetzung stets, daß die im Schoße der Jungfrau vollzogene persönliche Vereinigung der göttlichen mit der menschlichen Natur die Voraussetzung für die Allgegenwart des Fleisches Christi bleibt: die göttliche Natur verleiht der menschlichen diejenigen ihrer Eigenschaften, die übertragbar sind, ohne diese Natur zu verändern. So ist das endliche Fleisch nicht einfach allgegenwärtig gemacht worden, sondern von dem unendlichen Logos in die Einheit seiner unendlichen Hypostase (Person) persönlich aufgenommen worden[36]. Die Vereinigung der beiden Naturen ist eine persönliche im Sinne der zweiten Person der Trinität; die Gegenwart der menschlichen Natur ist infolgedessen ebenfalls eine persönliche, keine lokale im kreatürlichen Sinn. Dieser Vorgang ist schlechthin einmalig und einzigartig und entbehrt deshalb jeder Analogie. Kepler ist freilich nicht bereit, ein solches sacrificium intellectus, als das er diese Aussage versteht, zu bringen, zumal ihm keine triftigen Gründe aus der Schrift dafür vorzuliegen scheinen.

Die Übertragbarkeit der göttlichen Eigenschaften auf die menschliche Natur Christi bleibt aber auch für die Schultheologie ein Problem. Auch Stephan Gerlach hat diese Frage näher behandelt[37]. Danach werden zwar sämtliche Idiome der Gottheit mitgeteilt, jedoch die einen, die transzendenten, unmittelbar, die anderen, die immanenten, nur mittelbar, durch die Vermittlung der göttlichen Natur. Zu den ersteren gehören Allwissenheit, Allmacht, die Kraft, lebendig zu machen, und die Allgegenwart, zu den letzteren Unendlichkeit, Ewigkeit, Unerschaffenheit, Unkörperlichkeit und Einfachheit. Diese gehören der Menschheit Christi indirekt zu, da ihr Wissen, Macht und Herrlichkeit unbegrenzt, ewig und unerschaffen zukommen[38]. Ebenso äußern sich M. Chemnitz[39] und Ägidius Hunnius[40]. Da-

---

[36] W XVII Nr. 847, 83 ff.: „... finita caro non facta est omnipraesens, licet ab infinito λόγῳ in ὑποστάσεως infinitae vnitatem personaliter sit suscepta."

[37] Vgl. auch *Hafenreffer*, Loci Theologici, 4. Aufl. 1609, S. 324 f. Siehe auch unten Anm. 67 zu S. 136.

[38] *Gerlach* aaO. S. 200 f.: „Prioris generis attributa, quae sunt substantiales actus diuinae essentiae, Naturae assumptae ita communicata sunt, vt eam Realiter perficiant, & iuxta se denominent: qualia sunt Omniscientem, Omnipotentem, viuificum, Omnipraesentem esse. ... Posterioris autem modi attributa, (quae propriè loquendo ipsius Deitatis propria sunt) Humanitati simpliciter & absolutè communicata esse, dici non possunt: nisi Eutychianam confusionem & conuersionem Naturae humanae in Diuinam admittere velimus ... Attamen Deitas, quae à seipsa est, quae tribus personis communis est, quae simplicissima, incorporea, incomprehensibilis, omniumque rerum causa est, & sic quoque scientia & potentia aeterna, increata, & infinita, Humanitati communicata sunt, non quidem vt tribus personis communia, sed quatenus persona Verbi determinata sunt. Etsi igitur Humanitas Christi simpliciter & immediatè, nec infinita, nec aeterna, nec increata dicitur: infinitam tamen, aeternam & increatam

bei kann auf die unterschiedliche Bezeugung dieser Eigenschaften in der Schrift verwiesen werden. Kepler hält jedoch fest, daß die menschliche Natur die Eigenschaft der Unendlichkeit von der göttlichen Natur ebenso wie die anderen inneren Eigenschaften nicht subjektive in sich aufgenommen hat, und schließt aus der Absurdität der Aussage, die menschliche Natur sei unendlich, auf die Absurdität auch ihrer Allgegenwart[41]. Die Notwendigkeit einer prinzipiellen Unterscheidung zwischen mitteilbaren und nicht mitteilbaren Eigenschaften leuchtet ihm nicht ein. Er befindet sich damit in Übereinstimmung mit den Reformierten[42].

In dem erneuten Streit nach Abschluß der Konkordienformel hat Ägidius Hunnius[43] seinerseits die Unterscheidung von actus primus und secundus[44] in einer Weise geltend gemacht, die Kepler offenbar in besonderer Weise beschäftigt hat[45]. Danach ist der göttliche Logos seit der Empfängnis im Schoße Marias persönlich — im ontologischen Sinne — mit der ganzen Fülle seines Wesens in der Menschheit, nicht außer ihr, und die Menschheit in ihm, nicht außer ihm[46] (actus primus). Die Menschheit Christi ist aber zur Zeit des irdischen Lebens Jesu, im Stande der Erniedrigung, noch nicht mit dem Logos bei allen Kreaturen gegenwärtig und ist auch noch nicht aktuell allwissend und allmächtig gewesen. Diese Eigenschaften kommen ihr nach ihrem Gebrauch erst seit der Erhöhung, genauer: seit der Himmelfahrt[47] zu (actus secundus)[48]. Von diesem Zeitpunkt

---

scientiam, potentiam & gloriam communicatam habet: et sic mediatè quasi, aeternum, increatum, essentialiter infinitum, incorporeum, simplex, &c. Humanitati communicata sunt."

[39] Vgl. *Fr. H. R. Frank*, Theologie der Concordienformel historisch-dogmatisch entwickelt und beleuchtet, 4 Bde. 1858 ff., Bd. III 1863, S. 281.

[40] *Aeg. Hunnius*, Libelli IIII de persona Christi, ejvsque ad Dextram Dei sedentis Divina Maiestate, Frankfurt 1592, S. 56 ff.; S. 57: „... vt maximè Natura Christi humana infinita aut ab aeterno non sit: attamen potestas siue Maiestas ipsi communicata est infinita & aeterna ...", S. 58: „Qua ratione infinitas & aeternitas non quidem immediatè, sed mediantibus caeteris ἐνεργητικοῖς ἰδιώμασιν, communicata sunt assumptae Carni."

[41] NK 6 S. 19, 25—27; 23, 28—31.

[42] Vgl. *Dorner* S. 739.   [43] Vgl. *Dorner* S. 775 ff.

[44] Vgl. *H. Schulz*, Die Lehre von der Gottheit Christi, 1881, S. 243 f.

[45] NK 6 S. 13, 28 ff.: „... adhaesi in Hunnii commentario super Epistolam ad Ephesios, inque distinctione actus primi et secundi Omnipraesentiae carnis Christi."

[46] *Aeg. Hunnius*, Comm. in ep. divi Pauli ap. ad Ephesios, Frankfurt 1587, S.182: „Ne in humilitate quidem Christi vllum vspiam διάστημα loci interueniebat inter Naturas vnitas. Sed indistanter sibi mutuò erant praesentißimae, λόγῳ propriam carnem inenarrabili propinquitate praesentiaque intra sese continente ... Soli fideles per fidem statuebant, eam humanam carnem, quae in Iudaea versabatur, esse personaliter intra λόγον."

[47] Vgl. *Thomasius* S. 575 f.

[48] *Aegidii Hvnnii* ... Kurtze / einfältige vnd in Gottes Wort gegründte Bekandtnuß, Stuttgart 1607, S. 55 f.: So hat die Menschheit Christi die ihr mit-

an nimmt auch die menschliche Natur Christi an der Weltregierung des Logos teil[49].

Mit dieser Lehre unterstützt Hunnius im Gegensatz zu der Württemberger Theologie die Auffassung von Martin Chemnitz[50]. Die Württemberger schließen aus der persönlichen Vereinigung direkt, daß die Menschheit auch da sein müsse, wo der Logos ist. Dieser Satz findet sich auch bei Hafenreffer[51]. Er bildet sein oft wiederholtes Argument gegen Kepler. Ist der Logos allgegenwärtig bei den Kreaturen, so muß es auch die Menschheit sein. Hunnius folgert dagegen zunächst für den irdischen Jesus nur den ruhenden Besitz der göttlichen Eigenschaften. Ihr Gebrauch geschieht punktuell nur so weit, als der Stand der Erniedrigung das zuläßt. Er ist also in diesem Stande durch diesen notwendig begrenzt. Die hier bereits existente interne Gegenwart der Menschheit beim Logos und die lokale Gegenwart auf Erden widersprechen sich dabei nicht, da sie auf verschiedene Ursachen zurückgehen[52]. Im Stande der Erhöhung ist dann in

geteilte Majestas omniscientiae als „actum primum für vnnd für behalten: jedoch so hat der Sohn Gottes diese seine vnendliche weißheit / nit alzeit völlig in der angenommen Menschlichen Natur geübet / ... / so viel actum secundum, das ist den Gebrauch oder operationem oder ἐνέργειαν anlanget". S. 95 f.: „Als Er aber die Knechtsgestalt außzeucht / vnd jetzunder zur Rechten Gottes regieret vnd herschet / da heißt Er ein erklärter vnd offenbarter HERR / der auß kräfften dieses ihm in der empfängnuß mitgetheilten Allmächtigen Gewalts im Himmel vnd auff Erden / alle Ding gegenwertig / regirt / nicht auff jrrdische räumliche / oder naturliche weiß / oder wie die jmmermer köndte von der Vernunft erdichtet werden: sondern nach art vnd weiß der Rechten Gottes vnd deß Reichs Messiae / zu welchem Er / als deß menschen Sohn vber alle Creaturen erhaben."

[49] *Aeg. Hunnius*, Libelli IV. de persona Christi ejusque ad dextram dei sedentis divina majestate, Frankfurt 1595, S. 83: „... alia enim nunc est eius Maiestatis ratio, quàm fuit in statu humiliationis. Siquidem λόγος tum quidem *sibi* Naturam assumptam arcano quodam tacitoque modo vnitissimè praesentem extra locum habuit, sed non habuit eam caeteris in orbe creaturis praesentem (quibus gubernandis tum humana natura nondum adhibebatur) sed extra creaturas omnes intra perfectissimè Personae suae complexum intimum praesentissimè iunctam *sibi* habuit. Jam autem in statu gloriae λόγος non sibi tantùm illam habet praesentem personaliter: sed eandem quoque creaturis ratione gubernationis praesentem sistit, quatenus λόγος per exaltatam Humanitatem omnia gubernat & administrat in coelo & in terra."

[50] Die beigebrachten Belege widersprechen in diesem Punkt der Auffassung *E. Bizers*, der EKL III Sp. 1532 erklärt, Ägidius Hunnius vertrete die württembergische Auffassung.

[51] W XVII Nr. 847, 122 ff.: „Haec enim Caro ipsius τοῦ λόγου Caro est, et vbi λόγος, ibidem eiusdem est Caro. Vel soluta est vnio personalis, et divisus Christus."

[52] *Aegidius Hunnius*, Commentarius in epistolam divi Pauli apostoli ad Ephesios, Frankfurt 1587, S. 177: „Proinde localis ipsius in terris progreßio neutiquam conuellebat diuinißimam humanitatis in λόγῳ existentiam. Sicut nec vicißim praesentia personalis haec, qua in λόγῳ fuit & est, localem & alteram impediebat. Sed ambae ex diuersis ortae causis consistere simul poterant."

Übereinstimmung mit der württembergischen Lehre auch das Fleisch Christi omnipräsent[53]. Diese Gegenwart ist dann als göttliche der Kategorien von Raum und Zeit überhoben. Die Menschheit Christi hat an der Unräumlichkeit und Unzeitlichkeit des Logos teil. Im Unterschied zu den strengen Württembergern, die primär von der substantiellen Gegenwart bei den Kreaturen ausgehen, kann Hunnius dann den Begriff der Wirksamkeit Christi bei den Kreaturen für die Definition seiner Allgegenwart unmittelbar verwenden und als identisch neben den der Gegenwart stellen[54]. Neben dem illokalen Sein im Wort hat Hunnius der Menschheit Christi aber doch auch nach der Erhöhung noch ein Sein an einem Orte, ein in keiner Weise von außen eingeengtes, aber in sich lokales und begrenztes, quantitatives Sein nach Art der verklärten Leiber der Seligen zugeschrieben[55]. Diese Aussage ist logisch dadurch bedingt, daß eine Ver-

---

[53] Interessant ist in unserem Zusammenhang auch die Auffassung von *Philipp Nicolai* in Hamburg, für den der actus primus die allschauende Gegenwart, während der Zeit der Erniedrigung die einzige Form der Allgegenwart Christi, bedeutet. Sie kommt zum Ziel im actus secundus, der herrschenden Gegenwart (dominatio), dem ἐνεργητικῶς ausgeübten Sitzen zur Rechten Gottes. Dies geschieht aber erst nach der Auferstehung. Vgl. hierzu *H. E. Weber* I/2 S. 181. In *Nicolais* Synopsis articuli controversi de Omnipraesente Christo, op. lat. I (1617), S. 423 ff., S. 453 heißt es für den status exinanitionis unter Ziffer 510: „Omnipraesens itaque fuit actu primo, videlicet omnipraesenter Deo verbo conjunctus & creaturas omnes in ipso praesentes habendo: Et non fuit omnipraesens actu secundo, id est dominatione."
Kepler hat Nicolai offenbar nicht gekannt. Gewisse sachliche Berührungspunkte zwischen den Anschauungen sind wie im Vergleich mit Hunnius nicht zu verkennen.

[54] Libelli IIII de persona Christi …, Frankfurt 1592, S. 140: „Quid eorum interpretationi respondes, qui omnia implere idem esse contendunt, quod omnia in omnibus operari? Hanc interpretationem, si vero sensu accipiatur, non repudiamus, sed vt orthodoxam obuiis vlnis amplectimur." S. 141: „… impleret omnia, id est, praesens omnia … administraret et operaretur" (zit. b. *R. Rocholl*, Die Realpräsenz, 1875, S. 216; die Seitenangabe (S. 155) ist zu korrigieren). Vgl. auch die weiteren Ausführungen ebd.

[55] Kurtze, einfältige … Bekandtnuß, S. 4: „Als / da Christus auff Erden gieng / ist Er warhafftig nach eigenschafft seines Leibs / localiter nur an einem Ort zu einer zeit gewesen / wie dann jetzunder / nach dem dieser sein Leib durch die Aufferstehung verklärt / nach art der verklärten Leiber warhafftig im Himmel Finitum ist vnd bleibet: gleichwol nicht mehr physica locatione circumscriptum, aber doch ratione suae essentiae finitum, in welcher er auch am Jüngsten Tag zu Gericht erscheinen / vnd vnser Leiber … seinem Clarificirten Leib ähnlich machen würdt." — S. 85: „Denn wiewol Christus nach seines clarificirten leibs art im Himmlischen wesen warhafftig finitum corpus behält / vnd nach dieser verklärten weiß jetzunder nur im Himmel ist: So ist Er doch secundum alium respectum, nemblich nach art Göttlicher Rechten höher denn alle Himmel worden / dieweil sein Menschait nit nur allein in Himmel gefahren / sondern auch zur Rechten Gottes gesetzt worden / vnd also dieser Gestalt secundum modum dextrae Dei vber alle Himmel gefahren / daß Er alles erfüllet." — Ebd. S. 25—29 führt Hunnius die zweierlei Weise (respectus) der

schmelzung der Naturen nach Art des Monophysitismus vermieden und die menschliche Natur als solche bewahrt werden mußte. An dieser Stelle wird der Unterschied zur calvinistischen Tradition relativ, die einen bestimmten, physisch mit dem coelum empyreum analogisierbaren Ort postuliert, wo der gen Himmel gefahrene Christus weilt.

Dem gleichen Problem hat sich in seinen Loci theologici im übrigen auch Hafenreffer gestellt. Auch er muß von einem bleibend begrenzten und umschriebenen, wenn auch verklärten Körper Christi nach Auferstehung und Himmelfahrt sprechen[56]. Er vermeidet jedoch, vom Himmel ausdrücklich als Ort dieses Körpers zu sprechen. Entscheidend ist ihm der andere Gesichtspunkt, daß derselbe Leib nicht nur ein natürlicher, sondern auch ein vergöttlichter Leib ist. Er ist vergöttlicht auf Grund der persönlichen Vereinigung mit dem Sohn Gottes, der ohne alle Lokalität überall ist. An dieser Herrschaft des Logos über alle Kreaturen hat auch die Menschheit Christi teil.

Obwohl hier zwei verschiedene Aspekte ein und desselben Körpers gemeint sind, läßt sich doch nicht verkennen, daß letztlich von zwei verschiedenen Menschheiten die Rede ist[57]. Diese Aporie, die aus den benutzten Denkmitteln resultiert, ließ man um der in beiden Aussagen gemeinten Sache willen stehen.

Es ist deutlich, daß Kepler eine solche doppelte Aussage über die menschliche Natur Christi in seinem Sinne interpretieren konnte, wenngleich die Differenz nicht zu übersehen ist. Das gilt bereits für seine Studienzeit[58] ebenso wie für die Zeit des fortgeschrittenen Alters, als er die „Notae" verfaßte[59]. Daß die ganze Fülle der Gottheit in dem ortsgebundenen Fleisch Christi vermittels des Charakters des Gottessohnes als Person, der zweiten Person der Trinität, wohnt und daß deshalb das Fleisch Christi nicht den Kreaturen, sondern dem Logos überall allgegenwärtig ist, kann er annehmen. Gerade die letzte Aussage will er aber auch für die Zeit nach der Auferstehung voll gewahrt wissen, wenn der Leib Christi in den Himmel erhöht ist. Dann bestünde kein Grund, die calvinische Lehre zu verdammen. Die Folgerung, daß das Fleisch Christi nach der Erhöhung

---

Gegenwärtigkeit der menschlichen Natur Christi — localiter und personaliter — genauer auf. — Vgl. auch *Dorner* S. 779.

[56] *M. Hafenreffer*, Loci Theologici, 4. Aufl. Tübingen 1609, S. 328: „Christus Homo, secundùm naturae suae proprietatem, etiam secundùm naturae modum, verè in vno tantùm loco fuit: sicut & etiamnum corpus ipsius glorificatum, corpus finitum et circumscriptum manet. Sed ... idem corpus non tantùm naturale, verùm etiam deificatum corpus est, nimirùm cum Filio DEI, qui sine omni LOCALITATE vbique est, Personaliter vnitum."

[57] Vgl. *E. Weber*, Der Einfluß der protestantischen Schulphilosophie auf die orthodox-lutherische Dogmatik, 1908, S. 156 ff.

[58] NK 6 S. 13, 27 ff.

[59] NK 6 S. 20,7—9 (siehe Anm. 7 zu S. 297). 15—17.

respectu personali mit dem Logos auch den Kreaturen gegenwärtig ist[60], kann und will er nicht nachvollziehen. Das Fleisch ist und bleibt für ihn wie für die Reformierten ortsgebundene Substanz. Lokalität kann für ihn auch im Blick auf die Gottheit eben nicht als Akzidens verstanden werden. Eine Übertragung göttlicher Eigenschaften auf die menschliche Natur würde deren Vergottung und damit die monophysitische Auflösung der Erlösungstat Christi am Kreuz bedeuten. Vielmehr stellt Kepler dem Satz, daß die ganze Fülle der Gottheit im Fleisch wohne, den anderen an die Seite, daß der ganze Sohn Gottes außerdem vermittels der göttlichen Natur den einzelnen Kreaturen gegenwärtig sei. Beides widerstreite sich nicht[61]. Es widerstreitet sich schließlich auch nicht für die Zeit der Erniedrigung, zu der das Fleisch Christi nach Hunnius noch nicht an der Regierung über die Kreaturen teilhatte. Infolgedessen könne man auf die Rede von der Allgegenwärtigkeit des Fleisches Christi verzichten. Immerhin konnte aber Hunnius' Rede von einem respectus localis des erhöhten Leibes Christi Kepler einen Anknüpfungspunkt für sein eigenes Denken bieten.

Die Schwierigkeit, gleichzeitig die durch die persönliche Vereinigung der Naturen Christi seit der Inkarnation gegebene Teilhabe der menschlichen Natur an göttlichen Eigenschaften auszusagen und die wahre irdische Leiblichkeit Jesu im Stande der Erniedrigung zu wahren, versuchte man mit Hilfe einer weiteren Distinktion innerhalb des actus primus zu lösen. In der Menschheit Christi gibt es danach zwei actus primi, den natürlichen und den persönlichen. Nach dem ersteren ist Jesus den anderen Menschen gleich, nach dem letzteren jedoch vermittels der communicatio idiomatum der göttlichen Eigenschaften teilhaftig[62]. Diese Unterscheidung, der sich auch das Stuttgarter Konsistorium bedient[63], hat Kepler bei Friedrich Balduinus ausdrücklich kritisiert[64]. Kepler referiert: Actu personali sei das

---

[60] Vgl. *Hafenreffer*, Loci Theologici, 1609, S. 328 (Fortsetzung des Textes Anm. 56): „... ideò diuina & ineffabili ratione, ex natura vnionis & Communicationis Personalis, Incarnatus Filius DEI, assumptam suam humanam naturam vbique, sed illocaliter sibi praesentem habet, & iam in statu exaltationis per eandem praesenter & potenter omnibus creaturis dominatur".

[61] NK 6 S. 20, 15 ff.; vgl. Anm. 105 zu S. 208.

[62] *Michael Schaefer*, Ἀκρόπολις Christianae Religionis, 1607, S. 9 f.: „... docent; in Humanitate Christi duos esse Actus *primos, Naturalem & Personalem.* Actus Primus Naturalis Humanitatis est: quòd Humana Natura seipsâ, in se, & non respectu alterius considerata est substantia, ex Anima & Corpore composita, habens à Filio Dei in ipsa Vnione distinctam Essentiam, proprietates & conditiones; quibus fratribus suis est similis. Esse verò praeterea Humanitatis etiam quendam Personalem Actum ex eo constat, quòd Verbi Hypostasis facta est per Vnionem Hypostasis Humanitatis; vt quemadmodum caeterae Substantiae seipsis subsistunt, ita Humanitas communicata Verbi Hypostasi personetur & subsistat." [63] W XVII Nr. 638, 53.

[64] NK 6 S. 17, 30 ff.; vgl. *Fr. Balduinus*, Gründlicher Bescheidt Avff die

Fleisch Christi allgegenwärtig gewesen, also auch außerhalb des Kreuzes, actu naturali dagegen sei es nur am Kreuze gewesen. Er fragt dagegen, durch welchen actus er denn nun erlöst worden sei; auf Grund des actus naturalis würde bedeuten: durch das Fleisch, durch den actus personalis dagegen: nicht allein am Kreuz, sondern in der ganzen Welt. Wenn aber der actus naturalis dem actus personalis zu eigen gemacht worden sei, um das Erlösungswerk zu vollbringen, so könne man auch sagen, daß sich der Sohn Gottes die Passion zu eigen gemacht habe, wobei das Fleisch ortsgebunden bleiben kann. Eben diese Auffassung vertritt Kepler.

Der Gegensatz in der Begründung der Gegenwart Christi in der hypostatischen Subsistenz oder in Allmacht und freiem Willen Gottes, der zu dem Gegensatz von Omnipräsenz und Multivolipräsenz geführt hatte, fand seine Zuspitzung und seinen Austrag in dem Streit zwischen den Gießener und den Tübinger Theologen im zweiten Jahrzehnt des 17. Jahrhunderts[65]. Balthasar Mentzer in Gießen stellte seinerseits die Frage, ob die menschliche Natur Christi während des Standes der Erniedrigung allen Kreaturen gegenwärtig gewesen sei und kam wie Hunnius zu dem Ergebnis, daß dies im Sinne einer universalen Herrschaft noch nicht der Fall gewesen sei. Allgemein und vollkommen wie im Stande der Erhöhung[66] habe sie noch nicht an der Herrschaft über alle Geschöpfe im Himmel und auf Erden teilgenommen. Sie sei diesen deshalb auch noch nicht allgemein gegenwärtig gewesen, da Gegenwart und aktuelle Herrschaft Gottes sich nicht voneinander trennen ließen. Mit dem Begriff der Herrschaft kommt hier wieder der Gesichtspunkt der göttlichen Wirksamkeit spezifisch ins Spiel. Es wird nicht einfach beispielsweise von der immensitas Gottes und von der Übertragung seiner Allgegenwart auf die menschliche Natur[67] aus geschlossen, sondern gedacht wird vom Handeln Gottes aus. Die Naturengemeinschaft, die aus der unio personalis resultiert, wird von dem einheit-

---

Zwölff berühmte Haupt Vrsachen / warum die Reformirten ... mit Herrn D. Lutheri Außlegung der Wort Christi im Heiligen Abendmal nicht wollen eines seyn ..., Wittenberg 1614, S. 206 (zit. in W XII zur Stelle).

[65] Vgl. oben S. 65 f. — Siehe *Ritschl* IV S. 180 ff.; *Dorner* II S. 788 ff.; am ausführlichsten *Thomasius* S. 579—610. Auf die philosophische Problematik, die hinter der Auseinandersetzung steht, geht ausführlich *E. Weber,* Der Einfluß der protestantischen Schulphilosophie auf die orthodox-lutherische Dogmatik, 1908, S. 152 ff., ein.

[66] Christlicher, In Gottes Wort wol begründeter Bericht ... (Anm. 27 zu S. 66), S. 63: „Also ist ihm in warheit / dz Christus / Gott vnd Mensch / in vnd nach beyden Naturen kräfftig vnd gegenwertig herrschet vnd regieret vber alle Werck der Hände Gottes."

[67] *Hafenreffer* zitiert (Loci Theologici, 4. Aufl. 1609, S. 316) Kol. 2,9: „In Christo quidem inhabilitat OMNIS PLENITVDO Diuinitatis corporaliter" und schließt daraus: „Qua plenitudine procul dubio omnes diuinitatis Proprietates veniunt." Im einzelnen nennt er: „Omnipotentia, Omniascientia, Omnipraesentia, Virtus viuificandi: Remittendi peccata: Saluandi: Iudicandi, &c."

lichen Wirken der Person aus zu verstehen versucht. Dem steht die Tübinger Position gegenüber, die umgekehrt von der Naturengemeinschaft auf die wirksame Gegenwärtigkeit der menschlichen Natur Christi schließt. Die Gießener konnten von ihrem Ansatz her von einer Entäußerung (κένωσις) der göttlichen Wirkweise des Fleisches Christi zur Zeit der Erniedrigung sprechen, die Tübinger dagegen nicht. Für sie blieb nur die Aussage einer Verhüllung (κρύψις) möglich.

Für das Verhältnis Keplers zu Mentzer ergibt sich sachlich die Möglichkeit einer ähnlichen Schlußweise wie im Anschluß an Hunnius: Ist das Fleisch Christi im Stande der Erniedrigung trotz der persönlichen Vereinigung seit der Inkarnation im Schoße Marias nicht allgegenwärtig bei den Kreaturen, ist nicht einzusehen, warum diese Denkmöglichkeit nicht auch nach Auferstehung und Himmelfahrt bestehen soll. Die Dogmatik bot Kepler wie bei Hunnius noch besondere Ansatzpunkte, indem ausdrücklich auch im Stande der Erhöhung noch von einem begrenzten, quantitativen Sein der Menschheit Christi neben ihrer Allgegenwart gesprochen wurde. Hier sah Kepler eine Möglichkeit, seine eigene Auffassung in Verbindung mit der lutherischen Orthodoxie zu entwickeln und zu verteidigen. Dadurch jedoch, daß er eine substantielle Allgegenwart des Fleisches Christi grundsätzlich, auch wenn substantielle und operative Gegenwart so miteinander verknüpft wurden wie bei Mentzer, auf Grund der quantitativen, kreatürlichen Essenz des Fleisches nicht nachvollziehen konnte und deshalb ablehnen mußte, trat er in Gegensatz nicht nur zu der württembergischen, sondern auch zu der übrigen lutherischen Lehre und kam in die Nähe der reformierten Christologie, die wie er lediglich von einer Gegenwart der Menschheit Christi κατ' ἐνέργειαν sprach. Deren Verdammung durch die Konkordienformel konnte Kepler deshalb auch sachlich nicht verantworten[68].

Das deutsche Luthertum außerhalb Württembergs stellte sich im Streit zwischen Tübingen und Gießen unter der Führung der kursächsischen Theologen im wesentlichen auf die Seite Mentzers[69]. Man urteilte, daß Christus nach seiner menschlichen Natur erst im Stande der Erhöhung

---

[68] Die Unterscheidung zwischen einer praesentia essentialis Christi allein im Himmel und einer praesentia operativa Gottes bei den Geschöpfen machen auch die Sozinianer und Arminianer. Mit den Arminianern, die auf der Synode zu Dordrecht 1618/19 wegen ihrer Kritik an der Prädestinationslehre verurteilt wurden, fühlt sich Kepler innerlich stark verbunden, W XVII Nr. 808, 36 ff.

[69] Solida Verbóque Dei & Libro Concordiae Christianae congrua Decisio Quatuor controversorum capitum principaliorum, Leipzig 1624; vgl. *Ritschl* IV S. 188 ff.; *Thomasius* S. 610 ff. Eine weitere Auflage erschien 1663 in Leipzig. — Möglicherweise ist Matthias Hoe von Hoenegg der Verfasser; *Ritschl* S. 188 Anm. 29. Auch H. Höpfner wird genannt; für diese Möglichkeit entscheidet sich auch *Thomasius* S. 610 Anm. 1. Höpfner nennt auch *G. J. Planck*, Geschichte der protestantischen Theologie, 1831, S. 68 Anm. 73.

allen Kreaturen vollmächtig gegenwärtig sei[70]. Zur persönlichen Vereinigung der beiden Naturen Christi, die bereits im Stande der Erniedrigung eine Gnadengegenwart Gottes nach dem freien Willen Christi ermöglichte, muß also nach dieser Auffassung als zweites konstitutives Element seine Erhöhung und sein Sitzen zur Rechten Gottes hinzukommen. Dieses vollendet aber nur das erste: Mit der Erhöhung kommt die persönliche Gemeinschaft der beiden Naturen und die Teilhabe der menschlichen Natur an der göttlichen und ihren Eigenschaften zu ihrer vollen Geltung und Wirksamkeit[71].

Die eigentliche Differenz Keplers zur lutherischen Christologie liegt somit bei der Interpretation der persönlichen Vereinigung an der Stelle, die die dogmatische Lehrentwicklung mit dem Begriff der Communicatio idiomatum zu umschreiben versucht. Im Werk der Person Christi (genus apotelesmaticum der communicatio idiomatum) kann Kepler wohl wie die Reformierten einen concursus, nicht aber wie die Lutherischen einen confluxus der Naturen annehmen, und die Möglichkeit, der menschlichen Natur Eigenschaften der göttlichen Natur auf Grund ihrer Gemeinschaft zuzuschreiben (genus majestaticum)[72], muß er mit den Reformierten ablehnen. Die Menschheit Christi bleibt quantitativ bestimmt. Eine Durchbrechung der Denkstruktur der Quantität erscheint ihm nicht möglich und auch auf Grund der biblischen Offenbarung nicht notwendig zu sein. Die Lehre von der Allgegenwart des Fleisches Christi erscheint ihm deshalb als absurde Spekulation und als Neuerung, der sich zu unterwerfen keinerlei Anlaß besteht.

Aus der grundlegenden Differenz in der Christologie[73] ergibt sich der Streit mit der Kirche um den Ausschluß vom Abendmahl. So wird in dem

---

[70] Solida ... Decisio, 2. Aufl. 1663, S. 63: „Erroneum est, dicere, Christum in statu Exinanitionis, etiam juxta carnem, tàm potenter omnibus creaturis dominatum, quàm nunc ad dexteram DEI." Vgl. S. 73 Antithesis 4 und 7.

[71] Vgl. *Hoe*, Vnvermeidentliche / vnd vmb Gottes Ehre willen trewhertzige Erinnerung / An alle rechte Evangelische / eyferige Lutherische Christen / so zu Berlin / vnd sonsten in der Chur vnd Marck Brandenburg sich auffhalten, Leipzig 1614, S. 9 (zur Person Christi): „Bey den Calvinisten aber wimmert vnd wudlet es alles von lauter schrecklichen Irrthumben vnnd Lesterungen / die dörffen schreiben: 1. Der Sohn Gottes sey auch ausser seiner angenommenen Menschheit / (Laß mir das eine schöne tieffe Vereinigung der beyden Naturen seyn!) ..." Kepler steht hier auf der Seite der Calvinisten.

[72] *Hafenreffer* definiert in seinen Loci Theologici, 4. Aufl. 1609, S. 311, dieses genus folgendermaßen: „Secundum genus Communicationis Idiomatum est vera & realis Μετάδοσις, qua Λόγος Filius DEI, carni suae, in Personae vnitatem assumptae, seipsum & omnem diuinae suae celsitudinis gloriam & maiestatem ita communicat, vt quaecunque Λόγος est, & habet per essentiam, assumpta caro habeat, per vnionis & communicationis personalis gratiam."

[73] NK 6 S. 18, 32 f.: „... oppugno ... totum Deum esse incarnatum ergo et carnem factam omnipraesentem".

Schreiben des Konsistoriums an Kepler aus dem Jahre 1612 als Grund des Ausschlusses ausdrücklich die Leugnung der omnipraesentia Carnis Christi ex actu Personali resultans und die Beschimpfung dieser Lehre mit dem verhaßten Namen der Ubiquität[74] als Ketzerei und Neuerung, die keinen Anhalt im Altertum habe, genannt[75]. Dieser Vorwurf entspricht den Verwerfungen der Konkordienformel[76].

Die Abendmahlslehre ist auf beiden konfessionellen Seiten aufs engste mit der Christologie verknüpft. Für die lutherische Theologie hängt an der Möglichkeit der allgemeinen Allgegenwart des Fleisches Christi die wahre Gegenwart des Leibes Christi im Abendmahl[77]. Das eine Geheimnis bedingt das andere[78]. Kepler schließt entsprechend ohne weiteres von einem Mißverständnis der lutherischen Polemik gegen die Calvinisten in der Christologie auf eine falsche Beurteilung auch der Abendmahlslehre[79]. Geht es zudem bereits in der Christologie um das Zentrum des Glaubens und findet dieser Glaube Gestalt in der Feier des heiligen Abendmahles, ist es folgerichtig, wenn das Abendmahl zur Nota confessionis wird[80]. Diese Folgerichtigkeit ist freilich eine logische und beruht auf der rationalen Fassung der Lehre. Kepler kritisiert die Einseitigkeit dieser nur logischen Folgerichtigkeit, wenn er die Funktion des Abendmahls als Nota confessionis kritisiert. Die christliche Frömmigkeit, die sich an das Abendmahl hält, ist ihm gegenüber der eng gefaßten Lehre der weitere und ursprünglichere Bereich, der zur Teilnahme ermächtigt. Deshalb hält er es auch für möglich, daß man u. a. den Artikel vom Abendmahl „beseitz setzete, vnd biß auff ein andermahl auffsparete" und den Calvinisten in anderen Punkten, z. B. der Prädestination, und damit grundsätzlich die Hand reichte[81]. Täten die Theologen das nicht, bliebe der Verdacht, „als sey jnen

---

[74] Vgl. oben Anm. 4 zu S. 124.   [75] W XVII Nr. 638, 52 ff.

[76] Vgl. FC Ep. VII, Negativa 11 (BS S. 802): Verdammt wird die Lehre, daß „der Leib Christi also im Himmel beschlossen, daß er auf keinerlei Weise zumal und zu einer Zeit an vielen oder allen Orten gegenwärtig sein könnte auf Erden, da sein heiliges Abendmahl gehalten wird." — Vgl. im einzelnen z. B. *Calvin*, Inst. IV, 17, 26 Anfang (op. sel. V S. 378, 16 ff.) mit FC SD VII, 119 (BS S. 1013, 14 ff.).

[77] Vgl. Hafenreffer, W XVII Nr. 835, 258 f.: „Si enim generalis omnipraesentia nulla est, nulla quoque in caena."

[78] Hafenreffer, W XVII Nr. 847, 128 ff.: „... hac imaginativa tua opinione ... totum incarnationis et vnionis personalis, sicut etiam consequenter (!) communionis mysterium totum evacuatum".

[79] NK 6 S. 14,5 ff.: „... quibus injuria, meo judicio, fiebat circa caput unum de persona Christi, iis proculdubio etiam fieret injuria circa caput alterum de S. Caena".

[80] Hafenreffer, W XVII Nr. 847, 151 ff.: „Qui enim cum Ecclesia Orthodoxa non eandem Fidem et profitetur et colit, quomodo ijsdem cum Ecclesia, à cuius Fide dissentit, Sacramentis vtatur." Vgl. W XVII Nr. 638, 133 ff., Nr. 808, 14 f.

[81] Kepler an Herzog Johann Friedrich von Württemberg, W XVI Nr. 528,

zu erhaltung des volckhs bey dem articulo de Coenâ nur wol mit den erroribus de praedestinatione"[82].

Frömmigkeit und Lehre lassen sich aber nach dem lutherischen Wort- und Sakramentsverständnis nicht voneinander trennen, ebensowenig wie sich die Wirksamkeit des Leibes Christi und Gottes überhaupt von seiner vollen Anwesenheit trennen läßt. Das gleiche gilt nach dem lutherischen Verständnis der Schrift auch hinsichtlich der Elemente des Abendmahls[83]. Leib und Blut Christi sind auf übernatürliche Weise durch die Macht seiner Verheißung mit dem Brot und dem Wein sakramental vereinigt und werden mit diesem im Abendmahl wahrhaftig ausgeteilt[84]. Diese Gegenwart Christi im Abendmahl ist, so erklärt Kepler die lutherische Auffassung[85], auf die Inkarnation bezogen, sie ist dadurch auf Grund der persönlichen Vereinigung letztlich eine persönliche[86]. Sie ist also, meint Kepler, einseitig auf die christologische Lehre von der Vereinigung der göttlichen Natur (der zweiten Person der Trinität) mit der menschlichen Natur Christi bezogen; die Lehre der Lutheraner läßt deshalb den eigentlichen Bezug des Abendmahls auf das Erlösungswerk Christi, seine Passion, nicht mehr recht erkennen. Die Vereinigung von Leib und Blut Christi mit Brot und Wein ist nach lutherischer Lehre freilich keine persönliche, sondern eine sakramentale[87]. Daß die anwesende Substanz dabei eine übernatürliche, himmlische ist (Brenz), bedeutet, daß sie nicht räumlich eingeschlossen werden kann. Überhaupt sind alle „mathematischen" Erwägungen

---

34 ff. Vorausgesetzt ist dabei allerdings, „das sich die Calvinische spraach in articulis de praedestinatione et providentia Dej, partim etiam de persona Christj fast beginnet zuverändern" (Z. 24 ff.), wie Kepler meint.

[82] Ebd. Z. 64 ff.

[83] Zehentmair an Kepler, W XIV Nr. 137, 76 f.: „... quia uerba institutionis tam clare etiam substantiae praesentiam exprimunt, cur eandem à symbolis secludemus?"

[84] *D. Hitzler*, Sprüche Heiliger Schrifft (siehe Anm. 12 zu S. 31), S. 262: „Corpus et sanguis Christi non cum consecrato pane & vino consubstantiata, nec illis localiter aut durabiliter inclusa, sed supernaturali & ineffabili modo, vi promissionis Christi, pani & vino sacramentaliter unita, CUM PANE ET VINO coenae, nobis verè exhibentur in coena."

[85] Kepler, NK 6 S. 15, 11 ff.

[86] Keplers Antithese, NK 6 S. 15, 12 f.: „... potius igitur passionalem in S. Caenae praesentiam dicendam quam personalem".

[87] Vgl. z. B. die von *Andreas Musculus* 1572 verfaßten Articuli de Coena Dominica, Ministris Ecclesiarum, & scholarum Marchiticarum, mandato ac iussu ... D. Joannis Georgii, Marchionis Brandenburgensis ... proponendi, vt ... eos approbent, ac ... manuum subscriptionem addant; Ad eosdem breuis & necessaria piorum & orthodoxorum virorum responsio (Abdruck der Artikel mit reformierter Kritik — die Gegenüberstellung ist sehr instruktiv —), 1576, S. 5: „An ... sentiant, vnionem panis & corporis Christi in Coena esse incomprehensibilem, ideóque non personalem non naturalem, neque formalem, sed sacramentalem & supernaturalem."

damit abgeschnitten[88]. Die Möglichkeit einer praesentia passionalis, wie Kepler sie vertritt, wird schon früh auf Grund der substantiellen Gegenwart abgelehnt[89]. Die substantielle Gegenwart bedeutet qualitativ mehr, sie vermittelt Christus nach seinen beiden Naturen selbst, während eine Gegenwart seiner Passion eben nur die Frucht seines Tuns, nicht aber ihn selbst gewährte. Das entspricht der Ablehnung der Konkordienformel, wo unter den verdammten Lehren der „Sakramentierer" auch der Satz aufgeführt wird: „Daß im heiligen Abendmahl allein die Kraft, Wirkung und Verdienst des abwesenden Leibes und Bluts Christi ausgeteilet werde."[90] Die Deklarierung einer Abwesenheit beruht freilich auf der substanzontologischen Auffassung, die hinter der lutherischen Christologie und Abendmahlslehre wie ihrer Theologie überhaupt steht. Kepler kann in diesem Zusammenhang durchaus von Anwesenheit des Leibes und Blutes Christi sprechen[91], obwohl er eine substanzhafte Gegenwart verneint. Eine solche wäre für ihn auch lokal bestimmt. Wenn aber, so muß der Lutheraner schließen, die Gegenwart des Leibes Christi keine substanzhafte, sondern eine unsichtbare ist, so ist sie nur eine geistige, und das bedeutet: Das Abendmahl ist zu einer Erinnerungsfeier geworden[92].

Beide Seiten wollen mit ihrer Auffassung in Christologie und Abendmahlslehre das Geheimnis der Inkarnation und der seitdem geschehenden besonderen Gegenwart Gottes in der Welt zum Ausdruck bringen und wahren. Wie Kepler auf die Begrenztheit des menschlichen Verstandes verweist, so erklärt auch die Konkordienformel, daß das Geheimnis der Person Christi nicht zu ergrübeln sei[93]. Die Autorität der Schrift ist oberstes Prinzip. Die Widersprüche für die Vernunft, die sich durch die Offenbarung ergeben, sind aber auf beiden Seiten charakteristisch verschieden.

---

[88] Vgl. *Joh. Brenz*, Homil. 50 de Passione (opp. V S. 1438): „... cum dicitur, corpus et sanguis Christi contineri et distribui pane et vino per verbum Christi, sentiendum est verum corpus et verum sanguinem Christi vere quidem, non tamen mathematice nec naturali, sed supernaturali et coelesti modo adesse". *H. Gollwitzer*, Coena Domini, 1937, S. 145. — Für Melanchthon ist der Leib Christi ebenfalls nicht räumlich, sondern auf die Weise im Abendmahl gegenwärtig, auf die der ganze Christus als Person allen Kreaturen gegenwärtig ist; CR II S. 224 (Augsburger Thesen). Hier setzt dann aber die augustinische Unterscheidung an, daß Christus ubique totus sei, sed non totum, d. h. nicht mit dem Ganzen seiner beiden Naturen (CR XV S. 1271). Vgl. oben S. 119 f.

[89] Explizit z. B. bei *J. Westphal*, Recta fides de Coena Domini ex verbis Apostoli Pauli et Evangelistarum demonstrata ..., Magdeburg 1553, S. 54 f.: Das Relativpronomen „quod" und „qui" Luk. 22, 19c. 20c (der Leib, der für euch gegeben, das Blut, das für euch vergossen wird) „substantiam non qualitatem notat nec passionem aliquam praesentem in corpore et sanguine eius innuit". *Gollwitzer* aaO. S. 110.

[90] FC Ep. VII 31 (Negativa 10), BS S. 802, 11 ff.

[91] W XVII Nr. 835, 211 f.

[92] Vgl. FC Ep. VII 29 (Negativa 8), BS S. 801, 40 ff.

[93] FC SD VIII 96, BS S. 1048 f.

142

Für Kepler stehen Schriftaussagen und Erkenntnisse der Vernunft wohl in einem paradoxen Verhältnis. Die lutherische Theologie versucht das göttliche Geheimnis aber darüber hinaus mit Hilfe der metaphysischen Substanzontologie zu beschreiben, die auf die Seiendheit des Seienden reflektiert[94]. Damit wird das Geheimnis der göttlichen Offenbarung bis in die letzten Möglichkeiten des Denkens hinein verfolgt — von der Inkarnation, modern gesprochen: von dem Phänomen Jesus Christus her gesehen ein durchaus folgerichtiger Zug. Durch die verwendeten Denkmittel stehen jedoch Natur und Übernatur als zwei verschiedene Wirklichkeiten einander gegenüber[95]. Deren ontische Zusammengehörigkeit wird bestritten, um das „ganz andere" des göttlichen Wesens und Tuns herauszustellen. In der verwendeten Begrifflichkeit müssen aber die beiden Wirklichkeiten als Seinsbereiche ontologisch nebeneinandertreten. Das impliziert die Gefahr, daß sie letztlich ihrerseits in einem geschlossenen Weltbild zusammengedacht werden, wenn das Seiende andererseits nicht in zwei Wirklichkeiten auseinanderfallen soll, die keine Beziehung mehr zueinander haben. Daß solches fehlerhafte Zusammendenken geschieht, zeigt sich für Kepler darin, daß durch die Aufnahme der menschlichen Natur Christi in die Personeinheit der göttlichen Hypostase der zweiten Person der Trinität deren naturale Veränderung möglich ist. Daß die lutherische Theologie unsachgemäß über die Natur spekuliert, ist dann Keplers kritischer Vorwurf[96]. Wird die Kategorie der Substanz auf irrationale Sachverhalte angewandt, so bekommen Phänomene, die für die Vernunft Widersprüche darstellen, den Charakter des Mirakels[97]. Mirakel im Sinne eines Einbruches übernatürlicher Wirkungen in die Sphäre des Irdischen haben aber bei Kepler einen anderen Stellenwert, als sie seiner Meinung nach in der lutherischen Theologie haben. Sie gehören für Kepler in den Zusammenhang signifikativen Geschehens im Rahmen der göttlichen Vorsehung,

[94] Das gleiche geschieht innerhalb des Calvinismus schon bei Beza. Das forderte den Gegenzug der zwinglianisch ramistischen Abendmahlslehre heraus, wo „nicht Metaphysik, sondern Rhetorik und Empirismus ... zum Instrument einer betontermaßen ‚biblischen Theologie'" wurden; J. *Moltmann*, Zur Bedeutung des Petrus Ramus für Philosophie und Theologie im Calvinismus, ZKG 68, 1957, S. 295 ff., S. 317. Zum Streit zwischen Beza und Ramus über den Substanzbegriff in der Abendmahlslehre siehe ebd. S. 306 ff.

[95] Vgl. *Heerbrand*, Comp. theol., 1579, S. 118: „Naturalia autem vel Physica, nullam habent cognationem cum diuinis, aeternis, spiritualibus & supernaturalibus. Ideo illa non ad haec accommodanda."

[96] NK 6 S. 15, 37 f.: „... vox realis non a modo quem natura capit, sed a veritate promittentis dei denominata intelligatur, uti et ipsi monent."

[97] Vgl. NK 6 S. 16, 18 ff.: „et quod fons omnis litis sit iste, quod hodie occuparemur perperam in contemplatione carnis, miracula in ea contradictionem involventia suspicientes, cum rectius occuparemur in Deo verbo ipso, in quo etsi aliqua nobis videntur contradictoria, ea tamen omnium confessione tutius credi possunt et debent, quia naturae nostrae imbecillitas divinitatis leges non capit, cum capiat humanitatis".

die den Menschen bestimmte Botschaften zuschickt. Auch hier liegt dieser mirakelhafte Charakter jedoch nur vor, soweit die Vernunft (noch) nicht in der Lage ist, natürliche Erklärungen zu finden. Das zentrale Geschehen der Inkarnation und die darin begründete Gegenwart Christi auf Erden dagegen betreffen die Welt als Ganze; es ist das Wunder schlechthin und darf nicht im gleichen Sinne wie einzelne Mirakel verstanden werden. Freilich stellt auch die Inkarnation ein „Zeichen" dar. Dieses ereignet sich aber abseits jeder natürlichen Verstehbarkeit. Es gibt durch seine Paradoxie von der Allmacht Gottes Kunde.

Die Allmacht Gottes erweist sich für die lutherische Theologie gerade in seinem besonderen Handeln an der Natur — der Erhöhung der menschlichen Natur Christi den Menschen zuliebe, denen sie eine neue Weise der Gegenwart Gottes eröffnet. Auch in der reformierten Theologie sind, von der menschlichen Natur der Person Christi abgesehen, Allmacht und essentielle Gegenwart Gottes grundsätzlich miteinander verknüpft[98]. Doch während bei den Lutherischen von der Gegenwart Gottes in und durch Jesus Christus her argumentiert wird, bildet bei den Reformierten die Absolutheit Gottes und seines schöpferischen Dekretes den logischen Ausgangspunkt. Kepler gehört hier auf die Seite der Reformierten[99]. Allmacht und Gegenwart Gottes bei seinen Geschöpfen tun sich kund in seinen Werken, und in diesen allein. Daß dieser Bezug auf das absolute schöpferische Dekret Gottes als Aussage wiederum unter den Systemzwang des gleichen Denkens gerät, offenbart seinerseits die Begrenztheit menschlicher Vernunft überhaupt und verweist auf die Phänomene selbst, um deren Interpretation es geht mit dem Ziel, Teilhabe zu gewinnen.

3. Die Kritik am Calvinismus

Stieß Keplers Kritik an der lutherischen Theologie in der Christologie auf das Zentrum dieses Systems, so gilt das gleiche nun auch für seine Kritik am Calvinismus, der die Prädestinationslehre als zentrales Theologumenon in ähnlich spekulativer Weise entwickelt hat wie die württembergische Theologie die Ubiquitätslehre.

Der Ausgangspunkt seiner Kritik bietet sich für Kepler freilich bereits bei Luther[1]. In Luthers Schrift De servo arbitrio, die sich Kepler schon

---

[98] Vgl. *Heppe* S. 60, wo der Vers genannt wird: „Enter, praesenter Deus hic et ubique potenter." Vgl. auch ebd. S. 61, wo *J. H. Heidegger* zitiert wird, der eine bloß operative Gegenwart Gottes als Abwesenheit qualifiziert und damit als häretisch verwirft!

[99] NK 6 S. 16, 31 ff.: „Disparata et subordinata esse in Deo, In carne esse personaliter, et in rebus omnibus esse, quae sunt extra carnem, essentiali et effectuali, praesentia."

[1] Zur Frage der Prädestination bei Luther vgl. *R. Seeberg*, Lehrbuch der

144

in Adelberg aus Tübingen schicken ließ, heißt es, daß Gott alles nach seinem unwandelbaren, ewigen und unfehlbaren Willen vorhersieht, plant und tut[2]. Daraus folgt: Alles, was wir tun, alles, was geschieht, geschieht im Blick auf Gottes Willen in Wahrheit notwendig und unwandelbar, auch wenn es uns veränderlich und zufällig zu geschehen scheint[3]. Der menschliche Wille vermag gegenüber Gottes Willen nichts. Diese Aussage diente Luther zur Bekräftigung der Tatsache, daß nicht wir, sondern allein Gott in uns das Heil wirkt[4]. Die Gewißheit des Heils hängt dann an der Unumstößlichkeit der Verheißung, die dieses Heil zusagt, und das heißt: an der Kontinuität des göttlichen Wollens und Handelns[5]. Die logische Folge der Bestimmung der Glaubenden zum Heil, der Erwählung, ist aber die Verwerfung und Verdammung derjenigen, die nicht glauben. Die Unabdingbarkeit der Rettung der einen bedeutet logisch die Unabdingbarkeit der Verdammnis der anderen. Die Logik der Vernunft führt zu der furchtbaren Erfahrung des verborgenen, zürnenden Gottes. Die Rückfrage nach dem Warum des Errettens und Verdammens wird vor der Unerforschlichkeit des göttlichen Willens gegenstandslos und vermessen, befindet sich die Menschheit doch im Machtbereich der Sünde und des Todes. Sie erfährt Erlösung nur gnadenhaft angesichts des Kreuzes als Errettung aus dem Tode. Begegnet Gott in der Welt nur in der unerforschlichen Verborgenheit seines prädestinatianischen Willens, so im Wort vom Kreuz in der Offenbarung seiner Gnade und Barmherzigkeit. Hier ist für Luther der wahre Bezugspunkt der Existenz, der von prädestinatianischer Grübelei und Spekulation befreit und zur Freude des Glaubens führt.

Dogmengeschichte, Bd. IV/1, 6. Aufl. 1959, S. 188 ff. — *Ritschl* III S. 1 ff. — *W. Elert*, Morphologie des Luthertums, Bd. I (1931 =) 1952, S. 103 ff. — *Erikstein*, Luthers Prädestinationslehre, Oslo 1957. — *H. Bandt*, Luthers Lehre vom verborgenen Gott, 1958. — *H. Vorster*, Das Freiheitsverständnis bei Thomas v. Aquin und Martin Luther, Kirche und Konfession 8, 1965. — *K. Schwarzwäller*, Theologia crucis. Luthers Lehre von Prädestination nach De servo arbitrio, 1970; ders., Sibboleth. Die Interpretation von Luthers Schrift De servo arbitrio seit Theodosius Harnack, Theol. Existenz 153, 1969; dagegen: *J. Tolk*, Wider die Dogmatisierung der Rechtfertigungslehre, Zeitschr. f. Theol. u. Kirche LXVII, 1970, S. 87 ff.

[2] BoA III S. 108, 7 ff.: „Est itaque et hoc imprimis necessarium et salutare Christiano, nosse, quod Deus nihil praescit contingenter, sed quod omnia incommutabili et aeterna, infallibilique uoluntate et praeuidet et proponit et facit.“

[3] BoA III S. 108, 30 ff.: „... omnia quae facimus, omnia quae fiunt, etsi nobis uidentur mutabiliter et contingenter fieri, reuera tamen fiunt necessario et immutabiliter, si Dei uoluntatem spectes“.

[4] BoA III S. 125, 21: „... non nos, sed solus Deus operatur salutem in nobis ...“

[5] BoA III S. 110, 36 ff.: „At quo modo certus et securus eris, nisi scieris illum certo et infallibiliter et immutabiliter, ac necessario scire et uelle et facturum esse, quod promittit?“

Voraussetzung dieser Auffassung ist die Unmittelbarkeit des Glaubens, der jenseits der abständigen Erwägungen der Vernunft Gottes Verheißung beim Wort nimmt und zur Wirksamkeit kommen läßt. Als Modell kann die Anerkennung des Wortes von der Gerechtigkeit des Glaubens Röm. 1,17 dienen, das zum Zentrum der Existenz und der Theologie Luthers und der lutherischen Reformation überhaupt geworden ist. Luthers Theologie ist Ausdruck dieses unvermittelten Glaubens an das Wort. Sein Prädestinationsverständnis aber ist dessen Kehrseite, sofern die Vernunft versucht, den Inhalt des Glaubens in ihrer eigenen Gesetzmäßigkeit zu erfassen. Die rationale Frage nach dem Warum ist der Unmittelbarkeit des Glaubens jedenfalls nicht angemessen, sie muß sie vielmehr zerstören. Der Glaube kann nur die ihm in Christus angebotene Möglichkeit ergreifen. Menschliche Begriffe und Vorstellungen haben Gottes Willen gegenüber nichts auszurichten; sie können vielmehr nur diesen Willen akzeptieren und zu explizieren versuchen. Christliche Theologie ist dann gehorsames Beschreiben der in Jesus Christus geschehenen Offenbarung der Gerechtigkeit des Handelns Gottes und rückhaltloses Bedenken der Konsequenzen dieser Wirklichkeit.

Für Kepler stand der Glaube offenbar schon sehr früh, zu Beginn seines theologischen Denkens, in einem anderen Verhältnis zur Vernunft als bei Luther in De servo arbitrio. Die dialektische Doppelung des göttlichen Handelns im Sinne der Prädestination vermochte er nicht in die Einheit seines Gottesverständnisses einzubringen. Dieses Gottesverständnis begegnet uns zunächst als entscheidend religiös geprägt. Eine mögliche Verwerfung der Unreinen bedeutete für Kepler im Blick auf sich selbst erhebliche Anfechtungen des Gewissens — Anfechtungen, um derentwillen er von seinen Mitschülern bereits gehänselt wurde. Er hat sich mit dieser Frage offenbar von Anfang an sehr eingehend und gewissenhaft beschäftigt. Die Seelenangst um die Prädestination hat ihn zeit seines Lebens bedrängt. Aber auch im Blick auf seine Mitmenschen und Freunde lag Kepler wesentlich an Gottes Gnade. War er doch schon nicht in der Lage, an die Verdammung der ungläubigen Heiden zu glauben. Neben diesen religiösen Gesichtspunkten, freilich auch in ihnen, meldet sich aber ein rationalisierendes Element, das die elementare Gewalt der Glaubenserkenntnis Luthers und ihre vernünftig-widervernünftige Extrapolation nicht mehr nachvollziehen kann und deshalb auch an dieser Stelle die Verstehensfrage stellt. Wie paßt eine doppelte Prädestination zum Bild des gnädigen, barmherzigen Gottes, wo doch die Rechtfertigung durch den gekreuzigten Christus geschehen ist und verkündigt wird? Sollte diese Predigt für bestimmte Menschen nach Gottes Willen von vornherein unverständlich sein, weil sie von Ewigkeit her verdammt sind? Solche Fragen ergeben sich aus der verallgemeinernden Objektivation der in jenem Theologumenon explizierten Glaubensaussage. Kepler kann ohne sie nicht mehr auskommen.

Eine bessere Erklärung vermochte Kepler die Prädestinationslehre seines heimlichen Lehrers Ägidius Hunnius zu bieten[6]. Danach ist die Prädestination als Gottes ewiger Vorsatz und Ratschluß identisch mit der Erwählung. Gott will in seinem in Jesus Christus offenbarten Heilswillen das Leben der in Sünde gefallenen Menschheit. Sein Ratschluß hat sich aber gebunden an die Buße des Menschen und den Glauben an den Sohn. Insofern gilt die Erwählung nur all denen, von denen Gott in seiner Allwissenheit sieht und vorherweiß, daß sie Buße tun und glauben werden[7].

Hunnius hat seine Lehre im Jahre 1596 gegenüber dem früheren Pfarrer zu Burgdorf (Bern), Samuel Huber, der kurze Zeit auch Professor in Wittenberg war[8], in einer umfangreichen Schrift im einzelnen entwickelt[9].

---

[6] Horoskop von 1597, Fr V S. 477: „Postea Lutheri sententiam ejus libelli missam fecit et se ad sanitatem cum Hunnio composuit." — *Elert* war dieser Sachverhalt noch unbekannt, wenn er in der Morphologie des Luthertums I S. 376 Anm. 1 schrieb: „*Kepler* hat sich in einer leider verloren gegangenen Schrift" (gemeint ist „Wider der Calvinisten Lehre von der Vorsehung") „zu Luthers Lehre von der Prädestination bekannt." Diese Aussage ist fälschlich aus Keplers Titelformulierung erschlossen. Auch hinsichtlich des finitum infiniti capax (ebd.) unterstellt Elert Kepler zu Unrecht die lutherische Auffassung: Kepler meint nur, daß der finitus *uterus* ad *opus* infiniti verbi capax factus est (W XVII Nr. 835, 142 f.), nicht aber, daß das Fleisch Christi die Eigenschaften der göttlichen Natur übertragen bekommen könnte.

[7] *Eg. Hunnius*, Propositiones de praecipvis Christianae Religionis capitibus, quae hoc exvlcerato nostro seculo in controversiam trahuntur, Frankfurt/Main 1585 (Marburger Disputationsthesen 1576—1585); Dispvtatio VI, De praedestinatione, th. 5: „praedestinationem sive electionem esse dicimus propositum Dei aeternum, quo Deus sine vllo respectu humani meriti gratis, & secundum beneplacitum voluntatis suae in Christo Iesu eiusque merito fide apprehenso ad vitam praedestinavit in sese, & salvare firmiter decrevit omnes, quos poenitentiam acturos & credituros in filium, mundi salvatorem, iuxta praecognitionem suam vidit ac praescivit." — Hunnius entwickelt seine Anschauung von der Prädestination bereits ausführlich in seinem Commentarivs in epistolam divi Pauli Apostoli ad Ephesios, Frankfurt 1587, S. 28—46 im Anschluß an die Auslegung von Eph. 1,3—14 (S. 11 ff.). Hier hat sie Kepler sicherlich zuerst kennengelernt. S. 28 gibt Hunnius folgende Definition: „Electio est Dei propositum seu decretum, quo iuxta beneplacitum voluntatis suae gratis, antequam iacerentur fundamenta mundi, in Christo Iesu elegit, & in dilecto charos reddidit, adeóque in filios adoptavit omnes eos, quos vidit acta poenitentia in Filium perseveranter credituros, eum scilicet ob finem, vt sint sancti & irreprehensibiles coram illo & vt laudetur gloria gratiae ipsius."

[8] Vgl. *Ersch—Gruber*, Allgemeine Encyklopädie der Wissenschaften und Künste II 11, 1834, S. 331—335. Huber (1547—1624) war 1588—1592 Pfarrer in Derendingen bei Tübingen, nachdem er aus Bern verwiesen worden war und sich dem Luthertum der Konkordienformel zugewandt hatte. 1595 mußte er Wittenberg verlassen.

[9] *Aeg. Hunnius*, Articvlvs de providentia Dei; et aeterna praedestinatione sev electione filiorum Dei ad salutem, Frankfurt/Main 1596. — Vgl. im einzel-

Huber[10] hatte in scharfer Antithese zur calvinistischen Theologie den Prädestinationsgedanken ganz aufgelöst und einen allgemeinen Universalismus der Erwählung und Erlösung vertreten. Danach ist Christus für das
ganze Menschengeschlecht gestorben und hat ihm das Heil wiedererlangt.
Es gelte nun, durch den Glauben in Christus zu bleiben und die Gnade
sich nicht wieder entreißen zu lassen. Der Glaube aber wird durch das
Wort der Predigt erhalten, und wer bei diesem bleibt, wird selig und
braucht nicht zu fürchten, daß er aus der Gnade falle. Verdammnis geschieht lediglich durch eigene Widersetzlichkeit.

Hunnius hielt dagegen am biblischen Prädestinationsgedanken fest und
band ihn logisch an Gottes Voraussicht: Gott will nach seiner voluntas
antecedens das Heil der Menschen, aber daraufhin, daß er ihren Glauben
oder Unglauben vorhersieht, faßt er nach seiner voluntas consequens[11] den
Prädestinationsbeschluß. Dieser ist die eigentliche Ursache des Heils der
Erwählten[12]. Dadurch ist die Erwählung keine absolute, sondern electio
ordinata. Auch die Verdammnis der Ungläubigen geht dann nicht auf ein
absolutes Dekret Gottes, sondern von seiten Gottes auf seine Voraussicht,
von seiten des Menschen auf dessen Unglauben zurück. Hunnius nimmt
damit die Lehre der Konkordienformel auf, die die Prädestination auf die
Erwählung der Glaubenden positiv beschränkt und im übrigen an das
Evangelium verweist[13], führt sie weiter und präzisiert sie in Abgrenzung
gegen einen nivellierenden soteriologischen Universalismus. Seine Prädestinationslehre bleibt dabei jedoch in der Front gegen die des Calvinismus, gegen die auch Huber kämpft. Dieser gerät in das entgegengesetzte
Extrem. Hunnius stellt sich in die Mitte zwischen calvinistischem Partikularismus und Huberschem Universalismus, ist aber mit diesem in der Betonung der ihrer Intention nach allen Menschen geltenden göttlichen
Gnade verbunden. Die lutherische Theologie der altprotestantischen Orthodoxie hat Hunnius' Lehre von der Prädestination, besonders den Unterschied von voluntas antecedens und consequens, im allgemeinen übernommen und vertreten[14]. Die Prävalenz der Gnade blieb unantastbar[15].

---

nen *Ritschl* IV S. 134 ff., jetzt vor allem die ausführliche Arbeit von *G. Adam*,
Der Streit um die Prädestination im ausgehenden 16. Jahrhundert. Eine Unter-
suchung zu den Entwürfen von Samuel Huber und Aegidius Hunnius. Beitr. zur
Gesch. u. Lehre der ref. Kirche XXX, 1970.

[10] Vgl. Compendivm thesivm *Samvelis Hvberi*, De vniversali redemptione
generis hvmani, facta per Christvm Iesvm, Contra Caluinistas, Tübingen 1590.
— Ausführlich: Gründtliche Beweisung / Daß Christus Jesus gestorben seie /
für die Sünden des gantzen menschlichen Geschlechts, Tübingen 1590. — Huber
hat eine große Zahl entsprechender Streitschriften verfaßt.

[11] Die Unterscheidung stammt von Johannes Damascenus.

[12] Vgl. *Ritschl* IV S. 148.

[13] FC XI.   [14] Vgl. *Ritschl* IV S. 151 ff.

[15] Bereits *Heerbrand* hatte in seinem Compendium Theologiae die Prädestination ausschließlich im Blick auf die Erwählung definiert: Praedestinatio est

Auch die Auffassung von Matthias Hafenreffer[16] hat Kepler in diesem Punkt ausdrücklich geteilt[17].

Die eigentliche Front, gegen die die lutherische Prädestinationslehre entwickelt wurde, ist die von der Absolutheit des Gottesgedankens ausgehende calvinistische Lehre, wie sie vor allem seit Beza vertreten wurde[18]. Calvin[19] war es im grundlegenden Strang seines Denkens noch darauf angekommen, die Prädestinationslehre in der Erlösungslehre zu begründen. Ihm waren im ganzen die christologisch-soteriologischen Aussagen zentral. Bei Beza wird die Prädestination aber bereits als ein Teilmoment der umfassenden Providenz verstanden. Sie wird — was bei Calvin nur ein zweiter Strang seines Denkens war — ausschließlich in der Gottes- und Schöpfungslehre begründet. Die Heilstatsachen, auch die Person Christi selbst, werden zu causae secundae des göttlichen Ratschlusses. Dadurch wird Christus unter dem Systemzwang des Denkens in der weiteren Entwick-

„diuina ordinatio, qua Deus consilia sua, quae apud semetipsum ab aeterno de nostra salute decreuit, in Filio ad vitam aeternam reuelat, operatur & administrat" (1579, S. 212, vgl. auch S. 468). Vorsehung und Prädestination bleiben bei ihm streng unterschieden: „Plurimum autem interest inter prouidentiam DEI, & Praedestinationem." Die erstere bezieht sich „ad omnes creaturas, & homines, tam impios, quâm pios", letztere „ad electos Dei filios" (S. 499).

[16] Vgl. z. B. Loci Theologici, 4. Aufl. 1609, S. 238 ff. Nachdem auf die Frage, vbi quaerenda aut inuestiganda est Praedestinatio (seu Electio) DEI, geantwortet worden ist: „Non in humanae rationis speculationibus ... Neque immediatè in DEO ... Sed in verbo DEI Reuelato ... Et quidem in verbo Euangelij ..." und definiert worden ist: „Praedestinatio est Voluntas, Consilium seu beneplacitum Dei aeternum, de Hominibus per Christum, fide apprehendendum, saluandis" (S. 238 f.), führt *Hafenreffer* die Lehre auf Grund der Hunnschen Unterscheidung in zwei Abschnitten durch: „De Voluntate DEI Antecedente seu vniuersali" (S. 239 ff.) und „De Consequente DEI Voluntate, seu particulari" (S. 243 ff.). „Quamquam enim per Essentiam sit vnica & simplex Voluntas DEI: Ita tamen in verbo se reuelauit, vt non tantùm ostenderit, quid in vniuersum de omnibus Hominibus consilij haberet: sed quid peculiariter etiam decreuerit de ijs, qui vniuersali Consilio vel obsequuntur vel repugnant" (S. 239). „Sola enim Infidelitas causa est particularitatis & damnationis" (S. 244).

[17] W XVI Nr. 586, 40 f.: „Ubi ad fastigium montis enixus circumspicio, video me juxta praeceptores meos stare." Vgl. unten Anm. 26.

[18] Vgl. *Heppe—Bizer* S. 120 ff. — *F. Flückiger*, Vorsehung und Erwählung in der reformierten und in der lutherischen Theologie, in: Antwort, Karl Barth zum 70. Geburtstag, Zollikon 1956, S. 509—526. — *G. Adam* aaO. (A. 9) 29 ff. — Über die in Anspruch genommene Übereinstimmung der Reformierten mit Luther, De servo arbitrio, vgl. *J. G. Walch*, Einleitung in die Religionsstreitigkeiten innerhalb und außerhalb der lutherischen Kirche, 10 Theile 1730 ff., Theil III 1734, S. 337 ff. — eine Widerlegung, die dem Sachverhalt sicher nicht gerecht wird. Vgl. jetzt *Adam* aaO. 46 f.

[19] Vgl. *H. Otten*, Calvins theologische Anschauung von der Prädestination, 1938, = ²1968: Prädestination in Calvins theologischer Lehre. — *Zwingli* überschreibt das Kap. VI seiner Schrift De providentia Dei, 1529: „De electione quam theologi praedestinationem vocant"!

lung zum bloßen Erkenntnisgrund der Erwählung, über den hinaus auch noch der syllogismus practicus herangezogen werden kann. Die Leistung des Menschen gewinnt dadurch immer mehr an Bedeutung. Die ursprüngliche Prädestinationslehre als Reflexion auf die Rechtfertigung, wie sie auch Luther noch verstanden hatte, kehrt sich um zur Vorgabe für die Rechtfertigungslehre, welche ihrerseits zur Reflexion auf die Prädestination wird[20].

Die reformierte Prädestinationslehre besagt, Gott habe sich in seinem ewigen Ratschluß zur Ehre seiner Herrlichkeit vorgesetzt, daß er einen Teil der Menschen zur Offenbarung seiner Barmherzigkeit erlösen und den anderen Teil zum Erweis seiner Gerechtigkeit verdammen wolle. Im ganzen durchgesetzt hat sich (offiziell festgestellt zu Dordrecht 1619) gegenüber der Ansicht, daß die Prädestination bereits vor Schöpfung und Fall des Menschen dekretiert worden sei, die infralapsarische Auffassung, die sachlich von dem Zustand der menschlichen Gefallenheit ausgeht[21]. Kepler hat auch diese gemäßigte Auffassung bekämpft[22].

Hafenreffer hatte nach einem Brief Keplers aus dem Jahre 1610 in der Auseinandersetzung mit den Heidelberger Calvinisten[23] erklärt, daß es eine göttliche Vorbereitung der Seelen noch nicht Wiedergeborener für das

---

[20] Vgl. *J. Dantine*, Das christologische Problem im Rahmen der Prädestinationslehre von Theodor Beza, Zeitschr. f. Kirchengeschichte Bd. LXXVII, 4. Folge XV, 1966, S. 81 ff.

[21] *Hubert Sturm*, De aeterna Dei praedestinatione, diatribe, Hanau 1604, S. 30 f.: „PRaedestinatio, est decretum Dei aeternum, sapientissimum, iustissimum, atque immutabile, de singulis hominibus sancitum: quo Deus certos, ex genere humano corrupto, ad vitam aeternam, in Christo, pro sua misericordia elegit; reliquos verò, in sua corruptione naturali desertos ad mortem aeternam, pro iustitia sua, proscripsit. Hoc à sola liberrima Dei voluntate profectum mirificè gloriam Dei, tam illam iustitiae, in reprobis, quàm istam misericordiae, in Electis, commendat atque illustrat."

[22] Gegen Sturm schreibt er „exercitii causa", W XVI Nr. 586, 34. Zu seinem „großen Buch wider der Calvinisten Lehre von der Vorsehung" wird bemerkt: „ich beruffe mich auff alle Prediger die es sehen werden, ob ich sollichen Irthumb nit auß dem grund widerlegt, vnd gantz hailsamlich vnd tröstlich außgeführet habe", W XVII Nr. 643, 163 ff.

[23] Kepler nennt die Schrift „Continuatio Examinis, Das ist: Fernerer Gegenbericht auff der Heidelbergischen Theologen vnd Kirchendiener jüngsten publicirten Anhang jhres Außführlichen Berichts / was die Reformirten Kirchen in Teutschland gleuben oder nicht gleuben / etc. ... Gestelt Durch die Würtembergische Theologen", Tübingen 1609. Hafenreffer ist in ihr nicht genannt, doch dürfen wir ihn nach Kepler als Verfasser annehmen. Der im Titel genannte „Anhang" ist die Antwort auf eine erste Schrift der Württemberger Theologen gegen die Heidelberger mit dem Titel: „Examen vnd Gegenbericht / Vber das jüngsten zu Heidelberg getruckt Calvinische Büchlin / nachfolgenden Tituls: Außführlicher Bericht / Was die Reformirte Kirchen in Teutschland / gleuben oder nicht gleuben ... angestellet / Durch die Württembergische Theologen. Die Ander Edition", Tübingen 1608.

Reich Gottes, eine gratia praeveniens, gäbe[24]. Kepler meint zwar, daß diese Auffassung wie seine eigene in der Christologie nicht der lutherischen Orthodoxie entspricht, von ihr vielmehr als Synergismus und Philippismus angeklagt werden müßte[25], stimmt ihr jedoch mit Emphase zu[26].

---

[24] Kepler nennt eine praeparatio animorum ad regnum Dei, „quam doces in explicatione vocis τεταγμένοι", W XVI Nr. 586, 50 f. Vgl. dazu Continuatio Examinis S. 99 f.; es handelt sich um die Auslegung von Act. 13,48: „Es würden glaubig / wie viel jhr zum ewigen Leben verordnet waren." Die Continuatio zitiert dazu das Examen S. 310: „Das ist S. Lucas meinung: Daß alle die jhenige / welche Gottes Wort von Paulo vnd Barnaba gehört / demselben nicht widersprochen / noch durch fleischliche Sünde vnd Sicherheit gedempfft / auch dem heiligen Geist nicht widerstrebet: *Vnd also durch Göttliches Mittel zur Gnade Gottes wol geordnet gewesen* / alle diese seyen durch die Predigt des Euangeliums bekehrt" (Continuatio S. 99). Zu dieser Stelle des Examens heißt es dann S. 100: „Der trewhertzige vnd Christliche Leser aber / sol zu mehrerm bericht so viel wissen daß das Griechische wort τεταγμένοι, welches Lucas gebraucht hat / nicht heißt praeordinatum esse", wie es die Calvinisten gebraucht haben, „... sondern es heißt ein gewisse Disposition oder ordnung / welche in einem jeden ding gehalten vnd obseruirt würdt. So ist nun in der Bekehrung eines Menschen das die ordnung die GOtt helt / daß er ein fleissig eifferig Hertz haben will / welches zu Gott vnd ewigem Heil auch gedancken vnd verlangen trage". Das wird noch weiter ausgeführt und mit Bekehrungen vor allem aus der Apostelgeschichte belegt. Im Anschluß daran folgt S. 103 als Regel: „Also wil der H. Geist / durchs gepredigte Wort vnd Sacramenten / bey allen vnd in allen / Buß vnd Glauben würcken / welche durch fleischliche Lust vnd Vngehorsamb sich jhme nicht widersetzen. Welches abermalen ein Regul ist / wider welche der Höllen pforten in Ewigkeit nichts vermögen sollen." Die Continuatio nimmt dann den Vorwurf des Pelagianismus, den schon die Heidelberger gegenüber dem Examen an dieser Stelle erhoben hatten, auf und versucht, ihn zu widerlegen (S. 103 ff.). Diese Widerlegung genügt Kepler aber nicht, vielmehr hält er — freilich nicht dogmatisch, sondern durchaus in freundschaftlichem Disput — mit den Heidelberger Calvinisten am Vorwurf des Synergismus fest. Es ist bemerkenswert, daß er in einer Sache, in der er sachlich mit den Württembergern gegen die Heidelberger übereinstimmt, dennoch die Kritik letzterer gegen erstere aufnimmt. Er will damit seinerseits Hafenreffer zeigen, daß auch er nicht in allen Punkten orthodox im Sinne des Luthertums ist, nur das Glück hat, selbst nicht daraufhin angegriffen zu werden.

[25] W XVI Nr. 586, 41 ff.: „Gratulatio magna, si nemo esset ex hoc numero (sc. praeceptorum), cui tua in continuatione *examinis* responsio super viribus et exemplis non renatorum ... Synergismi et Philippismi accusaretur."

[26] Kepler nimmt die in der Continuatio S. 103 genannte „Regul" (Anm. 24) W XVI Nr. 586, 52 ff. unter dem Gesichtspunkt der gratia praeveniens mit überschwenglicher Zustimmung auf und fügt seinerseits zwei biblische Belege zu: „... tecum enim exclamo, Portae inferorum non praevalebunt adversus hanc doctrinam, gratiae praevenientis fuit, ut mitteretur Joannes ad excitandos, et sic Regno Dei venturo praeparandos homines. Eadem omnium Apostolorum fuit consuetudo: Paulus Athenis auspicatur suam concionem ab inculcatione terribilis judicii vivorum et mortuorum, etc." Diese Stellen schließen für Keplers Verständnis eine doppelte Prädestination aus. Für reformierte Theologen wären diese Bußpredigten freilich nur den Erwählten zugute gekommen.

Sie macht die calvinistische Prädestinationslehre unmöglich. Im weiteren Gespräch mit Hafenreffer beruft sich Kepler in dem gleichen Brief gegen die calvinistische Prädestinationslehre, deren Gedanken er hier als „Stoica monstra" bezeichnet, auch auf die Confessio Bohemica (1573)[27]. Dieses Bekenntnis lag ihm, zumal er selbst in Prag lebte, in seiner unionistischen Tendenz nahe. Es ist auch mit dem Württemberger „Examen" und seiner „Continuatio" zusammengebunden im Umlauf gewesen[28]; der Textzusammenhang des hier herangezogenen Briefes Keplers weist darauf hin, daß ihm ein solcher Band vorgelegen hat. Im Locus über die guten Werke ist hier ein Anhang „de justitia civili" formuliert. Kepler nennt einen Abschnitt daraus[29], der die Notwendigkeit betont, daß die Kirche für äußerliche Zucht und Tugend sorgt, um damit die Menschen für den Empfang der Gnade vorzubereiten. Das genüge, sagt Kepler, um jene Irrlehre niederzukämpfen, wenn in der Konfession auch noch kein besonderer Abschnitt über die Prädestination begegne. Zur Zeit ihrer Abfassung waren diese Streitigkeiten ja noch nicht ausgebrochen. Freilich müßten diejenigen, die im Kampf gegen die Prädestinationslehre übereinstimmten, diesen Artikel des Bekenntnisses mit dem Vorwurf des Synergismus dennoch ablehnen. Der gleiche Vorwurf treffe hinsichtlich der Continuatio Examinis Hafenreffers aber auch diesen.

Kepler bleibt auch in späteren Jahren nicht nur bei der Ablehnung der calvinistischen Prädestinationslehre, sondern auch der in De servo arbitrio formulierten Auffassung Luthers und beruft sich dabei auf die Augsbur-

---

[27] W XVI Nr. 586, 58 ff.

[28] Ein wegen seines Einbandes besonders wertvolles Exemplar dieses Bandes befindet sich in der Tübinger Universitätsbibliothek. Die Böhmische Konfession ist hier unter dem Titel „Aller drey Evangelischen Ständ der Cron Böhmen Einhellige Glaubensbekantnuß / so sich zu dem Testament deß Leibs vnd Bluts vnsers Herren Jesu Christi bekennen / vnd beyderley gebrauchen", gedruckt im Jahr 1609, mit einer Widmung an Rudolf II. beigefügt. Das Exemplar gehört in den Zusammenhang der Verhandlungen, deren Ergebnis der Majestätsbrief Rudolfs II. aus dem Jahre 1609 darstellt, der den evangelischen Ständen Religionsfreiheit gewährte und ihnen das untere Consistorium sowie die Prager Akademie übergab. Dieser Majestätsbrief ist neben weiteren Dokumenten in der in Anm. 29 genannten Ausgabe der Böhmischen Konfession (Nürnberg 1621) mit abgedruckt worden. Der Band ist ebenfalls im Besitz der Universitätsbibliothek Tübingen.

[29] Confessio Bohemica X am Ende (Ausgabe Prag 1610, Nachdruck Nürnberg 1621, vgl. Anm. 28 — in der dort angeführten Ausgabe auf der gleichen Seite —, S. 25): „Vnnd letztlich darumb / damit solche eusserliche Zucht vnnd Tugendt inn den Kirchen Gottes / zu aller Gottseligkeit / vnd sonderlich Gottes Wort / vnnd den heiligen Geist zu empfahen / die Menschen geschickter machen. Dann vnser HERRE Gott sein Werck in den Gottlosen / so lang sie so viehisch vnd vnbußfertig leben / also / daß sie auch weder die eusserliche Tugendt / noch einige gute Zucht vnd Ordnung annemen / nicht verrichtet noch wircket." Kepler referiert aaO. Z. 61 ff. genau diese Sätze.

gische Konfession[30]. Beide Ausprägungen des Prädestinationsgedankens werden zusammen genannt. Kepler sieht sie auf einer Ebene. Die Unterschiede kommen nicht zum Ausdruck. Kepler hat Luther mit dem Vorverständnis der reformierten Orthodoxie gelesen. Es geht jedoch darüber hinaus ausschließlich um den Topos der Verordnung zu Sünde und Verdammnis. Ist bei Luther gegenüber dem eindeutigen Partikularismus der calvinistischen Prädestinationslehre die Entgegensetzung von verborgenem, prädestinatianischem und offenbarem, gnädigem Gott zu beachten, so widerspricht doch auch diese dem religiösen und rationalen Universalismus Keplers. Sowohl bei Luther als auch im Calvinismus zeigt sich die Absurdität und Gefährdung der Vernunft, in die sie gerät, wenn sie das Geheimnis des göttlichen Heilswillens ergründen will. Luther war sich dieser Situation wohl bewußt und trieb sie gerade deshalb auf die Spitze, um desto stärker auf den einzigen Zugang zu Gottes Barmherzigkeit in Christus hinzuweisen. Das Furchtbare der Konsequenzen des rationalen prädestinatianischen Denkens war ihm Inhalt unmittelbarer Erfahrung. Nachfahren wie Brenz konnten diese Konsequenzen demgegenüber verhältnismäßig kühl überdenken. Vor allem gilt das jedoch für den Calvinismus, der sich der existentialen Absurdität der logischen Folgerichtigkeit gar nicht mehr bewußt ist, sondern diese dogmatisch zum Prinzip der Gotteserkenntnis und des Seins der Existenz macht. Absurdität ist für Kepler jedoch in keinem Falle eine Denkmöglichkeit. Er kann Paradoxien nur noch annehmen, sofern sie durch Autorität gedeckt sind.

Die lutherische Theologie identifizierte gegenüber der reformierten Lehre unter charakteristischer Umprägung des Prädestinationsgedankens streng offenbarungstheologisch, im Anschluß an Luthers Deus revelatus, praedestinatio und electio. Indem sie sich damit auf die in Jesus Christus zugängliche Offenbarung beschränkte, blieb sie Glaubenswissenschaft. Sie gewann dadurch im Blick auf Vorsehung und Prädestination eine Sicht, die Kepler die Möglichkeit bot, seine eigene Kritik an der calvinistischen Lehre zu artikulieren. Die spezifische Konsequenz des soteriologischen Denkens, die das Proprium der theologischen Aussage gegenüber dem allgemeinen Erkenntnisbereich der Vernunft ausmacht, tritt auf der lutherischen Seite in der Christologie hervor. Deren Ausarbeitung führt in der lutherischen Orthodoxie zu ähnlichen Paradoxien wie die Prädestinations-

---

[30] Glaubensbekenntnis, NK 2 S. 21 f.: „... ich halts mit der verordnung deß grossen theils der Menschen zur Sünd vnd zum verdienender verdamnuß nicht mit den harten Calvinisten, auch nicht mit dem Buch Lutheri, vom gefangnen willen, disen drinn etlicher massen begriffenen Puncten anlangend, die Augspurgische Confession haltet es auch nicht mit". Der Hinweis auf die „harten" Calvinisten könnte an die Supralapsarier denken lassen. Doch lehnt Kepler ja auch Sturms Infralapsarismus ab. Gemeint ist wohl die harte Lehre der Calvinisten in diesem Punkt allgemein.

lehre im Calvinismus. Gerade hier aber setzte auf dieser Seite Keplers Kritik an.

Wie die Diskussion und Rezeption der lutherischen und die Widerlegung der reformierten Prädestinationslehre durch Kepler im einzelnen aussah, läßt sich auf Grund der defizienten Quellenlage leider nicht mehr feststellen. Wir können aus dem Ganzen des Keplerschen Denkens nur schließen, daß die Frage des soteriologischen Universalismus ein wesentliches Element in dieser Auseinandersetzung gewesen sein muß. Es ist das gleiche Moment, das auch in der Diskussion um das lutherische Abendmahlsverständnis zum Ausdruck kommt. Der Ausschluß derer, die nicht an die substantielle Gegenwart des Fleisches Christi im Abendmahl glauben, von der Abendmahlsgnade im Luthertum entspricht der Partikularität der Gnade für die Prädestinierten im Calvinismus. Beides widerspricht Keplers Grundintention und läßt ihn daraufhin zwischen die theologischen Systeme und ihre Fronten geraten[31].

Ein Indiz für diese Entsprechung und die Tatsache, daß Kepler infolgedessen auch sachlich zwischen den theologischen Systemen steht, ist die gewisse Unsicherheit, die ihn in der Frage nach der Erwählung immer wieder umtreibt. Trotz seiner Ablehnung der Prädestinationslehre beschäftigt sie ihn doch. Auf das persönliche Bekenntnis seiner Seelenangst um die Erwählung[32] wurde schon hingewiesen. Bezeichnend ist aber auch, daß der reformierte Syllogismus practicus, der die calvinistische Prädestinationslehre voraussetzt, auch bei Kepler gelegentlich vorkommt. In einem Gebet um die Vollkommenheit der Werke, die der Vollkommenheit des Kosmos entsprechen und der Zwietracht der Menschheit wehren sollten, erklärt er, daß dies mit ihm alle, die den Geist Christi haben, nicht nur wünschen, sondern auch in ihren Taten auszudrücken und damit ihre Berufung gewiß zu machen trachten werden[33]. Dies Gebet steht an deutlich hervorgehobener Stelle in Keplers Weltharmonik. Auch seinem Freunde Wilhelm Schickhard gibt er 1627 den Rat, ja aufmerksam auf die Werke der göttlichen Vorsehung acht zu geben, offenbare Spuren von ihr in seinem Leben anzubeten und sich im Bewußtsein der göttlichen Gnade immer mehr zu bestärken[34]. Auf der anderen Seite hat Kepler durch die

---

[31] Dem entspricht es, wenn Kepler in seinem im Blick auf die theologischen Streitfragen programmatischen Brief an Johann Friedrich von Württemberg 1609 (W XVI Nr. 528, 23 ff.) voraussetzt, daß die Reformierten in der Prädestinationslehre zu Zugeständnissen bereit seien und ihre Aufweichung bei den Heidelberger Theologen Gesprächsmöglichkeiten biete, wogegen die Abendmahlslehre zurückgestellt werden könnte. Kepler verkennt hier sowohl die calvinistische wie die lutherische Position und das, was ihnen unaufgebbar ist.

[32] W XVII Nr. 669, 88: „... in anxietate animj circa Electionem".

[33] W VI S. 331, 1 ff.: „... quod mecum omnes, qui spiritum Christi habent, non optabunt tantùm, sed et factis exprimere, vocationemque suam certam facere studebunt ..."

[34] W XVIII Nr. 1039, 44 ff.: „Nimirùm quo magis mirae sunt rerum tuarum

zähe Beschäftigung mit der Sache eine so ausgereifte Anschauung von der Erwählung gewonnen, daß er anderen seelsorgerliche Hilfestellung leisten konnte[35]. Seiner Frau gegenüber wurde ihm freilich das Gegenteil nachgesagt[36].

4. Die Kritik am Katholizismus

Kepler fühlt sich in der Auffassung von der Person Christi nicht nur mit den Reformierten, sondern ebenso mit den Jesuiten als den Repräsentanten der römisch-katholischen Lehre einig[1]. Eine gewisse Übereinstimmung von Katholiken und Calvinern in dieser Frage im Gegensatz zum Luthertum tritt in der interkonfessionellen Auseinandersetzung in der Tat wiederholt hervor. In lutherischen Streitschriften wird ausdrücklich auf solche Parallelen Bezug genommen, und in der jesuitischen Polemik werden Formulierungen gebraucht, die mit der calvinistischen Sicht weithin übereinstimmen[2]. Kepler kann sich auf diese Tradition berufen und die Katholiken in der Überzeugung, daß auch ihnen von den Lutheranern in

---

vicissitudines, concursusque et impedimenta mutua momentorum diversorum in utramque partem; hoc tu attentius in opera divinae providentiae velim respicias: et si qua ejus manifesta in rebus tuis vestigia deprehenderis, ijs adoratis, de divino favore magis magisque confirmeris."

[35] Vgl. Benjamin Ursinus an Kepler in Linz (1614), W XVII Nr. 682, 28 ff.: „De judicio solidissimo et maturimo Tuo super re Praedestinariâ valde mihi gratulor: extorsit illud mihi plurimas horridiusculas cogitationes."

[36] Siehe oben S. 17.

[1] Vgl. z.B. NK 6 S. 13,33—14,1 ff.: „Cumque paulatim didicissem, convenire super articulo de persona Christi Jesuitis et Calvinianis, allegari ab utrisque Patres Ecclesiae, successoresque et interpolatores eorum scholasticos; ut ita consensus illorum conformis videretur antiquitati, dissensus iste noster novus, ex occasione caenae Domini ortus, in Romanistas ipsos initio non directus: coepit mihi esse religio consentire in damnationes adeo crebras Calvinianorum." — Vgl. oben S. 111 f.

[2] Vgl. *Dorner* II S. 688 ff. Über den Inhalt jesuitischer Disputationes de Majestate hominis Christi adv. D. Jac. Andreae Theses etc., 1564, berichtet Dorner: „Man habe wohl in der *Person* Christi eine nicht blos grammatische sondern reale Communic. idd. zu statuiren; aber in Beziehung auf die Naturen auch nicht einmal eine verbale" (S. 689). „Gottes Proprietäten seien also *incommunikabel*, wie die des Menschen" (S. 690). — Vgl. auch die S. 688 Anm. 64 zitierten Abschnitte aus *Busäus*, Theses adv. Disput. Jac. Andreae. — Vgl. schließlich *Jakob Andreae*, Kurtze Erinnerung vnnd getrewe Warnung, Vor der Caluinianer Betrug, crimen falsi genannt, vnd jhrer vermeinten Einigkeit vnd Gesellschaft mit den Jesuiter in der Lehr von dem Leib Christi. Auch von der Jesuiter grewlichen vnd erschröcklichen Ketzerey vnd Gotteslösterung da sie Christo nach seiner heiligsten Menschheit, die Allmechtigkeit Gottes absprechen. Tübingen 1582. — Zur Sache siehe auch *W. Koehler*, Dogmengeschichte als Geschichte des christlichen Selbstbewußtseins. Das Zeitalter der Reformation. Zürich 1951, S. 235 f.

diesem Punkt Unrecht geschieht, in Schutz nehmen. Freimütig stimmt er gelegentlich jesuitischen Argumenten gegen lutherische Theologen zu, wie beispielsweise Jakob Gretser gegen Thomas Wegelin[3].

Am Rande sei auch erwähnt, daß Kepler einer astrologischen Spekulation seines katholischen Freundes und Gönners Herwart von Hohenburg durchaus zustimmen konnte[4], in der dieser den Himmel mit der Kirche, speziell der katholischen, analogisierte. Die Fixsterne entsprächen dann den Bischöfen und die Planeten den Sakramenten. Der Saturn bedeute danach die letzte Ölung, Jupiter die Eucharistie und Mars die Firmung. Der neue Stern aus dem Jahre 1604 zeige einen neuen Bischof an. Hier spielt freilich bereits eine episkopalistische Grundhaltung mit. Kepler wendet diese Aussage später auf Marcus Antonius de Dominis an — auf ihn ließ sie sich in der Tat weitgehend beziehen.

Solche ausdrückliche Zustimmung betrifft Einzelfragen. Grundsätzlich weiß sich Kepler der römischen Kirche verbunden, soweit und sofern in ihr die Lehre der Schrift und das Erbe ihrer Auslegung in der alten Kirche präsent ist. Schon durch die Taufe fühlt er sich der Kirche zugehörig[5]. Unter Verweis auf seine harmonischen Arbeiten kann er sich sogar als „Sohn der Kirche" bezeichnen und erklären, daß er die katholische Lehre nicht nur mit seinem Willen, sondern auch durch sein Urteil anerkenne[6]. Sein Verhältnis zur verfaßten Kirche ist wesentlich auch dadurch bestimmt, daß jeder einzelne katholische Christ seinerseits vor Gottes Richtstuhl offenbar werden muß und sich Kepler mit ihm darin verbunden weiß. Auf dieser Basis kann Kepler auch an der katholischen Messe als Gottesdienst teilnehmen. Er wendet sich aber entschieden nicht nur gegen Mißbräuche und gegen das politische Verhalten der Kirche[7], sondern vor allem und grundsätzlich gegen den Primat und den Unfehlbarkeitsanspruch des Papstes und damit gegen die hierarchische Struktur und den dogmatischen Traditionalismus der römischen Kirche im ganzen. Kepler bekennt, sich von den Irrtümern fernzuhalten, die im zweiten Teil der Augsburgischen Konfession genannt werden. Er fühlt sich freilich nicht schuldig, die Rich-

---

[3] W XVI Nr. 586, 99 ff., vgl. oben S. 26.

[4] Kepler an Herwart, April 1607, W XV Nr. 424, 191 ff.

[5] Siehe oben S. 94.

[6] Vgl. Keplers Flugschrift „Admonitio ad Bibliopolas exteros, praesertim Italos" vom Frühjahr 1619, mit der er einer möglichen Indizierung seiner Harmonik wie bei den Revolutiones des Copernicus und in Zusammenhang damit des ersten Teiles seiner eigenen Epitome Astronomiae Copernicanae zuvorkommen will, W VI S. 543 f.: „Christianus tamen sum, Ecclesiae filius, et doctrinam Catholicam, quantum ejus ad hanc usque meam aetatem capere potuj, non voluntate tantum amplector, sed et judicio comprobo" (S. 543).

[7] In einem Hochzeitsgedicht kann Kepler sogar Türken und Papst als Bedrohung nebeneinanderstellen: „Sic tua nil metuat rigidos Ecclesia Turcas, Pontificisve graves, quas jacit ore, minas." Elegia in Nuptiis J. Huldenrici, 1590, Fr VIII/1 S. 134.

tigkeit dieser Sätze im einzelnen zu verantworten und über ihre aktuelle Gültigkeit zu urteilen, weil er zur Zeit ihrer Abfassung nicht gelebt hat und weil er kein Fachtheologe ist[8]. Wenn er aber die Verehrung von Bildern, auch des Bildes des Gekreuzigten, wohl vor allem bei Prozessionen, die Anbetung der Hostie, die Anrufung Marias und der Heiligen und den Opfercharakter der Messe und die Communio sub una[9] ablehnt, so wendet er sich in diesen Einzelheiten doch gegen das katholische Traditionsverständnis im ganzen, gegen den Anspruch des Lehramtes, verbindliche Aussagen ohne direkten Bezug auf die Schrift machen zu können. Vor allem in den zuletzt genannten Mißbräuchen wirkt sich dieser Anspruch für Kepler dogmatisch und liturgisch am deutlichsten aus.

Wendet sich Kepler mit aller Festigkeit und auch Schärfe gegen den dogmatischen Absolutheitsanspruch der kirchlichen Hierarchie und insbesondere des Papstes[10], so trifft er damit wie entsprechend bei den beiden evangelischen Konfessionen den Nerv des katholischen Kirchenwesens und ein Zentrum von dessen Theologie. Während der Katholizismus sich auf die durch Sukzession und Tradition gesicherte Inspiration des kirchlichen Lehramtes mit dem Papst an der Spitze beruft und daraus seine Unfehlbarkeit ableitet, sieht Kepler im Papsttum in erster Linie die unbiblische Herrschaft einzelner Menschen, die notwendig der Verstellung der Wahrheit Vorschub leisten muß. Diese Meinung vertrat Kepler, lutherischer Auffassung entsprechend, bereits früh[11] und wiederholte sie zeit seines Lebens[12]. Die Unfehlbarkeit des Lehramtes tut der offenbarten Wahrheit Eintrag[13]. Die angemaßte Monarchie des Papsttums über die ganze Christenheit ist daher der Ursprung aller Trennung[14]. Ähnliche Tendenzen kann er auch im Luthertum kritisieren. Seine Mahnung an das „Tier im Rosenhag" zu Württemberg ist ein beredtes Beispiel dafür.

---

[8] NK 2 S. 15, 19 ff.

[9] W XVIII Nr. 1072, 77 ff.; Nr. 1083, 115 ff.

[10] Vgl. die Briefe an Pistorius (W XV Nr. 431, 24 ff., vgl. oben S. 19 f.), Kurz (vor allem W XVIII Nr. 1053, 107 ff., oben S. 93 bei Anm. 6) und Guldin (W XVIII Nr. 1072, 39 ff., Nr. 1083, vgl. oben S. 93 ff.).

[11] Vgl. das Selbsthoroskop über Keplers Jugendzeit, 1597, Fr V S. 480: „Quosdam etiam aliae circumstantes causae coercent, quo minus verum quod vident fateantur: papistas dominatus Papae, religio antiquitatis, alios superstitio, alios studium ordinis politici, alios opinio multitudinis consentientium."

[12] Kepler an Guldin, 1628, z. B. W XVIII Nr. 1072, 55 ff.: „Ecclesia si quid mihi praecipit, quod non pugnet cum Instructione sua, quam ipsa ostentat, obediam illi lubens, honorabo legantem in legato. Absurdum est ut Legato, naevos suorum majorum palliantj, soli credam interpretationem instructionis suae."

[13] Vgl. Kepler an Hafenreffer, 18. 8. 1610, W XVI Nr. 586, 84 f.: „Quid magis obstat sedi Romanae, quo minus locum det patefactae veritati, quam hoc, ne videatur sedes errasse."

[14] Kepler kann sich hier auf M. A. de Dominis berufen, NK 2 S. 27, 26 ff.

Kepler folgt für seine eigene Auffassung, zumindest seiner eigenen Intention nach, der Autorität von Schrift, christlichem Altertum und Confessio Augustana. Es ist aber bezeichnend, daß er sich Guldin gegenüber zugleich auf den „communis sensus Dej beneficio mihi concessus"[15] beruft, vor allem aber auf das χϱῖσμα, das er von Christus empfangen habe und das auf Grund der Taufe in ihm bleibe[16]. Er ist davon überzeugt, daß er mit der Salbung in oder bei der Taufe den gleichen Geist empfangen hat wie der Papst, den Geist nämlich, der ihn befähigt, die Unterweisung Christi zu verstehen und daraufhin Spreu und den Weizen des Wortes Gottes zu unterscheiden. An diesem Punkt wird es durch die explizite Formulierung besonders deutlich, wie sehr für Keplers theologisches Denken neben der überlieferten Autorität die allgemeine Rationalität und seine eigene bislang gewonnene Einsicht maßgebend sind. Seine Auseinandersetzung mit der konfessionellen Theologie weist ihn als selbständigen theologischen Denker aus.

Einen weiteren entscheidenden Streitpunkt mit der katholischen Theologie scheint die Rechtfertigungslehre gebildet zu haben. Leider ist die Quellenlage an diesem Punkt besonders schlecht, so daß wir auf einige gelegentliche Bemerkungen und entsprechende Rückschlüsse angewiesen sind. Verhandelt wurde dieser Streitpunkt offenbar in Keplers Briefwechsel mit Kurz. Greifbar ist nur noch, daß sich Kepler gegen die Anrechnung und Übertragbarkeit von Verdiensten der Heiligen wendete[17] und — so darf interpretiert werden — die Passivität der Gerechtigkeit von seiten des Menschen verteidigte, die sich allein auf das Verdienst bezieht, an dem einst im Himmel teilzuhaben der Wunsch des Christen ist[18]. Gemeint ist offenbar das Verdienst Christi, dessen Ausschließlichkeit Kepler auch sonst hervorhebt[19]. Der Ausschließlichkeit des Verdienstes Christi im Verhältnis zu Gott entspricht es, wenn Kepler mit beredten Worten zur Aktivität in weltlichen Dingen auffordern kann und dann jedoch ausdrücklich betont, daß er in diesem Zusammenhang nicht vom Verhalten gegenüber Gott spreche[20]. Gott gegenüber ist Gehorsam und empfangendes Glauben die

---

[15] W XVIII Nr. 1072, 52.   [16] Ebd. Z. 54.

[17] Vgl. W XVIII Nr. 1052, 12 ff., Nr. 1053, 59 ff.

[18] Kurz an Kepler, W XVIII Nr. 1052, 8 ff.: „Ais, verba Augustini passive accipienda pro ipsa mercede, cui associari olim in coelo cupiamus." Um welche Augustinstelle es sich konkret handelt, ist mangels näherer Angaben nicht festzustellen. Die Diskussion wurde fortgesetzt, vgl. Kurz' Brief an Kepler, W XVIII Nr. 1053, 49 ff.

[19] Vgl. NK 6 S. 17, 28 ff.: „... posse me quiritari, evacuari precium redemptionis, si detur secundum Wirtembergicos Caro aliquo loco extra crucem, scilicet cum carne et Deus". Siehe auch Keplers letzte Worte, W XVIII Nr. 1146, 34 f.

[20] Kepler an einen anonymen Arzt, dem er rät zu heiraten, W XV Nr. 425, 61 ff.: „... animus attollendus, exuendus tuj contemptus, quia is vitiosus in te est, idque in his externis. Nam de actione cum DEO jam non loquor".

rechte Haltung. Dementsprechend tut auch die Vulgärastrologie Gottes Majestät Eintrag, wenn sie Einzelheiten des Schicksals bestimmter Personen vorhersagen will[21]. Es kann vielmehr der Teufel sein, der — freilich „auß verhengnuß Gottes" — solche Prophezeiungen eingibt[22].

In solchen Aussagen ist die Souveränität Gottes in Fragen, die das Heil betreffen, bekräftigt. Auf der anderen Seite wird die Verantwortlichkeit des Menschen betont. Hier kann Kepler nun von dem liberum arbitrium des Menschen doch auf eine Weise sprechen, die mit den antikatholischen Sätzen wieder in Konkurrenz tritt. Bezeichnend ist auch, daß Kepler offenbar von der Zukünftigkeit der Teilhabe am Verdienst Christi „einst im Himmel" so sprechen konnte, wie er es Kurz gegenüber getan hatte[23]. Beide Gesichtspunkte, die Souveränität Gottes *und* die Verantwortlichkeit des Menschen, bekräftigt die Rede von der gratia praeveniens, die Kepler trotz der synergistischen Tendenz einer solchen Aussage aufnehmen und unterstreichen kann[24]. Es ist bezeichnend, daß Kepler den Vorwurf des Synergismus lediglich zitiert, ohne ihn ausdrücklich zu seinem eigenen zu machen. Dieser Sachverhalt muß uns in der folgenden Analyse noch weiter beschäftigen. Wir werden auf ihn vor allem im Zusammenhang der Anschauung Keplers von Schöpfung und Vorsehung zurückkommen müssen.

II. Buch der Bibel und Buch der Natur

1. Das naturtheologische Interesse

Der Sinn auch der orthodoxen lutherischen Abendmahlslehre und Christologie[1] war es gewesen, die im Heilsgeschehen in Jesus Christus und der sich darauf gründenden Predigt geschehene und geschehende Versöhnung des Menschen mit Gott zu artikulieren. Sie versuchte damit, den neu durch die Gemeinschaft mit Christus im Einklang mit Gottes Willen gewährten Grund der menschlichen Existenz in Welt und Kosmos durch die denkende Vergewisserung in der Lehre zu bewahren und neu zu ermöglichen. Des-

---

[21] Tert. int. CXVIII; W IV S. 242, 19 f.

[22] Ebd. S. 258, 27 f.

[23] Siehe oben Anm. 18 — falls Kurz Kepler richtig zitiert.

[24] W XVI Nr. 586, 52 ff., siehe oben S. 150 bei Anm. 24.

[1] Vgl. H. *Grass*, Die Abendmahlslehre bei Luther und Calvin, 2. Aufl. 1954, S. 69: „Sodann liegt dieser lutherischen Ausprägung der Zweinaturen-Lehre nicht in erster Linie das spekulative Interesse zugrunde, eine zusätzliche Begründung der Realpräsenz zu finden, sondern ein heilsmäßiges Interesse, nämlich die Wirklichkeit unserer Versöhnung durch den Gottmenschen und die Gegenwart Gottes als *Gnaden*-Gegenwart zu sichern." — Siehe FC SD VIII § 87, BS S. 1046, 25 ff. und ebd. Anm. 4 (M. Chemnitz).

halb lag ihr so entscheidend an der denkerischen Sicherung der Einheit
der Person Christi in seiner Gegenwart auch nach der leiblichen Seite hin
und an der Einheit von Zeichen und Sache, von Wort und Geist und von
Brot und Leib Christi im Abendmahl. Hier hatte der Mensch als irdisches
Wesen Gemeinschaft mit Gott, dem Schöpfer, Herrn und Vollender der
Welt des Menschen und des Kosmos überhaupt, weil dieser Gott wahrhaft
Mensch geworden und als dieser Mensch in seinem Wort und den Wort-
zeichen des Abendmahls wahrhaft gegenwärtig war. Hier hatte das Seiende seine von Gott gegebene gnadenhafte Einheit als Schöpfung, die Zukunft ermöglichte und in der das Böse dieser Welt überwunden, weil durch
Gottes Gnade seiner Macht beraubt war. Der Glaube an die Gegenwart
des Herrn vertrug deshalb keinen Zweifel; jeder Zweifel mußte vielmehr
als Lästerung des sich selbst gebenden und damit schlechthinnige Gewißheit gewährenden Herrn erscheinen[2].

Kepler war diese Gewißheit zumal durch die Polemik gegen diejenige
christologische Auffassung, der er rational beipflichten mußte, verschlossen. Mangelndes Verständnis der lutherischen Christologie, gewissenhafte
Ablehnung einer Verdammung der reformierten Auffassung und seine
eigene christologische Reflexion ließen ihn sich außerhalb des Consensus
der orthodoxen Lehre und damit außerhalb der orthodox-lutherischen Kir-
chengemeinschaft vorfinden.

Auf der anderen Seite war sich Kepler einer Erwählung im Sinne der
calvinistischen Prädestinationslehre keineswegs gewiß. Den Weg der Existenz in Welt und Kosmos als Vergewisserung des Heils zu gewinnen, war
der usus dieser Lehre. An ihrem Leitfaden galt es, durch den Empfang
von Wort und Sakrament im Glauben an Christus nach dem inneren
Zeugnis des Heiligen Geistes und im Fleiß der Heiligung den Trost der
ewigen Erwählung Gottes und damit des ewigen Heils zu befestigen[3]. Indem Kepler die Lehre jedoch als objektive rationale Theorie über die doppelte Vorherbestimmung der Menschen aufnahm und verstand, erschien
sie ihm in ihrer Paradoxie unerträglich und nicht nachvollziehbar. Er war
freilich gezwungen, sich mit ihrer inneren Logik auseinanderzusetzen und
geriet dadurch wiederum in Bedrängnis des Gewissens. Hier ist ein entscheidender Impuls für Keplers weitere soteriologische Reflexion zu erblik-
ken, zumal der Ausschluß vom lutherischen Abendmahl in die gleiche
Fragerichtung drängen mußte.

Auch die katholische Kirche bot durch den Schatz ihrer Gnadenkräfte
dem Gläubigen eine sakrale Heimat. In der Faktizität der römischen

---

[2] In diesem Sinne argumentiert das Stuttgarter Konsistorium gegenüber Kepler: W XVII Nr. 638, 86 ff. Daß Gott gerade auch den Zweifelnden seine Gemeinschaft anbieten könnte, lag im konfessionellen Zeitalter offenbar wieder
außerhalb des Denkbaren.

[3] Vgl. *Heppe* S. 125. 141.

Hierarchie mit dem Papst an der Spitze und in einer Vielzahl von Riten und ihren theologischen Grundlagen vermochte Kepler aber wiederum nicht das Werk des Heiligen Geistes zu erkennen.

Kepler steht zwischen den konfessionellen Fronten und versucht als Christ, in Auseinandersetzung mit diesen Fronten auf eigene Weise im Streit der Zeit durch Gottes Offenbarung Stand zu gewinnen.

Wo liegen die eigentlichen Quellen, Maßstäbe und Wurzeln des eigenständigen theologischen Denkens Keplers? Nach dem historischen und dem theologiegeschichtlichen Gesichtspunkt soll diese Fragestellung jetzt systematisch aufgenommen werden. Auch hier wird weiterhin Material aus den Quellen beizubringen sein, wobei nunmehr auch das spezifisch naturwissenschaftliche Schrifttum herangezogen werden muß. Dabei wird der innere Zusammenhang des theologischen Denkens mit dem der Naturwissenschaft zu bedenken sein. Diesem gilt unser weiteres Interesse

Als Ausgangspunkt und erster Prüfstein für die Herausarbeitung von Grund und Voraussetzung der Theologie Keplers muß sein Verhältnis zur Heiligen Schrift ins Auge gefaßt werden[4]. An ihm, dem Verhältnis zum principium cognoscendi der protestantischen Theologie, wird sich zeigen lassen, wie die im letzten Kapitel bereits angezeigte Struktur des Keplerschen Denkens erkenntnistheoretisch und nach seinen methodischen Prinzipien begründet ist. Keplers Verhältnis zum Buch der Heiligen Schrift kann aber nicht verstanden werden, wenn nicht auch sogleich sein Verhältnis zum „Buch der Natur", sein Verständnis der Offenbarung Gottes in der Natur, in seinen Erkenntnisgrundlagen mit herangezogen wird.

a) Die Autorität der Heiligen Schrift

Einzige Glaubensregel ist für Kepler die Heilige Schrift. Sie allein erkennt er als maßgebliche Quelle für den christlichen Glauben an. Er beruft sich dabei auf ihre eindeutigen Sprüche in der Originalsprache[1]. Keplers

---

[4] Vgl. hierzu K. *Anschütz* S. J., Johannes Kepler als Exeget, Zeitschr. f. kath. Theol. XI, 1887, S. 1–24. — A. *Deißmann*, Johannes Kepler und die Bibel. Ein Beitrag zur Geschichte der Schriftautorität, 1894. — K. *Scholder*, Ursprünge und Probleme der Bibelkritik im 17. Jahrhundert, Forschungen zur Geschichte und Lehre des Protestantismus (hrsg. von E. Wolf), 10. Reihe Bd. 33, 1966. — H. *Karpp*, Der Beitrag Keplers und Galileis zum neuzeitlichen Schriftverständnis, Zeitschr. f. Theol. u. Kirche 67/1, 1970, S. 40 ff.

[1] NK 2 S. 14 f.: „Ich aber erkläre mich hiermit gegen allen vnd jeden meinen Freunden oder widerigen, Geistlichen vnd Weltlichen, das ich den grund meines Glaubens, in welchem ich Gott meinem Schöpffer in dieser Welt zu dienen, vnd entlich ewig selig zu werden getrawe, einig vnd allein auff helle vnd klare Sprüche deß geschribenen allerseits bekanten Wortes Gottes, in jhrer *original* sprach, setze vnn bawe, vnd mirs nicht begehre nachreden zu lassen, daß ich einigen Glaubens Puncten, zuwider demselben klaren Wort Gottes, auß der vernunfft, oder auß einiges Jrrdischen Rabins ansehen annehme oder verteidige." („Jrrdischen" korrigiert nach W XVIII Nr. 963, 6).

Interesse ist primär auf solche klaren Aussagen der Schrift gerichtet[2]. Verschiedene Textlesarten sind ihm wichtig[3]. Exegetisch geht er so vor, daß er die Umstände einer jeden Stelle sorgfältig abzuwägen, den Sinn aus dem Vorhergehenden und Folgenden zu ermitteln, mehrere Stellen eines Apostels miteinander und mit Stellen eines anderen und schließlich mit den Worten Christi zu vergleichen trachtet[4]. Erst wenn sich Stellen einander zu widersprechen scheinen, ist die Auslegung der Väter heranzuziehen. Diese erhält dadurch ihr Gewicht, daß sie den modernen Streitigkeiten zeitlich voraufgeht und diesen damit noch entzogen ist[5], den Streitigkeiten, die nach Keplers Überzeugung die eine ursprüngliche Wahrheit nur verdunkelt haben. Die Wahrheit muß nach ihrem Wesen unbestreitbar und damit eindeutig erkennbar sein. Das Kriterium für die Autorität der Väter ist deshalb auch nicht in ihr selbst mitgesetzt, sondern daraus zu erheben, ob ihre Auslegung von der Analogie des Glaubens und dem Vergleich mit der Schrift her keines Irrtums beschuldigt werden kann. „Analogie des Glaubens" meint dabei im Gegensatz zur katholischen Auffassung die Übereinstimmung mit dem aus der Schrift erhobenen Glaubensverständnis[6].

---

[2] W XVII Nr. 808, 51 f.: „maneamus primùm in apertis dictis S. Scripturae".

[3] Kepler an Guldin, W XVIII Nr. 1024, 35 ff.: „Ex calvinianis (libris) vix tres habeo ... Quos inter est Graeca editio Novj Testamentj in folio, quo nolim pro maximo pretio carere, propter Varias lectiones." Vgl. S. 88 Anm. 14.

[4] W XVI Nr. 586, 36 ff.: „Scopus meus fuit, neminem sequi praeter S. Literas, cujusque loci circumstantias pensitare diligenter, sensum eruere ex antecedentibus et consequentibus, loca unius Apostoli plura inter se, et cum locis Apostoli alterius, denique cum Christi Servatoris dictis comparare."

[5] W XVII Nr. 808, 52 ff. (Fortsetzung des Textes von Anm. 2): maneamus „deinde si videantur pugnare loca, ut illa, Vado, et Vobiscum sum; in interpretatione SS. Patrum qui haec contentionum tempora antecesserunt, in quantum illa non potest erroris coarguj ab Analogiâ fidej et collatione Scripturae".

[6] Der Begriff wird hier im Sinne der altprotestantischen Hermeneutik gebraucht. Er knüpft an Röm. 12,6 an. Ἀναλογία meint „das richtige Verhältnis, die Proportion" (Plato u. a., vgl. Theol. Wörterbuch zum Neuen Testament, hrsg. v. G. Kittel, I 1933, S. 350). In der katholischen Tradition ist der Begriff auf die kirchliche Lehre angewendet worden; die Vulgata übersetzt entsprechend „secundum rationem fidei". Bei Flacius ist die „Übereinstimmung biblischer Auslegung, *kirchlicher* Lehrmeinung und dogmatischen Bemühens mit der Glaubenssumme *oder der christlichen* Lehre", der Schrift selbst, gemeint (*G. Moldaenke*, Schriftverständnis und Schriftdeutung im Zeitalter der Reformation I, Forschungen zur Kirchen- und Geistesgeschichte 9, 1936, S. 562 ff., 563). *E. Leigh*, Critica sacra, Novi Testamenti, Gotha 1706, S. 54, definiert: „Ἀναλογία, Proportio. Rom. 12. v. 6. κατ᾽ ἀναλογίαν πίστεως, id est, μέτρον πίστεως, ne quis temere effutiat, quod relevatum non fuit." Kepler meint entsprechend nicht die Übereinstimmung mit der kirchlichen Lehre, deren Kritik er gerade offenhalten will, sondern die Harmonie des biblisch-theologischen Sachzusammenhangs. Vgl. dazu *O. Michel*, Der Brief an die Römer, 1955, S. 267, zu Röm. 12,6: „Die Wendung ἀναλογία τῆς πίστεως nimmt μέτρον πίστεως (12,3) wieder

In der Auseinandersetzung mit dem katholischen Schriftverständnis nimmt Kepler einen weiteren Begriff aus der evangelischen Theologie auf, wenn er von der unctio durch den Heiligen Geist spricht[7]. Er nimmt damit gemäß der protestantischen Tradition das allgemeine Priestertum aller Gläubigen für sich in Anspruch. Der Christ hat an der Fülle Christi, die ihm durch die Salbung mit dem Heiligen Geist zuteil geworden ist, teil[8]. Sinnenfällig ist das in der Taufe. Die Salbung, die Begabung mit dem Heiligen Geist, der in alle Wahrheit leitet, ist das Kriterium für die Autorität und Wahrheit der Schrift, die durch die Wirkung des gleichen Geistes entstanden ist. Der so gewonnene einfache und klare Sinn der Schrift genügt Kepler und verschafft ihm in der Verantwortung vor Gott in der Welt, angesichts des Endgerichts und in der Hoffnung auf das ewige Leben die Ruhe eines befriedeten Gewissens[9].

Die Schrift allein begründet auch die Kirche quer durch die bestehenden Konfessionen hindurch[10]. Die Augsburgische Konfession und auch Martin Chemnitz in seinem Examen Concili Tridentini wollen gerade dies bestätigen und bezeugen und sind insofern auch ihrerseits für Kepler verbindlich[11]. Die Autorität der Schrift, die auch diese theologischen Manifeste bestimmt, bildet für ihn die Grundlage seiner Argumente in den theologischen Fragen[12].

Hinter dieser Auffassung und Haltung scheint ein letztlich quantitativ bestimmbares Verständnis von Wahrheit zu stehen. Die göttliche Wahrheit kann zusammengesucht werden; wenigstens prinzipiell kann es Vollständigkeiten geben. Die Wahrheit kann erhoben werden, sofern nur metho-

---

auf und mahnt ebenfalls zu einer nüchternen und kritischen Selbstbesinnung (σωφρονεῖν).“

[7] W XVIII Nr. 1072, 61 f.: „sicut ipsa unctio docet me, sic verum est, et non est mendacium“. Vgl. oben S. 94.

[8] Vgl. J. Gerhard, Loci Theologici (1610–1622) IV, 14. Ausgabe Berlin 1863, Bd. I, S. 452: „Unctio Christi nobis etiam utilitatem confert, quia ab illo tanquam capite Spiritus unctio in nos utpote ipsius membra descendit et ex ejus plenitudine etiam nos accipimus Joh. 1, v. 16.“ — IV, 17, S. 453: „... et nos unctionem ab eo accepimus 1.Joh. 2, v. 27. 2.Cor. 2, v. 21. ... ergo ut unctos et consecratos Domino nos geramus ... Sumus a Christo uncti in reges et sacerdotes spirituales Apoc. 1, v. 6“. — Vgl. auch l. XXIII, 24 (Bd. VI, S. 15) u. ö.— Auf diese Bedeutung der Unctio weist auch bereits Calvin hin: Sie erneuert die Menschen, die an Gottes Gnade teilhaben, zu kräftigem Leben und erhält sie darin (Inst. III, 1, 3; op. sel. IV S. 4, 14 ff.).

[9] Vgl. W XVII Nr. 750, 240 f.: „me per Dej gratiam in simplicj et plano sensu scripturae acquiescere“.

[10] NK 2 S. 20, 12 ff.   [11] W XVII Nr. 750, 243 ff. u. ö.

[12] Auch darüber hinaus kann er sie gelegentlich in Anspruch nehmen: vgl. z. B. Kepler an Herwart von Hohenburg, 1607, W XV Nr. 424, 197 ff., wo Kepler die Autorität der Schrift formal auch für astrologische Spekulationen heranziehen kann: „Authoritas sacrarum literarum Ecclesiam comparat Lunae ...“

disch exakt vorgegangen wird. Sie ist ein Vorhandenes, das grundsätzlich durch sachgemäße Forschung gefunden werden kann. Die Konsequenz dieses Wahrheitsverständnisses ist das Ideal, daß ein für allemal geklärt sein könnte, was das göttliche Wort und die göttliche Heilsgeschichte besagen, worin also die göttliche Wahrheit besteht. Ist diese in der Bibel niedergelegt, genügte also deren endgültige immanente Auslegung und Durchklärung. Moderne Kommentare wären damit überflüssig. So ist das ständige Erscheinen neuer Kommentare für Kepler in der Tat ein Symptom fortlaufender Neuerungen. Auch die meisten Predigten böten solche Neuerungen[13]. Sie bedeuten täglich neue Verfälschungen der Wahrheit. Wird jenes Ideal vorausgesetzt, so ergibt sich als Sinn der Predigt, die Klärung der göttlichen Wahrheit voranzutreiben, sie für jede Generation neu und in ihr ständig zu erinnern und daraus die praktischen Konsequenzen zu ziehen: Die Predigt mündet aus in den ethischen Appell. Keplers „Unterricht vom Heiligen Sacrament" ist ein sprechendes Beispiel dafür.

Im Grundansatz stimmt Keplers Schriftverständnis mit der in der orthodoxen Theologie vertretenen Auffassung überein. Noch vor der eigentlichen Ausbildung der Inspirationslehre, die das supranaturale Wahrheitsverständnis für die Heilige Schrift quantitativ systematisiert, bezeichnet Hafenreffer die biblischen Schriften als Briefe, die vom Herrn aus der ewigen Heimat an uns geschickt worden sind, um uns über seinen Willen und all unsere Pflicht zu unterrichten[14]. Die Schrift bietet nach Heerbrand „Dinge", die der menschlichen Vernunft nicht zugänglich sind, weil es geistliche, göttliche Dinge sind[15]. Deshalb ist die Schrift Kanon, d. h. „Richtscheid, Richtschnur oder Lineal" und „Winkelmaß" der Lehre, an der alle Lehraussagen und Schriften „abzuwägen" sind[16]. Die Wahrheit der Bibel kann erhoben werden, indem ähnliche Stellen miteinander verglichen und die dunkleren durch die deutlicheren erklärt werden, indem der Anlaß der Sprüche, ihre Umstände sowie das Vorhergehende und das Folgende berücksichtigt werden. Sowohl Heerbrand als auch Hafenreffer weisen ausdrücklich auf die Nützlichkeit des Sprachenstudiums hin[17]. Vorausgesetzt

---

[13] NK 2 S. 23, 25 ff.: „Der gleichen Newerungen ... finden sich Täglich, ja fast in allen Predigten, in allen Commentariis, warumb würden deren sonsten täglich so viel gedruckt?"

[14] M. Hafenreffer, Loci Theologici, 4. Aufl. 1609 (IV. De scriptura sacra), S. 114: Scripturae „nihil aliud sunt, quàm Epistolae, de patria aeterna nobis transmissae, quibus Dominus, & de Voluntate sua, & de omni nostro officio, abundè clementerque nos erudit".

[15] J. Heerbrand, Compendium Theologiae, 1579, S. 19: „Sunt autem res abstrusissimae & longè supra rationis humanae captum positae, videlicet diuinae, de rebus spiritualibus & aeternis bonis, quae homo animalis non percipit."

[16] Ebd. S. 2: „Quare Canonica Scriptura nominatur? Quia Canon est, hoc est, regula, vel linea, aut amussis ac norma doctrinae, ad quam omnia dogmata & scripta sunt examinanda."

[17] Heerbrand, aaO. S. 25: „collatio itaque locorum Scripturae fiat consimi-

ist deutlich, daß in den biblischen Schriften ein bestimmter Sinn im Blick
auf die verschiedenen dogmatischen Loci enthalten ist, und diesen gilt es
zu erheben. Er steht ein für allemal fest. Die dunklen Stellen, in denen
dieser Sinn nicht deutlich zum Ausdruck kommt, sind von solchen her zu
interpretieren, in denen er deutlich am Tage liegt[18]. Kepler hat diese hermeneutischen Grundsätze und das in ihnen vorausgesetzte Wahrheitsverständnis übernommen.

Ein wesentliches Element der orthodoxen Lehre ist ferner, daß die
Schrift ausreichend und hinreichend vollkommen ist, um alles zur wahren
Erkenntnis Gottes und seines Willens, zum rechten Gottesdienst und zur
Erlangung des ewigen Lebens Notwendige definieren und bestimmen zu
können[19]. Hinsichtlich dieses Heilsinhaltes ist die Schrift auch klar ver-
ständlich, zugänglich und durchsichtig[20].

An dieser Stelle stellt sich die Frage, ob angesichts der konfessionellen
Vielfalt vor allem innerhalb des Protestantismus und der damit verbundenen Kontroversen diese Klarheit der Schrift noch einsichtig gemacht
werden kann. Beide Parteien berufen sich ja auf die klaren Aussagen der
Schrift. Das jeweilige Verstehen der Schrift, das ihre Eindeutigkeit voraussetzt, führt zu dogmatischen Formulierungen, die in kontradiktori-
schem Gegensatz zueinander stehen. Obwohl Kepler den Grundansatz

---

lium, & obscuriora per apertiora declarentur, considerata occasione dictorum,
circumstantijs, antecedentibus, & consequentibus, cum pia inuocatione nominis diuini, pro Spiritus sancti illustratione. Huc accedant & alia adminicula,
studium linguarum, & praecipuè illarum, in quibus S. Biblia sunt scripta, &
fontes inspiciantur. Nam ex phrasi rectè intellecta, multa possunt iudicari dex-
terius". — *Hafenreffer* stellt aaO. S. 135 ff. eine größere Anzahl hermeneutischer Regeln zusammen.
[18] *Hafenreffer* kann aaO. S. 136 Augustin de Doctrina Christiana II 9, III 26
zitieren: „Vbi (res) apertiùs ponuntur, ibi discendum est, quomodo in locis
intelligantur obscuris." Im übrigen kann er die geschichtliche Bedingtheit der
Texte so weit berücksichtigen, daß er sagen kann (S. 137): „Nec absurdum iudi-
cabimus, si vnius Loci, vel duae, vel plures inueniantur interpretationes; modò
Scripturis (vt dictum est) sind Analogae: quarum ea tamen caeteris praeferen-
da; quae praesenti Authoris intentioni & Scopo propinquior poterit iudicari."
[19] *Hafenreffer* aaO. S. 125: „Sufficiens est & Perfecta Scriptura Sacra ad
omnis definiendum & determinandum, quaecunque nobis ad veram DEI & voluntatis ipsius cognitionem, cultuum diuinorum obseruantiam, & vitae aeternae
consequutionem sunt Necessaria."
[20] Ebd. S. 132: „Scripturam sacram, quam ad aedificationem & salutem
nostram DEVS reuelauit, adeò planam, facilem, & perspicuam esse iudico: vt
quaecunque ad salutem nostram & pietatis exercitia scitu Necessaria sunt,
quiuis pius & attentus Lector, salubriter inde cognoscere possit." — Zu dieser
dogmatischen Aussage vgl. Luthers Verständnis der claritas scripturae, insbesondere in De servo arbitrio, 1525. Siehe dazu *R. Hermann*, Von der Klarheit
der Heiligen Schrift, 1958; *F. Beißer*, Claritas scripturae bei Martin Luther,
Forschungen zur Kirchen- und Dogmengeschichte 18, 1966.

teilt, stellt sich hier ein grundsätzliches religiöses Problem, das nicht ohne
theologische Konsequenzen bleiben kann.

b) Das Buch der Natur als Offenbarung

Neben dem Buch der Bibel erscheint nun bei Kepler das „Buch der
Natur"[1]. Neben der Offenbarung Gottes im tradierten Wort steht die Offenbarung in seinen Werken. Kepler kann in diesem Sinne mit der Tradition auch „Sprache" und „Hand" Gottes unterscheiden[2]. Doch der
sprachliche Gesichtspunkt wird entsprechend der Tradition meist auch auf
die Natur angewendet. Ebenso wie durch das Wort der Bibel will Gott aus
dem Buch der Natur erkannt werden[3]. Das Buch der Natur bietet Gottes
Offenbarung in doppelter Hinsicht: Gott offenbart hier als Schöpfer ähnlich wie in der Bibel sowohl sein Wesen als auch seinen Willen gegenüber
dem Menschen. Er tut das gewissermaßen durch eine wortlose Art von
Schrift[4]. Der Naturforscher ist in der Lage, diese Schrift zu entziffern und
damit diese zweite Offenbarung zum Verstehen zu bringen. Er kann den
in der Natur ablesbaren Willen Gottes in einer ähnlich präzisen Weise formulieren wie der Prediger auf der Kanzel auf Grund seines Textes[5]. Neben
die Auslegung der Bibel tritt damit die Auslegung der Schöpfung. Der

---

[1] Im christlich-theologischen Zusammenhang kommt das „Buch der Natur"
bereits bei Clemens Alexandrinus vor und ist seit Augustin gebräuchlich. Bei
Raimund von Sabunde (Theologia naturalis, 1436; der Titel ist nicht authen-
tisch) steht es gleichberechtigt neben dem der Bibel. — Vgl. *A. Biese,* Die Entwicklung des Naturgefühls im Mittelalter und in der Neuzeit, 2. Aufl. 1892
(über Raimund von Sabunde S. 198 f.); *H. Heimsoeth,* Die sechs großen Themen der abendländischen Metaphysik und der Ausgang des Mittelalters, 5. Aufl.
1965, S. 31 ff., der vor Raimund von Sabunde insbesondere auf Roger Bacon
(gest. 1294) verweist; *E. R. Curtius,* Europäischer Geist und lateinisches Mittelalter, 2. Aufl. 1954, S. 323–329; *J. Hoffmeister,* Wörterbuch der philosophischen Begriffe, 2. Aufl., 1955, S. 132; *H. Nobis,* Buch der Natur, in: Hist. Wörterbuch der Philosophie, Bd. I, 1971, Sp. 957–959; *W. Philipp,* Das Werden
der Aufklärung in theologiegeschichtlicher Sicht, 1957, S. 50 ff.; ders. (Hrsg.),
Das Zeitalter der Aufklärung, Klassiker des Protestantismus VII, Sammlung
Dieterich Bd. 272, 1963, S. XXIII; *N. Schiffers,* Fragen der Physik an die Theologie, 1968, S. 188 ff.; *O. Zöckler,* Theologia naturalis I, 1860.
[2] W VIII S. 39, 32 f.: „Est sane aliqua lingua Dei, sed est etiam aliquis digi-
tus Dei."
[3] W XIII Nr. 23, 254: Deus „vult ex libro Naturae agnoscj".
[4] Ep. Astr. Cop. I, Einleitung, W VII S. 25, 29 ff.: „... ipsissimus liber
Naturae, in quo Deus conditor suam essentiam, suamque voluntatem erga hominem ex parte, et ἀλόγῳ quodam scriptionis genere propalavit atque depinxit."
[5] Prognosticum für 1620, NK 7 S. 14,7 ff.: „Ist dann Gott allain in die Kirchen vnnd auff den Predigstul verbannet? Hat er dann kainen Platz im Pro-
gnostico? Oder ist es vmb ein natürliches Prognosticum, in welchem Opera
manuum Dei in particulari außgelegt werden / so ein vnflätig Ding / das
GOttes Nam dardurch entvnehret würt?"

Naturforscher, speziell der Astronom, wird zum Priester am Buch der Natur[6]. Naturforschung ist Priesterdienst.

Kepler hat diese Erkenntnis als göttliche Berufung erfahren. Die Entdeckung des „Mysterium cosmographicum" am 19. Juli 1595 hat für ihn die Qualität von Offenbarung[7]. Sie ließ ihn erkennen, daß er vom Theologen im herkömmlichen Sinn zum Verkündiger der Werke und des Willens Gottes, wie er in der Schöpfung in den Horizont menschlicher Erfahrung rückt, geworden war. Er kann die Situation mit der Berufung des Petrus (Luk. 5,8) vergleichen[8]. Kepler hat diese für ihn umwälzende Erkenntnis als Theologe aufgenommen. Von sich aus hatte er nie daran gedacht, seinen Beruf als kirchlicher Theologe aufzugeben[9]. Aber bereits die im Blick auf die theologischen Streitigkeiten willkommene Berufung nach Graz hatte ihn auf den neuen Weg geführt, und die ersten glückhaften Erfolge mit dem Prognosticum auf das Jahr 1595 — seine Voraussagen trafen weitgehend zu[10] — hatten ihn auf diesem Weg bestärkt. Die Entdeckung des Aufbaus der Welt, wie er sich ihm dann einsichtig eröffnete, machte ihn dieses Weges gewiß. Sie war ihm Verpflichtung, diese Erkenntnis zur Ehre Gottes darzulegen, zu entfalten, zu überprüfen und weiterzuentwickeln. Er verstand diese Verpflichtung als göttlichen Auftrag. Seine von und für Gott bestimmte Lebensaufgabe war damit gestellt.

Aufgabe des Priesters am Buch der Natur ist allein, der Wahrheit und

---

[6] Kepler an Herwart von Hohenburg, 26. 3. 1598, W XIII Nr. 91, 182 ff.: „Ego verò sic censeo, cum Astronomj, sacerdotes dej altissimj ex parte librj Naturae simus: decere non ingenij laudem, sed Creatoris praecipuè gloriam spectare."

[7] Vgl. Kepler an Herzog Friedrich von Württemberg, 17. 2. 1596, W XIII Nr. 28, 5 f.: „Demnach der Allmechtig verschinen Sommer nach langwüriger vngesparter mühe vnd vleiß mir ein Hauptinventum in der Astronomia geoffenbaret ..." — Vgl. dazu übrigens *Descartes'* Entdeckung der Evidenz des „Cogito ergo sum", die er ebenfalls genau datiert (10. 11. 1619): „Cum plenus forem Enthusiasmo, et mirabilis scientiae fundamenta reperirem etc." Oeuvres de Descartes, publ. par Ch. Adam et P. Tannery, X, 1908, S. 179; zit. bei *G. Ebeling*, Gewißheit und Zweifel, Zeitschr. f. Theol. u. Kirche 64, 1967, S. 282 ff., S. 293 f. Anm. 34; vgl. auch *H. Rombach*, Substanz, System, Struktur, I 1965, S. 293 f., Anm. 93 f.; *T. S. Kuhn*, Die Struktur wissenschaftlicher Revolutionen, 1973.

[8] Kepler an Mästlin, 3. 10. 1595, W XIII Nr. 23, 256 ff.: „Theologus esse volebam: diu angebar: Deus ecce meâ operâ etiam in astronomiâ celebratur. Quin tandem cum Petro attonitus erumpo: Abi a me, quia homo peccator sum."

[9] An die theologische Fakultät der Universität Tübingen schreibt Kepler am 28. 2. 1594 (a. St.) im Zusammenhang seiner Berufung nach Graz im Blick auf das Studium sacrarum literarum (W XIII Nr. 8, 21 ff.): „... quod mihi usque adeò jucundum fecit divina gratia: ut, quicquid tandem de me fiat, modo ita mihi protector Deus sanam mentem et libertatem proroget, non cogitem illud unquam intermittere."

[10] Vgl. W XIII Nr. 16, 16 ff.; 24, 10 f.

dem Ruhme Gottes zu dienen[11], das Herz mit der Erkenntnis des Kosmos anbetend zur Erkenntnis des Schöpfers, zur Liebe zu ihm und zu seiner Verehrung zu erheben[12]. Die Aufmunterung zu einem heiligen Lebenswandel als Ausdruck der Dankbarkeit ist dabei integrierender Bestandteil der astronomischen Arbeit[13]. Auch hier steht also der ethische Appell am Ende des Arbeitsganges.

Dem Priesterlichen entspricht das Hymnische: Das „Mysterium cosmographicum" schließt mit einem zusammenfassenden Hymnus an den Schöpfer, einer Paraphrase des 8. Psalms auf dem Grunde der neuen Entdeckung[14]. Ja, das Werk selbst trägt für Kepler den Charakter des Hymnischen. Der „Grundriß der Kopernikanischen Astronomie", ein Lehrbuch, wird in der Widmung ausdrücklich in dieser Weise gezeichnet[15]. Der zentrale Teil der Weltharmonik[16], der im wesentlichen geometrische Axiome und Sätze enthält, beginnt und schließt in geradezu liturgischer Form mit einem Gebet. Grundtenor ist dabei die dankbare Freude an der Erkenntnis und Verkündigung des Schöpfungswerkes Gottes[17]. Leitend ist aber zugleich auch der moralische Gesichtspunkt[18].

---

[11] Vgl. Kepler an E. Bruce in Padua über Galilei, 4. 9. 1603, W XIV Nr. 268, 15 ff.

[12] Vgl. Myst. cosm. XXIII, Conclusio, W I S. 79, 35 ff. = W VIII S. 127, 13 ff.: „Tu nunc, amice Lector, finem omnium horum ne obliuiscare, qui est, Cognitio, admiratio et veneratio Sapientissimi Opificis. Nihil enim est ab oculis ad mentem, à visu ad contemplationem, à cursu aspectabili ad profundissimum Creatoris consilium processisse: si hîc quiescere velis; et non vno impetu, totaque animi deuotione sursum in Creatoris notitiam, amorem cultumque efferare."

[13] Prognosticum auf das Jahr 1620, NK 7 S. 9, 25 ff.: „Damit würt menniglich Leser vnd Schreiber auffgemuntert / den Allmächtigen Schöpfer vnnd Erhalter baydes deß Gestirns vnnd der Menschlichen Seelen / die zu erkandnuß seiner Wercke erschaffen ist / vnauffhörlich zu loben vnnd zu preysen / jhme auch mit heiligem Leben vnnd Wandel für alle solche vnnd noch höhere gaistliche Gutthaten danckbar zu seyn: Welliches bey allen dergleichen Astronomischen Wercken / der erste vnd fürnemiste Zweck seyn soll."

[14] W I S. 80 = W VIII S. 127 f. Vgl. die Nachdichtung von *J. G. Herder*, Adrastea 5, 5; Werke XIV S. 480 f. — Dazu siehe *F. Seck*, Johannes Kepler als Dichter, in: Symp. S. 427 ff., S. 431. 443.

[15] Ep. Astr. Cop., Widmung (W VII S. 9, 10 ff.): „... cùm S^ae. C^ae. M^tis. Vestraque Proceres, liberalitate, constitutum me veluti sacerdotem Dei Conditoris ex parte libri Naturae intelligam: hunc igitur Hymnum sacrum Deo Conditori ... novo carminis genere, sed ad vetustissimam et veluti primaevam Samiae philosophiae lyram attemperato pepigi."

[16] Harm. V 9. — Zu den Gebeten in der Weltharmonik vgl. meine Interpretation in *J. Hübner*, Johannes Kepler als theologischer Denker, in: Festschrift 1971, S. 21 ff., S. 33—41.

[17] W VI S. 362, 41—363, 2: „gratias ago tibi Creator Domine, quia delectasti me in facturâ tuâ, et in operibus manuum tuarum exultavi".

[18] W VI S. 330, 35 ff.: „efficiatque, ut perfectionem ipsius operum, sanctitate

Die ethische Aufgabe ist freilich nicht ohne das Heilsgeschehen, von dem die Offenbarungstheologie handelt, zu bewältigen. Auch der Lobpreis des Schöpfers kann nicht geschehen ohne das Werk Jesu Christi. Der Priesterdienst an und mit der Natur ist nicht unabhängig vom christlichen Glauben im offenbarungstheologischen Sinne; beides bildet für Kepler an der Wurzel eine Einheit. Gott befördert durch das Licht der Natur den Wunsch nach dem Licht der Gnade, durch das er die Seinen in das Licht der Herrlichkeit führt. Doch ist bereits die Erkenntnis und die Freude an der Schöpfung als solche Gnadengabe des Schöpfers. Es ist Keplers Gebet, daß durch Gottes gnädiges Wirken die in der Weltharmonik beigebrachten Beweise zu Gottes Ehre und zum Heil der Seelen gereichen und dem in keiner Weise entgegenstehen möchten[19]. Die Offenbarung von Gottes Ehre und der Seelen Seligkeit löst zwar die Naturerkenntnis ab. Die Heilserwartung und Heilshoffnung ist ganz und ausschließlich durch Gottes Gnade in Jesus Christus vermittelt. Die Naturerkenntnis steht gewissermaßen im Vorhof dieser Offenbarungserkenntnis. Dort trägt aber auch sie zu Gottes Ehre und zum Heil des Menschen bei, indem sie zur eigentlichen Heilsoffenbarung hinführt und an ihr in dieser Weise teilhat.

Im hymnischen Lob Gottes als Schöpfer wird die ursprünglich existentielle Verwurzelung von Frömmigkeit und Naturkunde deutlich. Kepler zeigt das in der Einleitung der Astronomia nova in einer Auslegung des 104. Psalmes[20]. Dieser Psalm handelt ganz von den Dingen der Natur. Kepler stellt jedoch zunächst fest, daß der Psalmist von einer Spekulation über die physikalischen Gründe weit entfernt ist. Denn er findet ganz in der Größe Gottes Trost, der das alles gemacht hat, und läßt einen Lobpreis für Gott den Schöpfer erklingen, in dem er die Welt, wie sie den Augen erscheint, der Reihe nach aufzählt[21]. Kepler sieht darin, genau bedacht, einen Kommentar zum Sechstagewerk der Genesis[22] und führt das im einzelnen aus. Damit ist — ganz im Einklang mit der modernen alt-

---

vitae, ad quam Ecclesiam suam in terris elegit, et sanguine filij sui à peccatis mundavit, ope Spiritus sui sancti, nos Dei imitatores aemulemur ..."

[19] Harm. V 9 (Schlußgebet), W VI S. 362, 40 ff.: „O qui lumine Naturae desiderium in nobis promoves luminis Gratiae, ut per id transferas nos in lumen Gloriae; ... si tuorum operum admirabili pulchritudine in temeritatem prolectus sum, aut si gloriam propriam apud homines amavi, dum progredior in opere tuae gloriae destinato; mitis et misericors condona: denique ut demonstrationes istae tuae gloriae et Animarum saluti cedant, nec ei ullatenus obsint, propitius efficere digneris."

[20] W III S. 31, 31 ff.

[21] W III S. 31, 34 ff.: „Atqui longissime abest Psaltes a speculatione causarum Physicarum. Totus enim acquiescit in magnitudine Dei, qui fecit haec omnia, Hymnumque pangit Deo conditori, in quo mundum, ut is apparet oculis, percurrit ordine."

[22] Ebd. Z. 38 f.: „Quod si bene perpendas, commentarius est super Hexaemeron Geneseos."

testamentlichen Wissenschaft[23] — auch die biblische Schöpfungsgeschichte aus der Haltung des Gotteslobes und des ehrfürchtigen Staunens heraus verstanden und qualifiziert, im Unterschied etwa zu einem naturhistorischen Protokoll. In diesem Sinne will der Psalmist nicht darüber belehren, was die Menschen nicht wissen, sondern er will ins Gedächtnis zurückrufen, was sie selbst vernachlässigen, die Größe und Macht Gottes, die sich in der Schöpfung eines so großen, so festen und standhaften Gebäudes offenbart[24]. Er will das Bekannte rühmen, nicht das Unbekannte erforschen, er will die Menschen dazu einladen, die Wohltaten zu betrachten, die ihnen aus den Werken der einzelnen Schöpfungstage erwachsen[25].

In dieser — auch nach heutigen exegetischen Erkenntnissen sicher zutreffenden[26] — Auslegung ist ausdrücklich zwischen ursprünglichem Gotteslob und sekundärer Reflexion auf die Struktur des Naturzusammenhangs unterschieden. Grund, Ziel und Inhalt des Gotteslobes selbst zu bedenken, ist Aufgabe der Theologie, Reflexion auf den Naturzusammenhang die der Naturwissenschaft. Nun ist aber für Kepler charakteristisch, daß er auch seine naturwissenschaftliche Arbeit grundlegend als Anweisung zum Gotteslob verstanden wissen will. Die Naturwissenschaft steht für ihn grundsätzlich im Dienste dieser Doxologie. So beschwört Kepler seinen Leser, daß er im Sinne des Psalmes auch mit ihm die Weisheit und Größe des Schöpfers loben und preisen möge, die er ihm aus der genaueren Deutung der Weltform, der Erforschung der Ursachen und der Enthüllung von Irrtümern des Augenscheins heraus eröffne[27].

Die Kausalforschung hat die gleiche Funktion wie das beschreibende Lob des Psalms. Sie vermag diese Funktion nach Keplers innerster Überzeugung[28] im Grunde nur noch besser wahrzunehmen als der Psalmist, der beim bloßen Augenschein stehenblieb. Sie durchschaut die Schöpfung mit

---

[23] Vgl. *C. Westermann*, Genesis, Bibl. Komm. AT, I/3, 1968, S. 238: „Die hinter diesem Reden zu erschließende Haltung des Redenden ist die Haltung des Gott-Lobenden, des Preisens der Majestät des Schöpfers."

[24] W III S. 32, 17 ff.: „Non vult docere quod ignorent homines, sed ad mentem revocare, quod ipsi negligunt, magnitudinem scilicet et potentiam Dei in creatione tantae molis, tam firmae et stabilis." (Caspar übersetzt: „... in seiner Schöpfung so gewaltig, so unerschütterlich und fest, Neue Astr. S. 32).

[25] W III S. 33, 5 ff.: „animus ipsi est extollere nota, non inquirere incognita, invitare vero homines ad consideranda beneficia, quae ad ipsos redeunt ex his singulorum dierum Operibus". — Der Hinweis auf die „beneficia" dürfte auch hier ebenso wie in der Christologie (vgl. Melanchthon) besonderes theologisches Gewicht haben.

[26] Vgl. *H.-J. Kraus*, Psalmen II, Bibl. Komm. AT XV/2, 1960, S. 715.

[27] W III S. 33, 8. 11 ff.: „Atque ego lectorem meum quoque obtestor, ut ... mecum etiam laudet et celebret sapientiam et magnitudinem Creatoris, quam ego ipsi aperio, ex formae mundanae penitiori explicatione, causarum inquisitione, visus errorum detectione."

[28] Vgl. das auf die zitierte Stelle folgende „Consilium pro Idiotis", W III S. 33, 17 ff. (Zitat Anm. 45 zu S. 218), bes. Z. 24 ff.

dem Auge des Geistes und stößt dabei um so eindringlicher und genauer auf die Wunder ihres Bauplanes und damit in die Gedanken ihres Urhebers vor. Dadurch, daß die Naturwissenschaft Gotteslob expliziert und neu intendiert, ist sie ein für die Theologie relevantes Phänomen. Intention der Schrift und Intention der Naturwissenschaft stehen eng beieinander, ja die Ziele beider sind für Kepler im Letzten miteinander identisch. In beiden handelt es sich um die Offenbarung der Größe und Herrlichkeit Gottes, des Gottes, der das Heil der Menschen will.

Der christliche Glaube kann daher als hermeneutisches Prinzip auch in der Naturforschung genannt werden. Er verhilft der mathematischen Untersuchung zu größerer Klarheit und setzt den Leser besser in den Stand, derselben Glauben zu schenken[29]. Der Beitrag der Bibel und der christlichen Dogmatik unterstützt das Verständnis der als Schöpfung vorausgesetzten und als solche neu zu begreifenden Natur.

Es läßt sich jedoch nicht übersehen, daß Bibel und Natur im Ansatz nunmehr nebeneinander als Offenbarungsquellen empfunden und gedacht werden. Keplers Selbstverständnis als Priester am Buch der Natur geht über das hinaus, was die Schultheologie seiner Lehrer sagen kann. Zwar verweist beispielsweise auch Heerbrand auf das Universum in seiner Schönheit und Ordnung als „Buch der Natur"[30]. Insbesondere die regelmäßigen Bewegungen der Himmelskörper werden mehrfach genannt. Die Natur bietet aber nur Material für den Beweis des Daseins Gottes als Propaedeuticum der Gotteserkenntnis[31]. Sie ermöglicht zwingend keine materialen Aussagen von theologischer Relevanz. Die Zeugnisse und Weissagungen der Heiligen Schrift sind weit gewisser und kraftvoller als mathematische Beweise[32]. Kepler kann sich durchaus ebenfalls in diesem Sinne äußern. Der Ausgangspunkt ist der gleiche. Wenn aber in der Schultheologie in diesem Zusammenhang ausdrücklich als Begründung darauf hingewiesen wird, daß Gott ja der Autor der Schrift sei, so ist Gott für Kepler

---

[29] Harm. IV 1, W VI S. 211, 14 ff.: „In coetibus Christianorum, et si quis sacrosanctum Trinitatis Mysterium, ortumque rerum omnium ex historia Mosaicâ, firmâ fide amplectitur; disputationis capita et clariùs proponi possunt, et procliviores inveniunt lectorum animos ad credendum."

[30] Compendium Theologiae, 1579, S. 37 f. Im Anschluß an diesen Text habe ich die Abhängigkeit der Naturtheologie Keplers von dem Naturverständnis der orthodoxen Dogmatik dargestellt in: *J. Hübner*, Naturwissenschaft als Lobpreis des Schöpfers, Symp. S. 335 ff.

[31] Vgl. auch *Hafenreffer*, Loci Theologici, 4. Aufl. 1609, S. 22, im Abschnitt über den Beweis des Daseins Gottes aus dem Buch der Natur: „Quem enim ad DEI cognitionem non instruat praelustris Astrorum fulgor, Solis & Lunae atque reliquarum errantium stellarum in varia & multiplici conuersione, admirabilis & periodica constantia ...?"

[32] *Heerbrand*, Compendium Theologiae, 1579, S. 140: „Sciendum est igitur, Scripturae sacrae testimonia & oracula, multò nobis, quibusuis Mathematicis demonstrationibus, certiora esse, & firmiora: cùm illorum author sit Deus."

in sehr viel expliziterem Sinne als in der Dogmatik auch im Blick auf die Natur als Autor erkennbar. Die richtige Naturerkenntnis vermag auch inhaltlich Aufschluß über Gottes Wesen und Willen zu geben.

Zu Luther selbst steht diese Auffassung Keplers in deutlichem Widerspruch. Luther sprach der Mathematik jede Relevanz in theologischen Fragen ab, ja er konnte sie als größte Feindin der Theologie bezeichnen. Das schließt freilich ihre legitime weltliche Funktion dort, wo sie gilt, nicht aus, sondern gerade ein[33]. Theologie und mathematische Aussage betreffen für ihn verschiedene Bereiche und sind insofern inkommensurabel, wenn sie auch wie geistliches und weltliches Regiment Gottes zusammengehören. Schöpfung als theologische Aussage ist bei Luther streng im Zusammenhang der christologisch fundierten Soteriologie gedacht, nicht im Rahmen naturwissenschaftlicher Analyse[34]. Im Anschluß an Luther konnte sich auch im Luthertum eine spezifische Naturfrömmigkeit entwickeln. Bei Johann Gerhard beispielsweise können auch die Geschöpfe Gottseligkeit lehren[35], und bei Johann Arndt etwa ist die signifikative Relevanz der Natur zu einem eigenen Thema geworden. Hier handelt es sich aber nicht um Wissenschaft im strengen methodischen Sinn, sondern um kontemplative Meditation, die die irdischen Dinge der Schöpfung zum Anlaß nimmt, über die himmlischen nachzudenken und versucht, etwas von deren Wesen zu erschauen. Weder die theologischen noch die natürlichen Sachverhalte werden eigentlich weiter erforscht, sondern sie werden vorausgesetzt; wesentlich ist der Aufstieg von dieser zu jener Welt[36].

---

[33] WA 39 II S. 22, 1. 5 f.: „Mathematica est inimicissima omnino theologiae .. Dicitur ergo, quod Mathematica debet manere in sua sphaera et loco." — Vgl. K. *Scholder*, Ursprünge und Probleme der Bibelkritik im 17. Jahrhundert, 1966, S. 123. — H. *Graß*, Die Abendmahlslehre bei Luther und Calvin, 2. Aufl. 1954, S. 112.

[34] Vgl. D. *Löfgren*, Die Theologie der Schöpfung bei Luther, Forschungen zur Kirchen- und Dogmengeschichte 10, 1960.

[35] J. *Gerhard*, Schola pietatis ..., 1623, 4. Aufl. 1649, S. 300 (W. Zeller (Hrsg.), Der Protestantismus des 17. Jahrhunderts, Klassiker des Protestantismus V, Sammlung Dieterich Bd. 270, S. 98): „Bei den Kreaturen finden wir das äußerliche Buch, darinnen wir stets zu lesen, zu studieren und zu betrachten haben. So viel Kreaturen am Himmel, in der Luft, auf Erden, im Wasser, unter der Erden uns vorgestellet, so viel Lehrer der Gottseligkeit sind uns vorgesetzt." — Vgl. auch die handschriftlichen Predigtnachschriften von Martin Crusius in Tübingen (heute in der Universitätsbibliothek), zu denen auch Notizen von einer Predigtreihe Hafenreffers über die Schöpfungsgeschichte aus dem Jahre 1597 gehören.

[36] Vgl. z. B. J. *Arndt*, Vier Bücher vom wahren Christentum, 1610, IV 4: Von dem vierten Tagewerke Gottes, von der Sonnen, Mond und Sternen des Himmels; Ausgabe Berlin 1831, S. 516: „Hier muß menschliche Vernunft aufhören zu denken. Es ist die Höhe und Größe des Himmels unausdenklich, und der Vernunft unbegreiflich ..."; S. 517: „Es soll uns aber der Lauf der Sterne und ihre große Menge höher führen, nämlich zu den unsichtbaren hochleuchtenden Sternen, den *heiligen Engeln*, den himmlischen Geistern ...“

Kepler nimmt an dieser Weise frommer Natur- und Glaubenserfahrung regen Anteil. Er glaubt sie jedoch weiterzuführen, indem er wissenschaftlich die Gesetze und Vorkommnisse der Natur zu ergründen sucht. Gerade die Ergebnisse solchen Forschens bilden dann Aussagen über Gottes Wesen und Handeln und damit Anlaß zu Gottes Lob. Es ist das gleiche Verfahren, mit dem die wissenschaftlichen Theologen und auch er selbst die Bibel zu ergründen und auszuwerten suchen. Bei diesem Erkenntnisvorgang wendet sich Kepler jedoch immer stärker der Offenbarung Gottes im Buch der Natur zu, ohne freilich die Besonderheit der biblischen Offenbarung aus den Augen zu verlieren. Die Wahrung dieser Besonderheit ist schon deshalb notwendig, weil, wie der Christ weiß, die Welt als Welt den Geist Gottes nicht besitzt. Kepler macht sich diese theologische Anschauung zu eigen. Während der Glaubende aus Gott geboren ist, liegt die ganze Welt im Bösen. Gottes Sohn ist aber gekommen und hat den Christen einen Sinn gegeben, daß sie das Wahre erkennen. So gilt es, aufmerksam auf seine Ermahnung zu achten[37]. Daneben steht jedoch das Interesse, auch im Buch der Natur abseits des Streites der Theologen Befriedigung und Antwort auf persönliche Fragen zu finden. Solche Antworten tun sich Kepler gerade in der Erforschung der Natur auf.

Bereits das Motto des Mysterium cosmographicum verkündet, daß die astronomische Erkenntnis angesichts des irdischen Lebens, das täglich im Schatten des Todes steht, eine gewissermaßen himmlische Lebenswirklichkeit darstellt[38]. Ursprünglich mystisch zu nennende Erfahrung ist hier auf die Arbeit der Astronomie übertragen und bekommt in deren Ergebnissen einen neuen Sinn. Kepler glaubt, daß die meisten Ursachen der Dinge in der Welt aus Gottes Liebe zum Menschen abgeleitet werden können[39].

---

[37] Kepler an Guldin, 28. 2. 1628, W. XVIII Nr. 1072, 70 ff.: „Scimus verò, quod mundus in quantum mundus, spiritum Dej non habeat. Scimus, quod nos ex Deo sumus, et mundus totus in malo constitutus est. Scimus autem, quod filius Dej venit, et dedit nobis mentem, ut cognoscamus verum. Proinde diligenter attendimus ad adhortationem illius ..."

[38] „Quotidiè morior, fateorque: sed inter Olympi
Dum tenet assiduas me mea cura vias:
Non pedibus terram contingo: sed ante Tonantem
Nectare, diuina pascor & ambrosiâ." —
„Täglich steht der Tod mir bevor, wohl weiß ich es sicher.
Doch wenn ich schau', wie der Chor kreisender Sterne sich schlingt,
Fühl' ich mich aufwärts gehoben; ich sitze an himmlischer Tafel.
Lebensspendenden Trank Gott, der Gebieter mir beut."
Titelblatt des Myst. cosm., W I S. 3, Übersetzung von *M. Caspar*, Weltgeh. S. 1; vgl. die Übersetzung von *F. Boll* in: Socrates IX, 1921, S. 2—12. Es handelt sich beim Keplertext um eine Übersetzung eines Epigramms von Ptolemäus, überliefert in: Anthologia Palatina IX, 577, in anderer Form in der Ptolemäusüberlieferung.

[39] Myst. cosm. IIII, W I S. 30, 8 f.: „Etenim existimo ex amore Dei in hominem causas rerum in mundo plurimas deduci posse."

Ihnen geht er deshalb nach. So gibt es nichts, was Kepler im Leben, zumal in seiner Zeit, mehr erfreuen könnte, als die Erkenntnis der Weltharmonie[40]. In den Harmonien ist die Kontemplation begründet, in die bereits Aristoteles die Glückseligkeit verlegt hatte[41]. Die mathematischen Wissenschaften sind dem Menschengeschlecht von Gott zu höchst ehrenwertem, gottwohlgefälligem Genuß gegeben, da er ja mit dem Lobpreis des allweisen Schöpfers verbunden ist. Er ist wahrhaft geeignet, den himmlischen Sinn des Menschen an diesem staubigen Verbannungsort zu fesseln und zu besänftigen, so daß das Leben Freude macht[42].

Wichtig ist dann die ethische Bedeutung, die die astronomische Erkenntnis für das irdische Leben hat. Die Erforschung der kosmischen Harmonien und die Verbreitung ihrer Erkenntnis dient „zur Ehre Gottes des schöpffers, zue mehrern dessen erkhentnus aus dem Buch der natur, zue Besserung des menschlichen lebens, zue vermehrung sehnlicher Begierd der Harmonien im gemeinen wesen, bey ietziger schmerzlich vbel khlingenten dissonanz"[43]. So steht an entscheidender Stelle der Weltharmonik das Gebet wider alle Zwietracht um Vollkommenheit der Liebe und der Werke in Entsprechung zu den kosmischen Harmonien[44]. Liebe zur Mathematik, Hingabe an Gott und Dankbarkeit können, parallel nebeneinander gestellt, die gemeinsame Voraussetzung für die Intensität des Gebetes um Befreiung von Krieg, Verwüstung und Haß und der Bitte um Frieden bilden[45]. So ist Unglück kein Grund, die astronomischen Studien einzustellen. Im Gegenteil: Sie können auf ihre Weise Trost geben und zur Be-

---

[40] Kepler an M. Wacker von Wackenfels, Anfang 1618, W XVII Nr. 783, 50 ff. (im Blick auf die Harmonice mundi): „Summam igitur hujus Doctrinae partis Tibi ἁρμονικωτάτῳ aequum est, ut exscribam, ut qua re nihil me magis in vita delectarit: ejus copiam tibi in hac aetate ne invideam."

[41] Ep. Astr. Cop. IV 1, W VII S. 259, 13.

[42] Kepler an Ch. Heydonus in London, Okt. 1605, W XV Nr. 357, 4 ff.: Mathematicas artes „ego diuinitus humano generi datas existimo, non tantum ad vsus varios, sed etiam ad oblectationem animi honestissimam, Deoque gratissimam; vt quae coniuncta est cum celebratione sapientissimi Opificis. Itaque si quid est, quod hominis caelestem animum in hoc exilio puluerulento detinere, et delinire possit, vt iuuet viuere; haec profecto est oblectatio".

[43] Kepler an den Senat von Regensburg bei Überreichung eines Exemplars der Weltharmonik, 30. 4. 1620, W XVII Nr. 876, 30 ff. — Die ethische Komponente ist bereits im griechischen Kosmosbegriff enthalten; vgl. W. Kranz, Kosmos, ABG II, 1958, S. 254. 256.

[44] Harm. V 9, W VI S. 330, 32 ff.

[45] Widmung zu Ep. Astr. Cop. V—VII, an die Stände Oberösterreichs, 1. 7. 1621, W VII S. 361, 27 ff.: „vt quisque est in Mathematicas artes propensissimus, in Deum deuotissimus, in gratitudinem, virtutum Coronam, studiossissimus: ita frequentissimè vota sua ad Deum misericordissimum cum meis coniunget: vt sedatis bellorum tumultibus, resarcita vastitate, extinctis odiis, pax aurea reuersa ... D. FERDINANDI II. Roman. Imperatoris ... Imperium serenet ...".

174

friedung beitragen. Das beruht nicht einfach nur auf der Faszination durch die wissenschaftliche Aufgabe, sondern entspricht erklärtermaßen dem Willen der göttlichen Vorsehung, deren Spuren der Astronom bei seiner Arbeit gerade nachgeht[46]. Kepler sieht in seiner friedlosen Zeit in dem friedlichen Studium der Astronomie die einzige Möglichkeit, aus der Ewigkeit Gottes zu leben und Stand zu behalten[47]. Die Mathematik allein befriedigt den Geist durch ihre unglaubliche Gewißheit[48]. Die Astronomie vermag den Durst der Geister zu stillen und die Sitten je nach Veranlagung mit einer gewissen Ähnlichkeit der göttlichen Werke zu erfüllen[49]. Sie vermag das, weil durch sie Gottes verborgene Ordnung offenbart wird[50] zu Gottes Lob und Dank ihm gegenüber in einem heiligen Leben und Wandel der Menschen[51]. So können Gott, Kosmos und Kirche — und zu ihr gehört die Welt — einen einheitlichen Analogiezusammenhang bilden, indem Kepler die Einheit stiftende Konsonanz der gegenseitigen Liebe mit der trinitarischen Einheit Gottes in drei unterschiedlichen Personen und der in den Harmonien gegebenen geschöpflichen Einheit des Seienden vergleicht und miteinander in Beziehung setzt[52]. Mangelnde Liebe, irdische Disharmonie, Haß und Streit bedeuten dann so etwas wie Seinsvergessenheit, Unkenntnis der göttlichen und der himmlischen Harmonie. Darüber hinaus offenbart die Astronomie nicht nur die Schöpfungsordnung, sie bezweckt nicht nur das Lob Gottes und Dankbarkeit für alle irdisch-geschöpfliche Erkenntnis, sondern auch für „noch höhere gaistliche Gutthaten"[53] — ein deutlicher Hinweis darauf, daß die astronomische Arbeit selbst soteriologischen Charakter gewinnt. Dieser bleibt zwar zunächst durchaus im innerweltlichen Bereich, doch ist der Bezug zu Erlösung im heilstheologi-

---

[46] Ebd. Z. 6 ff.: „Atque ipse quoque, vestigia diuinae prouidentiae, cui equidem artes istas (diuinorum scilicet Operum praeconia) curae esse credo, indefessa prosecutus indagine ... non terreor aduersitatibus vestris, Proceres, quae intereà vos et prouinciam miseram vel sunt adortae, vel imminere porrò videntur."

[47] Kepler an Bartsch, 6. 11. 1629, seiner Ephemeris nova Tychonico-Kepleriana, 1629, vorangestellt; Fr VII S. 585; NK 4 S. 55: „Furente namque procella naufragiumque minante publicum, potius nihil habemus, quam ut anchoram nostram studiorum innocuorum demittamus in fundum aeternitatis."

[48] Ebd. Fr VII S. 583: Mathematica „sola mentis assensum certitudine fulcit incredibili".

[49] Ebd.: Coelestes speculationes „sitim ingeniorum sedant, mores prout indoles fuerit similitudine quadam operum divinorum imbuunt".

[50] NK 7 S. 9, 23 f. — Vgl. auch W VI S. 420, 37 f.: „honor non meus sed creatoris agitur".

[51] NK 7 S. 9, 28 ff.; siehe oben Anm. 13 zu S. 167.

[52] Harm. V 9, W VI S. 331, 6 ff.: „Pater sancte, serva nos in consonantia (!) dilectionis mutuae, ut simus unum, sicut et tu cum filio tuo, Domino nostro, et Spiritu sancto unum es, et sicut omnia tua, per suavissima consonantiarum vincula, unum fecisti."

[53] NK 7 S. 9, 29 f.; siehe Anm. 13 zu S. 167.

schen Sinne kontinuierlich gedacht. In dieser grundsätzlichen — metaphysischen — Kontinuität des naturwissenschaftlichen und des theologischen Denkens aber liegt das Problem.

2. Das naturtheologische Wirklichkeitsverständnis

Auf dem Wege von der Bibel zur Natur als Offenbarungsquelle hat sich für Kepler ein einheitliches Weltbild herausgebildet. Dieses ist einerseits von der biblischen Überlieferung und deren Aussagen über die Natur, andererseits unabhängig von der Bibel durch die antike griechische Tradition bestimmt. Beide Traditionsströme nimmt Kepler eigenständig auf und verschmilzt sie zu einer neuen Weltsicht, die nunmehr von der kopernikanischen Theorie ausgeht. Wir müssen auf die Wesenszüge dieses Weltbilds kurz eingehen, um auch die Struktur des naturwissenschaftlichen Denkens Keplers genauer zu verstehen und die Vorherrschaft dieses Denkens auch im Rahmen anderer Sachzusammenhänge in den Blick zu bekommen.

a) Die Welt als göttliche Geometrie

Das Buch der Natur ist in der Sprache der *Geometrie* geschrieben. Die Geometrie ist das Strukturelement des Kosmos. Zu dem Mysterium cosmographicum sagt Kepler: Wir „sehen hier, wie Gott gleich einem menschlichen Baumeister, der Ordnung und Regel gemäß, an die Grundlegung der Welt herangetreten ist und jegliches so ausgemessen hat, daß man meinen könnte, nicht die Kunst nehme sich die Natur zum Vorbild, sondern Gott selber habe bei der Schöpfung auf die Bauweise des kommenden Menschen geschaut"[1]. Gott wird als Weltarchitekt gedacht, der den Kosmos nach den Gesetzen der Geometrie aufgebaut hat. Der Vergleich ist mehr als ein bloßes Bild; instar — das Wort, das Kepler hier gebraucht — meint ein sachliches Pendant. Gott, „Author ipse Coelorum"[2], erscheint als „Architectus Operis"[3]. Über die Art, wie Gott bei der Schöpfung im einzelnen vorging, zu welchem geometrischen Zweck er bestimmte Gesetze angewandt hat und welche mathematischen Gesichtspunkte er dabei berücksichtigen mußte, stellt Kepler ausführliche Überlegungen an[4]. Für ihn schlägt Gott im Aufbau und in der Erhaltung der Welt stets den mathe-

---

[1] Epistola dedicatoria, W I S. 6, 7 ff. (Übersetzung von Caspar, Weltgeh. S. 6): „... cernimus, vti Deus instar alicuius ex nostratibus Architectis, ordine et norma ad mundi molitionem accesserit, singulaque sit ita dimensus; quasi non ars naturam imitaretur, sed Deus ipse ad hominis futuri morem aedificandi, respexisset."

[2] W VI S. 330, 32.   [3] W XVIII Nr. 938, 25 u. ö.

[4] Vgl. z. B. Astronomia nova III 35, W III S. 247, 11 ff.

matischen Weg (demonstrativa via) ein[5]. Θεὸς ἀεὶ γεωμετρεῖ, der Schöpfer ist „Geometriae fons ipsissimus", „aeternam exercens Geometriam", er verwirklicht bei der Schöpfung Geometrie[6].

Aus dem wesentlich geometrischen Handeln des Schöpfers ergibt sich, daß die Geometrie gleich ewig ist wie Gott, sie leuchtet in seinem Geiste auf und hat ihm die Vorbilder für die Ausschmückung der Welt bereitgestellt[7]. Der Schöpfer hat die Ideen der Dinge dem Vorrat der geometrischen Figuren (wörtlich: dem geometrischen Mundvorrat) entnommen, und Kepler möchte fast hinzufügen, er hätte nur das geschaffen, was er auf Grund der Geometrie hätte schaffen können, und weggelassen, was er nicht konnte. Er versteht diesen Gedanken dann freilich im platonischen Sinne so, daß es Gottes unwürdig wäre anzunehmen, daß er die Welt nicht so geschaffen hätte, wie sie am besten hätte werden können, wo er doch selbst das beste und vollkommenste Wesen ist[8]. In diesem Sinne kann die Geometrie mit Gott identifiziert werden, sie ist Gott selbst, „denn was ist in Gott, das nicht Gott selbst wäre?"[9] Nach den Gesetzen, die sich Gott in seiner Güte selbst vorschreibt, konnte er die Idee für den Aufbau der Welt keinem anderen Ding entnehmen als seinem eigenen Wesen. Eine solche Idee der Welt hat der Schöpfer in seinem Geiste gefaßt, eine Idee,

[5] W III S. 362, 6, vgl. Übersetzung von *Caspar*, Neue Astr. S. 341.

[6] Myst. cosm. II, W I S. 26, 7 f.; Harm. V 3, W VI S. 299, 31 f.; De fund. astrol. cert. XL, W IV S. 23, 9 f. (... Dei γεωμετροῦντος in creatione); Kepler an Chr. Heydon, 1605, W XV Nr. 357, 172 (Deus ἐγεωμέτρησεν inter creandum) u. ö. Kepler bezieht diese Formulierung traditionell auf Plato; sie findet sich aber bei diesem (vgl. *Caspar*, W VI S. 544, Anm. z. St.) nicht. Siehe *Plutarch*, Convivia VIII, 2 (718c); vgl. *Mahnke* S. 140 Anm. 2; *W. Kranz*, Kosmos, ABG II, 1958, S. 185 Anm. 24a.

[7] Harm. III 1, W VI S. 104, 37 ff.: „Geometria enim ... Deo coaeterna, inque Mente divina relucens, exempla Deo suppeditavit ... exornandi Mundi, ut is fieret Optimus et Pulcherimus, denique Creatoris similimus." Vgl. IV 1, W VI S. 219, 21 f.: „... rationes creandorum corporum mathematicas, Deo coaeternas fuisse". Vgl. ferner Kepler an Heydon, 1605, W XV Nr. 357, 169: „... figurae geometricae sunt aeternae, nempe ab aeterno verum erat in mente Dei, lateris tetragonici quadratum (exempli gratia) esse dimidium de quadrato diametri." — Diss. cum nuncio sid., W IV S. 308, 9: „Geometria una et aeterna est, in mente Dei refulgens."

[8] Kepler an Tanckius, 12. 5. 1608, W XVI Nr. 493, 300 ff.: Creator „rerum Ideas desumpsit e penu geometrico, non ex quantitatibus ἀγεωμετρήτοις. Pene dixissem, illud creauit, quod creari potuit, quod non potuit, omisit. Sane fatendum est, quod contendit Plato et ex eo Cicero, nefas esse cogitare, ut Deus condiderit mundum non quam fieri potuit, optimum, ipse optimus et perfectissimus." Vgl. *Plato*, Timaios 30a: „θέμις δὲ οὔτ' ἦν οὔτ' ἔστι τῷ ἀρίστῳ δρᾶν ἄλλο πλὴν τὸ κάλλιστον" („Weder war noch ist es aber dem Besten gestattet, etwas anderes als das Schönste zu tun"); *Cicero*, Timaeus de universo III, zit. Myst. cosm. II, W I S. 23, 35 ff.

[9] Harm. IV 1, W VI S. 223, 32 ff.: „Geometria ante rerum ortum Menti divinae coaeterna, Deus ipse (quid enim in Deo, quod non sit Ipse Deus) exempla Deo creandi mundi suppeditavit."

die etwas Ursprüngliches und Vollkommenes zum Inhalt hat, damit auch die Form des künftigen Werkes selbst vollkommen würde[10].

Das Geschlecht der geometrischen Figuren und Verhältnisse, dem die Idee der Welt entnommen ist, hat sein ursprüngliches Sein im Wesen Gottes früher als in der Materie, die bereits zur Schöpfung gehört. Deshalb ist nach Kepler der Widerspruch unbegründet, den die Frömmigkeit erhebt, daß nämlich die Gesetze und die Notwendigkeit des Guten nicht im freien Willen Gottes des Schöpfers, sondern außerhalb in der mathematischen Idee angesiedelt werden könnten[11]. Die geometrische Struktur, die in Gott wesentlich von Ewigkeit her gewesen ist, ist erst sekundär durch die Schöpfung aus Gottes Wesen in die Materie eingegangen[12]. Wenn es aber bei den Theologen heißt, daß Gottes Wille und Herrschaft von den Gesetzen seines Wesens bestimmt werde, daß er nicht lügen will, weil er es nicht kann, daß er nichts Widersprüchliches will, weil es seinem Wesen widerstreitet, so kann man auch sagen, daß er in die materiell geschaffene Welt keine andere Form hineinlegen wollte als die, deren Idee er ungeschaffen und gewissermaßen raumlos in seinem Wesen vorfand. Diese Idee aber läßt beispielsweise keine Konstruktion eines Sieben- oder Neunecks zu: also kommen diese Figuren in der Welt auch nicht vor[13]. Der Archetyp der Welt ist mit Gottes Wesen identisch[14]. Die Struktur dieses Gottesbegriffes müssen wir im Auge behalten: Offensichtlich ist hier der platonische Demiurg in christlicher Modifikation übernommen[15], und

---

[10] Mvst. cosm. II, W I S. 24, 1 ff.: „Cum igitur Idaeam mundi Conditor animo praeconceperit ... atque Idaea sit rei prioris, sit verò ... rei optimae vt forma futuri operis et ipsa fiat optima: Patet quòd his legibus quas Deus ipse sua bonitate sibi praescribit, nullius rei Idaeam pro constituendo mundo suscipere potuerit, quàm suae ipsius essentiae."

[11] Kepler an Tanckius, 1608, W XVI Nr. 493, 305 ff.: „In hoc solo offendit pietas, quod bonitatis leges et necessitatem uidet collocari non in Dei creatoris arbitrio, sed extra in Idea geometrica. Atqui cogitet Theologus hanc ipsam rerum geometricarum familiam, ex qua Idea mundi deprompta est, prius in ipsa essentia diuina fuisse, quam in materia."

[12] Ebd. Z 310 f.: „Igitur in Deo fuit essentialiter ab aeterno, in materiam ex Dei essentia creando influxit."

[13] Ebd. Z 314 ff.: „Jam nouum in Theologia non est, uoluntatem et arbitrium Dei regi a legibus essentiae suae, ut mentiri nolit, quia non potest, contradictoria nolit, qui qugnant cum ipsius essentia. Noluit igitur aliam indere formam mundo materiato, quam cuius Ideam reperint immateriatam et ut ita dicam, inspaciosam in sua essentia. Illa uero non admittit septangulum, nonangulum: nullum igitur huismodi neque in corporibus, neque in motibus, neque in sensuum praesidibus facultatibus est expressum."

[14] Harm. V 9 (IL), W VI S. 360, 33: Archetypus Mundi, „qui est ipsa essentia divina".

[15] Vgl. dazu Keplers Referat der Meinung bestimmter Philosophen, wonach „Christianus aliquis facilimè pro Mente Platonica Deum creatorem ... intelligere possit", Harm. V 7, W VI S. 265, 15 ff. — Zur Sache und zur Traditionsgeschichte vgl. M. *Landmann*, Die Weltschöpfung im „Timaios" und in der

es bleibt zu fragen, wie weit dieser mit dem biblischen Schöpfungsbegriff in Konkurrenz tritt[16].

Das Weltprinzip der Geometrie konkretisiert sich für Kepler in der *Harmonie* der Welt, die der geometrischen Harmonie der Töne in der Musik entspricht[17]. Folgerichtig kann daher Gott selbst wiederum als die wesenhafte Harmonie bezeichnet werden, die die harmonischen Fähigkeiten bei der Schöpfung gewissermaßen ausgeatmet und allen geschöpflichen Seelen als Teilchen seines Abbildes eingehaucht hat, und zwar mehr oder weniger, quantitativ unterschiedlich[18]. Im Blick auf das Weltmodell Keplers betreffen die harmonischen Verhältnisse die Bewegungen der Planeten im einzelnen, während die regulären Körper die räumliche Bestimmtheit dieser Bewegungen sowie die Zahl der Planetenbahnen und Planetenkörper begründen. Jene verhalten sich zu diesen wie die differenzierende Form zur rohen Materie[19].

Genesis, in: Ursprungsbild und Schöpfertat. Zum platonisch-biblischen Gespräch. Sammlung dialog 8, 1966, S. 142 ff., S. 142 mit Anm. 1 (Literatur). Landmann verweist besonders auf Philo, Plotin und Augustin: „Die Ideen, die bei Platon dem weltgestaltenden Demiurgen als Vorbilder dienen, ... werden ... zu Gedanken Gottes selbst."

[16] Vgl. *H. Heimsoeth*, Die sechs großen Themen der abendländischen Metaphysik und der Ausgang des Mittelalters, 5. Aufl. 1965, S. 24: „Weltbaumeister und Weltschöpfer — das sind ... grundverschiedene Begriffe ... Es darf nicht mehr der menschliche, an äußerem Stoffe formende Künstler, auch nicht der auf die ewigen Gegebenheiten angewiesene Demiurg dem Weltschöpfungsbegriff zum Muster dienen." — *N. Schiffers*, Fragen der Physik an die Theologie, 1968, S. 22: „Nicht der Weltenschöpfer ist Gott, die Geometrie ist das Göttliche."

[17] Die Harmonielehre entwickelt Kepler im einzelnen in seiner Weltharmonik. Zum Harmoniebegriff siehe *B. Meyer*, APMONIA, Bedeutungsgeschichte des Worts von Homer bis Aristoteles, Diss. Fribourg 1932; *O. Gigon*, Zum antiken Begriff der Harmonie, Studium generale XIX, 1966, S. 539—547; *H. Hüschen*, Der Harmoniebegriff im Mittelalter, ebd. S. 548—554. — Vgl. *U. Klein*, Johannes Keplers Bemühungen um die Harmonieschriften des Ptolemaios und Porphyrios, Katalog Linz S. 51 ff.; *M. Dickreiter*, Der Musiktheoretiker Johannes Kepler, 1973.

[18] Harm. IV 2, W VI S. 228, 37 ff.: „facultates harmonicas essentialis illa Harmonia, Deus ipse, expiravit creando, ut qui est οὐσία ἐνεργίᾳ, inspiravitque hanc particulam suae imaginis, in Animas omninò omnes, secundùm magis tamen et minus."

[19] Harm. V 9, W VI S. 360, 35 ff.: „Atqui figurae quinque solidae, vi vocis ipsius, ad spacia regionum pertinent, et ad illarum, corporumque numerum; Harmoniae verò ad motus. Rursum ut Materia diffusa est et indefinita ex seipsâ; Forma definita, unita, et terminans ipsa materiam: sic etiam proportionum Geometricarum infinitae sunt; Harmoniae paucae. ... Infinitas vero sectionis materiam; commensuratio verò seu Effabilitas terminorum formam repraesentat. Vt igitur materia Formam, ut rude saxum, justae quidem quantitatis, Ideam humani corporis; sic Geometricae Figurales proportiones, Harmonias appetunt."

Gegenstand der Harmonie sind die *Quantitäten*[20]. Dinge, zwischen denen Harmonien bestehen, müssen durch das gleiche Größenmaß meßbar sein[21]. Geometrische Figuren sind quantitativer Natur und daher rational[22]. Damit die Welt die Idee des Besten und Schönsten aufnehmen und verwirklichen konnte, hat der allweise Schöpfer das Quantum geschaffen und die Quantitäten ausgedacht[23]. Nach ihnen ist die Schöpfung eingerichtet[24], die „Quanten" sind der Archetyp der Welt[25]. Die Figuren sind Quantitäten und waren vor den Himmeln da; die Quantität ist am Anfang mit dem Körper geschaffen worden, die Himmel erst am zweiten Tag[26]. Ja Kepler kann sagen, daß die Quantität bei der ursprünglichen Schöpfung des Körpers Gott bereits vorgelegen habe[27]. Das heißt aber, daß auch die Ideen der Quantitäten mit Gott gleich ewig, ja Gott selbst sind und waren[28], wie die Vernunft ewig ist[29]. Gott, der Geist (mens) ist, will

---

[20] Vgl. zum Begriff der Quantität Keplers Fragment De quantitatibus libelli I, Fr VIII/1 S. 147 ff. — Zum geistesgeschichtlichen Zusammenhang E. *Reichmann*, Die Herrschaft der Zahl. Quantitatives Denken in der deutschen Aufklärung. Dichtung und Erkenntnis 6, 1968. Kepler gibt freilich ausdrücklich der Geometrie, nicht der Zahl den Vorrang. — Auf das qualitative psychische Werterleben von quantitativen Intervallproportionen hat auf Grund der Harmonik von *H. Kayser* (Der hörende Mensch, 1932) R. *Haase*, Keplers Weltharmonik und das naturwissenschaftliche Denken, in: Antaios V, 1964, S. 225 ff., hingewiesen. Vgl. ders., Johannes Keplers wahre Bedeutung, in: Kunstjahrbuch der Stadt Linz 1970, S. 9 ff.

[21] Harm. Appendix, W VI S. 375, 29 ff.: „ego nuspiam doceo quaerere Harmonias, ubi res, inter quas sunt Harmoniae, non possunt mensurari eadem quantitatis mensura; sic ut causa quantitatis eadem sit inter illas proportio, quae inter duas chordas ejusdem tensionis, causa longitudinis".

[22] W XV Nr. 357, 168: „Geometricae ... figurae (hoc est *quantitatiuae*) sunt entia rationis."

[23] Myst. cosm. II, W I S. 24, 10 ff.: „Hanc imaginem, hanc Idaeam mundo imprimere voluit, vt is fieret optimus atque pulcherrimus vtque is eam suscipere posset, *Quantum* condidit, quantitatesque Sapientissimus conditor excogitauit" (Fortsetzung siehe unten Anm. 33). [24] Vgl. unten Anm. 53.

[25] W XV Nr. 357, 172: „... *quanta* sunt mundi Archetypus".

[26] Myst. cosm., 2. Aufl., Praef., W VIII S. 26,8 ff.: „Et tamen placebant figurae, vtpote quantitates et res coelis prior. Quantitas enim initiò cum corpore creata; coeli altero die."

[27] Myst. cosm. II, W I S. 23,9: „Dico quantitatem Deo fuisse propositam." Vgl. dazu Kepler an Herwart von Hohenburg, 1599, W XIII Nr. 117, 145 ff.: „Deo enim in toto opere corporeo, leges corporis, numerj et proportiones sunt propositae, leges autem lectissimae, et ordinatissimae."

[28] Das bemerkt Kepler 1621 zu dem ursprünglichen Text, Myst. cosm. Praef., W VIII S. 30, 6 f.: (zu W VIII S. 26, 8 ff.; siehe oben Anm. 26): „Imo Ideae quantitatum sunt erantque Deo coaeternae, Deus ipse." Die Übersetzung „... sind und waren die Ideen der Quantitäten ewig in Gott ..." (Weltgeh. S. 27) trifft zwar Keplers Interesse, verschleiert aber das Problem, daß die Geometrie und die Quantitäten in der Tat mit Gott gleich ewig, ihm also faktisch doch gleich-, ja übergeordnet gedacht sind. Vgl. aber auch W XV Nr. 357, 170: „in mente Dei". [29] W XV Nr. 357, 169: „Ratio aeterna".

nichts, was nicht von höchster Vernunft (ratio) ist, und so gab es für ihn keine anderen Denkelemente (rationes) beispielsweise beim Abwägen der Kräfte als die Quantitäten[30].

Wenn Gott die Weltkörper zu einer bestimmten Zahl geschaffen hat, so ist doch die Zahl in der Welt ein Akzidens der Quantität. Das Maß der Zahlen verweist auf das der Quantitäten[31]. Die Zahl als numerus numerans war nicht zuerst da, ihr Begriff hat keine Priorität und größere Dignität; primär sind die geometrischen Gebilde in ihrer Vielfalt, die als numerus numeratus, also bereits quantitativ, existieren[32].

Das ganze Wesen gewissermaßen der Quantitäten besteht aber in der Unterscheidung der zwei Begriffe des Geraden und Krummen, wobei das Krumme Gott in der Welt vergegenwärtigen soll[33], das Gerade aber den Geschöpfen zugeordnet wird. Um in die geschöpfliche Welt die Göttlichkeit des Schöpfers einzeichnen zu können, ist nach Kepler wahrscheinlich im Anfang aller Dinge von Gott nach seinem bestimmten Ratschluß das Krumme und Gerade ausgewählt worden. Die Bedingung ihrer Existenzmöglichkeit sind die Quantitäten gewesen, deren Verwirklichung die ursprüngliche Erschaffung des Körpers war[34]. Der Vergleich der Quantitäten ist die Messung, und messen heißt wissen. Eine Unendlichkeit der Welt würde keine Messung und also auch kein Wissen gestatten[35].

---

[30] Myst. cosm. XI, W I S. 37, 37 ff. = W VIII S. 61, 2 ff.: „Creator Deus, cum mens sit, et quae vult faciat, non prohibeatur: quò minus in aptandis viribus et designandis circulis ad res vel sine materia vel imaginatione constantes respiciat. Et cum nihil velit ille, nisi summa cum ratione, nihilque praeter eius voluntatem extiterit; dicant igitur aduersarij, quaenam aliae rationes Deo fuerint aptandarum virium, etc. cum praeter quantitates nihil esset?"

[31] Kepler an Mästlin, 3. 10. 1595, W XIII Nr. 23, 54 ff.: „Videmus, deum creasse corpora mundana ad certum numerum. Numerus autem est quantitatis accidens ... Quare si ad numerorum mensuram est conditus mundus, ergo ad quantitatum mensuram."

[32] Myst. cosm., 2. Aufl., X Anm. 1, W VIII S. 60, 28 ff.: „non enim ideo numerabiles fiunt anguli figurae, quia praecessit conceptus illius numeri, sed ideo sequitur conceptus numeri, quia res Geometricae habent illam multiplicitatem in se, existentes ipsae Numerus numeratus".

[33] (Fortsetzung von Anm. 23) Quantitates, „quarum omnis, vt ita dicam, essentia in haec duo discrimina caderet, Rectum et Curuum, ex quibus Curuum nobis ... Deum repraesentaret". Vgl. W I S. 23, 15; *Nicolaus Cusanus*, Complementum theologicum, Op. Cus. 1514, II B, 94 a; vgl. ebd. 101a. Zit. bei *Mahnke* S. 140 Anm. 3 und 2.

[34] Myst. cosm. II, W I S. 24, 20 ff.: „Quin potius verisimile est, initio omnium certo consilio Curuum et Rectum a Deo electa, ad adumbrandam in mundo diuinitatem Conditoris: atque vt haec existerent, quantitates fuisse, atque vt quantitas haberetur, conditum esse primo omnium Corpus." Keplers interessante Weiterführung dieser Spekulation kann hier im einzelnen leider nicht verfolgt werden.

[35] Kepler an Heydon, W XV Nr. 357, 188 f.: „Nam comparatio est mensuratio, mensurare est scire; infiniti nulla mensura vel scientia." — Vgl. De stella

Die Unterschiede der Quantitäten treten bei Kepler ausdrücklich an die
Stelle der aristotelischen Qualitätsunterschiede[36]. Wenn Aristoteles den ursprünglichen Gegensatz unvermittelt zwischen idem und aliud sieht, so
findet ihn Kepler mit Vermittlung in den physikalisch interpretierten geometrischen Verhältnissen. Was für Aristoteles aliud, ein Terminus war,
das scheidet Kepler in zwei Termini, plus und minus[37]. „So will er nicht
sagen warm und kalt, feucht und trocken, sondern mehr oder weniger
warm, mehr oder weniger feucht."[38] Die Unterschiede sind damit relativiert und können nunmehr in einem qualitativ einheitlichen Ganzen in
Proportionen aufeinander bezogen werden. Hier liegt einer der „wichtigsten Differenzpunkte der antiken und neuzeitlichen Forschungsmethode"[39].

Das quantitative Denken beschreibt *Kausalzusammenhänge*. Kepler geht
es darum, Ursachen aus den Quantitäten heraus wahrscheinlich zu machen[40]. Der Kausalzusammenhang ist aber nicht einlinig gedacht, so daß
nach Art einer Kette nur eine Gegebenheit auf die andere und diese auf
die nächste wirkte, die Wirkungen der causae sind vielmehr wechselseitige.
Beeinflussung und Abhängigkeit der Ursachen untereinander bestehen
gleichzeitig in einem mehrdimensionalen Raum. Sie machen den Schmuck
der Welt aus[41].

---

nova XXI (gegen Bruno), W I S. 251 ff. (Zusammenfassung S. 453 f.); S. 257,
15: „... infinita mensura cogitatur nunquam". — Vgl. *Galilei:* „Wer naturwissenschaftliche Fragen ohne Hilfe der Mathematik lösen will, unternimmt Un-
durchführbares. Man muß messen, was meßbar ist, und meßbar machen, was
es nicht ist." Zit. nach *G. Szczesny* (Das Leben des Galilei und der Fall Bertolt
Brecht, Dichtung und Wirklichkeit 5, 1966) bei *J. Hemleben*, Galilei, rowohlts
mongraphien, 156, 1969, S. 27.
[36] Vgl. dazu auch Galilei. *Hemleben* schreibt aaO.: „Galilei bringt das Bemühen um erkennendes Erfassen der Natur-Qualitäten zum Schweigen und
setzt an dessen Stelle die konsequente, quantitative Methode." Die *Ausschließlichkeit* der quantitativen Betrachtung macht den Unterschied zwischen scho-
lastischer und moderner Physik aus; vgl. *A. Maier*, Die Anfänge des physikalischen Denkens im 14. Jahrhundert, Philosophia naturalis I/1, 1950, S. 7 ff.,
S. 28. — Vgl. auch *V. Bialas*, Die quantitative Beschreibung der Planetenbewegung von Johannes Kepler in seinem handschriftlichen Nachlaß, Festschrift 1971 S. 99 ff.
[37] De fund. astrol. cert., Th. 20, W IV S. 15, 26 ff.: „Itaque quam ARISTO-
TELES dixit primam contrarietatem sine medio, inter Idem et Aliud; eam ego
in Geometricis, philosophicè consideratis, invenio esse primam quidem contrarietatem, sed cum medio, sic quidem, ut quod ARISTOTELI fuit ALIVD,
unus terminus, eum nos in PLVS et MINVS, duos terminos dirimamus." — Vgl.
auch Fr V S. 224: Gott bildet „sui ipsius imagines, secundum magis et minus".
[38] *Caspar*, W IV S. 420. Vgl. auch oben Anm. 18.
[39] *J. Schmidt*, Keplers Erkenntnis- und Methodenlehre, Diss. Jena 1903, S. 31;
vgl. auch S. 32.
[40] Myst. cosm. XI, W I S. 38,8 f. = W VIII S. 61, 10 f.: „nos vero patiantur
causas ex quantitatibus verisimiles reddere".
[41] Vgl. Myst. cosm., 2. Aufl., XII Anm. 18, S. 74, 19 ff.: „... et ego in Har-

Kepler scheint später den mathematischen Archetypen noch vor den Quantitäten den Vorrang als Kausalfaktor zu geben, insofern als diese in der einfachsten, göttlichen Abstraktion auch von den Quantitäten abstrahiert sind[42]. Hier sind die Quantitäten jedoch ausdrücklich als materielle gemeint, und man muß zwischen sinnlichen, d. h. materiellen, rein geschöpflichen, und intelligiblen, bereits in Gott vorfindlichen Quantitäten unterscheiden[43]. Der an die Quantitäten geknüpfte Kausalzusammenhang ist aber noch in einem tieferen begründet: Die Tatsache, daß Gott die mathematischen Dinge wie Archetypen von Ewigkeit bei sich hatte, bildet den Grund dafür, daß die Mathematica Ursachen der natürlichen Dinge werden. Die Mathematik der Welt ist in der mathematischen Wesensart des göttlichen Geistes absolut vorgängig begründet. Gott ist auf mathematische Weise prima causa und als solche Grund des Seins der Welt, Schöpfer[44].

Die quantitativ bestimmte Geometrie und — so ist nach der Weltharmonik hinzuzufügen — Musik[45] ist für Kepler die Bedingung der Möglichkeit, Gründe für die kosmologischen Sachverhalte herauszuarbeiten[46]. Die Erkenntnis der Gründe eröffnet ein rationales System, in dem der Augenschein der Sinne überstiegen und ein höherer, wahrer Zusammenhang der Dinge erkannt wird[47]. Der Kausalzusammenhang und seine Erkenntnis repräsentiert in ursprünglicherem Sinne Wahrheit, als es die Sinneserfahrung je vermag.

Daher erhält die quantitative Kausalanalyse als solche in Übereinstimmung mit dem naturtheologischen Ansatz überhaupt fast so etwas wie

---

monicis, lib. V. cap. IX. corporibus harmonias associo: at id non fit causa vnius ex alio; sed causa vsus in exornatione mundi".

[42] Myst. cosm., 2. Aufl., XI Anm. 2, W VIII S. 62, 29 ff.: „Ecce vt foenerauerit mihi per hos 25. annos principium iam tunc firmissime persuasum: ideo scilicet Mathematica causas fieri naturalium ..., quia Creator Deus Mathematica vt archetypos secum ab aeterno habuit in abstractione simplicissima et diuina, ab ipsis etiam quantitatibus, materialiter consideratis."

[43] Vgl. *H. Zaiser*, Kepler als Philosoph, Diss. Basel 1932, S. 36.

[44] Vgl. das Zitat Anm. 30; hierauf bezieht sich die Anm. 42 zitierte Note.

[45] Vgl. bereits Kepler an Heydon, 1605, W XV Nr. 357, 176: „Confirmat autem rem Musica."

[46] Harm. III 16, W VI S. 185, 27 ff.: „... sicut corporibus quinque regularibus ex Geometria, sic etiam Proportionibus, totoque apparatu Harmonico ex Musicá, opus habeo ad explicandas causas proportionis Orbium coelestium, Eccentricitatumque et motuum in Apsidibus." — Die wissenschaftstheoretische Bedeutung dieses Ansatzes hat *J. Mittelstraß*, Wissenschaftstheoretiche Elemente der Keplerschen Astronomie, Symp. S. 3 ff., herausgestellt: „Im Rahmen dieses Programmes wird aus Metaphysik der Natur Methodologie der Physik", S. 26.

[47] Ep. Astr. Cop. IV 1, 1620, W VII S. 258, 39 f.: „At cùm nos in disciplina versemur, quae rerum causas aperit, visús deceptiones discutit, mentem altius, vltraque visus metas evehit ..."

soteriologischen Charakter. Kepler entwickelt eine Weltanschauung, die im lückenlosen, kausal verstandenen Sinnzusammenhang der Welt[48] die Heimat des forschenden Geistes und darin irdisch Heil des Menschen findet. Das Grundaxiom lautet: „Nichts ist von Gott ohne Plan geschaffen." Das bedeutet für die Suche nach Gründen: „Nicht verzweifeln!" In dieser leitenden Erwartung klingt mehr mit als bloße Hoffnung auf Befriedigung des arbeitenden Geistes; die Suche nach Gründen enthält eine existentiale Dimension, ihre Erfüllung gewinnt den Charakter der Erfüllung einer Verheißung: „Suchet, so werdet ihr finden. Ich habe gesucht, und siehe, ich habe ... die besten Gründe gefunden."[49] Der Grund wird zum Verheißungsgut, wenn nicht im Sinne von Matth. 7,7, so doch zumindest im Anklang daran. Er gewährt Verstehen in einer Welt, der grundlos ausgeliefert zu sein für den denkenden Menschen ebenso unerträglich wäre wie nach Kepler für den im christlichen Sinne glaubenden. Sünde hängt mit Unkenntnis des Weltzusammenhangs, mit Unkenntnis und Vernachlässigung der bestehenden Gründe zusammen[50].

Das gilt auch bereits im innerweltlich-anthropologischen Zusammenhang: Das Forschen nach Gründen ist schon praktisch hilfreich, und es besteht darüber hinaus auch beispielsweise zwischen Unheil und Ratio insofern ein Sinnzusammenhang, als ersteres letztere zur hilfreichen kausalen Reflexion anzuregen bestimmt zu sein scheint. Denn die Erkenntnis der wahren Gründe ermöglicht, auf die echten Heilmittel bedacht zu sein[51].

Keplers *Erkenntnistheorie* ist bereits mehrfach gründlich behandelt worden[52]; auf sie braucht jetzt daher nicht mehr im einzelnen eingegangen

---

[48] Harm. V 10, W VI S. 363, 24 f.: „... nullum objectum frustrà ... ordinatum, non existente aliquá re, quae illo moveatur".

[49] Myst. cosm., 2. Aufl., XVII Anm. 3, W VIII S. 97, 21 ff.: „Quaerite et inuenietis. Quaesiui, et ecce inueni lib. V. Harmonicorum causas praestantissimas. Adeo bonum et fidum hoc omen fuit: *Non desperare:* adeo pollens et praegnans axioma hic vsurpatum: *Nihil à Deo temere constitutum.*" Kepler zitiert entsprechend dem Vulgatatext von Matth. 7,7.

[50] Vgl. Tert. int. IV, W IV S. 159.

[51] De stella nova XXX, W I S. 337, 28 ff.: Credibile est: „Calamitates igitur significare per ambages; ut homines ad ratiocinandum de causis (quod hominis est) permoveantur, itaque veris causis, praesertim si in ipso homine fuerint, cognitis, de genuinis remedijs cogitent."

[52] Vgl. vor allem *R. Eucken,* Untersuchungen zur Geschichte der ältern deutschen Philosophie, I. Johann Kepler, Philosophische Monatshefte XIV, 1878, S. 30 ff. — *J. Schmidt,* Keplers Erkenntnis- und Methodenlehre, Diss. Jena 1903 (die übersichtlichste Zusammenfassung). — *E. Cassirer,* Das Erkenntnisproblem in der Philosophie und Wissenschaft der neueren Zeit I, 2. Aufl. 1911, S. 328—377. — *H. Zaiser,* Kepler als Philosoph, Diss. Basel 1932. — Den ganzheitlichen und „realistischen" Aspekt des Keplerschen Denkens betonen *M. Steck,* Über das Wesen des Mathematischen und die mathematische Erkenntnis bei Kepler, Die Gestalt 5, 1941; *F. Sauer,* Naturgesetzlichkeit und Relativismus,

zu werden. Ihre entscheidende Bestimmung besagt, daß Gott den menschlichen Geist grundlegend zum Verstehen der quantitativen Struktur der
Welt geschaffen hat. Der platonische Gedanke der Wiedererinnerung ist
zentral. Erkenntnis ist um so richtiger, je näher sie den reinen Quantitäten als ihrem Ursprung kommt[53]. So kann die Fähigkeit zu zählen als
Prinzip der Erkenntnisfähigkeit bezeichnet werden; der Mensch könnte
nicht erkennen, wenn er nicht zu zählen wüßte[54]. Im menschlichen Geist
sind wesentlich nur Zahlen und Quantitäten enthalten. Damit ist die Erkenntnis des Menschen grundsätzlich der gleichen Art wie die Gottes,
lediglich von der geschöpflichen Sterblichkeit begrenzt. Der Unterschied
ist nur relativ. Gott und Mensch haben zusammen mit der Welt an der
gleichen Mathematik teil[55]. Die in der Schöpfung konkretisierten göttlichen
Gedanken denkt der Mensch nach. Indem er sie erforscht, erinnert er sie
zugleich[56]. Die Geometrie ging bei der Schöpfung mit dem Bilde Gottes in
den Menschen ein; sie ist nicht erst durch die Augen innerlich aufgenommen worden[57]. Vielmehr ist das Auge so geschaffen worden, daß es quantitativ arbeitet, weil der Geist so beschaffen ist, nicht umgekehrt[58].

Erkenntnis ist der Vergleich eines äußeren Sinnlichen mit den inneren
Ideen und die Beurteilung seiner Übereinstimmung mit diesen[59]. Beides

---

1943, S. 19 ff. Diese Arbeiten stehen jedoch stark im Banne eines entsprechenden weltanschaulichen Vorverständnisses. Das gleiche gilt von *R. Haase*, Johannes Keplers wahre Bedeutung, in: Kunstjahrbuch der Stadt Linz 1970, S. 9 ff.

[53] Kepler an Mästlin, 1597, W XIII Nr. 64, 10 ff.: „... intelligat, Cum Deus
omnia ad quantitatis normas condiderit in toto mundo: mentem etiam hominj
datam, quae TALIA comprehendat. Nam ut oculus ad colores auris ad sonos,
ita mens hominis non ad quaevis, sed ad QVANTA intelligenda condita est,
remque quamlibet tanto rectius percipit, quantò illa proprior est nudis quantitatibus, ceu suae originj: ab his quo longius quidlibet recedit, tantò plus tene-
brarum et errorum existit".

[54] De quantitatibus IX, Fr VIII S. 157: „Atque adeo facultas numerandi
principium quoddam est facultatis intelligendi, neque homo posset intelligere,
si nesciret numerare."

[55] Kepler an Herwart, 1599, W XIII Nr. 117, 176 ff.: „Quid enim est in
mente hominis praeter numeros et quantitates? Haec sola rectè percipimus,
et, si pie dici potest, eodem cognitionis genere cum deo, quantum quidem in
hac mortalitate de ijs percipimus." Z. 145 ff.: „Deo enim in toto opere corporeo, leges corporis, numerj et proportiones sunt propositae, leges autem lectissimae, et ordinatissimae." — Vgl. dazu *H. Blumenberg.*, Die Legitimität der
Neuzeit, 1966, S. 393 ff.

[56] W VI S. 226, 9 ff.: „mathemata sensilia, si agnoscuntur, eliciunt igitur in-
tellectualia, antè intus praesentia: ut nunc actu reluceant in Anima, quae prius
veluti sub velo potentiae latebant in eâ".

[57] Harm. IV 1, W VI S. 223, 32 ff.: „Geometria ... cum imagine Dei transi-
vit in hominem: non demum per oculos introrsum est recepta."

[58] Harm. IV 1, W VI S. 223, 31: „talis est factus Oculus, quia talis Mens est,
non vicissim".

[59] Harm. IV 2, W VI S. 226, 5 ff.: „Nam agnoscere, est externum sensile cum
Ideis internis conferre, eisque congruum judicare."

geschieht durch den Geist als oberstem Seelenvermögen[60]. Entsprechend den sinnlichen und intelligiblen geometrischen Quantitäten unterscheidet Kepler sinnliche und intelligible Harmonien. Erstere sind auf letztere bezogen: Die Auffindung einer geeigneten Proportion in den Sinnendingen bedeutet, eine Ähnlichkeit dieser Proportion mit einem bestimmten Archetyp einer wahren Harmonie, der innen in der Seele vorhanden ist, zu entdecken, zu erfassen und ans Licht zu bringen[61]. Im Vergleich der harmonischen Bezugsglieder, des Kreises und seines wißbaren Teils, durch die vernünftige Seele wird die Harmonie schließlich völlig vergeistigt, ja zu Gott[62]. So kann auch die Musik als Nachahmung Gottes verstanden werden[63].

Der Erkenntnisakt ist allgemein auf folgende Elemente bezogen: Größen, die quantitativ miteinander verglichen werden können; die vergleichende Seele; die Aufnahme der Sinnendinge in das Innere der Seele; eine Proportion, die als Harmonie definiert werden kann[64]. Diese Elemente machen bezogen auf Sinnendinge gleicher Art das Sein der sinnlichen Harmonien aus. Deren Urbilder finden sich archetypisch in der Seele und bedingen die Möglichkeit des Erkennens, das wesentlich im Vergleichen besteht.

Die quantitativen Bezugsglieder sind im kosmischen Rahmen je für sich mit der Wirkung der „Wärme vnd Befeuchtigung mit jhren Differentien" verbunden[65], zu denen weitere „species immateriatae" kommen, „welche von den corporibus Physicis orbiculariter außfliessen" und deren Qualitäten mitteilen[66]. Die Sonne kann als wärmendes Licht „formalisch", der lediglich Feuchtigkeit spendende Mond „materialisch" genannt werden, während die übrigen fünf Himmelskörper unterschiedlich beides sind[67]. Doch ist im allgemeinen die species immateriata „materialisch" gedacht[68], und mit den „formae" sind die geistig-seelischen, vernünftigen Kräfte gemeint, die durch die Geometrie repräsentiert sind[69]. Nun ist die species

---

[60] W VI S. 269, 18 u. ö.

[61] Harm. IV 1, W VI S. 215, 30 ff.: „Idoneam invenire in sensilibus proportionem, est detegere et agnoscere et in lucem proferre similitudinem illius proportionis in sensilibus, cum certo aliquo verissimae Harmoniae Archetypo, qui intus est in Animâ."

[62] Harm. IV 1, W VI S. 225, 15 f.: „... tandemque Harmonia penitus animificatur, adeòque deificatur".   [63] Harm. V 7, W VI S. 328, 20 ff.

[64] Vgl. Harm. IV 1, W VI S. 211, 30 ff.

[65] Tert. int. LXXVIII, W IV S. 219, 4 f.

[66] Vgl. Tert. int. XXVI, W IV S. 169, 23 ff.

[67] Tert. int. XXXII, W IV S. 174, 21 ff.

[68] Tert. int. LVIII, W IV S. 201, 31 f.: Zur Ebbe und Flut bedingenden Verbindung von Mond und Meerwasser: „... vnnd ob es wol zugehet per speciem immateriam, so ist doch sie materialisch / dann die species hat dimensiones quantitatis."

[69] Tert. int. LIX, W IV S. 201, 35 ff.: „Es folgt aber viel ein edlere wunder-

immateriata des Lichtes für Kepler insofern etwa von der des Klanges unterschieden, als sie zur Ausbreitung keine Zeit braucht[70], dennoch hat die
species der Sonne „jhre quantitates", nämlich „raritatem vnd densitatem"[71]. Die geometrischen formae haben aber noch eine besondere Beziehung zur Sonne, und so ist es kein Zufall, daß die species immateriata der
Sonne mit der forma identifiziert werden kann. Darauf ist jetzt einzugehen. Daß der geometrisch-materielle Zusammenhang zwischen Himmel
und Erde nicht mechanistisch, sondern psychologisch-geistig zu verstehen
ist, wird im Zusammenhang des astrologischen Denkens Keplers zur Sprache kommen.

b) Der Kosmos als Abbild der Trinität

Neben die grundsätzliche Erkennbarkeit der Konstruktionsprinzipien der
Welt tritt als weiterer leitender Gesichtspunkt im Keplerschen Denken ein
Verständnis von der Bedeutung der Sonne, das von seiner Tradition her
als Sonnenmystik bezeichnet werden kann[1]. Beide Leitmotive sind bei
Kepler nicht weiter ableitbar; er setzt sie ohne weitere Rückfrage voraus[2].

---

barlichere Vereinigung Himmels vnd der Erden / die vermag nichts Materiali-
sches / sondern ist Formalisch / gehet zu durch formas in dieser niederen
Welt / ... durch Geistliche Kräfften / durch Seel / durch Vernunfft / ja durch
Begreiffung der allersubtilesten Sachen / die in der gantzen Geometria seynd."
[70] Tert. int. XXVI, W IV S. 169, 34 ff.
[71] Ebd. S. 171, 7.
[1] Vgl. *K. Hübner,* Was zeigt Keplers „Astronomia nova" der modernen Wissenschaftstheorie? Philosophia naturalis XI/3, 1969, S. 257 ff.; S. 275. — *J. Dillenberger,* Protestant Thought and Natural Science, London 1961, S. 82 ff. —
E. Zinner Entstehung und Ausbreitung der coppernikanischen Lehre, Sitzungsber. d. Physik.-med. Sozietät zu Erlangen 74, 1943; zur Antike bes. S. 49 ff. —
Zur Bedeutung der Sonne im Alten Testament und im alten Orient vgl. *W.
Baudissin,* Sonne bei den Hebräern, RE XVIII, 1906, S. 489 ff.; in der Antike
allgemein: *F. Boll,* Die Entwicklung des astronomischen Weltbildes im Zu-
sammenhang mit Religion und Philosophie, in: Die Kultur der Gegenwart
III/3, Bd. 3, 1921, S. 1 ff., S. 6 ff.; Art. Helios in: Lexikon der Alten Welt,
1965 (= dtv-Lexikon der Antike, Religion Mythologie I, 1970, S. 291 ff.). —
Weitere Literaturhinweise zum Sonnenkult überhaupt und speziell in der Re-
naissancekosmologie bei *W. Kranz,* Kosmos, ABG II, 1958, S. 180 Anm. 13. —
Zum Sprachgebrauch bei *Luther* siehe *W. Bohleber,* Sol, ABG XIV/2, 1971,
S. 177 ff. (Vorarbeit zum Sachregister der Weimarer Lutherausgabe).
[2] Vgl. *K. Hübner,* aaO. S. 276: „Alles, was Kepler seinem Leser zumutet, ist
am Ende nur dann akzeptabel, wenn man seinen mystischen und spekulativen
Prämissen zustimmt, wenn man seine apriorische Entscheidung für das helio-
zentrische System teilt." — *W. Pauli* hat in diesem Zusammenhang den Jung-
schen Begriff des Archetyps geltend gemacht: *W. Pauli,* Der Einfluß archetypi-
scher Vorstellungen auf die Bildung naturwissenschaftlicher Theorien bei Kepler, in: C. G. Jung—W. Pauli, Naturerklärung und Psyche, Studien aus dem
C. G. Jung-Institut Zürich IV, Zürich 1952.

Als dritte Quelle tritt die theologische Schöpfungslehre der Zeit hinzu, wie wir dann noch genauer zu notieren haben.

Bereits Copernicus hatte die pythagoreisch-platonische und neuplatonische Tradition[3] aufgenommen, in der die in der Mitte aller Dinge residierende Sonne als Leuchte der Welt, als ihr Geist und Herrscher, ja als sichtbarer Gott bezeichnet werden kann[4]. Entsprechend nimmt auch Kepler neuplatonische Vorstellungen[5] auf. Während er beispielsweise spekulativ-spielerisch von einer Verteilung der geistigen Vermögen auf die um die Sonne gruppierten Himmelskörper spricht, nimmt er in der Sonne die Wohnstatt des einfachen Intellekts, des Geistfeuers oder Nus, der Quelle aller Harmonie an, wer immer auch dieser Geist sein mag[6]. So kann die Sonne wenn nicht selbst als König, so doch als Königsschloß des Geistfeuers angesehen werden[7], in ihr ist „der Hof, die Pfalz, der Palast, das Königsschloß des ganzen Naturreiches"[8]. Würde sich Gott an einem körperlichen Wohnsitz erfreuen und von einem Ort überhaupt umfaßt wer-

---

[3] Siehe dazu *Mahnke*; ferner *F. Boll*, Die Sonne im Glauben und in der Weltanschauung der alten Völker, Astronomische Schriften des Bundes der Sternfreunde, 1922; *Boll-Bezold*, Sternglaube und Sterndeutung, 4. Aufl. 1931, S. 125.

[4] De revolutionibus I 10: „In medio vero omnium residet Sol ... non inepte quidam lucernam mundi, alij Mentem, alij rectorem vocant. Trimegistus visibilem deum, Sophoclis Electra intuentem omnia. Ita profecto tamquam in solio regali Sol residens circumagentem gubernat astrorum familiam." Gesamtausg. II (ed. F. und C. Zeller), 1949, S. 26, 5 ff. Die Ausgabe bietet S. 441 ff. ausführliche Nachweise der genannten Begriffe aus der antiken Literatur. Vgl. auch *Mahnke* S. 128; *E. Goldbeck*, Der Mensch und sein Weltbild im Wandel vom Altertum zur Neuzeit, 1925, S. 204. — Für Copernicus ist traditionsgeschichtlich insbesondere *Ficino* und auch *Nicolaus Cusanus* zu vergleichen, vgl. *Mahnke* Anm. 2 und *R. Klibansky*, Copernic et Nicolas de Cues, in: Léonard de Vinci et l'expérience scientifique au XVIe siècle, Paris 1953; *H. Rombach*, Substanz, System, Struktur, I 1965, S. 250 ff. u. ö.; anders *W. Kranz*, Kosmos, ABG II, 1958, S. 180. — Bei Kepler ist die cusanische Tradition stärker nachweisbar: die Belegstellen hat *Mahnke* S. 129 f. zusammengestellt und interpretiert: Fr I S. 122; II S. 595, vgl. S. 186, S. 644; II S. 490. — Zum *Cusaner* vgl. *K. Jacobi*, Die Methode der cusanischen Philosophie, Symposion 31, 1969; *R. Haubst*, Das Bild des Einen und Dreieinen Gottes in der Welt nach Nikolaus von Kues, 1952.

[5] Kepler nennt von Proclus „die ,goldenen Zügel, die Schatzkammer des Lichts, den mittelsten Äthersitz, des Weltalls hellstrahlende Herzscheibe', auszeichnende Namen, die auch Kopernikus der Sonne einräumt", Harm. V 10, W VI S. 364, 39 f. (Übersetzung von *Caspar*, Weltharm. S. 352).

[6] Harm. V 10, W VI S. 367, 18 ff.: „... in Sole verò Intellectum simplicem, πῦρ νοερòν seu Noῦν habitare, omnis Harmoniae fontem, quicunque ille sit."

[7] Harm. V 10, W VI S. 368, 8 ff.: „An non vel sensus ipsi exclamant, ... Solem esse πυρòς νοεροῦ si non Regem, at saltem Regiam?" — Vgl. S. 365, 33.

[8] Harm. V 10, W VI S. 364, 7 ff.: „... denique in Sole Curiam, Palatium, et praetorium seu Regiam esse totius regni Naturae". Übersetzung von *Caspar*, Weltharm. S. 351.

den können, würde er mit den seligen Engeln auf der Sonne wohnen, heißt es in einer frühen Disputation[9]. Die Sonne kann schließlich selbst als das Herz der Welt, König, Herrscher über die Sterne, ja als sichtbare Gottheit bezeichnet werden[10]. Wenn es nicht der christlichen Lehre widerspräche, könnte man sagen, auf dieser in der ganzen Welt vortrefflichsten Kugel stände eine Zuflucht aus den Mißlichkeiten des irdischen Daseins offen[11]. Kepler will aber jenen königlichen Thron, den nach der christlichen Tradition der ewige und ungeschaffene, an keinen Ort gebundene Logos nach der Inkarnation und Himmelfahrt eingenommen hat, von demjenigen durchaus unterschieden wissen, den Proclus seinem Geistfeuer, das etwa dem künstlerischen Feuer der Stoiker entspricht, dem geschaffenen Gott Platos, dem ursprünglichen Geist, im Körper der Sonne zugeschrieben hat. Proclus habe hier Schöpfung und Schöpfer zu Einem vermischt. Die Christen hätten besser zu unterscheiden gelernt[12].

Kepler bietet sich aus dem Complementum theologicum des Cusaners (1453) eine andere Vorstellung an, um die christliche Theologie mit dem heliozentrischen Weltbild analogisch zu verbinden[13]. An der Kugel zeigt sich die Dreiheit: Oberfläche, Mittelpunkt, Inhalt. Ebenso verhält es sich in der ruhenden Welt: Hier gibt es die Fixsterne, die Sonne und die Luft oder den Äther im Zwischenraum. Und in der Trinität existiert die Dreiheit von Sohn, Vater und Geist[14]. Die ruhende Welt kann damit als Abbild

---

[9] Fragmentum Orationis de Motu Terrae, Fr VIII/1, S. 267: „... in quo Deus Opt. Max., si corporeo domicilio delectaretur et capi loco posset, cum beatis angelis inhabitaret". Vgl. den ganzen Abschnitt S. 267 f.

[10] Myst. cosm. XX, W I S. 70, 30 ff.: „Hîc iam longè rectiùs in Solem competunt illa nobilia epitheta, Cor mundi, Rex, Imperator stellarum, Deus visibilis, et reliqua." — Vgl. Jak. Böhme, für den die Sonne Gleichnis, „des ewigen Herzens Gottes, welches allem Leben und Wesen Kraft gibt", „Herz der Tiefe" ist (De signatura rerum 4, 39; Vom dreifachen Leben 7, 47, zit. bei H. Bornkamm, Das Jahrhundert der Reformation, 1961, S. 314).

[11] Kepler an J. M. Wacker von Wackenfels, 1618, W XVII Nr. 783, 68 ff.: „Quod si gentilis essem, et si nihil plane ex instructione Christiana hausissem: dicerem, in hunc globum totius Mundi praestantissimum patre nobis, Wackeriique similibus animabus receptum."

[12] Harm. V 10, W VI S. 365, 37 ff. Vgl. Joh. Arndt, Vier Bücher vom wahren Christentum, 1609, IV c. I, 3 (Ausgabe von 1831, S. 491): „Er (Gott) ist selbst das ewige unendliche Licht. Darum hat er uns die Sonne geschaffen. Sie leuchtet uns, darum leuchtet Gottes Liebe aus der Sonne." Vgl. S. 490: „Darum nennet (der Hl. Dionysus) das Licht ein Bildniß der göttlichen Gütigkeit, und saget: ein überverständliches oder unbegreifliches Licht sey in Gott, ein verständliches Licht in Engeln und Menschen, ein sichtbares Licht in der Sonne."

[13] Vgl. Mahnke S. 133 ff. 142 f.

[14] Kepler an Mästlin, 3. 10. 1595, W XIII Nr. 23, 71 ff.: „Curvum autem rectissimè Deo, rectum creaturae comparatur. In globo igitur est trinitas, Sphaericum, Centrum, Capacitas. Sic in mundo quieto: Fixae, Sol, Aura, sive aethra intermedia: Et in trinitate Filius, Pater, Spiritus." — Aus der ausführ-

des in sich betrachteten göttlichen Wesens verstanden werden. Die Oberfläche der Kugel ist in ihrer gleichmäßigen Biegung die allseitige Offenbarung der Einfachheit des Punktes, die sich in der Gleichheit des Zwischenraumes manifestiert. Wie der Mittelpunkt im Radius zu den Punkten der Peripherie des Kreises und der Oberfläche der Kugel ausstrahlt und beide durch die Gleichheit des Abstandes als Eines verbunden sind, so ist der Vater der Ursprung von allem und bildet sich im Sohn ab, während beide im Geist als die eine Gottheit verbunden bleiben und offenbar werden.

Die bewegte Welt ist demgegenüber für Kepler Abbild Gottes, sofern er als Schöpfer tätig ist[15]. Die in der Mitte der beweglichen Himmelskörper, der Planeten, stehende, selber unbewegte Sonne, die doch zugleich die Quelle der Bewegung ist, trägt das Bild Gottes des Vaters, sofern er der Schöpfer ist. Denn was für Gott die Schöpfung, das ist für die Sonne das Bewegen der Planeten. Sie bewegt aber innerhalb der Sphäre der Fixsterne, wie der Vater im Sohne schöpferisch tätig ist. Denn wenn die Fixsterne durch ihre Ruhe keinen Raum böten, könnte nichts bewegt werden[16]. Diese Analogie läßt den Logos als geometrischen Weltbauplan erkennen, innerhalb dessen und durch den die Schöpfung geschieht. Die zweite Person der Trinität ist in ihrer Funktion als Schöpfungsmittler charakterisiert als Weltprinzip[17]. Die Sonne teilt die Kraft der Bewegung vermittels des Zwischenraumes, in dem sich die beweglichen Sterne befinden, aber gerade so aus, wie der Vater durch den Geist oder in der Kraft seines Geistes als Schöpfer tätig ist[18].

Entsprechend ist im „Mysterium cosmographicum" die Rede von der „Abbildung des dreieinigen Gottes in der Kugeloberfläche, nämlich des

---

lichen mathematischen Ableitung greife ich nur diesen theologisch spezifisch relevanten Aspekt heraus.

[15] Ebd. Z. 62 ff.: „Nam duplex mundus, mobilis et quiescens. Hic est ad imaginem essentiae divinae in se consideratae, ille ad imaginem dej quatenus creat, et propterea tantò minor."

[16] Ebd. Z. 78 ff.: „Sol in medio mobilium quietus ipse et tamen fons motus gerit imaginem Dej patris creatoris. Nam quod est deo creatio, hoc est Solj motus. Movet autem in fixis, ut pater in filio creat. Fixae enim nisi locum praeberent suâ quiete, nihil moverj posset."

[17] Vgl. *H. Rombach*, Substanz, System, Struktur, I 1965, S. 296: „Die Geometrie nimmt also den Platz ein, den die Theologie dem Sohne Gottes zuerkannte. In gewisser Weise ist die Geometrie die konkret durchgeführte Christologie der neuen Zeit." Die Bemerkung ist insofern zu korrigieren, als es sich hier nicht um die Christologie im eigentlichen Sinne, sondern um die Trinitätslehre handelt.

[18] Kepler an Mästlin, 1595, W XIII Nr. 23, 83 ff.: „Dispertitur autem Sol virtutem motus per medium, in quo sunt mobilia: sicut pater per spiritum, vel virtute spiritus sui creat." Die Übersetzung von (motus) „per medium" Z. 83 mit „durch den Zwischenraum hin" (Briefe I 20, W I S. 407) verdirbt die Analogie. Der Gedanke ist geometrisch, nicht physikalisch bestimmt.

Vaters im Mittelpunkt, des Sohnes in der Oberfläche, des Geistes in der Gleichheit des Verhältnisses zwischen Punkt und Umfang"[19]. Was der Cusaner dem Kreis, andere dem Kugelraum zuschreiben, das nimmt Kepler damit allein für die Oberfläche der Kugel in Anspruch, da es für ihn nichts Adligeres und Vollkommeneres gibt als eben diese[20]. Mittelpunkt und Radius gehören der Kugeloberfläche wesenhaft zu, bleiben aber unsichtbar wie Gottvater und der Heilige Geist im Unterschied vom Sohn. Kepler denkt offenbar an eine Hohlkugel.

Im „Complementum theologicum" des Cusaners[21] wird das „väterliche Prinzip" durch den Mittelpunkt eines Kreises, der ihm wesensgleiche Sohn durch den Radius als Linie, in der sich der Mittelpunkt entfaltet, und die dritte Person, die sie beide verbindet, durch den Umfang symbolisiert. Kepler bezieht sich statt auf den Kreis auf die Kugeloberfläche und vertauscht die Analogie zwischen zweiter und dritter Person der Trinität, weil ihm im Sphärischen das unsichtbare Zentrum zuerst zur Erscheinung kommt.

Die ursprüngliche cusanische Analogie liegt auch bei Bovillus[22] und mit der Vertauschung von zweiter und dritter Person auch bei Fr. G. Zorzi (Venetus) vor, und es kann als wahrscheinlich angesehen werden, daß Kepler dessen Werk „De harmonia mundi totius cantica tria", Venedig 1525, gekannt hat[23].

Die allgemeine trinitarische Analogie geht auf pythagoreisch-neuplatonische Wurzeln zurück[24]. Bereits bei Plotin kann das Eine als Mittelpunkt sachlich als „Vater" von Peripherie und Radien bezeichnet werden; bei dem bei Plotin häufigen Vergleich von Kreis und Zentrum handelt es sich nach Früchtel[25] freilich nicht um Wesensaussagen, sondern nur um ein semantisches Hilfsmittel. Bei Kepler zumindest sind jedoch letztlich ontologische Aussagen intendiert.

Die geometrische Analogie der göttlichen Trinität bildet sich in der Schöpfung ab, gehört aber selbst dem Wesen Gottes, nicht der Schöpfung

---

[19] Myst. cosm. II, W I S. 23, 20 ff.: „Dei trinuni imago in Sphaerica superficie, Patris scilicet in centro, Filij in superficie, Spiritus in aequalitate σχέσεως inter punctum et ambitum."

[20] Ebd. Z. 23 ff.: „Nam quae CVSANVS circulo, alij fortè globo tribuerent: ea ego soli Sphaericae superficiei arrogo. Nec persuaderi possum, Curuorum quicquam nobiliùs sesse, aut perfectiùs ipsa Sphaerica superficie."

[21] Kap. 6, Op. 1514 II A, fol. 95b, übersetzt zitiert bei *Mahnke* S. 107 f. Anm. 4 (der Text jetzt hg. von L. Gabriel und übersetzt von D. und W. Dupré in den Philosophisch-theologischen Schriften Bd. III, 1967, S. 649 ff., S. 669 ff.), vgl. S. 142.

[22] Liber de sapiente, 1510, Kap. 30, Ausg. 1927, S. 366; siehe *Mahnke* S. 143 Anm. 1.

[23] Vgl. *Mahnke*, S. 107 f. Anm. 4, S. 142.

[24] Pythagoreisch ist die Dreiteilung des Weltalls in Ὄλυμπος, Κόσμος, Οὐρανός; vgl. *P. Stark*, Johannes Keplers Geburtsort, Bildungsgang, Bedeutung für die Theologie, Zeitschr. f. d. hist. Theol., 1853, S. 642.

[25] Vgl. *E. Früchtel*, Weltentwurf und Logos. Zur Metaphysik Plotins. Philos. Abh. XXXIII, 1970, S. 19 f. mit Anm. 37.

zu. Sie gehört der Kategorie des Krummen zu, das dazu bestimmt ist, Gott zu vergegenwärtigen. Das Göttliche ist daher in der Welt durch die Sonne im Mittelpunkt als Bild des Vaters, die Fixsternsphäre oder, wie Kepler hinzufügt, die „Mosaischen Wasser" der Schöpfungsgeschichte auf der Oberfläche als Bild des Sohnes und schließlich die alles erfüllende Himmelsluft (aura coelestis), d. h. „die Ausdehnung und jenes Firmament" als Bild des Geistes repräsentiert. Der weitere Aufbau der Welt ist durch die Kategorie des Geraden als Symbol des Kreatürlichen bestimmt, die in den durch das Gerade bestimmten geometrischen Gebilden zum Ausdruck kommt[26].

Die Analogisierung von Kugeloberfläche, Weltaufbau und göttlicher Trinität findet sich im Schrifttum Keplers stets wieder[27]. Wir haben es hier offensichtlich mit einer Grundvorstellung seines Denkens zu tun, die sein Weltbild entscheidend bestimmt. Diese Tatsache und der Gesichtspunkt, daß es sich in dieser Analogie um einen durchaus *theologischen* Sachverhalt handelt, läßt erwarten, daß auch das spezifisch theologische Denken hiervon beeinflußt sein wird. Die Erwartung erhärtet sich, wenn sich zeigt, daß biblische und dogmatische Sätze ohne Schwierigkeit in diesem Zusammenhang geometrisch interpretiert werden können. So versteht Kepler die Kugeloberfläche als Ausdruck und Abbild des Mittelpunkts, gleichsam als von diesem ausgehenden Glanz und als „Weg" zu ihm, und „wer die Oberfläche sieht, der sieht in dieser selbst ebensosehr auch den Mittelpunkt"[28]. Der Anklang, ja die analoge Identifizierung mit den Aussagen

---

[26] Myst. cosm. II, W I S. 24, 41 ff.: „Quòd si igitur solum Curuum Deus in conditu respexisset, praeter Solem in centro, qui patris: sphaeram fixarum vel aquas Mosaicas in ambitu, quae filij; auram coelestem omnia replentem, siue extensionem et firmamentum illud, quod Spiritus imago esset; praeter haec, inquam, nihil existeret in hoc aedificio mundano."

[27] Auf folgende Stellen sei außer den bereits genannten hingewiesen: Astronomiae pars optica (1604) I, W II S. 19, 11 ff. (in Sphaerica superficie „formanda lusit sapientissimus Conditor adorandae suae Trinitatis imaginem"). — Kepler an Herwart, 1605, W XV Nr. 340, 321 f. — Kepler an Tanckius, 1608, W XVI Nr. 493, 311 ff. — Tert. int., 1610, CXXVI, W IV S. 246, 13 ff. — Ep. Astr. Cop. I/2, 1618, W VII S. 51, 1 ff. („Ostende inesse in Sphaerico adorandae Trinitatis imaginem?" Ausführliche Darstellung); ebd. IV/1,1, 1620, W VII S. 258, 20 ff. (als grundlegende Definition); vgl. ebd. S. 259, 13 ff. (philosophische Bestimmungen und nähere Erläuterungen); S. 263, 14 ff. (adumbratio); S. 264, 3 ff. (symbolisatio); S. 287, 41 ff. (analoga). — Harm. IV 1, W VI S. 224, 12 ff. (adumbratio). — Harm. Apologia, W VI S. 441, 8 ff. (Z. 11 ff.: „ego sat habeo si in ipsa figura Mundi inque praecipuis eius membris, quandam exhibeam similitudinem sacrosanctae Trinitatis"). — Zu den Stellen aus der Epitome vgl. die Übersetzung von *W. Petri*, Die betrachtende Kreatur im trinitarischen Kosmos, Auswahl aus Buch 1 und Buch 4, Teil 1, von Johannes Keplers Epitome Astronomiae Copernicanae, Festschrift 1971 S. 64 ff.

[28] Ep. Astr. Cop. I/2, W VII S. 51, 12 f.: „Itaque superficies est character et imago centri, et quasi fulgor ab eo, et via ad id; et qui superficiem videt, is eo ipso videt et centrum, non aliter."

von Joh. 14,6 („Ich bin der Weg ..., niemand kommt zum Vater denn durch mich") und Joh. 12,45 („Wer mich sieht, sieht den, der mich gesandt hat") ist deutlich. Ähnlich klingt es an die kirchliche Trinitätslehre an, wenn es heißt, daß der Abstand aus dem Vergleich des Mittelpunkts mit der Oberfläche folge „und so von beiden ausgeht"[29]. Die Trinität wird Kepler durch sein Modell verständlich und damit denkbar. Diese Denkbarkeit impliziert auf Grund ihrer mathematischen Eindeutigkeit eine gewisse Ausschließlichkeit; die Geometrie ist als Interpretation der biblischen und kirchlichen Lehre hermeneutisches Prinzip nicht nur im Sinne einer hypothetischen Denkhilfe, sondern realistisch im Sinne bestehender Wahrheit.

c) Schöpfungsglaube und Schöpfungswissen

Als dritte Quelle des naturtheologischen Wirklichkeitsverständnisses Keplers, des Denkens über das Buch der Natur, haben wir jetzt die Schultheologie ins Auge zu fassen. Wir halten uns an Äußerungen, die im Zusammenhang mit dem Buch der Natur gemacht werden.

Die quantitative Auslegung der Natur hat sich im Anschluß an Augustin stets auf die Bibelstelle Weish. Sal. 11,21a berufen können, wo es heißt: „Aber du hast alles geordnet mit Maß, Zahl und Gewicht."[1] Das klingt auch bei Kepler an, wobei er sogleich an die mit Gott gleich ewigen Ideen denkt[2]. Es ist charakteristisch, daß dieser Beleg aus den Apokryphen des Alten Testaments stammt. Der Topos stellt eine sehr späte, bereits hellenistisch bestimmte Entwicklung der alttestamentlich-jüdischen theologischen Tradition dar. Aus den kanonischen Schriften des Alten Testaments wäre hier nur noch Hi. 28,24—28 und 38,4 f. zu vergleichen, wo von Maß und Zahl im Blick auf den Bestand der Welt die Rede ist — ebenfalls späte Aussagen. Dem am nächsten kommen dann die biblischen Texte, in denen die „Weisheit" im Mittelpunkt steht, die aber gerade nicht mit der Kategorie der Quantität in Zusammenhang gebracht, sondern personal gedacht wird[3]. Als solche ist freilich auch sie präexistent (Spr. 8,22 ff.; Sir. 1,4; 24,3 ff.).

---

[29] (Fortsetzung des vorigen Zitats:) „Intervallum resultat ex comparatione Centri cum superficie, et sic procedit ab vtroque, mensuratque et scrutatur profundum hujus figurae." — *Heerbrand*, Compendium Theologiae 1579, S. 60: Spiritus sanctus est „coessentialis Patri & Filio, ab utroque ab aeterno procedens ..."

[1] Bei *Augustin* vgl. De genesi ad litteram IV, c. 3—7. Nach *H. Krings*, Ordo. Philosophisch-historische Grundlegung einer abendländischen Idee, 1941, hat Weish. 11,21 den mittlalterlichen Ordo-Begriff entscheidend geprägt; vgl. *N. M. Wildiers*, Weltbild und Theologie, 1974, S. 104 Anm. 136. — Vgl. im übrigen *E. Reichmann*, Die Herrschaft der Zahl, 1968, S. 10. 12 u. ö.

[2] Harm. II propos. 25, W VI S. 81, 22 (siehe Anm. 65 zu S. 201); Discurs Von der Grossen Conjunction, Fr VII S. 699; u. ö.

[3] Z. B. Spr. 8. — Vgl. immerhin Spr. 3, 19; Ps. 104, 24. Siehe *H. Gese*, Weisheit, RGG VI Sp. 1574 ff. Vgl. jetzt *G. von Rad*, Weisheit in Israel, 1970.

Eine biblische, also genuin christliche Basis für ein quantitatives Verständnis der Wirklichkeit ist damit äußerst gering, praktisch nicht gegeben. Die Basis stammt aus der griechisch-hellenistischen Tradition, vor allem der pythagoreischen, platonischen und neuplatonischen (Proclus) Philosophie. Die alterierende Bedeutung des aristotelischen Denkens bei der Rezeption dieser Tradition wäre einer eigenen grundlegenden Untersuchung wert[4].

Wir müssen uns hier versagen, die philosophie-, theologie- und wissenschaftsgeschichtlichen Linien zu verfolgen, die zu Keplers Anschauung geführt haben. Wir können von der Tatsache ausgehen, daß in der christlich-philosophischen Tradition im 16. Jahrhundert der Begriff „Protogeometer" als Gottesbezeichnung auftaucht[5]. Nach Melanchthon[6] ist die Natur, philosophisch gesehen, von einer ewigen Vernunft (mente), „architectatrice" geschaffen[7]. Diese ewige Vernunft ist Gott[8]. Die doctrina physica beginnt Melanchthon entsprechend nicht wie Aristoteles mit den Elementen, sondern mit der Behandlung der prima causa efficiens, Gott, und der Himmelskörper, wie Plato[9]. Gott ist der Baumeister und Erhalter der Welt[10]. Es ist daher möglich und hilfreich, den Spuren Gottes in der Schöpfung nachzugehen und Beweise für das Dasein Gottes als ewiger Vernunft (mens), des Schöpfers des Seienden, zusammenzustellen. Die ganze Natur ist geschaffen, um auf Gott hinzuweisen[11]. Den ersten Beweis entnimmt Melanchthon dem ordo der Natur und weist hier unter anderem auf die beständige Ordnung der Himmelskörper hin[12]. Damit ist das Denken in eine bestimmte Richtung gewiesen.

---

[4] Zum Problem vgl. *J. Stenzel*, Zahl und Gestalt bei Platon und Aristoteles, 3. Aufl. 1959.

[5] *Monantholius*, Aristotelis mechanica, Paris 1559, Dedicatio. Vgl. *H. N. Nobis*, Frühneuzeitliche Verständnisweisen der Natur und ihr Wandel bis zum 18. Jahrhundert, ABG XI/1, 1967, S. 37 ff., S. 40.

[6] Vgl. auch *W. Maurer*, Melanchthon und die Naturwissenschaft seiner Zeit, in: Melanchthonstudien, Schriften d. V. f. Reformationsgesch. 181, 1964, S. 39 ff.

[7] CR V S. 818 f. (1545).

[8] Initia doctrinae physicae, 1547, CR XIII S. 181 ff., S. 199: „Tenenda est igitur physica aliqua definitio, congruens naturali iudicio rationis et demonstrationibus. Talis est haec Platonica: Deus est mens aeterna, causa boni in natura." Vgl. Loci 1559, St. A. II S. 220, 9 f. u. ö.

[9] CR XIII S. 195: „Notum est, Aristotelem initio dicere de materia elementorum. Sed nos ordiemur a prima causa efficiente, et a corporibus coelestibus, ut Plato in Timaeo."

[10] CR XIII S. 197 (architectus universae naturae); S. 213 (et architectus et servator est [so „et" zu korrigieren] universi opificii mundi); Loci 1559, St. A. II S. 214, 31 (aeterna mens, architectrix, bona, iusta . . .) u. ö.

[11] St. A. II S. 220, 6 ff. 10 f.: „Ideo enim tota natura condita est, ut Deum monstrat."

[12] St. A. II S. 221, 4. Vgl. S. 220 Anm. zu Z 22 (Loci 1535).

Heerbrand nimmt diesen Gedanken auf. Die Schöpfung bezeugt als Buch der Natur einen weisen, allmächtigen, Gutes schaffenden Architekten. Ausdrücklich wird in diesem Zusammenhang auch auf die regelmäßige Bewegung der Himmelskörper und die Ordnung und Reihenfolge der miteinander zusammenhängenden Ursachen hingewiesen. Die Schöpfung verweist auf Gott als Weltbaumeister und prima causa[13]. Der so verstandene Schöpfer will aus diesem seinem Werk erkannt und verherrlicht werden[14]. Das Ziel der Welt ist theologisch damit zugleich intellektuell und doxologisch bestimmt: Erkenntnis und Verherrlichung Gottes[15].

Auf gleiche Weise kann beispielsweise Hunnius auch die Vorsehung Gottes aus dem Buch der Natur ablesen und die „beachtliche, so kunstvoll gebaute, in so ausgesuchter Ordnung eingerichtete Weltmaschine" (!) als Beweis für Gottes ewige Majestät und Allmacht anführen und sich dafür zugleich auf die Schrift berufen[16].

Hier konnte Kepler anknüpfen und mit seiner Arbeit einsetzen. Das Mysterium cosmographicum dient ebenso wie die Harmonice mundi nichts anderem als eben der Erkenntnis und Verherrlichung Gottes des Schöpfers.

Melanchthon betont ausdrücklich, daß es sich bei der natürlichen „Kenntnisnahme" (notitia physica) von Gott um eine nützliche Information über das Gesetz Gottes handelt, nicht aber über das Evangelium[17]. Die wahre Erkenntnis der Schöpfung der Welt geschieht im Glauben, wie Hebr. 11,3

---

[13] *J. Heerbrand*, Compendium Theologiae, 1579, S. 37 f.: „... regulares item motus corporum coelestium", „ordo, & series causarum inter se cohaerentium ... &c. testantur, Architectum esse sapientem, Omnipotentem, Beneficum, qui haec omnia creârit, conseruet & gubernet. Opus enim commendat artificem. Item: Effectus non potest esse sine causa, nec à seipso".

[14] Ebd. S. 146: „Totus hic mundus, & omnia, quae in eo sunt, principaliter propter Deum creata sunt: vt hinc architectus ex suo opere cognosceretur & celebraretur."

[15] Vgl. die Definition *Hafenreffers*, Loci Theol., 1621, S. 12: „Creatio est actio Dei, qua Deus Pater liberrima & optima voluntate, per filium suum, in Spiritu sancto, res omnes, optimas condidit: ut immensam suam bonitatem, sapientiam & omnipotentiam declaret, atque creaturae Rationali communicaret: a qua vicissim agnosceretur & celebraretur."

[16] *Aeg. Hunnius*, Articvlvs de providentia Dei; et aeterna praedestinatione, Frankfurt/Main 1596, S. 2: „Etenim quòd sit prouidentia & Dei aliqua circa res creatas cura, palàm arguit pulcherrimus hic ordo, & aspectabilis huius mundi machina, tâm affabrè facta, tam exquisito ordine disposita, vt & gentes aeternam Dei maiestatem & potentiam inde perspexerint, Rom. 1." — Von der „tota coeli terraeque machina" ist auch bei *J. Gerhard* die Rede (loci Theologici, ed. Cotta 1762, XX 19); vgl. *E. Troeltsch*, Vernunft und Offenbarung bei Johann Gerhard und Melanchthon, 1891, S. 43; S. 41 ff. ist Gerhards naturphilosophisches Weltbild zusammenfassend dargestellt.

[17] CR XIII S. 198: „praemoneo auditores, physicam de Deo noticiam, esse Legis noticiam, non Evangelii". — Vgl. Loci 1559, St. A. II S. 223, 33 f. 37 ff.

sagt[18]. Sie geschieht in der Anerkenntnis der Macht und Güte Gottes, indem davon nicht nur Kenntnis genommen, sondern Gebrauch gemacht wird[19]. Diese Erkenntnis objektiviert sich in der Lehre von der Schöpfung in den Theologumena von der creatio ex nihilo, der Schöpfung aus Nichts, und der ständigen Gegenwart Gottes bei seiner Schöpfung, den causae secundae. Gott ist als in völliger Freiheit Handelnder bei den Zweitursachen gegenwärtig[20]. Er überläßt seine Geschöpfe nicht sich selbst, wie der Handwerker, der von dem Schiff, das er gebaut hat, fortgeht und es den Seeleuten überläßt[21]. Diese Anwesenheit wird präzisiert: Er ist seiner Schöpfung gegenwärtig, indem er die causae secundae unterstützt oder behindert[22]. Bei Heerbrand heißt es dann, daß Gott in seiner Freiheit nicht an die causae secundae gebunden ist; er kann sie vielmehr nach seinem absoluten freien Willen ändern, befördern oder hindern[23].

Ursprünglich sind die Begriffe „Gesetz" und „Evangelium" in der paulinischen und lutherschen Rechtfertigungslehre scharf voneinander unterschieden und in dieser Unterscheidung in der Dimension menschlicher Heilserfahrung streng aufeinander bezogen: Das Gesetz in seiner theologischen Funktion tötet, indem es den Sünder in seiner Rationalität bei

[18] Vgl. Loci 1521, St. A. II S. 99,9 ff.; Z. 10 f.: „Fide intelligimus conditum esse mundum verbo Dei."

[19] St. A. II S. 99, 29 ff.: „qui spiritu rerum conditionem aestimat, is et potentiam dei videt auctoris tantarum rerum et bonitatem, cum se omnia velut e manibus creatoris sentit accipere, vitam, victum, sobolem, et illa permittit creatori, ut temperet, regat, administret, suppeditet pro sua bonitate, quae libet".

[20] CR XIII S. 211: „Adest Deus secundis causis, non ut stoicus deus, sed ut agens liberrimum ..."

[21] Loci 1559, St. A. II S. 215, 29 ff. = Ratschow II S. 172 Anm. 1. Vgl. J. Wigand, Syntagma seu corpus doctrinae, ex Veteri Testamento tantum, methodica ..., Basel 1563, S. 367: „Deum perpetuo suo operi adesse, neque discessisse, quemadmodum architectus ab exstructa domo, reliquens eam inhabitantibus: Testantur sententiae illustres et ipsa dei opera quotidie ob oculos versantia." — Bei Heerbrand finden sich die Bilder im Compendium Theologiae, 1579, S. 150.

[22] Loci 1559, St. A. II S. 216, 24 ff.: „Adest Deus suae creaturae, sed non adest ut Stoicus Deus, sed ut agens liberrimum, sustentans creaturam et sua immensa misericordia moderans, dans bona, adiuvans aut impediens causas secundas."

[23] Heerbrand, Comp. Theol., 1579, S. 150: „... non alligatus causis secundis, quas potest pro sua liberrima voluntate mutare, promouere, impedire." Vgl. S. 151; 206 f. — Vgl. Hunnius, Disputationes, 1597, S. 97—112, siehe bei Heppe, Prot. I S. 315: Es gibt keinen „ex perpetuo causarum secundarum sibi invicem subsequentium nexus" im Sinne eines fatum, sondern „causa prima, Deus, adeo libere causas secundas regit et moderatur, ut interdum quidem et frequentius naturalem rebus creatis ordinem permittat et sequatur; interdum vero eundem vel impediat, vel ultra constitutum alioqui modum promoveat, vel penitus etiam immutet". — In der späteren Dogmatik seit Quenstedt wird dieser Aussagenkomplex in dem Lehrstück De providentia unter dem Stichwort des „concursus" neben conservatio und gubernatio behandelt.

sich selbst behaftet; das Evangelium macht lebendig, indem es in dieser Situation dem Sünder Gott in seiner Liebe zuspricht. Letzteres ist nicht zu verstehen ohne ersteres, ersteres in seiner ganzen Tiefe aber nur unter Voraussetzung des Letzteren erfahrbar. Die scharfe Unterscheidung von Gesetz und Evangelium[24], die Melanchthon 1521 vollzieht, 1547 und 1559 ausdrücklich betont, wird in der Geschichte der orthodoxen Lehrentwicklung ebenfalls objektiviert und erhält dadurch einen veränderten Charakter. Diese Entwicklung ist durch das Kausalschema beeinflußt, dadurch nämlich, daß Gott als Schöpfer in die Betrachtung der Welt mit einbezogen und das Verhältnis von causa prima und causae secundae Diskussionsgegenstand wird. Das gilt sowohl für die Naturkunde wie für die Dogmatik, wie bereits Melanchthons Initia doctrinae physicae einerseits und die Loci von 1559 andererseits zeigen, die im Gegensatz zu den Loci von 1521 einen eigenen Abschnitt „De Creatione" enthalten. Hier muß das Mißverständnis, daß die natürliche Erkenntnis bereits Heilscharakter haben könnte, gründlich abgewehrt werden. Die natürliche Gotteserkenntnis wird als solche auf Grund des Sündenfalls „mutila", verstümmelt[25] genannt, durch viele Zweifel verwirrt[26]. Wird dies an dem Verhältnis von causa prima und causae secundae exemplifiziert[27], so wird die Schrifttheologie zu einer Überhöhung der natürlichen Theologie, sie bringt deutlichere, aber nicht mehr qualitativ andersartige Aussagen über die Schöpfung bei, das Gesetz wird durch das Evangelium ergänzt, nicht mehr qualifiziert; das Evangelium wird Verlängerung des Gesetzes, beide bilden nicht mehr den ursprünglichen „dialektischen" Gegensatz, der Heilserkenntnis ermöglicht. Das Evangelium vielmehr scheint in die Willkür Gottes und so neben das Gesetz der Schöpfung einzurücken.

Deutlich weitet sich das Problem an den genannten Stellen bei Heerbrand aus. Die auf den Schöpfer verweisenden Analogien werden zwar dem Buch der Natur zugeteilt[28]; in der Schöpfungs- und Vorsehungslehre, die der Offenbarungstheologie und insofern dem Buch der Schrift zugehören, stehen jedoch weiterhin causa prima und causae secundae in ihrem Verhältnis zur Diskussion, ohne daß die Unterscheidung von Gesetz und Evangelium in diesem Zusammenhang noch ausdrücklich reflektiert würde. Das Gewicht verlagert sich von der freien Aktivität Gottes auf die Selbständigkeit der Zweitursachen, die zu modifizieren Gott in der Lage ist. Letztere bestimmen das Denkschema, aus Gottes Anwesenheit wird seine

---

[24] Zur reformatorischen Lehre vgl. *Heppe*, Prot. II S. 225 ff., zur weiteren Lehrentwicklung S. 258 ff.; zu Melanchthon *H.-G. Geyer*, Von der Geburt des wahren Menschen. Probleme aus den Anfängen der Theologie Melanchthons, 1965, S. 123 ff.; zur Gestalt der Lehre bei J. Gerhard vgl. *E. Troeltsch*, Vernunft und Offenbarung bei Johann Gerhard und Melanchthon, 1891, S. 127 ff.; zur Lehrentwicklung S. 139 ff.   [25] CR XIII S. 200.

[26] St. A. II S. 220, 14.   [27] Ebd. S. 220 ff.

[28] Comp. Theol., 1579, S. 37.

Wundertätigkeit. Vom Evangelium her wird argumentiert, vom Gesetz her jedoch gedacht.

Bezeichnend ist daher auch, daß bei Heerbrand wohl je ein Locus das Gesetz[29] und das Evangelium[30] behandelt, die Verhältnisbestimmung von Gesetz und Evangelium jedoch merkwürdig in den Hintergrund tritt[31]. Es ist aber eine Illusion, wenn Heerbrand dazu meint, die Behandlung dieser Differenz deshalb übergehen zu sollen, um die Gefahr einer Vermischung nicht erst heraufzubeschwören[32]. Gesetz und Evangelium sind hier zwar ohne Diskussion toto coelo geschieden und werden entsprechend gesondert behandelt, doch gerade infolge mangelnder Rechenschaft über die Art dieser Differenz in der gleichen Denkstruktur miteinander verbunden. Die Differenz ist aber gerade dadurch zu charakterisieren, daß es sich um den Gegensatz von Fürwahrhalten und Glauben, von Denken und Existenz handelt, der als ganzer, also für beide Seiten der „Dialektik", von dem einen Worte Gottes bestimmt ist und als solcher Leben begründet. Denkende Rechenschaft über die Antithese muß daher feststellen, daß die Denkstruktur, die dem Gesetz angemessen entspricht, nicht ohne weiteres auch der Behandlung des Evangeliums zugrunde gelegt werden darf. Heerbrand sieht das selbst, wenn er die in der Schrift gegebenen Verheißungen als gesetzliche und evangelische differenziert konstatiert und über Zusammenhang und Differenz beider dann doch reflektiert. Beide Arten der Verheißungen haben das ewige Leben zum Inhalt. Der Unterschied liegt in der Konditionalität ihrer Erfüllung durch den Menschen einerseits und der bedingungslosen Gnadenhaftigkeit ihres Zuspruchs andererseits[33]. Heerbrand fügt dem Locus De Euangelio schließlich einen Abschnitt „Die discrimine Legis & Euangelij"[34] an. Hier wird das Evangelium zuerst im Gegensatz zu dem zwar durch die Erbsünde verdunkelten, doch vorhandenen Gottesbewußtsein des Menschen als ewig verborgenes, doch in der Predigt verkündigtes Geheimnis bezeichnet und dann durch weitere Unterschiede erläutert. Man hat den Eindruck, daß diese Zusammenstellung mehr der Vollständigkeit halber und auf Grund der Autorität Luthers ohne innere Notwendigkeit für den Verfasser vorgenommen wird. Das übernatürliche Mysterium des Evangeliums ist mit der Gesetzeserfahrung eigentlich inkommunikabel. Es erscheint neben dem Gesetz als Wunder. Es ist Mysterium aber gerade in den Augen der Gesetzeserfahrung, der natürlichen Vernunft. Als solches kann und muß es dann eingeordnet werden in den ordo iustificationis, der als Ablauf interpretiert wird[35] und eines tertius usus legis als neuen Gehorsams, neuen Gesetzesbrauches der gläubig Gewordenen bedarf[36], weil der Glaube unvollkommen bleibt[37]. Die

---

[29] Ebd. S. 327 ff.   [30] Ebd. S. 361 ff.

[31] Vgl. noch bei *Melanchthon* Loci 1559, St. A. II/2 S. 440 ff.

[32] *Heerbrand*, aaO. S. 362: „Horum malorum occasiones cauendae sunt, & non pertinaciter defendendae."   [33] Ebd. S. 364 f.

[34] Ebd. S. 371 ff.   [35] Ebd. S. 431.

[36] Vgl. FC VI. Bei *Heerbrand*, der noch nicht von einem tertius usus legis spricht, erscheint Comp. Theol. S. 429 immerhin die nova oboedientia. Vgl. aber S. 460 f., wo die alleinige Glaubensgerechtigkeit betont wird. – Zum Problem vgl. *G. Ebeling*, Zur Lehre vom triplex usus legis in der reformatorischen Theologie, Wort und Glaube I, 1960, S. 50 ff.   [37] *Heerbrand*, aaO. S. 436.

Denkstruktur des Gesetzes wird auf Zusammenhänge übertragen, die vom Evangelium her interpretiert werden müssen. Eben das vollzieht sich dann aber auch, wenn in der Schöpfungs- und Vorsehungslehre Gottes Handeln zu einer bloßen, wiederum kausalen Modifikation des Zusammenhangs der causae secundae wird. Das Gesetz der causae secundae, der logische Naturzusammenhang, bestimmt die Reflexion über Gottes Handeln, das aber eben nicht nur als gesetzliches Handeln, sondern christlich nur als Offenbarung seines Willens in der „Dialektik" von Gesetz und Evangelium recht verstanden werden kann.

Die weitgehende Trennung von Gesetz und Evangelium in der orthodoxen Lehrentwicklung zeigt sich bei Hafenreffer schon deutlich in den Termini, die für die Unterscheidung beider verwendet werden. Während Melanchthon in den Loci 1521 noch von „partes"[38], 1559 von „discrimen"[39] und „discernere" („unterscheiden")[40] spricht, redet Hafenreffer von „dividere"[41] und „rectè secari" („zerteilen")[42]. „Recte secari" findet sich auch in der Konkordienformel[43]. Der Ausdruck geht offenbar auf 2.Tim. 2,15 (ὀρθοτομεῖν) zurück. Er wird in der Apologie zur Augsburgischen Konfession[44] griechisch zitiert und – in neuer Interpretation des neutestamentlichen Wortes[45] nach dem ursprünglichen Wortsinn „teilen" – auf den Unterschied von Gesetz und Evangelium angewandt. Die deutsche Übersetzung sagt: „Denn man muß (wie Paulus sagt) recht schneiden und teilen Gottes Wort, das Gesetz auf einen Ort, die Zusage Gottes auf den andern."[46] Während sich die Wortbedeutung im Neuen Testament gewissermaßen von τομεῖν auf ὀρθός hin verändert hat, verschiebt sie sich in der nachreformatorischen Entwicklung in anderer Weise wieder zum τομεῖν hin, das sich im „secari" zu verselbständigen droht. Wenn auch weiterhin vom „recte" secari die Rede ist, so steht faktisch doch die Trennung im Vordergrund. Die paradoxe Verbindung von Gesetz und Evangelium tritt damit in den Hintergrund und gerät in die Gefahr, verstellt zu werden.

Bei Heerbrand kompliziert sich der Sachverhalt darüber hinaus noch insofern, als er erstmalig das Schema der vier causae auch methodisch in die Behandlung der einzelnen Loci einführt. Das gilt für die Lehre vom Evangelium[47] ebenso wie für die von der Schöpfung[48]. Das Kausalschema umgreift in der Lehrentwicklung in zunehmendem Maße die theologisch zu verantwortenden Phänomene, und es erhebt sich die Gefahr, daß es damit

---

[38] St. A. II/1 S. 66, 15 f.

[39] Z. B. St. A. II/1 S. 351, 26.   [40] Z. B. St. A. II/1 S. 344, 1.

[41] Loci Theol., 1609, S. 389.   [42] Ebd. S. 404.

[43] FC SD V 1, BS S. 951, 6.   [44] Apol. IV 66, BS S. 197, 24.

[45] Ursprünglich verbunden mit ὁδός, „den Weg die Gegend in gerader Richtung schneiden lassen" (Spr. 3,6; 11,5); vgl. *W. Bauer*, Griech.-deutsches Wörterb., 5. Aufl. 1958, Sp. 1150 und *H. Köster* in: Theol. Wörterb. zum Neuen Testament, begr. von G. Kittel, Bd. VIII 1969, S. 112 f.

[46] BS S. 197, 40 f.

[47] *Heerbrand*, Comp. Theol., 1579, S. 363 f.: „Quae sunt causae Euangelij?"

[48] Ebd. S. 146 f. – Vgl. dazu *Ratschow* II S. 169 wie überhaupt zur Entwicklung der altprotestantischen Schöpfungslehre seit Melanchthon S. 168 ff. 172 ff.

den Inhalt der Dogmatik ebenfalls bestimmt und diesen dadurch überfremdend verfälscht und verfehlt. Der Glaube wird zum Wissen, das ja als Erkenntnis durch Gründe definiert werden kann[49]. Die Schöpfung wird im Sinne einer Naturkunde behandelt, sie ist nicht mehr eigentlich ein spezifisch theologisches, und das heißt christlich: christologisch bestimmtes Phänomen. Schöpfung wird, wie bereits in der mittelalterlich-scholastischen Tradition, zur Natur[50].

Doch ist auch in der Theologie des beginnenden 17. Jahrhunderts das paradoxe Gottesverständnis Luthers lebendig, das Gott so „in" allen Dingen sieht, daß er zugleich außerhalb ihrer sein Sein hat[51]. Kepler, der diesen Satz gern zuläßt, bezeichnet ihn zwar als „philosophische Hypothese"[52], kann ihn aber auch in soteriologischem Zusammenhang aufnehmen[53]. Der existentielle Glaube, der in kein Denkschema eingefangen werden kann, und die existentielle Frömmigkeit bringen ihre Freiheit zur Geltung. Schöpfung kann auch oder vielleicht gerade in philosophischem Zusammenhang durchaus als Glaubensgegenstand im Gegensatz zu Gegenständen des Wissens, als Glaubensartikel im Unterschied zu einem rationalen Prinzip verstanden werden, der in der Schrift offenbart und nicht aus der Natur bewiesen wird, der also nicht aus vernünftiger Einsicht geglaubt, sondern auf Grund des Glaubens einsichtig wird[54].

---

[49] *Joh. Gerhard*, Loci Theol. l. I., c. 2, § 11: cum „scire sit rem per causas cognoscere".

[50] Dies gilt in spezifischer Weise auch für die römisch-katholische Philosophie und Theologie bis heute. Siehe dazu z. B. *J. Bauer*, Kausalität und Schöpfung, 1947.

[51] *Heerbrand*, Comp. Theol., 1579, S. 117: „Haec (sc. dextra Dei Patris) autem est vbique, et in omnibus locis, imò etiam extra, intra, supra, infra omnia, vbique praesens." — *Hunnius*, Kurtze / einfältige ... Bekandtnuß, 1607, S. 14: „Deus enim ita in omnibus est, vt etiam sit extra omnia." — *Ursinus*, Corpus doctrinae, Opera ed. Q. Renter, Heidelberg 1612, Bd. III S. 248, zit. b. *E. Bizer*, Frühorthodoxie und Rationalismus, Theol. Studien 71, 1963, S. 68 Anm. 55: „Finita enim natura non potest esse simul in pluribus locis, infinita autem potest esse tota in finita et tota simul extra eam." — Diese Äußerungen stehen in christologischem Zusammenhang.

[52] Disp.fragm., Fr VIII/2 S 714: „Quamvis libenter admitto tertiam hanc hypothesin philosophicam, quod Deus sic sit in omnibus, ut simul sit extra omnia." Doch fügt Kepler sogleich hinzu: „Hoc non est crasse intelligendum, quasi totum mundum multis partibus essentiae suae mole repleat et multis partibus inundet, sed sic, quod quodam respectu sit in omnibus, quodam verò respectu extra omnia." Notae, NK 6 S. 22, 9 f.: „In Deum proprie nec ubi, nec quando, nec quantum cadit, in carnem cadit." „Nec enim locatur Deus in infinitis ποῦ, etsi praesens est rebus omnibus, propter ipsas, non propter se." (Ebd. S. 22, 24 ff.).

[53] Harm. V 10, W VI S. 366, 2 ff.: Lógon „quamvis sit intra omnia, nullis excluditur, quamvis sit extrà omnia, scimus carnem ... suscepisse".

[54] *B. Meisner*, Philosophia sobria, Gießen (1611), 5. Aufl. 1623, S. 498: „creationem mundi colligo esse subiectum πιστὸν vel credibile, non ἐπιστητὸν vel

Demgegenüber ist die reformierte Theologie anscheinend durchgehend der Meinung, daß die Schöpfung grundsätzlich, nur nicht nach Anfang und Dauer erkennbar ist[55]. Gott ist an sein eigenes Gesetz ab intra gebunden; dies Gesetz, so wird bereits in der ersten Hälfte des 17. Jahrhunderts formuliert, bestimmt aber auch sein Handeln ad extra[56]. Dem widerspricht es, wenn es bei dem Lutheraner Quenstedt heißt, alles andere extra se wolle Gott in Freiheit, so, daß er es auch nicht wollen könne[57]. Doch ist auch hier Gottes Wille so beschaffen, daß er in seiner Macht auf das Vollkommene beschränkt ist[58].

Für Polanus steht fest, daß die Ideen aller geschaffenen Dinge im göttlichen Geiste vorhanden waren und sind. Diese Ideen sind in ihm von Ewigkeit her existierende Formen, mit Gottes Wesen identisch. Das Geschaffene ahmt sie nach dem Willen Gottes des Schöpfers nach, der sich sein und damit ihr Ziel bestimmt[59]. Auch in der reformierten Tradition wird dann die Frage nach den Gründen der Schöpfung gestellt und via eminentiae im Blick auf die causae efficientes bzw. προηγούμεναι mit dem Hinweis auf Gottes Willen, Güte, Weisheit und Macht — so bei Polanus — beantwortet[60].

Kepler hat die vom Kausalschema bestimmte und von platonischen Gedankengängen beeinflußte natürliche und Schöpfungstheologie seiner Zeit übernommen. Hier ist neben der allgemeinen, unmittelbar pythagoreisch und platonisch bestimmten natürlichen Theologie ein weiterer entscheidender Ansatzpunkt gerade seiner naturwissenschaftlichen Arbeit zu sehen. Doch ist auch sein Schöpfungsglaube und sein Schöpfungsverständnis durchaus wie in der Schultheologie existentiell-soteriologisch bestimmt. Der

---

scibile, esse fidei articulum, non rationis principium, in scriptura revelari, non ex natura demonstrari, adeoque non intelligendo credi, sed credendo intelligi."

[55] *Ratschow* II S. 179. Vgl. *A. Polanus à Polansdorf*, Partitiones Theologicae, 4. Aufl. Basel 1602, S. 43 f.: „*In mente*, est eximia sapientia aut intelligentia, rectè cognoscens tum DEUM, tum creata omnia, simplicia, singularia & universalia, quae natura creata cognoscere potest, eaque componens aut dividens, & ex compositis ratiocinans, habens naturâ insitas aliquas notitias, quae sunt doctrinarum principia, & vivendi norma, & actum reflexum de propriis actionibus judicantem. Coloss. 3. 10. 2.Cor. 3.18. Gen. 2.19.20."

[56] Vgl. *Heppe* S. 79 f. — *Voetius* 1648: „Est in Deo idea, quae habet rationem artis et exemplaris et principii operationum Dei ad extra", zit. b. *Heppe* S. 80.

[57] „Omnia enim alia extra se Deus vult libere, ita ut possit etiam non velle", zit. b. *K. v. Hase*, Hutterus redivivus, 12. Aufl. 1883, S. 117 Anm. 3.

[58] Hutterus redivivus S. 119.

[59] *A. Polanus*, Syntagma theologiae Christianae, Hanau 1624, V, 6 (*Heppe* S. 153): „Fixum firmumque stet, fuisse et esse ideas omnium, quae creata sunt, in mente divina ... *Ideae divinae rerum creatarum* sunt formae in mente divina ab aeterno existentes, *non distinctae realiter a divina essentia*, sed quae *reipsa idem sunt cum essentia divina*, quas *imitantur* res creatae ex intentione Dei creatoris, determinantis sibi finem."

[60] *Heppe* S. 155 Anm. 13.

Schöpfer ist ihm existentiell ebensowenig wie den Theologen seiner Zeit ein abstraktes Prinzip, sondern lebendige Wirklichkeit, wie die zahlreichen doxologischen Stücke gerade in seinen wissenschaftlichen Texten belegen. Nicht um seine, sondern um die Ehre des Schöpfers geht es in seiner Arbeit[61]. Deshalb läßt sie keine Leichtfertigkeit und keine Ungenauigkeiten zu.

In Keplers naturphilosophischem Denken sind daher auch die grundlegenden Elemente christlichen Weltverständnisses enthalten. Bereits die nahe Verwandtschaft zwischen Himmel und Erde[62], die die Kosmologie im Sinne Keplers überhaupt erst möglich macht, ist eine Folge der christlichen Schöpfungstheologie. Gegen Aristoteles und seine Schüler, wo Himmel und Erde qualitativ voneinander geschieden sind, wird hier alles Seiende als Kreatur und daher von vornherein als nichtgöttlich und so dem menschlichen Geist wenigstens prinzipiell zugänglich angesehen[63]. Der theologischen Schöpfungslehre entstammt auch gegen Aristoteles das Moment der Zeitlichkeit der Welt. Ihre Erkennbarkeit erfordert gegen Bruno ihre Endlichkeit[64].

Das Theologumenon der creatio ex nihilo wird vorausgesetzt und ausdrücklich aufgenommen. Das „Nichts" vor Erschaffung der Welt wird jedoch insofern modifiziert, als es auf die Materie beschränkt wird: Gewicht, Maß und Zahl existierten bereits vorher. Sie waren bereits als Ideen in Gott als schöpferischem Geist, gleich ewig mit ihm[65]. Nur so wird für Kepler verständlich, daß es eine archetypische, Körperliches schaffende Kraft in den quantitativen Figuren gibt[66]. Sie stammt von einem Weltbaumeister. Die Schöpfung ist dann darin begründet, daß Gott die Eigenschaft der Kongruenz, auf der die harmonischen Proportionen beruhen, nicht in ihrer Abstraktion bei sich selbst behalten konnte[67]. Schöpfer und Geschöpf sind

---

[61] Harm. Apologia, 1622, W VI S. 420, 37 f.: „... honor non meus sed creatoris agitur".

[62] Vgl. Tert. int. LVI, W IV S. 199, 36 f.

[63] *E. Goldbeck*, Der Mensch und sein Weltbild im Wandel vom Altertum zur Neuzeit, 1925, S. 207: „So ist die Welt also nicht mehr in zwei heterogene Hälften gespalten, sondern Gott steht in ihrer Mitte, sie ist eine innerlich durch und durch einheitliche, und damit ist die Vorbedingung auch für ein durchaus einheitlich geartetes Begreifen der gesamten körperlichen Phänomene gegeben."

[64] Kepler äußert sich gegen Bruno vor allem W I S. 252 ff.; W IV S. 289, 304, 308; W VII S. 45. Vgl. *Mahnke* S. 52 ff., 130 ff.; *A. Koyrée*, Von der geschlossenen Welt zum unendlichen Universum, 1969, S. 63 ff. — Zu Bruno siehe auch *H. Blumenberg*, Die Legitimität der Neuzeit, 1966, S. 524 ff.

[65] Harm. II propos. 25, W VI S. 81, 20 ff.: Ego, Christianique omnes „fide tenemus, Mundum cùm anteà non esset, à Deo creatam esse, in pondere mensura et numero, scilicet Ideis ipsi coaeternis".

[66] Ebd. Z. 18 ff.: Aristoteles „cùm creatum esse Mundum negaret, vim in figuris quantitativis, Archetypalem agnoscere non potuit, quippe quae sine Architecto nulla illis inest ad faciendum aliquid corporeum." Vgl. Myst. cosm. 2. Aufl. XI Anm. 2, W VIII S. 63, 4 ff.   [67] Harm. II Praef., W VI S. 67, 29 f.

nicht mehr vollständig voneinander unterschieden. Sie sind auf die gleichen Ideen bezogen. Die Geometrie ist, wenn auch in Gottes Geist, vorgegeben und bestimmt gesetzmäßig die Schöpfung als notwendigen Prozeß und zugleich ihre (mathematische) Struktur. Der Archetyp der Welt wird Inhalt des Nachdenkens über die Schöpfung; das erstrebte Schöpfungswissen dominiert über den Schöpfungsglauben[68].

Kepler liegt daran festzustellen, daß gerade die Lehrer der Kirche mit den heidnischen Philosophen darin einig sind, daß die Ideen der Quantitäten ewig sind in Gott, mit Gott selbst identisch, und daher als Vorbilder auch in den wesentlich nach seinem Ebenbild geschaffenen Seelen existieren[69]. Für ihn hatte auch Proclus auf Grund seiner platonischen Philosophie den Sohn Gottes mit dem natürlichen Licht der Vernunft bereits von ferne geschaut[70]; der Unterschied ist nur ein gradueller, die Gemeinsamkeiten überwiegen die Gegensätze. Freilich habe Proclus dem natürlichen Licht der Vernunft zu viel zugetraut: Das Geheimnis der Inkarnation lehnte er ab[71]. Hier setzt auch Keplers Kritik ein; einen fundamentalen Gegensatz bedeutet diese Differenz im Blick auf die Schöpfungstheologie jedoch nicht. Der „Sohn Gottes" ist das Weltprinzip, das prinzipiell auch der natürlichen Vernunft des Menschen nicht völlig verschlossen ist.

Auch Kepler geht es schließlich entscheidend um die wirksame Gegenwart Gottes in der Welt; an ihr hängt die Gewißheit des Lebens[72]. Gott kann wegen seiner allerhöchsten Güte nicht untätig sein[73]. Gott ist wesenhaft Wirksamkeit und hat sein Sein in dieser Wirksamkeit[74]. Überall geschieht daher in der Natur etwas durch Aktivität[75]. Gott hat im Buch der Natur nicht nur sein Wesen, sondern auch seinen Willen gegenüber dem Menschen offenbart und abgebildet[76].

---

[68] Vgl. dazu den Brief Keplers an Heydon, Oktober 1605, W XV Nr. 357, 164 ff. — Vgl. *N. Schiffers*, Das Verhältnis von Theologie und Naturwissenschaft bei Kepler, Symp. S. 321 ff., bes. S. 325 f.

[69] Myst. cosm. Praef. 2. Aufl. Anm. 8, W VIII S. 30, 8 f.

[70] Harm. V 10, W VI S. 364, 25 ff.

[71] Harm. V 10, W VI S. 364, 33 f.: „Mysterium incarnationis respuebat, naturali Mentis lumini nimium confisus."

[72] Gedicht (Wien), Randnotiz: „Modus praesentiae Dej aut operans est aut incertus in hac vita."

[73] W IV S. 245, 38 f.

[74] Harm. IV 7, W VI S. 271, 30 ff.: „Deus ... est substantialis Energia, et ipsâ hac energiâ subsistit (ut de divinis humano more balbutiam)." Auch *Nikolaus Taurellus* (1547—1606) beispielsweise bezeichnet im Anschluß an Aristoteles, den er im Blick auf den ersten Beweger kritisiert, Gott als die „reinste, einfachste und vorzüglichste Energie" (Syn. Arist. Met., S. 103, vgl. *P. Petersen*, Geschichte der aristotelischen Philosophie im protestantischen Deutschland, 1921, S. 232).

[75] W XV Nr. 358, 710: „Vbique in natura aliquid agitur."

[76] W VII S. 25, 29 f.

Je mehr Kepler auch im Buch der Natur die wirksame Gegenwart Gottes erkennt, desto mehr verschiebt sich nun auch in seinem theologischen Denken das Interesse von der Christologie auf die Schöpfungstheologie. Keplers theologisches Denken ist im Gegensatz zur Schultheologie in besonderer Weise auf Gott als Schöpfer gerichtet; die theologische Soteriologie tritt dahinter deutlich zurück. Das zeigt sich nicht nur biographisch in der konsequenten Zuwendung zu der naturwissenschaftlichen Arbeit, sondern auch in den spezifisch theologischen Äußerungen.

Bezeichnend ist der Gegensatz im Verständnis des Fleisches Christi zwischen ihm und Hafenreffer. Während dieser eine „Christologie von oben" vertritt, geht Kepler vom vorfindlich Kreatürlichen aus. Der eine erklärt: „Wo der Logos ist, dort ist sein Fleisch", der andere: „Wo das Fleisch ist, dort ist auch der Logos."[77] Fabricius gegenüber, der orthodoxe Theologie vertritt, erklärt Kepler folgerichtig: „Für dich tritt Gott in die Natur ein, für mich strebt die Natur zur Gottheit hin."[78] An entscheidender Stelle seines Glaubensbekenntnisses, wo Kepler feierlich erklärt, worauf er den Grund seines Glaubens zu setzen und zu bauen gewillt ist, interpretiert er diesen Glaubensgrund existential dahingehend, daß er in ihm Gott seinem Schöpfer in dieser Welt zu dienen und endlich ewig selig zu werden sich getraue[79]. Gott ist für ihn in besonderer Weise als Schöpfer offenbar.

Der Schöpfer ist dabei durchaus im Sinne der Erkenntnis aus dem Buch der Natur gemeint. Diese wird auch in der Bibel bezeugt und von ihr im übrigen ergänzt und erweitert, nicht aber eigentlich begründet. Das Werk der Schöpfung besteht in seiner Schönheit, Ausgewogenheit, Vollkommenheit und Herrlichkeit[80] unabhängig von dem, was der Mensch daraus gemacht hat und macht. Das Mysterium cosmographicum, nicht die Christologie bestärkt nach Keplers Erwartung und Wunsch den Glauben an die Erschaffung der Dinge, in ihm wird der Geist des Schöpfers in seinem Wesen und seine unerschöpfliche Weisheit erkannt[81]. Dabei ist es müßig, über himmlische und unkörperliche Dinge mehr erforschen zu wollen, als Gott uns offenbart hat. Dies aber kann menschliche Einsicht erfassen, dies wollte Gott uns wissen lassen, weil er uns ja zu seinem Ebenbild geschaffen hat, damit wir Anteil bekämen an seinen eigenen Gedanken[82].

---

[77] Notae, NK 6 S. 22, 3. 5: *Hafenreffer:* „ubi λόγος ibidem ejus est caro"; *Kepler:* „ubi caro ibidem est et ὁ λόγος".

[78] W XIV Nr. 262, 495 f.: „Tibi Deus in naturam venit, mihi natura ad divinitatem aspirat."   [79] NK 2 S. 14, 38 f.

[80] Vgl. den Lobpreis auf die Wunderwerke der Weisheit Gottes am Ende von Propos. XLV in Harm. V 9, W VI S. 354, 4 ff.

[81] Kepler an Mästlin, 1597, W XIII Nr. 64,6 ff.: Faxit Deus Conditor, „ut fides de rerum creatione hoc externo adminiculo (das Mysterium cosmographicum) confirmetur, Conditricis mentis natura cognoscatur, majorque nobis quotidiè fiat inexhausta illius sapientia".

[82] Kepler an Herwart, 1599, W XIII Nr. 117, 173 ff.: „Desinamus igitur super

Wenn man also das erforscht, was innerhalb der menschlichen Verstehensmöglichkeiten liegt und was man wissen kann, so entspricht das Gottes Willen. Wenn Gott den Menschen zu seinem Bilde geschaffen hat, damit er mit Gottes Gedanken Gemeinschaft hätte, so denkt Kepler dabei an die Gesetze der Zahlen und Quantitäten. Die Befürchtung wäre töricht, daß der Mensch dadurch zum Gott gemacht würde: Die Ratschlüsse Gottes sind unerforschlich, nicht aber seine körperlichen Werke[83]. Der christliche Glaube trägt gerade dazu bei, daß die Hauptpunkte der Untersuchung über das Wesen der Harmonien klarer dargelegt werden können und die Leser ihnen eher Glauben schenken. Als Inhalt des Glaubens nennt Kepler in diesem Zusammenhang „das heilige Geheimnis der Trinität" und den „Ursprung aller Dinge nach dem mosaischen Schöpfungsbericht"[84]. Damit ist der Ausgangspunkt bei der Schöpfungslehre der Schultheologie markiert. Es kann aber nicht übersehen werden, daß Kepler seinerseits über den schultheologischen Ansatz hinaus bei der Trinität per analogiam an die Dreiheit von Weltmittelpunkt, Fixsternkugel und dazwischenliegenden Abstand und bei der Schöpfung aller Dinge an ihren geometrischen Bauplan denkt, den nachzudenken er sich als priesterliche Aufgabe gestellt hat. Platons Timaios ist für Kepler ohne jede Gefahr des Zweifels als Kommentar zu Gen. 1 zu verstehen[85]. Damit gibt er dem Schöpfungsbegriff einen Inhalt, der nicht mehr spezifisch theologisch im schultheologischen Sinne qualifiziert ist. Kepler interessiert nicht nur wie die Theologie das Daß der Schöpfung, sondern ihr Wie, und er versucht, dieses Wie pythagoreisch-platonisch zu erklären.

Diesem platonisch weitergeführten Verständnis von Schöpfung entspricht es, wenn Kepler im Namen der christlichen Religion die aristotelische Auffassung bestreitet, daß der menschliche Geist an sich, bei der Geburt, leer sei, eine leere Tafel[86]: Die geometrischen Archetypen sind ihm

caelestia et incorporea plus, quam Deus nobis revelavit scrutarj. Haec sunt intra captum judicij humani, haec nos scire deus voluit, dum ad suam nos imaginem condidit, ut in consortium earundem secum ratiocinationum veniremus."

[83] W XIII Nr. 117, 179 f.: „Stultè metuunt, ut hominem Deum faciamus, Consilia dej sunt inscrutabilia, non opera corporea."

[84] Harm. IV 1, W VI S. 211, 14 ff.: „In coetibus Christianorum, et si quis sacrosanctum Trinitatis Mysterium, ortumque rerum omnium ex historia Mosaicâ, firmâ fide amplectitur; disputationis capita et clariùs proponi possunt, et procliviores inveniunt lectorum animos ad credendum."

[85] Harm. IV 1, W VI S. 221, Randbemerkung: „In Timaeo, qui est citra omnem dubitationis aleam, commentarius quidam in primum caput Geneseos seu lib. I. Mosis, transformans illum in Philosophiam Pythagoricam: ut facile patet attentè legenti, et verba ipsa Mosis identidem conferenti."

[86] Harm. IV 1, W VI S. 218, 20 ff.: Aristoteles „Mentem asserens seipsâ vacuam, ... et planè Tabulam rasam, ut in qua inscriptum sit nihil, ne mathematicorum quidem, inscribi verò possint omnia: hac inquam in parte nec in Christianâ religione tolerandus est ..."

anerschaffen. Das ist für Kepler Inhalt christlicher Schöpfungslehre. Er kann sich dabei ansatzweise durchaus auf die natürliche Theologie[87] und die Schöpfungslehre[88] der Orthodoxie berufen; er führt entsprechende Ansätze auf seine Weise aus.

Nicht ohne weiteres berufen kann sich Kepler jedoch auf die Lehre von der Imago Dei. Die Gottesebenbildlichkeit des Menschen betrifft nach der theologischen Lehre wahre Gotteserkenntnis, Weisheit, Gerechtigkeit und Wahrheit[89]; sie ist durch den Fall der Stammeltern verloren[90]. So bleibt zwar der Mensch hinsichtlich seiner Substanz, Körper und Seele, derselbe, als der er am Anfang geschaffen worden ist, doch ist in seinem Intellekt nach dem Fall keine Kenntnis Gottes mehr übrig, vielmehr sind an deren Stelle Blindheit, Finsternis und Unwissenheit über Gott getreten, wie im Willen Abwendung von ihm und Ungehorsam[91]. Insofern der Mensch substantiell Geschöpf bleibt, ist ihm auch nach der Schultheologie also geometrische Erkenntnis im Keplerschen Sinne möglich, wenn auch verdunkelt, was auch Kepler betont; wahre Gotteserkenntnis ist das jedoch nicht.

Auch von Kepler werden die Folgen der Erbsünde betont. Das geschieht freilich vorwiegend im moralischen Sinne im Blick auf bösen Willen und Laster[92]. Er versteht auch seine Welt- und Gotteserkenntnis aus dem Buch der Natur als Gnade, als besondere Gabe des Schöpfers, der in Jesus Christus auch der Erlöser ist. Der Zusammenhang von Erlösung, von Glauben und von Erkenntnis der Schöpfung und des Schöpfers ist jedoch nicht durchreflektiert. Wie in der Schultheologie stehen Buch der Bibel und Buch der Natur nebeneinander, dort mit dem absoluten Schwergewicht auf der in der Bibel offenbarten Erlösung, bei Kepler mit dem Interesse an der in der Natur offenbarten Weisheit des Schöpfers. Deren Erkenntnis gewinnt für ihn ein Stück weit soteriologischen Charakter, da er bei dem Streit der Theologen soteriologische Evidenz in den dogmatischen Formeln vermißt. Es ist der Sinn dieser dogmatischen Formeln, die offenbarte Einmaligkeit und Besonderheit des Heils aller natürlichen Erkenntnis gegenüber zu sichern. Damit soll gerade die freie Gewißheit des Heils auch denkend gewahrt werden. Das Tragische an der Situation ist die Tatsache, daß dies auf eine Weise geschieht, die dem naturwissenschaftlichen Geist zunehmend unverständlich und daher wahrheitsfeindlich wird, so daß dieser sich auf die ihm zugängliche Quelle dessen, was auch theologisch noch Offenbarung genannt werden kann, zurückgeworfen sieht, auf das Buch der Natur. Die Wissenschaft wird „Norm und Ursprung aller Gerechtigkeit

---

[87] *Heerbrand* nennt unmittelbar nach den gleichmäßigen Bewegungen der Himmelskörper auch den Menschen selbst als Mikrokosmos zum Zeugnis für den Weltarchitekten, Comp. Theol., 1579, S. 37.

[88] Vgl. z. B. *Heerbrand*, ebd. S. 146 f.; *Hafenreffer*, Loci Theol., 1621, S. 12 ff.

[89] *Heerbrand*, aaO. S. 188.

[90] Ebd. S. 191.   [91] *Heerbrand*, aaO. S. 200.

[92] Z. B. Tert. int. XC, W IV S. 225, 26 ff.; CIV, S. 232, 3 ff.

206

und allen Vertrauens"[93]. Austilgung von Unwissenheit wird zum Heilspro-
gramm: Erkenntnis der Geschöpfe Gottes und der Beschaffenheit der
natürlichen Seele des Menschen kann den durch den Sündenfall entstandenen Schaden auch in diesem Leben wenden und ersetzen, wenn auch nur
„dieses theils" und „etlicher massen". Dies vermag auch bereits der durch
die Sünde verderbte und verkehrte Forschungsdrang des Menschen vor aller
Erlösung[94]!

So kann Kepler die ganze Menschheit unter heilsgeschichtlichem Gesichtspunkt mit einem heranwachsenden, allmählich reif werdenden Kna-
ben vergleichen, den der Schöpfer nacheinander von der einen zur anderen
Erkenntnis führt[95]. Die Vernunft des Menschen ist zwar verderbt, so daß
Wahres und Falsches durcheinandergeht. „Doch ist auch Gott darfür zu
dancken / wann er sie durch natürliche oder (!) Geistliche Mittel vmb etwas
erleuchtet / das sie anfahet das gute vom bösen zu vnterscheiden."[96] So
hofft Kepler, daß die wertlosen, unsicheren, streitsüchtigen, ja schädlichen
wissenschaftlichen Bestrebungen — er mag hier an die theologischen Kontroversen denken — ermatten und die Energie der Gelehrten sich der
Astronomie zuwendet, die den Durst der Geister stillt und den Charakter
je nach Anlage mit einer gewissen Ähnlichkeit mit den göttlichen Werken
erfüllt. Daraus würde viel Gutes folgen[97].

Die rationale Gewißheit, die die Mathematik vermittelt[98], bleibt aber
partiell. Sie betrifft nur den Verstand und von dieser Seite her das Ethos.
Die Folge ist trotz aller vernünftigen Erkenntnis von ursprünglicher Harmonie eine wenn auch nur als vorläufig verstandene, doch quälende exi-

[93] Kepler an J. A. Magini in Bologna, 1601, W XIV Nr. 190, 22: ars nostra,
„quae omnis iustitiae, fideique norma est et origo . . ."
[94] Tert. int. IV, W IV S. 159, 23 ff.: „Aber doch eben durch diese sündliche
Mittel deß meinsten Hauffens noch heut zu Tag etliche wenige zu Erkündigung
der Geschöpffe Gottes / vnd deß Menschens natürlicher Seelen Beschaffenheit
angereytzt vnd getrieben werden: welches sie hernach auch andere lehren /
vnd dieses theils den erbärmlichen / auß dem Fall entstandenen Schaden etlicher massen auch in diesem Leben wenden vnd ersetzen / vnd die Vnwissenheit außtilgen können."
[95] Diss. cum nuncio sid., W IV S. 306, 3 ff.: „. . . Deus conditor, universita-
tem hominum veluti quendam succrescentem, et paulatim maturescentem pue-
rulum, successivè ab aliis ad alia cognoscenda ducit . . ."; vgl. S. 305, 37 f.:
„Non sunt enim mihi derididiculo veneranda sacrae historiae mysteria."
[96] Tert. int. CI, W IV S. 230, 36 ff.
[97] Responsio ad Bartschii Epistolam, 1629, Fr VII S. 581 ff., S. 583: „gratulor
nationibus Christianis orbis omnibus de proventu talium virorum et de spe non
vana, fore brevi ut frigescentibus studiis frivolis, incertis, contentiosis, addo et
perniciosis, publica doctorum industria in coelestes potius speculationes, quae
sitim ingeniorum sedant, mores prout indoles fuerit similitudine quadam operum divinorum imbuunt, incumbat adeoque et iis plurima etiam vitae toleran-
dae commoda procudat et suppeditet".
[98] Ebd.: Mathematice, „quae sola mentis assensum certitudine fulcit incredibili . . ."

stentielle Ungewißheit[99]. Diese Ungewißheit setzt sich ihrerseits um zum moralischen Impuls. Dieser gehört jedoch auf die Seite des Gesetzes und nicht mehr auf die des Evangeliums. So ist auch der gesetzliche Zug in der Frömmigkeit Keplers zu verstehen. Die Auswahl der von ihm unterstrichenen Stellen in seiner Bibel[100] spricht eine deutliche Sprache. Seine theologischen Schriften tragen ebenso wie seine naturwissenschaftlichen deutlich diesen moralisch-gesetzlichen Akzent.

Interessant und charakteristisch für Keplers theologische Tendenz zum Ethischen[101] ist eine Änderung am Wortlaut des biblischen Textes, die er, vermutlich unbewußt, in seinem „Glaubensbekenntnis" vornimmt. Er zitiert dort Luk. 16,8, wo es heißt, daß die Kinder dieser Welt klüger seien als die Kinder des Lichtes in ihrem Geschlecht. Kepler spricht statt von den Kindern des Lichtes von den Kindern des Reichs[102]. Das „Licht" des gottgewirkten Glaubens wird als Reich der göttlichen Gerechtigkeit und Wahrheit verstanden. Sachlich bedeutet das eine Einengung der verheißenen eschatologischen Freiheit auf eine harmonische Seinsordnung.

Mit den geschilderten Ansätzen ist die weitere geistesgeschichtliche Entwicklung vorgezeichnet: Gott rückt als Gott des Gesetzes, je mehr das Evangelium in den Hintergrund tritt, in immer größere Ferne. Die Nähe Gottes, von der der evangelische Glaube lebt, verdunkelt sich zunehmend und verbirgt sich hinter dem Gesetz, das Gottes Willen repräsentiert und fordert, aber nicht mehr eigentlich vermittelt. Das Gesetz entfaltet sich gemäß seiner ihm eigenen Logik, sein Schöpfer entfernt sich an den Anfang als bloßer Urheber und ins Jenseits als bloßer Garant des Seienden und seines immanenten Zusammenhangs. Aus dem alles in allem wirkenden Gott wird in der theologisch-philosophischen Vorstellung der Beschauer des Weltlaufs[103].

---

[99] Vgl. Kepler an einen anonymen Adligen, 1613, W XVII Nr. 669 (Geschichte der zweiten Heirat), siehe unten S. 306 Anm. 9.

[100] Vgl. oben S. 84 ff.

[101] Das äußerliche Glück des Menschen bestimmen drei causae (Tert. int. CIV, W IV S. 231, 31 ff.): Die natürlichen „General vrsachen", die „causa Metaphysica", Gott, und „deß Menschen Willkühr". „Vnd diese Vrsach ist Ethica, gibt den Vnterscheidt zu Sünden oder guten Wercken / Laster oder Tugenden: Da ist das Sprichwort wahr / wie einer ringt / also jhm gelingt." (S. 232, 18 ff.).

[102] NK 2 S. 13,8 f.: „War ist auch dieses: Die Kinder der Welt seind klüger dann die Kinder deß Reichs in jhrer art." Vgl. biblisch auch 1.Thess. 5,5.

[103] Vgl. K. Holl, Gesammelte Aufsätze zur Kirchengeschichte III, 1928, S. 539 f.: „Der Gedanke der Alleinwirksamkeit Gottes, der bei Luther den festen Rückhalt für seine Rechtfertigungslehre gebildet hatte, wurde mehr und mehr zurückgeschoben. Den Anlaß dazu gab die wachsende Abneigung gegen die Prädestinationslehre ... Der sogenannte deistische Gottesbegriff ist keineswegs erst in der Aufklärung entstanden; er ist am Ende der orthodoxen Periode in der Hauptsache schon da. Gott ist der Beschauer des verhältnismäßig unabhängigen Weltlaufs geworden, er ist nicht mehr der alles in allem Wirkende."

Auf der anderen Seite verselbständigt sich die Christologie. Gottes schöpferische Aktivität und sein Heilshandeln in dem Fleisch Christi bestehen zunächst nebeneinander, ohne sich noch für Kepler freilich auszuschließen. Inkarnation und Gegenwart bei den Kreaturen sind jedoch zweierlei. Der Logos hat eine Wirksamkeit, die von anderer Wirksamkeit seiner selbst unterschieden ist[104]. Die Inkarnation geschieht vermittels der zweiten Person der Trinität, die Gegenwart bei den Kreaturen vermittels des allen drei Personen der Trinität gemeinsamen Wesens Gottes[105]. Gott tut das eine und läßt das andere dabei nicht[106].

Wenn Kepler beide Weisen der Gegenwart Gottes nebeneinanderstellt und ihre logisch widersprüchliche Vereinbarkeit betont, so ist dies für ihn sachlich in Gottes Willen begründet, der Unterschiedliches geschaffen hat, das ihn selbst in seinem Wesen jedoch nicht betrifft[107]. Die Widersprüchlichkeit ist eine kreatürliche, im menschlichen Begriff von lokaler Gegenwart begründet. Dieser darf nicht auf die Möglichkeiten göttlicher Präsenz übertragen und so ein Streit zwischen diesen statuiert werden[108]. Es handelt sich um grundsätzlich verschiedene Dinge, die nicht gewissermaßen nur aus einem einzigen Element menschlich und geometrisch verstandener Gegenwart bestehen[109], die also in einem menschlich-kreatürlichen Begriffssystem erfaßt werden könnten.

In diesem Nebeneinander manifestiert sich die Dualität, die mit dem Nebeneinander von natürlicher und offenbarter Gotteserkenntnis, von Buch der Natur und Buch der Bibel bereits gegeben ist. Die reformierte Theologie, mit der Kepler hier übereinstimmt, ist logisch konsequent, wenn sie diese Dualität mit der Betonung des Extra Calvinisticum durchhält. Das unverfügbare göttliche Dekret gewährt ihr dann die Einheit der Anschauung. Seine rationale Entfaltung bestimmt das reformierte System. Mit dem Verweis auf Gottes faktische Schöpfung[110] scheint Kepler dem

---

[104] Notae, NK 6 S. 20, 39 ff.: „Re non omnia est incarnatio, sed praeter illam praesentia in creaturis est etiam aliquid. Et, Logos habet operationem distinctam ab operatione."

[105] Notae, NK 6 S. 20, 15 ff.: „haec duo se mutuo non tollunt, ut omnis plenitudo deitatis habitet in locali carne, mediante personali charactere filii, ut loquitur Hunnius: et ut totus (konjiziert aus „totius") filius Dei creaturis singulis praesens sit, mediante natura deitatis omnibus tribus personis communi". Vgl. ebd. S. 17, 20 ff., S. 18, 12 ff. 38 f.   [106] Notae, NK 6 S. 16, 29, vgl. Z. 26 ff.

[107] NK 6 S. 20, 35: „multa Deus creavit rerum discrimina, quae in ipsius essentiam non redundant."

[108] NK 6 S. 20, 25 ff.: „... haec in Deo non pugnant, ut pugnarent in creatura: divinae enim praesentiae leges humana mens, humanae praesentiae assueta non capit, ut de pugna haec statuere possit suo judicio". Vgl. ebd. S. 22, 36 ff.

[109] NK 6 S. 18, 24 ff.: „... cum ista sint diversa, nec ex uno veluti elemento praesentiae humaniter et geometrice intellectae constet et illa incarnatio et haec creaturarum gubernatio." Vgl. W XVII Nr. 835, 150 ff.: „Si rationem geometricam intueor, videor mihi contradictoria dicere..."

[110] Vgl. Anm. 106.

zuzustimmen. In Wahrheit kann er auf Grund seiner Ablehnung der Prädestination jedoch nicht mehr folgen. Gottes Ratschluß bleibt unerforschlich und auch christologisch nicht bestimmbar. Ein allumfassendes Dekret im Sinne der reformierten Theologie würde für ihn auch das decretum praedestinationis und damit die objektive Verdammnis der Ungläubigen implizieren. Die Gefahr der geradezu naturwissenschaftlichen Objektivierung des Prädestinationsgedankens tritt hier deutlich zutage[111].

Kepler denkt letztlich von der Kategorie des Buches der Natur her und versucht von hier aus eine einheitliche Anschauung zu gewinnen. Dadurch entsteht die Gefahr, das Phänomen der Inkarnation und der Gegenwart des lebendigen Christus nicht mehr in seiner absoluten Einmaligkeit und Besonderheit im Unterschied zu aller natürlichen und Naturerkenntnis wirklich verstehen zu können. Die Paradoxie der Sache wird zur Paradoxie des Denkens, die nur noch durch bloße Autorität gedeckt ist. Gerade auch die lutherische Theologie leistete hier möglichen Mißverständnissen Vorschub, indem sie das Buch der Natur und die Bibel mit Hilfe der aristotelischen Metaphysik und des Kausalschemas interpretierte und so Schöpfung und Erlösung einerseits zwar ontologisch miteinander verband, andererseits nun aber sachlich nebeneinanderstellen mußte und nicht mehr inhaltlich in ihrem Beziehungsverhältnis von Unterschiedenheit und Zusammengehörigkeit verständlich machen konnte. Der Hinweis auf die Schrift als verbindende Basis wurde zunehmend formal und damit sachfremd. Die Natur hätte als Schöpfung theologisch konsequent von der Christologie her, und das heißt von der nicht in Gesetzmäßigkeiten faßbaren Beziehungswirklichkeit des Evangeliums her interpretiert werden müssen.

Innerhalb der Christologie ist das geschehen, indem die Gegenwart des Fleisches Christi nach der Inkarnation, endgültig nach der Erhöhung auch bei allen Kreaturen behauptet wurde. Die Schöpfung wurde dadurch erweitert und neu bestimmt, wie es bereits in der Trinitätslehre angelegt war. In der platonisch beeinflußten und vom Kausalschema bestimmten Schöpfungstheologie konnte dies aber nicht fruchtbar gemacht werden: Das Fleisch Christi repräsentiert als geschichtlich-kontingentes Element des Heilsgeschehens das bloße Wunder im Naturzusammenhang, das sich zwar der causae secundae bedienen kann, ihre Kontinuität aber durchbricht. In der natürlichen Theologie und in der Schöpfungstheologie ging es jedoch gerade um diese Kontinuität. Beide stehen auf der Seite des Gesetzes, während das geschichtliche Evangelium angestückt danebensteht.

---

[111] Über den Zusammenhang von Vorsehung und Prädestination vgl. im übrigen *C. H. Ratschow*, Das Heilshandeln und das Welthandeln Gottes, Neue Zeitschr. f. syst. Theol. I, 1959, S. 25 ff.; S. 34 ff. — Vgl. auch *E. Bizer*, Frühorthodoxie und Rationalismus, Theol. Studien 71, 1961.

Mit Gesetz und Evangelium stehen auch Natur und Heilsgeschichte nebeneinander, im Denkschema verbunden als Natur und Übernatur.

Um die Natur als Schöpfung grundlegend von der Christologie und also vom Evangelium her zu verstehen, wären andere Denkmittel notwendig gewesen, als sie der Dogmatik des späten 16. und des 17. Jahrhunderts zur Verfügung standen. So aber konnte die Entwicklung nicht anders verlaufen, als daß die mit dem erwachenden naturwissenschaftlichen Bewußtsein in den Vordergrund tretende, von der Schöpfungstheologie gedeckte natürliche Theologie der Orthodoxie sich zunehmend verselbständigte und der Offenbarungstheologie immer mehr entfremdete, zumal deren Konstruktionen, die das Zentrum der Theologie wahren sollten und wahren mußten, den kausalanalytisch arbeitenden Geist nicht mehr befriedigten.

3. Bibel und Naturerkenntnis

a) Die Bibel und das kopernikanische System

Wird die Offenbarungsqualität des „Buches der Natur" in der geschilderten Weise aufgewertet, gerät das Verhältnis dieser Offenbarungsquelle zur Bibel in Fluß. Die neuen naturwissenschaftlichen Erkenntnisse machen dieses Verhältnis zum Problem, sobald sie traditionellen, bislang als offenbart verstandenen Aussagen der Bibel widersprechen. Die Annahme des kopernikanischen Systems ist der erste Präzedenzfall dieser Art[1].

Verschiedene Aussagen der Bibel sprachen gegen das kopernikanische System[2]. Leuchteten die mathematischen Beweise für dieses auf der ande-

---

[1] Zum Problem vgl. *O. Zöckler*, Geschichte der Beziehungen zwischen Theologie und Naturwissenschaft mit besonderer Rücksicht auf Schöpfungsgeschichte, 2 Bde. 1877/79, I S. 531 ff., II S. 43 ff. 351 ff.; *A. Titius*, Natur und Gott, 2. Aufl. 1931, S. 222 ff. und RE 24, 202 ff.; *J. Dillenberger*, Protestant Thought and Natural Science, London 1961, p. 21 ff.; *H. Blumenberg*, Die kopernikanische Wende, 1965; ders., Die Legitimität der Neuzeit, 1966; *R. Hooykaas*, Religion and the Rise of Modern Science, Grand Rapids 1972, 114 ff.; *Z. Wardęska*, Copernicus und die deutschen Theologen des 16. Jahrhunderts, in: F. Kaulbach, U. W. Bargenda, J. Blühdorn (Hg.), Nicolaus Copernicus zum 500. Geburtstag, 1973, S. 155 ff.; *E. Rosen*, Kepler and the Lutheran attitude toward Copernicanism, Katalog Linz S. 137 ff.; *J. R. Christianson*, Copernicus and the Lutherans, in: The Sixteenth Century Journal IV, 2, 1973, p. 1—10; *H. A. Oberman*, Contra vanam curiositatem, Theol. Studien 113, Zürich 1974, S. 39 f. — Für den katholischen Raum siehe *N. W. Wildiers*, Weltbild und Theologie, 1974, 147 ff.

[2] Gen. 1,14; Jos. 10,12—13; 2.Kön. 20,11; Jes. 38,8; 1.Chron. 16,30; Pred. 1,4—6; Ps. 19,6—7; Ps. 104,5; Ps. 119,90. Die Ruhe der Erde verteidigte unter Berufung auf Gen. 1 z. B. auch Simon Marius an Kepler in Regensburg, 16./26. 8. 1613, W XVII Nr. 662 (Gegenantwort auf entsprechende Kritik Keplers, die dieser in einem Brief an Marius, W XVII Nr. 640, geäußert hatte). Kepler

ren Seite ein, stand die Autorität der Schrift an diesen Stellen und damit grundsätzlich der Autorität der Naturerkenntnis gegenüber. Diesem Problem mußte sich die Theologie ebenso stellen wie die Naturkunde. Es handelt sich um das bis heute aktuelle Problem des Verhältnisses von Bibel und Naturerkenntnis.

Für Kepler stand die Richtigkeit des kopernikanischen Systems fest. Das Mysterium cosmographicum bot ebenso wie später die Harmonice mundi nicht nur den mathematischen, sondern auch den naturphilosophischen und naturtheologischen Beweis. Das Bekenntnis zu Copernicus enthielt für Kepler daher durchaus ein zentrales religiöses Element[3]. Da die Wahrheit auch für ihn nur eine sein konnte[4] — der Autor der Schrift war ja zugleich der Schöpfer der Natur —, konnte es sich von vornherein nur darum handeln, die Vereinbarkeit von biblischem und kopernikanischem Weltbild zu erweisen. Die Theologen konnten demgegenüber auf Grund der Priorität des Bibeltextes als solchen und seiner Autorität das neue Weltbild vorläufig nur als an sich durchaus einleuchtende mathematische Hypothese gelten lassen. Damit tritt für Kepler die eindeutige Erkenntnis aus dem Buch der Natur deutlich in Konkurrenz zur biblischen Tradition in der Gestalt der zeitgenössischen Auslegung.

Bereits Andreas Osiander, der Reformator Nürnbergs, hatte das Hauptwerk von N. Copernicus, De revolutionibus (orbium coelestium), 1543[5] unter dem methodischen Gesichtspunkt, daß es sich in der heliozentrischen Auffassung des Copernicus um eine naturwissenschaftliche Hypothese handele, veröffentlicht. Sein anonymes Vorwort[6], in dem er das kopernikani-

entwickelt gegen Philipp Feselius in seinem Tertius interveniens LIV eine Exegese von Ps. 93,1, Ps. 75,4, Pred. 1,4 und 1.Chron. 16,30, in der er die Vereinbarkeit mit dem kopernikanischen System herausstellt. Weitere exegetische Ausführungen finden sich vor allem in der Introductio zur Astronomia nova, W III S. 29, 21 ff.

[3] Vgl. Kepler an Herwart von Hohenburg, 26. 3. 1598, W XIII Nr. 81, 191 ff.: „sufficit haec gloria, posse Copernico ad magnam aram sacra facientj portas templj mea inventione custodire".

[4] Zum Problem einer doppelten Wahrheit siehe K. Heim, Zur Geschichte des Satzes von der doppelten Wahrheit, in: Studien zur syst. Theologie, Festschrift für Th. Häring, 1918, S. 1 ff.; K. Scholder, Ursprünge und Probleme der Bibelkritik im 17. Jahrhundert, Forschungen zur Geschichte und Lehre des Protestantismus X/23, 1966, S. 108 ff. (dort weitere Literatur). Vgl. auch B. Hägglund, Theologie und Philosophie bei Luther und in der occamistischen Tradition. Luthers Stellung zur Theorie von der doppelten Wahrheit. Lunds Universitets Årsskrift. N. F. Avd. 1. Bd. 51. Nr. 4, Lund 1955.

[5] Textkritische Ausgabe: Nikolaus Kopernikus, Gesamtausgabe Bd. II: De revolutionibus orbium caelestium (ed. F. u. C. Zeller), München 1949; Übersetzung: Kopernikus, Über die Kreisbewegungen der Weltkörper, übers. u. m. Anm. versehen v. C. L. Menzzer, 1939. — Ausführlich berichtet über Einzelheiten und Umstände der Veröffentlichung L. Prowe, Nicolaus Coppernicus, I/2, 1883, S. 490 ff.

[6] Ges.ausg. II S. 403 f. Abgedruckt bei E. Hirsch, Die Theologie des Andreas

sche Werk — offenbar gegen den Willen des Verfassers[7] — als „Hypothese"
ohne notwendige reale Übereinstimmung mit der Natur bezeichnet[8], ist
seitdem heftig umstritten[9]. Die Beurteilung reicht von dem Vorwurf krie-
cherischer Verfälschung durch eine Schutzlüge[10] und grober Fälschung[11]
bis zu der Würdigung, daß hier zum erstenmal der Begriff der wissenschaftlichen Hypothese im modernen Sinne formuliert worden sei[12]. Osiander dürfte jedoch eine durchaus konventionelle Auffassung von der Lei-
stungsfähigkeit einer mathematisch-kinematischen Hypothese vertreten
haben, die zwar nicht dem Anspruch des ersten Buches von De revolutionibus, sachlich jedoch den weiteren Ausführungen des Copernicus entsprach.
Man wird bei Osiander jedenfalls das ehrliche Bemühen feststellen dürfen,
die mathematisch-astronomischen Erkenntnisse Copernicus' mit der vom
biblisch-aristotelischen Weltbild geprägten Philosophie und Theologie sei-

Osiander und ihre geschichtlichen Voraussetzungen, 1919, S. 290; übersetzt auch
bei *Prowe* aaO. S. 526 ff., *H. Kesten*, Copernicus und seine Welt, 1953, S. 304 f.
Die Anonymität einer Vorrede ist in der Literatur der Zeit keine Besonderheit.

[7] Vgl. *L. Prowe*, aaO. S. 521 ff.; ders., Ueber die Abhängigkeit des Coperni-
cus von den Gedanken griechischer Philosophen und Astronomen, Thorn 1865,
S. 33 ff.; *H. Kesten*, aaO. S. 301 ff. (stark polemisch). Die Einschätzung des
Werkes durch Copernicus selbst geht bereits aus seinem eigenen Vorwort zu
De revolutionibus an Papst Paul III. (übersetzt bei *Prowe*, Coppernicus II/1
S. 495 ff., Ueber die Abhängigkeit ... S. 9 ff.) sowie aus brieflichen Äußerun-
gen hervor.

[8] Ges.ausg. II S. 403, 14 ff.: „Neque enim necesse est, eas hypotheses esse
veras, immo ne verisimiles quidem, sed sufficit hoc unum, si calculum observationibus congruentem exhibeant."

[9] Zusammenfassende Diskussion bei *H. Bornkamm*, Kopernikus im Urteil
der Reformatoren, 1943, in: Das Jahrhundert der Reformation, 1. Aufl. 1961
(2. erw. Aufl. 1965), S. 178 ff., und bei *Scholder*, aaO. S. 60 ff. — Vgl. *J. Mittelstraß*, Die Rettung der Phänomene. Ursprung und Geschichte eines antiken
Forschungsprinzips, 1962, S. 197 ff.

[10] *A. D. White*, Geschichte der Fehde zwischen Wissenschaft und Theologie
in der Christenheit, 1895, Übersetzung nach der verbesserten 16. Aufl. von C.
M. von Unruh, 1920, Bd. I S. 113 f.

[11] *G. Harig*, Kepler und das Vorwort von Osiander zu dem Hauptwerk von
Kopernikus, Zeitschr. f. die Geschichte der Naturwissenschaften, Technik und
Medizin I/2, Berlin (Ost) 1961, S. 13 ff.

[12] *E. Hirsch*, Geschichte der neuern evangelischen Theologie I, 3. Aufl. 1964,
S. 115 f.; aufgenommen von *J. Moltmann*, Die Theologie in der Welt der mo-
dernen Wissenschaften, Festvortrag anläßlich des 31. Fortbildungskurses für
Ärzte in Regensburg vom 10. 10. 1963, S. 4. Ähnlich *N. J. Dijksterhuis*, Die
Mechanisierung des Weltbildes, deutsch 1956, S. 330 (dagegen *Harig*, aaO.
S. 20 ff., der Dijksterhuis im Sinne des dialektischen Materialismus Idealismus
vorwirft). — Vgl. *W. Hartner*, Copernicus — der Mann, das Werk und seine
Geschichte, Vortrag am 29. 6. 1973 in Weil der Stadt (Kepler-Gesellschaft),
S. 6: „Wir heutigen aber denken anders über den Begriff der wissenschaftlichen
Wahrheit und nähern uns damit automatisch dem Standpunkt Osianders, wie
sehr uns dies auch z. B. Kepler verübeln würde."

ner Zeit in einen verständlichen Zusammenhang zu bringen. Das ist die Funktion seines geläufigen und speziell seit Simplikios in der Astronomiegeschichte auch in der naturphilosophischen Tradition des Nominalismus lebendigen Begriffes der Hypothese[13]. Das Ergebnis ist, wie Scholder gezeigt hat, letztlich die Feststellung einer doppelten Wahrheit, eine „problematische, aber für diesen geschichtlichen Augenblick immerhin denkbare Position"[14].

Die Theologie des orthodoxen Luthertums hat diese Position im 16. und 17. Jahrhundert festgehalten. Hafenreffer fordert von Kepler ausdrücklich die Unterscheidung zwischen astronomischen Hypothesen und Heiliger Schrift[15]. Die Aufgabe des Mathematikers bestimmt er ähnlich wie Osiander: Er hat Hypothesen zu entwickeln, die den Phänomenen möglichst exakt entsprechen sollen[16]. Besseren Argumenten gilt es dabei zu weichen. Damit ist aber die Wahrheit der Dinge noch nicht festgelegt. Diese entnimmt Hafenreffer der Schrift; hier allein ist die letztlich verbindliche Wahrheit zu finden[17]. Das bedeutet nicht, daß das Interesse an der Mathematik dadurch herabgesetzt würde. Im Gegenteil. Hafenreffer fordert Kepler zu intensiven mathematischen Studien auf. Nur solle er dabei stets der Ruhe der Kirche den Vorrang geben[18].

Es ist gerade der Senat der Universität Tübingen, in dem die Theologen den Ton angaben, gewesen, der Kepler zu seinem ersten Werk gratuliert und ihn zur Veröffentlichung aufgefordert hatte. Das Mysterium cosmographicum ist aber nur als Bekenntnis und Beweis zum kopernikanischen System zu verstehen[19]. Kepler meint, daß Hafenreffer im Grunde das kopernikanische System nicht ablehne[20], während Mästlin in Tübingen auf Grund scherzhafter Bemerkungen Hafenreffers ihm gegenüber offenbar

---

[13] *Mittelstraß*, aaO. S. 202.   [14] *Scholder*, aaO. S. 63.

[15] Hafenreffer an Kepler, 12. 4. 1598 a. St., W XIII Nr. 93, 28 ff.: „Inter Hypotheses nimirum illas, et sacram Scripturam, apertè distinguendum esse."

[16] W XIII Nr. 93, 48 ff.: „Mathematicum enim, finem suum consequutum arbitror, si tales exhibeat hypotheses, quibus φαινόμενα quam exactissimè respondeant: et teipsum puto cessurum esse illj, qui proferre posset meliores." Vgl. Osiander, Kop. Ges.ausg. II S. 403, 29 f.: „Astronomus eam potissime arripiet, quae comprehensu sit quam facillima."

[17] W XIII Nr. 93, 51 ff. (Fortsetzung des vorigen Zitats): „Nec tamen consequitur, vnius cujusque Artificis Meditatis hypothesibus, rerum veritatem confestim conformarj. Nolo attingere, quae ex sacris inuicta possem depromere."

[18] W XIII Nr. 93, 66 ff.: „Sed hic idem amor, duo abs te postulat, ut nimirum, strenuum nobis agas Mathematicum: et quam antea tibj commendatam esse scio, Ecclesiae tranquilitatem, constanter foueas."

[19] W I S. 408.

[20] Kepler an Mästlin, 11. 6. 1598, W XIII Nr. 99, 598 ff.: „Enimvero quod antea censui, jam multo magis credo: non esse alienum a Copernico hominem, sed inter theologos caeteros necessario standum ipsi pro authoritate (ut putant) scripturae. Ideoque suam genuinam sententiam mihi non explicat." — Vgl. Anm. 23.

anderer Meinung ist[21]. Jedenfalls vertritt Hafenreffer nach außen hin das biblische Weltbild. Mästlin berichtet von einer Predigt, in der er gesagt habe: „Gott hab die ⊙ (Sonne) nit mitten in die Welt, wie ein laternen, mitten in einen Saal, gehencket, etc."[22] Kepler meint, daß Hafenreffer mehr aus taktischen Gründen das alte System verteidige[23]. Die Zwiespältigkeit ist jedoch daher zu verstehen, daß es dem orthodoxen Theologen, der an der wörtlichen Inspiration der Bibel aus theologischen Gründen festhält, einerseits einleuchtet, was Kepler an Argumenten für das kopernikanische System anführt, andererseits unmöglich ist, vom biblischen Text abzugehen — eine Aporie, deren Lösung bislang nur durch die Unterscheidung von wissenschaftlicher Hypothese und offenbarter Wirklichkeit möglich war.

Im gleichen Sinne nennt nun das Konsistorium in Stuttgart auch Copernicus als hervorragenden Gelehrten, der offenbar in dem gleichen Range stehen kann wie Ptolemäus und die großen Philosophen des Altertums[24]. Kepler kann das Konsistorium raten, er solle seine „Mathematica studia desto ernstlicher treiben"[25]. Die mathematische Gelehrsamkeit ist freilich

---

[21] Mästlin an Kepler, 30. 10. 1597 a. St., W XIII Nr. 80, 21 ff.; 28 ff.: „Pro egregia Phantasia et erudito unuento idem D. Doctor Hafenrefferus agnoscit, sed S. Scripturae et ipsi veritati contrariari omnino et simpliciter putat."

[22] Ebd. Z. 5 f. Von Martin Crusius hat F. Seck ein handschriftliches Exzerpt dieser Predigt in griechischer Sprache zusammen mit weiteren Nachschriften in der Tübinger Universitätsbibliothek wieder aufgefunden (Sign.: Mb 19 Bd. 17 S. 772 ff.), vgl. F. Seck, Marginalien zum Thema „Kepler und Tübingen", in: Attempto 41/42, Tübingen 1971, S. 3 ff., S. 11 ff. Die Predigt wurde am Abend des 21. 8. 1597 in der Tübinger Stiftskirche gehalten. An der von Mästlin zitierten Stelle ist bei Crusius nicht von der Sonne, sondern von den „Lichtern" die Rede, die Gott am vierten Schöpfungstag an das Firmament des Himmels gesetzt hat und nicht mitten in die Welt wie eine Laterne in den Saal eines hohen Herrn: „ἔϑηκε δὲ τὰ φῶτα ἐν τῷ στερεώματι τοῦ οὐ(ρα)νοῦ· ἀλλ' οὐκ ἐν μέσῳ τοῦ κόσμου· ὡς λύχνος ἐν αὐλῇ ἄρχοντος" (S. 772). Gemäß dem Text Gen. 1,16 f. sind damit jedoch Sonne, Mond und Sterne gemeint, so ist es durchaus möglich, daß Hafenreffer auch die Sonne in diesem Zusammenhang noch besonders erwähnt hat. In der Nachschrift erscheint sie anschließend als „gleichsam Auge des Himmels".

[23] Kepler an Mästlin, 6. 1. 1598, W XIII Nr. 85, 129 ff.: „Et verè credere non possum, ipsum ab hac sententia abhorrere. Simulat, ut reconciliet collegas, quos fortasse promotione mei libellj offendit. Et hoc illi concedendum est." — Zu den theologischen Fragen bei der Veröffentlichung des Mysterium cosmographicum siehe E. Rosen aaO.; F. Seck, Johannes Kepler und der Buchdruck. Zur äußeren Entstehungsgeschichte seiner Werke, in: Archiv f. Geschichte des Buchwesens XI, 1970, Sp. 621 f. Die entsprechenden Brieftexte sind oben Anm. 11 zu S. 12 zusammengestellt.

[24] Konsistorium an Kepler, 25. 9. 1612 (a. St.), W XVII Nr. 638, 181 ff.: „Bedencket aber darneben / daß Mysteria in scripturis revelata unvermeßlich höher / und euerm Verstand / wann ihr gleich an Scharffsinnigkeit Platoni et Aristoteli, Ptolemaeo et Copernico weit überlegen wären / zu begreiffen schlecht unmüglich seyen."   [25] W XVII Nr. 638, 80.

ohne theologische Relevanz. Das Konsistorium bezieht sich in seiner Kritik nur auf die Abendmahlsfrage. Das Weltbild steht nicht zur Diskussion; der Fachwissenschaft wird freier Lauf gelassen. Dennoch kann auch in späterer Zeit das kopernikanische System auf Grund des Bibeltextes ausdrücklich bestritten werden[26]. Dies geschieht in dem späteren Stadium der orthodoxen Lehrentwicklung mehr, um systematische Vollständigkeit zu erreichen, denn als spezifischer Angriff gegen die naturwissenschaftliche Forschung — diese soll nur in ihren Grenzen bleiben, die wesentlich auch von der Lehre der Schrift bestimmt sind.

Eine sprechende Parallele hierzu bietet die Auseinandersetzung in der katholischen Kirche, wo das Werk des Copernicus erst ziemlich spät (1616), im Zusammenhang mit dem Prozeß gegen Galilei, erstmalig — bis zu einer Korrektur[27] — verboten, mit geringen Änderungen 1620 alsbald jedoch wieder erlaubt wurde[28]. Der Streit ging in allen Konfessionen nicht um die Theorie als solche, sondern um ihre Vereinbarkeit mit der verbindlichen theologischen Weltanschauung und um ihren Stellenwert im Verhältnis zu dieser. Da letztere realistischen Charakter trug, war auf Grund der spezifischen Widersprüche eine Lösung nur darin zu finden, daß man jene als Hypothese im Sinne des Nominalismus bezeichnete. Wenn Galilei sich äußerlich der Entscheidung der katholischen Kirche schließlich beugte, machte er, wenn auch widerstrebend, selbst von dieser Denkmöglichkeit Gebrauch. So unbefriedigend eine solche Lösung einer doppelten Wahrheit auch ist, so muß sie geschichtlich doch als Ausweg anerkannt werden. Giordano Bruno hatte diese Möglichkeit auf Grund seines realistisch-universalistischen Systems nicht.

Kepler konnte sich letztlich mit dem hypothetischen Charakter des kopernikanischen Systems ebenfalls nicht zufriedengeben. Er hat eine solche Auffassung entschieden bestritten. Doch war für ihn die Unterscheidung von soteriologischer und naturwissenschaftlicher Wahrheit in einer Weise lebendig, die ihn auf eine Identifizierung beider nicht existentiell angewiesen sein ließ.

Immerhin war es Kepler, der erstmalig öffentlich darauf hingewiesen

---

[26] Vgl. *A. Calov*, Systema locorum theologicorum, 1655 ff., S. 1038—1045, zit. bei *Ratschow* II S. 181 f. Die Ablehnung der kopernikanischen Theorie erfolgt wesentlich auf Grund mangelnder Übereinstimmung mit der Schrift. Dazu werden aber auch philosophisch-naturkundliche Argumente herangezogen. Am Schluß wird dann jedoch bemerkt: „Sed haec et alia ad philosophos" (*Ratschow* S. 182).

[27] Kepler bemerkt dazu (Myst. cosm., 2. Aufl. 1621, Nota 1 zu c. 1, W VIII S. 39, 25 f.): „*suspensus enim est*, inquit censura, *donec corrigatur*, opinor autem etiam hoc subintelligi, *donec explicetur*".

[28] Siehe *A. Koestler*, Die Nachtwandler. Das Bild des Universums im Wandel der Zeit, 1959, S. 446 ff. — *H. Schimank*, Galilei, Mitteilungen der Gesellschaft für Naturforscher und Ärzte 1965, 1 bei: Die Naturwissenschaften 52/5, 1965, S. 7 ff.: S. 13 f.

hat, daß nicht Copernicus selbst, sondern Andreas Osiander der Verfasser der Vorrede zu De revolutionibus gewesen ist. Kepler war dazu in der Lage, da er im Besitz eines Exemplares dieses Buches war, das der Verleger einem jungen Magister in Nürnberg, Hieronymus Schreiber, gewidmet und in dem dieser den Namen des wahren Verfassers der Vorrede über deren Titel geschrieben hatte[29]. In seiner „Apologia Tychonis contra Nicolaum Raymarum Ursum"[30], wo er im ersten Kapitel ausführt, „quid sit hypothesis astronomica"[31], und in einer Vorbemerkung in der Astronomia nova (1610)[32] gegenüber Petrus Ramus[33], der für eine „Astronomie ohne Hypothesen" eingetreten war[34], weist Kepler auf diesen Sachverhalt hin und erklärt, daß Copernicus durchaus den Willen gehabt habe, wahre Philosophie zu treiben. Seine „Hypothese" sei wahr. Auch Kepler kann die kopernikanische Astronomie nicht anders als im realistischen Sinne wahr verstehen[35]. Er unterscheidet zwischen wahren, d. h. begründeten, und falschen Hypothesen[36]. Im Blick auf letztere ist er mit Copernicus tatsächlich in der Lage, eine „Astronomie ohne Hypothesen" zu bieten, wie sie Ramus gefordert hatte. Er bietet die wahre Beschreibung der Wirklichkeit.

Trotzdem steht auch Kepler zunächst die Denkform der zweifachen Wahrheit zur Verfügung. Hat er jedoch im Unterschied zur Schultheologie völlig eindeutig die Wahrheit des neuen Weltsystems erkannt, spitzt sich das Problem erheblich zu: Jetzt stehen nicht mehr nur realistische

---

[29] Vgl. W III S. 455.

[30] Fr I S. 215 ff., S. 245. Es handelt sich um ein Fragment, das auch einen Abschnitt aus einem Brief Osianders an Copernicus enthält, vgl. W III S. 6, 35 f.   [31] Fr I S. 238 ff.

[32] W III S. 6, 32 ff.; vgl. Kepler an Mästlin 1597, W XIII Nr. 75, 11 ff.

[33] Petrus Ramus (1515–1572) war Gegner der aristotelisch-scholastischen Philosophie und Begründer einer neuen, nicht-aristotelischen Logik. Als Calvinist wurde er ein Opfer der Bartholomäusnacht.

[34] Vgl. schon Kepler an Mästlin Okt. 1597, W XIII Nr. 75, 11 ff.; dazu W XIII Nr. 80, 8–11 und — erläuternd — Nr. 85, 102–120. — Vgl. R. Hooykaas, Pierre de la Ramée et l'empirisme scientifique au XVIe siècle, in: La science au XVIe siècle, Colloque international de Royaumont 1.–4. 7. 1957, Histoire de la pensée II, Paris 1960, S. 297 ff., bes. 303 ff.

[35] Vgl. R. S. Westman, Kepler's Theory of Hypothesis and the ‚Realist Dilemma', Symp. S. 29 ff.; J. Mittelstraß, Wissenschaftstheoretische Elemente der Keplerschen Astronomie, Symp. S. 3 ff., S. 15 ff.

[36] W XIII Nr. 75, 21–23. — Vgl. v. Prantl, Galilei und Kepler als Logiker, in: Sitzungsber. d. philos.-philolog. u. hist. Classe d. k. b. Akademie der Wissenschaften zu München 1875, Bd. II S. 394 ff., S. 402 ff. S. 407: „logisch ist die Hypothese ein durch inductives Verfahren gewonnener Satz, welcher als allgemein gültiger Obersatz einer Menge abgeleiteter Syllogismen zugrunde liegt, deren Schlußsätze mit der Erfahrung übereinstimmen müssen."

[37] Auf die Antwort Copernicus' zu dieser Frage in seiner eigenen Vorrede zu De revolutionibus, die an Papst Paul III. gerichtet ist, geht Kepler in der Ep. Astr. Cop. pars V ein, W VII S. 99, 17 ff. Vgl. W VIII S. 39, 22 ff.

Wahrheit und hypothetische Richtigkeit einander gegenüber, sondern zwei
gültige Wahrheiten. Das erzwingt neue Lösungen. Das Problem zieht die
Aufgabe nach sich, das Verhältnis der neuen astronomischen zur überlieferten theologischen, vor allem aber zur biblischen Wahrheit neu zu bestimmen[37].

Auf Anraten Hafenreffers[38] hatte sich Kepler in dieser Frage zunächst
ganz auf die astronomisch-philosophische Arbeit zurückgezogen[39] und sich
das esoterische Schweigen der Pythagoreer zu eigen gemacht[40]. Ein Gedicht
dieses Inhalts hat Kepler auch auf das Vorsatzblatt seines erwähnten Exemplars von Copernicus' De revolutionibus geschrieben[41]. Hier wird ausdrücklich im Sinne des Mottos dieses Werks, das der legendären Inschrift am
Tor der platonischen Akademie entstammt, argumentiert: Ἀγεωμέτρητος
μηδεὶς εἰσίτω[42]; wer Geometrie nicht versteht, soll nicht eintreten.

Friedrich Seck hat die Meinung vertreten, daß Keplers Zorn über die Tübinger Theologen der Anlaß für das Gedicht gewesen sei. Kepler habe darin
„seine Erbitterung in gleichsam sublimierter Form zum Ausdruck gebracht
und damit zugleich überwunden"[43]. Da Hafenreffer Keplers astronomische
Ansicht nur als Hypothese, nicht als „Wahrheit" gelten gelassen habe, nehme
er für Kepler die gleiche Rolle ein wie Osiander für Copernicus. Dieser Vergleich trifft formal zu: Copernicus und Kepler stehen als „Realisten" Osiander
und Hafenreffer als naturwissenschaftlichen „Nominalisten" gegenüber. In dem
Gedicht ist jedoch ausschließlich von der kopernikanischen Theorie als solcher
die Rede, die ein eindringendes Studium erfordere, ehe man über sie reden
könne. Wenn Kepler Hafenreffer, der ja auch interessierter Mathematiker war,
für einen heimlichen Kopernikaner hält, billigt er ihm das nötige mathematische Wissen zu[44]. Über dessen theologische Relevanz ist nichts gesagt. Die
theologische Argumentation gegen das kopernikanische Weltbild wird ja auch
unabhängig von der Mathematik wesentlich aus der — freilich aristotelisch
interpretierten — Schrift erhoben. Es ist daher unwahrscheinlich, daß Hafenreffer, mit dem Kepler allein über die Frage korrespondiert hat, mit dem Gedicht als Adressat gemeint ist. Dessen Äußerungen könnten möglicherweise der
Anlaß für seine Abfassung gewesen sein. Es liegt aber nahe, daß an die übrigen Theologen gedacht ist, auf die Hafenreffer mangels ausreichender theolo-

---

[38] W XIII Nr. 93, 22 ff.　　　　[39] W XIII Nr. 99, 491 ff.
[40] W XIII Nr. 85, 133 f.: „Ipse jam serò incipio laudare silentium Pythago-
ricum, et aenigmata Platonica." — W XIII Nr. 99, 505: „age Pythagoraeos vel
tandem etiam institutis imitemur".
[41] W XII; vgl. G. Harig, aaO. S. 17 f., und F. Seck, Ein Gedicht von Johannes Kepler, in: Beiträge zur Landeskunde. Regelmäßige Beilage zum Staats-
anzeiger für Baden-Württemberg, Nr. 3/4, Oktober 1966, S. 8 ff. — Das Gedicht ist mit dem Datum des 22. 12. 1598 versehen.
[42] Bei Copernicus: οὐδείς.　　　[43] AaO. S. 11.
[44] Vgl. auch Kepler an Mästlin, W XIII Nr. 99, 517 ff.: „Tu qui animadver-
tisti tractare virum illum (sc. D. Hafenrefferum) seria per lusum: clavum clavo
pellere potes, et vel seria tractantem lusu excipere serio, nec alia persona in
arenam descendere."

gischer Argumente Rücksicht genommen hat, um ungenügend durchreflektierte Diskussionen zu vermeiden und dadurch den einfachen Christen unnötige Zweifel zu ersparen. Diese Deutung entspricht auch Keplers Haltung sonst, wie wir sie vor allem aus den Briefen kennen. Von ausgesprochenem Zorn kann wohl nicht die Rede sein.

Auch in der Astronomia nova empfiehlt Kepler als „Consilium pro Idiotis" demjenigen, der die astronomische Wissenschaft nicht versteht oder Copernicus aus Kleinmut nicht ohne Ärgernis Glauben schenken kann, die Schule der Astronomie zu verlassen und seinen eigenen Geschäften nachzugehen. Er gesteht dem vorsichtigen Laien sogar zu, philosophische Lehrmeinungen nach Belieben zu verdammen. Sofern er nur — und dazu fordert ihn Kepler auf — seine Augen zum sichtbaren Himmel erhebt und mit ganzem Herzen zum Dank und Lobe Gottes des Schöpfers geführt wird, so solle er gewiß sein, daß er keinen geringeren Gottesdienst täte als der Astronom, dem Gott die Gabe verliehen habe, mit dem Auge des Geistes schärfer zu sehen und über seinen Entdeckungen seinerseits seinen Gott zu preisen[45].

Auch hier scheint von einer doppelten Wahrheit die Rede zu sein, deren eine Seite hypothetischen Charakter trägt. Der Fall läge hier dann aber umgekehrt als bei der traditionellen Philosophie und Theologie — hypothetisch wären gerade deren Lehrsätze, und Wahrheit trüge die neue Erkenntnis in sich. So einfach liegen die Dinge jedoch nicht. Kepler liegt an der Einheit der Wahrheit. Und dem skrupulösen Nichtmathematiker fehlt nur der richtige Zugang zur mathematischen Wahrheit. Was ihn bindet, sind keine in sich richtigen Hypothesen, sondern falsche Vorstellungen. Dennoch ist ihm das ehrliche Bemühen um die Wahrheit nicht abzusprechen, um die es auch Kepler geht. Deshalb kann dieser ihn in diesem Streben anerkennen. Das Richtige seines Strebens liegt in einer anderen Dimension als der der quantitativen Fakten. In ihr fühlt sich Kepler mit dem Laien verbunden. Doch das Interesse Keplers ist auch in diesem Fall, auch von der Wahrheit der quantitativen Fakten zu überzeugen. Deshalb kann er sich letztlich nicht in vornehmem Schweigen zurückhalten. Keplers Verständnis der Astronomie als Verkündigerin der Werke Gottes läßt sich

---

[45] W III S. 33, 17 ff.: „Qui vero hebetior est, quam ut Astronomicam scientiam capere possit, vel infirmior, quam ut inoffensa pietate COPERNICO credat: ei suadeo, ut missa Schola Astronomica, damnatis etiam si placet Philosophorum quibuscunque placitis, suas res agat, et ab hac peregrinatione mundana desistens, domum ad agellum suum excolendum se recipiat, oculisque, quibus solis videt, in hoc aspectabile coelum sublatis, toto pectore in gratiarum actione et laudes Dei Conditoris effundatur: certus, se non minorem Deo cultum praestare, quam Astronomum; cui Deus hoc dedit, ut mentis oculo, perspicacius videat, quaeque invenit, super iis Deum suum et ipse celebrare possit et velit."

mit gelehrter Esoterik schwerlich vereinbaren[46]. So nimmt er öffentlich zuerst in der Einleitung zur Astronomia nova 1609 ausführlich Stellung. Bei der Bearbeitung des Mysterium cosmographicum nimmt Kepler 1621 auch die bei der ersten Auflage 1596 auf Hafenreffers Wunsch hin unterdrückte Fragestellung in einer zusammenfassenden Note auf[47].

Kepler kann nun das Problem formal von den gleichen Voraussetzungen aus angehen wie die Schultheologie[48]. Einmal bleibt ihm die Schrift höchste Autorität. Das gilt auch für die kopernikanische Frage. Die Schrift allein könnte ihn vom Bekenntnis seiner Auffassung abhalten, von der er ohne jeden Zweifel überzeugt ist. Kepler kann aber sogleich hinzufügen: Diese Autorität ist von manchen übel verdreht worden. „Gerade die eifrigsten Christen werden sich daher am meisten davor hüten müssen, in ganz offenkundigen Dingen die Sprache Gottes so zu verdrehen, daß sie die Hand Gottes in der Natur nicht mehr gelten läßt."[49]

Von einer Verdrehung der biblischen Aussagen spricht Kepler im Zusammenhang mit dem kopernikanischen System öfter. Ein weiteres Beispiel: Der Astronom Simon Marius (gest. 1624), Mathematiker des Markgrafen von Brandenburg zu Ansbach[50], hatte in einem Brief an den kaiserlichen Rat Nikolaus Vicke geschrieben, daß er in einem Werk über die Unbeweglichkeit der Erde, das er gerade in Arbeit habe, die Beweise für seine Behauptung aus der Heiligen Schrift entnehme, wobei ihm auch von Physik und Astronomie beigepflichtet werde[51]. Vicke hat Kepler eine Abschrift dieses Briefes mitgeteilt[52], und Kepler hat diese in die Vorrede seiner Dioptrice, 1611, aufgenommen und glossiert. Zu der eben erwähnten Stelle bemerkt Kepler: „Wehrt euch, ihr

[46] Privat äußert sich Kepler dann auch ganz anders. Vgl. an Herwart von Hohenburg, 28. 3. 1605, W XV Nr. 340, 72 ff.: „tantum abest, ut blanditijs opus habeam, neque sequor multum illos, quibus in ore est *Odj profanum vulgus, et arceo*, vitem illud Chymicorum *Non nisj filijs Sapientiae* etc. quin potius ultroneus et importunus intempestivusque adsum perpetim".

[47] W VIII S. 39, 22 ff. (Nota 1 zu c. 1).

[48] Kepler an Herwart, W XV Nr. 340, 77 ff.: „Tu fortasse miraris fierj posse, ut Copernicus hominj considerato et modicè ingeniose probetur. Ego verò ajo, nihil esse per omnes scientias, quod me impediat hoc sentientem; nihil quod vel levissimè me absterreat ab hac aperta sententiae meae professione; praeter unicam authoritatem Sacrorum, a quibusdam male detortam."

[49] „In rebus igitur euidentissimis torquere Dei linguam, vt illa digitum Dei in natura refutet, id religiosissimus quisque maxime cauebit", W VIII S. 39, 34 ff.; Übersetzung von *F. Hammer*, ebd. S. 451. Hammer übersetzt allerdings „religiosissimus quisque": „Gerade die eifrigsten Theologen"; dadurch scheint mir jedoch gegen den Text wieder der Gegensatz speziell zu den Theologen zu stark und zu ausschließlich betont zu sein. Kepler erwartet gerade von den Theologen Einsicht.

[50] Vgl. Fr II S. 469 f.

[51] W XVI Nr. 618, 39 f. = W IV S. 354, 29 f.: „Argumenta meae assertionis ex sacris assumo: astipulante etiam physicâ et Astronomiâ."

[52] N. Vicke an Kepler, 6. 7. 1611, W XVI Nr. 618.

Theologen, er macht sich an eine Sache, die nicht hierher gehört; er ist dabei, die Autorität der Schrift zu mißbrauchen!"[53]

Inhaltlich zeigt sich Keplers Schriftverständnis hier also als ein durchaus anderes als das der apostrophierten Theologen. Kepler geht es nicht um den wörtlich inspirierten Bibeltext als solchen, sondern um die Absicht der vom Heiligen Geist inspirierten Verfasser[54]. Diese meinten natürlich auch die orthodoxen Exegeten. Doch für Kepler sind Bibeltext und die Absicht seiner Verfasser nicht unbedingt identisch. Die Verfasser gehen nach Kepler nirgends darauf aus, die Menschen in natürlichen Dingen zu belehren. Ihr Interesse ist das Heil der Menschen[55]. Auch das lehrte die Schultheologie. Sufficientia, perfectio und perspicuitas bezogen sich nur auf die das Heil betreffenden Fakten in der Schrift. Doch ließ die Inspiriertheit der Texte ausgesprochene Irrtümer nicht zu. Der Heilige Geist kann sich auch in natürlichen Dingen nicht irren. Diese Auskunft war für Kepler aber angesichts der Wahrheit des Mysterium cosmographicum nicht relevant. Die Lösung konnte nur sein, daß die Bibel überhaupt keine Auskunft über naturwissenschaftliche Fragen gibt. Eine Ausnahme nimmt Kepler allerdings an: Das erste Kapitel der Genesis, wo der übernatürliche Ursprung der Dinge behandelt wird[56]. Dieser gehört für ihn zur Naturerkenntnis hinzu. Das, was in den theologischen Kompendien und später in den theologischen Systemen als Inhalt der Schöpfungslehre behandelt wird — creatio immediata und creatio mediata —, gehört für Kepler zur Naturkunde. An dieser Stelle überschneiden sich für ihn Theologie und Naturwissenschaft. Im übrigen ist jedoch festzuhalten: Heil im biblischen und Weltbild im astronomischen Sinne sind nach Keplers Verständnis zunächst durchaus zweierlei.

Damit gibt es aber auch für ihn eine grundsätzliche Unterscheidung der Wissenschaften wie in der Schultheologie. Hier wird wieder die Gleich-

---

[53] W IV S. 354, Randbemerkung c): „Obsistite Theologi, rem impertinentem aggreditur; authoritatem Scripturae abusum it."

[54] W XV Nr. 340, 81 ff. (Fortsetzung des Zitats von Anm. 46): „Ab hac igitur incipiam. Puto igitur debere nos respicere ad intentum hominum spiritu Dej inspiratorum: qui nuspiam hoc egerunt, ut homines in rebus naturalibus erudirent, paeterquam in primo capite Geneseos, de supernaturalj rerum ortu."

[55] Kepler schreibt an Simon Marius, da dieser die Veröffentlichung seines Briefes in der Dioptrice und Keplers Glossen kritisiert hatte, am 10. 11. 1612, W XVII Nr. 640, 37 ff.: „Dixisti te argumenta quietis Terrae ex sacris petiturum. Contra ego dixi hoc esse abuti scriptura ad questiones naturales, cum in illa sint quaestiones Theologicae ad cultum Dei et curam animae pertinentes."

[56] Vgl. Anm. 54. Kepler bemerkt zu Gen. 1,1: „Quasi diceret Moses Homini; Totum hoc aedificium mundanum, quod vides, lucidum supra, nigrum latissimeque porrectum infra, cui insistis et quo tegeris, creavit Deus", W III S. 30, 28 ff. Eine ausführliche Exegese von Gen. 1 im Blick auf das Weltbild gibt Kepler Tertius interveniens XLVIII, W IV S. 189, 36 ff. u. ö. Vgl. auch De cometis II (1619), W VIII S. 221 ff.

heit der gemeinsamen Ausgangsbasis deutlich. Zugleich zeigt sich aber auch der Unterschied. Die Unterscheidung betrifft jetzt nicht mehr einfach biblische Theologie einerseits und mathematische Wissenschaft andererseits wie in der bisherigen Philosophie und Theologie, sondern sie wird eine sachliche. Es geht auf der einen Seite um das Heil, auf der anderen um naturkundliches Wissen. Freilich wird auch das Heil als wißbarer Lehrinhalt begriffen. Wissen um das Heil aus der Bibel und Wissen aus der Natur treten damit einander gegenüber. Und diese Gegenüberstellung erstreckt sich jetzt auch auf die Bibel selbst. Die Schrift bildet in ihrer Autorität nicht mehr ein unantastbares Ganzes, aus dem sich zu den einzelnen Fragenkreisen gültige dicta probantia entnehmen lassen, sondern in ihr wird unterschieden zwischen verbindlichen Heilsaussagen[57] und zeitbedingten Einkleidungen. Diese Auffassung ist als „Akkommodationstheorie" bezeichnet worden.

b) Die Akkommodationstheorie

Wie die Verfasser der biblischen Schriften die den einzelnen Völkern bekannten Sprachen gebrauchen, um sich auszudrücken und ihre Aussage mitteilen zu können, so gebrauchen sie auch in der gleichen Absicht die menschlichen Begriffe für die natürlichen Dinge[1]. Die Bibel bietet keine Belehrung über die Natur und bedient sich daher der üblichen Redeweise des Volkes, auch wenn diese nicht mit der naturwissenschaftlichen Erkenntnis übereinstimmt[2]. Ihr Interesse ist dabei einzig, ihre eigentliche Aussage verständlich zu machen. Den wesentlichen Inhalt der Bibel kann Kepler gegenüber ihrer volkstümlichen Ausdrucksweise als „alia sublimiora et

---

[57] *Deißmann*, Johannes Kepler und die Bibel, S. 22, spricht an dieser Stelle von dem religiös-sittlichen Gehalt der Bibel, auf den die Autorität der Schrift beschränkt werde. Diese theologisch heute so nicht mehr nachvollziehbare positive Aussage dürfte Keplers Intention jedoch sehr nahe kommen. Deißmann fährt fort: „*Durch diesen methodischen Gedanken war das Problem, wie sich die Bibel zur Naturwissenschaft verhalte, gelöst, oder vielmehr es war beseitigt;* denn wenn die Autorität der heiligen Schrift auf den religiös-sittlichen Gehalt der Bibel beschränkt wurde, dann hatte die Naturwissenschaft keine Veranlassung mehr, sich mit den übrigen Aussagen zu beschäftigen, und die Theologie konnte die auf die Auseinandersetzung mit der Naturwissenschaft vergeudete Zeit künftig nutzbringender verwenden."

[1] W XV Nr. 340, 85 ff.: Homines spiritu Dej inspirati „ut linguis cuilibet gentj notis utuntur, non linguarum, sed colloquendj, sententiamque communicandi causa; ita utuntur ad idem intentum etiam conceptibus hominum de rebus naturalibus".

[2] Kepler an N. Vicke, Juli 1611 (Antwort auf Vickes Brief vom 6. 7. 1611, siehe oben Anm. 52 zu S. 219), W XVI Nr. 619, 223 ff.: „Cum sacris ego uno verbo transigo: de mathematicis loquuntur, non docent mathematica, loquuntur autem ut capi possint, id est sermone usitato. At usitati sermonis Magister oculi, oculos verò decipi, thema est opticum."

divina" charakterisieren[3], als „viel ein höhers Intent" des Heiligen Geistes denn Astronomie und Physik[4]. Dieses meint die Erkenntnis Gottes und seines Planes für das Heil der Menschen. Diesem Plan ist die Sprache Gottes angepaßt, deshalb aber eben auch der Umgangssprache der Menschen[5]. Indem sich die Schrift der volkstümlichen Bezeichnung natürlicher Dinge bedient, scheint sie auch damit noch einen besonderen Zweck zu verfolgen: Sie hält uns eher, statt daß sie Ursachen lehrt, deren Unkenntnis vor, und das zu dem Ziele, daß wir Gott als den Schöpfer anerkennen[6]. Das entspricht wiederum dem Sinn von Gen. 1, wie ihn Kepler bestimmte.

Im Hinblick auf den Heilsinhalt der Schrift kann Kepler auch von einem „mysticus sensus"[7] christologischen Inhalts sprechen, wenn in der

---

[3] Astr. nova, Introductio, W III S. 29, 15 ff.: „Jam vero et sacrae literae, de rebus vulgaribus (in quibus illarum institutum non est homines instruere) loquntur cum hominibus, humano more, ut ab hominibus percipiantur; utuntur iis quae sunt apud homines in confesso, ad insinuanda alia sublimiora et divina." — Vgl. dazu *Galilei*, De sacrae scripturae testimoniis (zit. nach *Fueter*, Geschichte der exakten Wissenschaften in der schweizerischen Aufklärung, S. 36): „Der Zweck des Heiligen Geistes in der Heiligen Schrift ist viel höher, als uns Weisheit dieser Welt lehren"; Brief an die Großherzogin-Mutter Christine, 16. 5. 1615 (Ed. naz. V, S. 307 ff.; zit. nach *Zöckler*, Gottes Zeugen im Reich der Natur, S. 187): „Die Absicht des Hl. Geistes ist, uns zu lehren, wie man in den Himmel komme, nicht, wie der Himmel sich bewege." Vgl. *E. Brunner*, Offenbarung und Vernunft, 1941, S. 276 Anm. 15 = 2. Aufl. 1961, S. 307 Anm. 1.

[4] Tert. int. LIV, W IV S. 196, 43 ff.: „Das ist halt der Handel / so offt D. Feselius vnd andere nit mehr wissen / wo auß / so kommen sie mit der H. Schrifft daher gezogen. Gleich als wann der H. Geist in der Schrift die Astronomiam oder Physicam lehrete / vnd nit viel ein höhers Intent hette / zu welchem er nicht allein deren Wort vnd Spraach / den Menschen zuvor kundt / sondern auch deren gemeinen popularischen Wissenschafft von natürlichen Sachen / zu welcher die Menschen mit Augen und eusserlichen Sinnen gelanget / sich gebrauchete?"

[5] W VIII S. 39, 33 f.: „Et quis neget linguam Dei esse attemperatam et proposito suo, et ob id, linguae populari hominum?"

[6] Zusammenfassend schreibt Kepler 1612 an S. Marius, W XVII Nr. 640, 45 ff.: „Atque ego tunc distinctionem adhibebo hanc: testari scripturam de rebus naturalibus, in sensus incurrentibus; de sensuum verò deceptionibus testari, non solere circa haec naturalia; nec institui in ea Scholam Opticam, Physicam, Astronomicam, nec inopinabile quippiam, ut solent hae scientiae de naturalibus pronunciare; sed naturalium mentione populari uti ad finem altiorem, magisque proprium sibi: potiusque exprobrare ignorantiam causarum, quam causas docere, atque hoc ipsum ad hunc finem, ut Deum creatorem suspiciamus." — Weitere Belege für die Akkommodationstheorie bei Kepler: W IV S. 111, 16 f. („nit physicè sondern popularibus verbis theologicè"); W VII S. 99 f. (Ep. Astr. Cop., I 5); Fr II S. 116 (Vorrede zu den Ephemeriden für 1617); W II S. 281, 27—36 (Astronomiae pars optica, 1603, X) (hier auch der Ausdruck accommodare: Sacrae literae „hoc à visu suggestum, ad institutum suum accommodant", Z. 33 f.).

[7] W III S. 29, 37 f.: „... mystico sensu per haec visibilia expresso".

Bibel Naturereignisse nach dem bloßen Augenschein der Sinne geschildert werden. Er nimmt damit den sensus allegoricus der mittelalterlichen Schriftauslegung auf[8]. So meint die Psalmstelle, nach der die Sonne aus ihrem Gemach herausgeht und von einem Ende des Himmels bis zum anderen läuft (Ps. 19,6 f.), den Lauf des Evangeliums und also die Wanderung Christi, die er unseretwegen durch diese Welt unternommen hat[9]. Der Psalmist bediene sich hierbei bewußt poetischer Redeweise, unbewußt aber auch einer Vorstellung, die heute als astronomisch falsch angesehen werden muß: daß die Sonne sich bewege. Dennoch sei hier mit beiden nichts Falsches gesagt. „Denn auch der Wahrnehmung der Augen kommt eine besondere Wahrheit zu, die geeignet ist, die verborgenere Absicht des Psalmisten, den Lauf des Evangeliums, ja des Sohnes Gottes, anzudeuten."[10]

Zu Jos. 10,12 ff. bemerkt Kepler[11], daß es höchst unzweckmäßig gewesen wäre, wenn Josua über Astronomie und optische Täuschungen nachgedacht hätte, als er Gott darum bat, daß er die Sonne nicht untergehen lassen möchte. Er wünschte sich während des Kampfes nur das eine, daß der Tag für ihn verlängert würde, auf welche Weise auch immer. Gott aber habe aus den Worten Josuas leicht verstanden, was er wollte. Er habe ihm die Bitte gewährt, indem er die Erde anhielt, so zwar, daß es jenem erschienen sei, als stehe die Sonne still[12].

Diese beiden Beispiele mögen genügen. Die sogenannte Akkommodationstheorie, nach der sich Gott in seiner Offenbarung dem Vorstellungsvermögen der Menschen angepaßt habe, ist in der Geschichte der Schriftauslegung mit Keplers Namen verbunden geblieben[13]. Sie selbst ist älter[14].

---

[8] Vgl. *Thomas von Aquin*, Summa theologica I, 1, 10.

[9] W III S. 29, 22: „dum sub imagine Solis, cursus Evangelii, adeoque et Christi Domini in hunc mundum nostri causa suscepta peregrinatio decantatur".

[10] W III S. 29, 28 ff.: „Non exire Solem ex horizonte tanquam e tabernaculo (etsi sic oculis appareat) sciebat Psaltes: moveri vero Solem existimabat, propterea quia oculis ita apparet. Et tamen utrumque dicit, quia utrumque ita videtur. Neque falsum hic vel illic dicere censeri debet: est enim et oculorum comprehensioni sua veritas, idonea secretiori Psaltis instituto, cursuique Evangelii adeoque filii Dei adumbrando."

[11] Die Stelle wird ausführlich W III S. 29, 38 ff. behandelt.

[12] W III S. 30, 12 f.: „Facile autem Deus ex Josuae verbis, quid is vellet, intellexit: praestititque inhibito motu Terrae; ut illi stare videretur Sol."

[13] K. F. *Stäudlin*, Narratio de Johannis Keppleri theologia et religione, 1793, bemerkt freilich nicht ohne Übertreibung (S. 7): „Haec omnino ista aetate ... plane nova et inaudita fuerunt, at ingenio tanti viri dignissima."

[14] Zum theologiegeschichtlichen Hintergrund vgl. *Deißmann*, Johannes Kepler und die Bibel, 1894, S. 27 ff.; R. *Hooykaas*, Religion and the Rise of Modern Science, 1972, S. 114 ff. — Deißmann nennt bereits den jüdischen Exegeten R. Ismael (um 100 n. Chr.), der den Satz vertreten hat: „Die Thora redet nach der Sprache der Menschen" (S. 27). Er führt weiterhin Sebastian Franck (gest.

Der Begriff accommodare kommt im Blick auf Gott, der sich in seinem Reden und Handeln nach der Fähigkeit der Menschen richte, bereits bei den Kirchenvätern vor[15]. Der Begriff wird auch von der Menschwerdung Christi gebraucht[16]. Die lateinischen Übersetzer der griechischen Kirchenväter benutzen im hermeneutischen und christologischen Zusammenhang als Übersetzung von ἐγκατάβασις neben demissio den Begriff condescensio[17]. Im hermeneutischen Sinne spricht Thomas von Aquin davon, daß die biblischen Schriftsteller sich in ihren Aussagen an den schlichten, unreflektierten Augenschein hielten[18]. Auch Thomas gebraucht hier den Begriff condescendere. Der Nominalist Nicolas de Oresme, der bereits eine Rotation der Erde annahm, erklärt in seinem Traité du Ciel et du Monde 1377, daß sich die Heilige Schrift dem gewöhnlichen Sprachgebrauch anpasse[19]. Die Erde, nicht der Himmel habe Josua zuliebe stillgestanden. Gott tue seine Wunder so, daß der allgemeine Lauf der Natur möglichst wenig gestört wird; darum habe Gott lieber die Erde stillgelegt als den ganzen Apparat der himmlischen Sphären.

Im christologischen Sinne der Kondeszendenz, der Herablassung Gottes in Jesus Christus wird der Begriff der Akkommodation auch von Calvin[20] und der reformierten Orthodoxie bis hin zur Gegenwart bei Karl Barth und Otto Weber übernommen. Er bezeichnet hier den Eingang Gottes in diese Welt durch Jesus Christus selbst und betont damit einen dogmatischen Sachverhalt[21], der seinerseits Leitmotiv der Exegese ist. Die Aufklärung hat den Begriff der Akkommodation seit dem 17. Jahrhundert da-

---

1542) und Faustus Socinus (gest. 1604) an, ohne doch direkte Einflüsse annehmen zu wollen. — Eine ausführliche Zusammenfassung der theologischen Diskussion über die Akkommodationstheorie, ihre Geschichte und die Beurteilung ihrer Moralität im 18. Jahrhundert bietet mit den einschlägigen Literaturangaben *K. G. Bretschneider*, Systematische Entwicklung aller in der Dogmatik vorkommenden Begriffe, 3. Aufl. 1825, 4. Aufl. 1826, S. 141 ff.

[15] *J. A. Ernesti*, Neue Theologische Bibliothek IV B, 1763, S. 434 f. im Referat von *G. T. Zachariä*, Theologische Erklärung der Herablassung Gottes zu den Menschen, 1763; vgl. *Bretschneider*, aaO. S. 142. Zachariä verweist S. 3 Anm. auf Gregor von Nazianz, Chrysostomus und Clemens Alexandrinus Strom. VII (ed. Pott p. 862; vgl. *Ernesti*, S. 434 Anm.).

[16] Z. B. Proclus (Bischof zu Konstantinopel), Ep. ad Armenios, vgl. *Ernesti*, aaO. S. 434. Vgl. weiter *Zachariä*, aaO. S. 167 ff. (*Ernesti*, S. 452).

[17] Vgl. *Ernesti*, aaO. S. 435.

[18] Summa theol. I 70, 1 ad 3, vgl. *O. Weber*, Grundlagen der Dogmatik I, 1955, S. 265. Thomas denkt hier daran, daß sich nach aristotelischer Lehre nicht die Lichter (Planeten) am Himmel, sondern die Sphären, die sie tragen, bewegen. Dennoch spreche Mose von einer Bewegung der Lichter: „Moyses autem, rudi populo condescendens, secutus est quae sensibiliter apparent."

[19] Vgl. *E. J. Dijksterhuis*, Die Mechanisierung des Weltbildes, deutsch 1956, S. 244 f.

[20] Vgl. *O. Weber*, aaO. I, S. 458 Anm. 1. — Daneben besteht auch bei Calvin der hermeneutische Sprachgebrauch, siehe *R. Hooykaas* aaO. S. 117 ff.

[21] *O. Weber*, aaO. I, S. 457 f.

gegen vornehmlich im hermeneutischen Sinne aufgenommen, um bei fortschreitender historischer Kritik die Autorität Jesu und der Apostel zu wahren[22]. Besonders J. S. Semler ist hier zu nennen[23]. Vorausgesetzt ist dabei,
daß Offenbarung in der Kundgabe allgemeingültiger, unwandelbarer
Wahrheiten besteht, die nun von ihrer zeitgeschichtlichen Einkleidung
gelöst und so unter den Verstehensbedingungen der modernen Welt neu
zur Geltung gebracht werden können.

Diese Linie[24] bestimmt vornehmlich auch die römisch-katholische Exegese bis heute. Kanonisiert wurde sie hier durch Papst Leo XIII. in der
Enzyklika Providentissimus Deus (18. 11. 1893)[25]. Unterschieden wird
grundsätzlich zwischen der allgemein gültigen göttlichen Wahrheit, die in
der Heiligen Schrift niedergelegt ist, und ihrer in die zeitbedingten Vorstellungen des Volkes eingekleideten äußeren Gestalt, die keinen Gegenstand des Glaubens darstellt.

In diesen Zusammenhang gehört ein Stück weit auch Kepler. Gegenüber der Akkommodationstheorie der Aufklärung ist die Nuance[26] wichtig,
daß Kepler auch sagen kann: Die biblischen Schriften akkommodieren das
vom Gesichtssinn Dargebotene ihrer Absicht[27]. Der Dichter des 19. Psalms
hat wirklich geglaubt, daß sich die Sonne bewegt[28]. Es geht also um den
einfachen Sprachgebrauch und weniger um einen besonderen Akt der Einkleidung von Wahrheiten. Das bedeutet sicherlich „einen wichtigen Schritt
auf ein wirklich *geschichtliches* Verständnis der Bibel und ihrer Entstehung zu"[29]. Doch ist andererseits die Wahrheit der Schrift auch als „all-

---

[22] Vgl. *Bretschneider*, aaO. — Für *Ernesti* besteht die συγκατάβασις Gottes
darin, „wenn sich Gott in seinen Reden und Vorschriften nach der unsündlichen
Schwachheit der Menschen richtet, und in seinen Verfahren gegen sie, ohne Verletzung seiner Heiligkeit, Nachsicht beweiset", aaO. S. 453.

[23] Vgl. *C. Hartlich—W. Sachs*, Der Ursprung des Mythosbegriffes in der modernen Bibelwissenschaft, 1952, S. 22 f., 73; *G. Hornig*, Die Anfänge der histo-
risch-kritischen Theologie. J. S. Semlers Schriftverständnis und seine Stellung
zu Luther, 1961, bes. S. 211 ff.

[24] Vgl. *Deißmann*, aaO. S. 31 ff., der hier namentlich L. Cappellus, Chr. Wit-
tich, D. Clüver und A. Calmet nennt. Zu ihrer Kritik vgl. *F. Schleiermacher*,
Der christliche Glaube, § 93, 3. 4; *P. Althaus*, Akkommodation, RGG I Sp.
209 f.

[25] Vgl. *Denzinger*, Enchiridion symbolorum, Nr. 1947 = *Neuner-Roos*, Der
Glaube der Kirche in den Urkunden der Lehrverkündigung, 1954, Nr. 96. Dort
heißt es: „In volkstümlicher Redeweise hebt man in erster Linie das hervor,
was den Sinnen zugänglich ist, und ähnlich tut es auch der heilige Schriftsteller." — Vgl. auch *J. Hübner*, Theologie und biologische Entwicklungslehre,
1966, S. 43 ff.

[26] Hierauf macht *H. Karpp*, Der Beitrag Keplers und Galileis zum neuzeitlichen Schriftverständnis, Zeitschr. f. Theol. u. Kirche 67, 1970, S. 45 aufmerksam.

[27] Astr. pars optica (1604) X, W II S. 281, 33 f.: Sacrae literae „hoc à visu
suggestum, ad institutum suum accommodant".

[28] W III S. 29, 29 f. [29] *Karpp*, aaO. S. 45.

gemeine Wahrheit" im Sinne der Aufklärung, als ein für allemal gültiger, unveränderlicher Sinn verstanden. Das in der Schrift offenbarte Heil
ist unwandelbar. Kontingent sind vielmehr die Natur- und Geschichtsereignisse, die jedoch ihrerseits einem feststehenden Sinnzusammenhang
eingeordnet sind, der mathematisch bestimmt werden kann.

Bei Kepler taucht nun ebenfalls wie in der alten Kirche, bei Thomas und
Calvin der Begriff der Kondeszendenz Gottes (Condescensio Dej) auf. Kepler spricht von einer „Herablassung Gottes zu den Gedanken der Menschen"[30]. Auch hier ist das Eingehen Gottes auf die Verstehensmöglichkeiten des Menschen gemeint. „Condescensio" steht für Kepler gleichbedeutend neben συνθήκη: die Herablassung ist ein geheimer Bund Gottes mit
den Gedanken der Menschen. Der Zusammenhang ist hier astrologisch[31]:
Kepler hatte in seinem Buch „De stella nova in pede Serpentarii", 1606,
die den Menschen betreffende Bedeutung der Nova aus dem Jahre 1604
herauszuarbeiten versucht. An dieser Bedeutung hält er grundsätzlich
fest[32]: solche Ereignisse sind signifikant[33], Botschaften Gottes an den Menschen[34]. Kepler sah — wie viele seiner Zeit — die Erscheinung von 1604 in
Zusammenhang mit dem Stern der Weisen bei der Geburt Christi. Auch
hier hatte sich Gott den Verstehensregeln der Menschen akkommodiert.
Kepler konnte damit die Meinung der Theologen ein Stück weit aufnehmen[35].

Die Himmelserscheinungen reden also in ähnlicher Weise zu den Menschen wie die Bibel. Gott akkommodiert sich dem menschlichen Fassungs-
vermögen sowohl in der volkstümlichen Sprache der biblischen Schriftstel-

---

[30] Kepler an Seussius, 15. 7. 1622, W XVIII Nr. 934, 47 f.: „de Nova stella
defendo tacitam συνθήκην seu condescensionem (latinè dedisco) dej ad opiniones hominum".
[31] Eine ausführliche Zusammenstellung und Interpretation der hierher gehörigen Ausführungen NK 4 S. 15 ff., 36 f. Es handelt sich, chronologisch geordnet, um folgende Stellen: (De stella nova, 1606, c. XXVI f., W I S. 280 ff.; NK 4
S. 36 f.). — Kepler an Seussius, 15. 9. 1622, W XVIII Nr. 934, 46 ff.; NK 4
S. 28, vgl. 18 f. — Ph. Müller an Kepler, 3. 8. 1622, W XVIII Nr. 936, 87 ff.;
vgl. NK 4 S. 20. — Kepler an Ph. Müller, nach dem 13. 9. 1622, W XVIII Nr.
938, 31 ff., vgl. NK 4 S. 21 f.
[32] W XVIII Nr. 934, 52: „solâ condescensione nitor".
[33] Z. B. De stella nova XXVII, W I S. 289,30 ff.: „dic igitur mihi, conjecta-
tor physice, cui bono Natura stellam in altissimo aethere, aptavit ad ea, quae
videbantur non in altissimo et vastissimo aethere, sed in humilima et angustis-
sima hac Tellure?"
[34] Dafür gibt es heilsgeschichtliche Belege: W I S. 278, 22 ff.
[35] W I S. 279, 40—280, 6: „Cumque divinitus haec stella Magis fuerit ex-
hibita: fidem facit igitur, Deum ipsum his Magorum regulis sese tantisper ac-
comodasse, ut stellam eo tempore incenderet, quo tempore Magi stellam potis-
simùm exspectabant; forsan etiam ... eo loco collocaret, ad quem locum
potissimum Magorum oculi, ob trinum Planetarum congressum dirigebantur;
quod in hac nostra moderna stella itidem factum."

ler als auch in der Sprache des Himmels. Zu den Ereignissen am Himmel treten dann auch wunderbare Ereignisse auf der Erde, wie die Geburt von Siamesischen Zwillingen und ähnliches[36].

Entsprechend der Tatsache, daß bereits in der Schultheologie neben dem Buch der Bibel das Buch der Natur steht, kann also neben die Auslegung der Bibel die Auslegung der Natur treten. Die Exegese der Bibel kann durch die Exegese der Natur ergänzt werden. Die Auslegung der Natur aber stellt sich zu einem wesentlichen Teil dar in der Gestalt der Astrologie. Damit ist nicht die volkstümliche abergläubische Wahrsagepraxis gemeint, die auch von der Kirche bekämpft wird, sondern die Feststellung bestimmter Zusammenhänge zwischen kosmischem und irdischem Geschehen, die beobachtet werden und die auch von der Bibel bezeugt sind[37].

Durch den Bezug auf die Geburt Christi korrespondieren nun Kondeszendenz im hermeneutischen und im soteriologisch-christologischen Sinne: Gott geht auf die Menschen ein, indem er sich nicht nur im Schriftwort und in Zeichen des Himmels, sondern vor allem und besonders in der Fleischwerdung seines Sohnes selbst zu verstehen gibt. Das nennt Kepler auch als Meinung der Theologie[38]: Gott spricht durch Propheten mit den Menschen über natürliche Dinge und über seine Kunstfertigkeiten so, daß sie es verstehen: der Heilige Geist hat „non novâ et coelesti, sed nationum linguis" die Lehre des Heils bekannt- und die Apostel mit ihrer Kenntnis vertraut gemacht; Gott ist den Patriarchen gerade in menschlicher Gestalt erschienen; endlich hat Gottes Sohn unsere ganze und vollständige Natur mit allen ihren Eigenschaften (außer der Sünde) und seelischen Fähigkeiten in die Einheit seiner Person aufgenommen. Da ist es durchaus glaubhaft, „daß eben dieser unser Herr und Gott ... auch heute nicht

---

[36] Vgl. W. I S. 321 = NK 2 S. 24, siehe oben S. 74 f.

[37] Vgl. *Jakob Andreae*, Christliche / notwendige vnd ernstliche Erinnerung / Nach dem Lauff der jrdischen Planeten gestelt / Darauß ein jeder einfältiger Christ zusehen: was für Glück oder Vnglück / Teutschlandt diser Zeit zugewarten, Tübingen 1567 (Predigten). Nach Andreae ist die Sternkunst ungewiß. Es lassen sich nur aus der vergleichenden Beobachtung der Sterne mit irdischen Ereignissen Rückschlüsse ziehen (Vorrede Bl. Aa II^r). Der Skopus der Predigten ist demgegenüber, daß der Wandel der Menschen den Himmelslauf bestimmt, der in Gottes Hand ruht: Sünde führt zu Unheil. Mit den fünf irdischen Planeten sind dementsprechend „Sauffen", „Fressen", „Geitz", „Sicherheit", „wenig oder gar nicht betten" (S. 4) gemeint. — *Hafenreffer* geht in der S. 214 Anm. 22 genannten Predigt auch auf die Astrologie ein. In Beantwortung des Einwandes, daß Deut. 18,9—11 entsprechende Beobachtungen verbiete, heißt es bei Crusius: „ὅσαι φυσικαί, οὐκ ἀθέμιτοι. τὰ δὲ τ(ῶν) ἀστρολόγων κεκώλυνται. οἷον, οὗτος ἐγεννήθη ἐν τοιῷδε, ἢ τοιῷδε, πλανήτῃ· ὥστε κρεμασθήσεται, ἡ τοιαύτη δεισιδαιμονία ἀπηγόρωται." „Soweit sie natürlich sind, sind sie nicht gottlos. Verboten wird aber das Treiben der Astrologen wie ‚Dieser ist unter diesem oder jenem Planeten geboren, also wird er am Galgen enden'. Solcher Aberglaube ist verboten." (Übersetzung von F. Seck, Attempto 41/42, 1971, S. 12.)

[38] De stella nova XXVI, W I S. 280, 7—24.

ganz von der öffentlichen Mitteilung (significatio) seiner Fürsorge für uns abläßt, und die Mitteilung, die in dem neuen Stern ausgedrückt ist, nach Zeit und Ort so geordnet und eingerichtet hat, daß sie uns, insbesondere den Gelehrten und den Astrologen, deren Tagebücher heute alle, auch die einfachsten Leute, lesen, nicht verborgen bleiben kann und uns höchlich in Bewegung bringen muß"[39].

Physikalische Ursachen und geschichtliche Bedeutung, kosmische Kräfte und irdische Geschehnisse, Himmel und Erde stehen auch nach Kepler für den Menschen in einem hermeneutischen Zusammenhang und sind bezogen auf Gott und seinen Willen. Dieser Zusammenhang ist nun nicht nur ein faktischer, sondern gewissermaßen ein ontologischer. Die in der Astrologie behandelte Sprachgemeinschaft zwischen Gott, Himmel, Erde und Mensch hat ihre Gesetze. Diese Gesetze sind nicht nur so etwas wie grammatische Regeln, sondern Strukturen der Wirklichkeit. Das wird deutlich, wenn Kepler die Frage diskutiert, ob die besondere Konstellation bei der Geburt Christi eine Anpassung Gottes an die astrologischen Überzeugungen der Menschen, speziell der Weisen aus dem Morgenland, gewesen sei oder ob Gott damit die Auswirkungen des kosmischen Werkes der Anpassung an die anderen Werke seiner Vorsehung, hier also der Inkarnation, gewürdigt habe. Ihm kommt es darauf an zu zeigen, daß Gott sich an sein eigenes Werk hält, die Zeit und die Ordnung der größten Konjunktion für die Geburt Christi selbst erwählt hat und also selbst diese Zeichen der Zeiten beachtet. Deshalb hat er auch die Menschen so geschaffen, daß sie an den himmlischen Ereignissen Anteil haben, und bringt sie in dieser Weise in Bewegung. Demgegenüber ist es eine andere und untergeordnete Frage, ob sich Gott dann, wenn er den Menschen durch bestimmte Menschen etwas mitteilen will, ihrer Künste und leeren Beobachtungen bedient, um sie zu ermahnen[40]. Gott akkommodiert sich nach Kepler nicht nur der Sprache und den Verstehensbedingungen der Men-

---

[39] W I S. 280, 17 ff.

[40] Kepler an Ph. Müller, Sept. 1622, W XVIII Nr. 938, 36 ff.: „an igitur Deus utatur hac hominum persuasione, ut ijs potissimum temporibus, cum sunt conjunctj planetae, et stellas exhibeat, et promissum Messiam miserit, ut hoc pacto Magorum Persarum gentis animam ad cognitionem Messiae perduceret perque illos famam Messiae inter homines vulgaret? An potius dicamus, Deum ipsum esse qui cum omnia ordine agat, cumque Mundum hunc mobilem, id est Planetas, interque eos terram, pulcherrimo ordine condiderit; qui inquam adhuc ejusdem operis sui effectus et ἀποτελέσματα dignetur accommodatione aliorum providentiae suae operum. Ecce enim Christum nascj voluit sub conjunctionem maximam; non ignarus utique temporum, nec negligens suj ordinis. Ut ita Deus non ideo tempus hoc observaverit, quia homines ad eam vana superstitione respiciunt, sed ideò hominum animos tales condiderit, taliterque moveat, quia et ipse ad has temporum notas respicit. Alia ab hac, et μερικὴ magis est quaestio, an si quid Deus velit hominibus significare per certos homines, eorum tunc artibus, vanisque observationibus ad monendos ipsos utatur."

schen, sondern der Ordnung der Schöpfung überhaupt, an der auch die Menschen teilhaben.

Der menschliche Geist (mens) ist von dem schöpferischen Geist (mens) in den natürlichen Dingen entscheidend geprägt. Dieser Prägung und dieser Natur gilt Keplers Interesse. Sie bilden geradezu seine Zuflucht bei dem Gedanken, daß sie mit Hilfe der Rede von jener Herablassung in willkürlichen Dingen von ihm selbst beargwöhnt werden könnten[41]. Die „Herablassung" (condescensio) steht hier zusammen mit den „Werken der Vorsehung" als Phänomen, das keine sichere Erkenntnis und daher keine Gewißheit ermöglicht, den „natürlichen" Beziehungen gegenüber, deren Nach-Denken als „gewöhnliche Zuflucht" des Geistes (animus) charakterisiert werden kann. Die astrologische Deutung, insbesondere die konkrete astrologische Einzelaussage, tritt damit zurück hinter dem astronomischen Interesse, das die Naturzusammenhänge erkennt und in dieser Erkenntnis eindeutige Wahrheit zu gewinnen erwartet.

Die Ansätze, die in der Schultheologie für eine Erkenntnis Gottes und seines Willens aus dem Buch der Natur gegeben sind, werden von Kepler hier in eigenständiger Weise ausgenutzt und zu einem eigenen System ausgebaut. Sein System der Weltharmonik kann als eine Theologie der Natur bezeichnet werden. Die Auslegung der Natur schreitet dabei in charakteristischer Weise fort und entfernt sich in ihrer eigenen Gesetzlichkeit zunehmend von der Auslegung der Bibel, die gleichwohl nicht außer Kraft gesetzt wird, doch in einem anderen Lichte erscheint und bestimmte Korrekturen erfährt.

Diesen Schritt, durch den die in der Schultheologie angelegte Möglichkeit einer Auslegung der Natur sich in Auseinandersetzung mit der Auslegung der Heiligen Schrift bei Kepler zu einer Theologie der Natur entwickelt hat, haben wir nun weiter zu verfolgen. Wir tun das zunächst am Leitfaden seiner astrologischen Anschauung.

4. Astrologische Auslegung der Natur

Keplers astrologische Anschauung steht in der vor allem aus der babylonischen und griechischen Antike stammenden Tradition der wissenschaftlichen Astrologie[1]. Wie überall sonst werden auch bei ihm die Gestirne in

---

[41] W XVIII Nr. 938, 67 ff.: „Praetereà et hoc mihi cavendum, ne qui plurimum tribuo characterisationj mentis humanae a mente creatrice in naturalibus, idem ego suspectum faciam hoc negocium adjunctione illius Condescensionis in rebus arbitrarijs, quasi utrinque idem agam aequè vano conatu. Qua quidem mentione aufugit mî animus ab hac Condescensione et providentiae operibus ad illam Characterisationem et Naturam, ad quam confugium habet usitatum."

[1] Zur Geschichte der Astrologie im ganzen siehe *F. Boll—C. Bezold*, Stern-

doppelter Weise als Zeichen aufgefaßt, „einmal als Zeichen der Zeit, der Jahreszeiten, der Nacht und der Jahreswitterung, und dann als Vorzeichen kommender politischer Ereignisse, wenn auffällige Veränderungen an ihnen bemerkt werden"[2]. Wir versuchen nun, Keplers eigene Auffassung[3] in einigen wesentlichen Zügen herauszuarbeiten, insofern sie die Tradition weiterführt und Gesichtspunkte entwickelt, die das naturwissenschaftliche Denken befruchten und andererseits auch Licht auf seine theologische Anschauung werfen.

a) Reguläre Signifikanz des Himmels

Die Lichter des Himmels sollen laut Gen. 1,14 „Zeichen zu dem vnterscheidt der zeiten" geben[1]. Wenn an dieser Stelle auch nicht ausdrücklich darauf hingewiesen wird, so geben die Gestirne und ihre Bewegungen doch darüber hinaus für Kepler ganz allgemein Kunde von Gottes Allmacht[2] und Weisheit. Das geht selbst aus den üblichen Vulgärhoroskopen hervor[3], die die Zukunft vorhersagen wollen und die Kepler im übrigen scharf ablehnt[4]. Die Allmacht und Weisheit Gottes konkretisiert sich sicht-

glaube und Sterndeutung. Die Geschichte und das Wesen der Astrologie, 4. Aufl. hrsg. von W. Gundel, 1931; *W.-E. Peuckert*, Astrologie, Geschichte der Geheimwissenschaften Bd. I, 1960. — Vgl. auch *Troels-Lund*, Himmelsbild und Weltanschauung im Wandel der Zeiten (1899) 5. Aufl. 1929 (über Tycho Brahe 1. Aufl. S. 218 ff.); *R. Henseling*, Umstrittenes Weltbild, 1939, S. 5 ff.

[2] *Boll—Bezold*, aaO. S. 108.

[3] Speziell zur Astrologie Keplers siehe H. A. Strauß/S. Strauß-Kloebe (Hrsg.), Die Astrologie des Johannes Kepler. Eine Auswahl aus seinen Schriften, 1926. An spezifisch astrologischen Schriften Keplers ist neben den Prognostica und den anläßlich bestimmter Himmelserscheinungen verfaßten Schriften und den Hauptwerken vor allem zu nennen: De fund. astrol. cert. und Tert. int. Aufschlußreich für die Entwicklung der astrologischen Anschauungen Keplers ist u. a. sein Brief an Herwart von Hohenburg vom 9./10. 4. 1599, W XIII Nr. 117, 193 ff. — Von der Sekundärliteratur vgl. *M. Caspar*, Die Anschauung Keplers (sc. über die Astrologie), Süddeutsche Monatshefte XXIV/9, 1927, S. 159–161; ders. J. K. passim; *J. Engert*, Keplers Philosophie und Astrologie, Festschrift 1930, S. 168–178; *N. Herz*, Keplers Astrologie, Wien 1895; *W. A. Koch*, Aspektlehre nach Johannes Kepler, 1950 (modern-astrologisch); *W. Pauli* in: C. G. Jung—W. Pauli, Naturerklärung und Psyche, Zürich 1952, S. 136 ff.; *Ph. Schmidt S. J.*, Kepler und die Astrologie, in: Stimmen der Zeit 74/144/10, 1949, S. 353–358; *F. Hammer*, Die Astrologie des Johannes Kepler, in: Sudhoffs Archiv LV/2, 1971, S. 113 ff. — Über Keplers Wallenstein-Horoskop siehe *R. Henseling*, aaO. S. 32 ff.; *M. List*, in: Katalog Linz, S. 127 ff.

[1] Tert. int. C, W IV S. 229, 23 f.

[2] W IV S. 229, 24 ff.

[3] Fragmentum Prognostici in annum 1604, Fr VIII/1 S. 321 ff., 323: Auch solch ein Werk „schreyet mit erhebter Stimm, vnd beweiset die göttliche in Erschaffung der Welt erscheinende Weisheit".

[4] Kepler an Th. Harriot in London, 2. 10. 1606, W XV Nr. 394, 74 ff.: „Ego ... divisionem in 12 aequalia, domus, dominationes, triplicitates etc. omnia re-

bar in bestimmten Erweisen, so in der Ankündigung besonderer irdisch-
natürlicher oder geschichtlicher Ereignisse.

Diese Bedeutung des Himmels wird nun sogleich rational zu verstehen
gesucht. Jene Lichter sind Zeichen vorwiegend im Sinne von causae efficientes[5]. Die Begründung ist naturwissenschaftlich[6]. Die kausalanalytische
Begründung und die hermeneutische Zweckangabe werden in eins gesehen und bilden einen einheitlichen Argumentationszusammenhang, der
aber von der naturwissenschaftlichen Denkweise bestimmt ist. In Übereinstimmung mit Gen. 1,14 kann dann festgestellt werden, daß die Himmelszeichen eine lebensnotwendige Funktion erfüllen. Das bezieht sich
zunächst auf die Bestimmung der Jahreszeiten, die das empirische Leben
überhaupt erst ermöglichen. Es bezieht sich aber auch auf die Zukunft,
sofern diese in einem natürlichen Zusammenhang mit diesen von den
Gestirnen bestimmten Zeiten steht. Darüber, soweit also eine naturwissenschaftliche Begründung möglich ist, lassen sich auch prognostische Aussagen machen. Einzelheiten künftiger Dinge hängen jedoch von der Summe
aller Umstände ab, die allein Gott zugänglich ist[7]. Deshalb weiß allein
recht eigentlich Gott, „was vnd wie es geschehen soll"[8]. Dieser Unterschied
muß festgehalten werden. Doch hat Gott den Menschen bereits gewürdigt,
zu einem Teil künftige Dinge vorauszusagen, soweit eben seine natürliche
Erkenntnis reicht[9]. Und mit den Lebewesen und Menschen oder auch

---

jicio, retentis solis aspectibus et traducta astrologia ad doctrinam harmonicam."
— Aber auch zu den volkstümlichen Prophezeiungen kann Kepler bemerken:
„drumb weder das Harn- noch das Sternbesehen verworffen wird / sondern
das Gottloß vertrauwen darauff" (Tert. int. CXXI, W IV S. 244, 4 f.). Vgl. Tert.
int. CXV, W IV S. 238 ff., wo sich Kepler ausführlich mit der biblischen Ablehnung der „Magi" und „Arioli" Lev. 19 und 20, ferner mit Jer. 10, 2 (Jer. 23)
beschäftigt.

[5] W IV S. 229, 27 ff.: „Zeichen zu bewegen / die Naturen in dieser nidern
Welt / signa obiectiua, oder ... zeichnende Zeichen / signa characterisantia,
durch die Harmonische Verbindung der Liechtstralen / die sie hienieden auff
Erden anfället."

[6] Tert. int. XII, W IV S. 164: „Vnd wann es dann sich fast zu einer Bestän-
digkeit anlässet / so halte ichs nun ferrner für würdig / daß ich der Vrsachen
nachtrachte / verwirff es auch nicht gleich gantz vnd gar / wann ich schon die
Vrsach nicht völlig erlernen kan."

[7] W IV S. 229, 30 ff.: „Vnnd liebt mir derhalben wol / daß es seyen nit Nar-
renzeichen / sondern nützliche / vnnd zum Gebrauch dieses Lebens nohtwen-
dige Zeichen / zu ordnung der Jahreszeiten: auch nicht Zeichen aller vnnd jeder
künfftiger Dinge / welche mit allen Vmbständen zu erforschen / allein Gott
zugehört: sondern nur allein Zeichen natürlicher vnverschiedener künfftiger
Dinge / die sich halten wie die Zeiten selbst / die auß jhnen herfolgen." — Zur
Vielfalt der Ursachen vgl. auch ebd. S. 224, 24 ff.

[8] W IV S. 229, 42.

[9] W IV S. 229, 36 ff.: „Dann ob wol die Ehr künfftige Dinge eygentlich vor-
zusagen Gottes eygen ist / so würdiget er doch den Menschen eines theils von
deroselben / in der Astronomia, vnd in der Medicina ... / vnd ist derowegen

menschlichen Gruppen, denen er etwas sagen will, redet Gott so, daß sie es verstehen, wobei er sich nach ihren bestimmten hermeneutischen Prinzipien richtet. Das gilt beispielsweise auch gegenüber der katholischen Kirche[10].

Zwischen menschlichem und göttlichem Vorherwissen wird nicht prinzipiell, sondern nur quantitativ unterschieden. Bei aller Betonung des Prae Gottes ist doch der Mensch mit diesem Gott auf der Ebene der gleichen Ratio verbunden. Insofern ist es auch nicht Sache der Theologie, die Grenze des menschlichen Erkenntnisvermögens in diesem Zusammenhang festzustellen, sondern die der Naturwissenschaft[11]. Jenseits dieser Grenze wird freilich der Bereich des alleinigen Wissens Gottes anerkannt. So haben die Gestirne auch abgesehen vom Menschen ihren eigenen von Gott bestimmten Zweck. Sie sind ja am vierten Tage noch vor dem Menschen erschaffen worden[12].

Bei der Erschaffung der Welt ist nun bereits der Erdseele[13] die Gabe eingepflanzt worden, einerseits die himmlischen Körper selbst, andererseits die durch ihre jeweilige Stellung bestimmten Proportionen dieser Körper wahrzunehmen. Darin ist z. B. die Abhängigkeit der Witterung von den Gestirnstellungen begründet, die Kepler meint beobachten zu können.

Der am sechsten Tage geschaffene Mensch hat seinerseits nicht nur äußerlich an dem Licht und Lauf der Wandelsterne Anteil, sondern eine Seele empfangen, die auf Grund ihrer Natur unmittelbar von den Kräften der Himmelskörper affiziert wird[14]. Die entscheidende Prägung der

nit vngereymbt zu gläuben / daß er diß auch in Astrologia mit etlichen Generalstücken thue."

[10] Kepler an Herwart von Hohenburg, April 1607, W XV Nr. 424, 200 ff.; Z. 208: „. . . et loqui quidem ad eorum captum ex suis principijs".

[11] W IV S. 230, 4 ff.: „Daß aber keine Erfahrung vom Himmel gehabt werden möge / darvmb muß man nicht die Theologos, sondern die Opticos vnnd Astronomos, auch zum theil die Physicos hören / dann es ist ein materia Physica, darvmb man in Theologia so wenig weiß als von der Zahl coniugationis neruorum in corpore humano."

[12] Tert. int. XLIV, W IV S. 187, 8 ff.

[13] Zur Theorie der Erdseele vgl. Kepler an Pfalzgraf Wolfgang Wilhelm von Neuburg, 21. 2. 1605, W XV Nr. 332, 111 ff. Er bezieht sich dort auf die Philosophie von *Cornelius Gemma*; vgl. seine Libri II de naturae divinis characterismis, Antwerpen 1575. — Eine Zusammenfassung weiterer Aussagen über die Erdseele bei Strauß/Strauß-Kloebe, S. 17. Fr V S. 440 u. ö. setzt Kepler seine anima terrae mit dem „Archaeus" des Paracelsus gleich. — Die Vorstellung Keplers, daß die Erde ein Tier sei, stammt vielleicht, durch Seneca vermittelt, von Poseidonius; vgl. *W. Kranz*, Kosmos, ABG II S. 184; *Pauli*, aaO. S. 133 (mit Anm. 1) f.

[14] Tert. int. XVIII, W IV S. 167, 6 ff.: „Hernach aber am sechsten Tage sey der Mensch also erschaffen worden / daß er nicht allein mit seinen Augen der Sternen Liechtes / vnd mit seinem Verstandt deroselben wunderbarlichen gantz ordentlichen Lauffs theilhafftig werden möchte: sondern habe auch eine solche natürliche Seel empfangen / welche an vnd für sich selbst auff gewisse zeiten

menschlichen Seele geschieht zur Zeit der Geburt und des ersten Viertel-
jahres danach[15]. In ihr wird die Ansprechbarkeit auf bestimmte Konstellationen auf spezifische Weise geschaffen, indem die menschliche Seele
sich den „character" von diesen Zeichen abnimmt, sich eindruckt und mit
ihm verwächst[16].

Es sind dann wieder zwei Weisen, in denen die Gestirne analog der
Wirkung auf die Erdseele auf die Seele des Menschen wirken: einmal
durch die charakteristische Prägung der individuellen Person bei der Geburt (als signa characterisantia), zum anderen als allgemeine, vom Einzelnen unabhängige Anregung (als signa obiectiva), ohne dabei doch spezielle
Handlungen und Verhaltensweisen zu praedestinieren[17]. Dieser anregende
Einfluß wirkt sich dann noch einmal besonders bei den Menschen aus, die
durch die Konstellation bei ihrer Geburt so geprägt worden sind, daß sie
auf ähnliche Gestirnstellungen besonders ansprechbar sind[18].

Die „physikalische" Einwirkung der Sterne nach ihrer Natur und nach
ihrem geometrischen Verhältnis zueinander[19] muß noch genauer dargestellt werden. Grundlegend ist zunächst die geometrische Seite. Wirksam
sind die verschiedenen rationalen „Aspekte" der Himmelskörper, die ausgezeichneten geometrischen Proportionen, die bei den Himmelsbewegun-
gen durch die Einfallswinkel der von den einzelnen Planeten ausgehenden Lichtstrahlen beim Erdmittelpunkt oder im Auge gebildet werden
und von den Lebewesen „instinktiv" aufgenommen werden[20]. Sind diese
Verhältnisse in Analogie zur Musik „harmonisch", d. h. handelt es sich um
einen Einfallswinkel, wie er durch Teilung des Tierkreises in harmonische
Verhältnisse entsteht, sind sie signifikatorisch effizient. Diese Effizienz

---

durch etliche der himmlischen Liechter vnterschiedliche Beschaffenheiten auff-
gemundert / vnd in jhrem Werck angetrieben würde." — Zum Unterschied
zwischen Erd- und Menschenseele vgl. Harm. IV 7, W VI S. 285, 31 ff.

[15] Tert. int. LXV, W IV S. 210, 18 ff. In einem Brief an Herwart von Hohenburg spricht Kepler 1599 dagegen noch von einer Prägung zu einem Zeitpunkt,
W XIII Nr. 117, 304.

[16] Tert. int. CV, CVIII, W IV S. 234, 1 ff., 37 ff.

[17] Vgl. Tert. int. XXXVII, W IV S. 180, 14 ff.: „Darnach so werden die
weltlichen Händel nicht also in specie, sondern wegen einer allgemeinen Gleichheit betrachtet: Als daß etwan ein Jahr kömpt / da Friedt in aller Welt ist /
etwan ein Mensch ist / auff welchen das Vnglück mit Hauffen ziehlet / ein Jahr
für das ander: Da man nicht diß oder jenes Vnglück insonderheit / sondern ins
gemein den Zustandt betrachtet / welcher auß allen Particulariteten erschei-
net."

[18] Vgl. z. B. Harm. IV 7, W VI S. 284, 8 ff.

[19] Vgl. Tert. int. LXXIII, W IV S. 215, 31—43.

[20] W IV S. 306, 24 ff.: „astra enim in nos agunt iis modulis, quibus eorum
motus sese his terris insinuant. Per aspectus enim agunt; at aspectus affectus
est anguli in centro terrae vel oculi. Scilicet non ipsa in nos agunt, sed aspectus eorum fiunt obiectum et stimulus facultatum terrestrium ratione participan-
tium citra discursum, solo instinctu".

wirkt sich durch eine unbewußte Erregung aus, in die die beseelten Wesen geraten und darin ihrer Bestimmung, die Menschen auch dem Willen, mit gesteigerter Aktivität nachgehen[21].

Die naturphilosophische Begründung für diese Theorie[22] ist damit gegeben, daß wie die Erde auch der Mensch als Mikrokosmos die Aufbaugesetze des Makrokosmos in sich trägt und mit diesem dadurch auf natürliche Weise verbunden ist. Gemeinsames Medium sind die geometrischen Verhältnisse. Als Träger der reinen Harmonien gilt der Kreis, auf dem die Eckpunkte der konstruierbaren Vielecke liegen. Deren harmonische Verhältnisse bilden auch die der Musik. Der Kreis wiederum, zusammengezogen zu einem unendlich kleinen Kreis, dem Punkt, stellt das Symbol der menschlichen Seele dar[23]. Er wird im Kreis der Nativität, der dem des Tierkreises entspricht, abgebildet. Durch die Geburtskonstellation ist jede Seele, indem sie das Bild des Tierkreises mit den gegenwärtigen Planetenstellungen in sich aufnimmt[24], auf diese Weise darstellbar in bestimmter geometrischer Weise geformt und damit auf bestimmte musikalische Verhältnisse gestimmt. Und „weil die Seele auf bestimmte Form- und Tonverhältnisse ansprechbar ist, die sich in Zahlen wiedergeben lassen, ermöglicht die auf der symbolischen Kreisgestalt der Seele aufgebaute Beschaffenheit des menschlichen Ichs die Wirksamkeit der Aspekte"[25].

---

[21] Siehe Anm. 5 zu S. 231. Vgl. Discurs Von der Grossen Conjunction im Monat Julio deß M. DC. XXIII. Jahrs, Fr VII S. 697 ff., S. 703: „der Himmel oder conjunctiones planetarum seind Natürlicher weise ein Stachel oder Antrib, wann derselbe vorhanden ist, so wird ein jeder Mensch der es vermag, auff seinem Weg frewdiger, hitziger, embsiger, begieriger; es setzen auch die Gemüther bey grossen conjunctionibus viel eyfferiger, vnd nach gestallt der Sachen, viel furiosischer vnd Auffrührischer zusammen, dann sonsten zu gemeinen zeiten: es sey durch Bündnussen, oder nur durch ein blosses zusammen lauffen. Vnd dieses geschicht auff zweyerley Wege. Erstlich ins gemain, ohne sonderlichen Himblischen vnterscheid der Personen, nach dem ein jeder nur Irrdischer weise bey den gemeinen läuffen interessiert. Zum andern geschicht dieses auch bey denjenigen Personen insonderheit, welche durch die Himblische conjunctiones, ihrer aigner Nativiteten halber, für andern mehr stimuliert werden."

[22] Zum Einzelnen siehe bes. Harm. IV, W VI S. 207 ff. — Vgl. *Engert*, aaO.; *Caspar*, J. K. S. 327 ff.; *Koch*, aaO. S. 16 ff.

[23] Tert. int. XL, W IV S. 184, 33 ff.: „Dann das Punctum Naturale, (ist die natürliche Seel in einem jeden Menschen / oder auch in der Erdenkugel selbsten …) vermag so viel als einen wircklichen Circulum. In puncto inest circulus in potentia, propter plagas vnde adueniunt radii se mutuo in hoc puncto secantes." — Vgl. *Pauli*, aaO. S. 134.

[24] Tert. int. XLII, W IV S. 185, 42, S. 186, 1 f.: „Deß Menschen natürliche Seel ist nit grösser denn ein einiger Punct / vnd in / diesen Puncten wird die Gestalt vnd Charakter deß gantzen Himmels … / potentialiter eyngedruckt."

[25] *Koch*, aaO. S. 19. — Über seine Methode bei der Berechnung der astrologischen Direktionen vgl. Kepler an D. Fabricius, Febr. 1604, W XV Nr. 281, 176 ff. — Eine ausführliche Erläuterung seiner Direktionslehre gibt Kepler an W. Avianus in Leipzig, 3. 2. 1629, W XVIII Nr. 1099, 37 ff.

Nun die andere Seite: Die Einwirkung der Planetenstrahlen auf die irdischen Seelen ist abgesehen davon, daß sie in ihnen einen bestimmten Winkel bilden, materiell konzipiert. Es handelt sich um eine analog anderen Körpern von den Himmelskörpern ausgesandte „species immateriata"[26], die von der sublunaren Welt empfunden und reflektiert wird. Diese ist zwar als „immateriata" bezeichnet, doch materiell gedacht[27]. Kepler nimmt an, daß sie sich wahrscheinlich des Lichtes als „Postreutter oder vehiculum"[28] bedient und ebenso der Entfernung entsprechend an Kraft abnimmt[29]. Möglich sei es aber auch, daß die innerlichen Dispositionen und Eigenschaften der Himmelskörper ohne Licht aus eigener Kraft ausgebreitet werden[30]. Die species immateriata vermag bei ihrem Auftreffen auf der Erde je nach ihrer herkunftsbestimmten Zusammensetzung Wärme und Feuchtigkeit in verschiedenen Graden hervorzurufen, indem sie die Erdseele zu entsprechender Produktion anregt.

Auf dem Zusammenspiel dieser beiden kosmischen Ursachen, zu denen noch irdische kommen, beruht die Wirksamkeit der Himmelserscheinungen auf der Erde. Die eine, die species immateriata, die Sonnenwärme beispielsweise, ist als natürlich anzusehen, die andere, der Aspekt, als rational[31]. Das sich Ausbreitende ist das „materiale" der himmlischen Einwir-

---

[26] Zum Begriff siehe Tert. int. XXVI, W IV S. 169 ff. Gemeint ist ein „effluxus" der Körper, vgl. ebd. S. 210, 24.

[27] Tert. int. XXIX, W IV S. 172: „ich habe in meinem Buch de Marte (vgl. W III S. 240 f.) erwiesen, daß species immateriatae motus auß der Sonnen in alle Planeten / vnd in den Erdtboden / vnd hinwidervmb die species immateriata deß Erdbodens biß in die Sonne vnd den Mondt / auch deß Mondts biß in die Erde hin vnd wider passieren / so wol als das Liecht vnnd der Widerschein: vnd nicht allein so weyt gereychen / sondern auch kräfftig seynd / die himmlischen bewegungen beständiglich vnd vnauffhörlich zu verrichten vnd zu moderiren. Derohalben mir es sehr gläublich ist / daß der Planeten jnnerliche Leibsqualiteten / durch solche stättigs außfliessende species immateriatas zu vns auff den Erdtboden reychen."

[28] W IV S. 172, 8.

[29] Tert. int. XL, W IV S. 184, 18 ff.: „die Wirckung der Sternen gehe zu durch vermittelung jhres Liechts: sollen sie was außrichten / müssen sie jhre Krafft nicht bey sich droben behalten / sondern zu vns herab erstrecken. Je weytter sie aber solche erstrecken / je schwächer sie wirdt / gleich wie auch sie selber mit jhren Kugeln / je höher sie stehen / je kleiner erscheinen: vnnd also jhre Krafft sich mit dem Augenmaaß jhrer Größ proportioniert." — Vgl. Fragmentum Prognostici in annum 1604, Fr VIII/1 S. 321 ff., S. 324: „Item soll erscheinen, wie sollche himlische Kräfften der Materialitet etlicher massen vnderworffen, indem sie wie andere körperliche Dinge (vel quasi) von nahem stercker werden, dan von fernem, vnd jnen wie sonsten den natürlichen Kräfften beschehe . . ." [30] W IV S. 172, 9 f.

[31] Harm. IV 7, W VI S. 273, 4 ff. (aus einer Diskussion um die Ursachen von Witterungserscheinungen): impetrat obiectio, ut „sit concursus causarum coelestium, quarum sit alia naturalis, calor Solis; alia rationalis, Aspectus; sit etiam concursus causarum sublunarium . . ."

kung; ihm gehört gewissermaßen als spirituale die geometrische Bedeutsamkeit in ihrer prägenden und anregenden Wirksamkeit zu[32]. Diese parallele Gegenüberstellung von materieller und geometrischer Ursache ist für Keplers Denken charakteristisch. Sie zeigt einen Dualismus innerhalb der Denkstruktur an, der im Auge behalten werden muß[33]. Dieser Dualismus ist realistisch gemeint, denn außer der Empfänglichkeit für die species „stecket" „in dieser niedern Welt oder Erdenkugel ... ein Geistische Natur / der Geometria fähig"[34]. Da es sich um Einwirkungen auf Seelen handelt, ist der Zusammenhang analog dem zwischenmenschlichen Verhältnis ein sprachlicher. Dieser ist dualistisch verstanden. Jene Dualität entspricht der sprachlichen von Buchstabenfolge und Geist. Es ist charakteristisch, daß dieses Verhältnis als Kausalzusammenhang gedacht ist. Die Dualität ist die verschiedener causae.

b) Besondere Himmelsereignisse

Im 30. Kapitel seines Buches „De stella nova" erklärt Kepler, „dann erst sei Raum für Prophezeiungen, wenn feststeht, daß ein intelligentes Wesen durch die Zeichen, auf die der Sinn des Deuters gerichtet ist, mit uns sprechen will und jene Zeichen dem Willen und der Gewalt dieses Wesens unterworfen sind"[1]. Kepler nimmt eben dies an. Im naturwissenschaftlichen Zusammenhang läßt er offen, ob es sich bei diesem Wesen um einen Geist oder um Gott selbst handelt. Für beides kann er Gründe anführen. Jedenfalls stünde auch ein Geist im Dienste Gottes und wäre dann als Mittler anzusehen.

Bei den natürlichen signifikatorischen Himmelserscheinungen bedient sich Gott oder der Geist des Sprachmittels der Allegorie. Er benutzt hier die Ausdrucksweise und Schrift des Himmels, nicht diejenige, die die Menschen untereinander sprechen und lesen[2]. So drückt Gott beispielsweise, um

---

[32] Tert. int. LIX, W IV S. 203, 22 ff.: „Das jenige aber / welches solche Naturen also begreiffen / ist anfänglich die species immateriata, von den himmlischen corporibus vnd Kugeln / es sey von jhren Liechtern / Farben oder Leibern / vnd dieses ist das materiale: fürs ander / so ist es die subtilissima Geometrica concinnitas binorum inter se radiorum, seu lucis seu corporum, ex abstrusissimis Geometriae figuratae arcanis petenda, dannenhero auch entlich die eygentliche Vrsachen der Concordantien in der Musica entspringt / vnd fast auff gleiche weiß / doch etwas vnterschiedlich / deß Menschen natürlicher Seelenkrafft eyngepflantzet ist."

[33] Einen Dualismus auf anderer Ebene stellt bereits die Doppelung von Licht und species immateriata dar!

[34] Tert. int. LXIV, W IV S. 209, 10 f.

[1] W I S. 336, 32 ff.: „Apparere puto, tum demum locum esse conjectationibus, ubi constiterit, Naturam aliquam intelligentem, per haec signa, in quae mens conjectoris intenta est, nobiscum loqui velle, cujus quidem arbitrio et potestati signa illa subjecta sint." Übersetzung von Caspar, ebd. S. 459.

[2] W I S. 337, 36 ff.: „... praesertim de rebus naturalibus, et ad hujus vitae

die Menschen zur Astronomie anzuregen, „seinen Ruf an die Menschen aus in der Natur und der Abstimmung der himmlischen Dinge", nicht in Worten, die vergehen[3]. In anderer Weise als die Sprache der Bibel ist diese Sprache wesentlich auf das natürliche, ihm angeborene Erkenntnisvermögen des Menschen angewiesen. Dieses ist geometrisch mit dem Himmel verbunden. Da die Vernunft jedoch so verderbt ist, daß Wissenschaft und Aberglaube sich miteinander vermischen[4], sind die Aussageinhalte der himmlischen Allegorien bei weitem nicht so eindeutig zu erheben wie die Heilsinhalte der Bibel. Ja die Voraussetzung, daß es sich bei bestimmten Himmelserscheinungen überhaupt um eine göttliche Sprache handelt, die sich an die Menschen wendet, ist für Kepler bereits eine gesetzte Annahme[5]. Diese Annahme hat für ihn freilich große, auf Erfahrung beruhende Wahrscheinlichkeit. Sie bildet das Fundament seiner astrologischen Arbeit, in der sich ihre Wahrheit erweisen muß.

Die Signifikanz gilt nun in besonderer Weise für Himmelsereignisse, die nur selten oder überhaupt zum erstenmal auftreten. Für die besondere signifikative Bedeutung solcher Ereignisse bezieht sich Kepler nicht nur einfach auf die entsprechenden Traditionen, die zumal in seiner Zeit lebendig sind, sondern er stellt empirische Belege dafür zusammen und versucht, Gründe für diesen Sachverhalt zu finden. Anknüpfungspunkt sind die astrologischen Belege, die er bereits der Bibel entnehmen kann[6]. Auf der gleichen Ebene liegen die Wunderzeichen, Ungeheuer und göttlich eingegebene Träume aller Art, von denen die Bibel berichtet und die auch gegenwärtig beobachtet werden können[7]. Deren besondere signifikative Bedeutung wäre nur abzulehnen, wenn sie sich als gewöhnliche Naturerscheinungen erwiesen[8].

Grundsätzlich setzt Kepler voraus, daß Gott die Regeln der Astrologen benutzt, wenn er den Menschen etwas mitteilen will[9]. Besondere Mittei-

---

sustentationem pertinentibus; utitur ille alio sermonis genere, per cursum naturae et motum corporum; alio scripturae genere, quae habet non miniata vel atrata elementa viginti tria, sed ipsa magna mundi corpora, opera digitorum ejus".

[3] *Caspar*, W I S. 460, vgl. Kepler, ebd. S. 338, 6 ff.

[4] Tert. int. CI, W IV S. 230, 31 ff. Z. 35: „... dann es ist der Pfeffer vnter den Mäußkoth gemischet".

[5] Kepler an Herwart von Hohenburg im Blick auf den neuen Stern, April 1607, W XV Nr. 424, 214: „posito quod non naturam, sed Dei arbitrium pro causâ habeat". — Vgl. unten Anm. 9. — Über Einzelheiten der keplerschen Deutung des neuen Sterns von 1604 sowie andere Deutungen vgl. das ganze Kapitel De stella nova XXX. Eine Zusammenfassung W I S. 460 f.

[6] W I S. 336, 35 ff. (Gen. 41,25; Dan. 2,28; Gen. 9; Luk. 21,25.28).

[7] W I S. 337, 1 f.

[8] W I S. 337, 6 ff.: „itaque et significationes illarum rerum non rejiciendas: nisi apparuerit, naturae consuetudine solere illas evenire".

[9] De stella nova, 1606, W I S. 352, 3 ff.: „posito quod Deus in significando

238

lungen haben im Unterschied zu den allgemeingültigen Aussagen der Heiligen Schrift und der wissenschaftlichen Astrologie konkret-aktuellen Charakter. Naturwissenschaftlich handelt es sich dabei zunächst um ein „Erschrecken", Verwirren der irdischen Natur, das sie zu übermäßiger Aktivität anregt[10].

Zu solchen Konstellationen, die spezielle signifikative Bedeutung haben, zählen für Kepler erfahrungsgemäß die großen Konjunktionen, insbesondere, wenn sie mit weiteren außergewöhnlichen Himmelserscheinungen, wie einem neuen Stern, verbunden sind[11], wie es beispielsweise zur Geburt Christi geschah und sich im Jahre 1603 wiederholte. Auch die große Konjunktion im Jahre 1623 regte naturgemäß schon die Vulgärastrologie zu weitreichenden Spekulationen an. Wenn Kepler solche Spekulationen auch ablehnt, sieht doch auch er in der Konjunktion ein besonderes Zeichen Gottes, das das Ende des konfessionellen Zeitalters und seiner Zwietracht ankündigt, nicht ohne freilich warnend von möglichen, unter Umständen blutigen Auseinandersetzungen zuvor, etwa in der Form eines Religionskrieges, zu reden. Die Lage am Anfang des Dreißigjährigen Krieges legte solche Deutung ohne weiteres nahe.

Eine besondere signifikatorische Funktion kommt auch den *Kometen* zu[12]. Diese Funktion legt sich dadurch nahe, daß diese Himmelskörper plötzlich erscheinen und dann wieder verschwinden, offenbar also jeweils neu entstehen und dann wieder vergehen. Das ist nur sinnvoll, wenn sie wie ein neuer Stern eine bestimmte Botschaft auszurichten haben. Von Natur aus ist die menschliche Seele entsprechend der Erdseele bereits so angelegt, daß sie — auch bei leiblicher Blindheit ihres Trägers — die Wirksamkeit auch der Kometen wahrnimmt[13].

Der Komet bezeugt Gott und seine Vorsehung, wodurch die Gottlosen ermahnt und die, die Böses tun, zur Buße gerufen werden sollen; zugleich aber soll die schwache Gemeinde mit Trost gestärkt werden, und zum geduldigen Tragen des gütigen Willens Gottes soll er anleiten[14]. Die Kome-

---

utatur conceptibus astrologorum; quod non omnes tamen concedent; egoque haesitanter suppono".

[10] Vgl. Tert. int. CVI, W IV S. 234, 17 ff.; De Cometis (1619) II, W VIII S. 230, 6 ff.

[11] Discurs Von der Grossen Conjunction, 1623, Fr VII S. 701: „die erfahrung bezeuget, dass Gott dieserley grosse conjunctiones mit scheinbarlichen Extra ordinari Wundersternen am hohen Himmel, auch mit nambhafften Wercken seiner Göttlichen Providentz, selber zeichne".

[12] Vgl. dazu den Nachbericht von *F. Hammer* zu Keplers Kometen-Schriften, W VIII S. 457 ff.

[13] W VIII S. 230, 25 ff.: „Est verò et in homine, etsi caecus esset, nec coelum vnquam aspexisset, facultas aliqua, coelestium perceptrix, sese coelo compatiens, et in id occulto sensu respiciens, quae similiter inquietatur ab iis, quae in coelo noua existunt, vt est Cometa."

[14] De Cometis III, W VIII S. 240, 1 ff.: „Igitur apparet, quod caepi dicere,

ten erinnern die Menschen an ihre Sterblichkeit und ermahnen sie zu einem eschatologischen Leben[15]. Deutlich ist wiederum der moralische Charakter der Mitteilung.

Diese allgemeine Deutung, die Kepler den Kometenerscheinungen gibt, berührt sich eng mit Deutungen in der theologischen Literatur der Zeit. So hat Keplers Lehrer Jakob Heerbrand im Jahre 1577 über die Kometenerscheinung, die auch Kepler als Kind in Leonberg beobachtet hat und die als erstes derartiges Erlebnis für seine spätere Entwicklung nicht ohne Bedeutung gewesen sein wird[16], eine Predigt gehalten. An die Stelle des üblichen Evangelientextes tritt erklärtermaßen der Komet als Prediger[17]. Wie bei einer Gerichtsverhandlung das bloße Schwert vor den Angeklagten gelegt wird, so bedeutet auch diese Himmelserscheinung, die entfernt an ein Schwert erinnern könnte, Gottes Zorn und Ankündigung von Unglück[18]. Heerbrand bringt zur Unterstützung dieser Deutung eine Reihe empirischer Belege aus der Weltgeschichte[19]. Die Predigt mündet in die Folgerung, allgemeine Buße zu tun in der Hoffnung, daß das Unglück durch Gottes Barmherzigkeit vielleicht abgewendet werden könnte[20]. Die Auffassung, daß die Sterne Gottes Willen unterstellt sind und die Aufforderung zur Buße angesichts durch die Sterne angekündigten Unglücks also sinnvoll ist, ist dabei seit Origenes gemeinchristlich[21]. Kann das Unglück wegen der Unbußfertigkeit anderer nicht mehr abgewendet werden, ist trotzdem nach der Besserung des Lebens zu trachten in der Hoffnung auf die ewige Seligkeit, die den Bußfertigen verheißen ist[22].

Die konkreten Deutungsschwierigkeiten hinsichtlich bestimmter Ereignisse führt Kepler darauf zurück, daß sich die Botschaft der Kometen an

---

secundum hunc esse finem Cometae in coelo exhibiti, vt testetur esse Deum, qui futura prouideat, annuntiet, infortunia permittat, ordinet, moderetur, coerceat; quò Epicurei et athei erroris admoneantur, malorum architecti cupiditatumque mancipia ad emendationem vitae malorumque auersionem vocentur: pusillorum verò et pauperum caetus exiguus solatio firmetur, et ad patienter ferendam benignam Dei voluntatem animum concipiat."

[15] W VIII S. 238, 28 ff.

[16] Fr I S. 196, VIII/2 S. 672; *Caspar*, J. K. S. 37 f.

[17] *J. Heerbrand*, Ein Predig / Von dem erschröcklichen Wunderzeichen am Himmel / Dem newen Cometen / oder Pfawenschwantz / Gehalten zu Tübingen den 24. Sontag nach Trinitatis, Tübingen 1577, S. 1 f.: „ICH solte ietzo / ... / etwas sagen vnnd predigen von dem heutigen Euangelio (sc. Matth. 9, 18—26) ... So hat vns aber der Allmächtig vnnd gerechte Gott / ein andern Prediger diser tagen erwecket / vnd auff ein sehr hohe Cantzel / an den Himmel / auffgestellet / Nemlich das gantz erschröcklich / groß vnnd grewlich Wunderzeichen am Himmel / den Cometen / ... / dardurch er der gantzen Welt / ein andere Predig thut / vnnd fürhelt / den wir sollen anschawen / vnnd hören / was er vns predige. Derhalben dann wir auch auff dißmal etwas dauon wöllen sagen."   [18] Ebd. S. 3.

[19] Ebd. S. 4 ff.   [20] Ebd. S. 8 ff.

[21] Vgl. *Boll—Bezold*, aaO. S. 169 f.: „Astra regunt homines, sed regit astra deus"; „cedunt astra deo, precibus deus ipse piorum".

[22] *Heerbrand*, aaO. S. 16 f.

bestimmte einzelne Seelen richtet und deshalb nicht allgemein, also mathematisch, erfaßt werden kann[23]. Der Adressat aber wird sie verstehen[24]. Man kann also geradezu von einer Art Zwiesprache zwischen dem mit dem Kometen verbundenen Geist und den Menschen, die die Botschaft angeht, sprechen, ähnlich wie bei einem nächtlichen Ständchen, das zwar von vielen gehört, aber nur von der Geliebten verstanden wird[25].

Vom Volk wurde weiterhin den *Finsternissen* eine besondere Bedeutung zugeschrieben. Kepler lehnt eine solche nicht vollständig ab, schränkt sie jedoch ebenfalls schon früh nach dem Maß ihrer mathematisch-naturwissenschaftlichen Verständlichkeit ein[26]. Nach einer Finsternis wird es infolge fehlender Einstrahlung kalt, und darauf reagiert die Erdseele mit Ausdünstung übermäßiger Hitze, was besondere Natur- und wegen ihrer Verflochtenheit mit diesen auch besondere Geschichtsereignisse zur Folge hat. Nichtsdestoweniger scheint Gott für Kepler aber auch mit wohlverdienten Strafen bis zu einer Finsternis zuzuwarten, auf die er sie dann folgen läßt, „entweder auss lieb zu der natur, seinem geschepff, vnd dero eingepflantzten ordnung, oder aber damit das gemeine volck ein sichtbarliche warnung am Himmel habe, damit niemand kein entschuldigung habe"[27]. Diese Meinung glaubt Kepler wiederum aus empirischen Beobachtungen ableiten zu können, die er ausführlich anführt.

c) Entstehen und Vergehen von Himmelskörpern

Entstehen und Vergehen der Kometen hatte bereits Aristoteles und mit ihm die traditionelle Astronomie angenommen. Danach entstehen die Kometen aus aufsteigenden Dämpfen der Erdatmosphäre und entzünden sich an dem Feuer der obersten Schichten. Für Kepler handelt es sich nicht mehr um sublunarische Gebilde; Tycho Brahe und Mästlin hatten 1577/78 einen Kometen in einer Entfernung lokalisieren können, die etwa der der Venusbahn entspricht. Kometen waren damit als echte Himmelskörper zu charakterisieren. An ihrem plötzlichen Entstehen und Vergehen hielt Kepler jedoch fest.

Bei der Interpretation dieses Vorgangs ergab sich nun eine theologische Schwierigkeit. Auch nach Keplers ursprünglicher Auffassung erfolgt die Kometenbewegung durch bestimmte lenkende Geister[1]. Insbesondere dann,

---

[23] De Cometis II, W VIII S. 234, 3 ff.: „hanc ... significandi rationem Mathematico imperuestigabilem esse, cum non introspiciat omnium cogitationes et dispositiones animi, quibuscum spiritus ille per Cometam loqui propositum habet".   [24] W VIII S. 233.   [25] Vgl. W VIII S. 469.

[26] Vgl. *Herz*, aaO. S. 21 ff. — Vgl. auch Keplers Schrift „Astronomischer Bericht, von Zweyen im Abgelauffenen 1620. Jahr gesehenen grossen vnd seltzamen Mondsfinsternussen", Ulm 1621, Fr. VIII S. 3 ff.

[27] Schreib-Calender auff das Jahr ... MDCVIII, Fr. I S. 392 ff., 398.

[1] Auch für die Planetenbewegung hatte Kepler zunächst eine besondere In-

wenn die Kometen eine Botschaft, und das kann nach dem Gesagten entsprechend den Prämissen des zeitgenössischen Weltbildes nur eine Botschaft Gottes an die Menschen sein, auszurichten haben, ist anzunehmen, daß sie mit einer Intelligenz verbunden sind. Diese müßte den Kometenkörper so lenken, daß Gottes Auftrag dem Menschen verständlich wird[2]. Entstehen die Kometen nun plötzlich, muß mit ihnen auch der jeweils entsprechende Kometengeist entstehen. Beides versteht Kepler als Schöpfung, wobei er zunächst hinsichtlich der Kometenkörper einräumt, daß es sich dabei um ein bloßes „Hervorbringen" aus bereits bestehender Materie handeln könne[3]. In dem Briefwechsel mit dem Leipziger Anatomen und Chirurgen Joachim Tancke (Tanckius, gest. 1609), der 1608 nach dem Druck einer deutschen auch den Druck einer lateinischen Kometenschrift Keplers besorgen wollte, zeigte sich jedoch, daß gegen diese Auffassung prinzipielle Einwände vorgebracht wurden[4]. Georg Weinreich (Weinrichius), der Dekan der theologischen Fakultät, dem Tancke das lateinische Manuskript vorgelegt hatte, erklärte, daß Gott nach der Heiligen Schrift keine neuen Geister schüfe (und diese später wieder vergehen ließe); es gäbe lediglich die ursprünglich erschaffenen guten Geister, von denen einige abgefallen, andere im ursprünglichen Stande geblieben seien. Die guten Engel dienten den Menschen, die schlechten schadeten ihnen. Wenn Kepler geschrieben hätte, nicht neue Geister würden von Gott geschaffen, sondern es werde von Gott zugelassen, daß die Kometen von den am Anfang geschaffenen Geistern gelenkt werden, so wäre das annehmbar ge-

---

telligenz angenommen, was ihm dann jedoch aus astronomischen Gründen zunehmend zweifelhaft wurde; vgl. Astr. nova Kap. 57, W III S. 362, 13 ff. Siehe unten S. 274 ff.

[2] W VIII S. 233, 33 ff.: „is siquidem significat aliquid nihilominus, à spiritu aliquo aetherio huc potissimum directus et perductus esse credi potest, vt hominibus illa significaret, quae à Deo iussus fuerat".

[3] Außführlicher BERICHT von dem newlich im Monat Septembri vnd Octobri diß 1607. Jahrs erschienenen HAARSTERN oder Cometen, vnd seinen Bedeutungen, Halle 1608, W IV S. 65, 16—20: „vnd wie / wann ich gleuben wolte / das Gott eben zu diesem Intent allwegen einen newen Geist erschaffe: In massen er ein newes corpus hierzu erschaffet / oder herfür bringet / welcher Geist hernach / wenn der Befelch Gottes außgerichtet / widerumb zu nicht werde / in massen denn auch das corpus verschwindet / vnd sich verleuret". — Kepler denkt hinsichtlich der Entstehung des Kometenkörpers an Urzeugung durch Verdickung der Himmelsluft, indem „solche dicke feiste Materi / gleichsam als in ein Apostem zusammen gezogen / vnd jhrer Natur nach erleuchtet / vnd wie andere Sterne / mit einer Bewegung begabt werde", W IV S. 59, 16 ff.

[4] Im Blick auf die erste (deutsche) Kometenschrift (siehe Anm. 3) schreibt Tancke an Kepler, 30. 12. 1607 (a. St.), W XVI Nr. 472, 3 f.: „... nostri Aristotelici, quae de Spiritibus habes admittere noluerunt". — Im Blick auf die zweite (lateinische): Tancke an Kepler, 24. 1. 1608 (a. St.), W XVI Nr. 479, 16 ff.: „Nostrates Theologi non admittunt nouarum creaturarum creationem post primam: nec euanescentiam illarum, ut arbitror."

wesen[5]. Die Geister vervielfältigten sich auch nicht nach Art der Menschen[6]. Wenn sie aber nicht geschaffen werden, vergehen sie auch nicht, sondern bleiben, wenn der Komet vergeht, für andere Zwecke[7]. Außerdem sei es zweifelhaft, ob die Kometen überhaupt von Geistern gelenkt würden oder nicht einfach durch natürliche Bewegung dahineilten[8]. Mit dieser letzten Bemerkung ist die spezifische signifikatorische Funktion der Kometen überhaupt in Frage gestellt.

Tancke sendet Kepler das Manuskript der lateinischen Schrift zur Korrektur zurück und macht hinsichtlich der Kometengeister den Verbesserungsvorschlag, Kepler solle seine Auffassung im Sinne einer „creatio mediatè", wie sie bei den Fischen und den Tierseelen überhaupt vorkommt, präzisieren[9]. Kepler hat das Manuskript gezwungenermaßen korrigiert und alsbald an Tancke zurückgeschickt[10]. Die umstrittene Stelle hat er darin gestrichen und durch einen neuen Text ersetzt[11]. Die Tatsache, daß ein Geist durch Geschöpfe redet, belegt er durch Hinweise auf Bileams Eselin und die Schlange in der Sündenfallgeschichte sowie auf andere evidente Wunderzeichen und bemerkt dann, daß Gott zu einem solchen Werk ebenso wie einen besonderen Körper, so auch eine neue „Fähigkeit" erwecken könnte, die, nachdem sie ihre Aufgabe beendet hat, mit diesem Körper wieder verschwindet und ins Nichts zurückkehrt[12]. Schließlich nimmt er

---

[5] W XVI Nr. 479, 27 ff.: Weinrichius, Decanus Theologiae „adduxit ex Sacris Deum non creare nouos Spiritus: Spiritus primo creauit bonos, ex bonis quidam defecerunt, quidam in statu permanserunt. Boni hominibus seruiunt: Mali laedunt. Si posuisses, non creari à Deo nouos sed permitti à Deo eos (sc. Cometas) regi (sc. ab olim creatis spiritibus), ferre id potuisset." — Die Übersetzung des letzten Satzes ist schwierig; man wird wie im Text zu interpretieren haben. Tancke bedient sich auch sonst elliptischer Ausdrucksweisen, vgl. W XVI Nr. 468, 2 Satz (Seck).

[6] W XVI Nr. 479, 30 f.: „Nec spiritus eo modo ut homines sese multiplicant."

[7] Ebd. Z. 32 f.: „Si non creantur, non euanescunt, sed euanescente Cometa permanent ad usus alios."

[8] Ebd. Z. 33 f.: „Dubitabat idem an à Spiritibus regantur Cometae, an naturali ferantur motu."

[9] W XVI Nr. 483, 7 ff. (Schreiben vom 29. 2. 1608 a. St.): „De Spiritus creatione etiam sic excusarem: Cometas peculiares habere, quemadmodum pisces in aquis, qui creentur à Deo mediatè, ut animalibus sui." — Gedacht ist offenbar daran, daß die Fische und ihre Seele im Wasser durch Konversion entsprechender Materie entstehen (vgl. W I S. 268, 26 ff., 31), was mutatis mutandis auch von der Seele der Landtiere gilt.

[10] Tancke an Kepler, 5. 3. 1608, W XVI Nr. 484, 2 f.: „Mutasti in tuo scripto mutanda"; Kepler an Brengger, 5. 4. 1608, W XVI Nr. 488, 392: „Mutaui igitur rigorem in latino. At non ualde absurda est mea sententia."

[11] An die Stelle W IV S. 65, 16—20 (zitiert oben in Anm. 3) im deutschen Text ist W VIII S. 233, 10—21 im lateinischen Text getreten.

[12] W VIII S. 233, 14 ff.: „Et quid si Deus ad hoc opus extraordinarium vt corpus, sic facultatem quoque nouam excitet, quae officio defuncta cum hoc corpore rursum euanescat et in nihilum abeat?"

den Hinweis auf die Entzündung und Auslöschung der Tierseelen auf und weist darauf hin, daß diese dennoch während ihres Lebens wie die Heuschrecken und Wachteln in der Bibel nach ihrem Maßstab von Einsicht (ratio) in der Vollendung ihrer Aufgaben geführt würden.

In einem Brief an den Arzt Johann Georg Brengger in Kaufbeuren präzisiert Kepler seine Anschauung. Danach habe er weder hinsichtlich der Materie der Kometen noch hinsichtlich dessen Geistes eine creatio ex nihilo im Sinn. Schöpfung bedeute vielmehr Formung auch präexistenter Materie. Ein Kometengeist würde dementsprechend aus der Materie des Himmels hervorgehen und durch Gottes Willen erleuchtet und bestimmt. Die Mitteilung des göttlichen Willens versteht Kepler dabei nach Analogie eines Sonnenstrahls, der dort, wo er auftrifft, bestimmte Wirkungen hervorruft. Sobald die Aufgabe etwa des Kometengeistes erfüllt sei und sich seine Materie ähnlich wie eine Wolke verflüchtige, könne sich der „Strahl" des göttlichen Willens in anderer Weise inkorporieren[13].

Demnach sind Kometen also nichts anderes als zum Zwecke der Kundgabe des göttlichen Willens kondensierte Materie. Sie sind das in doppelter Hinsicht: einmal im Blick auf den Kometengeist, zum anderen hinsichtlich des Kometenkörpers. Sie ordnen sich so einerseits in den Gesamtzusammenhang der für die Erde und den Menschen bedeutsamen Himmelserscheinungen ein, andererseits stellen sie deshalb außergewöhnliche Erscheinungen dar, weil sie zu bestimmten Zeiten bestimmte Funktionen wahrzunehmen haben.

Es ist aufschlußreich, daß die Theologie an dieser Stelle kritisch war und auf Grund des Schriftzeugnisses schöpfungstheologische Korrekturen forderte, wo der Sinn der creatio ex nihilo gefährdet schien. Die Art solcher Korrekturen ergab sich aus der Eigenart der orthodoxen Schöpfungslehre, die Schöpfung wesentlich als Bereich der Natur interpretierte. Daß es um Korrekturen innerhalb dieses Schöpfungsverständnisses ging, führte dazu, daß Kepler zu naturwissenschaftlicher Präzisierung seiner Auffassung angeregt wurde. Die Verschiebung der theologischen Argumentation auf das Gebiet der Natur kam der naturwissenschaftlichen Methode an dieser Stelle zugute, insofern die Physik des Himmels ohne Rücksicht auf besondere Schöpfungsereignisse immanent fortschreiten konnte und damit auch

---

[13] Kepler an Brengger, 5. 4. 1608, W XVI Nr. 488, 351 ff. 405 ff.: „Materiam Cometarum ex Nihilo procreari non dixj, nec credo. Creari tamen est, ex materia conformari licet praeexistente. Neque tamen absurdum globos exhalare in aetherem ... non puto spiritum ex nihilo produci, sed ex materia coeli, et inde illustrari et informari radio uultus diuini, qui ubi materia uanescit, desinat esse aliquod τοδέ τι, quemadmodum nube uanescente radius Solis, qui illam prius illustrauerat, non manet eo loco, nec tamen perijsse dici potest, pergit enim ulterius, donec aliud quid occurrat." — Es bleibt dahingestellt, wie weit diese Darstellung mit dem Wortlaut W IV S. 65, 16 ff. (siehe Anm. 3) vereinbar ist, wo ausdrücklich von „zu nicht werden" die Rede ist.

die Physik der göttlichen Willenskundgabe zunehmend einsichtig zu werden schien, solange jedenfalls vorausgesetzt wurde, daß es sich bei den Himmelserscheinungen überhaupt um göttliche Willensäußerungen handelt. Die Ablösung des Kometengeistes durch eine bestimmte „facultas" leitete bei Kepler einen naturwissenschaftlichen Abstraktionsvorgang ein, dessen Ergebnisse später, zur Methode geworden, den animistisch bestimmten signifikatorischen Zusammenhang überhaupt auflösten.

Wenn Weinreich auf der anderen Seite an einer göttlichen Willenskundgabe durch Kometen zweifelte, so brachte er damit seinerseits ein legitimes Anliegen biblischer Theologie zur Geltung, das auf Gottes Heilshandeln in der Welt und mit der Welt in der Heilsgeschichte, nicht aber auf besondere Offenbarungen durch Naturereignisse abzielte. Insofern hat die Theologie auch kein Interesse an kosmischen Geistern und ihrer Naturgeschichte. Letztlich waren aus diesem, nicht einfach nur aus biblizistisch-naturkundlichem Grunde erneute creationes ex nihilo angesichts irgendwelcher aktuellen Anlässe abzulehnen. Es war aber verhängnisvoll, daß die Theologie dieses sachliche Anliegen wenig einsichtig machen konnte, indem sie sich lediglich auf den Wortlaut der Schrift bezog und diesen der Naturforschung entgegenstellte. Sie isolierte damit die Arbeit am Buch der Natur nicht nur im Blick auf ihre sachgerechte Immanenz, sondern auch von ihrer homologischen Voraussetzung.

Ein ähnliches Problem hatte Kepler schon einmal im Zusammenhang mit der Nova von 1603 behandelt[14]. Dort widerlegt er im Anschluß an einen Briefwechsel mit David Fabricius[15] die von Theologen vertretene Auffassung, daß neue Sterne seit Erschaffung der Welt existierten, im Verborgenen gehalten und dann entzündet würden, um nach ihrem Erlöschen für eine neue Erleuchtung übrigzubleiben[16]. Diese theologisch begründete Konstruktion läßt sich für Kepler aus physikalischen Gründen nicht halten. In ihr zeigt sich in der Tat die Fatalität theologischer Extrapolationen in das Gebiet der Physik. Die Spekulation läßt leicht ihr sachlich begründetes Motiv in Vergessenheit geraten.

Eine andere Erklärungsmöglichkeit wäre die: Es gibt plötzlich entstandene, neue Körper am Himmel; diese werden entweder unmittelbar von der Allmacht der göttlichen Majestät geschaffen, durch die Gott am Anfang die ganze Welt gemacht hat, oder sie bilden sich durch irgendeine Kraft der himmlischen Natur, durch Kondensation etwa von Ausdünstungen infolge Kälteeinwirkung[17]. Beides hält Kepler grundsätzlich für mög-

---

[14] De stella nova XX (ff.). Vgl. dazu den Nachbericht von *Caspar*, W I S. 453 ff.   [15] Vgl. W I S. 467.   [16] W I S. 248 ff.

[17] W I S. 248, 20 ff.: „non lumen tantùm, sed et corpora ipsa in coelo existere repentina et nova: seu creentur absolutâ illâ divinae majestatis potentiâ; qua Deus totum initio mundum est fabricatus: seu consistant aliquâ coelestis Naturae vi, ad eum modum, quo in hoc sublunari aere consistunt pingues illae,

lich. Die erste Auffassung wurde auch von theologischer Seite vertreten. Hier, wo es sich nur um Körper handelt, werden also die von der Schöpfungsgeschichte der Genesis bestimmten Bedenken hinsichtlich einer neuen Schöpfung in der Gegenwart nicht geteilt; es wird kurz von einem göttlichen Wunder gesprochen. Damit ist der Begriff von Gottes Allmacht aber soweit ins Absolute abstrahiert, daß er keinen Erkenntnisgewinn mehr bietet. Das ist auch Keplers Meinung: Unter solcher Voraussetzung lohnte es sich nicht weiterzufragen, was doch aber mit Erfolg möglich ist[18]. Diese Auffassung macht es sich zu leicht, indem sie Gott für alles und damit praktisch für nichts in Anspruch nimmt und die Kausalforschung abschneidet. Ihre Dynamik entwickelt sie freilich in umgekehrter Richtung, sobald die Naturwissenschaft in faktischer Eigenständigkeit ihre eigene Theorie entwickelt. Dann schneidet sie nicht mehr die Kausalanalyse ab, sondern rückt an deren Grenze. Kepler sieht in dieser ersten Auffassung nur eine ultima ratio (im Sinne von letzter Möglichkeit der Vernunft!), falls eine physikalische Erklärung nicht gelingt. Findet sich eine hinreichende physikalische Erklärung, würde jene für Kepler hinfallen. Deshalb neigt er zu der letzteren Denkmöglichkeit und stellt ausführliche Überlegungen zu diesem Thema an.

Wenn die Theologie, wie sie etwa von D. Fabricius gegen jenen Absolutismus vertreten wurde, eine spontane göttliche Schöpfung ex nihilo verneint, bewahrt sie in ihrem Schöpfungsverständnis immerhin ein wesentliches Moment: Sie widerstreitet damit von der biblischen Offenbarung her einem Gottesverständnis, das um des Göttlichen willen von einer potentia absoluta spricht und dadurch den geschichtlichen Bezug auf die Wirklichkeit der Welt zu verlieren droht. Dieses Moment wäre in der Lage, die faktische Geschichtlichkeit des Handelns und Redens Gottes in der Welt zu wahren und zugleich das Kausalschema gelten zu lassen. Die spekulative Entfaltung hat den Sachverhalt jedoch wieder verdeckt.

Die Rede von der potentia absoluta Gottes hat freilich in der Geistesgeschichte der beginnenden Neuzeit indirekt die empirische naturwissenschaftliche Forschung entscheidend gefördert, insofern sie die Vernunft auf den empirischen Kausalzusammenhang warf als einzige Möglichkeit, gesicherte Erkenntnis zu gewinnen[19]. Auch für Kepler schließt sie die Mög-

---

seu mavis, aridae exhalationes; quae conglobatae vi frigoris, in stellas discurrentes convertuntur".

[18] W I S. 267, 10 ff.: „Theologi, eorum contrarij, quos supra refutavimus, faciles sunt, ut statuant, miraculum à Deo ipso patratum, creato novo sidere . . . si huic sententiae acquievissemus; nihil erat opus de materia dicere."

[19] Vgl. *H. Blumenberg*, Die Legitimität der Neuzeit, 1966. Kritisch zu Blumenberg *H. A. Oberman*, Contra vanam curiositatem, Theol. Studien 113, Zürich 1974. Vgl. hier S. 37 f. „Die Basis für die modernen Naturwissenschaften entstand . . . durch die Koalition von *experientia* und *potentia ordinata*" im Nominalismus, S. 38.

lichkeit ein, weiter nach Gründen zu suchen. Werden solche gefunden, scheidet Gott als unmittelbare Ursache aus. Damit ist der lange Weg zu einem rein naturwissenschaftlichen Weltbild geöffnet, das dann keinen Platz mehr für eine Gottheit bietet. Eine solche Gottheit ist freilich auf diesem Wege auch zur bloßen Hypostase der Kausalanalyse, zu einem nur noch unbekannten Kausalfaktor größten Ausmaßes geworden. Dieser Gottesbegriff hat aber mit dem ursprünglichen Gottesverständnis der biblischen und christlichen Tradition nichts mehr gemein. Insofern setzt sich in der theologischen Weigerung, eine aktualistische creatio ex nihilo abgesehen von der ursprünglichen Schöpfung anzuerkennen, eine grundlegende Wahrheit durch, die die geschichtliche Faktizität des Handelns Gottes ebenso wahrt wie sie andererseits das naturwissenschaftliche Denken auf seine wesenhafte Weltimmanenz verweist. Dieser Verweis auf den innerweltlichen Kausalzusammenhang eröffnet also ebenso die Möglichkeit besserer Welterkenntnis wie sie an das Wesen theologischer Erkenntnis erinnert und insofern auch auf bessere theologische Erkenntnis zielt. Indem die orthodoxe Schöpfungstheologie freilich ihrerseits das Kausalschema benützt, steht sie selbst in der Gefahr, dem naturwissenschaftlichen Denken integriert und dabei oder auch im Gegenzug gegen solche Integration überrollt und außer Geltung gesetzt zu werden.

Es ist bezeichnend, daß Kepler bei der Frage nach der materiellen Herkunft des neuen Sterns auf die Lösung, daß es sich hier um eine unmittelbare Schöpfung Gottes handeln könnte, verzichtet. Doch gelingt eine natürliche Erklärung für alle Elemente der in Frage stehenden Konstellation nicht. Das bewegt Kepler schließlich doch zu der betonten und durch die naturwissenschaftliche Diskussion nunmehr entscheidend vergewisserten Aussage: „Ganz sicher und mit vollem Vertrauen erkläre ich: Dies neue himmlische Wunderzeichen ist von dem allmächtigen Gott selbst mit den drei so vereinten Planeten Saturn, Jupiter und Mars verbunden worden, durch seinen gewissen Ratschluß, der auf das Heil der Menschen gerichtet ist."[20] Dabei kann es offenbleiben, ob Gott sich dabei natürlicher Kräfte bedient oder die Nova gewissermaßen als einen Strahl seiner außerordentlichen Allmacht offenbart hat[21]. Diese Aussage versteht Kepler wesentlich als empirisch begründeten logischen Schluß aus seinen naturwissenschaftlichen Erörterungen. Der Schöpfungsglaube ist hier eindeutig eine

---

[20] W I S. 291, 15 ff.: „securissimè et plenâ fiduciâ pronuncio: associatum esse novum hoc coeleste prodigium ab ipso omnipotente Deo, tribus Planetis, Saturno, Jovi et Marti, tunc conjunctis, certo consilio, ad hominum salutem directo."

[21] W I S. 291, 27 ff.: „Quam ad rem sive Naturâ fuerit usus ministrâ, sive hunc veluti radium extraordinariae omnipotentiae exseruerit; utrinque illud verum est: *Ipse dixit, et facta sunt; ipse mandavit, et creata sunt.* Ipse enim si Naturae dicat, Gigne; Natura anteà mortua ad gignendum, facultatem animalem accipit, acceptâque gignit."

Funktion der Naturerkenntnis. Das Schöpfungsverständnis ist ein logisches.

Auch dieses naturtheologische Schöpfungsverständnis ist aber bezogen auf das Heil des Menschen: Das aus naturwissenschaftlicher Einsicht als göttlich erkannte Himmelsereignis hat soteriologische Funktion. Diese Funktion ist einerseits eine hermeneutische. Die Konstellation weist auf ein geschichtliches Heilsereignis hin, sie ist nicht schon dieses selbst, so sehr sie doch auch selbst wunderbar ist. Im Blick auf die ganze Himmelserscheinung, abgesehen von ihrer speziellen hermeneutischen Bedeutung, die vielleicht noch dunkel ist, ist für Kepler andererseits entscheidend der hier sich ereignende Erweis der Allmacht und Weisheit Gottes. Sein Gebet ist jedoch, daß Gott ihm anbefehlen und ihn also dazu instand setzen möchte, den Menschen die Bedeutung des neuen Sterns zu verkünden, dieses Buchstabens, der von Gottes Finger am höchsten Himmel geschrieben steht[22]. Die Erfüllung dieses Wunsches würde ihm Gewißheit verleihen[23].

Im Sinne der astrologischen Denkbewegung Keplers muß die Überlegung aber noch weitergehen. Sie kann sich nicht mit einem bloßen Nebeneinander von wunderbarem Ereignis selbst und seiner hermeneutischen Funktion begnügen. Ihre Tendenz muß sein, beides miteinander in Beziehung zu setzen und zuletzt das eine aus dem anderen abzuleiten zu versuchen. Das Himmelsereignis wäre dann als göttlich bestimmte physikalische Ursache anzusehen, die das geschichtliche Ereignis hervorruft. Diesen Schritt vermochte Kepler sachlich nicht zu vollziehen, weil an dieser Stelle keine empirisch überprüfbaren Anhaltspunkte mehr gegeben waren. Insofern bleibt es bei der Dualität von Zeichen und gemeinter Sache, wobei das Zeichen selbst in die Dualität von materieller Erscheinung und wunderbarer Lenkung, die auf die Weisheit des Lenkers verweist, in Körper und Geist, zerfällt.

d) Empirie, Wort und Geist

Die Beispiele für die grundlegende signifikatorische Bedeutung der Himmelserscheinungen mögen genügen. Sie zeigen, daß Kepler die gegenwärtige Sprache des Himmels in doppelter Weise neben die der Bibel stellt, einmal in historischer, zum anderen in sachlicher Hinsicht. Das entspricht dem zweifachen Verständnis der Autorität, die für ihn der Heiligen Schrift zukommt.

---

[22] Ebd. Z. 32 ff. (Fortsetzung des vorigen Zitats): „Ipsum supplex precor, si tamen hoc fas precari; ut siquidem res ipsi grata est futura, mihi quoque imperet, enarrare hominibus, quid sibi velit haec stella, haec nimirum Dei digito in summo coelo exarata litera."

[23] Ebd. Z. 35 (Forts.): „Quod meum votum si ratum ab eo haberi certus essem; nihil dubitarem, quin de ipsius gratia protinus et hoc ipsum possem."

Die Autorität der Schrift ist einerseits eine historische. Die Bibel ist im Blick auf die Astrologie gültige empirische Quellensammlung für die Signifikanz normaler (z. B. Jahreszeiten) und außerordentlicher astronomischer Ereignisse. Besondere, an sich schon wunderbare Geschehnisse am Himmel korrespondieren entsprechenden Ereignissen auf der Erde, die Heilscharakter haben. Dieser Sachverhalt wird nun dadurch ergänzt, daß in der Gegenwart neben dem unveränderten, immer gleich wirksamen normalen Lauf der Gestirne ähnliche unerwartete Himmelserscheinungen auftreten. Kepler meint auf der Erde auch jetzt dazu korrespondierende Ereignisse beobachten zu können. Diese haben für ihn ebenfalls Heilscharakter.

Dieser astrologischen Parallelisierung von biblisch-antiker und übriger, nachchristlicher Geschichte im Sinne einer historischen Kontinuität liegt also einerseits eine Extrapolation der entsprechenden biblischen Berichte zugrunde. Andererseits ist sie das Ergebnis eigener Beobachtungen, die unabhängig von ihrer biblischen Parallele eigene Autorität gewinnen. Wenn es damals signifikatorische Naturereignisse gab und solche Ereignisse auch heute beobachtet werden, ist nicht einzusehen, warum diese nicht ebenfalls auf soteriologisch relevante Geschehnisse verweisen sollen. Das gilt unabhängig von der Frage, ob diese Beobachtungen aus der Sicht des 20. Jahrhunderts sachlich zutreffen oder nicht. Entscheidend ist die subjektive Überzeugung Keplers, die den methodischen Ansatz seines Denkens bestimmt. Hier tritt eindeutig die Autorität der Erfahrung neben die der Überlieferung, die exzeptionell durch die Bibel repräsentiert wird. Bibel und Erfahrung treten gleichwertig nebeneinander. Dabei ist zwar letztere durch erstere präjudiziert, umgekehrt wird aber die Bibel nunmehr auch durch die Erfahrung befragt und kontrolliert. Insbesondere wird aber nach den diesen Ereignissen zugrunde liegenden Gründen gefragt und damit ein neues Instrumentarium zur Verständniskontrolle sowohl der Überlieferung als auch der Beobachtung geschaffen, das seinerseits der weiteren Kontrolle der Beobachtung unterliegt. Wo die so begründete Empirie der biblischen Überlieferung widerstreitet, wird diese nicht mehr als naturkundlich verbindlich anerkannt und demzufolge als äußerliche Akkommodation an die Volkssprache verstanden. Hier hat eine Entwicklung begonnen, die zur vollständigen Emanzipation der von der Beobachtung bestimmten und kontrollierten Kausalanalyse zur Naturwissenschaft im modernen Sinne führen wird. Anfänge dieser Entwicklung liegen in der empirischen Textauslegung vor allem der Heiligen Schrift, wie sie auch von der Theologie betrieben wurde.

Auf der anderen Seite bezieht sich die Autorität der Schrift auf ihren Inhalt, auf die in ihr enthaltene Heilswahrheit. Hier liegt das eigentliche Proprium der Schrift. Auch die in ihr berichteten himmlischen Zeichen und Wunder beziehen sich unabhängig von ihrer astronomischen Relevanz auf das Heilsgeschehen. Die Akkommodation der Sprache dient der Verkündigung des Heils.

Charakteristisch ist aber nun, daß eben zwischen Heilsinhalt und Sprachgestalt unterschieden werden muß. Die Sprachgestalt ist Artikulation, Objektivation des Inhalts, nicht schon dieser selbst. Insofern die Sprachgestalt den Heilsinhalt bezeugt und umfaßt, kommt ihr auf der anderen Seite dann auch selbst besondere Bedeutung zu. Sie kann dann wegen ihrer Funktion isoliert betrachtet werden und wird so zum Anlaß einer spezifischen Gedankenreihe, deren Bezug zum Inhalt durch eigentümliche Abständigkeit charakterisiert ist.

Der Zusammenhang von Heilsbotschaft und der schriftlichen Form ihrer Überlieferung ist von der altprotestantischen Dogmatik in der Lehre von der Schrift im einzelnen entfaltet worden[1]. Während für Luther und anfangs auch bei Melanchthon verbum Dei und scriptura als Heilsinhalt und Sprachgestalt im dynamischen Sinne der überführend, richtend Heil schaffenden Predigt theologisch eine nicht zu trennende Einheit darstellten, wurden durch die zergliedernde Entfaltung des Lehrinhalts in den nächsten Generationen die Schrift und ihre Affektionen eigenständiges Thema der Dogmatik. Heerbrand stellt einen ersten Locus De Sacrosancta Scriptura an den Beginn seines Kompendiums. Am Anfang dieser Lehrentwicklung spricht er bereits von Gott als Autor der Heiligen Schrift[2], der seine Heilsbotschaft durch den Heiligen Geist diktiert habe. Damit ist formal eine Identifizierung von Gottes Wort und Heiliger Schrift erreicht. Zur Charakterisierung ihres Inhalts und zur Bezeichnung seiner existentiellen Wirksamkeit muß dann aber die Lehre von der Inspiration[3] herangezogen werden, die sich schließlich in der Aufnahme der These von der Verbalinspiration wesentlich auf die Form der Schrift bis in die einzelnen Wörter, Vokal- und Satzzeichen hinein bezieht[4]. Wird die göttliche Autorschaft der Bibel einmal auf diese Weise zu bezeichnen versucht, kann sie schließlich nach Antrieb zum Schreiben sowie Eingebung hinsichtlich des Inhalts und der Form zu beschreiben unternommen werden. Die Schrift ist damit zum historisch erklärten Glaubensobjekt geworden. Nach der

---

[1] Vgl. *Heppe*, Prot. I S. 207 ff.; *Ratschow* I S. 81 ff.; *Heppe* S. 10 ff.

[2] Compendium Theologiae (1579), S. 8: „autoritatem suam eminentem habent (sc. libri & scripta Canonica) principaliter à suo authore Deo". S. 18: „Quis est author Scripturae sacrae? Deus, qui per Spiritum sanctum, suam de salute generis humani, per filium incarnatum voluntatem patefecit, & dictauit Prophetis, Apostolis, & Euangelistis." S. 19: Scriptura sacra „a Deo ipso ... profecta est authore. Est enim Epistola Dei ad genus humanum, in qua se, suamque voluntatem ei patefecit".

[3] Vgl. *O. Weber*, Inspiration der hl. Schrift, dogmengeschichtlich, RGG III, Sp. 775 ff.

[4] Vgl. auf lutherischer Seite *Matthias Flacius Illyricus*, Clavis Scripturae Sacrae, 1567, Neudruck Frankfurt 1719, Bd. II, S. 646 f. (*E. Hirsch*, Hilfsbuch zum Studium der Dogmatik, 3. Aufl. 1958, S. 314).

subjektiven Seite hin beschreiben die lutherischen Dogmatiker die Vergewisserung des Heilsinhaltes der Schrift und seiner Gültigkeit auf Grund
seiner Herkunft von Gott mit dem Theologumenon vom „inneren Zeugnis
des Heiligen Geistes"[5]. Das bezieht sich auf „die kirchliche und individuelle Erfahrung von der Bedeutung der Heiligen Schrift"[6]. Sie meinen
damit „nichts andres als das Zeugnis des Evangeliums selbst, d. h. den
demonstrativen und adhortativen Hinweis auf Christum"[7]. Doch wenn
dieses testimonium neben die objektive Gestalt der Schrift tritt, sind damit Zeichen und Sache faktisch als zweierlei unterscheidbar. Innen und
Außen beginnen auseinanderzufallen. Das Ergebnis ist eine Dualität von
Form und Inhalt, deren Elemente freilich eng aufeinander bezogen bleiben[8].

In stärkerer Akzentuierung wird diese Dualität bei Calvin sichtbar[9].
Auf Grund der göttlichen Autorschaft der Heiligen Schrift bietet diese
neben ihrer eigentlichen soteriologisch-christologischen Abzweckung —
Glaube und Bekehrung — eine homologische Beschreibung des einen und
wahren Gottes als Schöpfer und Lenker der Welt „mit sicheren Hinweisen
und Zeichen"[10]. Das innere, geheime Zeugnis des Heiligen Geistes[11] sieht
Calvin als Beglaubigung (probatio)[12] dessen, daß Gott durch die Schrift
redet. Es versiegelt (obsignat) das Wort, daß es im Menschenherzen Glauben finde[13]. Auch hier ist noch eine Sachbezogenheit von Wort und Inhalt
intendiert. Beides wird jedoch unterschieden, und jedes bedarf der Ergänzung durch das im Grunde selbständig gedachte andere. Der Geist muß

---

[5] Vgl. *J. Gerhard*, Loci Theologici (Ausgabe 1863 = 1657 und 1767), l. II,
36: „Primum (testimonium) est *internum spiritus sancti testimonium*, qui ut
reddit *testimonium spiritui credentium, quod sint filii Dei* Rom. 8. v. 16, ita
quoque efficaciter eos convincit, quod in Scripturis vox Patris coelestis con-
tineatur ac solus Deus est idoneus et authenticus testis."

[6] RE IX, 200, 22 ff.

[7] *W. Elert*, Der christliche Glaube, 3. Aufl. 1956, S. 465.

[8] Vgl. die Begriffe signum und signatum, materia und forma bei Gerhard;
siehe *Ratschow* I S. 89.

[9] Vgl. zum Folgenden auch *P. Althaus*, Die Prinzipien der deutschen reformierten Dogmatik im Zeitalter der aristotelischen Scholastik, 1914 (= 1967),
S. 203 ff.

[10] Inst. I, 6, 2; op. sel. III S. 62, 16 ff.: „... praeter doctrinam fidei et poeni-
tentiae propriam, quae Christum Mediatorem proponit, Scripturam unicum et
verum Deum quatenus mundum creavit et gubernat, certis notis et insignibus
ornare, ne misceatur cum falsa deorum turba". Übersetzung von O. Weber,
2. Aufl. 1963, S. 21.

[11] Calvin spricht Inst. I, 7, 4 neben interius Spiritus testimonium (op. sel. III
S. 70, 4 f.) 1559 von arcanum testimonium, während in den Ausgaben von
1539—1554 von testificatio interior die Rede ist, op. sel. III S. 69 f.

[12] Inst. I, 7, 4; op. sel. III S. 68, 30.

[13] Ebd., op. sel. III S. 70,2 ff.: „Nam sicuti Deus solus de se idoneus est testis
in suo sermone: ita etiam non ante fidem reperiet sermo in hominum cordibus
quam interiore Spiritus testimonio obsignetur." Vgl. S. 70, 20—22.

zum Worte hinzutreten[14]. Beides tritt in der reformierten Lehrentwicklung dann zunehmend auseinander[15]. Die Leidener Synopsis von 1625 kann bereits sagen, „Deum per Spiritum et (!) verbum suum . . . perpetuo adesse verae ecclesiae suae . . .", und damit Wort und Geist ausdrücklich als zweierlei nebeneinanderstellen[16]. Im Hintergrund steht die Prädestinationslehre, der zufolge zwar alle Menschen Gottes Wort hören, aber nur die Erwählten es wirklich verstehen können, also das Zeugnis des Heiligen Geistes erfahren.

Kepler nimmt in seinem theologischen Denken diesen Teil der Schriftlehre wie diese selbst sachlich auf, ohne doch einen theologischen Prädestinatianismus anzuerkennen. In seiner Betonung der „unctio, quae docet me" kann man unschwer das testimonium Spiritus sancti internum wiedererkennen. Sowohl jene „unctio" wie dieses „testimonium" bezieht sich dabei auf die Schrift als ganze. Ähnlich denkt Kepler aber auch, wenn er von der signifikativen Bedeutung bestimmter himmlischer Ereignisse spricht. Auch hier sind die Botschaft und ihr Träger unterschieden. Die Analogie findet sich allgemein bei der parallelen Gegenüberstellung von qualitativer und quantitativer Ursache der Gestirnseinwirkung auf irdische Welt und Menschen.

Man könnte schon bei der Dualität von „species immateriata" und materieller Strahlung, hauptsächlich des Lichtes, spekulativ an ein analoges Verhältnis denken. Die species immateriata als bestimmte Verhältnisse und bestimmtes Verhalten auslösendes Prinzip überträgt ihrerseits gewisse „Qualitäten" der Sterne wie Farbe, Wärme, Feuchtigkeit, die wiederum als spirituelle Wesenheiten verstanden werden könnten. Sind solche spirituellen Potenzen letztlich doch materiell gedacht, so wäre auf Grund einer so konstruierten Parallele zum Begriff der unctio zu fragen, ob auch diese zwar nicht materiell definiert, doch kategorial so gedacht ist.

Die Analogie liegt bei Kepler jedoch noch anders. Zunächst: Wenn ein besonderes Himmelsereignis als solches auf Grund seiner Wunderbarkeit, also mangelnden Rückführbarkeit auf natürliche Gründe, bereits signifikant ist und auf Gottes Weisheit und Allmacht verweist, ist dadurch das Gegenüber von quantitativ beschreibbarem Zeichenzusammenhang und geistigem Inhalt, der sich auf das Ganze des zeichenhaften Komplexes bezieht, gegeben. Das Bekenntnis zur Allmacht und Weisheit des Schöpfers bedeutet ein Verstehen der signa. Dieses grundsätzliche Verstehen ist nicht dadurch beschränkt, daß der weitere geistige Bezug auf das konkrete geschichtliche Ereignis, das das Himmelszeichen meint, noch

---

[14] Vgl. Inst. III, 2, 33 ff.; op. sel. IV S. 44 f. Vgl. *Althaus*, aaO. S. 208.

[15] Vgl. *Althaus* aaO. S. 218 ff., S. 230 ff.

[16] V 39, *Heppe* S. 33. Vgl. auch *P. Martyr* (Heppe S. 29): „Duo semper existimavi esse insignia, quibus veritatem deprehendimus literarum divinarum: *Spiritum* inquam *sanctum* atque (!) *ipsummet verbum Dei.*"

nicht verstanden ist. Tritt dieses weitere Verstehen ein und könnte gar der physikalisch-physiologische Zusammenhang, mit dessen Hilfe es zu diesem Verstehen kommt, geklärt werden, würde das Beieinander von signum und signatum vollends als zwar wechselseitig aufeinander bezogenes, doch als Nebeneinander von materiellem und geistigem Zusammenhang deutlich werden. Insbesondere bei den Kometen haben wir gesehen, wie Körper und Geist als traditionsgemäß unterschiedene Wesenheiten um der sprachlichen Funktion willen zusammengedacht werden und doch zweierlei bleiben. Die Physiologie beider kann getrennt diskutiert werden. Der Kometengeist als Informand des Gottes- und Informator des Menschengeistes wendet sich nach Gottes Willen auf verborgene, innere Weise an seinen Adressaten, der ihn versteht. Hier sind äußere Erscheinung und „inneres" Verstehen durchaus zweierlei. Das mit dem objektiv Sichtbaren eigentlich Gemeinte ist nur den hierfür gewissermaßen Prädestinierten, durch die Geburtskonstellation dafür Programmierten erkennbar. In eigenartiger Verhüllung und Verfremdung tritt hier fast wieder so etwas wie ein prädestinatianischer Sachverhalt hervor. Dieser hat aber mit der spezifisch theologischen Prädestinationslehre kaum etwas gemein.

Man wird diese Parallelen nicht überinterpretieren dürfen, sie aber auch nicht übersehen können. Der Himmel spricht Gottes Sprache in ähnlicher Weise wie die Bibel, nicht nur so, wie es die Bibel bezeugt, sondern auch so, wie die Bibel selbst Gottes Willen bezeugt.

Der geistesgeschichtliche Kontext der Keplerschen Signaturenlehre kann hier nicht im einzelnen aufgezeigt werden. Hinzuweisen wäre beispielsweise auf Franz Lambert von Avignon, der der littera als Inbegriff alles Geschaffenen den spiritus als Verstehen der Wirklichkeit im Lichte Gottes gegenüberstellt, weiterhin auf den Spiritualismus der Reformationszeit[17] und die Linie, die sich von der signatura-Lehre des Paracelsus über Johann Arndt bis zu Jakob Böhme beobachten läßt[18]. Böhme versteht unter der signatura rerum „die Bezeichnung der Dinge oder äußere Gestalt der Dinge, wodurch sich ihr inneres Leben offenbart"[19] und kann von dieser Bezeichnung als „Kasten oder Behalter des Geistes"[20] sprechen. Hier ist deutlich, noch dualistisch ausgebaut, jene Zweiheit wiederzufinden, die auch Kepler der Interpretation kosmischer und bestimmter irdischer Ereignisse und Zusammenhänge zugrunde legt. Inhalt und Ausdrucksmittel sind zweierlei, und logisch ist damit die Möglichkeit gegeben, beide Teile dieser Zweiheit selbständig weiter zu bedenken.

---

[17] Vgl. *C. Schwenckfeld*, De cursu verbi Dei, 1527, Corpus Schwenckfeldianorum II (1911), S. 592 ff.

[18] Vgl. *G. Ebeling*, Geist und Buchstabe, RGG II, Sp. 1290 ff., Sp. 1294 f. — Kepler erkennt Arndt an. Er nennt ihn eine „heilige Seele" und betrachtet zumindest bestimmte seiner Meditationen als notwendig und beklagt ihre Vernachlässigung: Kepler an J. Seussius, 15. 7. 1622, W XVIII Nr. 934, 62 ff.

[19] Sämtliche Schriften, 1730, Bd. XI S. 38.

[20] Ebd. S. 334.

Am deutlichsten zeigt sich die Analogie zwischen dem Verhältnis von Buchstabe und Geist der Bibel und dem vom Himmelskörper als himmlischem Buchstaben und seiner Bedeutung, wenn bei Kepler die species immateriata als quantitatives materiale der quantitativen geometrischen Rezeption solcher Einwirkungen parallel gegenübertritt. Eine Bedeutung der Gestirnstrahlen wird erst dann verstehbar, wenn ein rationaler, d. h. geometrisch nachvollziehbarer Aspekt auftritt und dieser dem instinctus geometricus der empfangenden Seele etwas „sagt", ihm ent„spricht". Die Geometrie ist das Medium des tiefsten Verstehens. Das Begreifen des geometrischen Verhältnisses ist jedoch von den dies Verhältnis bildenden Strahlen abhängig.

Charakteristisch ist nun, daß beide Seiten dieser Beziehung getrennt voneinander bedacht werden können. Wie gewissermaßen philologische Textbetrachtung und theologische Reflexion des Inhalts der Bibel getrennt betrieben werden können, so kann eine physikalische Analyse der Himmelskörper und ihrer Bewegungen neben die mathematische Beschreibung ihres Sinnes treten. Physik und Mathematik bilden dann zwei zwar wesenhaft aufeinander bezogene, doch unabhängig voneinander bearbeitbare Bereiche der Wirklichkeitserfahrung.

In der Theologie sind der Verselbständigung der Reflexion über die Schrift abgesehen von ihrem Inhalt von der Sache her enge Grenzen gesetzt. Eine solche Objektivation wird sinnlos, wenn die signifikative Funktion des Zeichens vernachlässigt wird. Dann bliebe nur noch die Möglichkeit, den gemeinten Inhalt selbst beiseite zu tun.

In einem bestimmten Stadium der geistesgeschichtlichen Entwicklung der Aufklärung ist das dann auch tatsächlich der Fall. In der Theologie, die bei ihrer Sache bleiben will, findet daher die Reflexion ihres Inhalts in enger Verknüpfung mit ihrem Erkenntnisprinzip, der Schrift, und die Reflexion über die Schrift in Relation zu ihrem Inhalt statt. Die Lehre von der Inspiration der Schrift und die Frage der Vergewisserung des Inhalts der Schrift, die mit dem Hinweis auf das testimonium Spiritus sancti internum beantwortet wird, hängen eng miteinander zusammen, insofern es der gleiche Gottesgeist ist, der als Autor der Schrift und als Urheber des Geisteszeugnisses angesehen werden muß. Deshalb kann sich auch Kepler auf die unctio durch den Geist, der zugleich Urheber der Schrift ist, für seine Schriftauslegung gegen den Anspruch des katholischen Traditionalismus berufen. Und doch treten im Verlauf der orthodoxen Lehrentwicklung Schriftlehre und dogmatische Entfaltung des Schriftinhalts nebeneinander. Der grundlegende Bezug bleibt insofern bestehen und gewahrt, als die Schriftlehre in den Prolegomena zur Dogmatik und der Heilsinhalt selbst im Corpus der dogmatischen Loci behandelt wird. Principium cognoscendi und principium essendi der Theologie sind aufeinander bezogen. Doch sind es in der Tat nun zwei Prinzipien, die gesondert behandelt werden. Wird ihr Zusammenhang formalisiert, hat das Rückwirkungen auf die denkerische Entfaltung beider Seiten, und es kommt zu extremen Lehrbildungen sowohl im einen wie im anderen Bereich. Die Lehre von der extremen Verbalinspiration entfaltet auf der einen Seite die objektive Inspiriertheit der Schrift nach der Faktizität ihres Textes wie hinsichtlich des psychologisch-physiologischen Vorgangs seiner Entstehung. Auf der anderen Seite wird die Lehre von der Person Christi eigenständig auf Grund der Zweinaturenlehre entfaltet und zu einer selbständigen, von den Einsetzungsworten unabhängigen Begründung der Gegenwart des Leibes Christi im Abendmahl entwickelt. Aus der denkerischen Rechenschaft über die Möglichkeit der Gegenwart des Leibes Christi (Luther) wird die objektive Maxime der Notwendigkeit seiner Allgegenwart (Brenz)[21]. Hier möglicher Spekulation wird wiederum die nun als inspiriert objektivierte Schrift als regulatives Prinzip entgegengestellt (Chemnitz)[22]. Aus der phänomenalen Wirklichkeitserfahrung werden objektive Lehren, die zwar Ausdruck dieser Erfahrung sind und bleiben, die die zum Verstehen führende Vermittlung dieser Erfahrung aber entgegen ihrer Intention geradezu erschweren und schließlich zu verstellen in der Lage sind. Das zeigt sich in erschütternder Weise im Fall Keplers, der zuletzt nicht nur vom Verstehen, sondern auch von der faktischen Gemeinschaft im Abendmahl ausgeschlossen wird.

Auf reformierter Seite findet die Objektivierung der durch die Schrift gegebenen Besonderheit des Inhalts der Theologie ihren Niederschlag weniger in der Christologie als vielmehr in der Gotteslehre. Die Prädestinationslehre behält zwar ihren grundlegenden Bezug auf die Schrift, stellt selbst jedoch eine eigenständige rationale Entfaltung der in der Schrift gegebenen faktischen zu einer unbedingten, zu Gottes Ehre geforderten Exklusivität des Heils dar. Von ihr hängt wiederum die Spezifität des inneren, Heil bezeugenden und damit gewährenden Zeugnisses des Heiligen Geistes und also das Verstehen der Schrift ab.

Die katholische Hierarchie schließlich versteht sich ihrerseits als Objektivation des Heiligen Geistes, die die verbindliche Auslegung und Gültigkeit der Schrift garantiert und deshalb zu ihr hinzutreten muß.

In allen drei Konfessionen läßt sich beobachten, wie die Objektivierung des ursprünglichen Geschehenszusammenhangs von Wort und Glaube, die zur Dualisierung von Schrift und Schriftinhalt führt, auf beiden Seiten der Dualität eine Verwendung quantitativer Kategorien aus sich heraussetzt[23]. Die Inspiration der Verfasser der biblischen Schriften wird schließlich als

---

[21] So im Eucharistietraktat von 1557 (opera VIII S. 507 ff.), vgl. *Mahlmann* S. 135 Anm. 51, S. 158 ff.

[22] Vgl. *Mahlmann* S. 207 ff.

[23] Zum Problem vgl. *Th. F. Torrance*, Space, Time & Incarnation, London 1969.

physiologischer Vorgang beschrieben, die Inspiriertheit der Texte ist zwar eine Qualität, jedoch eine physische, die von der der Quantität der biblischen Buchstaben und gar Vokal- und Satzzeichen abhängig ist. Auf der anderen Seite wirkt die Mitteilung der natürlichen Eigenschaften in der Person Christi im Rahmen der Communicatio idiomatum ebenfalls wie ein physikalischer Vorgang, und die Allgegenwart des Leibes Christi ist zwar illokal und übernatürlich gemeint und trägt dadurch qualitativen Charakter, gerät aber doch auch in der Negation mit dem Begriff der Gegenwärtigkeit wieder in die kategoriale Nähe des Lokalen, Räumlichen und wird in der Abendmahlslehre quantitativ-substanziell (materia coelestis). Die Intention ist eine durchaus andere, und das bedingt auch die letztliche Irrationalität der Lehre, die durch den ständigen Verweis auf das „non geometrice" der Gegenwart Christi gewahrt bleiben soll. Doch bei den verwendeten Denkmitteln hält es schwer, das quantitative Mißverständnis abzuwehren. Deshalb beziehen sich die Reformierten von vornherein auf den Geist. Doch die Prädestinationslehre bedingt eine Weltordnung, in der auch das Heil mit Naturnotwendigkeit bereits bestimmt und die Zahl der Erwählten quantitativ festgelegt ist. Die Qualität der Erwählung wird umgesetzt in quantitative Beschreibung. Der physische Charakter der Inspiration der katholischen Hierarchie entspricht schließlich seinerseits dem der Verfasser der Heiligen Schrift, und das Heil ist hier besonders eindrücklich gemäß den verschiedenen Stufen von Hierarchie und Heiligkeit quantifizierbar.

Wir beobachten also geistesgeschichtlich sowohl auf naturkundlichem wie auf theologischem Gebiet einen allgemeinen Abstraktionsvorgang, der das quantitative Element des geschichtlichen Geschehenszusammenhangs isoliert und auch seinen qualitativen Bezug zu objektivieren und damit ebenfalls in quantitativen Kategorien zu erfassen und darin zu verstehen sucht. Wie bei Kepler Physik und signifikatorische Mathematik nebeneinandertreten, so in der Theologie Lehre von der Schrift und Lehre vom Inhalt der Schrift. Die lutherische Lehre von der Gegenwart des Leibes Christi vermag durch ihre Paradoxalität und den strengen Bezug auf das im Abendmahl präsente Heilsgeschehen dabei noch am deutlichsten den ursprünglichen Geschehenszusammenhang von Wort und Sache zum Ausdruck zu bringen.

Dennoch ist diese Entwicklung zur objektivierenden, rationalen Beschreibung der Wirklichkeit bei Kepler und den Theologen seiner Zeit erst ansatzweise gegeben und noch nicht systematisch beschreibbar. Um die Wende zum 17. Jahrhundert ist die Wissenschaft noch stark am ganzheitlichen Erleben der Wirklichkeit orientiert und harrt erst noch genauerer rationaler Ausprägung und methodischer Differenzierung. Wir befinden uns sowohl bei der Keplerschen Naturforschung als auch bei der Theologie der werdenden protestantischen Orthodoxie — die katholische Kirche macht da eine Ausnahme, insofern in ihr die Tradition des Mittelalters noch mehr oder weniger ungebrochen in Geltung ist — in einer typischen Zeit des Übergangs, in der sich das Neue deutlich ankündigt, jedoch mit traditionellen Elementen eng verschlungen und vielfach noch unlöslich verknüpft ist. So ist auch die mathematische Beschreibung der Natur in der Astrologie noch weitgehend bezogen auf das zwischenseelische Verhältnis von Gestirnen und irdischer Welt. Die geometrischen Proportionen sind hier freilich ihrerseits causae efficientes und haben als solche spezifische Aussagekraft.

In der Astrologie wäre es nun im Unterschied zur Theologie durchaus sinnvoll, die Physik der astrologischen Zeichen sowie ihre mathematischen Verhältnisse eigenständig und einseitig, abgelöst von ihrer signifikatorischen Bedeutung weiterzuverfolgen und also den astrologischen Ausgangspunkt zugunsten der Astronomie zu verlassen. Die Verselbständigung der naturwissenschaftlichen Astronomie bedeutete dann die völlige Ablösung von hermeneutischen Gesichtspunkten. Dieser Schritt ist bei Kepler bereits angelegt, aber noch nicht vollzogen[24]. Der Grund für diese Grenze liegt in der vorläufigen Grenze der physikalischen Kausalanalyse und der Begrenztheit des mathematisch Beschreibbaren. Diese ist freilich auch für Kepler grundsätzlich geschichtlich überholbar. Insofern sie aber faktisch nicht überholt ist und für ihn aus Gründen der Komplexität der beobachteten Geschehnisse auch kaum zu überholen sein dürfte, ist die Astrologie in dem naturwissenschaftlichen Sinne, wie sie Kepler versteht, in der Lage, die hermeneutische Funktion der Bibel zu ergänzen und zu unterstützen. Das in der Schrift bezeugte und das gegenwärtige Handeln Gottes sind auch von dem sachlichen Gesichtspunkt her nicht grundsätzlich voneinander verschieden. Der Unterschied ist gewissermaßen nur ein quantitativer. Die Schrift als Quelle und Norm des Glaubens enthält qua Heiliger Schrift die wesentlichen Grundlagen des Heils. Die signifikative Relevanz der Natur unterstützt die Sprache der Bibel, indem sie auch in der Gegenwart auf Gottes Willen und Wesen aufmerksam macht. Der Astrologe hat für Kepler noch eine soteriologische Funktion.

Kepler nimmt diese Funktion grundsätzlich als Wissenschaftler und praktisch — mit seinem oder gegen seinen Willen — als astrologischer Ratgeber wahr. Diese Arbeit entspricht am Buche der Natur der des Theologen und des Predigers, der sich auf das Buch der Bibel bezieht. Sie behandelt zwar nicht in extenso die geschichtliche Offenbarung, doch aber die Offenbarung Gottes des Schöpfers und seine Wunder. Die Schöpfungsoffenbarung, wie sie Astronomie und Astrologie herausarbeiten, erinnert dabei den frommen Christen an Gottes Wundertaten überhaupt. Insofern kann der astrologische Kalender, das Prognosticum, als Predigt aus dem Buch der Natur verstanden werden. Sie ist dann „textgemäß" in Analogie

---

[24] Vgl. dazu die Vorrede zu den Rudolphinischen Tafeln, W X S. 36 ff.

zur Predigt über biblische Texte, wenn sie die natürlichen Ursachen berücksichtigt, also im Kontext der Natur und also „naturwissenschaftlich" bleibt. Ihr Generalskopus ist die wunderbare — und das heißt letztlich: geometrische — Ordnung Gottes des Schöpfers[25]. Die Schärfe, mit der Kepler auf der naturwissenschaftlichen Begründung astrologischer Voraussagen besteht[26], entspricht durchaus dem Nachdruck, mit dem die Theologie auf die Textgemäßheit der Predigt im Blick auf die Bibel pocht. Kepler sieht in der naturwissenschaftlichen Begründung die einzige Möglichkeit, den Phantasien und Machenschaften der vulgären Sterndeuter zu entgehen. Die Theologie sieht in der Schrift als ganzer ihre einzige Waffe gegen das Schwärmertum, das sich auf besondere innere Offenbarungen stützt. Orthodoxe Schriftauslegung und naturwissenschaftliche Astrologie treten damit in eine bedeutsame Parallele in der Abwehr subjektivistischer Schwärmerei auf religiösem und pseudoreligiösem Gebiet.

Die Predigt aus dem Buch der Natur kann freilich keinen eindeutigen assertorischen Charakter haben, sondern bleibt von dem Grad der möglichen Einsicht in die Natur der Zusammenhänge und der naturwissenschaftlichen Intuition ihres Verfassers abhängig. Der „Text" der Natur ist eben doch gründlich ein anderer als der der Bibel. Das fortschreitend zu erreichende Ziel muß zunehmende kausalanalytische Stringenz sein. Die Sprache der Astrologie als Analyse der Sprache Gottes in der Natur muß deshalb immer stärker auf eine Analyse der Natur überhaupt abzielen und durch diese ihre Begründung und ihren Inhalt zu erlangen suchen. Die Sprache Gottes in der Natur wird dadurch immer mehr naturwissenschaftlich erkennbar und als Kausalzusammenhang verstehbar. Dieser enthüllt sich zunehmend als physikalischer Prozeß und mathematischer Zusammenhang. Gott ist als prima causa diesem Prozeß integriert. Das kann aber nicht ohne Folgen für das Verständnis des geschichtlichen Heilshandelns Gottes bleiben, wie es die Bibel bezeugt.

---

[25] Tert. int. CXVI, W IV S. 240, 40 ff.: „der Calender / wann er auff natürliche Vrsachen gehet / ist ein Prediger von der wunderbarlichen Ordnung Gottes deß Schöpffers / die er herauß streichet / vnnd für Augen stellet / vnd so er zutrifft / so werden fromme Christen erjnnert den Wunderthaten Gottes nachzudencken".

[26] Tert. int. CXV, W IV S. 238, 34 ff.: „Derohalben / so einer zu mir käme / mich bete / ich solte jhm sagen / ob sein Freundt in ferren Landen lebendt oder todt were / oder ob sein Krancker genesen oder sterben werde? Vnd ich stellete dieser seiner Gedancken die Natiuitet / sagte jhm ja oder nein / so were ich ein Ariolus, vnd ein Verbrecher an Gottes Gebott vnd Aberglauben / nit allein wegen deß Intents / vnd der meynung dessen / der da fragt / sondern auch weil die Mittel / die ich hie brauchete / gantz vnd gar grundloß / vnd nicht natürlich."

e) Der moralische Akzent

Die Tatsache, daß es sich bei der Signifikanz des Himmels um ein Einwirken auf die Seele handelt und daß der Himmel auf diesem Hintergrund soteriologisch als Sprachmittel Gottes verstanden wird, bedingt, daß Keplers Auslegungen der Himmelserscheinungen exhortativen Charakter gewinnen. Die signa wenden sich einerseits an den instinctus geometricus im vitalen Seelenvermögen und regen dieses an. Andererseits wenden sie sich an das oberste Seelenvermögen, den Geist (mens)[1], und dieser soll den Willen gemäß dem Inhalt des signum bestimmen. Durch die physische Anregung der Seele wird der Wille dafür gleichzeitig disponiert. Er wird aber nicht gezwungen. „Astra inclinant non necessitant."[2] Der character constellationis führt lediglich zu einer necessitas naturalis als „Inclination", als Neigung also, beispielsweise zum Zorn, der zu widerstehen große Anstrengung erfordert[3], immerhin aber möglich ist[4]. Die Sterne rütteln den Menschen auf und stellen ihn gewissermaßen auf Wachposten, damit er auch positiv die Gelegenheiten ergreift, die vorbeiziehen[5]. Insofern steht der Geist nicht unmittelbar unter dem Einfluß des Himmels[6], sondern ist dazu geschaffen, seine Eigenständigkeit zu bewahren[7]. Wenn das faktisch nicht geschieht, ist das eine Folge des Sündenfalles. Dieser Zustand gibt dem Astrologen besondere Gelegenheit, außer den allgemeinen Folgerungen aus dem Geburtshoroskop[8] Gesetzmäßigkeiten des Verhaltens

---

[1] Eine Darstellung der keplerschen Psychologie findet sich Harm. IV, 7.

[2] Tert. int. CXIX, W IV S. 243, 5. Zur Geschichte der Formel vgl. *Boll—Bezold*, aaO. S. 39 f.

[3] Ebd. Z. 12 ff.

[4] Vgl. De Cometis II, W VIII S. 231, 3: Cometae „irritant quippe affectus, at non cogunt".

[5] Kepler an V. Bianchi in Venedig, 13. 4. 1616, W XVII Nr. 729, 288 ff.: „Animum quidem implere possunt astra, eventus ipsos sola praestare non possunt, sed excitant hominem inque vigilia seu excubijs constituunt, ut occasiones praetereuntes arripiat."

[6] Vgl. Kepler an Herwart von Hohenburg, 9./10. 4. 1599, W XIII Nr. 117, 273 f.: „Esto itaque ingenium et suscepta cum ratione studia exempla ex ijs quae caelo subjacent." Siehe auch Tert. int. CVIII, W IV S. 234, 34 ff.

[7] Tert. int. CVIII, W IV S. 234, 35 ff. kann Kepler sagen, daß die Sterne dazu geschaffen sind, „daß sie vber Tag vnd Nacht regieren / aber vber mein Seel / was die Vernunfft vnd Willkühr belanget / kein Regiment noch Gewalt haben sollen." — Ein schönes Beispiel dafür, wie die Natur und das Verhalten der Menschen zusammenhängen und unterschieden sind, führt Kepler mit einer Interpretation von Mk. 4,35—41 Par. in seinem Brief an Herwart von Hohenburg vom April 1607 an, W XV Nr. 424, 179 ff.: „Praedici fortasse potuit tempestas in lacu Genesareth, at Christum in navi dormiturum, discipulos trepidaturos, praedici non potuit. Tempestas enim naturalem forte causam habuit, aspectum caelestem, Christum verò non aspectus, sed arbitrium in navim induxerat."

[8] Vgl. Tert. int. CXVIII, W IV S. 242, 12 ff.

zu beobachten[9]. Vernunft und Wille des Menschen werden aber nichtsdestoweniger durch die Gestirne angeredet, was Freiheit voraussetzt. Neben dem physischen, materiellen Zusammenhang von Himmel und Erde steht der geistige, die Sprachgemeinschaft zwischen Himmelsgeistern und Geist des Menschen. Da die Himmelsgeister von Gottes Willen bestimmt sind und diesen ausführen, handelt es sich letztlich um eine Sprachgemeinschaft zwischen Gott und Mensch. Dabei macht es keinen wesentlichen Unterschied, ob es sich um reguläre Gestirnstellungen der Planeten handelt oder um besondere Ereignisse wie das Auftreten einer Nova oder eines Kometen, zumal auch beides miteinander wirksam sein kann. In beiden Fällen sind die rationalen geometrischen Verhältnisse entscheidend, die der materiell-physikalischen und physiologischen Einwirkung zugeordnet sind. Der Mensch wird damit aber aufgefordert, innerhalb der gegebenen Situation das Seine zu tun[10]. „Es ist vergebens, dass jemand viel nachsinne, was doch newes geschehen werde: ein jeder schawe auff dasjenige, was allbereit im Werck ist, oder was natürlicherweise bald ins Werck kommen möchte. In diesen dingen wird die Welt ihr Witz vnd Hitz erweisen."[11] So kann Kepler nicht die Zukunft voraussagen, sondern nur Aspekte aufzeigen, mit denen sich der Mensch auseinandersetzen muß. Am Schluß einer prognostischen Abhandlung kann dann der Wunsch stehen, daß alles prognostizierte Übel abgewendet werden möge[12]!

Keplers Prognostica und Horoskope bekommen auf diese Weise einen lehrhaften, ja seelsorgerlichen Charakter. Dabei gewinnt die geistige, rationale Seite, die er den Himmelserscheinungen ursprünglich beimißt, ein charakteristisches Eigengewicht und mischt sich mit Hinweisen aus anderen als astrologischen Quellen. In persönlichen Horoskopen gibt Kepler Ratschläge des gesunden Menschenverstandes, für die astrologische Beobachtungen nur noch den Anknüpfungspunkt bilden. So rät er beispielsweise einem trübsinnigen Arzt mit viel Einfühlungsvermögen, doch zu heiraten[13]. Dabei stellt er fest: „Eine Frau wirst du unter den Sternen nicht finden; die Erde gebiert diese Gattung von Lebewesen."[14] In der

---

[9] Tert. int. CIV, W IV S. 232, 21 ff.

[10] Vgl. De stella nova XXX, W I S. 338, 10 ff.: „Deus iste noster commonefacturus nos de re aliqua, potius allegorijs uti creditur, quam expressis verbis; ut homines in his temporalibus, quod est reliquum, de suo addant." — Kalender für 1598, Fr I S. 400: „Summa dem stärckern vnder zweyen feinden kan der Himmel nicht vil schaden, dem schwächern nicht vil nutzen. Wer sich nun mit guetem rhat, mit volck, mit waffen, mit dapfferkeit, sterckhet, der bringt auch den Himmel auff seine seitten, vnd da er jme zuwider, vberwind er jne vnd alles vnglück."

[11] Discurs Von der Grossen Conjunction 1623, Fr VII S. 706.

[12] Ebd. S. 711: „Vnd will hiemit dem günstigen Leser ein glückseeliges Neues Jahr, sambt abwendung alles prognosticierten Vbels vnd erfüllung dess guten, von Gott dem Allmächtigen gewünschet haben."

[13] W XV Nr. 425 (1607).   [14] Ebd. Z. 23.

Regel werden an astrologische Erwägungen allgemein-menschliche Überlegungen angeknüpft; jene gehen in diese über. Dabei kann es bis zu einer
völligen Verselbständigung der „geistigen" Seite kommen, und die astrologische Argumentation dient gewissermaßen nur noch als Alphabet,
Sprachmittel des eigentlich Gemeinten.

So benutzt Kepler die „ungeordneten und verderblichen Wünsche des
Volkes" ausdrücklich, um ihm gewissermaßen als Heilmittel, verhüllt in
Form von astrologischen Kalendern, geeignete Ermahnungen beizubringen[15]. Die Astrologie selbst wird als „närrisches Töchterlin" der „hochver-
nünfftige(n) Astronomia" apostrophiert, ohne daß diese gleichwohl, schon
aus geschichtlichen[16] und materiellen Gründen, faktisch nicht auskommen
kann. Keinesfalls dürfe das Kind mit dem Bade ausgeschüttet und die
Astrologie überhaupt als irrelevant angesehen werden[17]. In den negativen
Formulierungen ist die im Volke lebendige astrologische Tradition im ganzen, vor allem also die auch nach Keplers Meinung abergläubischen Pro-
phezeiungspraktiken, gemeint. Doch kann Kepler auch seine eigene astrologische Arbeit nicht nur im Blick auf seine Kalender, sondern auch in ungleich wichtigeren anderen, für ihn entscheidenden Zusammenhängen
selbst relativieren und freistellen, ob man seine astrologischen Argumente
als wissenschaftliche Ergebnisse oder als Ausdruck seiner persönlichen Auffassung von dem jeweiligen Sachverhalt betrachten will[18]. So kann er
eigene astrologische Äußerungen später als bloße Spielerei, wohl freilich
als gute, betrachten[19].

Kann sich aus dem signifikativen Zusammenhang von Konstellationen
und irdisch-geschichtlichen Situationen einerseits die materielle Seite des
signum in die Richtung astronomischer Forschung verselbständigen, so
isoliert sich hier neben der signifikatorischen Mathematik noch einmal neu
die „geistige" Seite. Die astrologischen Zeichen und ihr Inhalt beginnen
sich zu trennen und eigene Sachzusammenhänge zu bilden. Physik und
Mathematik können sich gemeinsam noch der Kategorie der Quantität
bedienen. Daneben tritt der Bereich des nicht mehr quantitativ Erfaß-

---

[15] De fund. astrol. cert., Widmung, W IV S. 10, 11 ff.

[16] Vgl. W X S. 36.

[17] Tert. int. VII, W IV S. 161, 9 ff.; vgl. De stella nova XIII, W I S. 211, 6 ff.
(„Excusatio Astrologiae"). Auch wegen des Inhalts seiner „Practica auff die Be-
deuttungen der siben Planeten vnd Irer Aspecten" auf 1599 (Fr I S. 401—409)
entschuldigt sich Kepler bei Mästlin (ebd. S. 409 f., W XIII Nr. 106, 58 ff.).

[18] Glaubensbekenntnis, NK 2 S. 25, 30 ff.: „Nun laß ich einen jeden nach
seiner Profession oder wissenschafft vrtheilen, ob ich diß so gar genau ins Him-
melslauff gefunden, vnnd auß anleitung sonderer Kunst schließen könden, oder
ob ich auß meinem eigenen Kopff vnd Wunsch geredt, vnd die himlische Vmb-
stände, nur allein als gleichsam an statt eines Alphabets gebraucht habe. Es sey
aber eines oder das ander ..."

[19] Anmerkung zu Myst. cosm. IX in der 2. Aufl., W VIII S. 59, 2: „nihil est
hoc caput, nisi lusus astrologicus".

baren. Das Nebeneinander von Natur- und Geisteswissenschaften könnte man hier schon sich anbahnen sehen.

In dem Prozeß der Lösung von quantitativem Sachdenken und geistiger Erfahrung ist zu beobachten, daß mit steigender Isolierung der beiden Seiten auch deren mögliche Widersprüchlichkeit in den Blick kommt. Dies zeigt sich zunächst in der sich verschärfenden Frage nach der gegenseitigen Relevanz der Erscheinungen, zwischen denen der Mensch steht und nach seinem Ort fragt. Keplers verschärftes Fragen nach dem astrologischen Zusammenhang ist selbst Ausdruck dieser Situation. Je mehr einerseits Zeichen und andererseits gemeinter Inhalt als Geist in jeweiliger Eigengesetzlichkeit auseinanderstreben, umso mehr muß nach ihrem Zusammenhang gefragt werden, um zu verstehen. Das Selbstverständnis gerät in zunehmenden Zwiespalt, je mehr Form und Inhalt des Seienden auseinanderklaffen und nicht mehr den umfassenden Raum des Wohnens bilden. Der Mensch wird heimatlos zwischen den Gesetzen des Weltraums und seiner eigenen Seele, dem Ich, das leben will.

5. Die Frage nach der Vorsehung

Für Kepler war die Harmonie des Kosmos noch wurzelhaft mit der Seele verbunden. Jene sollte dem harmonischen Urgrund dieser zum Bewußtsein, zur lebendigen Wirklichkeit verhelfen. Wort und Geist waren darin noch aufeinander bezogen. Daß es sich hier um einen lebendigen Wirkzusammenhang handelte, sprach gegen den Determinismus, den die Vulgärastrologie traditionell voraussetzte. Es sprach ebenso gegen die Prädestination, so wie Kepler sie verstand[1]. Kepler kämpfte entschieden gegen jeden Fatalismus. Aber die Freiheit von fatalistischer Resignation hängt an der Wahrheit des lebendigen Wirkzusammenhangs, sie hängt daran, daß Gott wirklich redet und daß sein Reden verstanden wird. Die Theologie fand dies Verstehen im Glauben an und unter Wort und Sakrament. Das gilt auch für die reformierte Theologie, wo das letztgültige Verstehen durch die Prädestination unwandelbar vorherbestimmt war. Doch die Denkmittel der konfessionellen Theologie konnten dieses Verstehen verstellen, und wenn die natürliche Theologie mit den gleichen Denkmitteln besseres Verstehen ermöglichte, ist es folgerichtig, wenn diese dann in den Vordergrund trat und die Offenbarungstheologie zurückdrängte. Die Frage nach der Vorsehung blieb in ihr jedoch bestehen.

Unter den Voraussetzungen der natürlichen Theologie konnte gegen astrologischen und prädestinatianischen Determinismus versucht werden,

---

[1] Zum Verständnis von Prädestination und Determinismus im reformierten Bereich vgl. *R. Hooykaas*, Religion and the Rise of Modern Science, 1972, S. 107 ff.

diese Frage ein Stück weit empirisch zu erforschen. Wir finden bei Kepler ständig Bemerkungen, die von solchem Versuch zeugen, Gottes Vorsehung im politischen ebenso wie im persönlichen Bereich zu ergründen. Voraussetzung ist die umfassende, dynamische Harmonie, die sich im Kosmos offenbart und nun auch in der irdischen Geschichte und im individuellen Leben gesucht wird.

Ein sehr sprechendes Zeugnis dieser Suche nach den Spuren der göttlichen Vorsehung ist der Brief Keplers, den er im Oktober 1613 an einen Adligen in Prag geschrieben hat und in dem er über die Geschichte seiner zweiten Heirat berichtet[2]. Elf Frauen waren in Frage gekommen, und für die fünfte, Susanne Reuttinger aus Eferding, hatte er sich dann entschieden. Kepler stellt nun die Frage, warum er in dieser Angelegenheit so oft hat in die Irre gehen und so viel Schwierigkeiten überwinden müssen, bis der Sachverhalt so deutlich war, daß die richtige Entscheidung fallen konnte. War es göttliche Fügung oder eigene Schuld[3]? Wenn es durch göttliche Fügung geschah, was war dann ihre Absicht bei den einzelnen Personen und Handlungen[4]? Oder worin bestand eine etwaige Schuld? War es seine eigene Verfehlung, stammen dann also auch Teile der göttlichen Bestimmung von ihm selbst[5]? Oder waren die Sterne mit im Spiel[6]? Das mußte er für den Bereich des freien Willens ablehnen. Fragen über Fragen reiht Kepler aneinander, ohne eine befriedigende Antwort über die Rolle und den Vorgang von Gottes Vorsehung zu finden.

Die Fragestellung ist charakteristisch. Sie entspricht im Blick auf die göttliche Vorsehung und für den persönlichen menschlichen Bereich — ähnliches gilt für die Politik — im Prinzip der Arbeitsweise des Naturwissenschaftlers im astronomischen Gebiet. Kepler erkennt an der ersten Frau, um die es bei seinen Heiratsplänen zunächst ging, ein deutliches Zeichen der göttlichen Gnade, weil eine falsche Entscheidung ausgeblieben war[7]. Er gibt sich mit dieser Erkenntnis aber nicht zufrieden. Er möchte ergründen, warum er dann überhaupt mit dieser Sache zu tun bekommen hatte.

Ähnlich denkt er über die anderen Partien. Sein Ergebnis lautet schließlich: Er ist durch göttliche Vorsehung in diese Nöte getrieben worden, damit er hohen Stand, Reichtum und große Verwandtschaft zu verachten und nach den übrigen einfachen Eigenschaften mit Gleichmut zu trachten

---

[2] W XVII Nr. 669, wahrscheinlich an Baron von Strahlendorff. Übersetzung in: Briefe, und: Selbstzeugnisse S. 47 ff.

[3] W XVII Nr. 669, 15 ff.: „Quid enim ego dicam? divina dispositione, an meo vitio factum, ut animum meum per hoc biennium et quod excurrit, in tot partes distraxerim?"

[4] W XVII Nr. 669, 18 f.: „Si divina dispositione factum, quisnam ejus scopus fuit circa personas actusque singulas?"

[5] W XVII Nr. 669, 24 f.: „Si meum vitium; a me igitur hic sunt etiam aliquae partes dispositionis divinae?"

[6] W XVII Nr. 669, 77 f.: „An denique aliquid hic possunt astra."

genötigt würde[8]. Der Sinn ist ein moralischer, pädagogischer im Rahmen einer christlichen Tugendlehre. Die ganze Erörterung der Warumfrage läßt dennoch erkennen, daß dieses Ergebnis nicht befriedigt. Die Kompliziertheit der elffachen Umwege bleibt für Kepler eine offene Frage, wo es doch das beständige Bestreben seines Denkens ist, wie in der Astronomie das Komplizierte auf einfache Zusammenhänge zurückzuführen und damit zu erklären.

Die kausalistische Denkstruktur, die die Art und Weise von Gottes Vorsehung im Einklang mit der übrigen Erkenntnislehre klärend zu ergründen trachtet, läßt sich bei Kepler auch sonst beobachten. Wie Kepler seine astronomische Arbeit als von der göttlichen Vorsehung bestimmt versteht, so auch die Verbindung seines Schicksals mit Tycho Brahe[9]. Die konfessionellen Kämpfe haben ihren Sinn als zeichenhafte Vorbedeutung[10], ein Religionskrieg hätte eine ganz bestimmte Funktion; das Übel kann jedoch bei einer Besserung der Sitten vermeidbar sein. Die belua neutri generis kann daher zum Frieden ermahnt und mit Gottes Gericht und Vorsehung bedroht werden. Marcus Antonius de Dominis ist ein Zeichen des göttlichen Handelns. Astrologische Gedanken spielen bei diesen Überlegungen mit. Wie deren Anwendung geht auch die Deutung der geschichtlichen Ereignisse kausalanalytisch vor.

Dieser Denkweise entspricht die Rolle, die Kepler den Schutzgeistern[11] im menschlichen Leben zuspricht. Zunächst kann Kepler im Anschluß an die biblische Überlieferung erklären: Jedem einzelnen dieser Engel ist der Schutz einzelner Menschen übertragen; sie haben die Aufgabe zu ermahnen und vor dem Tribunal der Vorsehung Gottes Fürsprache einzulegen[12]. So wacht ein guter Engel über der Heiratsangelegenheit seiner Tochter

---

[7] W XVII Nr. 669, 90 ff.: „Agnosco manifestum signum gratiae Dei in hac prima persona, quod non evenit, quod evenire poterat, ut illa mihi nuberet."

[8] W XVII Nr. 669, 273 ff.: „Vides qua dispositione divina in has veluti angustias sim compulsus; ut nobilitatem opes cognationem, quorum nihil in hac (sc. Susanna Reuttinger) invenio, contemnere, caetera mediocria aequo animo sequi coactus fuerim." — Bemerkenswert ist die Parallele zu Vergewisserungsmethoden im Bereich des Pietismus. Die Verwandtschaft zur naturwissenschaftlichen Methode sieht auch *Hooykaas:* „The pietistic stress on religious experience ran parallel to that on experience as the basis of science", aaO. S. 138. Als Vorläufer des Pietismus sieht Kepler *E. W. Gerdes,* Keplers theologisches Selbstverständnis und dessen Herkunft, Symp. S. 357 ff.

[9] Kepler an Mästlin, 20. 12. 1601, W XIV Nr. 203, 18 ff.

[10] Kepler an Hafenreffer, 11. 4. 1619, W XVII Nr. 835, 105 ff.

[11] Über Engel und Geister äußert sich Kepler vielfach, z. B. Tert. int. LXXIX, W IV S. 219, 30 ff.; Harm. III, 1, 7, W VI S. 105, 3 ff.; De Cometis II, W VIII S. 232, 10 ff. u. ö.

[12] Harm. IV 7, W VI S. 282, 8 ff.: „De Genio tutelari testantur divina oracula (Job 33. Matth. 18. Luc. 15), singulis ijs singulorum hominum custodias esse attributas, datamque et admonitionem, et intercessionem ad tribunal providentiae dei."

mit seinem späteren Schwiegersohn Bartsch[13]. Die Schutzengel haben bestimmte Funktionen, die schicksalhafte Fügungen erklären. Ihre Möglichkeiten werden durch natürliche Gegebenheiten, wie sie im Horoskop festzustellen sind, behindert oder befördert[14]. Wenn der Schutzengel ein drohendes Unheil nicht abwenden kann, so mahnt er doch auf verborgene Weise, daß er seinen Schützling nicht unvorbereitet zugrunde gehen läßt[15].

Kepler bringt für diese Aussagen nun sogleich empirisches Belegmaterial bei und überprüft sie damit an der Beobachtung, sofern sie nicht bereits aus dieser gewonnen sind. Solche Vorzeichen und Warnungen gingen beispielsweise auch einem in Rätien geschehenen Bergsturz voraus[16]. In seinem Prognosticum für 1618/19 bezieht sich Kepler auf Konstellationen, Gesichte und Kometen und geht ausführlich auf dieses Ereignis ein[17]. „Was für vnaussprechlichs Seufftzen vnd Gebet der Elenden, vnd Fürbitt jhrer Schutz Engeln hat Gott hie nicht erhört (die zeitliche Rettung anlangend), sondern der Natur jhren lauff gelassen."[18] Er deutet das Geschehen selbst wiederum als Zeichen: Mit diesem Geschehen habe Gottes Gericht an einer Stelle begonnen, um die Menschen zu warnen und zur Buße zu bewegen. Zugleich interessiert er sich jedoch für die natürlichen Ursachen: Es handelte sich um ein Erdbeben, durch vorheriges „dürr vnd trucken wetter" und eine „in den tieffesten Klüfften der Erden" glimmend gewordene „dürre feurige materia" verursacht, die bereits vier Tage vorher einen „sehr abscheulichen gestanck" ausgestrahlt habe[19]. Das Wetter wiederum ist weitgehend von der Gestirnstrahlung abhängig, auf die oder mit Hilfe derer Gott in der beschriebenen Weise einwirkt.

Der Schutzengelglaube steht wie der Engel- und Geisterglaube überhaupt noch ganz im Rahmen einer animistischen Wirklichkeitserfahrung. Er steht aber zugleich im Dienst eines umfassenden Funktionalismus, und insofern ist er nicht mehr eigentlich Glaube, sondern Teil einer ebenso umfassenden Wirklichkeitsanalyse. Der Engel ist als rationales Wesen zugleich causa finalis wie causa efficiens im Wirklichkeitszusammenhang. In dieser Funktion, die er eigenständig gegenüber Gott und dem Menschen wahrnimmt, ist er dem Gesamtzusammenhang von Gottes Vorsehung integriert. Und das auf doppelte Weise: einmal, indem er von der Gesetzlichkeit der Natur als Gottes Schöpfung, zum anderen, weil er von Gottes besonderem Willen als seiner speziellen Fügung abhängig ist. Gleichwohl vermag er auch sie wie den Menschen begrenzt zu beeinflus-

---

[13] Kepler an Ph. Müller, 13./23. 11. 1629, W XVIII Nr. 1117, 56: „... providentiam bonj angelj excubare puto".

[14] W VI S. 282, 11 ff.

[15] Harm. IV 7, W VI S. 283, 24 ff.: „Sanè si malum imminens non potest impedire Angelus custos, monet saltem, occultis modis, ut imparatum perire non sinat clientem."

[16] W VI S. 283, 26 ff. (Fortsetzung des Zitats von Anm. 15).

[17] Fr I S. 490.   [18] Fr I S. 491.   [19] Fr I S. 490.

sen; so entspricht es seiner Mittelstellung zwischen Gott und Mensch. Eine ähnliche Mittelstellung hat ja auch der Mensch zwischen Gott und Natur, sofern er selbst Vernunft besitzt.

Die Welt ist als ein umfassender Wirkzusammenhang verstanden, dessen Grundgesetz die göttliche Vorsehung in Übereinstimmung mit der göttlichen Schöpfung stiftet und erfüllt. So „behält allweg der himmlische in die Natur eyngepflantzte character den Zügel in genere in der Handt / gleich wie Gott in vltimis et indiuiduis, euentibus, eorumque mirabili coaptatione, da alles endtlich den Weg hinauß gerathen muß / welchen er für den besten erkennet"[20]. Dazwischen stehen Mensch und Engel als geistbegabte und Geistwesen. Gott als „öberster Haußhalter in der Welt" erscheint in diesem Zusammenhang als „causa Metaphysica", für dessen Leitung abgesehen von der grundsätzlichen Möglichkeit, „extra ordinem" einzugreifen, genügend „singularia fortuita" zur Erreichung seiner Ziele zur Verfügung stehen[21]. Gott bedient sich der von ihm geschaffenen Natur als Dienerin. Auch wenn die täglich geschehenden Dinge auf ihre natürliche Ursache zurückgeführt werden können, bleibt dennoch Gottes Vorsehung übrig, die die natürlichen Ursachen nach seinem Willen zusammenwirken läßt[22].

Der Funktionszusammenhang von Ziel- und Wirkursachen als Zusammenwirken von Gott und Natur enthält den biblischen Gedanken der Vorsehung verbunden mit dem philosophischen Axiom der Kausalkette. Der erste befruchtet die Anwendung des letzteren. Die Kausalanalyse erscheint zunächst als Suche nach der causa finalis und fragt dann zurück zur causa efficiens. Dabei ist eine Verlagerung des Interesses von jener zu dieser nicht zu verkennen. Sofern die Antworten auf den Zweckzusammenhang wenig präzise und daher unbefriedigend bleiben und je mehr dies der Fall ist, schreitet die Frage nach den Wirkursachen fort und führt zu völlig neuen Ergebnissen. Der Zusammenhang von Zwecken wird zu einem Wirkzusammenhang, die Sinnfrage wird durch die Analyse der wirkenden Ursachen überholt und auf überraschende Weise auch beantwortet, anders freilich, als es ihrer ursprünglichen Intention entsprach.

Es liegt in der Logik dieser Entwicklung, daß der Gedankengang auf die prima causa efficiens zutreibt und schließlich zur Problematisierung des Gottesbegriffs führen muß. Zugleich drängt die Analyse des Kausalzusammenhangs zunehmend den ursprünglichen Gedanken der Vorsehung

---

[20] Tert. int. CIV, W IV S. 231, 27 ff.

[21] Tert. int. CIV, W IV S. 233, 9 ff.

[22] De stella nova XXVII, W I S. 290, 6 ff.: Deus „Naturâ à se conditâ, utatur ministrâ. Nonne infinitis rebus quotidie evenientibus, quâlibet ex sua causa naturali, locus tamen providentiae divinae relinquitur, cùm in alijs, tum praecipuè in exercenda vindicta scelerum; quâ efficitur, ut id cadat, quòd non solùm antegressis in natura causis, sed etiam justitiae divinae sit consentaneum".

zurück; die Analyse der Wirkursachen leistet scheinbar mehr als der Vor-
sehungsglaube. Das trifft auch tatsächlich zu, sofern die Vorsehung im
Kausalschema gedacht und dargeboten wird. Wie die rational nicht zu
durchdringende Empirie von Schuld, Schicksal und Fügung zeigt, ist diese
Denkweise jedoch nicht dazu in der Lage, Gottes Walten in der Welt angemessen zu beschreiben. In Wahrheit ist der Glaube an Gottes Vorsehung
der zergliedernden Reflexion der menschlichen Ratio inkommensurabel.

Die kausale Spekulation über die Funktion Gottes kann abgleiten zu
Reflexionen über die Nützlichkeit des Gottesgedankens[23]. Entsprechende
Fragestellungen werden dann faktisch den Entscheidungen der menschlichen Vernunft überantwortet. Es ist folgerichtig, daß in der weiteren
geistesgeschichtlichen Entwicklung schließlich vom „Tod Gottes" die Rede
ist und die Gegenwart des Heils sich hinter der Aktivität der Menschen
verbirgt. Gott wird nur noch als Deus absconditus unter wechselnden Begriffen erfahren. Es herrscht, wenn man das über die Jahrhunderte hinweg so sagen darf, der tötende Buchstabe des Gesetzes, das nun wesentlich
als Naturgesetz verstanden wird[24].

Diese Entwicklung ist bei Kepler bereits angelegt, wenn auch noch keineswegs in irgendeiner Weise bewußt geworden. Sie kündigt sich in den
zergliedernden, astrologisch fundierten Analysen des Weltgeschehens in
nahezu sämtlichen Schriften, am deutlichsten vielleicht in den Prognostica
ebenso an wie in der Psychoanalyse des Selbsthoroskops und entsprechenden Briefstellen. Die menschliche Ratio wird mit Gottes Ratio verbunden,
und wie jene dieser gehorchen muß, um Gottes Willen zu entsprechen, so
die niederen Seelenvermögen der Ratio des Menschen. Wenn die Leiden-
schaft in allem ihre Aufgabe wahrnimmt und der Vernunft entspricht,
dann wird sie auf jeden Fall durch Gottes Vorsehung gelenkt, und ein
solcher Mensch ist „äußerst brauchbar". In diesem Sinne kann sich Kepler
über Luther äußern[25]. Das Ideal ist der harmonische Mensch in einer harmonischen Welt. Die Harmonie ist aber gerade dadurch gekennzeichnet,

---

[23] Diese Gefahr besteht auch in der Theologie selbst. Vgl. *J. H. Heidegger*,
Corpus Theologiae, Zürich 1700, V, 16, zit. bei *Heppe* S. 109: „Deus decrevit
... creare ... mentes, quae ... ex operibus ceteris Dei utilitatem quampiam
perciperent ..."

[24] Vgl. *E. Anding*, Keplers Wirken, erkenntnistheoretisch betrachtet, Festschrift 1930 S. 131 ff.; S. 149: „Im Anfang war das Gesetz!' Das soll heißen:
von jeher und immer und ewig! Und in konsequent und unerschrockener Syn-
thesis der Gesetzmäßigkeiten in Raum und Zeit und in Wesensarten wird sich
menschliches Erkennen zur Weltanschauung erweitern." Die Beziehung von
„Gesetz" in diesem Sinne zu „Gesetz" in theologischer Bedeutung ist sicher
nicht bloß äquivokativer Art.

[25] Selbsthoroskop 1597, Fr V S. 480, De Luthero: „Oportet igitur in viro
utilissimo inesse non judicium saltem, sed etiam ardorem et cupiditatem. Ista
vero, si per omnia officium faciat et rationi respondeat, divinitus utique gubernatur."

daß sie rational ist. Das verstehende Denken soll Gottes Vorsehung ebenso
erkennen wie seinen Schöpfungsplan. Und hiervon soll auch das persönliche Leben nicht ausgenommen sein.

Kepler kann mit diesem Ansatz wiederum bei der Schultheologie[26] anknüpfen. Die Vorsehung folgt aus der Schöpfung und ist auch für ihn
„actio externa totius ss. trinitatis"[27]. Wenn in der reformierten Theologie
von dem decretum Dei generale die Rede ist, das Schöpfung und Vorsehung umfaßt[28], so kann Kepler der Sache nach ähnlich argumentieren. Die
rationale Struktur der Schöpfung entspricht dem, was in der reformierten
Theologie als Dekret vorgegeben ist.

Das decretum speciale jedoch, die Prädestination, kann Kepler nicht
nachvollziehen. Auf sie kann er sich daher im Blick auf die Vorsehung
auch nicht existentiell zurückziehen und bei ihr beruhigen, ebensowenig
wie das beim lutherischen Abendmahlsverständnis gelingt oder in der
katholischen Kirche möglich wäre. Kepler ist theologisch darauf angewiesen zu versuchen, die Vorsehung selbst zu verstehen. Faktisch tritt die
naturwissenschaftliche Astrologie an die Stelle der Prädestinationslehre im
calvinistischen Sinne. Kepler kann sich dabei der Mittel bedienen, die die
Schultheologie für die Erkenntnis des Buches der Natur selbst anbietet:
die Sammlung empirischer Belege und deren kausale Analyse. Seine Gedanken gehen aber nicht nur quantitativ, sondern auch qualitativ über
die Schultheologie hinaus, indem sich nicht nur das wissenschaftliche, sondern insgeheim auch das Interesse an Heilserfahrung und deren Beschreibung in den Bereich der Natur verschiebt, während die offenbarungstheo-
logische Soteriologie in den Hintergrund tritt. Umso mehr leitet die Analyse der kausal gedachten göttlichen Vorsehung in die naturwissenschaftliche Methode hinein. Die Analyse von Wirkungen überholt die Beschreibung von Bedeutungen[29]. Das führt zu Erkenntnissen, die unabhängig von
dem Gedanken der Vorsehung weitergegeben werden können. Das naturwissenschaftliche Weltbild kann sich mit Hilfe der kausalen Betrachtungsweise verselbständigen und eigenständig differenzieren. Die eigentlich
soteriologische Frage muß dabei freilich offenbleiben.

---

[26] Vgl. *Heppe*, Prot. I S. 201 ff.
[27] So *J. A. Quenstedt*, Theologia didactico-polemica, (1685) 2. Aufl. 1691,
p. 1 S. 535. — Vgl. Notae, NK 6 S. 18, 12 f.: „... Deum filium cum Patre et
Spiritu, plurima facere et gerere in creaturis ...". — Ebd. Z. 25 f. nennt Kepler
das Stichwort „Gubernatio" und spricht S. 16, 35 f. in parallelem Zusammenhang von dem „opus sustentationis et regiminis creaturarum omnium". De Cometis III, W VIII S. 240, 1 ff. gibt Kepler eine ausführlichere Darstellung seines
Verständnisses der (vom Kometen bezeugten) Vorsehung Gottes im Blick auf
die futura: siehe oben Anm. 14 zu S. 238. — Zur lutherischen Schultheologie
vgl. *Ratschow* II S. 208 ff.; *Heerbrand*, Comp. Theol., 1579, S. 66. 205.
[28] Vgl. *Heppe* S. 108, im einzelnen *Heppe*, Prot. I S. 317 ff.
[29] Vgl. Prognosticum für 1620, NK 7 S. 15,6 ff.

'Doch gerade diese Frage bleibt die persönliche Triebfeder der naturwissenschaftlichen Arbeit. Wenn Kepler äußert, daß sein Sinn „flieht" von jener „Herablassung" „und den Werken der Vorsehung" weg zu „jener Prägung und Natur, bei der er seine gewöhnliche Zuflucht hat"[30], so spricht das eine deutliche Sprache. Der Weg Keplers geht nicht nur formal, sondern existentiell vom Sprachzusammenhang zum Sachzusammenhang, vom Zeichen zum Faktum, von der Hermeneutik zur Analyse der Wirkursachen, vom Bedenken der Vorsehung zur Erforschung der Natur. Hier liegt sein eigentliches Interesse, in das die soteriologische Frage heimlich mit einbezogen wird.

Im Sinne des reformierten Denkens könnte man sagen: An die Stelle des göttlichen Dekretes, das speziell auch die Prädestination mit umfaßt, tritt letztlich das schöpferische Dekret der Weltharmonie, an die Stelle eines scheinbaren Willkürwillens der geometrische Wille Gottes. Die praescientia im Sinne der lutherischen Theologie konkretisiert sich mathematisch, und das schließt wiederum eine Formulierung der Soteriologie in der Weise der lutherischen Christologie und Abendmahlslehre aus. Mit dem Papsttum ist beides nicht vereinbar.

III. Theologie und Naturwissenschaft

1. Der Weg zum naturwissenschaftlichen Denken

Durch die objektivierende Scheidung von Glaubens- und Schöpfungswahrheit ist der Weg zum reinen naturwissenschaftlichen Denken im modernen Sinne freigemacht worden. Sie bildete die Basis für eine eigenständige Weiterbildung der Naturwissenschaft. Die Naturerkenntnis hat den eigentlichen Gewinn dieser geistesgeschichtlichen Entwicklung davongetragen; die Theologie geriet dagegen, je mehr sich ihr eigenes System objektivierend verfestigte, zumal in der Auseinandersetzung mit der Naturwissenschaft in ihre Krise. Wir stehen hier vor der Tatsache, daß eine problematische theologische Lehrentwicklung einerseits einen ohne diese Problematik kaum so erreichbaren Erfolg auf naturwissenschaftlicher Seite gezeitigt hat, auf der anderen Seite jedoch im eigenen Bereich eine Krise heraufführte, die indirekt auch wieder die erfolgreiche Naturwissenschaft betrifft: Dadurch, daß die orthodoxe Theologie den Naturwissenschaftlern gegenüber ihr freimachendes Wort schuldig blieb, indem sie es in ein nicht mehr ohne weiteres zugängliches System brachte, trieb sie die Naturkunde

---

[30] Kepler an Ph. Müller, 1622, W XVIII Nr. 938, 67 ff.; siehe Anm. 41 zu S. 229.

immer weiter in die Isolierung des anderen Systems, bis sich mit dem Erfolg ihrer Methode immer stärker die Ambivalenz ihrer Ergebnisse zeigte.
Die Frage nach dem Menschen, der Naturwissenschaft treibt, blieb unge-
löst, und in dem Zeitalter, in dem die Naturwissenschaft nicht mehr nur
Forschung, sondern auch Instrument von Manipulation geworden ist, ist
es eben dieser Mensch, der mit dem machbar Gewordenen sein ambivalen-
tes Spiel treiben kann und deshalb nach Sinn und Zielen sucht.

Um den Beginn dieser Entwicklung vollends deutlich zu machen, sei
nun kurz der Weg skizziert, den das spezifisch naturwissenschaftliche Denken bei Kepler genommen hat[1].

Eine grundlegende methodische Maxime lautet: „Zunächst beschreiben
wir ... in Hypothesen die Natur der Dinge, danach bauen wir aus diesen
eine Rechnung auf, d. h. wir beweisen Bewegungen, endlich entfalten wir
von da aus den Lernenden die wahren Lehren der Rechnung auf umge-
kehrtem Wege."[2] Um dahin zu gelangen, spielt Kepler mit geometrischen
Symbolen, bis durch sichere Gründe gezeigt werden kann, daß es sich
nicht nur um Symbolisches handelt, sondern um Beschreibungen der Art
und der Ursachen der Verbindung der beiden miteinander verglichenen
Dinge[3]. „Art und Weise" (modus) und „Ursache" (causa) werden die beiden grundlegenden Gesichtspunkte, die es wahrzunehmen gilt. Darauf
kann aufgebaut werden. Leitend ist dabei das traditionelle Ökonomieprinzip[4], welches verbietet, kompliziertere Sachverhalte anzunehmen, wenn

---

[1] Ausführlich haben darüber gehandelt vor allem *E. Cassirer*, Das Erkenntnisproblem in der Philosophie und Wissenschaft der neueren Zeit, I 2. Aufl.
1911, S. 328 ff.; *E. J. Dijksterhuis*, Die Mechanisierung des Weltbildes, 1956,
S. 337 ff.; *H. Rombach*, Substanz, System, Struktur, I 1965, S. 289 ff. *B. Kanit-
scheider*, Philosophisch-historische Grundlagen der physikalischen Kosmologie,
1974, S. 72 ff. — Zum geistesgeschichtlichen Zusammenhang vgl. ferner *A. Maier*,
Die Mechanisierung des Weltbilds im 17. Jahrhundert, in: Zwei Untersuchungen
zur nachscholastischen Philosophie, Storia e Letteratura 112, 2. Aufl. Rom 1968,
und die übrigen Werke A. Maiers in der gleichen Reihe: Studien zur Naturphilosophie der Spätscholastik. — Zum mittelalterlichen Weltbild, seiner Verquickung
mit der Theologie und seiner Auflösung vgl. auch *N. M. Wildiers*, Weltbild und
Theologie, 1974 (dort weitere angelsächsische und westeuropäische Literatur).
[2] Apologia Tychonis contra Ursum, Fr I S. 244: „Primum enim in hypothesibus rerum naturam depingimus, post ex iis calculum extruimus h. e. motus
demonstramus, denique indidem vera calculi praecepta via reciproca discenti-
bus explicamus."
[3] Kepler an Tanckius, 1608, W XVI Nr. 493, 150 ff.: „Ludo ... et ego Symbolis ...: sed ita ludo, ut me ludere non obliuiscar ...: nisi certis rationibus
euincatur, non tantum esse Symbolica sed esse descriptos connexionis rei
utriusque modos et causas."
[4] Das Ökonomieprinzip wurde erneuert von *Petrus Aureolus* (gest. 1322)
(„Occam's razor"), Sent. II dist. 12 q. 1 (ed. Roma 1596/1605): „Non est philosophicum pluralitatem rerum ponere sine causa: frustra enim fit per plura quod
fieri potest per pauciora." Zit. bei *H. M. Nobis*, Frühneuzeitliche Verständnis-

einfachere Erklärungen möglich sind. Die Natur liebt Einfachheit und Einheit[5].

Gegen das Ökonomieprinzip verstößt bereits die Annahme, daß die Sonne sich um die Erde bewegt[6]. Daher lehrt das natürliche Licht der Vernunft, daß die Art der Werke Gottes würdiger und urbildlicher sei, wenn alle Bewegungen aus nur einer Quelle stammen[7]. So kann der Sonne der erste Bewegungsakt zugesprochen werden, der unvergleichlich erhabener ist als die sekundären Bewegungsakte in allen Dingen[8]. Wenn es eine Weltseele gibt, muß sie im Weltzentrum, und das ist die Sonne, ihren Ort haben[9]. „Die Sonne steht im Mittelpunkt der Welt, ist das Herz der Welt, Quelle des Lichtes und die Quelle der Wärme, Ursprung des Lebens und der Bewegung in der Welt.“[10] Wenn Gott auch keinen Leib hat und keiner Wohnung bedarf, so entfaltet er doch in der Sonne mehr Kraft (virtus), um die Welt zu regieren, als in den anderen Himmelskörpern. Denn „der Himmel gehört dem Herrn des Himmels“ (Ps. 115,16), und Kepler interpretiert: „der Sonne der Gerechtigkeit“. Der „Himmel“ ähnlicher Schriftstellen entspricht der „Sonne“ im Verständnis Keplers[11]. So kann die schöpferische und erhaltende Wirksamkeit Gottes mit dem Sonnenstrahl verglichen und als „Strahl aus dem Angesicht Gottes“ bezeichnet werden[12].

---

weisen der Natur und ihr Wandel bis zum 18. Jahrhundert, ABG XI/1, S. 52 Anm. 79.

[5] W I S. 16, 21: „Amat illa (sc. Natura) simplicitatem, amat vnitatem.“ Vgl. W VII S. 80, 32; W XIV Nr. 262, 525ff. usw.

[6] Kepler an Herwart, 1607, W XV Nr. 424, 153 ff.: „... peccat in Regulam: quae possunt fieri per pauciora, non debent fieri per plura. Possunt autem salvari Phaenomena stante Sole“.

[7] Myst. cosm., 2. Aufl. XX Anm. 9, W VIII S. 116, 18 ff.: „naturale rationis lumen dictat, digniorem et magis Archetypicam esse speciem Operum Dei, si motus omnes ab vno fonte fluant“.

[8] Myst. cosm. XX, W I S. 70, 27 ff.: „Solis actus ipse primus: qui incomparabiliter nobilior est actibus secundis in rebus omnibus.“

[9] Harm. IV 7, W VI S. 265, 21 ff.

[10] Diss. cum nuncio sid., W IV S. 308, 36 ff.: „Sol quidem in centro mundi est, cor mundi est, fons lucis est, fons caloris, origo vitae motusque mundani est.“ — Vgl. Astr. nova III 33, W III S. 238, 15 ff.

[11] Diss. cum nuncio sid., W IV S. 308, 38 ff.: „Caelum caeli Domino, Soli Justitiae, Terram autem dedit filiis hominum (außer dem Zusatz der genaue Vulgatatext). Nam etsi Deus corpus non habet nec habitaculo indiget; in Sole tamen (ut passim per scripturam in caelo) plus exerit virtutis, quâ mundus gubernatur, quàm in globis caeteris.“

[12] Kepler an Brengger, 1608, W XVI Nr. 488, 393 ff.: „In omni creaturâ ... duo specto, aliquid quod est instar materiae ..., aliquid quod est instar formae, quod puto esse radium uultus diuini, ut loquar Symbolice. Nam ut idem ex Sole radius ... colorem conciliat ...: sic ... incidens ... radius uultus diuini dat ... uitam et rationem ...“. — Harm. IV 1, W VI S. 220 f., Randbemerkung: „Christianis et sunt Animae exemplaria Creatoris, et sustentantur etiam-

Diese Rede bleibt symbolisch; Kepler hält die Unterscheidung zwischen Schöpfer und Geschöpf aufrecht. Die Sonne ist als Symbol Gottes und das heißt also Gottvaters als des Schöpfers doch selbst Geschöpf, wohl aber das vornehmste Geschöpf im Zusammenhang der Kosmologie, vom Menschen abgesehen. Aber als solche ist sie doch Repräsentant, Sachwalter Gottes im Kosmos, und man kann sich des Eindrucks nicht erwehren, daß es tatsächlich nur die Autorität der christlichen Tradition ist, die Kepler von einer Identifizierung abhält[13].

Eine Analogie zwischen dem Glanz der Sonne und dem Licht der unendlichen Gottheit findet sich beispielsweise auch bei Hafenreffer. Doch hier hat sie einen anderen Klang. Ein Vergleich ist lehrreich: Wer in den Glanz der Sonne blickt, wird geblendet; ebenso wird von der Majestät der Herrlichkeit Gottes überwältigt, wer außerhalb der Grenzen der Schrift abschweift, um jenes Licht der unendlichen Gottheit genauer anzuschauen, als es in diesem Leben gegeben ist[14]. Hafenreffer sieht die Begrenzung durch die Sonne. Diese wird ihm zum Gleichnis der Begrenzung durch Gott. Beiden darf man sich nur so weit und auf solche Weise nähern, wie sie es selbst gebieten und gestatten. Ähnlich kann sich zunächst auch Kepler äußern, und darin zeigt sich die ursprüngliche Verwandtschaft des Denkens. Auch bei ihm erscheint die Sonne als unzugängliches, doch ursprüngliches, schöpferisch waltendes Licht. Doch liegt bei ihm der Vergleich nicht einfach zwischen Sonne und Gott in ihrer Beziehung zum Menschen, sondern es handelt sich um eine differenziertere Proportion. Ein Mensch ist gleichsam ein Gott in der Welt, und seine Wohnstatt ist die Erde, wie Gottes Wohnstatt, wenn sie je körperlich ist, gewiß die Sonne ist, jenes unzugängliche Licht. Wie der Mensch Gott, so mußte also die Erde der Sonne antworten[15]. Bei Kepler steht die Sonne im Vergleich zur Erde und demonstriert dem irdischen Menschen seine Abhängigkeit von seinem Ursprung und dem wahren Urheber[16]. Die Aussagen über Got-

---

num ab illo per quandam velut irradiationem vultus divini in ipsas." — Vgl. auch Harm. IV 7, W VI S. 271, 33 f.

[13] Die Bezeichnung „Deus visibilis" kann bereits positiv aufgenommen werden, W I S. 70, 31 f. (vgl. Anm. 10 zu S. 188).

[14] *Hafenreffer*, Loci Theol., Tübingen 3. Aufl. 1606, I, 1, p. 4, 1 (*Ratschow* II S. 105): „Ut enim, qui oculos in splendorem solis defigunt, oculorum aciem hebetant, ita, qui extra scripturarum terminos evagantur, ut lucem illam indefinitae divinitatis proprius, quam in hac vita concessum est, aspiciant, a maiestate gloriae opprimuntur." — Vgl. auch den Sprachgebrauch bei *Luther:* W. *Bohleber*, Sol (bei Luther), ABG XIV, S. 177 ff.

[15] Myst. cosm. XVI, W I S. 56, 9 ff.; W VIII S. 91, 18 ff.: „Est omnino, vt denuo ludam Allegoria, homo quidam quasi Deus in mundo, et eius domicilium Tellus, sicut Dei, si vllum corporeum, certe Sol, illa lux inaccessa. Vt igitur homo Deo, sic Tellus Soli respondere debuit."

[16] Diss. cum nuncio sid., W IV S. 309, 1 ff. (Fortsetzung des Zitats von Anm. 11): „Agnoscat igitur Homo ipsius etiam habituli sui distinctione suam

tes Unerreichbarkeit und Unerforschlichkeit stehen damit in einem anderen Kontext. Sie sind ebenso in der existentiellen Frömmigkeit begründet wie bei Hafenreffer — das Gottesverhältnis ist das erste Glied der Proportion —, doch ihre Entfaltung geschieht rational-geometrisch. Die Faktizität des Kosmos ist archetypisch gegeben und unerforschlich. Die Allegorie gewinnt, wenn sie sich geometrisch beweisen läßt, ontologische Relevanz. Auf Grund seines archetypischen Wesens ist kein Zugang zum Zentrum der Welt möglich, nicht deshalb, weil seine Herrlichkeit blendet. Daß es das in Gestalt der Sonne faktisch tut, ist ein natürliches Gesetz, kein geschichtliches Widerfahrnis. Die Verehrung Gottes analog zur Bewunderung der Sonne ist ehrfürchtiges Staunen über die Weisheit des Schöpfers, kein Erschauern vor seiner Gewalt. Die unermeßliche Majestät Gottes ist eine hypergeometrische, keine alltäglich-geschichtliche. Der Mensch ist in diesem Vergleich durch seine Bindung an die Erde im Gegenüber zur Sonne und damit durch den Schöpfungsplan mit dem Schöpfer verbunden, nicht unmittelbar durch sein Gegenüber zu Gott bestimmt. Es ist im Grunde der erste Beweger des Aristoteles, der mit der Sonne in den Mittelpunkt des Universums rückt, und wenn dieser mit Gott dem Schöpfer im christlichen Sinn verglichen wird, prägt die Analogie auch diesen: Erster Beweger, prima causa, der Schöpfer — das wird durch die Sonne repräsentiert. Der wahre Gott der christlichen Tradition rückt in die Ferne des coelum empyreum, von wo aus er sich in den durch die Bibel überlieferten Geheimnissen offenbart — die Gottesvorstellung ist, noch unbewußt, doch heutigem Verstehen bereits deutlich erkennbar, gespalten. Schöpfung und Erlösung im theologischen Sinne sind zweierlei, ebenso die in ihnen implizierten Gottesvorstellungen. In der Frömmigkeit sind sie noch zusammengehalten, ja eines, doch auch hier beginnt sich die Spaltung abzuzeichnen. Denken und lebendige Existenz lassen sich letztlich nicht trennen. Die Kontroverse um Christologie und Abendmahl ist erstes Symptom.

Das vom Kausalschema beherrschte Denken der Schöpfung geht in immer größerem Maße seiner eigenen Gesetzlichkeit nach und gelangt dadurch zu immer größerer Selbständigkeit. Das Denken aus der Offenbarung tritt dagegen immer stärker in den Hintergrund und beweist damit die Inkommensurabilität seiner aristotelischen Gestalt mit der werdenden Naturwissenschaft. Dieser Weg des werdenden naturwissenschaftlichen Denkens sei nun an einigen Beispielen Keplers gezeigt.

Die Entwicklung beleuchtet einmal die Tatsache, daß die unmittelbar schöpferische Kausalität Gottes immer mehr hinter den feststellbaren causae secundae zurücktritt. Bereits im „Mysterium cosmographicum" macht Kepler im Rahmen der Verstehensbemühung um die Natur gegenüber der einfachen Zuflucht zu den unerforschlichen Kräften der Weisheit des

---

indigentiam, Dei abundantiam; agnoscat se non esse fontem et originem ornatus mundani, sed à fonte et ab origine vera dependere."

Schöpfers seine Methode geltend, Ursachen aus den Quantitäten heraus wahrscheinlich zu machen[17]. So kann die Bewunderung der Wunder Gottes im herkömmlichen Sinne kritisch geradezu als bloße Unkenntnis der Ursachen bezeichnet werden[18]. Die Bemerkung von Fabricius, daß Gott und der Teufel wirkten, also sei es töricht, alles auf natürliche Ursachen zurückzuführen, bezeichnet Kepler als lächerlich[19]. Die meisten Wissenschaften müßten von der Willkürherrschaft eines solchen Satzes unterdrückt werden[20]. Die Wahrheit der Schöpfung als Wunderwerk Gottes kommt erst heraus, wenn sie nicht mehr durch Unwissenheit und Unverstand verdunkelt wird[21]. Die Komplexität der Ursachen ist kein Argument gegen ihre stückweise Erkenntnis[22]. Wenn es Gott gefallen hat, bestimmte Sachverhalte zu schaffen, so ist es mit der Gottesebenbildlichkeit gegebene Möglichkeit und Aufgabe des Menschen, darüber nachzusinnen, „warumb es jhme also gefallen"[23]. Das schließt nicht aus, daß Gott „in vltimis et indiuiduis, euentibus, eorumque mirabili coaptatione" die Zügel in der Hand behält, „da alles endtlich den Weg hinaus gerathen muß / welchen er für den besten erkennet"[24]. Doch „der himmlische in die Natur eyngepflantzte character" tut „in genere" das gleiche[25]! Gott und die Natur bilden in ihrer Wirksamkeit einen analogen Zusammenhang, der die Suche nach Gründen passiv und aktiv ermöglicht und bestimmt. So trägt die Kausalität Gottes die Naturforschung, und umgekehrt interpretiert die Naturforschung die schöpferische Tätigkeit Gottes. Die Kausalforschung folgt dabei jedoch ihrer eigenen inneren Gesetzlichkeit, die der Vorstellung und des Begriffes Gottes im Grunde entraten kann.

---

[17] Myst. cosm. XI, W I S. 38, 5 ff.: „Quòd si, dum nihil inueniunt, ad imperscrutabiles Conditricis, Sapientiae vires confugiant: habeant sibi sanè hanc inquirendi temperantiam, illaque cum pietatis opinione fruantur: nos verò patiantur causas ex quantitatibus verisimiles reddere: dummodò nihil indignum tanto dicamus Opifice."

[18] Myst. cosm. I, W I S. 14, 34 ff.: „... quae ex alijs mirari discimus, eorum solus COPERNICVS pulcherrimè rationem reddit, causamque admirationis, quae est ignoratio causarum, tollit."

[19] W XIV Nr. 262 (1603), 518 f.

[20] Ebd. Z. 520 f.: „Multa, Fabrici, multa imo plerasque scientias hujus sententiae tyrannide opprimes."

[21] Tert. int. LXXII, W IV S. 215, 5 ff.: „(Wann man denn fragt / wie deß Monds Liecht die humores vermehren köndte:) da ist die einige Antwort / es sey ein Wunderwerck Gottes. Das ist zwar wahr / aber viel ein grösser Wunderwerck würde es seyn / vnd Gott dem Schöpffer zu viel grösserm Lob von vns gedeyen / wann es mit vnserer Vnwissenheit vnnd Vnverstandt nicht verdunckelt vnd befleckt were." — Vgl. auch W IV S. 178, 14 ff. 27 ff.; S. 180, 33 ff.; S. 182, 8 ff.

[22] Tert. int. LXXXVIII, W IV S. 224, 22 ff.

[23] Tert. int. CIX, W IV S. 235, 11 ff.

[24] Tert. int. CIV, W IV S. 231, 28 ff.

[25] Ebd. Z. 27 f.

Charakteristisch verdeutlicht sich diese Denkstruktur, wo sich Kepler speziell mit dem Schicksal des Menschen beschäftigt. Hier benutzt Gott als
causa Metaphysica die causae naturales universales und speziell den freien
Willen des Menschen für Glück oder Unglück, d. h. zu Gutem oder zur
Züchtigung oder zu sonstigen Diensten des Menschen. Dabei erhält Gott
die Natur in ihrer Ordnung, „doch bricht er sie auch etwan zu zeiten /
wiewol nicht offt". Ebenso erhält er, und hier tritt wieder die Analogie
deutlich heraus, den Menschen bei seinem freien Willen und dessen Gebrauch, jedoch „bricht jhme denselben auch offt / wann er allzuhart an
will"[26]. Gott wirkt souverän, aber kausal: er bestimmt die causae finales
ebenso wie die causae efficientes und ist selbst letzter Grund und letztes
Ziel dessen, was geschieht. Er greift auch direkt, extra ordinem ein, und
das ist seine letzte metaphysische Möglichkeit. Als metaphysische, d. h.
rational bestimmte Möglichkeit bestimmt eben diese auch das Verständnis
seines Wesens. Der Schöpfer rückt unter der Herrschaft dieses Gottesbegriffs an den Rand des rational zu verstehenden und zu bewältigenden
geschichtlichen Alltags. Er tritt im Denksystem auf als dessen Garant und
zugleich als Artikulation seiner Unsicherheit und noch unerklärlicher
Wunderbarkeit.

Ein weiterer Aspekt des Weges der selbständig werdenden Naturwissenschaft wird deutlich in der Überwindung des aristotelischen Animismus durch einen mechanischen Kausalismus[27]. Einen Teil dieses Weges
führt Kepler eingehend in seiner Astronomia nova vor. Ausführlich diskutiert er die Funktionen, die ein Geist, der die Planeten lenkt, ausüben
müßte. Sie scheinen die Annahme eines solchen Geistes erforderlich zu
machen. Doch kommt Kepler immer wieder auf natürliche Prinzipien zurück, die die Planetenbewegungen einfacher erklären können[28]. Er kann
in diesem Zusammenhang von einem „göttlichen, seit der Urschöpfung
der Dinge bis heute waltenden Instinkt" sprechen, von dem die Himmels-
bewegungen ohne jede Denktätigkeit lenkender Geister ausgeführt werden könnten[29]. Im Anschluß an Gilbert kann er diesen „göttlichen In-

---

[26] Tert. int. CIV, W IV S. 233, 8 ff. – Vgl. auch CXVIII, W IV S. 242, 15.

[27] Vgl. dazu *Cassirer*, aaO. S. 352 ff.; *F. Krafft*, Johannes Keplers Beitrag zur
Himmelsphysik, Symp. S. 55 ff.; Symp. S. 176 ff. – Zum geschichtlichen Zusammenhang vgl. auch *R. Hooykaas*, Das Verhältnis von Physik und Mechanik
in historischer Hinsicht, Beiträge zur Geschichte der Wissenschaft und der Technik 7, 1963. Hooykaas zeigt die Entwicklung des Verständnisses der Mechanik
von bloßer niederer, naturfremder Handwerkskunst in der Antike zur eigenen
philosophischen Bedeutung als Interpretament der Natur.

[28] Besonders eindrücklich Astr. nova IV 57: W III S. 348, 15 ff.; S. 351, 19 ff.;
S. 360, 10 f.; S. 361, 9 ff.; S. 362, 13 ff. – V 63: W III S. 391, 16 ff. 38 ff.

[29] Astr. nova IV 57, W III S. 359, 38 ff.: „... cum tamen nullum hactenus
munus, motus coelestes administrandi, in Planetae mentem competierit, quod
non instinctu divino, inde a primaevo rerum conditu, huc usque pertingente,
citra ratiocinationem ullam, obri posset." Übers. von Caspar, Neue Astr. S. 338.

stinkt" dann als magnetische Kraft verstehen[30]. Wenn dann die magnetischen Kräfte durch sich selbst ihre Aufgabe ausführen, können sie der Leitung seitens eines Geistes entraten[31]. So kann sich Kepler mit der Natur zufriedengeben[32]. Die von ihm berechneten Himmelserscheinungen können zu einem erheblichen Teil von Verstandestätigkeiten auf die Natur und auf magnetische Fähigkeiten übertragen werden[33].

Am deutlichsten wird die Entwicklung, die sich hier vollzogen hat, in den Anmerkungen zum Mysterium cosmographicum, die Kepler bei der Neuauflage 1621 dem alten Text von 1596 zufügt. 1596 hatte er erwogen, daß die Planeten durch eine gewisse göttliche Wunderkraft bewegt werden, wobei ihr Lauf durch Einsicht in die geometrischen Verhältnisse geregelt wird[34]. 1621 stellt er fest, daß man einen solchen Intellekt in dem Beweger nicht braucht[35]. Die Verhältnisse der Bewegungen sind vielmehr von der höchsten und einzigen Intelligenz, Gott dem Schöpfer, geschaffen. Sie werden unverändert erhalten einmal durch die völlig gleichmäßige und dauernde Rotation des Sonnenkörpers, zum anderen durch die unveränderlichen und beständigen Gewichte (Schwerkräfte, libramenta) und magnetischen Richtkräfte der beweglichen Planetenkörper selbst. Die Rolle des Bewegers spielt die species immateriata der Sonne, die luftartig in die ganze Welt ausstrahlt und ähnlich wie ein Drehstock die Planeten im Kreise mit sich herumdreht[36]. Damit ist nicht nur für den Bereich des Unveränderlichen, der durch die geometrischen Gedanken des Schöpfers bestimmt ist, sondern auch für den des Dynamischen der Begriff des konstanten Naturgesetzes konzipiert[37]. Der Ausdruck wird auch zum erstenmal von Kepler so verwendet[38]. Die nach dem Ökonomieprinzip angestrebte

---

[30] Vgl. Kepler am Heydon, 1605, W XV Nr. 357, 49 ff. − Vgl. K. *Stöckl*, Der Magnetismus bei Kepler, Festschrift 1930, S. 264 ff.

[31] Astr. nova IV 57, W III S. 361, 40 f.: „Si ergo per sese officium faciunt virtutes magneticae, quid opus illis est mentis directoria?"

[32] Ebd. S. 364, 14: „... acquiescamus in natura".

[33] Astr. nova III 39, W III S. 261, 14 f.: „... a mentis partibus ad naturae partes et magneticas facultates sum traducturus".

[34] Myst. cosm. XVI, W VIII S. 91, 28 ff.: „... an diuina quadam virtute, (4) moderante cursus intellectu proportionum Geometricarum, stellae per campos et auram aetheream ... transportentur".

[35] Anm. 4, W VIII S. 93, 25 f.: „... ne hoc quidem intellectu in motore opus esse demonstraui".

[36] Ebd. S. 93, 30 ff. − Vgl. Tert. int. XXVI, W IV S. 171, 6 ff.: „Ein species immateriata von der Sonnen ist / die alle Planeten in einem circulo vmb die Sonnen hervmb führet: die jhre quantitates raritatem vnd densitatem hat: auch wie ein Wirbel bewegt wird / weil sich jhr Brunnquell / die Sonnenkugel auch vmbträhet." − Vgl. W III S. 243.

[37] Vgl. H. *Dingler*, Geschichte der Naturphilosophie, 1932, S. 92.

[38] Kepler an Heydon, W XV Nr. 357, 47 ff.: „Hanc pertinacissimis laboribus tantisper tractaui vt denique sese *naturae legibus* accommodet" (Hervorhebung von mir). Vgl. *Rombach*, aaO. S. 304.

Einfachheit liegt dabei nicht eigentlich mehr im Bewegungseffekt, sondern in dem Gesetz, das diesem zugrunde liegt[39].

Trotzdem erkennt Kepler Gründe dafür an, daß den Planetenkörpern, wenigstens aber der Erde und der Sonne ein Intellekt innewohnt, zwar nicht ein vernünftiger wie dem Menschen, aber doch ein Instinkt wie der Pflanze[40]. Wenn die Planeten als Magneten bezeichnet werden können, so wird doch der Sonne in spezifischer Weise Leben zugesprochen[41]. Wenn Kepler aber 1596 noch von einer bewegenden Seele im Mittelpunkt aller Planetenbahnen, in der Sonne, spricht[42], so will er 1621 das Wort „Seele" durch das Wort „Kraft" (vis) ersetzen[43]. Anlaß für diesen Schritt war die Beobachtung, daß die bewegende Ursache wie das Sonnenlicht mit der Entfernung schwächer wird, und der daraus resultierende Schluß, daß diese Kraft etwas Körperliches sein müsse, wenn nicht im eigentlichen Sinne, so wenigstens der Bezeichnung nach, wie man das Licht etwas Körperliches, eine von einem Körper ausgehende, doch immaterielle Species nenne[44].

Dieser Wechsel der Nomenklatur von anima zu vis wird mit Recht immer wieder als ein entscheidender Schritt auf dem Wege zum naturwissenschaftlichen Denken hervorgehoben. Durch diesen Wechsel wird signifikant, welche Veränderung im Verständnis der Sache sich vollzogen hat. Die Entwicklung vollzieht sich kontinuierlich: Die Tätigkeit der Seele war bereits kausal interpretiert, und die Wirksamkeit der Kraft wurde zunächst als „seelische" Wirksamkeit gedacht. Die Begründung ist dabei physikalisch im modernen Sinne. Es ist berechtigt, wenn Caspar hier den Ursprungsbereich für den Wechsel von der animistischen zur mechanistischen Erklärung der Planetenbewegungen erkennt[45]. Zugleich ist aber deutlich, wie eng der Mechanismus mit dem Animismus verwandt und auf ihn bezogen ist.

Wie sich die Denkweise in den Jahren zwischen der ersten und der

---

[39] Vgl. *Rombach*, aaO. S. 303.

[40] W VIII S. 93, 35 ff.: „Etsi sunt alia argumenta quibus probatur, inesse in corporibus Planetarum, saltem Telluris et Solis, intellectum aliquem, non quidem ratiocinatiuum vt in homine; attamen instinctum vt in planta, quo conseruatur species floris, et numerus foliorum." Vgl. Harm. IV und V (Epiloge).

[41] Tert. int. LI, W IV S. 154, 22 f.: „Die Planeten sind Magneten / vnnd werden von der Sonnen durch Magnetische Krafft vmbgetrieben / die Sonne aber allein lebet."

[42] Myst. cosm. XX, W VIII S. 111, 8 f.: „... vnam esse motricem animam in orbium omnium centro, scilicet in Sole".

[43] Ebd. 2. Aufl. Anm. 3, W VIII S. 113, 18 ff.: „Si pro voce *Anima*, vocem *Vim* substituas, habes ipsissimum principium, ex quo Physica Coelestis in Comment. Martis est constituta, et lib. IV. Epitomes Astr. exculta."

[44] Ebd. — Vgl. auch Kap. XXII, 2. Aufl. Anm. 5, W VIII S. 123, 21 ff. — Vgl. *J. Mittelstraß*, Wissenschaftstheoretische Elemente der Keplerschen Astronomie, Symp. S. 3 ff., S. 13—15.   [45] W I S. 416. Vgl. *Dijksterhuis*, aaO. S. 347.

zweiten Auflage des Mysterium cosmographicum verändert hat, wenn sich diese Veränderung auch bereits 1596 deutlich ankündigt, zeigt eine weitere Bemerkung Keplers. 1596 hatte er festgestellt, daß jeder der drei oberen Planeten feindseligen Haß gegen die übrigen äußere[46]. 1621 qualifiziert Kepler diese Aussage als Allegorie und interpretiert sie physikalisch: unter dem Wort Haß sei irgendein Unterschied in Lage, Bewegung, Licht und Farbe zu verstehen[47]. Hier ist der Überschritt von der animistischen zur physikalischen Denkweise wiederum sachlich eindeutig vollzogen. Deutlich wird dabei, daß es sich bereits für Kepler bei dem interpretierten Phänomen um einen Zusammenhang von Wechselbeziehungen, nicht um einlinige Kausalketten handelt.

In diesem Sinne kann nun auch der Raumbegriff interpretiert werden. Der Raum ist nicht mehr wie bei Aristoteles dingliche Beschaffenheit, innere Grenze des Körpers, der den durch den Ort begrenzten umschließt, sondern Beziehung. Die Entwicklung geht vom traditionellen aristotelischen Aggregatraum zum modernen physikalischen Systemraum, vom Raum als Substrat zum Raum als Funktion[48].

Die animistische Wurzel ist in der einlinigen Interpretation an dem physikalischen Kraftbegriff teilweise bis in die Gegenwart hinein haften geblieben. Von dieser Interpretation her ist es zu verstehen, wenn der Physiker Du Bois-Reymond 1848 kritisch feststellt: „Die Kraft, sofern sie als Ursache der Bewegung gedacht wird, ist nichts als eine versteckte Ausgeburt des unwiderstehlichen Hangs zur Personifikation, der uns eingeprägt ist."[49] Der Biologe W. Zimmermann mahnt 1968: „Wir müssen von

---

[46] Myst. cosm. IX, W VIII S. 57, 22 f.: „Trium superiorum quilibet cum reliquis (2) hostilia exercet odia."

[47] Ebd. 2. Aufl. Anm. 2, W VIII S. 59, 14 ff.: „Hoc allegorice intellectum physicis rationibus defendi potest: vt si sub odij vocabulo discrimen qualecunque intelligatur situs, motus, luminis, coloris."

[48] Vgl. *E. Cassirer*, Individuum und Kosmos in der Philosophie der Renaissance, (1927) 2. Aufl. 1963, S. 190 ff. Cassirer nennt vor allem Kepler als Schöpfer des neuen Wissenschaftsbegriffs und zitiert dessen Brief an Brengger vom 30. 11. 1607, Fr II S. 55 = W XVI Nr. 463, 195 f.: „Omnis vero locatio imaginis est mentis, seu mavis, sensus communis opus." Er läßt in dem Zitat allerdings (neben „vero") „imaginis" aus und verallgemeinert dadurch und durch seine Interpretation den in eine spezielle Untersuchung optischer Zusammenhänge gehörenden Text. Ist der Gesamtgedankengang einschließlich der Einschätzung Keplers auch nicht falsch, so entsteht doch durch die Verallgemeinerung dieses Zitats der unzutreffende Eindruck, daß unter Ort und Raum nun überhaupt nur noch eine lediglich vom Subjekt ausgehende Setzung verstanden würde. Raum und Zeit bleiben jedoch reale, objektive und subjektiv erkennbare Schöpfungsstrukturen. Diese können aber auch im Begriff des Systemraums zum Ausdruck gebracht werden.

[49] Zit. bei *W. Zimmermann*, Grundfragen der Evolution, in: H. Haag — F. P. Möhres (Hrsg.), Ursprung und Werden des Menschen, 1968, S. 34 f.

der Erdichtung individuierter Kräfte völlig absehen."[50] Die Naturwissenschaft könne nur Bedingungskonstellationen feststellen und müsse sich
auf das Erfahrbare beschränken[51]. Die Beschäftigung mit der Geschichte
des naturwissenschaftlichen Denkens und gerade mit dem Denken Keplers
zeigt freilich, daß solche methodologisch richtige Einsicht bereits in dem
Verständnis des Funktionszusammenhangs verwurzelt ist, in dem die Begriffe anima und vis als Ausdruck des gleichen Sachverhalts gebraucht
werden können[52]. Die Einlinigkeit des Denkens in Kausalketten ist als
Abstraktion sowohl des Seelischen wie des Physikalisch-Dynamischen zu
verstehen.

Kepler bezeichnet das Ergebnis seiner Arbeit als „Himmelsphilosophie"
oder „Himmelsphysik" und stellt diese der „Himmelstheologie" oder „Metaphysik" des Aristoteles gegenüber. Mit dieser Physik lehre er zugleich
eine neue Arithmetik, bei der man nicht von Kreisen, sondern von natürlichen und magnetischen Kräften ausgehe[53]. Die Himmelsphysik[54] steht
dann auch als kausale Erklärung gegen eine bloße kinetische Beschreibung
der Himmelserscheinungen. Kepler kann schließlich von einer „himmlischen Maschine" sprechen und möchte zeigen, daß es sich dabei nicht um
eine Art göttlichen Lebewesens, sondern gleichsam um ein Uhrwerk handelt, insofern darin fast die ganze Vielfalt der Bewegungen von einer
ganz einfachen, körperlichen, magnetischen Kraft abhängt, wie bei der
Uhr alle Bewegungen von einem einfachen Gewicht[55].

---

[50] Ebd. S. 34.
[51] Ebd. S. 35. — Vgl. *W. Zimmermann*, Evolution und Naturphilosophie,
Erfahrung und Denken 29, 1968, S. 118 ff. — Vgl. *W. Stegmüller*, Das Problem
der Kausalität, in: L. Krüger (Hg.), Erkenntnisprobleme der Naturwissenschaften, Neue Wiss. Bibl. 38, 1970, S. 156 ff. Stegmüller macht darauf aufmerksam,
daß speziell das (von Hume dann eliminierte) Merkmal der Notwendigkeit das
Animistische im Kausalbegriff ausmacht, S. 166 f. Vgl. dazu *K. Pohl*, Gibt es
eine erste Ursache?, in: Zeitwende XLIV 12, 1973, S. 83 ff., der in Absetzung
von der animistischen Deutung auf die Sprachstruktur verweist, ohne doch
erstere zu widerlegen. — Für *Mittelstraß* (Symp. S. 176, vgl. S. 14 f.) ist Keplers Kraftbegriff bereits „rein physikalisch verstanden und frei von jeder Kon-
notation mystisch oder theologischen Ursprungs".
[52] Vgl. *Rombach*, aaO. S. 303.
[53] An Brengger, 1607, W XVI Nr. 448, 4 ff.: „Trado enim unà philosophiam
seu physicam Coelestem, pro Theologia coelestj, seu Metaphysica Aristotelis
... In qua physica simul novam arithmeticam doceo, computandj non ex circulis, sed ex facultatibus naturalibus et magneticis."
[54] Der Begriff „Physica coelestis" erscheint schon im Titel der Astronomia
nova. Zum Thema der Himmelsphysik vgl. außer diesem grundlegenden Werk
und der Epitome Astronomiae Copernicanae, vor allem I–III, u. a. Keplers
Bemerkungen zu Mästlins Brief vom 21. 9. 1616 (a. St.) an ihn, W XVII Nr.
744, 66; Kepler an Mästlin, 22. 12. 1616, W XVII Nr. 750, 168 ff. — Siehe auch
C. G. Reuschle, Kepler und die Astronomie, 1781, S. 166 ff.
[55] Kepler an Herwart, 10. 2. 1605, W XV Nr. 325, 57 ff.: „Scopus meus hic
est, ut Caelestem machinam dicam non esse instar divinj animalis, sed instar

Wie nah diese „mechanistische" Sicht der Welt mit ihren animistischen Wurzeln verbunden ist, zeigt die Tatsache, daß Kepler in einem Brief, der im gleichen Monat wie der zuletzt zitierte geschrieben ist, die Meinung des Cornelius Gemma als der Wahrheit am nächsten bezeichnen kann, der schreibt, „das die ganze weite welt unum aliquod animal vnd drinnen ein ybermächtiger spiritus mundi seye"[56]. Er stellt freilich fest, daß es für die diesem Weltgeist zugeschriebenen Funktionen genüge, die facultas naturalis in terra in Anspruch zu nehmen, doch ist das für ihn kein wesentlicher Unterschied[57].

Der Begriff „machina mundi"[58] ist zuerst bei Lukrez nachweisbar[59], der im 15. Jahrhundert wiederentdeckt wurde. Offenbar wurde die Bezeichnung eines Himmelsglobus auf das Weltall übertragen. Chalcidius hat in seiner Übersetzung von Platons Timaios[60] σῶμα τοῦ κόσμου mit machina coelestis wiedergegeben und diesem Begriff damit organomorphen Charakter verliehen. Von ihm haben beispielsweise Grosseteste (gest. 1253)[61] und Sacrobosco[62] die Formulierung übernommen.

Im 14. Jahrhundert tritt bei Oresme (gest. 1382) das Uhrengleichnis auf. Ein Gegensatz zwischen solcher mechanistischen Betrachtungsweise und der Auffassung, daß die Welt ein Organismus sei, bestand bei den Renaissancegelehrten offenbar noch nicht. Doch wurde der platonische Begriff der Taxis, der den Demiurgen als ordnenden Schöpfer und eine verbindende Weltseele voraussetzte, allmählich durch den Taxisbegriff des Aristoteles[63] verdrängt, der durch das Bild vom Feldherrn und seinem Heer charakterisiert ist. Dadurch ging „der organomorphe Charakter der machina mundi mehr und mehr in einen technomorphen über"[64]. Bei Monantholius, Aristoteles mechanica, Paris 1599[65] ist die Welt bereits als optimale Maschine und Instrument Gottes charakterisiert. „Welt" und „Natur" sind dabei in dem Verständnis dieser Zeit nahezu identisch[66]. Bemerkenswert ist, daß der Begriff „machina mundi" auch

horologij ..., ut in qua penè omnis motuum varietas ab una simplicissima vi magnetica corporalj, utj in horologio motus omnes a simplicissimo pondere."

[56] Kepler an Wolfgang Wilhelm von Neuburg, 21. 2. 1605, W XV Nr. 332, 110 ff.　　　　　　　　　　　　[57] Ebd. Z. 137 ff.

[58] Die Begriffsgeschichte hat H. M. Nobis, Frühneuzeitliche Verständnisweisen der Natur und ihr Wandel bis zum 18. Jahrhundert, ABG XI/1, 1967, S. 37 ff., 44 ff. kurz dargestellt. Ich beziehe mich auf diese Arbeit. Über den Begriff im Mittelalter N. M. Wildiers, Weltbild und Theologie, 1974, S. 69 ff. (Bonaventura: 77 ff.), 319 f.

[59] Vgl. Lukrez, De rerum natura V 95 f.

[60] Chalcidius, Commentarium in Platonis Timaeum (4. Jahrhundert), ed. Waszing, 1962, cap. 147 und 299.

[61] Grosseteste, De sphaera 11, 1, Tractatus de luce 51, 18—21, ed. Baur, 1912.

[62] Sacrobosco, De sphaera I.　　　　[63] Metaphysik XII 10, I 1.

[64] Nobis, aaO. S. 46.　　　　　　　[65] Dedicatio ad Principem.

[66] Vgl. Goclenius, Lexicon philosophicum, Frankfurt 1613, Art. natura. — Über die weitere Entwicklung vor allem über den Begriff „natura universalis" siehe Nobis, aaO. S. 48 ff.

bei Keplers theologischem Gewährsmann Aeg. Hunnius und bei Johann Gerhard vorkommt[67], in der Schultheologie der Orthodoxie also benutzt wird.

Bei G. Bruno wird die Sonne als Maschine bezeichnet[68]. Das entspricht seiner Anschauung von der Unendlichkeit des Universums, die die Natur in eine Vielzahl von Einzelwelten aufspaltet, die nun ihrerseits mechanistisch verstanden werden können.

Das kausale Denken Keplers kann unter zweierlei Gesichtspunkten gesehen werden. H. Rombach hat den funktionalistischen Charakter herausgearbeitet und betont, daß für Kepler Erkenntnisfortschritt stets nur ein Fortschritt innerhalb der Einzelheiten sei. Keplers Wissen übersteige nie die Partikularität, „es sei denn in jenen letzten Punkten, die die Harmonik als Ganzes betreffen"[69]. F. Hammer hat umgekehrt herausgestellt, daß die Fragestellung des Mysterium cosmographicum auch in der 2. Auflage noch nicht als naturwissenschaftlich bezeichnet werden kann, „es ist vielmehr der Theologe in ihm, der den ungeheuren Sprung vom Erscheinungsbild der Welt direkt zur ersten Ursache wagt"[70]. Der Theologe sei es auch, „der die Geometrie als dem Geiste Gottes archetypisch zugehörend zum wirkenden Prinzip in der realen Welt erklärt"[71]. Hierin kann aber wiederum ein Ursprung des modernen Verständnisses der Naturgesetzlichkeit gesehen werden[72].

Nun kann weder die Frage nach der prima causa noch die Archetypisierung der Geometrie im Geist des Schöpfers als spezifisch theologische Aufgabe im Sinne einer biblisch bestimmten christlichen Theologie gelten. Freilich ist diese Fragestellung in die christliche Theologie eingegangen, und hier fand sie Kepler vor. Ihre Wurzeln liegen jedoch im Blick auf das Kausalschema in der aristotelischen, im Blick auf die geometrischen Archetypen vornehmlich in der platonischen Philosophie. Gleichwohl sind es diese philosophischen Ansätze, die auch und gerade in ihrer theologischen Gestalt den Ansatzpunkt für die naturwissenschaftliche Denkweise bieten. Das von der Theologie in ihr System aufgenommene Buch der

[67] Siehe oben Anm. 16 zu S. 194.
[68] *G. Bruno*, De Immenso IV 8; vgl. Ges. Werke III, 3. Aufl. 1968, S. 170 Anm. 9. [69] *Rombach*, aaO S. 306.
[70] W VIII S. 448. — Vgl. *K. Joel*, Der Ursprung der Naturphilosophie aus dem Geiste der Mystik, 1926, S. 25 f.: Der Mystiker — Joel meint damit auch Kepler — faßt „das All eher als das Einzelne …, ja er faßt das Endliche durch das Unendliche, das Einzelne durch das Ganze, und dadurch begründet er die wissenschaftliche Erkenntnis". — Vgl. auch *K. Joel*, Wandlungen der Weltanschauung, I 1928, S. 403 ff. [71] W VIII S. 448.
[72] Vgl. *M. Steck*, Über das Wesen des Mathematischen und die mathematische Erkenntnis bei Kepler, Die Gestalt 5, 1941, S. 6 f.: „ohne seine *urbildliche geometrische Denkweise* dürfte KEPLER überhaupt nicht als einer der ersten Mitbegründer dessen gelten, was wir heute *„Naturgesetz"* und Naturgesetzlichkeit überhaupt nennen". — Vgl. *J. Mittelstraß*, Wissenschaftstheoretische Elemente der Keplerschen Astronomie, Symp. S. 3 ff., S. 26.

Natur bietet den sachlichen Ausgangspunkt für die Erforschung der Natur selbst, und seine Funktion im theologischen System bietet zugleich die methodischen Prinzipien für die Art dieser Erforschung. Der Rekurs auf die prima causa verweist auf die Kausalanalyse überhaupt und im einzelnen, und die Reflexion auf die Archetypen eröffnet den Blick auf den funktionalen Zusammenhang des Seienden. Jene „letzten Punkte, die die Harmonik als ganze betreffen", sind in Wahrheit die Säulen des Systems und als solche die Voraussetzung aller einzelnen Denkschritte. Diese gründen in jenen, die naturwissenschaftliche Partikularität in der harmonischen Totalität. Wie in der harmonistischen Grundanschauung sind auch in der partikularen Einzelanalyse Geometrie und Kausalschema auf der Basis des Quantitativen aufs engste miteinander verbunden. Diese Verbindung bewahrt die Kausalanalyse vor abstrakter Einlinigkeit und die geometrische Beschreibung vor spekulativer Irrealität. Beide zusammen bilden den Funktionszusammenhang, der dem Sein der Natur zu entsprechen scheint und den Erfolg der naturwissenschaftlichen Methode begründet.

2. Das Verhältnis von Glaubens- und Naturwahrheit

a) Trennung und Verbindung von theologischem und naturwissenschaftlichem Denken

In der geistesgeschichtlichen Situation des beginnenden 17. Jahrhunderts konnte es nicht ausbleiben, daß die fortschreitenden naturkundlichen Erkenntnisse mit der traditionsgebundenen, wieder neu oder immer noch von der aristotelischen Denkstruktur bestimmten theologischen Weltanschauung in Widerspruch gerieten. Die besondere Schwierigkeit bestand darin, daß sowohl die Phänomene der Natur wie die Artikulation des christlichen Glaubens in gleicher Weise wie zuvor in einem einheitlichen Zusammenhang gedacht werden sollten und daher ontologisch auf einer gemeinsamen Ebene verhandelt wurden. Da sowohl die Naturwissenschaft als auch die Theologie zunehmend ihrer eigenen immanenten, von der jeweiligen Sache her bestimmten Denkgesetzlichkeit folgte und folgen mußte, kam es infolge der gemeinsamen Ontologie zu einer sich ständig steigernden Divergenz ihrer Ergebnisse, die in der Konfrontation zu fortschreitender Gegensätzlichkeit führte. Im Verhältnis von Naturkunde und Bibel führt das im Blick auf Naturphänomene wie das Planetensystem zu den Schwierigkeiten einer doppelten Wahrheit. Im Verhältnis von Natur- und Heilserkenntnis überhaupt implizierte die denkerische Entfaltung beider innerhalb des gleichen ontologischen Rahmens die ernste, weil schlechthin das Zentrum betreffende Gefahr, daß es hier zu einer Gegensätzlichkeit in der Sache kommen konnte. Es begann sich die Gefahr abzuzeichnen, daß Natur- und Heilserkenntnis im christlichen Sinne einander ausschließen könnten. Die Folge davon hätte nur Schizophrenie, sacrificium intellectus oder Verzicht auf Heilserkenntnis im traditionell-christlichen Sinne und vollständige Verlagerung des Heilsinteresses auf die Naturerkenntnis sein können. Diese Schwierigkeit war sowohl der Theologie wie auch der Naturkunde bewußt. Doch der Versuch beider, die beiden Gebiete durch ihre grundsätzliche Unterscheidung einerseits voneinander freizuhalten, andererseits aber auch im Blick auf das Ganze der Wirklichkeitserfahrung miteinander in Beziehung zu setzen, kam über die ontologische Grundschwierigkeit nicht hinaus.

In Verantwortung für die in der Schrift offenbarten Glaubenswahrheiten unterschied die Schultheologie streng zwischen theologischer Erkenntnis als ihrem eigenen Werk und der Erkenntnis der Natur als Aufgabe der Naturforschung. Hafenreffer verehrt und preist die astronomischen Arbeiten stets, aber die höheren, in geistlicher Weise himmlischen Dinge, das, womit sich die Theologie beschäftigt, darf nicht von der Astronomie her interpretiert werden. Hier muß aller Scharfsinn des menschlichen Geistes töricht werden[1]. Die Unterscheidung zwischen Mathematik und Theologie ist heilsnotwendig; der Titel Theologe schickt sich nur für einen Jünger des himmlischen Worts, der Bibel[2]. Der Mathematiker hat demgegenüber eine eigene Berufung, die jedoch begrenzt ist[3]. Sie darf nicht in theologische Spekulationen eingehen[4]. Gottes in der Schrift offenbarte Geheimnisse sind dem menschlichen Verstand unbegreiflich. Der Glaube ruht auf Gottes Kraft, nicht auf der Weisheit der Menschen[5].

In diesem Sinne können Natur und Über- oder Außernatur unterschieden werden. Damit wird der Unterschied von theologischem und naturwissenschaftlichem Denken auch innerhalb des theologischen Zusammenhangs aufgenommen und metaphysisch interpretiert. Zwar wird die vorgegebene Ontologie der Intention nach entschieden transzendiert, die Denkweise bleibt jedoch von dieser abhängig; sie ist von ihr vorgegeben[6].

---

[1] Hafenreffer an Kepler, W XVII Nr. 829, 14 ff.: Meditationes tuas astronomicas „semper veneror, magnifaciamque semper: sed quae superiora, quae spiritualiter coelestia sunt vno verbo, quae Theologica sunt, hîc manum de Tabula! Hîc stultescere oportet omne humanj ingenij acumen".

[2] Ebd. Z. 43 ff.: „. . . sis memor, quod per Christum et salutem tuam te oro, Christianae meae distinctionis inter Mathematicum, et te Theologum, qui titulus in neminem, nisis verbi coelestis discipulum, quadrare potest".

[3] Das Stuttgarter Konsistorium ermahnt Kepler, nicht „extra limites vocationis" zu schreiten, W XVII Nr. 638, 81; vgl. Z. 192 f.: „Ihr habt einen ordentlichen Beruff / darbey solt ihr billich bleiben / und dessen euch stehts annemmen / was euch Gott befohlen hat."

[4] Ebd. Z. 78 ff.   [5] Ebd. Z. 180 ff.

[6] Vgl. *Heerbrand*, Comp. Theol., 1579, S. 117 f. (im Zusammenhang der Lehre von der Communicatio idiomatum): „Praeterea Physica illa, non transferenda sunt ad haec Metaphysica, supernaturalia, coelestia, diuina. Sed ma-

Daß speziell für die lutherische Theologie kategorial allein diese Denkmöglichkeit bestand, kennzeichnet ihre geschichtliche Situation. Auch das theologische Denken ist geschichtlich bestimmt. Das calvinistische und erst recht das katholische Denken[7] haben an dieser Situation grundsätzlich teil. Die Differenz besteht darin, an welcher Stelle des Systems die über- oder paranatürliche, gleichwohl jedoch metaphysisch bestimmte Wirklichkeit des Göttlichen eingesetzt wird. Die freilich selbst wiederum geschichtlich bestimmte Verkennung dessen, daß es sich um eine geschichtliche und also ontologisch überholbare Situation handelt, führt zu der bis ins Militante gehenden Verhärtung der Fronten im konfessionellen Zeitalter.

Kepler nimmt die speziell von der württembergischen Theologie vertretene Unterscheidung von theologischem und naturkundlichem Denken auf. Er war sich dessen bewußt, daß seine naturwissenschaftliche Arbeit, auch wenn er sie als Priesterdienst verstand, mit der Theologie in einem nicht ohne weiteres kommensurablen Verhältnis stand. „In der Theologie gilt das Gewicht der Autoritäten, in der Philosophie", womit Kepler vornehmlich die Physik meint, „jedoch das der Vernunftgründe."[8] So unterscheidet auch er zwischen seinem eigenen theologischen und seinem mathematischen Denken. In jenem bezeichnet er sich als Laie, ohne doch auf theologische Auseinandersetzung verzichten zu wollen, wo sie für ihn existentiell wird. Der Unterscheidung Hafenreffers, der ihn zwischen seiner mathematischen und theologischen Reflexion zu trennen ermahnt, stimmt Kepler zu und nimmt den Titel eines Theologen für sich ausdrücklich nicht in Anspruch[9]. Hafenreffers Vorwurf gegenüber, daß er astronomische Fein-

---

neat Physica intra suos terminos, & metas: hoc est, in hoc mundo, & rebus naturalibus. Haec, de quibus hîc disputamus, non sunt naturalia, sed praeter & supernaturalia. Principia autem artium non sunt confundenda, & alijs applicanda, ad quae nullo modo pertinent. Fit id etiam contra ipsorummet Philosophorum sententiam. Aristoteles enim dicit: Principium demonstrationis debere esse proprium & coniunctum. Naturalia autem vel Physica, nullam habent cognationem cum diuinis, aeternis, spiritualibus & supernaturalibus. Ideo illa non ad haec accommodanda." — *Luther* formuliert dagegen dialektisch, unabhängiger vom metaphysischen Denkschema, vgl. Disput. de sent. Verbum caro factum est, 1539, WA 39 II S. 3 ff., These 1: „Etsi tenendum est, quod dicitur: omne verum vero consonat, tamen idem non est verum in diversis professionibus." These 2: „In theologia verum est, verbum esse carnem factum, in philosophia simpliciter impossibile et absurdum."

[7] Vgl. dazu *B. Stoeckle OSB*, Gratia supponit Naturam. Geschichte und Analyse eines theologischen Axioms. Studia Anselmiana philosophica theologica Fasc. XLIV, Orbis catholicus, Rom 1962.

[8] Astr. nova, Introd., W III S. 33, 38 f.: „In Theologia quidem authoritatum, in Philosophia vero rationum esse momenta poneranda." — Vgl. *J. Gerhard*, Loci theol., 1610, Prooem. 8: „Scientiae certitudo ab internis et inhaerentibus principiis, fidei vero ab externis videlicet ab autoritate revelantis pendet." Zitiert bei *K. Barth*, Kirchliche Dogmatik I/1, [8]1964, S. 6.

[9] Kepler an Hafenreffer, 1618, W XVII Nr. 808, 75 f.: „acquiesco in distinc-

heiten in der Theologie suche, fühlt er sich absolut unschuldig[10]. Wo er theologische Fragen erörtert, hält er sich für orthodox. Die Rede von den signa exhibentia beispielsweise habe er nirgendwo unter der Fixsternsphäre kennengelernt außer zu Tübingen in den theologischen Vorlesungen[11]. Doch wirft er der Schultheologie vor, daß sie selbst diese Unterscheidung nicht durchhalte. Nur dadurch sei es zum Streit gekommen. So heißt es dann resigniert im „Glaubensbekenntnis": „Ein Philosophus tauget nicht vnder die Welt, am wenigsten vnder die Geistliche."[12]

Kepler betont: Die Himmelsvorstellung der Theologie, „meinendt das Reich in dem Himmel / der vns zur Seligkeit bereyttet ist", gehört nicht in die Physik[13]. Die Wahrheit des kopernikanischen Systems betrifft wiederum keines Menschen Heil oder Glück[14]. In der Theologie weiß man von physikalischen Dingen ebensowenig wie von der „Zahl coniugationis neruorum in corpore humano"[15]. In der Physik solle man dagegen den Heiligen Geist aus dem Spiel lassen und nicht dadurch seinen Spott mit ihm treiben, daß man ihn in deren Unterricht hineinzerre[16]. Auch ein Häretiker kann aber ein guter Physiker sein[17].

Kepler geht in der Unterscheidung der Gebiete jedoch insofern einen Schritt über die Schultheologie hinaus, als er auch den Text der Heiligen Schrift in seine Überlegungen einbezieht. In der Bibel sind nunmehr Heilsaussagen sowie Heilsintentionen und äußerliche Sprachgestalten in volkstümlichen Vorstellungen zu unterscheiden. Die Bibel kann naturwissenschaftlich Unzutreffendes sagen. Allerdings, und da unterscheidet sich Kepler von späteren Theorien, steht dieses naturwissenschaftlich Unzutreffende in einem notwendigen Sinnzusammenhang mit dem Heilszweck des Textes und ist so in anderer Weise durchaus nicht unzutreffend, trifft vielmehr im Blick auf das Verstehen der Adressaten gerade den Kern der Sache. Damit ist die Intention der altprotestantischen Lehre von der Schrift inhaltlich voll aufgenommen. Deren Objektivierung in der Inspirationslehre kann jedoch nicht mehr nachvollzogen werden; diese Lehre isoliert sich damit von dem lebendigen Auslegungsgeschehen und kommt neben die naturwissenschaftliche Auslegung der Wirklichkeit zu stehen. Ihr Be-

tione, quam R. T.[a] fecit inter me mathematicum et me Theologum, nec hunc titulum mihi vindico".

[10] Zu Hafenreffers Meinung „Quare non vult subscribere? Nimirum quia astronomicas subtilitates in Theologiâ quaerit" schreibt Kepler (1619, W XVII Nr. 835, 69 ff.): „Obsecro parcite vobis ipsis, ne insontem hic cum exclusione puniatis."   [11] W XVII Nr. 835, 209 ff.

[12] NK 2 S. 13, 7 f.   [13] Tert. int. XLVIII, W IV S. 189, 19 ff.

[14] Kepler an Mästlin, 1598, W XIII Nr. 99, 515 f.: Veritas, „quae nullius hominis salutem aut commodum concernit".

[15] Tert. int. C, W IV S. 230, 6 f.

[16] Astr. nova, Introd., W III S. 31, 3 ff.: „Missum faciat Spiritus sanctus, neque in scholas Physicas cum ludibrio pertrahat."

[17] Vgl. Kepler an J. Deckers in Olmütz, 1607, W XVI Nr. 444, 5 ff.

zug zu dieser ist innerhalb der vorausgesetzten Ontologie gegeben, dessen Modus wird auf Grund dieser gemeinsamen Ontologie aber ausschließende Gegensätzlichkeit.

In der Unterscheidung, die Kepler trifft, nimmt er metaphysisch mit der Schultheologie die gleiche Basis in Anspruch. Es geht auch für ihn sachlich um die Differenz zwischen weltlicher und geistlicher Erkenntnis, wobei letztere der höheren Sphäre des Göttlichen entspricht. Gottes Wille bleibt unerforschlich. Der Mensch bleibt hier auf die Bibel verwiesen. Die Astronomie erschließt die Gründe der natürlichen Dinge; die heiligen Schriften überliefern weit Höheres[18]. Der Unterscheidung von „nieder" und „höher" liegt aber letztlich das alte Schema von Natur und Übernatur zugrunde. In diesem Schema kann zwar die Differenz von Naturerforschung und Heilserkenntnis zum Ausdruck gebracht werden. Das Unterschiedene ist aber durch die Kategorie der Natur wiederum auf eine Weise miteinander verbunden, die die Differenz wieder ontologisch einebnet. Die Gefahr der absoluten Gegensätzlichkeit ist damit nicht gebannt, sondern erneut heraufbeschworen: Die dem einen der zu unterscheidenden Bereiche entnommene Begrifflichkeit kann dem anderen Bereich ontologisch nicht gerecht werden, ohne ihn zu überfremden. Die Kategorie der Natur ist der Dimension von Heil und Unheil nicht angemessen, und das Postulat einer Übernatur wird wiederum dem Zusammenhang der Natur nicht gerecht.

Indem Kepler die Unterscheidung von Natur und Übernatur der Sache nach zunächst übernimmt, bleibt er auch theologisch im gleichen Bereich der Schwierigkeiten wie die Schultheologie. Der theologische Verweis auf die Übernatur trennt faktisch das Gebiet der Natur ab[19] und überläßt diese ihrer isolierten Eigenständigkeit. Keplers Arbeit am Buch der Natur ist Ausdruck dieser Eigenständigkeit. Umgekehrt kann damit aber auch der Bereich der Übernatur in eine jenseitige Welt entschwinden. Das Heil wird unweltlich und verliert seine irdische Relevanz. Die Folge ist Ungewißheit, die in den Ruf nach Moral umschlägt.

Der geschichtliche Ansatz in der biblischen Schriftauslegung, der von der bloßen Textgestalt weg auf die inhaltliche Intention verwies, hätte weiterführen können und hat faktisch in der Geschichte der Schriftauslegung auch weitergeführt. Für Kepler ist dieser Weg durch die traditionalistische Übernahme des Zweinaturenschemas jedoch wieder blockiert worden. Durch die Beschäftigung mit der einen Natur konnte die andere, gleichfalls unter der Kategorie der „Natur" vorgestellte Offenbarung von Wirklichkeit schließlich nicht mehr voll in den Blick kommen. Die Wurzel dieser Problematik ist aber bereits im systematischen Ansatz der Schultheologie vorgegeben, von der Kepler hier weithin abhängig ist.

---

[18] Ep. Astr. Cop. I 5 (Ende), W VII S. 99, 27 ff.: „Astronomia enim aperit rerum naturalium causas ...: sacri codices sublimiora multo tradentes ..."

[19] Vgl. das Zitat von *Heerbrand* oben Anm. 6.

b) Der Vorwurf des theologischen Geometrisierens an Kepler

Der sachliche Gegensatz des naturkundlich-naturwissenschaftlichen und des theologischen Denkens unter den traditionellen Kategorien der Schulphilosophie kommt in der eigentlich theologischen Diskussion Keplers mit seinen kirchlichen Partnern zum Ausdruck. Die theologische Kontroverse muß letztlich von diesem Gegensatz her verstanden werden. Wir haben gesehen, daß Kepler in keiner der bestehenden christlichen Konfessionen die ganze Wahrheit finden konnte. Der Widerspruch richtet sich gerade gegen die Lehren, in denen das Spezifische einer jeden Konfession als das eigentlich unaufgebbare Heilsinteresse zum Ausdruck kommt. Seine eigene priesterliche Berufung findet Kepler demgegenüber in der Naturerkenntnis. Auch im Rahmen theologischer Argumentation liegt ein besonderer Akzent auf dem Schöpfungsglauben, der seinerseits stark von dem Buch der Natur beeinflußt ist. So liegt es nahe, daß auch die theologische Entfaltung des christologischen Heilsverständnisses strukturell von der natürlichen Theologie beeinflußt ist. Die württembergischen Theologen und als ihr Wortführer Hafenreffer werfen Kepler vor, er treibe in Fragen der Theologie, speziell in der Lehre von der Person Christi, Geometrie. Ist dieser Vorwurf, der sich zugleich gegen die calvinistische Christologie richtet, berechtigt?

1. Die Kontroverse wird auf der Ebene des Raum-Zeit-Verständnisses ausgefochten. Für Kepler wäre wie für die reformierte Christologie mit der Aufhebung der begrenzenden Raum-Zeit-Struktur des Fleisches Christi seine Kreatürlichkeit und das heißt: seine spezifische Natürlichkeit aufgehoben. Die Natur wäre durch die Übernatur außer Kraft gesetzt. Vorausgesetzt ist bei Kepler dabei bereits ein Naturverständnis, in dem gegen die aristotelische Trennung von Philosophie und Mechanik als bloßer, unnatürlicher Kunst des Handwerkers nunmehr wahre Philosophie von der Natur und Mechanik zu koinzidieren beginnen.

Wenn das Fleisch Christi in der Welt allgegenwärtig wäre, wären auch die Gesetze der Weltnatur außer Geltung gesetzt. Die Gegenwart des Fleisches Christi wäre naturwissenschaftlich nicht zu verifizieren. Sie wäre eine Durchbrechung von Gottes Schöpfungsplan.

Unser Geist bringt, so stellt Kepler fest, seiner Natur entsprechend auch „zur Beschäftigung mit den göttlichen Dingen seine auf die Kategorie der Quantität aufgebauten Begriffe mit; wenn er deren beraubt wird, kann er nur durch bloße Negationen definieren. Daher rührt die Aufregung der Calvinisten bei der Bezeichnung „unräumliche Gegenwart". Denn sowohl das Wort Gegenwart als auch die unter dem Wort verstandene Sache ist der Beschaffenheit dieser Welt, die aus Raum und Zeit besteht, entnommen und weist wenigstens für die, die ganz behutsam denken, auf die Quantitäten hin."[1]

Mit diesen Sätzen ist wie das Denken überhaupt auch das theologische Denken von Keplers Erkenntnistheorie her als notwendig quantitatives Denken charakterisiert. Auch die lutherische Christologie entgeht dem nach Kepler nicht, wenn sie die Gegenwart des raumzeitlichen Leibes Christi via negationis als illokal beschreibt. Geschöpfliches ist per definitionem in seinem Wesen durch die Quantitäten bestimmt. Soll der Leib Christi als allgegenwärtig gedacht werden, so wäre das nur zu verstehen als räumliche Ausdehnung über die Welt — ein logisch zwar möglicher, doch sachlich absurder Gedanke. Die unräumliche Gegenwart eines geschöpflichen Körpers ist dagegen nicht einmal logisch möglich.

Nun bestreitet Kepler nicht, daß es Wunder gibt, die dem Plan der Schöpfung inkommensurabel sind. Und auch der besondere, einmalige Wundercharakter der Inkarnation wird respektiert. Gottes Allmacht wird nicht bezweifelt. Doch besteht für Kepler kein zwingender Grund, solch ein den Schöpfungszusammenhang aufhebendes Wunder hinsichtlich der Gegenwart Christi seit seiner Himmelfahrt anzunehmen, zumal dies Wunder so umfassend wäre, daß die gesamte menschliche Erkenntnis damit in Frage gestellt sein müßte. Die Schrift als bindende Offenbarungsautorität fordert das nicht. Insofern kann auch hier das Sparsamkeitsprinzip in Anspruch genommen werden.

In diesem Sinne läßt sich sagen, daß auch hier, im Zusammenhang der Christologie, die naturwissenschaftliche Methode angewendet wird, bis sie an eine Grenze stößt. Im Zusammenhang der astrologisch interpretierten Vorsehung war es die eigene Grenze dieser Methode, die auf Grund der Komplexität der Verhältnisse der Zukunft ein Weiterfragen nicht mehr erlaubte. Hier, in der Christologie, ist es das von der Schrift bezeugte Phänomen der Inkarnation, das der natürlichen Vernunft nicht mehr zugänglich ist, sondern nur als solches konstatiert werden kann. Es begrenzt gewissermaßen von außen die Methode. Bis zu dieser Grenze nimmt Kepler die Methode jedoch in Anspruch. Es ist deutlich, daß für diese Denkweise alle Phänomene grundsätzlich zunächst kategorial in kontinuierlicher Weise auf einer Ebene liegen, und das ist die Ebene der Natur, der Schöpfung. Keplers Denken geht von unten nach oben. Die höheren, „übernatürlichen" Phänomene sind dadurch charakterisiert, daß sie der Vernunft nicht mehr zugänglich sind. Sie heben aber deshalb die Natur, soweit sie erkennbar ist, nicht auf. Sie gehören in einen Bereich jenseits

---

[1] Kepler an Mästlin, 1957, W XIII Nr. 64, 16 ff. (Fortsetzung des Zitats von Anm. 53 zu S. 184): „Affert enim mens nostra suapte naturâ secum ad divinarum rerum studia notiones suas in praedicamento quantitatis extructas: quibus si spolietur, nihil nisi meris negationibus definire potest. Hinc illa Calvinistarum ἔκστασις ad nomen PRAESENTIAE ILLOCALIS. Nam et vox (praesentia) et res intellecta sub voce, desumpta est ex conditione hujus seculj, loco et tempore constantis, digitumque vel cautissimis ad quantitates intendit."

dieser, wobei die Vorstellung vom „Jenseits" durch die vom „Diesseits"
bestimmt und vorgegeben ist.

Die Grenze zwischen Lehre über die Natur und Lehre vom Heil ist die
vom Buch der Natur zu dem der Bibel und demzufolge die von Naturkunde und Theologie. Doch ist diese inhaltliche Grenze für Kepler nicht
mehr identisch mit der methodischen. Forderten die naturwissenschaftliche
Methode und ihre Ergebnisse bereits eine spezifische Interpretation der
Heiligen Schrift, so werden sie im Blick auf die theologische Dogmatik
geradezu zum kritischen Maßstab. Die Lehre von der Allgegenwart des
Fleisches Christi hält solcher kritischen Rückfrage nicht stand. Sie wird
dementsprechend als Neuerung verworfen. Man muß feststellen, daß damit in der Tat im Bereich der Theologie mit Hilfe der naturwissenschaftlichen Methode Entscheidungen gefällt werden.

2. Der universale naturkundliche Charakter des Keplerschen Denkens
kommt in der trinitarisch-kosmologischen Spekulation zu besonders deutlichem Ausdruck. Der Bereich zwischen Sonne und Fixsternhimmel, in
dem sich auch die Erde bewegt, ist symbolisch der Bereich des Heiligen
Geistes. Die Erde ist in diesem Bereich dadurch besonders ausgezeichnet,
daß sie genau in der Mitte zwischen den drei äußeren Planeten und den
zwei inneren mitsamt der Sonne angeordnet ist und daß sie auch noch
der Mond umkreist. Die numerische Verbindung der Sonne mit den Planeten weist auf die besondere Herablassung Gottes zu dem Menschen,
der die Erde bewohnt[2]. Die Erde birgt das besondere Ebenbild Gottes,
den Menschen, der seinerseits geistbegabt ist. Mit ihm steht Gott in spezifischer Beziehung, wie zumal die Gestalt Jesu Christi beweist. In ihr inkar-
niert sich der Gottessohn, von dem symbolisch die Fixsternsphäre Kunde
gibt. In dem Menschen Jesus ist dieser Gottessohn gegenwärtig. Das ist
ein einmaliges, kontingentes geschichtliches Ereignis. Zu seiner sprachlichen Artikulation hat sich Gott ausgezeichneter Konstellationen bedient.
Die irdische Aufgabe Christi, die in Sünde gefallene Menschheit zu erlösen und Gottes Wahrheit zu offenbaren, ist mit Kreuz und Auferstehung
erfüllt. Die Wahrheit Gottes ist aber zugleich die Wahrheit des Schöpfers
und darin auch die seiner Schöpfung, des Kosmos. Insofern bekräftigt und
durchleuchtet die Offenbarung die natürliche Struktur der Welt. Eine Allgegenwart des Leibes Christi für alle Zeiten auf Erden würde diese geometrisch beschreibbare und als solche realistisch symbolträchtige Struktur
sprengen. Deshalb wird die aus der Vereinigung mit der göttlichen Natur
resultierende Besonderheit des Fleisches Christi so gewahrt, daß dieses mit
der Himmelfahrt in einen Bereich aufgenommen wird, der faktisch dem

---

[2] Myst. cosm. IV, W I S. 30 f. Kepler betrachtet diese spekulative Allegorie
allerdings selbst als nicht wesentliche „Dreingabe", honorarium, non praeci-
puum. Vgl. auch Diss. cum nuncio sid., W IV S. 302, 38 ff.

coelum empyreum der Tradition entspricht[3]. Dort bleibt es in seiner kreatürlichen raum-zeitlichen Struktur wie in seiner soteriologischen Funktion erhalten. Die himmlische Seinsweise des Leibes Christi bildet dabei noch einmal eine besondere Analogie zu der symbolischen Funktion der Kugeloberfläche der Fixsternsphäre: Wenn der „Ort" des gen Himmel gefahrenen Leibes Christi seinerseits symbolisch bestimmt werden sollte, so könnte es ebenfalls nur die Kugeloberfläche sein. Die Fixsternsphäre ist aber von der Erde und ihrer Bahn geschieden. Die Gegenwart des auferstandenen und gen Himmel gefahrenen Christus kann somit nur eine geistige sein, wie es in der Symbolik der Erdsphäre entspricht.

Die trinitarische Symbolik im Rahmen der Kosmologie unterstützt damit die calvinistische, nicht die lutherische Christologie. Sie setzt im übrigen das kopernikanische System voraus und dient zu dessen Bestätigung. Sie konserviert aber auch theologisch eine Grundstruktur des alten Weltbildes: Die absolute Einmaligkeit und endliche Abgeschlossenheit unseres Sonnensystems. Die Vorstellung eines coelum empyreum, das den Kosmos jenseits der Fixsternsphäre umgibt, bleibt möglich. Keplers Kosmologie verharrt an dieser Stelle auf Grund seines theologischen Denkens in eigentümlicher Konservativität, die umgekehrt in zirkelhafter Weise wieder sein Unverständnis gegenüber der lutherischen Christologie nährt.

3. Dem naturwissenschaftlichen Denken im Sinne Keplers entspricht auch die Dualität von Buchstaben und Geist. Der Weltzusammenhang ist zwar als ein harmonisches Ganzes gedacht, seine einzelnen Glieder sind aber als quantitative Beziehungsgrößen bestimmt. Die Welt und die Weise ihrer Erkenntnis sind „gequantelt". Zur Erkenntnis der astronomischen Erscheinungen gehören sinnlich und intellektuell die materiellen Bezugsglieder und die geometrischen Proportionen. Die Erkenntnis der astrologischen Signifikanz erfolgt grundsätzlich auf gleiche Weise; ihr geistiger Sinn ist an die gleichen Gesetze gebunden. Sinnerkenntnis setzt entsprechende materielle Bedingungen und geometrische Verhältnisse voraus. Verstehen ist durch Schöpfungsstrukturen quantitativ bedingt.

Dem entspricht es, wenn in der Abendmahlslehre Wort und Zeichen (Einsetzungsworte und Elemente), Zeichen und Sache (Elemente und Leib Christi) und davon wiederum der Glaube als Werk des Geistes unterschieden werden. Das Verstehen des Abendmahls bedeutet Verständnis seines Sinnes: Vergegenwärtigung der Passion Christi als sündentilgendes und gemeinschaftsstiftendes Opfer. Der Heilige Geist vermittelt zwischen Leib Christi im Himmel und irdischen Zeichen und eröffnet rationales Verstehen zwischen dem zeit- und raumgebundenen Handeln Christi in Judäa und in der kirchlichen Feier des Abendmahls. Die Heilsmittel, die Ele-

---

[3] Vgl. Ep. Astr. Cop. IV, Lectori, W VII S. 253, 26 ff.: „... Christum de invisibile, seu, vt Scholae appellant, de Empyreo locutum; vt verò Christiani simplices accipiunt, de sedibus beatis".

mente der Vermittlung des Heils sind quantitativ differenziert und unterschieden. Sie sind zwar aufeinander bezogen, doch dieser Bezug ist geistiger Art. Er kommt als ein Zweites zu den materiell wahrnehmbaren Gegebenheiten hinzu.

Inhalt dieses dualistisch bestimmten Verständnisses ist die Harmonie des Heils, die sich bereits in der Harmonie der irdischen Verhältnisse verwirklichen soll. Als solche ist sie aber zugleich Abbild der himmlischen Harmonie. Die kosmische Harmonie der Natur und die übernatürliche Harmonie des Heils zielen in Raum und Zeit ab auf eine Harmonie der Geschichte, die aber in der Gegenwart nur als moralisches Postulat artikuliert werden kann. In dieser Harmonie ist der Schöpfer gegenwärtig und von seinem Ebenbild erkennbar. Es läßt sich nicht bestreiten, daß in diesem theologischen Ansatz grundlegende „geometrische" Elemente enthalten sind.

c) Das Heilsinteresse des kirchlichen Denkens

1. Das Heilsinteresse der kirchlichen Dogmatik muß sich anders artikulieren. Hier geht es gerade darum, die umgreifende, alles Weltverhältnis und Weltverstehen verändernde Relevanz des Phänomens Jesus Christus, der Begegnung Gottes durch den Menschen Jesus von Nazareth in der Welt, auch im und durch das Denken zum Ausdruck zu bringen. Das Wunder der Inkarnation soll nicht nur vorausgesetzt und akzeptiert, sondern formuliert werden. Das ist eine grundsätzlich andere Intention als die der Naturbefragung. In der lutherischen Christologie geht es nicht um die Erkenntnis der Herrlichkeit und Weisheit des Schöpfers, sondern um die Wirklichkeit und Wahrheit des Heils und darin um dessen Gewißheit. Das Heilsgeschehen wird dementsprechend unmittelbar zu explizieren versucht; das Buch der Natur wird in diesem Zusammenhang nicht zu Rate gezogen. Vielmehr muß sich die Natur gefallen lassen, durch die Gegenwart Christi modifiziert zu werden. Wo der auferstandene und zur Rechten Gottes erhöhte Christus mit dieser Rechten Gottes gegenwärtig ist, muß die menschliche Vernunft töricht werden und sich auf Zusammenhänge von causae secundae beschränken lassen, deren übernatürliche Veränderung um des Heils willen offensteht. In diesem Verständnis von Natur hat die Mechanik noch keine Relevanz für das philosophische Verständnis der Natur. Gottes Schöpfungsplan kann daher als sekundär gegenüber seinem Heilswillen auch erkenntnistheoretisch an die zweite Stelle verwiesen werden. Wo es um das Heil geht, kann dann nicht von der Erkenntnis der Schöpfung her argumentiert werden. Gottes Heilstat kann nicht von den Gesetzen der Naturerkenntnis her tangiert werden. Die Richtung der theologischen Erkenntnis erstreckt sich von oben nach unten.

Diese Richtung des Denkens wird auch von den anderen Konfessionen beobachtet. Auch hier steht das spezifische Heilsinteresse am Anfang der Argumentation. Wenn in der Christologie die rationalere Lösung des „Extra Calvinisticum" dem naturwissenschaftlichen Denken entgegenkommt, so bestimmt statt dessen im Calvinismus die Prädestinationslehre das System, die ihrerseits eine harmonistische Analogie zwischen Heils- und Weltordnung durchbricht. Wenn von vornherein die doppelte Prädestination gilt, wenn also ein Teil der Menschen definitiv zur Verdammnis bestimmt ist, ist nicht einzusehen, wie der Sinn der Schöpfung, wie er aus ihr selbst entwickelt werden kann, noch aufrechterhalten werden kann. Naturkundliches Denken ist angesichts dieses Theologumenons ratlos. Die Natur wird trotz ihrer Erforschbarkeit durch die Prädestination rätselhaft. Sinn dieser Modifikation des Naturverstehens ist die Abwehr eines spekulativen Gottesgedankens. Ein Garant von Harmonie könnte noch als Extrapolation menschlichen Wünschens verstanden werden. Dem schiebt die Betonung der vorgängigen Willensentscheidung Gottes einen Riegel vor — freilich selbst wieder auf spekulative Weise.

Ebenfalls eine Modifikation der Natur findet statt, wenn diese in die Hierarchie der katholischen Weltanschauung eingeordnet wird. In deren Bereich sind an sich die meisten Anknüpfungspunkte für eine Analogie zwischen Kirche und Natur gegeben, zumal die Übernatur erklärtermaßen die Natur vollenden soll. Doch bedingt das vorgängige Heilsinteresse hier den Absolutheitsanspruch des Lehramtes, das autoritativ über Wahrheit und Unwahrheit von Heilserkenntnis entscheidet. Infolge der innigen Verknüpfung von Natur und Übernatur gilt das jedoch auch für die Naturerkenntnis. Der Fall Galilei zeigt, wie aus ursprünglich soteriologischen Gründen ein Naturverständnis aufrechterhalten wird, das der naturwissenschaftlichen Erkenntnis widerspricht. Die Gnade qualifiziert die Natur. Das Heilsinteresse konserviert dabei einen Naturbegriff, der diesen Zusammenhang interpretierbar macht. Ein mechanisches Naturverständnis vermag das nicht.

2. Die Trinitätslehre ist in der Schultheologie ebenfalls auf den christologisch bestimmten soteriologischen Zusammenhang hin orientiert. Die Kosmologie kommt erst sekundär in den Blick. Die spekulative trinitarische Analogie Keplers ist geschichtlich früheren abstrakten Allegorien gegenüber dadurch ausgezeichnet, daß sie harmonistisch ein naturwissenschaftlich bestimmtes, konkret-kosmologisches Interesse verfolgt. Die lutherische Lehre von der Allgegenwart des Leibes Christi, die die Himmelfahrt nicht mehr kosmologisch, sondern als Erhöhung zur allgegenwärtigen Rechten Gottes interpretierte, bedurfte des alten geschlossenen Weltbildes mit dem coelum empyreum im Grund nicht mehr[1]. Für das Interesse der Schultheologie besteht bei Keplers Analogie daher kein unmittelbarer

---

[1] Siehe Anm. 10a zu S. 126.

Anknüpfungspunkt. Da es sich primär um eine Spekulation im Rahmen der Kosmologie handelt, dürfte der Gedankenkreis für sie ohne spezifisches Interesse und daher auch kein Objekt ihrer Kritik gewesen sein. Jedenfalls ist keine solche Kritik überliefert. Die Bedeutung dieser Analogie für Kepler dürfte dabei freilich unterschätzt worden sein.

3. Das unmittelbare Heilsinteresse kommt bei der lutherischen Theologie ursprünglich in ihrem Wortverständnis zum Ausdruck. Die intendierte Unmittelbarkeit zeigt sich bereits in der Interpretation sowohl der Einsetzungsworte zum Abendmahl als auch des johanneischen Satzes: Das Wort ward Fleisch. Diese Worte gelten in ihrem Sosein in Totalität und vertragen keine aufgliedernde Auflösung ihres Anspruchs. Die rationale Aufgliederung in Wort und Geist bedeutet solche Auflösung. Die einheitliche Totalität des Sprachzusammenhangs wird durch sie gefährdet und ihrer ursprünglichen Relevanz beraubt. Der schöpferische Charakter eines solchen Wortes wird durch die objektivierende Abständigkeit mißachtet, durch eine Gedächtnisleistung entschärft und darin faktisch aufgehoben. Solche Worte sind zu nehmen, wie sie sind; es gilt, sich unter sie zu beugen und zu glauben. Die Vernunft hat hier nicht mitzureden, weil sie es nicht kann. Für die fundamentalen Glaubensartikel kann es daher im Grunde auch keine rationale Erkenntnistheorie geben. Ihr Verstehen läßt als fundamentaler Glaubensvollzug nur Extrapolation, Bekenntnis zu. Bekenntnissätze sind aber, sofern sie ihre eigentliche assertorische Funktion ausüben, ihrem Wesen nach nicht hinterfragbar. Das bedeutet für die Theologie eine grundlegend andere Denkweise als die der Naturkunde.

In diesem ganzheitlichen, Heil schaffenden, Gewißheit stiftenden Sinne ist die Gegenwart Christi im Abendmahl zu verstehen. Die unmittelbare Gegenwart des ganzen Christus in, mit und unter den Elementen entsprechend den Einsetzungsworten ist die Bedingung der Totalität dieser Gegenwart. Ein bloßes Erinnern der Heilsbedeutung des Todes Christi und ein Hinzukommen des Heiligen Geistes zu den irdischen Zeichen der Abendmahlsfeier als Vergegenwärtigung seiner Wirksamkeit würde diese Totalität der Begegnung des sündigen Menschen mit dem lebendigen Christus nicht mehr gewähren. Eine teilweise Gegenwart wäre keine echte göttliche Gegenwart; die Heilswirkung des Abendmahls wäre hier gerade in Frage gestellt. Gott will es nach den Worten der Schrift anders.

So kann das Heil auch nicht unter der Kategorie der Harmonie erfaßt werden. Die unter der Herrschaft der Sünde stehende Welt ist und bleibt disharmonisch. Retten kann nicht der moralische Appell, sondern allein Buße, unmittelbare, personale Umkehr zu Gott. Der von Gott durch Christus gerechtfertigte Sünder kann sein Leben nur aus Gottes Wort und Sakrament erhalten, bewahren und in die Welt hinein wirksam werden lassen. Anfechtung ist der Modus dieser Wirksamkeit. Die allfällige Harmonie der Natur verweist auf Gott, nicht auf den Menschen und seine

Möglichkeiten. Erlösung bedeutet nicht Einigung in Harmonie, sondern Eingang in Gottes Herrlichkeit und Freude.

Das calvinistische Nebeneinander von Buchstabe und Geist im Wortverständnis und von Wort, Element und Geist in der Abendmahlslehre scheint dieser Intention des lutherischen Denkens rational zu widerstreiten. Vordergründig ist das auch tatsächlich der Fall. Die Unmittelbarkeit des Heilsinteresses wird jedoch dadurch gewahrt, daß der Verstehensprozeß des Glaubens unter dem Vorzeichen der absolut gültigen Erwählung erfolgt. Wer wahrhaft versteht, darf unabhängig von dem Modus dieses Verständnisses des Heiles gewiß sein. Insofern kann der Vernunft auch in Glaubensdingen ohne Schaden ein größerer Spielraum eingeräumt werden, denn die Zuerkennung des Heils ist in ihrer Vorgängigkeit durch die Prädestination gewahrt. Diese ist dann allerdings der Einsicht des Menschen prinzipiell entzogen.

Der moralische Impuls und die moralische Intention des calvinistischen Denkens ist dementsprechend im Unterschied zu Kepler nicht durch den Harmoniegedanken, sondern durch die Erwählung bestimmt. Die aus der Erwählung zum Heil resultierende Freiheit konkretisiert und artikuliert sich im Welthandeln. Der Aufruf zur brüderlichen Liebe und seine Befolgung vollstrecken Gottes ewigen Ratschluß, sie bedingen ihn nicht. Der Preis der lehrhaften Objektivierung der Erwählung ist dann freilich die Lehre von der ewigen Verdammnis der Verworfenen.

Das Prae der Gnade ist für römisch-katholisches Verständnis in der Kirche gewährt. Die Kirche als Heilsinstitution besitzt den Heiligen Geist. Insofern ist ihr Wort als kirchliches Wort autoritativ, es ist geistliches Wort. Wird auch im katholischen Bereich zwischen Buchstaben und Geist unterschieden, so ist das ganzheitliche soteriologische Interesse doch durch die vorgängige Kirchlichkeit beider gewahrt. Die Vergegenwärtigung des Opfers Christi in der Messe kommt Keplers Verständnis des Abendmahls weitgehend entgegen. Doch zeigt die Transsubstantiationslehre, daß die Gegenwart des Leibes Christi in einer Weise gedacht wird, die dem naturwissenschaftlichen Interesse Keplers wieder widerspricht. Hier wird dogmatisch und praktisch an zentraler Stelle ein Naturbegriff durchgehalten, der einer mechanischen Interpretation seinem Wesen nach nicht zugänglich ist. Die die Natur verändernde Substantialität der Gegenwart Christi soll auch hier die Totalität des Heils wahren. Ihre Unmittelbarkeit ist ein Wunder, das der naturwissenschaftlichen Rationalität grundsätzlich entzogen ist. Die Reihe der Wunder prolongiert das ursprüngliche Wunder der Inkarnation, das darin seine metyphysische Interpretation findet.

Die Harmonie des Heils kann daher nur kirchliche Harmonie sein. Die Hierarchie der Kirche in der Welt mit dem Papst an der Spitze repräsentiert diese Harmonie. Sie ist alleiniger Maßstab geschichtlicher Möglichkeiten und moralischer Relevanz; der Kosmos kann nur Abbild dieser göttlichen Einrichtung sein. Das Umgekehrte würde die Dignität der Heilsoffenbarung Gottes beeinträchtigen.

d) Keplers Vorwurf des Geometrisierens an die Schultheologie

Das Heilsinteresse der Theologie wird nun in einer Begrifflichkeit formuliert, die ihrerseits dem Raum-Zeit-Schema verhaftet bleibt und wiederum als „geometrisch" angegriffen werden kann. Das ist die Antwort Keplers an die württembergische Theologie, mit der er deren Kritik zurückgibt.

Mit der Behauptung der allgemeinen Gegenwart des Fleisches Christi entsprechend der Gegenwart des Logos nimmt die lutherische Christologie für Kepler die raumzeitliche Kategorie der Quantität, wenn durch den Zusatz illocalis auch via negationis, bereits auf. Die Gegenwart des Leibes Christi fällt, da es sich eben um einen Leib handelt, unter die quantitativen Gesetze von Raum und Zeit. Sonst wäre sie überhaupt nicht erkennbar und ihre Behauptung damit sinnlos. Ein unräumlicher Körper ist im Grunde überhaupt kein Körper, und eine Allgegenwart läßt sich nur in einem Raum-Zeit-System aussagen.

Anders verhält es sich dagegen mit der Gegenwart der göttlichen Natur Christi. Unter den geschöpflichen Bedingungen von Raum und Zeit kann die Gegenwart Gottes zwar gleichzeitig als Abwesenheit bezeichnet werden, weil keine Möglichkeit gegeben ist, sie quantitativ zu konstatieren. Doch kann Kepler unter dem Gesichtspunkt der Wirksamkeit hier dennoch von wahrer Gegenwart sprechen. Die erkenntnistheoretischen Bedingungen des irdisch-menschlichen Geistes tangieren die souveräne Wirksamkeit Gottes nicht. Das Symbol des Heiligen Geistes, der alles durchdringende Weltäther, kann hier — freilich doch wieder quantitativ gedacht — Sprachhilfe leisten.

Die Souveränität des Heilshandelns Gottes bleibt außerhalb der menschlichen Begreifbarkeit. Das Mysterium der Inkarnation bleibt reiner, nur durch die autoritative Aussage der Bibel gedeckter Glaubensartikel. Hier liegt wirklich ein Wunder vor, das zu ergründen frevelhaftes Geometrisieren wäre. Als solches geht es in den Schöpfungszusammenhang ein, ohne dessen Immanenz jedoch aufzuheben. Der Schöpfungszusammenhang ist vielmehr gleichzeitig durch eine andere Weise der Gegenwart Gottes bestimmt. Inkarnation und Lenkung der Welt sind zwei verschiedene Weisen der göttlichen Gegenwart, die nicht durch eine gemeinsame, menschlich-geometrische, also geschöpfliche Begrifflichkeit auf einen Nenner gebracht werden können und dürfen[1].

---

[1] Notae, NK 6 S. 18, 24—26: „... nec ex uno veluti elemento praesentiae humaniter et geometrice intellectae constet et illa incarnatio et haec gubernatio".

Kepler hält Hafenreffer nun vor, daß er gerade an dieser Stelle das freie Handeln Gottes auflöse und Geometrie treibe, wenn er mit der Gegenwart des Logos die Gegenwart des Fleisches Christi verbinde, andernfalls die persönliche Vereinigung der beiden Naturen Christi aufgelöst und Christus zerteilt wäre. Dieser Meinung läge die aristotelische Auffassung[2] zugrunde, daß Seiendes notwendig seinen Ort habe und daß Negation des Ortes also Nichtsein bedeute. Demgemäß habe, so ist zu interpretieren, für die lutherische Christologie die göttliche Natur Christi notwendig und allein ihren Ort und damit ihr Sein im Fleisch Christi und könne nur mit diesem Fleisch gegenwärtig sein. Die Gottheit ist gewissermaßen in das Fleisch eingeschlossen[3] und so als etwas Stoffliches verstanden. Dem stünde aber gerade der aristotelische Schluß auf die Ewigkeit der Welt entgegen: denn dann müßte man auch sagen, daß Gott vor der Schöpfung nicht existiert hätte, da er keinen Ort gehabt hätte. Genau hier liege die Quelle des ganzen Übels, die mit dem lutherischen Satz gegeben sei: „Wo du mir (Christum) Gott hinsetzest ... (da mustu mir Christum den Menschen auch hinsetzen)." Gott lasse sich gerade nicht „setzen". Er sei der Kreatur auf andere Weise gegenwärtig als kreatürlich-lokal. Vielmehr habe er gerade den Dingen ihr Sein und ihren Ort gegeben und bewahre ihnen beides[4]. Von beiden aus kann aber Gottes Tun nicht erfaßt werden.

Es entspricht Keplers Denkstruktur, wenn er der lutherischen Christologie den Vorwurf macht, daß sie mit dem Leib Christi auch Gott selbst räumlich über die Welt ausdehne und damit in extremer Weise Geometrie treibe. Nur so kann Kepler die Aussage verstehen, daß Gott nur zusammen mit dem Fleisch Christi außerhalb des Kreuzes den Kreaturen gegenwärtig ist oder sein will[5]. Eine andere Denkmöglichkeit steht ihm nicht zur Verfügung[6].

---

[2] Vgl. Phys. 208b 29. — Zum Raumproblem bei Aristoteles vgl. *W. Gent*, Die Philosophie des Raumes und der Zeit, I 2. Aufl. 1962, S. 16 ff. Zu Kepler ebd. S. 91 ff.   [3] Vgl. *Aristoteles*, Phys. 212 a 5 f.

[4] Notae, NK 6 S. 22, 14 ff.: (Hafenreffer:) „... ubi est λόγος, ibidem est caro: aut soluta est unio, et divisus Christus." (Kepler:) „Egregia Geometria: Confirmetur illa ex Aristotele, qui hoc pronunciat: Quod nuspiam est, id ne est quidem. Demus igitur est illi vicissim, Mundum ab aeterno fuisse, ne detur tempus seu momentum, quando nihil de mundo extante, Deus nuspiam fuit, eoque ne fuerit quidem. Haec haec, inquam est illa scaturigo totius mali, Wo du mir Gott hinsetzest. Stulta ratio humana in rebus *Dei*, Es lesset sich Gott nicht also setzen / wie ein Creatur ... Non indiget setzens ut creaturae, ad hoc, ut sit creaturae praesens ... Manens, ubi erat, quando nihil erat, in se ipso scilicet rebus et esse dedit et loca, iisdemque utraque conservat."

[5] Notae, NK 6 S. 20, 9 f.: „Imo tunc maxime geometrica sibi imaginantur cum Deum extra crucem *longissime* faciunt, quoties ille creaturarum alicui praesens est."

[6] Vgl. bereits zur Prämisse *Hafenreffer*, Loci theol., 4. Aufl. 1609, S. 329 f.: „At per Omnipraesentiam, humana Christi Natura localiter extenditur? Filius DEI, neque locus est, neque in loco, sed illocaliter coelum & terram implet,

Kepler wird mit dieser Kritik der lutherischen Position sicher nicht gerecht. Denn wenn diese die Personalität und Illokalität der Gegenwart des Fleisches Christi unermüdlich betont und den Finger darauf legt, daß es ausschließlich Gottes unerforschliches, barmherziges Handeln ist, wenn er sich selbst der menschlichen Natur mitteilt und diese Natur dadurch seiner eigenen Eigenschaften würdigt, so ist damit der philosophischen Überfremdung des Gottesbegriffes gewehrt. Es ist vielmehr gerade das tiefe Wunder des Christusgeschehens, daß sich Gott in dem Menschen Jesus ans Kreuz schlagen, daß er sich in den Abendmahlselementen nehmen läßt. Darin läßt er sich wohl tatsächlich „setzen". Doch ist auch dieser von Luther stammende Satz nicht ontologisch gemeint. Er bezieht sich allein auf Christus als Gottmenschen und darf also nicht isoliert von der menschlichen Natur betrachtet werden. Es ist sicher nicht zufällig, daß Kepler in dem genannten Text isoliert von Gott spricht: „Wo du mir Gott hinsetzest . . ." Kepler geht wie die reformierte Theologie von einem absoluten Gottesbegriff aus, der via eminentiae gewonnen ist und auch in die Christologie hineinwirkt, während die lutherische Theologie von dem Christusgeschehen her zumindest in der Christologie diesen letztlich philosophischen Gottesbegriff und damit auch das Weltverständnis modifiziert.

Dennoch enthält auch die lutherische Christologie in ihrer Denkstruktur und Begrifflichkeit tatsächlich ein „geometrisches" Element. Dieses wird ursprünglich, so bei Luther und auch noch beim jungen Brenz, als bloße Denkmöglichkeit angeführt und so völlig offengehalten und relativiert. Indem diese Denkmöglichkeit eingeengt wird zur definitiven Aussage und ausgebaut wird zum Dogma, gewinnt sie zwar übernatürlich bestimmte, aber darin weltlich objektivierte, mathematische Stringenz. Die göttliche Wirklichkeit wird hier tatsächlich in menschliche Begrifflichkeit einzufangen versucht und dadurch als übernatürlich „gesetzt". Die Objektivierung und Dogmatisierung der hermeneutischen Denkmöglichkeit bindet die göttliche Gegenwart an die Kategorie der Natur, indem sie sie als übernatürlich klassifiziert. Zugleich wird die Natur dadurch so an die „Übernatur" gebunden, daß sie auf Grund von deren Prärogative neu qualifiziert wird und so ihre eigenen Gesetze auf die der Übernatur hin relativiert werden. Die „Geometrie" des Leibes Christi setzt die natürliche Geometrie außer Kraft. Die göttliche Geometrie der Inkarnation tritt in kontradiktorische Konkurrenz zur Geometrie der Schöpfung.

Die tatsächliche Raumgebundenheit der lutherischen Christologie tritt deutlich in der Breite der Spekulation und der entsprechenden Diskussion

---

idem etiam supra & extra omnia loca humanam naturam in SUAE Personae Vnitatem assumpsit, quae IN ipso, citra omnem extensionem, aut locorum dimensionem, vbique praesens est. Ex hoc igitur mysterio omnes Cogitationes de Locorum spatijs procul remouendae sunt: & hoc quisquis didicerit, magnos sese fecisse progressus nouerit."

um die Allgegenwart des Leibes Christi bereits zur Zeit seines irdischen Lebens, in statu exinanitionis, zutage. Wie verhält es sich darüber hinaus mit der Allgegenwart während der Zeit der Schwangerschaft Marias? Logisch ist zumal nach den damaligen physiologischen Kenntnissen in der Tat nicht einzusehen, warum hier nur der (noch nicht geborene) Leib Christi, nicht aber, wie Kepler extrapoliert, auch der uterus Mariae allgegenwärtig sein soll.

Aber auch die reformierte Orthodoxie ist von ähnlicher Problematik betroffen. Sie gipfelt in der physiologischen Frage, wann die Inkarnation im Schoße Marias nun tatsächlich stattgefunden habe. Nach herrschender Auffassung tritt erst am 40. Tag des Embryonallebens die Seele zum Leib hinzu. Die göttliche Person hat aber die ganze, aus Leib und Seele bestehende menschliche Natur angenommen. Eine Besonderheit des Leibes Christi besteht dann also darin, daß dieser bereits von Anfang an Leib und Seele besessen haben muß. Ist das dann aber noch wirklich die menschliche Natur, die der Logos annimmt?

Diese Fragestellung betrifft auch die katholische Lehre. Die lutherische Orthodoxie konnte dieser speziellen Problematik dadurch entgehen, daß sie wie bereits Luther traduzianisch, nicht kreatianisch lehrte: Die persönliche Seele jedes einzelnen Menschen wird nicht (nach 40 Tagen) jeweils besonders geschaffen, sondern auf natürlichem Wege dem neuen Leben mitgegeben.

Auf ein weiteres „physikalisch-geometrisches" Element in der lutherischen Schultheologie legt Kepler den Finger, das diese selbst zugestehen muß: die logisch bedingte Wahrung der kreatürlichen Räumlichkeit des Leibes — in Übereinstimmung mit der Natur eines verherrlichten Körpers — auch abgesehen von seiner durch die Gottheit vermittelten Allgegenwart, wie sie bei Hunnius, aber auch z. B. bei Hafenreffer zum Ausdruck kommt. Wenn die Theologen zugestehen, daß das Fleisch Christi als durch die Grenzen seiner Natur umschlossen und beschränkt gelten muß, dann vertreten auch sie physikalische und geometrische Vorstellungen[7]. Kepler meint also recht daran zu tun, wenn er diesen Gedankengang nur konsequent durchhält und weiterführt, wie es auch die reformierte Theologie tut, und dabei zur Ablehnung der Allgegenwart des Leibes Christi als logischer Absurdität kommt. In der Tat liegt in der logisch erzwungenen Doppelung des Leibverständnisses bei den Lutheranern ein entscheidender Hinweis auf die Denkstruktur, die auch unter übernatürlichem Gesichtspunkt der Integrität der Natur nicht ganz entraten kann und deren Gesetzlichkeit in Rechnung stellen muß, dafür aber die Einsichtigkeit der supranaturalen Argumentation noch einmal neu in Frage stellt.

---

[7] Notae, NK 6 S. 20, 5 ff.: „... recte me facere putavi, si de carne Christi, quae creatura est et manet, in quantum ea ex suis proprietatibus censetur, Geometrica imaginarer, et Gloriosi corporis Naturae convenientia, eoque sensu physica. Vidi enim etiam Theologos Physica et Geometrica sibi imaginari, dum carnem suae limitibus Naturae circumscriptam et finitam concedunt". — Vgl. oben S. 134 f.

e) Das Problem (Zusammenfassung)

Der Vorwurf der „Geometrie" richtet sich bei Kepler nur gegen die lutherische, speziell die württembergische Theologie. Wir haben aber gesehen, daß sich die Kritik an Calvinismus und Katholizismus wiederum an dem grundlegenden quantitativen Element auch in diesen Denkgebäuden entzündet. Die Begrifflichkeit entstammt in der Theologie aller Konfessionen und auch Keplers selbst den gleichen ontologischen Grundlagen, und das macht die spezifische Schwierigkeit der Situation aus. Denn diese ontologischen Voraussetzungen vermögen offensichtlich nicht mehr das Ganze der Wirklichkeit zu erfassen. Natur- und Heilserkenntnis sind nicht mehr auf einen gemeinsamen Nenner zu bringen. Der Versuch, das dennoch zu erreichen, wird aber noch nicht aufgegeben. Die Unterscheidung des Verschiedenen wird durch Grenzziehungen versucht, die noch eine gemeinsame Ebene voraussetzen. Die Verschiedenheit dieser Grenzziehungen sind im Grunde Grenzverschiebungen. Um diese geht der Streit. Die Paradoxie der Sache, daß in dem Menschen Jesus, daß in den Elementen des Abendmahls Gott selbst begegnet, wird verschieden ein- und abgegrenzt, sie wird aber in ihrer Paradoxalität nicht voll durchgehalten.

Die Not dieser Situation tritt in der Diskussion Keplers mit der lutherischen Theologie in dem gegenseitigen Vorwurf, Geometrie und Physik zu treiben und in der jeweiligen Verteidigung gegen diesen Vorwurf deutlich zutage. Die lutherische Christologie versucht durch ihren Supranaturalismus die Paradoxie der christlichen Offenbarung zu artikulieren und zu wahren; das supranaturalistische Schema führt sie aber gerade in die Aporie, daß sie sich abgesehen von diesem Schema nicht mehr mitteilen kann und dadurch in die Isolierung gerät. Keplers Christologie folgt der mathematischen Vernunft bis zu der Grenze, wo die Autorität der christlichen Tradition ihn seinerseits zur Anerkennung der paradoxen Offenbarung zwingt. Im Gegensatz zur reformierten und katholischen Theologie ist die Offenheit des Denkens gegenüber der Offenbarung aber nicht mehr durch Theologumena abgesichert, die den Entscheidungscharakter des christlichen Glaubens positiv zum Ausdruck bringen. Dadurch wird die Anerkennung der Autorität zu einer Entscheidung, die zwar die Tradition hinter und das persönliche Engagement vor sich hat, die aber auch theologisch nicht mehr eigentlich einsichtig ist.

Diese Entscheidung gewinnt nunmehr unversehens gesetzlichen Charakter. Der bloße Gehorsam gegenüber der Autorität der christlichen Tradition hat etwas von einem sacrificium intellectus an sich. Dieses sacrificium wird zwar noch metaphysisch verstanden und anerkannt, doch nicht mehr eigentlich gedeckt. Keplers Äußerungen gewinnen hier etwas eigentümlich Deklamatorisches. Eine theologische Durchdringung des christlichen Glaubens in seinem Wesen wird nicht mehr geleistet. Die Apologie der

Gläubigkeit und das Bekenntnis der akzeptierten Glaubensgegenstände tritt in den Vordergrund. Der Theologe Kepler zieht sich zurück auf seinen Laienstand. Es liegt nahe, darin ein Scheitern seines spezifisch theologischen Denkens zu sehen.

Wichtig ist für Kepler weiterhin die Beobachtung, daß die Empirie des konfessionellen Haders der Metaphysik der Liebe stracks widerspricht. Der konfessionelle Streit ist gewiß nicht einfach nur gesellschaftlich bedingt, sondern zentral Ausdruck des Gegensatzes der theologischen Systeme. Es geht in ihm um die Wahrheit. In dem Streit ist die Wahrheit für Kepler jedoch zerrissen und verdunkelt. Das Verstehen von Wahrheit ist darin freilich von dem metaphysischen Vorverständnis her bereits festgelegt: Wahrheit ist etwas ein für allemal Vorhandenes, das nur verdeckt ist und das es deshalb zu entdecken gilt. Der vorausgesetzte Wahrheitsbegriff ist statisch. Wahrheit ist damit grundsätzlich, wenn vielleicht vorläufig auch noch nicht faktisch, erreichbar. Es gibt eine Teleologie der Wahrheitserkenntnis, die prinzipiell vollendbar ist. Im Blick auf das Heil ist eine gewisse Vollständigkeit des notwendigen Wissens bereits im kirchlichen Altertum erreicht worden.

Diesem statischen Charakter des Wahrheitsverständnisses leistet die Argumentationsweise der orthodoxen Dogmatik Vorschub. Die Heilswahrheit kann, wenn auch nur vorläufig, in bestimmten Loci zusammengestellt werden. Die Vollendbarkeit der Wahrheitserkenntnis ist hier freilich von vornherein eschatologisch verstanden und auf das jenseitig verstandene Reich Gottes beschränkt. Davor gibt es im Blick auf das Heil nur die in der Bibel gegebene Offenbarungserkenntnis. Diese reicht für das diesseitige Leben aus. Bereits sie ist jedoch ihrem Wesen nach unausschöpflich. Diese Unerschöpflichkeit hat dennoch mehr den Charakter eines tiefen Brunnens als den eines Flusses. Das Bauwerk des orthodoxen Systems bildet gleichsam die kunstvolle Fassung dieses Brunnens, die den alleinigen Zugang bildet. Der Zugang soll dadurch gesichert werden; es könnte jedoch auch geschehen, daß der Brunnen eines Tages übersprudelt und seine Fassung zerstört oder daß das Wasser an anderer Stelle ans Licht tritt.

Kepler geht von der in der Orthodoxie geübten Argumentationsweise aus und teilt auch unreflektiert die orthodoxe Eschatologie[1]. Doch das Buch der Natur bietet ihm bereits jetzt die Möglichkeit, auf eigenständige Weise mehr, wenn auch andersartige Wahrheitserkenntnis zu gewinnen und zu formulieren. Gott offenbart sich als Schöpfer auch in der Erkenntnis der Natur. Das Verstehen der Natur gewinnt im Anschluß an die natürliche Theologie der Dogmatik die Qualität von Offenbarung eigener Art. Die

---

[1] Vgl. Keplers Funera domestica duo luctuosissima, (1611) 1616, W XII. Im zweiten Gedicht dieser Sammlung heißt es am Ende: „O die liebliche Gottes statt / Christen Hertzen zu Burgern hat: Lieb bleibt einig; der Glaub wirdt sat; Hoffnung gewinnet ein ende" („Spes Fidesque valete").

Offenbarung Gottes in der Schöpfung wird zwar durch die in der Bibel mitgeteilte Heilsoffenbarung übertroffen, doch eröffnet sie größere und neue Erkenntnismöglichkeiten, um derentwillen es sich lohnt, Priester am Buch der Natur zu sein. Die aus der Schöpfung gewonnene Erkenntnis des Schöpfers bietet darüber hinaus Antworten auf die Frage nach dem Heil im Bereich des Irdischen. Die Harmonie der Welt wird als Sinngehalt der Schöpfung einschließlich des menschlichen Lebens im Bereich des Einzelnen und der Geschichte erkennbar. Die im Kosmos repräsentierte Harmonie und seine von Gott in regulären oder irregulären Bewegungen signifikatorisch in Dienst genommenen Gesetze ermöglichen grundsätzlich sinnvolle menschliche Existenz. Naturerkenntnis und Naturdeutung gewinnen dadurch beschränkt soteriologischen Charakter. Sie treten für Kepler wesentlich auch auf Grund dieser ihrer Qualität in den Vordergrund und beanspruchen sein primäres Interesse.

Der harmonistische Ansatz kann über die Theodizee auch das ewige Leben begründen: Wenn Gott gerecht ist, wird es nach dem Tode ein anderes Leben geben. Allein die Gerechtigkeit bürgt für ein ewiges Sein[2]. Die eschatologische Gerechtigkeit erfüllt das Gesetz der Harmonie auch für den geschichtlichen Bereich. Diese Auffassung muß als Extrapolation der naturwissenschaftlichen Methode angesehen werden.

Das naturwissenschaftliche Interesse und die mit Hilfe der naturwissenschaftlichen Fragestellung und Methode gewonnenen Ergebnisse führen im Bereich der theologischen Fragen zu einer Denkweise und Beurteilung der von der Dogmatik angebotenen Antworten, die diese Methode nicht verleugnet. Die Ungeschichtlichkeit der Harmonik korrespondiert dem ungeschichtlichen Rekurs auf das kirchliche Altertum in der biblisch begründeten Heilserkenntnis. An den Stellen, wo die Schultheologie die Heilsoffenbarung supranaturalistisch extrapoliert und damit die natürliche Erkenntnis relativiert und mit irrationalen Elementen versetzt, kommt es daher zum Streit, der auf Grund der Seinsweise der Offenbarung zugleich zu einem Streit um Autoritäten wird. In Streit geraten nicht Vernunft und Offenbarungsautorität, auch nicht Vernunftgründe und Autoritäten allgemein, sondern umstritten ist der Geltungsbereich und die Reichweite von Vernunftgründen und an Autorität gebundenen Aussagen in ihrem Verhältnis zueinander. Dieser Streit reduziert sich auf das Gebiet der Theologie, während das Gebiet der Naturerkenntnis unangefochten sich in

---

[2] Elegie Keplers für Wacker von Wackenfels bei dem Tode von dessen Tochter, 1609, mitgeteilt von *Th. Lindner* in Zeitschr. des Vereins für Geschichte und Altertum Schlesiens VIII, 1867, S. 335: „Si Deus est iustus, post mortem erit altera vita: / Justitiae soli subdita non pereo!" Zit. und übers. bei *C. Schmidt*, Die Mystik in Keplers Weltanschauung, in: Sitzungsberichte und Abhandlungen der Naturwissenschaftlichen Gesellschaft ISIS in Dresden 1930, 1931, S. 146 ff., S. 161.

methodischer Eigenständigkeit und Immanenz auch unter theologischem Gesichtspunkt verselbständigen kann und zunehmend verselbständigt.

Die von der Schultheologie wie von der Naturkunde im Sinne Keplers betonte Scheidung der Bereiche von Heils- und Naturerkenntnis ist zwar einerseits auf beiden Seiten in der Unterscheidung von Nieder und Höher, von Natur und Übernatur im gleichen Sinne konzipiert. Für die Theologie sind Natur und Übernatur, Welt und Heil wie für Kepler als ein Ganzes auf Gottes Herrlichkeit und das Heil des Menschen hin geordnet. Durch die Sünde ist diese Harmonie der ursprünglichen Schöpfung gestört und sind Naturwirken und Heil nicht mehr identisch. Das bedingt auch die Scheidung der Erkenntnisweisen für beide Gebiete.

Auf diesem gemeinsamen Grunde ist die Differenz von Theologie und Naturkunde jedoch charakteristisch verschieden verstanden. Die realistische Weltanschauung der Orthodoxie geht von den als Fakten interpretierten Aussagen der Bibel aus und bezieht die Fakten der Natur in ihr System mit ein. Widerspricht die Naturerkenntnis den Aussagen der Bibel, so haben letztere doch den Vorrang. Das schließt geistreiche Hypothesen über die Natur und vereinfachende Rechenverfahren, die dem biblischen Wortlaut widersprechen, nicht aus. Doch haben solche Dinge keine Relevanz für die theologische Weltanschauung und müssen deshalb von dieser ferngehalten werden.

Kepler kann sich mit dieser Lösung nicht zufriedengeben. Naturwissenschaftliche Erkenntnis ist im realistischen Sinne ebenso wahr wie die Heilsaussagen der Bibel. Läßt sich auch diese in einer Weltanschauung ordnen und darin zusammenfassen, so treten zwei verschiedene Wahrheitssysteme nebeneinander. Die eigenständige Entwicklung beider Seiten dieses Nebeneinander muß dann immer mehr zu einem Auseinander führen.

Ein solches Auseinander widerspricht aber im Grunde dem Interesse beider Seiten. Wenn die alte, am aristotelischen Denkmodell orientierte Lösung nicht mehr gelingt, muß daher neu gefragt werden, wie Natur und Heil, wie Schöpfung und Erlösung im traditionellen Sinne neu zusammengedacht werden können. Eine Lösung dieser Frage wird aber nur möglich sein, wenn auf der Seite der Naturkunde konsequent der methodische Weg eingeschlagen wird, der im Bereich der Natur zu gesicherten, d. h. reproduzierbaren neuen Erkenntnissen führt, und wenn auf der theologischen Seite Natur und Schöpfung ebenso wie Erlösung und Heil neu in ihrem Verhältnis zueinander bedacht werden.

Wegweisend kann dabei die doxologische[3] Beschreibung der Natur sein,

---

[3] Zur Möglichkeit doxologischer Rede von Gott vgl. *E. Schlink*, Die Struktur der dogmatischen Aussage als ökumenisches Problem, Kerygma und Dogma 3, 1957, S. 251—306; *W. Pannenberg*, Analogie und Doxologie, in: Dogma

wie sie Kepler im beschreibenden Lob der Schöpfungspsalmen erkennt und in neuer Weise für seine astronomischen Arbeiten zum Vorbild nimmt. Naturwissenschaft ist dann auf einer höheren rationalen Ebene, auf einer höheren Abstraktionsstufe nichts anderes als eben Lobpreis des Schöpfers. In diesem Verständnis der naturkundlichen Arbeit spricht sich eine Grundhaltung aus, die füglich als Schöpfungsglaube im genuin christlichen Sinne verstanden werden muß. Die Wurzeln dieser Haltung liegen jedoch nicht in der Naturerkenntnis selbst, ebensowenig wie die Doxologie des beschreibenden Lobpsalms lediglich in der Naturanschauung begründet ist. Die alttestamentliche Heilserkenntnis ebenso wie der Zuspruch der Gnade Gottes in Jesus Christus gehen der Erkenntnis der Welt als Gottes Gabe, als Schöpfung und daher dem Lobpreis des Schöpfers sachlich voraus. Die Erkenntnis der Welt als Schöpfung entspricht der Erkenntnis der Zuwendung Gottes zum Menschen. In ihr erweist sich der Gott des Heils als der Schöpfer, als der wahre Herr der Welt. Diese Erkenntnis entlastet die naturkundliche Arbeit grundsätzlich von soteriologischen Motiven und bedingt damit deren rationale Sachlichkeit.

Der Fortschritt der naturwissenschaftlichen Forschung auf dem Wege der Vernunftgründe, den Kepler mit begründete, führte nun im Fortgang der Geschichte zu einer Auflösung des Weltbildes, um dessentwillen er diesen Weg beschritten hatte. Das Weltmodell des Mysterium cosmographicum ebenso wie seine Präzisierung in der Harmonice mundi erwies sich als sachlich unhaltbar. Von der naturwissenschaftlichen Geschichtsschreibung kann diesem Weltbild daher nur noch heuristischer Wert für die Entdeckung der Keplerschen Gesetze zuerkannt werden[4]. Nun ist es für Kepler gewiß charakteristisch, daß er seine Erkenntnis des Weltaufbaus ständig an den Beobachtungen und ihrer mathematischen Verifikation überprüft. Doch hat das Mysterium cosmographicum, wie wir sahen, für ihn selbst doch mehr als nur heuristischen Wert. Es ist für ihn zwar kein feststehendes Dogma, doch ausdrücklich Offenbarungserkenntnis. Sein Weltmodell hat religiöse Qualität.

Nun geht auch Kepler davon aus, daß es sich in diesem Zusammenhang um Offenbarungserkenntnis aus dem Buch der Natur und nicht aus dem der Bibel handelt. Die theologia naturalis ist aber in der Schultheologie grundsätzlich überbietbar. Ist es dort die Offenbarungstheologie im biblischen Sinne, die letztgültige, die natürliche Erkenntnis überbietende Wahrheit vermittelt, so bestreitet Kepler das nicht, sondern stimmt ihm zu. Sein Interesse liegt jedoch speziell an der Überbietung der Natur-

und Denkstrukturen (hrsg. v. W. Joest und W. Pannenberg), 1963, S. 96–115; ders., Grundzüge der Christologie, 2. Aufl. 1966, S. 185 ff.
[4] Vgl. G. Nádor, Die heuristische Rolle des Harmoniebegriffs bei Kepler, in: Studium generale XIX, 1966, S. 555 ff.

erkenntnis durch diese selbst, ihm liegt vor allem an besserer Naturerkenntnis.

Diese fortschreitende Naturerkenntnis unterstreicht und stützt für Kepler freilich nur seine ursprüngliche Vision des Universums. Sie bietet ihm immer bessere Beweise für die Richtigkeit dieser Schau von Gottes Schöpfungsplan. Hier liegt der eigentliche Impuls für seine naturwissenschaftliche Arbeit. Dieser tragende Grund für Keplers astronomische und mathematische Forschungen kann von deren Ergebnissen nicht einfach abgetrennt werden, sondern bildet geschichtlich einen integrierenden Bestandteil von ihnen[5]. Die Geistesgeschichte entscheidet über die Geschichte der Naturerkenntnis mit, und wenn Natur und Geschichte in einer dynamischen Einheit zusammengesehen werden, in der Naturerkenntnis auch zugleich Verfügbarmachung und damit auch Veränderung von Natur bedeutet, so ist damit gesagt, daß der menschliche Geist auch über die Natur selbst mitentscheidet[6].

Was hat es nun für eine Bedeutung für das Verständnis der Offenbarung aus dem Buch der Natur, wenn sich der vermeintlich eigentliche Inhalt dieser Offenbarung im wesentlichen als falsch erweist? Der Wechsel des Interesses auf die Naturerkenntnis hin läßt für die Qualifikation von deren Inhalt Folgen erwarten.

Der Verweis auf das Buch der Natur in der Schultheologie ist grundsätzlich allgemein verstanden, so daß er von naturwissenschaftlichen Einzelerkenntnissen[7] weitgehend unabhängig bleibt. Die Relativität aller natürlichen Erkenntnis wird durch den Verweis auf die Schriftoffenbarung unterstrichen, so daß der Hinweis auf die Schönheit der Natur auch bei anderem Verständnis der Naturzusammenhänge verstehbar und nachvollziehbar bleibt. Das den Schöpfer preisende Staunen über die Schöpfung

---

[5] Vgl. *Ch. Sigwart*, Johannes Kepler, 1867, in: Kleine Schriften I, 1881, S. 182 ff.: S. 206 ff. gegen *Laplace*, der Keplers „chimärische Spekulationen" niederschlagend für den menschlichen Geist findet. Im gleichen Sinne gegen Laplace bereits *E. F. Apelt*, Joh. Keplers Astronomische Weltansicht, 1849, S. 5 und Die Epochen der Geschichte der Menschheit I, 2. Aufl. 1851, S. 384 (über Kepler S. 242 ff. 377 ff.).

[6] Vgl. *K. Hübner*, Von der Bedeutung der Geistesgeschichte für Grundlegungen in der Physik, in: Akten des XIV. int. Kongresses für Philosophie 1968 IV, Wien 1969, S. 347 ff., S. 353: „Die Natur allein kann über die Physik nicht entscheiden, wir selbst entscheiden mit; und dies nach Ideen, die nicht ewige, sondern geschichtliche sind." — Vgl. dazu *T. S. Kuhn*, The Structure of Scientific Revolutions, International Encyclopedia of Unified Science II/2, ²Chicago 1970; deutsch: Die Struktur wissenschaftlicher Revolutionen, 1973. Rezension von *K. Hübner* in: Philosophische Rundschau XV/3, 1968, S. 185 ff. Vgl. jetzt *W. Diederich* (Hg.), Theorien der Wissenschaftsgeschichte, 1974.

[7] Naturkundliche Auffassungen, die im Rahmen theologischer Abhandlungen, insbesondere der Auslegungen von Gen. 1 und 2, angeführt werden, hat *O. Zöckler*, Geschichte der Beziehungen zwischen Theologie und Naturwissenschaft, I 1877, II 1879, zusammengestellt. Vgl. hier vor allem I S. 631 ff.

wird als Grundtendenz festgehalten und deutlich zu machen versucht. Diese Grundtendenz ist unabhängig von speziellen Ergebnissen der Erkenntnis und ermöglicht daher deren Wechsel.

Kepler erkennt diese Haltung grundsätzlich an, findet er sie doch bereits in der Schrift selbst. Bei ihm ist die Naturerkenntnis darüber hinaus jedoch so weit spezifiziert, in Form eines Weltbilds objektiviert und systematisiert, daß eine Widerlegung dieses Systems die Rückfrage nach der Qualität des Ansatzes selbst nach sich ziehen muß. Der Hinweis auf die naturwissenschaftlichen Erkenntnisse Keplers, die von der weiteren Forschung bestätigt und übernommen worden sind, wird die methodische Wichtigkeit dieses Ansatzes unterstreichen. Doch rechtfertigt der faktische Erfolg des Erkenntnisganges noch nicht die prinzipielle Gültigkeit des überholten Ansatzes. Kann diese Gültigkeit nur eine relative sein, geschichtlich und individuell bedingt, so ist zu fragen: Ist mit dieser Relativierung von Offenbarungserkenntnis nicht der Begriff Offenbarung in diesem Zusammenhang überhaupt hinfällig geworden? Oder muß er ganz auf individuelle fromme Innerlichkeit reduziert und damit psychologisiert werden?

Hier kann festgehalten werden, daß Kepler im Ansatz seiner Naturforschung von dem Verständnis der natürlichen Theologie in der Dogmatik ausgegangen ist und abhängig bleibt. Die grundsätzliche Überprüfbarkeit der Naturerkenntnis verbindet ihn mit der theologia naturalis der Orthodoxie. Die harmonistischen Elemente antiker Philosophie, die sein Weltmodell konstituieren, haben ebenfalls ihren Anhalt in dieser. So ist zu fragen, ob sich Kepler trotz der Verschiebung seines auch theologischen Interesses auf das Buch der Natur der Relativität der Naturforschung und ihrer Ergebnisse im Anschluß an und im Einklang mit der natürlichen Theologie seiner Zeit bewußt bleibt und sie in seinem naturtheologischen Ansatz aufrechterhält. Diese Frage kann uneingeschränkt bejaht werden, wie bereits die im Mysterium cosmographicum und in der Harmonice mundi formulierten Gebete beweisen[8].

Dann aber ist die Problematik von Keplers Naturtheologie weitgehend identisch mit der der natürlichen Theologie der Schultheologie. Deren objektiviertes Verhältnis zur Offenbarungstheologie im eigentlichen Sinne und die daraus resultierende Isolierung wirken sich in der Isolierung der Naturtheologie Keplers von der biblischen Theologie aus. Hier zeigt sich die eigentliche Schwierigkeit der Behandlung des Buches der Natur so-

---

[8] Harm. V 9, W VI S. 363, 6 ff.: „si quid indignum tuis consilijs prolatum à me, vermiculo, in volutabro peccatorum nato et innutrito, quod scire velis homines: id quoque inspires, ut emendem: si tuorum operum admirabili pulchritudine in temeritatem prolectus sum, aut si gloriam propriam apud homines amavi, dum progredior in opere tuae gloriae destinato; mitis et misericors condona".

wohl als auch der christologisch, prädestinatianisch oder ekklesiologisch bestimmten Soteriologie in der Dogmatik. Hier zeigt sich die Schwäche der dogmatischen Systeme dieser Zeit und ihrer methodischen Grundlagen überhaupt. Indem die theologische Soteriologie die Naturforschung, die sie ihrer eigenen Gesetzlichkeit überlassen muß, im Blick auf das Gesamtverständnis von Welt und Kosmos in die Isolierung treibt, offenbart sie das Unvermögen, Schöpfung in Zusammenhang mit der immanenten Gesetzlichkeit der Naturforschung zu denken. Dieses Unvermögen ist mit den in Soteriologie und natürlicher Theologie gleichermaßen angewandten Denkschemata gegeben. Diese Denkschemata erwiesen sich für die Naturforschung als fruchtbar und entwickelten hier ihren heuristischen Wert; in der Theologie trieben sie in die Isolierung, die hier jedoch weithin den Charakter einer Sackgasse gewann. Diese Isolierung der Theologie konnte und kann nur überwunden werden, wenn die theologische Denkbewegung im Anschluß an die biblische Überlieferung auf das Wesen theologischer Aussagen zurückgreift und diese auch im Rahmen der Schöpfungstheologie neu expliziert. Der Systemzwang offenbarungstheologischer Aussagen in seiner isolierenden Tendenz kann nur durch ständigen Ausbruch aus dem Denksystem und erneutes Bedenken dessen, was ihnen zugrunde liegt, überwunden und durch seine Relativierung dann auch fruchtbar gemacht werden.

So enthalten Ubiquitäts- und Prädestinationslehre ebenso wie das hierarchische System des Katholizismus ein unaufgebbares soteriologisches Element. Die Formulierung und Etablierung dieses Elementes war geschichtlich bedingt und ist insofern auch geschichtlich überholbar. Ihre Verabsolutierung verwechselte den christlichen Glauben mit seiner geschichtlichen Gestalt und pervertierte sein Bekenntnis zur Zustimmung zu einem Denksystem. Sein Inhalt wurde damit selbst objektiviert zu einer allgemeinen Wahrheit, die zu „zerteilen" und „zusammenzusuchen" möglich war. Diese allgemeine Wahrheit konnte dann in der Natur abgebildet gefunden werden, wenn auch verdunkelt und nur durch Erleuchtung zugänglich. Dieser auch von Kepler als sekundär und bloß approximativ anerkannte Weg schien für ihn aber doch größere Klarheit und in einheitlicher Harmonie mehr Lebensbefriedigung zu bieten als der konfessionelle Weg mit seinen sich widersprechenden absoluten Ansprüchen.

Der Preis für den Verzicht auf die konfessionelle Wahrheit war ständige Ungewißheit mit der ständigen Angewiesenheit auf die eigene Erkenntnis und ihre moralische Aktualisierung. Die persönliche Frömmigkeit entbehrte für Kepler der eindeutigen theologischen Darstellung. Seine naturtheologische Arbeit war als Beitrag zu solch einer Darstellung gemeint. Die Relativität dieses Beitrages aus dem Buche der Natur hätte der Gemeinschaft der Schultheologie bedurft. Ein solcher Dialog war auf dem Boden der gegebenen Denkvoraussetzungen jedoch nicht mehr möglich.

So blieb es für Kepler bei der bedrängenden Frage: „Nichts gibt es, was
ich mit mehr ängstlicher Genauigkeit untersuche und was ich unbedingt
wissen möchte: ob ich Gott, den ich bei der Betrachtung des ganzen Weltalls geradezu mit Händen greife, auch in mir selbst finden kann."[9]

---

[9] Kepler an einen anonymen Adligen, 23. 10. 1613 (Geschichte seiner zweiten
Heirat), W XVII Nr. 669, 19 ff.: „nihil enim est quod scrupulosius examinem,
quodque adeo scire desiderem: si forte Deum quem in totius universi contemplatione manibus veluti palpo, intra meipsum etiam invenire possim".

ANHANG: AUSBLICK

Die Bedeutung Keplers kann bereits auf naturwissenschaftlichem Gebiet nicht isoliert von den geschichtlichen Bedingungen seiner Zeit erkannt werden. Um so mehr gilt das für den philosophischen und theologischen Bereich. Der Blick darf darüber hinaus nicht auf die historische Stellung und besondere Leistung einer außergewöhnlichen Persönlichkeit beschränkt bleiben, wiewohl außer jedem Zweifel steht, daß Kepler eine solche war. Vielmehr betrifft auch uns im 20. Jahrhundert die gesamte geistige und religiöse Problematik des beginnenden 17. Jahrhunderts, die sich in seinem Denken widerspiegelt. Sie ist unsere eigene Geschichte. Deshalb zwingt sie uns in unserer eigenen Zeit zu kritischer und weiterführender Stellungnahme. Wo besteht Kontinuität zu jener Zeit, wo müssen wir anders denken als damals? Eine tragfähige eigene Position wird sich in jeder geschichtlichen Gegenwart nur in lebendiger Auseinandersetzung im wörtlichen und im übertragenen Sinne mit der eigenen Vergangenheit finden lassen.

Der geistige Ertrag der konfessionellen Auseinandersetzung zur Zeit der nachreformatorischen orthodoxen Lehrentwicklung, welcher Zeit auch Keplers Denken zugehört, muß in diesem Sinne heute fruchtbar gemacht werden. Das wird im Rahmen der Theologie nur dann geschehen können, wenn in der Diskontinuität der jeweiligen denkerischen Gestaltung die Kontinuität des christlichen Glaubens neu bedacht wird.

Eine solche Aufgabe kann im Rahmen der vorliegenden Arbeit nicht über dreieinhalb Jahrhunderte hinweg ausgeführt werden. Es konnten lediglich einige wesentliche Ansatzpunkte aufgezeigt werden, die die einzuschlagende Richtung angeben. Dennoch sollen noch anhangsweise in gegenwärtiger Terminologie einige theologische Gesichtspunkte festgehalten werden, die mir im Anschluß an die geistige Problematik des beginnenden 17. Jahrhunderts für die heutige Situation wichtig zu sein scheinen. Das muß notwendigerweise in einer Kürze geschehen, die nur Andeutungen zuläßt und die verschiedensten Arten von Mißverständnissen ermöglicht. Die Präzisierung und Weiterführung muß künftigen Arbeiten vorbehalten bleiben. Um die Kontinuität zur behandelten Tradition der altprotestantischen Orthodoxie zu wahren, knüpfe ich an die traditionelle Sprache weitgehend an, was nicht prinzipiell ausschließen soll, daß man von der gleichen Sache ganz anders sprechen könnte. Nur wäre dann eine sorgfältige Rechenschaft darüber notwendig, inwiefern es auch dann in der Tat um die gleiche Wahrheit geht.

a) Das Paradox des Heils

1. Das johanneische Theologumenon „Das Wort ward Fleisch", das zumal für die lutherische Dogmatik zentrale Bedeutung besitzt, bringt die Paradoxie zum Ausdruck, daß in dem Menschen Jesus von Nazareth in der Welt Gott selbst begegnet ist. Es ist die Aufgabe der Theologie, diese Wirklichkeit zu bedenken, ihre Wahrheit zur Verkündigung zu bringen und die sich daraus ergebenden Konsequenzen zu explizieren. In der Verkündigung Jesu Christi als des gekreuzigten und auferstanden, gegenwärtigen Herrn setzt sich die Offenbarung des geschichtlichen Handelns Gottes in der Welt in paradoxer Weise fort und erweist im Sein des Glaubens Gottes Macht als Heil der Welt und des Menschen. Der Gottesdienst der im Namen Jesu Christi versammelten Gemeinde ist Erkenntnisort und Ausdruck dieser gegenwärtigen und wirksamen Herrschaft Gottes in der Welt. Im ihm ereignet sich Heilsgeschehen als Offenbarung der Nähe Gottes auf dem Weg der Menschen, der Gemeinschaft mit Gott in den Widerfahrnissen und Entscheidungen des Lebens. In diesem Sinne hat der Gottesdienst sakramentalen Charakter. Sinnenfälliger Ausdruck dieses sakramentalen Charakters des Gottesdienstes ist die Abendmahlsfeier. Wenn sich im Essen und Trinken von Brot und Wein Gemeinschaft mit Leib und Blut Christi und darin Gemeinschaft mit Gott ereignet, so gestaltet sich darin das paradoxe Handeln Gottes an Welt und Menschen in paradoxer Konkretion jeweils neu. Im Bekenntnis des Glaubens kommt dieses Tun Gottes zum Ziel. Der Glaube aber impliziert Hoffnung als Gewißheit von Zukunft und expliziert sich in der Wahrnehmung der Zukunft als Liebe. Ihm entspricht die Haltung der Anbetung Gottes, in der der Mensch nichts für sich selbst sein will, sondern sein Sein von Gott erwartend von ihm empfängt, um in diesem Sein selbst in der Welt zu handeln.

Das Phänomen des christlichen Paradoxes kann und muß rational umschrieben, es kann aber nicht rational analysiert werden. Eine rationale Analyse von Gottes Handeln bedeutete Paralyse des Verstehens und darin Paralyse von Existenz. Christliche Theologie hat also die Aufgabe, auf das nicht analysierbare Prae von Gottes Handeln so hinzuweisen und zu verweisen, daß es in seiner Heil schaffenden Macht auch intellektuell und sozial offenbar wird und in echtem Verstehen zum Ziel kommt. Solches Verstehen ist selbst wesentlich ursprünglicher als rationales Begreifen. Es betrifft die Totalität des Seienden und geschieht deshalb vor aller partikularen Rationalität. Verstehen von Sein liegt allem Erklären von Seiendem schon immer zugrunde. Verstehen von Sein meint deshalb auch nicht den Sinn von Sein, sondern dessen grundlegende Qualität. In solchem Verstehen ist die Natur ursprünglich als Schöpfung anwesend.

2. Kreuz und Auferstehung Jesu Christi bestimmen biblisch die Zeit der Historie unter Einschluß der Natur und des Menschen als von Gottes Heilshandeln betroffene Zeit. Das Verstehen dieses Heilsgeschehens verändert die geschichtliche Situation, die objektivierend gesehen in der Kontinuität der Fakten besteht, unter dem Gesichtspunkt des Alten und des Neuen. Was war, wird der Vergangenheit überantwortet, was kommt, der Zukunft; die Gegenwart ist vor Gott offenbar als beginnende Heilszeit. In der Vergebung der Sünden ist das Sein des Menschen und seiner Welt neu gesetzt in Freiheit von Vergangenem, Offenheit für die Zukunft und Mut zu gegenwärtiger Lebensfülle. Die Zeit des Gesetzes ist von der Zeit des Evangeliums eingeholt in die geschichtliche Wechselbeziehung von Tod und Leben, die nicht mehr nur biographische oder historische Abfolge bleiben, sondern machtvolle Ermöglichung oder Nichtigung von Sein werden. Der Tod ermöglicht Leben, das Leben ermöglicht Tod. In beiden handelt Gott und schafft eine Zukunft, in der der Vergangenheit der Abschied gegeben und die Gegenwart um der Zukunft willen angenommen werden kann.

Diese zeitliche Interpretation des Heilsgeschehens in Christus nimmt das Anliegen auf, das die orthodoxe Schultheologie durch das Schema von Natur und Übernatur zum Ausdruck zu bringen versuchte. Die Natur, die in diesem Sprachgebrauch die Geschichte mit umfaßt, das immanente Seiende also gehört dem die Gegenwart konstituierenden Zusammenhang der Vergangenheit an, es ist das, was es ist, weil es war oder so geworden ist und das deshalb auch die Zukunft bestimmen wird. Im Seienden bleibt erkennbare Kontinuität, sein Zusammenhang kann weitgehend in Gesetzen beschrieben werden, die der Logik entsprechen. Das Heilsgeschehen in Jesus Christus hebt diesen Zusammenhang nicht auf, setzt in ihm jedoch die Freiheit, alle Möglichkeiten des Seienden wahrzunehmen. Es eröffnet „Natur" als offene und offenbare Möglichkeit zum Leben. Es vermag dies, weil es selbst in diesem Seinszusammenhang nicht aufgeht, sondern ihn als Palette offener Möglichkeiten allererst schafft. So kann sogar Essen und Trinken zur Gemeinschaft mit Gott werden.

Das Verhältnis von Seinsgesetzlichkeit und Heilsgeschehen wird in der theologischen Tradition verhandelt in der Lehre von Gesetz und Evangelium. Gesetz und Evangelium sind im Geschick Jesu Christi aufeinander bezogen wie Tod und Leben. Das heißt: Sie sind kontradiktorisch voneinander geschieden; sie sind aber jeweils das, was sie sind, nicht ohne das andere. Nur beide miteinander konstituieren das, was Sein in Wahrheit ist. Dieses Miteinander ist kein Nebeneinander, sondern Bezug: Der Buchstabe des Gesetzes tötet, weil er auf die Vergangenheit festlegt; der Geist des Evangeliums macht lebendig, weil er Zukunft eröffnet. Die Vergangenheit ist aber erst konstituiert durch Zukunft, und Zukunft erst verstehbar im Blick auf die Vergangenheit. Ist Zukunft als Raum des Lebens gegeben, erweist sich erst Vergangenheit ohne Zukunft als Todesschicksal. Die Verkündigung der Vergebung entdeckt die vergangenheitsbezogene Todesverfallenheit als Sünde; dem Bekenntnis von Sünde als Todesverfallenheit korrespondiert der Zuspruch von Vergebung als Leben. Hier liegt das Zentrum des christlichen Glaubens. Wenn die Totalität im Verständnis von Vergebung und Sünde nicht durchgehalten wird, droht der Glaube sich ins Moralische zu entleeren.

Die mit den Begriffen Gesetz und Evangelium theologisch interpretierte Wirklichkeitserfahrung ist in ihrem Ursprung eine. Sie kommt ontologisch im Rahmen der Theologie zu ihrer Wahrheit in der sprachlichen Einheit von Buchstabe und Geist, von Zeichen und gemeinter „Sache". Das Zeichen hat sein Sein nur durch die „Sache", und die „Sache" ist verstehbar nur durch das Zeichen. Die zergliedernde quantifizierende Isolierung von beiden Seiten zerstört den ursprünglichen Verstehenszusammenhang und muß durch eine verbindende, beide Seiten umfassende Theorie oder Gesellschaftsform gedeckt werden, die Verstehen garantiert. In dem Phänomen Jesus Christus, das in der orthodoxen Tradition als Ins-Fleisch-gekommen-sein der zweiten Person der Trinität begrifflich beschrieben wird, ist ursprüngliche Gemeinschaft Gottes mit dem Seienden präsent. Diese Präsenz ist ereignishaftes Geschehen, das sowohl die Historie als auch die verheißene Zukunft und in ihr die aktuelle Gegenwart betrifft, sie ist im ursprünglichen Sinne geschichtlich. Es handelt sich nicht um die Anwesenheit eines abstrakt-jenseitigen Ewigen, sondern um ursprüngliche Erscheinung der das Seiende durchwaltende Treue, des Mit-Seins Gottes. Wenn die Lehre von der Person Christi dieses Geschehen zu artikulieren versucht, darf sie sich nicht in der Weise quantifizierender Methoden bedienen, daß diese prinzipielle Bedeutung für die Erkenntnis erlangen. Die auch rationale Unverfügbarkeit der Wirklichkeit Christi würde dann dadurch verkannt, daß eine Erkenntnisweise zugrunde gelegt wird, die erklärtermaßen gerade der Verfügbarmachung der Wirklichkeit dient.

3. Wird das Handeln Gottes in der Welt paradox in Wort und Sakrament erfahr- und wahrnehmbar, so erweist es sich als schöpferisches Handeln. Gott läßt sich darin als Schöpfer erkennen. Diese Erkenntnis ist unabhängig von der rationalen Erkenntnis des Seienden. Sie bezieht sich aber ihrerseits auch auf diese und stellt sie in Relation zu Gottesdienst und Geschichte. Sie ordnet sie nicht in einen rationalen Sinnzusammenhang ein und vereinnahmt sie nicht für ein weltanschauliches System, sondern versteht das Sein als göttliche Gabe, als Angebot und Möglichkeit zu leben. Der Vollzug des Lebens bedient sich der Vernunft und läßt rationale Strukturen entdecken und benutzen. Diese Entdeckung und Benutzung der Rationalität des Seienden hebt ihren Gabecharakter aber nicht auf, sondern bietet Anlaß zu dankbarer Freude, die sich im Lob Gottes des Schöpfers artikuliert. Im Gotteslob qualifiziert sich das Sein der Welt als

Schöpfung. Der Begriff Schöpfung erweist sich demnach als doxologische, nicht als naturwissenschaftliche Aussage.

Keplers Schöpfungsverständnis ist im Einklang mit Aussagen der Schultheologie in dieser Weise doxologisch begründet. Im christlich-theologischen Zusammenhang darf die Wirklichkeit Gottes aber nicht nach Analogie der Tätigkeit eines Weltbaumeisters gedacht werden. Auch wenn die Gedanken des Schöpfers als mit seinem Sein gleichursprünglich angesetzt werden, sind sie dann doch seiner Erkenntnis vorgeordnet und erweisen sich darin als Extrapolationen der Rationalität des Menschen, die ihrerseits als Ebenbildlichkeitsstruktur Gottes gesetzt wird. Die Wirklichkeit des Schöpfers ist vielmehr erkennbar recht eigentlich nur in der Wirklichkeit des Erlösers, und Gott läßt sich auch als Schöpfer nicht „setzen“, es sei denn dort, wo er sich nach seiner eigenen Verheißung „nehmen“ lassen will. Das Verstehen der Wirklichkeit Gottes schließt ein Verständnis Gottes und seines Werkes als einer allgemeinen Wahrheit aus. Gottes Werk ist nicht quantifizierbar. Gottes Wort ist Ja oder Nein und läßt sich deshalb auch nur mit Ja oder Nein beantworten.

4. Das christliche Handeln kann unter diesen Voraussetzungen nicht primär als Programm verstanden werden. Die christliche brüderliche Liebe ist kein Postulat, sondern Folge der Erlösung durch Jesus Christus und ist bedingt durch die Gabe der Welt als Schöpfung. Sie ist selbst Geistesgabe. Inhalt und Aufgabe der Verkündigung ist die Mitteilung dieser Liebe als Wirklichkeit und Möglichkeit. Erst unter dieser Voraussetzung und in Abhängigkeit von ihr können Predigt und Sakrament als Ermahnung verstanden werden. Der Zuspruch der Vergebung der Sünden setzt eine neue Wirklichkeit, die wahrzunehmen ethische Aufgabe ist. Ethik ist Folge von Heil, nicht dessen Prinzip.

Die Regeln ethischen Handelns entstammen der Vernunfterkenntnis und können so mit Recht dem Buch der Natur entnommen werden. Die Harmonie des Lebens kann so im Anschluß an die naturwissenschaftlich erkannte Harmonie der Welt als ethisches Ziel formuliert werden. Im Gegensatz zu ihrem relationalen Grund sind ethische Regeln jedoch geschichtlich relativ, abhängig von der jeweiligen Erkenntnis der Natur- und Weltzusammenhänge. Kann die Weltstruktur heute nicht mehr als Harmonie bestimmt werden, muß auch der Begriff Harmonie als ethisches Ziel neu diskutiert werden. An seine Stelle könnte etwa auf Grund moderner physikalischer Erkenntnisse der Begriff komplementärer Einheit treten. Eine revolutionäre Ethik würde gerade auf Auseinandersetzung, nicht auf Harmonie drängen. Ein anderes Programm wäre das der rationalen Integration bestehender Ansätze in pluralistischem Gespräch auf dem Boden von Freiheit und Liebe. Dies scheint der heutigen Situation in der Dimension der Weltgesellschaft am meisten angemessen zu sein[1].

---

[1] Vgl. *J. Hübner*, Theologische Ethik angesichts biologischer Möglichkeiten, in:

Solche ethischen Denk- und Handlungsweisen dürfen jedoch nicht selbst soteriologischen Charakter gewinnen; das wäre Ideologisierung, der auf Grund des vorgängigen göttlichen Handelns, das in der christlichen Soteriologie nach dem Buche der Bibel bedacht wird, widersprochen werden muß. Einem ethischen Programm ist auf Grund des in Jesus Christus offenbaren Heils jeder Heilscharakter abzusprechen. Nur so können ethische Ansätze offenbleiben für die notwendige Vernunft und das klärende ethische Gespräch. Jede Ideologisierung bedeutet zugleich Isolierung; sie setzt die eigene Denkweise absolut und streitet jedem Andersdenkenden das Vertreten von Wahrheit ab.

b) Schöpfung und Natur

1. Gottes Werk ist als Gotteshandeln nicht quantifizierbar, wohl aber die Natur im Sinne der Naturwissenschaft und entsprechend die Naturerkenntnis als Handeln des Menschen. Nicht quantifizierbar ist die göttliche Gabe von Erlösung, Schöpfung und Heiligung als Voraussetzung von christlicher Ethik, doch muß im Konzept des ethischen Handelns selbst quantifiziert werden. Die notwendige Rationalität dieses Handelns und entsprechender Entwürfe bedarf der Denk- und Erkenntnisstruktur der Quantität. Ist gegenüber Gottes Handeln als Antwort des Menschen nur ein Ja oder Nein möglich — gleichviel, ob ein Nein hier nur als „unmögliche Möglichkeit" in Betracht kommen kann oder nicht —, so ist dem Handeln der Menschen gegenüber ein Mehr oder Weniger in Beurteilung und Antwort an-„gemessen".

Die Natur kommt hier in zweierlei Weise in den Blick: einmal als Schöpfung, als göttliche Gabe, und darin als Bedingung der Möglichkeit von Leben überhaupt in jedem geschichtlichen Augenblick, zum anderen als Objekt rationaler menschlicher Erkenntnis, als Bereich menschlichen Handelns und als Material möglicher Veränderung. Methodisch sind diese beiden Erkenntnisweisen scharf zu unterscheiden. Sachlich ist die Natur aber Schöpfung gerade auch als mögliches und faktisches Objekt naturwissenschaftlicher Erkenntnis und Weltbeherrschung, und naturwissenschaftliches Denken und Handeln kann sich gerade als Explikation der Natur als Schöpfung verstehen. Die methodische Unterscheidung hebt die sachliche Zusammengehörigkeit ebensowenig auf wie die Zusammengehörigkeit die Unterscheidung.

Ontologisch sind, wie wir sahen, zwei prinzipielle Gefahren gegeben: einmal, daß die Zusammengehörigkeit in einer Begrifflichkeit systematisiert wird, die die Unterscheidung einebnet; zum anderen, daß die Unterscheidung auf Grund der relativen Selbständigkeit des Unterschiedenen begrifflich so weit getrieben wird, daß die Zusammengehörigkeit aus dem

J. Strauß (Hg.), Biologisches Erbe und menschliche Zukunft, Tutzinger Texte 9, 1971, S. 65 ff.

Blick kommt. Die erste Gefahr birgt bereits die zweite in sich. Bei der methodischen Behandlung der Gegenstände oder Beziehungen eines ontologisch auf eine einheitliche Ebene projizierten Gesamtzusammenhangs erzwingt die am Objekt ihrer Erkenntnis kontrollierte und verifizierte immanente Gesetzlichkeit der jeweiligen Methode ihren und den eigenständigen Fortschritt ihrer Erkenntnis, der vom Fortschritt der anderen Methode unabhängig ist. Gehen beide Methoden von der gleichen einebnigen Ontologie aus, muß ihre Differenz und die Differenz ihrer Ergebnisse zur Gegensätzlichkeit und zur scheinbaren Ausschließlichkeit jeder Seite dieser Gegensätzlichkeit führen. Eine Systematisierung dieser Gegensätzlichkeit müßte ihrerseits von einer beiden Seiten zugrunde zu legenden gemeinsamen ontologischen Struktur ausgehen und hätte damit wiederum den gleichen Effekt zur Folge.

Die methodische Differenz der verschiedenen Erkenntnisweisen und ihre immanente Eigenständigkeit und Eigengesetzlichkeit muß daher in ihrem Verhältnis zu ihrer sachlichen Zusammengehörigkeit offengehalten werden. Man könnte ihr Verhältnis zueinander bestimmen als ein existentielles: Es ist der forschende Mensch, der zugleich den Schöpfer preist, und es ist der glaubende Christ, der zugleich forscht. Diese Verhältnisbestimmung kann umfassend interpretiert werden als eine geschichtliche: Es ist nicht nur der einzelne Mensch, das Individuum gemeint, sondern der Lebenszusammenhang des Menschen überhaupt, in dem beide Erkenntnisweisen in je verschiedener Betonung lebendig sind. Solche Bestimmung droht jedoch weitgehend formal zu bleiben. Der existentielle Zusammenhang wird leicht formalisiert zu einer bloßen existentialen Struktur, und Geschichte wird dabei objektiviert zur Struktur der Geschichtlichkeit. Das zusammengehörige Zugleich der verschiedenen Methoden muß vielmehr in noch tieferem Sinn geschichtlich verstanden werden.

Sowohl die Erkenntnis von Schöpfung im theologischen Sinne als auch die Erkenntnis von Natur in der Naturwissenschaft ist zeitliche Erkenntnis. Sie ist offen, nicht statisch abschließbar und deshalb nicht ein für allemal gesichert, erledigt, nur noch zu speichern. Die Wirklichkeit der Welt als Schöpfung kann mit der protologischen Konstatierung eines historischen Anfangs und der Beschreibung möglicher Anfangsbedingungen der Welt noch nicht hinreichend erfaßt werden. Der Charakter der Welt als Schöpfung erweist sich in neuen geschichtlichen Situationen jeweils neu, indem Gottes Handeln in dieser Welt erfahren, angenommen und verkündigt wird, indem in dieser Welt Freiheit sich ereignet und Liebe geschieht. Im Ja zum Seienden vor Gott und in der Existenz dieses Ja in der von Gott geschenkten Gemeinschaft kommt die Wirklichkeit der Schöpfung zu ihrer Wahrheit.

In den verschiedenen Artikulationen auch des Schöpfungsglaubens zu den verschiedenen Zeiten kommt jedoch neu das gleiche Bekenntnis zum

Ausdruck, das Gott als Herrn über die Welt, als ihren schlechthinnigen Grund und ihre schlechthinnige Zukunft preist, bittet und erwartet. Das Verständnis von Schöpfung darf also nicht relativistisch in den Fortgang der Geschichte aufgelöst werden. Es hält sich als Glaubensbekenntnis in diesem Fortgang durch. Die sich geschichtlich verändernden Artikulationen des Bekenntnisses wollen jeweils gerade das Eine, immer wieder neu Entscheidende, Gottes und des antwortenden Menschen Ja zum Seienden, verständlich formulieren. Dieses Ja als assertorische Verkündigungs- und Glaubensaussage qualifiziert die jeweilige geschichtliche Situation als Schöpfungssituation, als neue Basis für neues Leben.

Geschichtlich ist aber auch die Erkenntnis der Natur. Die Naturforschung schreitet, alte Vorstellungen verwerfend und neue entwerfend, fort von Modell zu Modell. Die Impulse für die Entwicklung neuer naturwissenschaftlicher Modelle liegen weitgehend in der Geistesgeschichte. Die Ideen für neue Entwürfe sind menschliche Ideen und als solche geschichtlich bedingt und überholbar. Der Fortschritt der Naturerkenntnis ist nicht nur entdeckende Entwicklung, mechanisch-folgerichtiger Prozeß, sondern vorgängig Für- und Widereinander denkerischer Systeme. Richtige Ergebnisse werden im Fortgang der Geschichte relativiert und haben nur an bestimmt umschriebener Stelle ihren Wert. Absolute Geltung kommt, soweit wir heute sehen, nur einigen wenigen grundlegenden Bestimmungen zu. Doch auch hier wird man unsere geschichtliche Situation nicht ohne weiteres verabsolutieren dürfen.

Dem widerstreitet nicht, daß sich auch in der Naturerkenntnis im Horizont menschlichen Denkens etwas durchhält, das einer Auflösung ihrer Ergebnisse in geschichtliche Relativität widerstreitet. Bestimmte Aussagen behalten, einmal formuliert, bei aller Relativität ihre Gültigkeit. Die Keplerschen Gesetze betrachten wir als richtig, ihre Geltung erscheint gesichert. Solche Gesetzmäßigkeiten können und müssen in der Tat gelernt, gespeichert, auf Abruf bereitgehalten werden. Bei ihnen handelt es sich um „allgemeine Wahrheiten", deren Objektivität feststeht.

Dennoch sind solche objektiven Wahrheiten nicht an ein statisches Weltbild gebunden. Sie können Gesetzmäßigkeiten in einem dynamischen Weltprozeß darstellen, sie können als empirisch bestätigte Beschreibungen von Geschehenszusammenhängen auftreten. Ihr Sinn wird durch Erklärung einsichtig zu machen versucht. Der Geschehenszusammenhang wird darin als sukzessiver Funktionszusammenhang analysiert und quantitativ interpretiert. Es bleibt in jedem Fall ein Geschehenszusammenhang. Die Natur ist eine komplexe Gestalt solcher Geschehenszusammenhänge, die sich fortlaufend weiterentwickelt. An diese Weiterentwicklung ist wiederum auch ihre Erkenntnis rückgekoppelt gebunden, wie umgekehrt die Entwicklung auch durch die Erkenntnis rückgekoppelt verändert wird.

Das Moment, das sich auf der Seite des Schöpfungsglaubens durchhält, ist von demjenigen, das sich in der Naturerkenntnis manifestiert, charakteristisch unterschieden. Das erstere ist ein Akt von Freiheit, der als solcher nicht allgemein verfügbar ist und dessen Präsenz im Glauben ereignishaft geschieht, das letztere ist ein entdeckbarer und damit relativ verfügbarer Sachverhalt, dessen Gegenwart im Wissen vorliegt. Beide Momente stehen jedoch jeder für sich in einem geschichtlichen Kontext, der jeweils einem umfassenden Zusammenhang von Weltgeschehen integriert ist. Dieser bietet die Basis für den Kontakt beider Erkenntnisbewegungen. Schöpfungsglaube und Naturerkenntnis sind beide auf dem Weg in die Zukunft. Der Schöpfungsglaube erwartet auf diesem Weg, daß er weitergeführt, daß es sinnvoll ist, ihn zu begehen, er ermutigt und ermächtigt zu dem Lebensgang in die Zukunft als Erfüllung von Gottes Willen; die Naturerkenntnis ermöglicht die Art und Weise dieses Gehens, sie stellt Mittel bereit, jeden Schritt sinnvoll und vernünftig zu tun.

Der Denkansatz, der Buch der Bibel und Buch der Natur supranaturalistisch miteinander verband und doch voneinander schied, ist vergangen. Heute geht es darum, die verschiedenen Methoden von Theologie und Naturwissenschaft scharf voneinander zu unterscheiden und doch die Sache, um die es im Verhältnis beider geht, die Zukunft Gottes und die Zukunft unserer Welt, als Einheit der Wirklichkeit in der Einheit unseres menschheitlichen Lebens zu erkennen. Die Lebensfülle dieses Weges ist bereits gestiftet in dem Sein Gottes in Jesus Christus, das sich gegenwärtig ereignet im Gelingen von Predigt und in der Konkretion von Gottesgemeinschaft im Abendmahl, welches verheißen und zugesprochen wird in der Taufe. Den so eröffneten Weg gilt es in der Einheit des Wirklichkeitsverständnisses zu gehen in vernünftigem Handeln, das sich nicht um das Überleben des Christentums oder irgendeiner Weltanschauung sorgt, sondern für das Leben der Menschheit und der Welt überhaupt arbeitet. Der Sinn solcher Arbeit ist durch die Horizonte der Zukunft, die Gottes Gegenwart in Jesus Christus eröffnet, garantiert.

Die Naturwissenschaft ist dann vor Ideologisierungen und damit Wirklichkeits- und Lebensfeindlichkeit geschützt, wenn sie in ihrer tiefsten Motivation einmünden kann in die Doxologie, wenn sie einstimmen kann in den Lobpreis des Schöpfers. Keplers Weg als Naturwissenschaftler zeigt die auch rein immanente Fruchtbarkeit eines solchen Selbstverständnisses. Damit die Naturwissenschaft dieses Selbstverständnis durchhalten kann, bietet die Theologie — bei grundsätzlicher Unterscheidung der Methoden — ihre Gesprächsgemeinschaft an. Die Theologie bedarf selbst dieser Gesprächsgemeinschaft in gleich ursprünglicher Weise, um selbst der Gefahr der Ideologisierung und Illusion widerstehen zu können und nicht das schuldig zu bleiben, was sie zu sagen hat.

HÄUFIG ZITIERTE LITERATUR (SIGLA)

Ausgaben der Werke Keplers

W: Johannes Kepler, Gesammelte Werke, herausgegeben im Auftrag der Deutschen Forschungsgemeinschaft und der Bayerischen Akademie der Wissenschaften, begründet von Walther von Dyck und Max Caspar, München 1938 ff.

Fr: Joannis Kepleri Astronomi Opera omnia, ed. Ch. Frisch, Frankfurt/M—Erlangen 1858—1871; Neudruck: Bd. I Hildesheim 1971

NK: Nova Kepleriana

      2   Das Glaubensbekenntnis von Johannes Kepler vom Jahre 1623, nach dem auf der Bibliothek des Prediger-Seminars in Wittenberg wiederaufgefundenen Original herausgegeben von Walther von Dyck, Abhandlungen der Königlich Bayerischen Akademie der Wissenschaften, Mathematisch-physikalische Klasse, XXV. Band, 9. Abhandlung, München 1912

      4   Die Keplerbriefe auf der Nationalbibliothek und auf der Sternwarte in Paris, herausgegeben von Walther von Dyck und Max Caspar, Abhandlungen der Bayerischen Akademie der Wissenschaften, Mathematisch-naturwissenschaftliche Abteilung, XXXI. Band, 1. Abhandlung, München 1927

      6   Joh. Kepleri Notae ad Epistolam D. D. M. Hafenrefferi, wiederaufgefunden und dargelegt von Max Caspar, Abhandlungen der Bayerischen Akademie der Wissenschaften, Mathematisch-naturwissenschaftliche Abteilung, Neue Folge, Heft 14, München 1932

      7   Prognosticum auf das Jahr 1620, bearbeitet von Max Caspar und Walther von Dyck, ebd. Heft 17, München 1933

  NF 1   Johannes Kepler, Unterricht vom H. Sacrament des Leibs und Bluts Jesu Christi unsers Erlösers (1617), bearbeitet von Jürgen Hübner, Bayerische Akademie der Wissenschaften, Mathematisch-naturwissenschaftliche Klasse, Abhandlungen, Neue Folge, Heft 137, Nova Kepleriana, Neue Folge, Heft 1, München 1969

Briefe: Max Caspar — Walther von Dyck, Johannes Kepler in seinen Briefen, 2 Bde. München — Berlin 1930

Selbst-
zeugnisse: Johannes Kepler, Selbstzeugnisse. Ausgewählt und eingeleitet von Franz Hammer. Übersetzt von Esther Hammer. Erläutert von Friedrich Seck, Stuttgart-Bad Cannstatt 1971

Werke Keplers

Myst. cosm.:	Prodromus dissertationum cosmographicarum, continens Mysterium cosmographicum. Tübingen 1596
Myst. cosm. 2. Aufl.:	Dass., Frankfurt/M 1621
Weltgeh.:	Mysterium cosmographicum. Das Weltgeheimnis, übersetzt und eingeleitet von M. Caspar, Augsburg 1923
De fund. astrol. cert.:	De fundamentis astrologiae certioribus. Prag 1601
De stella nova:	De stella nova in pede Serpentarii, et qui sub ejus exortum de novo iniit, Trigono igneo. Prag 1606
Astr. nova:	Astronomia nova αἰτιολόγητος, seu Physica coelestis, tradita commentariis de motibus stellae Martis. (Heidelberg) 1609
Neue Astr.:	Neue Astronomie, übersetzt und eingeleitet von M. Caspar, München — Berlin 1929
Tert. int.:	Tertius interveniens. Das ist / WArnung an etliche Theologos, Medicos vnd Philosophos, sonderlich D. Philippum Feselium, daß sie bey billicher Verwerffung der Sternguckerischen Aberglauben / nicht das Kindt mit dem Badt außschütten / vnd hiermit jhrer Profession vnwissendt zuwider handlen. Frankfurt/M 1610. — Neuausgabe: Warnung an die Gegner der Astrologie: Tertius interveniens, München 1971
Diss. cum nuncio sid.:	Dissertatio cum Nuncio sidereo nuper ad mortales misso à Galilaeo Galilaeo. Prag 1610
Unterricht:	Vnterricht Vom H. Sacrament des Leibs vnd Bluts Jesu Christi vnsers Erlösers. (Prag 1617)
Ep. Astr. Cop.:	Epitome Astronomiae Copernicanae. Linz 1618. 1620. Frankfurt/M 1621
Harm.:	Harmonices mundi libri V. Linz 1619
Weltharm.:	Weltharmonik, übersetzt und eingeleitet von M. Caspar, München 1939, Nachdruck 1967
Glaubensbekenntnis:	Glaubensbekandtnus vnd Ableinung allerhand desthalben entstandener vngütlichen Nachreden. (Straßburg) 1623
Notae:	Notae ad Epistolam D. D. Matthiae Hafenrefferi, quam is ad Keplerum scripsit, Anno 1619. ultimo Julii. Extat autem impressa in Actis Mencennanis (sc. Mentzerianis), fol. 62. & seqq. (Tübingen 1625)

Weitere abgekürzt zitierte Literatur

ABG:	Archiv für Begriffsgeschichte
BS:	Die Bekenntnisschriften der Evangelisch-Lutherischen Kirche, herausgegeben im Gedenkjahr der Augsburgischen Konfession 1930, 3. Aufl. 1956
BK:	Bekenntnisschriften und Kirchenordnungen der nach Got-

	tes Wort reformierten Kirche, herausgegeben von W. Niesel, 3. Aufl. Zollikon/Zürich 1938
CA:	Confessio Augustana 1530
Calvin, Inst.:	J. Calvin, Institutio Christianae religionis, Genf 1559
Calvin, op. sel.:	Opera selecta, ed. P. Barth, G. Niesel, D. Scheuner, 1926 ff.
Caspar, J. K.:	M. Caspar, Johannes Kepler, 3. Aufl. 1958
CR:	Corpus Reformatorum
Dokumente:	W. Gerlach, M. List, Johannes Kepler. Dokumente zu Lebenszeit und Lebenswerk, München 1971
Dorner:	I. A. Dorner, Entwicklungsgeschichte der Lehre von der Person Christi, Bd. II, 2. Aufl. 1853
EKL:	Evangelisches Kirchenlexikon. Kirchlich-theologisches Handwörterbuch, 1956 ff.
FC:	Formula Concordiae, 1580 Ep: Epitome SD: Solida Declaratio
Festschrift 1930:	K. Stöckl (Hg.), Johannes Kepler, der kaiserliche Mathematiker, Kepler-Festschrift, I. Teil, Bericht des Naturwissenschaftlichen... Vereins zu Regensburg (XIX. Heft für die Jahre 1928/1930), 1930
Festschrift 1971:	Kepler-Festschrift 1971, Red.: E. Preuss, Hg.: Naturwissenschaftlicher Verein Regensburg. Acta Albertina Ratisbonensia 32, Regenburg 1971
Heppe:	H. Heppe, Die Dogmatik der evangelisch-reformierten Kirche. Dargestellt und aus den Quellen belegt. Neu durchgesehen und herausgegeben von E. Bizer, 1958
Heppe Prot.:	H. Heppe, Dogmatik des deutschen Protestantismus im 16. Jahrhundert, Bd. I, 1857
Katalog Linz:	Johannes Kepler, Werk und Leistung, Ausstellung im Steinernen Saal des Linzer Landhauses 19. Juni bis 29. August 1971. Katalog des Oö. Landesmuseums Nr. 74, Katalog des Stadtmuseums Linz Nr. 9, Linz 1971
Luther, WA:	Martin Luther, Werke. Kritische Gesamtausgabe, Weimar 1883 ff.
Luther, BoA:	Luthers Werke in Auswahl, herausgegeben von O. Clemen, 1912 ff.
Mahlmann:	Th. Mahlmann, Das neue Dogma der lutherischen Christologie, 1969
Mahnke:	D. Mahnke, Unendliche Sphaere und Allmittelpunkt. Beiträge zur Genealogie der mathematischen Mystik, 1937
Melanchthon, St. A.:	Melanchthons Werke in Auswahl (Studienausgabe), herausgegeben von R. Stupperich, 1951 ff.
Ratschow:	C. H. Ratschow, Lutherische Dogmatik zwischen Reformation und Aufklärung, Bd. I 1964, Bd. II 1966

Raupach: B. Raupach, Evangelisches Österreich, 5 Bde. und 2 Zugaben, Hamburg 1732 ff.

RE: Realencyklopädie für protestantische Theologie und Kirche, 3. Aufl. 1896 ff.

RGG: Die Religion in Geschichte und Gegenwart. Handwörterbuch für Theologie und Religionswissenschaft, 3. Aufl. 1957 ff.

Ritschl: O. Ritschl, Dogmengeschichte des Protestantismus, Bd. III 1926, Bd. IV 1927

Schmidt: J. Schmidt, Johann Kepler. Sein Leben in Bildern und eigenen Berichten, Linz 1970

Schuster: L. Schuster, Johann Kepler und die großen theologischen Streitfragen seiner Zeit, Graz 1888

Symp.: Internationales Kepler-Symposium Weil der Stadt 1971, Referate und Diskussionen, hg. von F. Krafft, K. Meyer, B. Sticker, arbor scientiarum. Beiträge zur Wissenschaftsgeschichte, Reihe A: Abhandlungen, Band I, Hildesheim 1973

Thomasius: G. Thomasius, Christi Person und Werk. Darstellung der evangelisch-lutherischen Dogmatik vom Mittelpunkte der Christologie aus, 3. Aufl. (bearbeitet von F. J. Winter), Bd. I 1886

H. E. Weber: H. E. Weber, Reformation, Orthodoxie und Rationalismus, 2. Aufl. Bd. I und II 1966

REGISTER

I. Namen

Autoren der Sekundärliteratur seit dem 18. Jahrhundert sind mit abgekürztem Vornamen aufgeführt. Adressaten der Keplerbriefe wurden in der Regel weggelassen. Die hochgestellten Ziffern verweisen auf Anmerkungen. Vgl. im übrigen das Verzeichnis der häufig zitierten Literatur (S. 316 ff.).

II. Stichworte

Fachausdrücke sind in der Regel in der deutschen Fassung aufgeführt, ständig wiederkehrende Begriffe (Calvinismus, Luthertum) weggelassen.

III. Bibelstellen

Beiträge zur historischen Theologie

49
Ulrich Köpf
Die Anfänge der theologischen Wissenschaftstheorie
im 13. Jahrhundert

1974. XII, 310 Seiten. Ln. DM 79.—

48
Henneke Gülzow
Cyprian und Novatian

Der Briefwechsel zwischen den Gemeinden in Rom und Karthago
zur Zeit der Verfolgung des Kaisers Decius
1975. Ca. 180 Seiten. Kt. ca. DM 35.—

47
Eric Francis Osborn
Justin Martyr

1973. XI, 228 Seiten. Kt. DM 48.—, Ln. DM 56.—

46
Karl-Heinz zur Mühlen
Nos extra nos

Luthers Theologie zwischen Mystik und Scholastik
1972. IX, 298 Seiten. Kt. DM 49.—, Ln. DM 56.—

45
Hans Dieter Betz
Der Apostel Paulus und die sokratische Tradition

Eine exegetische Untersuchung zu seiner „Apologie"
2 Korinther 10—13
1972. IV, 157 Seiten. Kt. DM 34.—

J. C. B. Mohr (Paul Siebeck) Tübingen